DIE KIRCHEN DER WELT · BAND XIX

DIE RUSSISCHE ORTHODOXE KIRCHE

DIE KIRCHEN DER WELT

BAND XIX

Herausgeber

D. HANS HEINRICH HARMS
D. DR. HANFRIED KRÜGER
DR. GÜNTER WAGNER
D. DR. HANS-HEINRICH WOLF †

1988
De Gruyter – Evangelisches Verlagswerk GmbH
Berlin · New York

DIE RUSSISCHE ORTHODOXE KIRCHE

Herausgegeben von

Metropolit Pitirim von Volokolamsk und Jurjev

1988
De Gruyter – Evangelisches Verlagswerk GmbH
Berlin · New York

Bibelzitate nach der Übersetzung Martin Luthers (Das Alte Testament, revidierter Text 1964, Das Neue Testament, revidierter Text 1984).
Liturgische Texte nach für den Gottesdienst approbierten Versionen.
Transkriptionen im in der deutschen Slavistik allgemein gültigen System.

BX
510
.R82
1988

Gedruckt auf säurefreiem Papier
(alterungsbeständig – pH 7, neutral)

CIP-Titelaufnahme der Deutschen Bibliothek

Die **russische orthodoxe Kirche** / hrsg. von Metropolit Pitirim von Volokolamsk und Jurjev. – Berlin; New York: de Gruyter – Evang. Verl.-Werk, 1988
(Die Kirchen der Welt; Bd. 19)
ISBN 3-11-011399-6
NE: Pitirim <Volokolamskij i Jur'evskij> [Hrsg.]; GT

© 1988 by Walter de Gruyter & Co., Berlin
Printed in Germany
Alle Rechte, insbesondere das der Übersetzung in fremde Sprachen, vorbehalten. Ohne ausdrückliche Genehmigung des Verlages ist es auch nicht gestattet, dieses Buch oder Teile daraus auf photomechanischem Wege (Photokopie, Mikrokopie) zu vervielfältigen.
Satz und Druck: J. F. Steinkopf Druck+Buch GmbH, Stuttgart
Bindearbeiten: Lüderitz & Bauer, Berlin

INHALT

Geleitwort von Hans Heinrich Harms XI

Vorwort des Metropoliten Pitirim von Volokolamsk und Jurjev . XV

I. Kapitel
Abriß der Geschichte der Russischen Orthodoxen Kirche 1

1. Das gesegnete Land 1
   a) Einführung 1
   b) Die Kirche und die Entstehung der russischen
      Staatlichkeit 3
   c) Auf dem Weg zur Autonomie der Russischen Orthodoxen
      Kirche 4
   d) Das Werk des hl. Andrej Bogoljubskij 7
   e) Westen und Osten 9
   f) Die Moskauer Hierarchen 13
   g) Die Schule des hl. Sergij 15
2. Die Autokephalie – das Jahr 1448 18
3. Die Zeit der Patriarchalverfassung (1589–1700) 27
   a) Beginn des Patriarchats in Rußland 27
   b) Patriarch Filaret (1619–1633) 30
   c) Patriarch Nikon (1652–1667) 33
4. Die Zeit der Synodalverwaltung (1721–1917) 36
   a) Die Kirche und die Reformen Peters I. 36
   b) Die apostolische Mission der Kirche in Sibirien,
      im Fernen Osten und in Nordamerika 41
   c) Die Früchte orthodoxen Geistes 50
5. Die Russische Kirche unter neuen historischen Bedingungen . 56
   a) Der kirchlichen Wiedergeburt entgegen (1901–1917) . . . 56
   b) Das Landeskonzil (1917–1918) 59
   c) Patriarch Tichon 64
   d) Die kirchliche Diaspora 69
   e) Der Kampf um die kirchliche Einheit 77
   f) Der Kampf um die kirchliche Einheit in der Ukraine . . . 87
   g) Die Wahrer der heiligen Sukzession 90
   h) Die Festigung der Konziliarität der Kirche 96
   i) Die Erklärung vom Jahre 1927 98
   j) Patriarch Sergij 101

    k) Patriarch Aleksij 106
    l) Patriarch Pimen 116
    m) Die Russische Orthodoxe Kirche – Heutige Struktur,
       Leben und Dienst 120

II. Kapitel
Chroniken, andere Quellen und Bücher der russischen Kirche 125

1. Die Chroniken 125
2. Die Quellen der synodalen Periode 129
3. Die Bücher der russischen Kirche 131
    a) Die Handschriften 131
    b) Die gedruckten Bücher 135

III. Kapitel
Das liturgische Leben der Kirche 143
    a) Hochfest der Geburt Christi 145
    b) Das heilige Osterfest 146
    c) Das heilige Pfingstfest 148
    d) Die Verehrung der heiligen Gottesmutter 150
    e) Fastenzeiten und Fastengottesdienste 151
    f) Das Totengedenken 155
    g) Die Gläubigen im Gottesdienst 155
    h) Gottesdienstliche Praxis 156

IV. Kapitel
Kirchengesang und Glockengeläut 161
    a) „Znamennyj raspev" und das russische Achttonsystem . . . 162
    b) Demestischer und putevoj raspev 163
    c) Raspevy in der zweiten Hälfte des 17. Jahrhunderts 164
    d) Der polnische mehrstimmige Gesang 165
    e) Der italienische Partes-Gesang 166
    f) Entwicklung des Kirchengesangs nach D. S. Bortnjanskij . 168
    g) Das Glockengeläut 174

V. Kapitel
Persönliches Frömmigkeitsleben 179
    a) Grundzüge der russischen orthodoxen Religiosität 181
    b) Das Verhältnis zu Gott 187
    c) Das Verhältnis zu den Heiligen 189
    d) Das Verhältnis zur Kirche 192

e) Das Verhältnis zum Gebet	194
f) Der Lebenszyklus des orthodoxen Russen heute	195

VI. Kapitel
Die theologische Wissenschaft in der Russischen Orthodoxen Kirche … 201

1. Orthodoxe Glaubenslehre und theologische Wissenschaft … 201
2. Grundzüge der russischen orthodoxen Theologie … 202
3. Die dogmatische Theologie bis zum Beginn des 19. Jahrhunderts … 205
4. Die „Dogmatische Theologie" von Erzbischof Antonij Amfiteatrov … 208
5. Metropolit Makarij Bulgakov und seine Zeitgenossen … 210
   a) Das dogmatische System des Metropoliten Makarij Bulgakov … 210
   b) Einige russische Theologen vor und neben Metropolit Makarij … 213
6. Die Schule der historischen Dogmenerklärung … 216
   a) Das dogmatische System von Erzbischof Filaret … 216
   b) Die theologischen Anschauungen von Erzpriester Aleksandr Vasil'evič Gorskij … 218
   c) Die dogmatischen Arbeiten A. L. Katanskijs … 221
   d) Das dogmatische System von Bischof Sil'vestr … 222
7. Die Schule der anthropologischen Dogmenerklärung … 224
   a) Die ethische Dogmeninterpretation an der St. Petersburger Geistlichen Akademie … 224
   b) Die „philosophische Dogmatik" an der Moskauer Geistlichen Akademie … 226
   c) Die orthodoxe Wissenschaft von Gott und dem Menschen an der Kazaner Geistlichen Akademie … 230
8. Arbeiten russischer Theologen zu einzelnen Hauptstücken der Dogmatik … 232
   a) Die Lehre von der Heiligen Dreieinigkeit … 232
   b) Die Lehre von der Person Jesu Christi … 233
   c) Die Lehre vom Heiligen Geist … 234
   d) Arbeiten auf dem Gebiet der vergleichenden Theologie … 236
9. Die Lehre vom Heil … 238
   a) Zwei Richtungen christlicher Soteriologie … 238
   b) Die Lehre vom Heil als Vergöttlichung … 241

c) Arbeiten russischer Theologen zur Erlösungslehre aus der
zweiten Hälfte des 19. Jahrhunderts 245
d) Die ethische Interpretation des Erlösungsdogmas in
Arbeiten russischer Theologen 246

10. Die Lehre von der Kirche 249
   a) Zwei Entwicklungsstufen in der russischen Ekklesiologie . 249
   b) Das biblische Fundament der Ekklesiologie 250
   c) Die ekklesiologischen Anschauungen von
      Metropolit Filaret Drozdov 252
   d) Die Lehre von der Kirche in Arbeiten I. F. Mansvetovs,
      A. L. Katanskijs und E. P. Akvilonovs 253
   e) Die Kirche als Werk der trinitarischen Heilsökonomie . . 256
   f) Die Einheit der Trinität und die Katholizität der Kirche . 259
   g) Kirche und Person in Arbeiten des Patriarchen Sergij . . . 260

11. Liturgiewissenschaft und kirchliche Quellenkunde 263
   a) Herausgabe und Erklärung gottesdienstlicher Bücher . . . 263
   b) Die Liturgiewissenschaft an den Geistlichen Akademien . 265
   c) Die liturgiewissenschaftlichen Arbeiten
      N. F. Krasnosel'cevs 268
   d) Die Liturgiewissenschaft an der Kiever Geistlichen
      Akademie. A. A. Dimitrievskij und seine Schule 269
   e) Liturgiewissenschaftliche Arbeiten von
      M. N. Skaballanovič 274
   f) N. V. Pokrovskij und die kirchliche Quellenkunde an der
      St. Petersburger Geistlichen Akademie 275

VII. Kapitel
Kirchliche Kunst und sakrale Baukunst 279

1. Kirchliche Kunst 279
   a) Ikonenmalerei 280
   b) Die Bildstickerei 292
   c) Die Skulptur 293
   d) Die Mosaiken und Fresken 294
   e) Filigran- und Emailarbeiten, Ornamentik 295
   f) Buchdeckel und Ikonenverkleidungen 298
   g) Kreuze 299
   h) Kleinikonen 301
   i) Andere liturgische und kirchliche Kunst 302

2. Sakrale Baukunst 305

Anhang
1. Anmerkungen 329
    zu Kapitel I 329
    zu Kapitel II 362
    zu Kapitel IV 365
    zu Kapitel V 365
    zu Kapitel VI 366
    zu Kapitel VII 410
2. Verzeichnis der Abkürzungen 416
3. Zeittafel 417
4. Ausgewählte Literaturhinweise 433
5. Register 436
6. Abbildungen 1–38

GELEITWORT

Vor rund dreißig Jahren haben die damals für das Evangelische Verlagswerk in Stuttgart verantwortlichen Herren, Dr. Paul Collmer und Friedrich Vorwerk, ihren Plan, eine wissenschaftliche kirchenkundliche Reihe, eben „Die Kirchen der Welt", zu veröffentlichen, mit einigen der späteren Herausgeber besprochen. Was ihnen vorschwebte, haben sie selber im Vorwort zum ersten Band der Reihe, „Die Orthodoxe Kirche in griechischer Sicht", beschrieben: „Die Segnungen und Verwirrungen der Neuzeit haben für die Christen in aller Welt die Möglichkeiten vervielfacht, einander zu begegnen. Sie haben aber auch – und das ist entscheidender – die ganze Christenheit im Geistigen enger aneinandergerückt. Darum empfinden wir heute stärker als frühere Zeiten die Zerrissenheit des christlichen Glaubens in der Welt in eine Vielzahl von Konfessionen als Mangel und Gefahr. Und wir hoffen intensiver auf Verständigung zwischen den Teilen der Christenheit." Sie fügen dann für den ersten Band sogleich hinzu: „Solcher Verständigung soll dieses Buch gelten, in diesem Geist ist es geschrieben! Orthodoxe Theologen wollen uns ihre Kirche verständlich machen. Schon diese Absicht ist ungeachtet aller kirchlichen und theologischen Verschiedenheiten ein unsere Kirchen verbindendes Moment. Jahrhundertelang haben Orthodoxie und Protestantismus – von Außenseitern beider Kirchen abgesehen – aneinander vorbeigelebt. Heute ist das Interesse füreinander, das Bemühen um Verständigung erwacht. Daß dies nicht nur bei uns, sondern auch auf orthodoxer Seite so ist, dafür zeugt dieses Buch."
Es hat sich so gefügt, daß mit dem nun vorgelegten, dem zeitlichen Erscheinen nach letzten Band der Reihe, „Die Russische Orthodoxe Kirche", eine von Anfang an schmerzlich verspürte Lücke geschlossen wird: Auch die Orthodoxie in ihrer russischen Ausprägung, die uns aus mancherlei Gründen verhüllter, fremder geblieben ist als die griechische, wird in Selbstdarstellungen Lesern im deutschen Sprachraum nahegebracht. Damit wird eine Klage und Frage des Patriarchen Aleksij von Moskau und ganz Rußland, die er in einer Rede vor der Eröffnung der Konferenz der Leiter und Vertreter der autokephalen orthodoxen Kirchen am 9. Juli 1948 aussprach, so gut es zur Zeit möglich ist, beantwortet: „Bis heute kennt die Mehrheit der Christen die Wahrheit über die Orthodoxie nicht. Was tun wir zur Erfüllung des Gebotes Christi: ‚Gehet hin und lehret alle Völker'?"

Verlag und Herausgeber sind dankbar, daß diese Selbstdarstellung der russischen Orthodoxie in zeitlicher Nähe zu den Feiern des Milleniums der Taufe Rußlands erscheinen kann.

Die Tatsache, daß zwischen dem Erscheinen des ersten und des letzten Bandes dieser Reihe, den Selbstdarstellungen der griechischen und der russischen Orthodoxie, fast dreißig Jahre liegen, illustriert eindrucksvoll den unterschiedlichen Abstand der beiden Ausprägungen der Orthodoxie zu den Kirchen des Westens. Die Gründe dafür liegen zwar auch im theologischen Bereich, mehr jedoch in der geschichtlichen Situation.

Der Ökumenische Patriarch von Konstantinopel hatte schon zu Beginn des 20. Jahrhunderts, im Jahre 1902, in einem Rundschreiben an die Patriarchen und die Oberhäupter der autokephalen Kirchen der Orthodoxie eine erste, vorsichtige Andeutung ökumenischer Verpflichtungen der orthodoxen Christenheit gemacht und darin zustimmend auch ein Schreiben der Russischen Orthodoxen Kirche angeführt. Geöffnet für den ökumenischen Dialog hat sich aber die gesamte Orthodoxie, abgesehen von der durch die damalige politische Lage daran gehinderten russischen Kirche, mit dem Sendschreiben Konstantinopels aus dem Jahre 1920 „an die Kirchen Christi allenthalben". So haben denn auch Bischöfe und Theologen aller orthodoxen Kirchen, mit Ausnahme der Kirche in Albanien, an den Weltkirchenkonferenzen in Stockholm (1925) und Lausanne (1927) den ökumenischen Dialog aufgenommen; die Russische Orthodoxe Kirche war dabei nur durch in Westeuropa lebende Vertreter beteiligt. Der Moskauer Patriarch urteilte 1948 hart über die Pläne, einen Ökumenischen Rat der Kirchen zu konstituieren. Dennoch begann die russische Kirche den ökumenischen Dialog lebhaft in der Konferenz Europäischer Kirchen im Jahre 1959 in Nyborg und trat 1961 in Neu-Delhi dem Ökumenischen Rat der Kirchen selber bei, ebenso wie die orthodoxen Kirchen Bulgariens, Rumäniens und Polens. Seitdem nehmen die genannten orthodoxen Kirchen an der Arbeit des Ökumenischen Rates der Kirchen intensiv teil.

Die hiermit vorgelegte Selbstdarstellung der Russischen Orthodoxen Kirche ist die erste ihrer Art in deutscher Sprache, da der seinerzeit von Friedrich Siegmund-Schultze in der Reihe „Ekklesia" geplante Band über „das Patriarchat von Moskau" nie erschienen ist. Ihren ungenannten Verfassern und dem für die Herausgabe verantwortlichen jetzigen Metropoliten Pitirim gebührt unser Dank, daß sie es angesichts mancher und oft unüberwindbar erscheinender Schwierigkeiten auf sich genommen haben, die von ihnen geliebte Kirche, ihre Geschichte – vor allem seit 1917 –, ihre in vielen Facetten sich darbietende Spiritualität

und ihre Gottesdienste, ihre Lehre und Theologie, Lesern, die in anders gearteten kirchlichen und geschichtlichen Situationen leben, verantwortlich in einer Form darzubieten, daß diese viele ihrer Fragen beantwortet finden und selber Verständnis für Art und Form dieser Kirche aufbringen können. Zu danken ist den Verfassern auch für eine gewisse Askese, die sie auf sich genommen haben, weil ihre Beiträge an vielen Stellen gekürzt werden mußten, um diesen Band in einem erträglichen Umfang erscheinen lassen zu können.
Diese Askese schließt auch die Nachsicht der Autoren dafür ein, daß bei der deutschen Übersetzung im allgemeinen die im Russischen gebräuchlichen spezifischen kirchlichen Ehrentitel fortgefallen sind und nur die Namen genannt werden. Die Leser werden ausdrücklich gebeten, in dieser Praxis keine Respektlosigkeit den betreffenden Persönlichkeiten gegenüber zu sehen.
Das Kirchliche Außenamt der Evangelischen Kirche in Deutschland hat schon 1948 angefangen, durch Veröffentlichung von Dokumenten aus dem Bereich der russischen Orthodoxie den Zugang zu der dortigen Kirche zu erleichtern. Seit 1959 hat das Kirchliche Außenamt theologische Gespräche mit theologisch und kirchengeschichtlich wohlgerüsteten Fachleuten beider Kirchen durchgeführt und ausführlich für die Öffentlichkeit dokumentiert.
Der jetzt vorliegende letzte Band in der Reihe „Die Kirchen der Welt", die Selbstdarstellung der Russischen Orthodoxen Kirche, kann einem weiteren Leserkreis den Zugang zu dieser für viele bisher fremde, verhüllte Kirche erleichtern. Eine ökumenische Begegnung ist nunmehr auch dem Nichtfachmann möglich.

Oldenburg, in der Osterzeit 1987   D. Dr. Hans Heinrich Harms

VORWORT DES HERAUSGEBERS

Der vorliegende Band ist auf Wunsch des Evangelischen Verlagswerks, ehemals in Stuttgart, von der Verlagsabteilung des Moskauer Patriarchats für die Buchreihe „Die Kirchen der Welt" erarbeitet worden. Die Anfänge der Planung und auch der Fertigstellung des Manuskripts gehen weit zurück, bis vor das Jahr 1978. Den persönlichen Kontakt zwischen den beiden Verlagen hat seinerzeit Metropolit Filaret von Minsk und Belorußland, Vorsitzender des Kirchlichen Außenamtes in Moskau, aufgenommen.

In dem uns vom Verlag vorgegebenen Rahmen haben wir versucht, das Wichtigste in Leben und Geschichte der Russischen Orthodoxen Kirche im Laufe des vergangenen Jahrtausends darzustellen. Die Planung des Buches wurde im Kreis erfahrener Autoren unseres Verlags mit Wissenschaftlern, Theologen und Laien, und mit dem Rat von Hierarchen, in allen Einzelheiten besprochen. Unsere Vorstellung war, ein allgemein verständliches, aber dennoch wissenschaftliches Buch vorzulegen. Unter diesem Gesichtspunkt sind dann die einzelnen Kapitel von Fachleuten des jeweiligen Gebietes geschrieben worden, die in den Anmerkungen ihre Darstellungen belegt und kommentiert haben.

Im Abriß der Geschichte der Russischen Orthodoxen Kirche findet der westliche Leser alles Notwendige, um sich ein objektives Bild von Geschichte und Leben dieser Kirche, von den Anfängen bis zur Gegenwart, machen zu können. Die folgenden Kapitel wenden sich den für unsere Kirche charakteristischen Zügen zu, so daß ein guter Einblick in die gottesdienstliche Praxis, das persönliche Frömmigkeitsleben und die theologische Arbeit möglich wird.

In den vergangenen zehn Jahren hat es mancherlei Entwicklungen im kirchlichen Leben und in der Theologie gegeben, die in diesem Buch unerwähnt geblieben sind. Leider konnten auch viele Entwicklungen und Aktivitäten im Bereich der panorthodoxen Einheit, der ökumenischen Kontakte und des Kampfes zur Rettung der heiligen Gabe des Lebens auf unserer Erde nicht dargestellt werden.

Wir hoffen, daß Leser sich über diese Gebiete in dem Buch „Russische Orthodoxe Kirche", das zur Tausendjahrfeier der Taufe der Rus' erscheinen wird (in russischer Sprache), informieren werden.

Der Vorsitzende der Verlagsabteilung
des Moskauer Patriarchats

Moskau,
im November 1987

+PITIRIM
Metropolit von Volokolamsk und Jurjev

I. KAPITEL

ABRISS DER GESCHICHTE
DER RUSSISCHEN ORTHODOXEN KIRCHE

1. Das gesegnete Land

a) Einführung

Die Wurzeln der Russischen Orthodoxen Kirche reichen tief hinab in die Geschichte der slavischen Völker, die weite Räume Europas besiedelt hatten. Schon im ersten nachchristlichen Jahrhundert nahmen Slaven den christlichen Glauben an. „Die hl. Apostel und Jünger unseres Erlösers zerstreuten sich über den ganzen Erdkreis. Auf Thomas fiel das Los, zu den Parthern zu gehen, Andreas ging nach Skythien[1], Johannes nach Asien, wo er lebte und in Ephesus starb", schrieb Eusebius von Caesarea.[2] Von der Predigt des Apostels Andreas und einer christlichen Frühgeschichte in Rußland zeugen viele Belege[3] (s. Abb. 1).

Unter den alten Zeugnissen ist das des Mönchspriesters Epiphanios charakteristisch. Er folgte Ende des 8., Anfang des 9. Jh. den Spuren des Apostels Andreas. Epiphanios bereiste die Ufer des Schwarzen Meeres; er hörte überall, von Sinop bis Feodosija und Cherson, von der Predigt des erstberufenen Apostels erzählen und sah Kirchen, Kreuze und Ikonen des hl. Andreas sowie andere Reliquien seines apostolischen Werkes. Er sammelte die Namen der Schüler des Apostels – der ersten Bischöfe der von ihnen gegründeten Kirchen – und zeichnete sie auf[4]. Die liebste Stadt des hl. Apostels Andreas war Cherson. Dort wurde ein „Alphabetarion" (d. h. ein Kanon mit alphabetischem Akrostichon) für den Apostel Andreas verfaßt, über das wir nur etwas aus der altkirchenslavischen Übersetzung des „Skazanie" des Mönchspriesters Epiphanios wissen.[5] Die Verehrung des Apostels Andreas war die Grundlage der kirchlichen Einheit von Rußland und Byzanz. In einem Brief des Kaisers Michael Dukas (1072–1077) an den Fürsten Vsevolod – in der Taufe Andreas –, einem Sohn Jaroslavs des Weisen, wurde die Idee der Einheit mit folgenden Worten formuliert: „Glaubwürdige geistliche Bücher und Geschichtswerke lehren mich, daß unsere beiden Staaten eine bestimmte Quelle und Wurzel haben, daß ein und dieselben Zeugen des göttlichen Mysteriums und seine Verkünder in ihnen das Wort des Evangeliums gepredigt haben".[6]

An der Stelle, an der nach alter Überlieferung hoch über dem Dnepr der Apostel Andreas gestanden und zum Segen des russischen Landes auf dem Berge ein Kreuz errichtet haben soll, wurde später eine Kreuzerhöhungskirche[7] gebaut, die sich in der Nähe der heutigen Andreaskirche in Kiev[8] (s. Abb. 2) befand. Danach wandte sich der Apostel nach dem Bericht des Stufenbuches (stepennaja Kniga), eines zwischen 1560 und 1563 auf Anregung des Metropoliten Makarij verfaßten historisch-genealogischen Werkes, das die Zeit vom hl. Vladimir bis zu Ivan IV. umfaßt, den Dnepr aufwärts in das Land der Slaven. „Wo heute Novgorod ist, predigte er das Wort Gottes. Er hinterließ seinen Stab im Dorfe Gruzino, dort, wo nun die Kirche des hl. Apostels Andreas steht."[9] Dem erstberufenen Apostel in den Grenzen des russischen Landes folgten als Prediger hervorragende Hierarchen. Auf dem 1. Ökumenischen Konzil 325 in Nizäa waren die Hierarchen Kadmos vom Bosporus, Philippos von Cherson und Theophilos von Gothia zugegen. Auf dem 4. Ökumenischen Konzil 451 in Chalcedon wurde sogar die Frage der Autokephalie für die Kirche von Cherson gestellt. An dem 7. Ökumenischen Konzil 787 nahmen die Hierarchen Stephanos von Surož und Ioannes von Gothia teil.[10] Die berühmte Handelsstraße, der der Apostel nach den Chroniken folgte und die später als der „Weg von den Warägern zu den Griechen" bekannt wurde, verband die Ostsee mit dem Schwarzen Meer und hatte große Bedeutung für die Verbreitung des Christentums unter den ostslavischen Stämmen, vor allem unter den Poljanen, deren Hauptstadt Kiev war. Die günstigste Zeit für die Predigt des Evangeliums unter den ostslavischen Völkern begann mit dem 9. Jh., als die Beziehungen der Kiever Rus' zu Byzanz sich bedeutend gefestigt hatten. Die Taufe Askolds und Dirs im Jahre 860 und das Entstehen der russischen Kirche in der 2. Hälfte des 9. Jh. waren durch die ganze vorangegangene Entwicklung der christlichen Mission unter den Slaven vorbereitet worden; sie bezeichnen eine wichtige Etappe in der Geschichte des Christentums von Mittel- und Osteuropa.[11]

Die ältesten Kirchen des christlichen Kiev gedenken dankbar dieser ersten christlichen Fürsten. An sie erinnert die von Askold erbaute und später im Vertrag Igors mit den Griechen (944) genannte Kirche des Propheten Elias, an deren Stelle heute eine Kirche gleichen Namens steht[12], und die Kirche von Nikolaos dem Wundertäter, die in den fünfziger Jahren des 10. Jh. von der Fürstin Olga über dem Grab Askolds errichtet wurde. Der Fürst Oleg, der 882 den Fürstenthron bestieg, nannte Kiev die „Mutter der russischen Städte". Das ist eine wörtliche Übersetzung des griechischen Ausdrucks „Metropolie der Rus'".

b) Die Kirche und die Entstehung der russischen Staatlichkeit

Unter dem Fürsten Igor (gest. 945), der nach Oleg herrschte, wird die christliche Kirche zur geistlichen und staatlichen Hauptkraft im russischen Staat.
Der in der Nestor-Chronik des 12. Jh. überlieferte Friedensvertrag mit Konstantinopel aus dem Jahre 944 mußte von den beiden religiösen Gemeinschaften Kievs bestätigt werden. Die „getaufte Rus'", d. h. die Christen, wurde in der Kathedrale des hl. Propheten Elias zur Eidesleistung versammelt, die „ungetaufte Rus'", die Heiden, schwor bei den Waffen im Heiligtum des Donnergottes Perun. Der Umstand, daß die Christen in der Urkunde an erster Stelle genannt werden, zeugt von ihrer geistigen Vorrangstellung im Leben der Kiever Rus'.[13]
Der Kampf um die Einheit der Rus' und um die Unterordnung der von innerem Streit zerrissenen Stämme und Fürstentümer unter das Kiever Zentrum bahnte den Weg zum Sieg des Christentums in Rußland. Die hl. apostelgleiche Fürstin Olga bereitete im russischen Land den Boden dafür, daß vierzig Jahre später ihr Enkel, der hl. apostelgleiche Vladimir, das Christentum zur Staatsreligion erklären konnte.
Die hl. Fürstin Olga ist als die große Schöpferin des staatlichen Lebens und der Kultur der Kiever Rus' in die Geschichte eingegangen. Die Chroniken bezeugen ihre ständigen „Wanderzüge" durch die Rus', um die rechtliche und wirtschaftliche Existenz ihrer Untertanen einzurichten und zu ordnen. 946 zog Fürstin Olga mit ihrem Sohn und ihren Gefolgsleuten durch das Land der Drevljanen, setzte Tribute und Steuern fest und bezeichnete Dörfer, Lagerplätze und Jagdgebiete, die den Kiever großfürstlichen Domänen einverleibt werden sollten. Im Jahr darauf zog die hl. Fürstin Olga nach Novgorod und errichtete unterwegs „pogosty" (Handelsplätze) an den Flüssen Msta und Luga und hinterließ überall sichtbare Spuren ihrer Tätigkeit. Diese „pogosty", Wirtschafts-, Verwaltungs- und Gerichtszentren, stellten eine feste lokale Organisation dar. Da sie vor allem, dem Wortsinn nach, Handelszentren (gost' = Handelsherr) waren, wurden die „pogosty" zu Zellen der ethnischen und kulturellen Festigung des russischen Volkes. Nachdem Olga Christin geworden war, begann man in den „pogosty" die ersten Kirchen zu bauen. Seit der Zeit, da die Rus' unter Vladimir getauft worden war, sind „pogost" und Kirche (Gemeinde) unzertrennliche Begriffe geworden.
Jedoch ließ sich die hl. Fürstin Olga nicht nur die Festigung der wirtschaftlichen und staatlichen Gestaltung des Volkslebens angelegen sein, noch wichtiger erschien ihr die grundlegende Umgestaltung des geisti-

gen Lebens der Rus'. Olga vertraute ihrem inzwischen erwachsenen Sohn Svjatoslav Kiev an und begab sich im Juni 954 mit einer großen Flotte nach Konstantinopel, um sich taufen zu lassen.

In der hl. Großfürstin Olga hatten die Christen von Kiev eine hohe Beschützerin gefunden. Viele ihrer Untertanen folgten ihrem Beispiel und ließen sich taufen, und sie selbst hat sich zweifellos um die Verbreitung des Christentums in der Rus' bemüht. Es sind Nachrichten darüber erhalten, wie die Fürstin Olga die Götzenaltäre zerstören und christliche Kirchen errichten ließ, so in ihrem Geburtsort, dem Dorf Vybuty, eine Kirche des Propheten Elias, in Pskov die in der Geschichte der Kirche erste der Trinität geweihte Kirche[14], die Verkündigungskirche in Vitebsk[15] und schließlich eine Kirche der hl. Sophia, der Allweisheit Gottes, in Kiev.[16]

Die hl. Fürstin Olga hatte den glühenden Wunsch, ihren Sohn Svjatoslav als Christen zu sehen, doch der kriegerische Fürst blieb den Überzeugungen seiner Mutter unzugänglich. In Kiev begannen wieder die Jahre einer heidnischen Reaktion.

Unter dem Fürsten Vladimir von Kiev (978–1015) kam es dann zu einem Ereignis von größter Bedeutung: zur Annahme des Christentums aus Byzanz. Das sollte die weitere geistige Entwicklung der Rus' bestimmen. Mit der Annahme des Christentums in Kiev im Jahre 988 fand es weitere Verbreitung in anderen Städten der Alten Rus'. Die Christianisierung der Rus' hatte nicht nur kulturhistorische, sondern auch politische Bedeutung.

In seiner Homilie „Vom Gesetz und von der Gnade" schreibt Metropolit Ilarion von Kiev über den Fürsten Vladimir: „Der Höchste hat ihn heimgesucht, das allbarmherzige Auge des gütigen Gottes hat ihn angeschaut, und in seinem Herzen leuchtete die Vernunft auf. Er begriff die Nichtwürdigkeit der Verirrung des Götzendienstes und suchte den *einen* Gott, der alles Sichtbare und Unsichtbare geschaffen hat. Besonders hörte er vom rechtgläubigen, christusliebenden und glaubensstarken Griechenland ... Als er dies alles vernommen hatte, entbrannte er im Geist und wünschte im Herzen, Christ zu sein und die ganze Erde zum Christentum zu bekehren."[17]

c) Auf dem Weg zur Autonomie der Russischen Orthodoxen Kirche

Noch vor der Einführung der Kirche in Kiev (988) war sie als eine der Kirchen des Schwarzmeergebiets (durch den Kanon 28 des 4. Ökumenischen Konzils) dazu ausersehen, die kanonische Sukzession durch den

Stuhl von Konstantinopel, der vom Apostel Andreas[18] gegründet worden war, anzutreten. Unmittelbar wurde der kanonische Status der russischen Kirche als einer Metropolie des Patriarchats von Konstantinopel bei der Taufe des russischen Landes bestimmt.[19] Die Kirche verehrt den hl. Metropoliten Michael von Kiev und der ganzen Rus' als ihren ersten Hierarchen.[20] Nach ihm wurde Feofilakt, der 990 von seinem Metropolitenstuhl in Sebaste (Armenien) versetzt worden war, Metropolit von Kiev[21]. Als dritten Metropoliten nennen die einheimischen kirchlichen Quellen Leon (oder Leontij), der den Kiever Stuhl von 992–1008 innehatte[22].

In der Zeit bis zum Tatareneinfall waren zwei Hierarchen russischer Herkunft auf dem Kiever Metropolitansitz, die anderen vorwiegend Byzantiner. Die Eparchialbischöfe der Kiever Rus' waren hingegen vorwiegend Russen; es waren aber wohl auch Bulgaren darunter. Metropolit Makarij (im 16. Jh.) hat für die ersten hundert Jahre der russischen Hierarchie aufgrund der Chroniken nur drei Bischöfe griechischer Herkunft gefunden.[23] Das war kaum anders möglich. „In den ersten Jahrhunderten der russischen Kirchengeschichte wurden die Eparchialbischöfe am Ort gewählt. Das Wahlrecht wurde von den Fürsten (in den Eparchien, die zu diesem oder jenem Teilfürstentum gehörten) oder der Volksvertretung ausgeübt, wie in Novgorod seit der Mitte des 12. Jh. In beiden Fällen wurden Russen zu Bischöfen gewählt.[24]

Als der Metropolit von Kiev einmal einen Griechen zum Bischof ernennen wollte, erkannte der Fürst diese Nomination nicht an; er verwies darauf, daß „ihn nicht Menschen unseres Landes gewählt haben". Aus diesem Anlaß gibt der Chronist 1183 die damalige kanonische Anschauung wieder: „Es ist unwürdig, den kirchlichen Rang gegen Geld einzunehmen. Voraussetzung ist, daß Gott und die hl. Gottesgebärerin den Hierarchen berufen und der Fürst und das Volk" es wollen.[25]

Im Jahre 1043 befand sich die Rus' im Krieg mit Byzanz. In den auf Metropolit Kirill I. (gest. 1046) folgenden Jahren blieb der Kiever Stuhl einige Zeit verwaist. In einem gemeinsamen Beschluß der Hierarchen der russischen Kirche kam man überein, einen Metropoliten in Kiev zu nominieren, ohne sich an Konstantinopel zu wenden.[26] Am 9. April 1051 fand die Inthronisierung des Hierarchen Ilarion auf den Stuhl des Metropoliten der Kiever Rus' statt. Er ist der erste Hierarch der russischen Kirche, der als gebürtiger Russe von einer Synode russischer Bischöfe in die Metropolie eingesetzt wurde.

Die Wahl des Konzils war Jaroslav dem Weisen genehm. Später wurde Ilarion vom Patriarchen von Konstantinopel bestätigt.[27] Er ist nicht lange Ersthierarch der russischen Kirche gewesen. Die Chronik hat das

Todesdatum des Hierarchen nicht verzeichnet, aber bei der Bestattung des Fürsten Jaroslav des Weisen (gest. 20. 2. 1054) war er nicht mehr anwesend, und 1055 kam ein neuer Metropolit (Efraim) nach Kiev.
Das geistige Erbe des Metropoliten Ilarion lebt bis heute in der russischen Kirche, besonders durch sein hervorragendes Werk „Homilie vom Gesetz und von der Gnade".[28] In ihm wird die theologische und historische Sinngebung der Worte des Apostels und Evangelisten Johannes des Theologen: „Denn das Gesetz ist durch Mose gegeben; die Gnade und Wahrheit ist durch Jesus Christus geworden" (Joh 1, 17) dargestellt. Im Mittelpunkt der „Homilie" steht die Lehre von der Erlösung und Gnade, von dem grundlegenden Unterschied in der Weltwahrnehmung und im inneren Lebensbau der Völker in ihrem Leben nach dem Gesetz oder nach der Gnade.
Fürst Vladimir hatte eine apostolische Großtat vollbracht „ähnlich dem apostelgleichen Konstantin", der „die Menschen in seinem ganzen Land geheißen hat, sich taufen zu lassen im Namen des Vaters und des Sohnes und des Hl. Geistes und laut und vernehmlich an allen Stätten die Hl. Dreieinigkeit zu preisen und in allem Christen zu sein – klein und groß, Sklaven und Freie, Junge und Alte, Reiche und Arme". Weiter bezeugt Ilarion: „Der hl. Vladimir herrschte nicht in einem unwichtigen und unbekannten Land, sondern im russischen Land, das an allen Enden der Welt gekannt und gehört wird."
Die zweite Nominierung eines Metropoliten russischer Herkunft erfolgte 1147: Fürst Izjaslav wollte nach dem Beispiel Jaroslavs des Weisen den vakanten Metropolitenstuhl mit einem russischen Metropoliten besetzen, ohne sich an Konstantinopel zu wenden. An wen hätte er sich auch wenden sollen, denn nach der Abdankung des Patriarchen Michael Oxeites und der Amtsentsetzung seines Nachfolgers Kosmas Attikos durch ein Konzil blieb der Patriarchenstuhl in Konstantinopel 1147 vakant.
Die Wahl des Fürsten, die er in kanonischer Übereinstimmung mit der 137. Justinianischen Novelle vornahm, fiel auf den Mönchspriester Kliment Smoljatič. Kliment wurde, ins große Mönchsgewand gekleidet, aus seiner Klause zur Nominierung zum Metropoliten gebracht. Von ihm bezeugen die Quellen: „Er war ein Schriftgelehrter und Philosoph, wie es bisher keinen im russischen Lande gegeben hatte."[29]
Die außerordentlich großen Aufgaben der russischen Kirche forderten einen Hirten und Steuermann aus dem Schoß des Volkes, der imstande sein sollte, seinen messianischen Dienst an der Menschheit zu begreifen und zu verwirklichen, wie er von dem Apostel Andreas und dem Fürsten Vladimir verheißen worden war.

d) Das Werk des hl. Andrej Bogoljubskij

Der rechtgläubige Fürst Andrej Bogoljubskij (1110–1174), Sohn des Jurij Dolgorukij und Enkel Vladimir und Vladimir Monomachs, gehört mit dem hl. Vladimir und Aleksandr Nevskij, zu den bedeutendsten Gestalten in der Geschichte der russischen Kirche und Rußlands.[30] Andrej, Sohn eines kriegerischen russischen Fürsten und einer Polovcer-Prinzessin (Maria getauft), wurde schon in jungen Jahren wegen seines inständigen Betens und seines Eifers für den Gottesdienst „und der verborgenen Gebete zu Gott" „Bogoljubskij" („gottliebend") genannt.[31]
Als tapferer Krieger (Andreas heißt „tapfer") und Teilnehmer an vielen Heereszügen seines Vaters war er mehr als einmal vom Tode bedroht gewesen, doch jedesmal errettete die Vorsehung Gottes unsichtbar den Beter und Fürsten. So war es auch nach den eigenen Worten des Fürsten am 8. Februar 1150. In der Schlacht bei Luck wurde Andrej durch das Gebet zum hl. Theodoros Stratilates, dessen Gedächtnis an diesem Tag gefeiert wird, vor dem sicheren Verderben bewahrt.[32]
Zugleich betonen die Chronisten bei Andrej die unter den Fürsten und Heerführern jener harten Zeit seltene Begabung als Friedensstifter. Andrej verband militärische Tapferkeit mit Friedensliebe, Barmherzigkeit, großer Demut und unermüdlichem Eifer für die Kirche. Das wurde später auch zu einem Hauptcharakteristikum der Schöpfer des russischen Reiches. Als haushälterischer Landesherr, als ständiger Mitarbeiter am städte- und kirchenbaulichen Werk des Jurij Dolgorukij erbaute er mit seinem Vater Moskau (1147), Jurev-Polskij (1152), Dimitrov (1154) und zierte Rostov, Suzdal und Vladimir mit Kirchen. So konnte Andrej 1162 sagen: „Ich habe die weiße Rus' mit Städten und Kirchdörfern bebaut und volkreich gemacht."[33]
Als Jurij Dolgorukj 1154 Großfürst von Kiev wurde, übergab er seinem Sohn Vyšgorod bei Kiev als Hausgut. Aber Gott hatte es anders beschlossen. Im Jahre 1155 bewegte sich einmal nachts in der Kirche zu Vyšgorod die nach der Überlieferung vom Evangelisten Lukas gemalte und gerade aus Konstantinopel herbeigebrachte wundertätige Ikone der Gottesmutter, die später „Vladimirskaja" genannt wurde, von ihrem Platz. In der gleichen Nacht zog Fürst Andrej mit der Ikone in Händen aus Vyšgorod nach Norden auf die Stadt Vladimir zu, heimlich und ohne den Segen des Vaters, nur im Gehorsam gegenüber dem göttlichen Willen. Der große Exodus des Fürsten Andrej und der ihm nachfolgenden Rus' nach Nordosten wurde für die Geschicke Rußlands äußerst bedeutsam. Nicht Kiev, sondern Vladimir, und danach das von

Jurij und Andrej erbaute Moskau, wurden jetzt der geistige Mittelpunkt des russischen Landes, staatliche und danach auch kirchliche Hauptstadt. Die auf dem Weg von Vyšgorod nach Vladimir durch diese hl. Ikone gewirkten Wunder sind vom Beichtvater des Fürsten Andrej, dem „Popen Mikulica" (Nikolaj) in der „Erzählung von den Wundern der Ikone der Muttergottes von Vladimir" aufgezeichnet worden.[34]
Zehn Werst vor Vladimir blieben die Pferde, die den Wagen mit der Ikone zogen, plötzlich stehen. In der Nacht erschien die Gottesgebärerin dem Fürsten Andrej mit einer Schriftrolle in der Hand und befahl, ihr Bild in Vladimir aufzustellen und an der Stelle der Erscheinung Kirche und Kloster zu errichten. Zum Gedenken an diese Begebenheit befahl Andrej, eine besondere Ikone der Gottesmutter zu malen, die dann den Namen „Bogoljubskaja" erhielt. An dem angewiesenen Ort erbaute er 1159 eine Kirche zu Ehren der Geburt der Gottesgebärerin und gründete dort die Stadt Bogoljubovo, die sein ständiger Aufenthaltsort wurde und wo er den Märtyrertod erlitt.[35] Als sein Vater 1157 starb, ging Andrej nicht nach Kiev, sondern blieb Fürst in Vladimir. Von da ab war sein ganzes Leben der Erhöhung des neuen kirchlichen Mittelpunktes Rußlands geweiht. In den Jahren 1158–1160 wird die Entschlafens-Kathedrale in Vladimir erbaut (s. Abb. 3), in der das Hauptheiligtum der Rus', die Ikone der Mutter Gottes von Vladimir (s. Abb. 4), aufgestellt wurde. Nach dem Vorbild dieser Kirche wurde später die Entschlafens-Kathedrale in Moskau errichtet. 1164 wurde das Goldene Tor in Vladimir mit der Torkirche zur Niederlegung des Gewandes der Gottesgebärerin in Blachernae erbaut. Über die Vielzahl der Kirchen, die Andrej Bogoljubskij baute, gibt das Zeugnis des Chronisten eine Vorstellung. Er schreibt, daß 1185, zehn Jahre nach dem Tod des Fürsten, bei einer Feuersbrunst in Vladimir 32 Kirchen vernichtet wurden.

Gegen Ende der sechziger Jahre versuchte Andrej gemeinsam mit Bischof Feodor von Rostov den Patriarchen von Konstantinopel zur Verlegung des russischen Metropolitenstuhls nach Vladimir zu bewegen. Eine Urkunde des Patriarchen Lukas Chrysoberges für Andrej darüber ist erhalten geblieben.[36] Der Wunsch des Fürsten Andrej wurde jedoch erst nach vielen Jahren Wirklichkeit, als Metropolit Maksim (um 1300) den Metropolitenstuhl der Rus' nach Vladimir verlegte und die Entschlafens-Kathedrale zur Hauptkirche der russischen Kirche machte.

Mit der wundertätigen Ikone der Muttergottes von Vladimir in den Händen segnete Fürst Andrej gleichsam die kommenden großen Ereignisse der russischen Geschichte.

Die Ikone der Gottesmutter von Vladimir, die nach der Überlieferung die Hauptstadt auf wunderbare Weise von dem Ansturm Tamerlans erlöst hatte, wurde 1395 nach Moskau überführt. Die Moskauer empfingen sie auf dem Kučkovo-Feld (dort wurde dann das Sretenskij-Kloster erbaut, zu Ehren des Festes der Begegnung des Herrn mit Simeon), wo einst der Sitz des Bojaren Stepan Kučka gelegen war, dessen Tochter Andrej 1139 geheiratet hatte. 1472 begannen Metropolit Filipp I. von Moskau und Großfürst Ivan III. mit dem Bau der Entschlafens-Kathedrale im Moskauer Kreml „eine überaus große Kirche nach dem Maß der Kirche der allerheiligsten Gottesgebärerin in Vladimir, die der rechtgläubige Fürst Andrej Jurevič Bogoljubskij, der Enkel des Monomach, erbaute".

e) Westen und Osten

Das 13. Jh. war eine Zeit des Umbruchs für die Geschichte Europas und für das Christentum. Es traten Ereignisse ein, die den Gang der Weltgeschichte tiefgreifend veränderten und alle Seiten des geistigen, sozialen und staatlichen Lebens der Völker berührten. Joachim von Fiore (gest. 1202) erklärte das anbrechende Jahrhundert zum „johanneischen Zeitalter", das das „petrinische Zeitalter" ablösen würde. Es wurden große Veränderungen in den Beziehungen zwischen der Kirche des Ostens und der Kirche des Westens, zwischen West und Ost überhaupt erwartet. In diesen Jahren war in der russischen Kirche die feurige Predigt von Avraamij von Smolensk (gest. 1221) zu hören, eines profilierten Vertreters des russischen Eschatologismus.[37] Als Augenzeuge der Fürstenfehden und Zeitgenosse des reuevollen „Lieds von der Heerfahrt Igors" legte Avraamij die ganze Kraft seiner prophetischen Gabe in den Anruf: „Tut Buße, denn die Zeit ist nahe herbeigekommen!"

An den Westgrenzen der Rus' war der Schwertritterorden gegründet worden (1202), am 12. April 1204 wurde Konstantinopel von den Kreuzfahrern eingenommen und die Hauptstadt der Rechtgläubigkeit zerstört, die Hagia Sophia wurde entehrt, im Altarraum der Altar zerschlagen. Am Ufer des Onon-Flusses in der Fernen Mongolei wird 1206 Tschingis-Khan zum „Groß-Khan" gewählt.[38] Innerhalb weniger Jahre sollte sich die ganze Kräfteverteilung auf dem eurasischen Kontinent verändern.[39]

Erzbischof Antonij (zu der Zeit noch der Novgoroder Diplomat Dobrynja Jandrejkovič) wurde Augenzeuge der Einnahme und Zerstörung des „Zweiten Roms" durch die Kreuzfahrer. Nachdem er mit einem vor der Plünderung geretteten Teil vom Grab des Herrn in die Rus' zurückgekehrt war[40], schrieb er einen Bericht über die Geschehnisse. Er ist wegen seiner historischen Deutung des Geschehenen und seines streng christlichen Glaubens an die Vorsehung bemerkenswert.[41]

Am 7. Oktober 1207 wandte sich Papst Innozenz III. „an alle russischen Bischöfe, den Klerus und das ganze russische Volk" mit der Aufforderung, sich von der Orthodoxie loszusagen, da „das Land der Griechen und ihre Kirche fast vollständig zur Anerkennung des Apostelstuhls zurückgekehrt sind".[42] Die russische Kirche wies die Ansprüche des Papsttums zurück, das Zentrum der russisch-byzantinischen Beziehungen verlagerte sich nun nach Nizäa. Die Geschichte hat diesen Kurs dann als richtig bestätigt. Der damalige Metropolit von Kiev, ein Grieche aus Nizäa, führte enthusiastisch den Kampf der russischen Kirche als Verteidigung der Rus' und der Weltorthodoxie. Die Metropoliten von Kiev und Rus' bemühten sich eifrig um die Einheit und Versöhnung der verfeindeten Fürsten von Kiev, Suzdal, Černigov und Volyn.

Die Historiker haben der lateinischen Expansion im Baltikum viel Aufmerksamkeit gewidmet, jedoch oft unbeachtet gelassen, daß die andere Flanke des Kampfes in diesen Jahren Südrußland blieb und der Balkan zum Schlachtfeld wurde. 1205 vernichteten die Bulgaren das Kreuzritterheer unter Balduin II. bei Adrianopel. Das 1187 entstandene Zweite Bulgarische Reich tendierte, obwohl es äußerlich die kirchliche Oberhoheit des Papstes anerkannte, zur orthodoxen Rus'. Zar Ivan Asen (1218–1241) war mit Kiev und Nizäa verbündet, wofür ihn der Papst 1236 mit dem Bann belegte. Das geschah am Vorabend der Mongoleninvasion.

Im Jahre 1238 waren Rjazan eingeäschert, Vladimir zerstört, und die rechtgläubigen Fürsten Jurij Vsevolodovič und Vasil'ko von Rostov im Kampf gefallen. In dieser Lage segnete am 9. August 1238 der Papst den König von Ungarn zum Kreuzzug gegen Bulgarien.

Die russische Kirche und die ganze Rus' waren schon von den Flammen der Mongoleninvasion erfaßt. Die apokalyptischen Visionen des Avraamij von Smolensk waren historische Wirklichkeit geworden. Zahlreiche Kirchen und Klöster wurden zerstört, Kirchengeräte und Bücher wurden geraubt; bei der Einnahme russischer Städte kamen viele Bischöfe, Priester und Mönche um. Das Kirchenregiment geriet in Verfall: Der griechische Metropolit Iosif verscholl, die Bischöfe Mitrofan von Vladimir und Simeon von Perejaslavl wurden erschlagen. Kiev, die Zierde und „Mutter der russischen Städte", wurde zerstört (1240) und verlor nun endgültig seine Bedeutung als politischer und kirchlicher Mittelpunkt. Das russische staatliche Leben sammelte sich im Nordosten des Landes. Der vom Fürsten Daniil von Galič für die russische Metropolie auserwählte Metropolit Kirill II. (1242–1281) wurde vom Patriarchen von Konstantinopel in Nizäa geweiht.

Die über dreißigjährige kirchliche Tätigkeit des Metropoliten Kirill war bestimmt vom unermüdlichen Einsatz der Kirche um die Wiederherstellung des durch die mongolisch-tatarische Invasion zerrütteten Lebens.[43] Das von ihm 1274 in Vladimir an der Kljazma einberufene Konzil beschloß Maßnahmen, um Mängel im Kirchenregiment und im Gottesdienst zu beseitigen, und zur sittlichen Besserung von Geistlichkeit und Laien.[44] Die ersten Jahre des Regiments Kirills II. in der russischen Metropolie fielen mit der Regierungszeit des Fürsten Aleksandr Nevskij (1252–1263) zusammen.[45]

Jetzt begann die schwerste Zeit in der Geschichte der Rus'. Von Osten fielen die mongolischen Horden ein und zerstörten alles auf ihrem Weg. Von Westen kamen die deutschen Ordensritter. In dieser drohenden Stunde ließ die Vorsehung den Fürsten Aleksandr zur Rettung der Rus' erstehen, den großen Kämpfer und Beter, den Märtyrer und Erbauer Rußlands. „Ohne Gottes Geheiß wäre sein Fürstentum nicht gewesen." Begünstigt durch den Einfall von Khan Batu, die Vernichtung der russischen Städte, die Schwäche und das Leid des Volkes, den Untergang seiner besten Söhne und Führer, fielen die Kreuzritter in die russischen Lande ein. Erst kamen die Schweden. „Der König römischen Glaubens aus dem mitternächtigen Land" Schweden sammelte 1240 ein gewaltiges Heer und schickte es auf Schiffen unter dem Kommando seines Schwiegersohnes, des Birger Jarl, an die Neva. Der Schwede sandte Boten an Aleksandr nach Novgorod mit den Worten „Wenn du kannst, leiste Widerstand – ich bin schon hier und nehme dein Land."

Aleksandr, damals noch nicht einmal zwanzig Jahre alt, führte sein Heer gegen die Schweden. „Und es war eine große Schlacht mit den Lateinern, und er erschlug eine unzählige Menge von ihnen und setzte dem Anführer selbst mit seinem Speer das Siegel auf die Stirn." Für seinen Sieg an der Neva, den er am 15. Juli 1240 erstritt, am Vladimirstag, gab das Volk Aleksandr den Beinamen „Nevskij". 1242 unternahm Aleksandr einen Winterfeldzug und befreite Pskov, das alte „Haus der Hl. Dreieinigkeit". Am 5. April 1242 lieferte er dem Deutschen Ritterorden die Entscheidungsschlacht am Peipussee. In der ganzen Rus' wurde der Name Aleksandrs gepriesen, „in allen Ländern, bis zum

ägyptischen Meer und bis hin zu den Bergen des Ararat, auf beiden Seiten des Waräger-Meeres und bis hin zum großen Rom".⁴⁶
Die Westgrenzen Rußlands waren nun geschützt, jetzt wurde es Zeit, die Rus' von Osten her zu schützen. So begab sich Aleksandr Nevskij 1242 mit seinem Vater Jaroslav (1191–1246) zur Goldenen Horde.
Nach Abschluß eines Bündnisses mit Khan Batu mußte Fürst Jaroslav allerdings 1246 in die Hauptstadt des Nomadenreiches in der fernen Mongolei reisen. Batu befand sich in schwieriger Lage, so daß er Unterstützung bei den russischen Fürsten suchte, um sich mit seiner Goldenen Horde von der fernen Mongolei abzusetzen. Dort traute man weder Batu, noch den Russen. Fürst Jaroslav wurde vergiftet. Das ihm vom Vater nahegelegte Bündnis mit der Goldenen Horde – das einzige, was zu der Zeit die Rus' vor neuer Zerstörung und vor dem Untergang retten konnte – setzte Aleksandr verstärkt fort. Batus Sohn Sartak, der das Christentum angenommen hatte und in der Goldenen Horde die russischen Verhandlungen führte, wurde sein Freund.
Am 24. Juni 1245 wurde das Konzil von Lyon unter dem Vorsitz von Papst Innocenz IV. eröffnet. Hier richtete Metropolit Petr Akerovič von Kiev, der vom Fürsten Michail von Černigov entsandt worden war⁴⁷, einen Appell an die westliche Christenheit. Er rief zur Vereinigung des christlichen Europa im Kampf gegen die mongolischen Eroberer auf.⁴⁸ Aber der lateinische Westen folgte diesem Aufruf nicht. Noch im Juni 1241, kurz nach der Vernichtung des polnisch-deutschen Heeres bei Liegnitz am 9. April 1241, schickte Kaiser Friedrich II. seine Heere nicht gegen die Mongolen, sondern nach Italien gegen den Papst. Die westliche Welt war von inneren Widersprüchen zerrissen.
Nach dem Tod Khan Batus zog Fürst Aleksandr 1256 zum dritten Mal nach Saraj, der Hauptstadt der Goldenen Horde, um friedliche Beziehungen zwischen der Rus' und der Horde unter dem neuen Khan Berke herzustellen und zu festigen. Er nahm jede Gelegenheit wahr, sein Heimatland zu stärken und ihm seinen Kreuzesweg zu erleichtern.
In russischen Städten waren 1262 zahlreiche tatarische Steuereintreiber und Werber erschlagen worden. Man erwartete Vergeltung durch die Tataren. Doch der weise Fürsprecher des Volkes gab den Ereignissen eine ganz andere Wendung: Unter Berufung auf den Aufstand der Russen stellte der Khan die Tributsendungen nach der Mongolei ein und erklärte die Mongolei zum selbständigen Staat, den er so zu einem Riegel für Rußland von Osten machte. Manche Historiker sehen in diesem Ereignis die „erste Befreiung der Rus' vom Mongolenjoch".⁴⁹
Nachfolger Aleksandrs in den Bemühungen um die Herstellung gleichberechtigter Bündnisbeziehungen zur Goldenen Horde wurde Fürst

Feodor Černyj von Smolensk und Jaroslavl (gest. 1299), der die Tochter von Khan Mengu-Temir[50] geheiratet hatte. Die Tradition eines Militärbündnisses russischer Fürsten mit den Khanen wurde auch im folgenden Jahrhundert fortgesetzt. Die Einrichtung einer Eparchie in Saraj war eng mit zwei gleichzeitigen, aber räumlich weit voneinander entfernten Ereignissen verknüpft, die für die Geschicke Europas und des Nahen Ostens bedeutend waren. Die Orientierung des Khans auf ein Bündnis mit der orthodoxen Rus' und Byzanz ermöglichte Kaiser Michael Palailogos die Wiedergewinnung Konstantinopels (25. Mai 1261). Gleichzeitig rief Khan Berke sein Heer aus der mongolischen Armee des Khan Chulaga ab, der in diesen Jahren den sogenannten „gelben Kreuzzug" gegen Palästina unternahm. Dies ermöglichte den ägyptischen Mamelucken, deren Heere hauptsächlich aus russischen Kriegsgefangenen bestanden, die sie auf den Sklavenmärkten der Krim gekauft hatten[51], die Mongolen 1260 im Vorfeld Jerusalems zu vernichten. Zum ersten Bischof von Saraj setzte Metropolit Kirill Mitrofan ein, dessen Jurisdiktion das Gebiet von Saraj aufwärts von Wolga und Don unterstand.[52]

1279 erhielt Metropolit Kirill II. vom Khan Mengu-Temir eine Urkunde (Jarlyk) über die Anerkennung der Unantastbarkeit des christlichen Glaubens, der Kirchen und des Kirchenbesitzes. Dieses Dokument befreite die Geistlichkeit aus der Tributpflicht gegenüber den Mongolen.

Als später die Tataren unter Khan Özbek den Islam angenommen hatten, setzten die russischen Metropoliten erfolgreich die Verteidigung der Rechte und Interessen der russischen Kirche fort.[53]

f) Die Moskauer Hierarchen

Die neue Rus', die aus der Asche der verbrannten Stätten auferstanden war, brauchte ein neues Zentrum, ein neues Symbol, eine neue Hauptstadt für Kirche und Staat. Kiev hatte sein altes Aposteleerbe an Vladimir, Vladimir an Moskau[54] abgegeben. Moskau, das unter Michail Chrabryj (gest. 1248), dem Bruder von Aleksandr Nevskij, und seinem Sohn Daniil (gest. 1303), hochgekommen war, sollte eine wichtige Rolle in der Geschichte der christlichen Völker spielen.[55]

Fürst Ivan Danilovič Kalita von Moskau, ein Enkel von Aleksandr Nevskij konnte im richtigen Verständnis der historischen Bedeutung Moskaus Ende 1325 den Metropoliten Petr zur Umsiedlung nach Moskau veranlassen. „Der Aufenthalt des Metropoliten in Moskau gab dieser Stadt die Bedeutung einer Hauptstadt des ganzen Landes, denn Fürsten gab es viele, aber nur einen Metropoliten." Der Metropolit Petr gab dem Fürsten seinen Segen zum Bau einer steinernen Kirche zu Ehren des Entschlafens der Gottesgebärerin und sprach zu ihm die prophetischen Worte: „Wenn du auf mich hörst, mein Sohn, so wirst du selbst mehr als andere Fürsten mit deinem Geschlecht verherrlicht werden, und deine Stadt wird berühmt sein unter allen russischen Städten, und die Hierarchen werden in ihr wohnen, und meine Gebeine werden hier niedergelegt werden."[56]

So begann Ivan Kalita mit der „Sammlung des russischen Landes" unter dem Segen des Ersthierarchen der russischen Kirche. Der Metropolit Feognost – er war griechischer Herkunft (1328–53) – ließ sich als Nachfolger des Metropoliten Petr nach seiner Ankunft in der Rus' ebenfalls in Moskau nieder. Seit jener Zeit wurde Moskau „zur kirchlichen Hauptstadt der Rus', lange bevor es politische Hauptstadt wurde".[57] Dadurch daß Metropolit Feognost die Moskauer Fürsten Ivan Kalita und seinen Sohn Simeon Gordyj (1340–53) mit seinem Einfluß als Hierarch unterstützte, leistete er wesentliches für die Zukunft der russischen Kirche. Zu seinem Nachfolger wählte er das Taufkind des Ivan Kalita – den später berühmten Metropoliten Aleksij (1354–78) – und teilte seine Wahl im voraus dem Patriarchen von Konstantinopel mit.

Die umfangreichen Aktivitäten des Metropoliten Aleksij nutzten nicht nur der russischen Kirche, sondern auch dem russischen Staat. Er war der kluge Ratgeber und Erzieher der Moskauer Fürsten Ivan Krasnoj (1353–59) und seines Sohnes Dimitrij Donskoj (1359–89), während dessen Jugendjahren der Metropolit die Regentschaft innehatte. Unter dem Metropoliten Aleksij „zeigte Dimitrij Donskoj als erster der Moskauer Großfürsten entschlossen und deutlich eine Tendenz zu einem einheitlichen Staat".[58]

Im Jahre 1357 hielt sich Metropolit Aleksij, wie die Voskresenskaja-Chronik und die Nikon-Chronik berichten, „hochgeehrt" in der Horde auf. Er war auf Bitten von Tajdula, der kranken Frau des Khans gekommen, die durch seine Gebete geheilt wurde. Dank des Einflusses, über den der Metropolit Aleksij in der Goldenen Horde verfügte, wurde Dimitrij Donskoj 1362 vom Khan zum Großfürsten ernannt und Moskau wurde aufs neue nicht nur Kirchenzentrum, sondern auch Sitz des Großfürsten.[59]

Über russische Fürsten, die sich des Friedensbruches und des Ungehorsams gegenüber dem Großfürsten schuldig gemacht hatten, verhängte Metropolit Aleksij manchmal den Kirchenbann. So weigerte sich 1365 Fürst Boris von Suzdal, seinem Bruder Dimitrij das ihm abgenommene

Nižnij-Novgorod zurückzugeben. Da schickte Metropolit Aleksij Sergij von Radonež zu Boris mit dem Auftrag, alle Kirchen in Nižnij-Novgorod zu schließen. 1368 wurden Fürst Michail Aleksandrovič von Tver und Fürst Svjatoslav Ivanovič von Smolensk von Metropolit Aleksij aus der Kirche ausgeschlossen, weil sie ihren Vertrag mit dem Moskauer Großfürsten gebrochen und mit dem litauischen Fürsten Olgerd am Feldzug gegen Moskau teilgenommen hatten. Metropolit Aleksij sorgte sich auch um ein sittenstrenges christliches Leben der Geistlichkeit und des Volkes; das zeigen seine Sendschreiben.[60] Mit seinem Segen wurden Klöster in Moskau (das Čudov-, das Erlöser-Andronikov-Kloster sowie das Alekseevskij-Frauenkloster) und außerhalb Moskaus in Serpuchov, Nižnij-Novgorod und bei Vladimir errichtet. Er ließ auch das Neue Testament erneut ins Kirchenslavische übersetzen.

g) Die Schule des hl. Sergij

Sergij von Radonež (gest. 1392) „überschreitet die Grenzen seiner Zeit, weil das Werk, das er verwirklichte, seiner Bedeutung nach die Grenzen seines Jahrhunderts weit überschritt. Durch sein gnadenreiches Wirken griff er so tief in das Leben späterer Generationen ein", daß er von einer historischen Persönlichkeit „zu einer Idee des Volkes wurde und sein Werk aus einem historischen Faktum zu praktischem Gebot, zu einem Vermächtnis".[61]

Die geistige Leistung von Sergij in der Geschichte der russischen Kirche und der russischen Kultur war außergewöhnlich. Das Besondere an seinem theologischen Wirken bestand darin, daß er imstande war, in die verborgenen Mysterien der Theologie mit „den geistigen Augen" des Asketen einzudringen – sich im Gebet zum dreieinigen Gott zu erheben, im erfahrenen Umgang mit Gott und in Annäherung an ihn. Um das größte der christlichen Dogmen, das Dogma der Dreieinigkeit offenzulegen, war es nötig, den höchsten für den Menschen erreichbaren Zustand, die schon im Leben sich vorbereitende Vergottung, zu erlangen. Er kannte das Vermächtnis von Gregorios dem Theologen, daß „Miterben des vollkommenen Lichtes und der Schau der Allheiligen und der Herrscherlichen Dreieinigkeit jene sein werden, die sich vollkommen mit dem Hl. Geist vereinigen". Der „Hegumenos" (Abt) Rußlands, der in allem die Gebote Christi beobachtete, gehörte zu jener Schar von Gott wohlgefälligen Heiligen, in deren Seele die Hl. Dreieinigkeit Wohnung genommen hat (Joh 14, 23).

Sergij ist untrennbar verbunden mit dem Erbe der russischen Kirche, mit einer neuen Epoche, die durch eine besondere Verehrung der

Dreieinigkeit ausgezeichnet ist. Als er sich 1337 auf dem waldigen Hügel Makovec bei Radonež (70 km von Moskau entfernt) niedergelassen und eine hölzerne Kirche zu Ehren der Dreieinigkeit errichtet hatte, öffnete er etwas Neues für die geistige Welt des russischen Menschen.

Sergij lebte in einer Zeit, in der die theologische Lehre von der Dreieinigkeit in der orthodoxen Kirche in Verbindung mit der geistigen Erfahrung des Hesychasmus, mit den theologischen Werken des Gregorios Sinaitos, des Hierarchen Gregorios Palamas und anderen byzantinischen Formen weiterentwickelt wurde.[62]

Die russischen Kirchen haben seit den ältesten Zeiten dem byzantinischen Hesychasmus verwandte Erscheinungen gezeigt, weil die orthodoxe Lehre von der geistigen Schau als ein Weg zur Vollkommenheit und Vergottung untrennbar mit dem mönchischen Werk der Errettung verbunden ist. Nur daß man anstelle von Hesychia auf russisch „Nichtsprechen, Schweigen", anstelle von Hesychast „Klausner, Schweiger" sagte.

Die palamitischen Streitigkeiten fanden in der russischen Kirche ihren Widerhall im čin pravoslavija, der neue hesychastische Punkte über die Unterscheidung des „Wesens" und der „Energie" Gottes einschloß.[63] Die Erzählungen des „Paterikon, des Kiever Höhlenklosters" (Ende 12. bis Anfang 13. Jh.) sind stark mit hesychastischem Gedankengut durchsetzt; um 1313 entstanden die Fresken des Novgoroder Snegogorskij-Klosters, die die „hesychastischen" Fresken des Feofan Grek um ein halbes Jahrhundert vorwegnahmen.[64]

Von der ununterbrochenen Tradition und Entwicklung des mönchischen „geistigen Gebets" in der russischen Kirche, die zur Zeit von Gregorios Sinaitos in Byzanz schon fast in Vergessenheit geraten waren, legt das Leben russischer Asketen Zeugnis ab: das des Metropoliten Ilarion (gest. 1053), der von Antonij aus dem Kiever Höhlenkloster die Mönchsweihe erhalten hatte, des Metropoliten Kliment Smoljatič (gest. nach 1164), der aus seiner Klause auf den Kiever Metropolitenstuhl gebracht wurde und in den Chroniken „Träger des großen Mönchsgewands und Philosoph" genannt wird, des Säulenheiligen Kirill, der später Bischof von Turov (gest. 1183) wurde. 1147 kam Gerasim aus Kiev an den Fluß Vologda.[65] Er begründete dort die Russische Nördliche Thebeis. Im 14. Jh. wurde im Moskauer Bogojavlenskij-Kloster der spätere Metropolit Aleksij von Kiev (mit Sitz in Moskau, gest. 1378) zum Mönch geweiht.[66]

Auch die Sukzession des koinobitischen Mönchswesens wurde in der russischen Kirche nicht unterbrochen. In den schweren Jahren der Tatarenherrschaft wurden das Erlöser-Stein-Kloster in Vologda und das Kloster von Gregorios dem Theologen in Rostov, aus dem dann Stefan von Perm und Epifanij Premudryj[67] hervorgingen, zu einem Bollwerk der Tradition der koinobitischen Regel. 1335 entstand in Nižnij Novgorod das Höhlenkloster der Auferstehung.

Der Asket von Radonež bereicherte die russische Kirche und die ganze Ökumene durch ein neues theologisches und liturgisches Wissen. Man sah die Dreieinigkeit als Beginn und Quelle des Lebens, die sich der Welt und dem Menschen offenbart in der Katholizität der Kirche, in der brüderlichen Vereinigung und der opferhaften sühnenden Liebe ihrer Hirten und Kinder.

Die von Sergij errichtete Kirche der Dreieinigkeit wurde zum Symbol der Sammlung der Rus' in Einheit und Liebe, der historischen Großtat des russischen Volkes. Nach den Worten des Verfassers seiner Vita, sollte „durch ihre ständige Betrachtung die Furcht vor der abscheulichen Spaltung dieser Welt besiegt" werden. Die geistige Erfahrung und das geistige Streben der russischen Kirche verkörpern die liturgischen Schöpfungen für das Fest der Hl. Dreieinigkeit, die Riten des Festes, die Ikonen der Hl. Trinität in den Kirchen und Klöstern ihres Namens.[68] Zur künstlerischen Verwirklichung des theologischen Wissens von Sergij ist die wundertätige Ikone der Trinität von Andrej von Radonež, genannt Rublev (1430), des Malermönchs des Troice-Sergiev-Klosters, geworden, die er mit dem Segen von Nikon von Radonež gemalt hat (s. Abb. 5). Das Fest der Hl. Dreieinigkeit war ursprünglich das lokale Altarfest der Trinitäts-Kathedrale, in der die Gebeine des hl. Sergij ruhten und für die die Kirchenikone „Trinität" geschaffen war. „Das lokale Fest einer einzigen Ikone einer einzigen Kirche wird als das geistige Wesen des ganzen russischen Volkes in zahllosen Widerspiegelungen in unzähligen Kirchen zu Ehren der Hl. Dreieinigkeit mit unzähligen Trinitäts-Ikonen wiederholt."[69]

Die Schule des Sergij, die der russischen Kirche und der ganzen Ökumene neue Gebiete theologischen Wissens von der Dreieinigkeit erschloß, brachte das kirchliche Schrifttum, die Ikonenmalerei und den Kirchenbau zur Blüte.

Durch die Klöster, die er gründete, erstreckte sich der Einfluß des hl. Sergij über den ganzen russischen Raum und setzte sich durch die weitere Geschichte der russischen Kirche fort. Ein Viertel aller russischen Klöster, dieser Festungen des Glaubens, der Frömmigkeit und christlicher Bildung, sind von Sergij und seinen Schülern gegründet worden. Das Volk hat dem Begründer des Troice-Sergiev-Klosters den Namen „Hegumenos des russischen Landes" gegeben. Viele waren

Schüler und Gefährten des „Wunder-Starzen" Sergij. Die Hierarchen Aleksij und Kiprian, Metropoliten von Moskau, Erzbischof Dionisij von Suzdal und Bischof Stefan von Perm standen mit ihm in engster Verbindung. Über Nikita und Pafnutij von Borovsk geht die geistige Sukzession hin zu Iosif Volockij und seine Schüler, über Kirill Beloezerskij zu German, Savvatij und Zosima Soloveckie und zu Nil Sorskij.[70]

Die Bedeutung des mönchischen Wirkens des Abtes Sergij wird im Sendschreiben des Patriarchen Philotheos auch für die Gesamtkirche anerkannt. Dieser schickte 1354 durch den Metropoliten Aleksij von Moskau seinen Segen zur Wiedergeburt der „Koinobie" der Mönche in Rußland sowie ein Kreuz mit Reliquien byzantinischer und russischer Heiliger.[71] „Das vom Patriarchen Philotheos gesandte Kreuz war gleichsam ein Programm für die Einheit der russischen Kirche und der Einheit der ökumenischen Kirche, wie es der Patriarch Philotheos durchführte und zu dem er die Russen aufrief."[72] Durch die Gebete der Heiligen und seiner Mönche leuchtete die Sonne der göttlichen Wahrheit über der Rus' auf.

Am 8. September 1380, am Fest der Geburt der Gottesgebärerin, vernichteten die russischen Heere des Moskauer Fürsten Dimitrij die tatarischen Heerhaufen des Mamaj auf dem Schnepfenfeld (Kulikovo pole). An diesem Tag fielen vom Sonnenaufgang bis zu deren Niedergang 200 000 russische Krieger. Mit diesem Sieg wurde eine neue Seite in der Geschichte Rußlands aufgeschlagen. Er war die erste gesamtrussische nationale Großtat, die die geistigen Kräfte des russischen Volkes um Moskau sammelte. Nach der Schlacht auf dem Schnepfenfeld gab das Volk dem Großfürsten Dimitrij den Beinamen Donskoj.

Der hl. Sergij segnete auch seine Mönche, den Šimonach Aleksandr (Peresvet) und den Šimonach Andrej (Oslab') für den Kampf. Zum Gedenken der in der Schlacht auf dem Schnepfenfeld gefallenen Krieger ist der Sonnabend des hl. Demetrius ein gesamtkirchliches Fest geworden. Dieses Totenamt wurde zum ersten Mal am 20. Oktober 1380 in Gegenwart des Großfürsten Dimitrij Donskoj im Troice-Sergiev-Kloster gefeiert.

2. Die Autokephalie – das Jahr 1448

Im 15. Jh. verändert sich die politische Karte Europas. Die islamischen Völker, die Europa von West und Ost umklammert hatten, weichen zurück. In Spanien kommen die Reconquista und damit die Maurenherrschaft zu ihrem Ende, in Rußland wird das Tatarenjoch abgeschüttelt.

Die Osmanen jedoch, die vor fast hundert Jahren in Europa eingedrungen waren, zerstören das Byzantinische Reich; am 29. Mai 1453 fällt Konstantinopel.
Die „stolzen Romäer" hatten in den letzten Jahren des Reiches eine Einigung mit den katholischen Ländern des Westens suchen müssen. Kaiser Johannes VI. Palaiologos und Patriarch Joseph beschlossen, Rom um Hilfe zu bitten. Im Jahre 1438 wurde in Ferrara (und dann in Florenz) das anstehende Konzil mit dem Ziel der Ausarbeitung einer Union der Orthodoxen Kirche des Ostens mit der von Rom einberufen.[73]
Die Ironie der Geschichte wollte es, daß einer der Hauptbetreiber der Union, der Metropolit Isidor (1436–41), der letzte „russische Metropolit aus Byzanz" war.[74] Die Union wurde indessen weder im orthodoxen Osten, noch in Moskau angenommen. Nach der Rückkehr des Metropoliten Isidor lehnte die russische Kirche die Idee einer Union kategorisch ab und nahm Abstand von der Gebets- und kanonischen Gemeinschaft mit ihren Anhängern. Auf Befehl Vasilij Temnyjs wurde Isidor amtsenthoben und ins Čudov-Kloster verbannt. Später konnte er nach Rom fliehen, wo er einige Zeit als Kardinal lebte.
Nachdem die russische Kirche den Uniaten Isidor vom Metropolitenstuhl entfernt hatte, konnte sie sich wegen der Weihe eines neuen Metropoliten nicht an den Patriarchen von Konstantinopel wenden. In dieser Situation verfügte das Konzil der russischen Hierarchen über das kanonische Recht, nicht nur die kirchliche Gemeinschaft mit den Patriarchen, die die Orthodoxie verraten hatten, abzubrechen, sondern sich auch als kirchlich unabhängig zu erklären. Die russische Geistlichkeit hoffte auf die baldige Rückkehr der der Orthodoxie treugebliebenen Patriarchen auf ihre Patriarchenstühle. Deshalb wurde am 15. Dezember 1448, ohne die Frage einer kanonischen Erlangung der Autokephalie vorwegzunehmen, der Bischof Iona von Rjazan' und Murom von den russischen Hierarchen als Metropolit aufgestellt, nachdem er schon nach dem Tod des Metropoliten Fotij (1408–1431) gewählt worden war. So hatte sich in der Mitte des 15. Jh. die „innere und äußere kirchenpolitische Situation so gefügt, daß die vollständige Autokephalie der Russischen Orthodoxen Kirche die natürliche und notwendige Folge war".[75]
Der Moskauer Staat erstarkte. Moskau wurde zum Mittelpunkt des russischen Staates und der Kirchenleitung. Es war deshalb unumgänglich, das kirchliche Leben Novgorods dem Leben des russischen Zentrums näherzubringen. Dies gelang dem Metropoliten Iona (gest. 1461) und Erzbischof Gennadij von Novgorod (gest. 1505).

Das Erstarken der russischen Kirche rief das Mißvergnügen des katholischen Rom hervor. Im Bestreben, die Einheit der russischen Metropolie aufzubrechen, weihte der 1450 amtsenthobene und aus Konstantinopel vertriebene Patriarch Gregorios III. Mammas unter Verletzung der kirchlichen Kanones 1458 Grigorij (Camblak) zum Metropoliten „von Kiev, Litauen und dem ganzen unteren Rußland".
Die Hoffnungen, die der römische Papst Kallist III. (1455–58) in die antikanonische Teilung der russischen Metropolie gesetzt hatte, erfüllten sich nicht. Die orthodoxe Bevölkerung der Kiever Metropolie erkannte die Union von Florenz nicht an. Nachdem er sich überzeugt hatte, daß die Union gescheitert war, brach Metropolit Grigorij (Camblak) von Kiev (1458–72) mit der Union und wurde (1470) durch den orthodoxen Patriarchen Dionysios I. von Konstantinopel wieder in die kirchliche Gemeinschaft aufgenommen. Kirche und orthodoxe Bevölkerung der südwestlichen Rus' blieben im Schoß der Kirche des Ostens. Dennoch war aber das orthodoxe russische Volk mehr als zweihundert Jahre gespalten, bis Bogdan Chmel'nickij die Ukraine 1654 wieder mit Rußland vereinigte.
Eine nicht geringere Gefahr für die russische Kirche und die Staatlichkeit war ein unsichtbarer Feind, der zu den Grundlagen der orthodoxen Weltsicht, der sittlichen Weltordnung der Kirche und des ganzen Systems der theologischen und weltlichen Werte des russischen orthodoxen Volkes vorgedrungen war. Nach einer apokryphen Überlieferung war es ein Holzwurm, der den Thron des Königs Salomo anfressen und zerstören konnte. Zu einem solchen Wurm war die häretische Bewegung der Judaisierenden in den siebziger Jahren des 15. Jh. geworden. Iosif schrieb in Sorge an Bischof Nifont von Suzdal: „Gegenwärtig sind Mönche und Weltpriester in den Häusern, auf den Wegen und auf den Märkten im Zweifel und forschen alle nach dem Glauben."[76] Die Häresie breitete sich nicht nur in Groß-Novgorod, sondern auch in Moskau aus.
Ihre historischen Wurzeln liegen tief. Bis heute ist der Anteil nationaler Elemente in den häretischen Bewegungen, deren Ausbrüche das mittelalterliche Europa wie Epidemien erschütterten, nicht hinreichend erklärt. Die Inquisitionsakten zeigen, daß viele gefährliche aufrührerische Sekten jüdisch-christlich mit mehr oder weniger deutlich ausgeprägter manichäischer Färbung waren. Das Aufblühen der albigensischen Häresie in Frankreich haben Historiker in direkte Verbindung mit dem Anwachsen jüdischen Einflusses in diesem Gebiet gestellt.[77]
Die Judaisierenden sind im orthodoxen Osten bekannt. In der ersten Hälfte des 14. Jh. existierte in Saloniki „unter der griechischen Bevölke-

rung eine häretische judaisierende Gesellschaft", die „die bulgarischen Judaisierenden der vierziger und fünfziger Jahre desselben Jahrhunderts"[78] beeinflußte. 1354 fand in Gallipoli der Disput von Bischof Gregorios Palamas, dem berühmten Theologen der Ostkirche, mit den Türken und Chionen, d. h. den „Judaisierenden" statt. 1360 wurden in Tirnovo, der Hauptstadt des Bulgarischen Patriarchats, zugleich mit den Gegnern des Hesychasmus (die Barlaamiten) auch die „den jüdischen Häresien Nacheifernden" auf einem Konzil verurteilt.

Die Erfolge der Häresie in der Rus' erklärten sich durch dieselbe Ursache wie im Frankreich des 14. Jh. In das junge osmanische Reich kamen Juden aus ganz Westeuropa[79], die dann ungehindert in die genuesischen Kolonien auf der Krim und am Asowschen Meer eindrangen, in das Gebiet des einstigen Chasarien, wo die jüdische Sekte der Karäer ebenfalls großen Einfluß gehabt hatte. Diese war auf der Krim und in Litauen stark verbreitet und eng mit Palästina verbunden. Die Aufschriften des jüdischen Friedhofs in Tschufut-Kale zeigen, daß es auf der Krim Karäer-Kolonien vom 2. bis zum 18. Jh. gegeben hat. Nach Litauen kamen sie durch Fürst Vitautas, den Sieger der Schlacht bei Grunwald (Tannenberg) 1410, von hier aus verbreiteten sie sich über ganz Westrußland.

Seit den Zeiten des hl. Vladimir, des Täufers der Rus', der die Behauptungen der chazarischen Rabbinen verworfen hatte, „war das große russische Land" – so schrieb Iosif Volockij – fünfhundert Jahre im orthodoxen Glauben geblieben, bis der Feind des Heils, der Teufel, den abscheulichen Juden nach Groß-Novgorod brachte".[80] Am Michaelstag, den 8. November 1470, kam im Gefolge des von der Volksversammlung (Veče) von Novgorod berufenen Fürsten Michail Olel'kovič der „Jude Šarija"[81], alias „Zacharija, Fürst von Taman", aus Kiev nach Novgorod.[82] Danach trafen die litauischen Rabbiner Iosif Šmojlo Skarjavej und Moisej Chanusch ein. Übrigens „war dies nicht nur eine Häresie, sondern ein vollständiger Abfall vom christlichen Glauben und die Annahme des jüdischen Glaubens".[83]

Die Häresie verbreitete sich schnell. Unter Ausnutzung der Schwächen einiger Kleriker begannen Scharija und seine Helfer den Kleingläubigen Mißtrauen gegenüber der kirchlichen Hierarchie einzuflößen, Empörung gegen das geistliche Regiment anzustacheln und „Selbstbestimmung" mit persönlicher Willkür eines jeden einzelnen in Dingen des Glaubens und des Heils zu fordern; sie drängten die Verführten, sich von der Mutterkirche loszusagen, ließen sie die Ikonen schmähen und die Verehrung der Heiligen – die Grundlage der Sittlichkeit des Volkes – verwerfen. So brachten sie sie schließlich dazu, die Sakramente und

Grunddogmen der Orthodoxie von der Trinität und der Menschwerdung Gottes zu verleugnen. Damit gelangte man zum Abfall von Gott, zum Kampf gegen Gott, zum Ersatz Christi des Erlösers durch den falschen Messias und Antichrist.

Die Lehre verbreitete sich heimlich. Die erste Nachricht von der Häresie gelangte 1487 an den Erzbischof Gennadij von Novgorod. Vier Mitglieder einer geheimen Gesellschaft, die sich im Trunk gegenseitig beschuldigten, entdeckten den Orthodoxen die Existenz der Häresie. Der eifrge Hierarch machte sich unverzüglich an die Untersuchung und mußte sich tiefbekümmert überzeugen, daß nicht nur die örtliche Frömmigkeit gefährdet war, sondern sogar Moskau, die Hauptstadt der Orthodoxie. Im September 1487 schickte er dem Metropoliten Gerontij die ganzen Untersuchungsakten. In den Kampf schaltete sich Iosif Sanin, Abt des Entschlafens-Klosters in Volokolamsk (140 km westlich von Moskau) ein, der in der russischen Gesellschaft Ende des 15. und Anfang des 16. Jh. unumstrittene Autorität besaß. Der Kampf erwies sich aber als nicht einfach, denn die Häretiker hatten sich mächtiger Unterstützung in Moskau versichert. Der von den Judaisierenden betörte Großfürst Ivan III. (1462–1505) hatte sie nach Moskau berufen und zwei der führenden Häretiker zu Erzpriestern gemacht, den einen an der Entschlafens-Kathedrale und den anderen an der Erzengel-Kathedrale im Kreml. Einige Personen aus der nächsten Nähe des Zaren, darunter auch der an der Spitze der Regierung stehende D'jak Feodor Kuricyn und sein Bruder verfielen der Häresie. Die Schwiegertochter des Großfürsten, Elena Vološanka[84], hat wahrscheinlich zum Kreis der Judaisierenden gehört. Seit 1483, möglicherweise auch schon früher, gab es über diplomatische Kanäle eine Korrespondenz zwischen Moskau und Bachtšisaraj, zwischen Ivan III. mit dem Häresiarchen Šarija.[85] Schließlich wurde der Häretiker Zosima 1490 als Metropolit auf den Metropolitenstuhl der großen Moskauer Metropoliten erhoben.

Neunzehn Jahre dauerte der Kampf von Erzbischof Gennadij und Abt Iosif mit den Feinden der Orthodoxie.

In dem von ihm 1479 gegründeten Entschlafens-Kloster in Volokolamsk schuf Iosif seine theologischen Hauptwerke, die Abhandlung „Prosvetitel'" (Erleuchter), ein Werk, das ihm den Ruhm eines russischen Kirchenvaters und -lehrers einbrachte. Hiermit wurden seine flammenden antihäretischen Sendschreiben verbreitet. Die apologetischen Mühen des Abtes von Volokolamsk und des Erzbischofs Gennadij waren erfolgreich. Die Irrlehre wurde verurteilt und die Bewegung der Judaisierenden aufgehalten. 1494 wurde der Häretiker Zosima vom

Metropolitenstuhl entfernt und auf dem Konzil 1502–1504 wurden die hartnäckigsten unbußfertigen Häretiker verurteilt.

Die theologischen Werke des Iosif sind untrennbarer Bestandteil der orthodoxen Überlieferung. Ein Denkmal der kanonischen Werke des Abtes von Volokolamsk ist zu großen Teilen auch der „Gesamtnomokanon" – ein gewaltiger Kodex der kanonischen Regeln der orthodoxen Kirche, der vom Metropoliten Daniil vollendet wurde.[86] Abt Iosif nahm aktiv am öffentlichen Leben teil und setzte sich für einen starken zentralisierten Moskauer Staat ein. Die Ansichten seiner Anhänger, der Iosiflanen, über die Bedeutung des Klosterbesitzes für die Kirche und über deren Teilnahme am öffentlichen Leben im Kampf um die zentralisierte Macht des Moskauer Fürsten muß im historischen Kontext gesehen werden. Die Gegner des Abtes verfolgten ihre politischen Ziele, indem sie sich für die Erhaltung der Teilfürstentümer einsetzten und in der Auseinandersetzung mit Iosif die Lehre von Nil Sorskij vom „Nichtbesitzstreben" – die mönchische Absage an Besitz und Welt – herangezogen. Nil Sorskij hatte einige Jahre der Askese in den Klöstern von Konstantinopel und auf dem Athos zugebracht und die Lehre vom kontemplativen Leben und dem „geistigen" Gebet als der auch für die Welt notwendigen Mittel mitgebracht.[87]

Doch geistiges Mühen und körperliches Mühen sind nur zwei Seiten der einen christlichen Berufung: der lebendigen Fortsetzung des Schöpferwirkens Gottes in der Welt, die sowohl die ideale als auch die materielle Sphäre umfaßt. In dieser Hinsicht sind Iosif und Nil geistige Brüder, Fortsetzer der kirchlichen Väterüberlieferung und Erben des Vermächtnisses des hl. Sergij. Abt Iosif hatte eine hohe Meinung von der geistigen Erfahrung Nils und sandte ihm seine Schüler zur Einübung in Gebet und Kontemplation.

In der russischen Kirchengeschichte nehmen die Arbeiten des Erzbischofs Gennadij zur Bibel – Frucht eines langen Kampfes mit der Häresie – einen besonderen Platz ein. In ihren Spekulationen stützten sich die Häretiker auf entstellte alttestamentliche Texte, die sich von denen in der orthodoxen Kirche angenommenen unterschieden. Das Alte Testament war besonders häufig zufälligem oder absichtlichem Verderb ausgesetzt. Darüber schrieb Erzbischof Gennadij tiefbetrübt an den Erzbischof Iosafat: „Die Juden halten an einer häretischen Tradition fest; die Psalmen Davids oder die Propheten haben sie ganz verderbt."[88] Erzbischof Gennadij nahm die gewaltige Aufgabe auf sich, korrekte Abschriften der Hl. Schrift, die bis dahin in der Rus' als Einzelteile, als Pentateuch oder Oktoteuch, als Buch der Könige, Sprüche, als Psalter, Propheten, Evangelium und Apostelbriefe verbreitet waren, zu einem einheitlichen Kodex zu vereinigen. Mit Hilfe von gelehrten Bibelkennern stellte der Erzbischof alle Bücher der Hl. Schrift zu einem einheitlichen Kodex zusammen. Dabei ergänzte er diesen Kodex durch neue Übersetzungen aus dem Lateinischen jener Bücher, die er in der Handschriftentradition der slavischen Bibel nicht hatte finden können. 1499 erschien in der Rus' der erste vollständige Text der Hl. Schrift in Kirchenslavisch, die „Gennadij-Bibel" – wie sie nach ihrem Schöpfer anerkennend genannt wird. Diese kirchenslavische Bibeltradition hat die Kirche bis hin zur sogenannten Elisabeth-Bibel (1751) und auch für alle nachfolgenden Druckausgaben bewahrt.

Die kirchlichen Schriftgelehrten unter der Leitung des Erzbischofs Gennadij waren außer mit der Bibelbearbeitung mit großen literarischen Vorhaben beschäftigt. So wurde die bis zum Jahr 1496 gehende „Vierte Novgoroder Chronik" zusammengestellt und zahlreiche Bücher wurden übersetzt, berichtigt und abgeschrieben. Dosifej, der Abt des Soloveckij-Klosters verbrachte einige Jahre bei Gennadij in Novgorod (1491–94) und stellte dabei die Bibliothek für sein Kloster zusammen. Auf Bitten von Gennadij schrieb Dosifej die Viten von Zosima und Savvatij vom Soloveckij-Kloster.

So gelangte die russische Kirche zu neuen Dimensionen geistiger Erfahrung in den monastischen Schulen von Iosif von Volokolamsk und Nil Sorskij, die die kirchliche Einheit des Moskauer Zentrums mit den alten Randgebieten der Volksversammlung (veče: Novgorod 1470 und Pskov 1510) gestärkt hatten. Zugleich war sie aus dem Kampf mit der Häresie der Judaisierenden nach Überwindung der Florentiner Union gestärkt hervorgegangen. Nachdem sie den russischen Staat bei der Beseitigung der letzten Reste der Abhängigkeit von der Goldenen Horde (1480) kräftig unterstützt hatte, trat die russische Kirche als autokephale Kirche in das 15. Jh. ein.

Schon bald zeigte sich jedoch eine besorgniserregende Tendenz. Die Vorsteher der russischen Kirche wurden nach und nach in ihren Verwaltungsaufgaben immer abhängiger von der erstarkenden weltlichen Macht, die sich häufig in kirchliche Angelegenheiten mischte, ihr nicht genehme Metropoliten nach Gutdünken absetzte und andere berief. So verloren im 16. Jh. von den elf Moskauer Metropoliten fünf ihren Stuhl durch Willkür der weltlichen Macht: Varlaam (1522) unter Vasilij III., Daniil (1539) und Ioasaf (1543) während der Bojarenherrschaft, der hl. Filipp (1568) unter Ivan Groznyj und Dionisij (1586) unter dem Zaren Feodor Ivanovič.

In dieser schwierigen Periode ragen die folgenden Moskauer Hierarchen hervor: Metropolit Daniil (1522–39), der als geistlicher Schriftsteller den Gesamtnomokanon und die Nikon-Chronik verfaßte[89], Metropolit Makarij (1543–64), der wegen seiner umfangreichen Aktivitäten auf dem Gebiet des kirchlichen Bildungswesens der Große genannt wurde, und Metropolit Filipp II. (1566–68), der mutige Ankläger zarischer Verbrechen. Der junge Zar Ivan Groznyj (1547–84) schätzte den Moskauer Metropoliten hoch ein und ordnete sich gern seinem Einfluß unter. Er nannte Makarij einen, „der gute Werke und Liebe will", und schrieb über ihn in einem Brief (1556) an Erzbischof Gurij von Kazan': „Wie glücklich wäre das russische Land, wenn alle Bischöfe so wären wie der hochgeweihte Makarij und Du."[90]

Schon als Erzbischof von Novgorod begann Metropolit Makarij mit der Sammlung „aller hl. Bücher, die sich im russischen Lande finden ließen". Als Ergebnis zwanzigjähriger gemeinsamer Arbeit des Metropoliten Makarij und seiner Helfer erschien ein Kodex aus zwölf (nach der Monatszahl) handgeschriebenen Folianten, die als „Große Lesemenäen des Makarij" bekannt sind. Die „Sophien-Lesemenäe" wurde in den dreißiger Jahren in Novgorod, die „Uspenskij"- und „Zaren"-Lesemenäen in den fünfziger Jahren in Moskau verfaßt. Dieses monumentale Werk nahm alle hervorragenden Denkmäler des geistlichen Schrifttums der russischen Kirche in sich auf. Weil er die Zukunftsaussichten des heimischen Buchdrucks erkannte, unterstützte Metropolit Makarij die Eröffnung der ersten russischen Druckerei in Moskau, in der dann die bekannten russischen Erstdrucker, der Diakon Ioann Fedorov und Petr Timofeev wirkten.

1547 und 1549 wurden unter dem Vorsitze des Metropoliten Makarij Landeskonzile einberufen, auf denen die Verehrung zahlreicher russischer Heiliger, die überall in Rußland, sei es als Mönch und Asket, sei es als Hierarch, sei es im Kriegsdienst zur Verteidigung der Grenzen des Vaterlandes glänzend hervorgetreten waren, kanonisch für ganz Rußland festgesetzt wurden. Man verfaßte und redigierte Viten und Offizien für die russischen Heiligen.

In dem Bemühen, die Mängel im russischen Kirchenleben zu beseitigen, berief Metropolit Makarij 1551 die große Moskauer Synode ein. Ihre Beschlüsse wurden in hundert Kapitel zusammengefaßt (weshalb sie die „Hundert-Kapitel-Synode" heißt). Sie betrafen alle Teile des damaligen kirchlichen Lebens. Für den Gottesdienst wurde eine den Riten entsprechende vollständige Durchführung vorgeschrieben, eine Vereinheitlichung der Riten, die Verbesserung der gottesdienstlichen Texte, die Übereinstimmung der Ikonenmalerei mit dem Kanon. Ferner wurden die Eparchialverwaltung und das Eparchialgericht behandelt, die Verstärkung der kirchlichen Aufsicht über die Geistlichkeit, die

Begrenzung der Besteuerung von Geistlichkeit und Laien durch die Bischöfe und ein Verbot für weltliche Eparchialbeamte ausgesprochen, geistliche Angelegenheiten zu behandeln. Die Beschlüsse der Synode regelten das Leben der Weltgeistlichkeit, der Mönche und der Klöster. Die Mönche durften nicht mehr außerhalb der Klöster leben, und der Klosterbesitz wurde streng kontrolliert.

Die Beschlüsse betrafen aber auch die Laien. Es wurden Schulen zur Ausbildung der Geistlichkeit eingerichtet und die Auswahl würdiger Kandidaten für den Altardienst geordnet. Auch wurden Maßnahmen zum Kampf gegen Aberglauben und Gebräuche, die dem Glauben an Christus zuwiderliefen, ergriffen.[91] Die Bestimmungen der Synode wurden im Stoglav (Hundert-Kapitel-Buch) zusammengefaßt. Nach der Synode von 1551 erwirkte Metropolit Makarij für den verbannten Humanisten Maxim Grek (gest. 1556 in Moskau), den er wie einen Heiligen verehrte und dessen Schriften die Synode indirekt beeinflußt hatten, Vergebung und Zulassung zur Eucharistie. 1553–1554 fand unter Vorsitz des Metropoliten Makarij eine Synode statt, die die Häresien und Verirrungen des Matfej Baškin, des Abtes Artemij, des Djaken Ivan Viskovatyj und des Feodosij Kosoj verurteilte.

In den Jahren 1560–63 wurde im Kreis um den Metropoliten Makarij ein anderer monumentaler Kodex, das „Stufenbuch der zarischen Genealogie", geschaffen. Solche Denkmäler, wie auch das „Buch vom Hauswesen" („Domostroj", etwa 1550), die die ganze Lebensführung des russischen Menschen bestimmten, und der „Chronikenkodex mit Miniaturen" (bis 1567, Weltgeschichte und Chronik des russischen Staates) wurden ebenfalls von Personen aus der näheren Umgebung des Metropoliten Makarij geschaffen. Nach dem Tode des Metropoliten Makarij (gest. 31. Dezember 1563) errichtete der Zar Ivan IV. der Schreckliche (Groznyj) das System der „Opričnina", eines eigenartigen Staates im Staate. In dieser Zeit endet die offizielle russische Chronikschreibung. Blutige Pogrome in Tver' und Novgorod (1569–70), Hinrichtungen und Verbannung unschuldiger Menschen, Plünderung von Kirchen und Klöstern führten das Land in eine Krise. Als Verteidiger der unschuldig Verurteilten trat Metropolit Filipp II. von Moskau auf. Er entstammte dem Bojarengeschlecht der Kolyčevs und war lange Abt des Soloveckij-Klosters gewesen. Sein strenger Lebenswandel und seine weise Leitung des Klosters hatten ihn weit über das Kloster hinaus berühmt gemacht. Metropolit Filipp verlangte vom Zaren die Aufhebung der Opričnina und prangerte offen die Verbrechen an.[92] Auf Befehl von Ivan Groznyj führten die Opričniki den Metropoliten am 8. November 1568 während der Feier der Göttlichen Liturgie aus der

Moskauer Entschlafens-Kathedrale und setzten ihn dann im Otroč-Kloster zu Tver' fest, wo er am 23. Dezember 1569 den Märtyrertod durch die Hand des Opričniks Maljuta Skuratov erlitt.[93]
In jenen schweren Jahren innerer Prüfungen wurde die Gottesmutter zur Fürsprecherin für Rußland. Am 8. Juli 1579 erschien – wie berichtet wird – ihr wundertätiges Bild in der Stadt Kazan'. Sie ist das lebendige Symbol der Wegeführerin – der Hodigitria – für die folgende Geschichte geworden. Unter ihrem Schirm erstarkte die russische Kirche und erlangte immer größere Anerkennung unter den christlichen Kirchen des Ostens.[94]

3. Die Zeit der Patriarchalverfassung (1589–1700)

a) Beginn des Patriarchats in Rußland

Mit dem Fall von Konstantinopel 1453 wurde Moskau in verstärktem Maße dazu berufen, die Traditionen der Ostkirche fortzuführen.
Der russische Staat, der 1480 endgültig das Tatarenjoch abgeworfen hatte, festigte seine Macht durch die Unterwerfung der Khanate von Kazan' (1552), Astrachan' (1556) und Sibirien (1581), die nach dem Wegfall der Goldenen Horde (1504) entstanden waren. Zum Wachstum und zur Festigung des russischen Staates trug die Russische Orthodoxe Kirche das Ihre bei. Der letzte Metropolit von Moskau war Iov (seit 1586).
Das Jahr 1584 war durch ein für das Leben der Russischen Orthodoxen Kirche wichtiges Ereignis bezeichnet: die faktisch unabhängige Moskauer Metropolie wandelte sich in ein Patriarchat, die Autokephalie erhielt damit ihre rechtliche Anerkennung.
Als der Patriarch Jeremias II. von Konstantinopel in Moskau weilte, wurde die Einsetzung des Patriarchats vollzogen.
Am 23. Januar 1589 wählte eine Synode der russischen Geistlichkeit unter Teilnahme des Patriarchen Jeremias den Metropoliten Iov zum Patriarchen von Moskau. Als solcher wurde er am 26. Januar feierlich inthronisiert. Vor seiner Abreise aus Moskau hinterließ Patriarch Jeremias der Russischen Orthodoxen Kirche eine von ihm und den ihn begleitenden Geistlichen unterschriebene Urkunde, die die Legitimität der Einrichtung des Patriarchats in Rußland bestätigte. Die Einrichtung des russischen Patriarchats sei nach Beratung „mit der gesamten geheiligten Synode des großen Russischen und Griechischen Reiches" in Übereinstimmung mit der Wahl durch Jeremias von Konstantinopel selbst und der anderen Patriarchen der Ökumene vollzogen worden.

Auf den Konzilen 1590 und 1593 in Konstantinopel, an denen die Patriarchen des Ostens teilnahmen, wurde der Beschluß gefaßt, alles zu billigen und zu bestätigen, was Patriarch Jeremias in Moskau zur Gründung des Moskauer Patriarchats getan hatte; die Rechte des Patriarchats in Rußland persönlich dem Patriarchen Iov und allen seinen Nachfolgern auf ewige Zeiten zuzuerkennen und dem Moskauer Patriarchen den fünften Platz nach den Patriarchen von Konstantinopel, Alexandrien, Antiochien und Jerusalem zuzuweisen. Von den Rechten des russischen Patriarchen und seinem Jurisdiktionsgebiet hieß es in den Konzilsakten, daß er „Patriarchenwürde und -ehre haben werde und für alle Zeiten mit den übrigen Patriarchen geehrt und ihnen zugerechnet werde...", daß er sich zu nennen und zu unterschreiben habe mit „Patriarch von Moskau und ganz Rußland und der nördlichen Lande".

Die Einrichtung des Patriarchats stellte die russische Kirche und ihre Vorsteher vor schwierige Aufgaben. Im inneren Leben der Kirche stand die Organisation und gute Einrichtung der kirchlichen Angelegenheiten auf dem ungeheuren Territorium der nördlichen Lande und die aktive Teilnahme an der Lösung staatlicher Fragen bevor, besonders, wenn dies die Interessen der Heimat forderten. Aufgrund ihrer geistigen Stärke und materiellen Macht war die Russische Orthodoxe Kirche in ihren Außenbeziehungen die Hauptstütze der Orthodoxie.[95]

In Erfüllung der Empfehlungen des Konzils von 1589 über eine kirchliche Verwaltungsreform ging Patriarch Iov an die Einrichtung des Patriarchats und schuf vier Metropolien (Novgorod, Kazan', Rostov und Kruticy), sechs Erzbistümer und acht Bistümer (wobei drei Bischofssitze aufs neue eingerichtet wurden).[96] Nach 1591 wurde eine Eparchie in Karelien eröffnet, und es wurden mehr als zehn Klöster in den alten Gebietsstädten eingerichtet, darunter das Donkloster (Donskoj monastyr') in Moskau. Zur Verbesserung der Kirchenordnung und des Bildungsstandes der Geistlichen schuf das Konzil von 1594 das Amt des Propstes oder in der Sprache der Zeit des „Popenältesten". Mit dem gleichen Ziel betrieb Patriarch Iov mit großem Eifer die sorgfältige Edition von liturgischen Büchern.

In die letzten Jahre von Iovs Patriarchat fielen zugleich schwere Prüfungen Rußlands: Die polnische Adelsintervention hatte begonnen. Die Polen stellten ihren Kandidaten, den falschen Demetrius I., für den russischen Thron auf. Dieser hatte dem Papst versprochen, die Russen zum Katholizismus zu bekehren.[97]

Patriarch Iov trat energisch und unbeugsam gegen die fremdländischen und andersgläubigen Eindringlinge auf.[98] Er schickte Sendschreiben an die russischen Städte, in denen er die Eroberungspläne des polnischen Königs Sigismund und des Papstes Clemens VIII. aufdeckte und das russische Volk zur Verteidigung seines Glaubens und seiner Heimat aufrief. Nach der Eroberung Moskaus ließ der falsche Demetrius den Patriarchen Iov seines Amtes entheben. Am 10. Juni 1605, als Patriarch Iov in der Entschlafens-Kathedrale zelebrierte, brach der von den Boten des Eindringlings aufgeputzte Pöbel in die Kathedrale ein, unterbrach den Gottesdienst und riß dem Patriarchen die liturgischen Gewänder vom Leib. Patriarch Iov starb am 8. März 1607 im Starickij-Kloster in der Verbannung.

Patriarch Germogen (1606–1612) hatte schon als Metropolit von Kazan' außergewöhnliche Begabung und Eifer für die Kirchenarbeit gezeigt, besonders bei der Verbreitung und Festigung des christlichen Glaubens unter den Tataren.[99] Während seines dortigen Wirkens wurden die Gebeine der Wundertäter Gurij und Varsonofij von Kazan' gefunden. Auf sein Betreiben wurde 1592 das Gebet für die bei Kazan' gefallenen russischen Krieger „am Sonnabend nach Mariä Schutz und Fürbitte" eingesetzt.

Patriarch Germogen schrieb zahlreiche literarische und historische Werke. Er ist der Verfasser der Erzählung von der Erscheinung der wundertätigen Ikone der Muttergottes von Kazan', einer der gebildetsten Hirten seiner Zeit und ein begabter Verfasser kirchlicher Hymnen. Er schrieb Gedichte und liturgische Kompositionen zu Ehren der Kazaner Ikone der Muttergottes sowie für Gurij und Varsonofij. Sein Troparion für die Ikone der Muttergottes von Kazan' „Eifrige Fürbitterin" ist von tiefem Glauben an die Fürbitte der Gottesmutter durchdrungen.

Während der zweiten polnisch-litauischen Intervention um die Mitte des Jahres 1608 machten die Eindringlinge in Tušino bei Moskau Halt. Moskau wurde belagert. Alle Städte im Norden wurden ausgeraubt. Nur das Troice-Sergiev-Kloster, das einer sechzehnmonatigen Belagerung (ab September 1608) eines 30 000 Mann starken polnisch-litauischen Heeres Widerstand leistete, blieb unbesetzt.

Durch zahlreiche Sendschreiben begeisterte Patriarch Germogen das Volk zum Heldenkampf für die Befreiung der Heimat. Die Truppen der Landstände und der Städte zogen nach Moskau. Einen gewaltigen Eindruck hatte das Sendschreiben des Patriarchen in Nižnij-Novgorod gemacht. Hier sammelte Koz'ma Minin schnell eine Landwehr, an deren Spitze sich Fürst Dmitrij Požarskij stellte. Unterwegs riß die Landwehr von Nižnij-Novgorod die Landwehren von Jaroslavl', Vladimir, Kostroma und Rjazan' mit. Um Moskau sammelte sich eine Kriegsmacht von hunderttausend Mann. Auf die Forderung des Bojaren Michail Saltykov und seiner Anhänger, die russischen Landwehren aufzuhalten, die auf Moskau marschierten, antwortete Patriarch Germogen: „Ich werde schreiben, daß sie zurückgehen sollen, wenn du und alle Verräter mit dir und die Leute des Königs Moskau verlassen. Wenn ihr nicht fortgeht, so segne ich alle, das begonnene Werk zu Ende zu führen, denn ich sehe, wie der wahre Glaube von den Häretikern und von euch, den Verrätern, in den Staub getreten wird und die Kirchen Gottes zugrunde gerichtet werden, und ich kann lateinischen Gesang in Moskau nicht hören."[100]

Am 21. März wurde Patriarch Germogen von der polnischen Besatzung in eine Zelle des Klosterhofes von Kirillo-Belozersk beim Moskauer Kreml geworfen. Aber auch aus der Haft fuhr der Patriarch fort, Sendschreiben auszusenden, mit denen er dazu aufrief, für Rußland und den orthodoxen Glauben einzustehen. Patriarch Germogen erlebte die Freudentage der Befreiung nicht mehr; er starb am 17. Februar 1612 in den unterirdischen Verliesen des Čudov-Klosters den Hungertod. Gegen Ende Oktober 1612 nahmen die Landwehren Moskau ein und reinigten in kurzer Zeit die Rus' von den Fremden.

Bis 1652 blieb der Leib des Patriarchen Germogen im Čudov-Kloster, danach wurde er in die Himmelfahrt-Kathedrale gebracht. Patriarch Germogen „rettete Rußland und die russische Kirche in der kritischsten Minute ihrer Existenz, als ihnen die äußerste Gefahr drohte, unter die Macht Polens und der Jesuiten zu kommen und ihre Eigenständigkeit zu verlieren".[101] Am 12. Mai 1913 wurde Patriarch Germogen von der Russischen Orthodoxen Kirche feierlich den Heiligen zugezählt.

b) Patriarch Filaret (1619–1633)

Nach sieben Jahren Interregnum (1612–19) wurde am 27. Juni 1619 Metropolit Filaret von Rostov von der Synode russischer Hierarchen unter Beteiligung von Patriarch Theophanos von Jerusalem zum Patriarchen von Moskau und ganz Rußland gewählt.[102] Die kirchliche Aktivität des Patriarchen Filaret, der aus polnischer Gefangenschaft befreit worden war, äußerte sich vor allem in seinem außergewöhnlichen Eifer im Einsatz für die reine Lehre der Orthodoxie und für die sittliche Vervollkommnung der Bevölkerung. Streng überwachte er ständig die Veröffentlichung gottesdienstlicher Bücher. Er ergriff Maßnahmen gegen das Eindringen falscher Lehren nach Rußland und verbot Faustkämpfe und schändliche heidnische Gebräuche.[103] Große Aufmerksamkeit widmete er der Bildungsarbeit. Am Čudov-Kloster

begründete er die griechisch-lateinische Lehranstalt, rief die Erzbischöfe auf, an ihren Residenzen unentgeltlich Schulen einzurichten, und sandte Bücher in entlegene Gegenden. Er kümmerte sich um die gute Ausstattung der Druckereien und legte den Grundstein für die spätere berühmte „Druckerei-Bibliothek" (Tipografskaja biblioteka).[104] Unter Patriarch Filaret sind in der Moskauer Druckerei mehr Bücher gedruckt worden als in der gesamten vorausgehenden Zeit. In den Nachworten vieler Bücher heißt es, daß „sie von Filaret selbst attestiert worden sind" und daß die „Bücher nach alten kirchenslavischen Pergamenthandschriften bearbeitet und gedruckt worden sind", um „alle kirchlichen Handlungen und Ordnungen der kirchlichen Hierarchien miteinander in Übereinstimmung zu bringen".[105]
1620 gründete er die Eparchie von Tobol'sk, deren Grenzen sich vom Ural bis zum Fernen Osten erstreckten.[106] Die Rückkehr der orthodoxen Ukraine und Weißrußlands sowie des Gebiets von Smolensk in den Schoß der Mutterkirche unter dem Patriarchen Filaret war von staatlicher Bedeutung. Um diese Aufgabe zu lösen, hatte die russische Regierung ein Bündnis mit dem schwedischen König Gustav Adolf geschlossen. Mit dem Segen des Patriarchen Filaret wurde Rußland gleichberechtigt in die europäische Staatenwelt eingeführt.[107]
Überraschend starb Filaret am 1. Oktober 1633. Er war Patriarch von Moskau und ganz Rußland und faktisch Leiter der Moskauer Staatspolitik. Er war der einzige Patriarch in der Geschichte, den das Volk mit seinem Vatersnamen „Filaret Nikitič" nannte, als ob es damit seine besondere Verehrung für ihn ausdrücken wollte. Kurz vor seinem Tod hatte Patriarch Filaret den Erzbischof Iosaf von Pskov (1634–1640) zu seinem Nachfolger bestimmt. Dieser zeichnete sich durch strenge Einhaltung der Mönchsgelübde, tiefe Frömmigkeit, Sanftmut und Demut aus. Einer seiner Zeitgenossen bezeugt: „Im Jahre 1634 wurde Erzbischof Ioasaf von Pskov und Velikie Luki auf den erhabenen Stuhl des Moskauer Staates berufen. Er wurde Patriarch auf Geheiß des Zaren Michail Feodorovič von ganz Rußland und mit dem Segen des Patriarchen Filaret, denn er war Bojarensohn, im Leben tugendhaft und dem Zaren gegenüber nicht vermessen." Obwohl Ioasaf durch Vermächtnis auf den Patriarchenstuhl berufen wurde, wurde auch hier die festgesetzte Form der Patriarchenwahl beachtet: Seine Kandidatur wurde zusammen mit zwei anderen der Synode und dem Zaren zur Entscheidung vorgelegt. Die Hauptsorge des vierten Patriarchen galt der Hebung der kirchlichen Ordnung und der Bildung. Er gab eine „Denkschrift" heraus, in der Regeln für das Verhalten von Geistlichkeit und Laien in der Kirche aufgestellt wurden. Darin wurde verboten,

verschiedene Gottesdienste zur gleichen Zeit zu feiern. Er veröffentlichte auch eine „Ämterleiter", in der die Rangfolge der Hierarchen und Priester bestimmt wurde.

Patriarch Ioasaf setzte das Werk seiner Vorgänger in Verbesserung der Bücher und des Buchdrucks weiter fort. Insgesamt wurden unter ihm 23 Titel veröffentlicht.

Nach dem Tod des Patriarchen Ioasaf (gest. 28. November 1640) wurde Patriarch Iosif (1642–52), einer der Archimandriten des Moskauer Simonov-Klosters, auf den Ersthierarchenstuhl berufen. Am 21. März 1642 wurde er von der Bischofssynode ernannt und am 27. März als Patriarch von Moskau und ganz Rußland inthronisiert. Bei seiner Ernennung wandte sich Patriarch Iosif mit einer für ihn charakteristischen „Belehrung ... an die Hierarchen, Priester, Weltpriester und die ganze Geistlichkeit". In ihr erinnert er an die Hirtenpflichten und die Erhabenheit des Hirtendienstes: „Alle werden wir nach der Gnade, die uns von Gott verliehen ist, irdische Engel und himmlische Menschen genannt... Mit den Engeln stehen wir am Throne des Herrn, bringen den Hl. Geist vom Himmel herab und wandeln das Brot in den Leib Christi und den Wein in sein Blut, unsichtbar für den Menschen, was aber viele Heilige gesehen haben und gegenwärtig Würdige sehen."[108]

Patriarch Iosif ist in die Kirchengeschichte als ein eifriger Erzhirte eingegangen, der sich sehr um kirchliche Bildung und Ordnung des Gottesdienstes, um die Beseitigung von Fehlern in den liturgischen Büchern und Abweichungen in der gottesdienstlichen Praxis und um den Widerstand gegen Irrglauben in Rußland verdient gemacht hat. Er war gegen eine übereilte und radikale Verbesserung von Büchern und Riten, wie sie manche der „Glaubenseiferer" wollten. 1649 gab Patriarch Iosif seinen Segen zum Druck des „Nomokanon" – des grundlegenden kirchenrechtlichen Kodex für das Leben der Russischen Orthodoxen Kirche.

In den letzten Jahren des Patriarchen Iosif (gest. 15. April 1652) traten neue theologische Kräfte in das kirchliche Leben Rußlands und bereiteten spätere Veränderungen vor. In den Jahren 1647–48 bildete sich am Hof des jungen Zaren Aleksej Michajlovič, der noch nicht einmal zwanzig Jahre alt war, ein Kreis von „Glaubenseiferern" oder „Gottliebenden". An der Spitze der Priester und Archimandriten stand Erzpriester Stefan (als Mönch Savvatij) Vonifat'ev, der Beichtvater des Zaren.[109] Zu dieser Gruppe gehörten Erzpriester Ioann Neronov, Erzpriester Daniil aus Kostroma und Erzpriester Longin aus Murom. 1648 kam der vom Kožeezerskij-Kloster im Norden nach Moskau versetzte Archimandrit

Nikon Minin vom Moskauer Novo-Spasskij-Kloster hinzu, der dann (1652–1667) Patriarch von Moskau und ganz Rußland wurde. Zu Beginn der fünfziger Jahre setzte der Kreis die Berufung von Avvakum Petrov, eines Dorfpriesters aus der Umgebung von Novgorod, durch. Dieser Gruppe von Geistlichen stand der Bojare F. M. Rtiščev, der Stifter des koinobitischen Preobraženskij-Klosters auf den Sperlingsbergen nahe. Dieses war wie das Kiever Bruder-Kloster eingerichtet und sollte zum Mittelpunkt der Moskauer theologischen Bildung werden.[110] Dazu kam das Oberhaupt der Regierung, der Bojar B. I. Morozov als Erzieher des Zaren Aleksej. Der junge Zar Aleksej stand unter dem Einfluß dieser Geistlichen aus der Hauptstadt. Hier entwickelten sich die ersten Vorstellungen einer Reform der Kirche, die anfangs von dem Patriarchen Iosif verborgen gehalten wurden. Aber schon 1649 führte der Archimandrit Nikon mit Wissen des Zaren lange Gespräche mit dem in Moskau zu Besuch weilenden Patriarchen Paisios von Jerusalem über die griechischen liturgischen Bücher und Riten. Als dieser ins Hl. Land zurückreiste, wurde ihm der Mönchspriester Arsenij Suchanov beigegeben, der sich in kirchlichen Disputationen einen Namen gemacht hatte. Er sollte an Ort und Stelle die Unterschiede zwischen den russischen und griechischen Riten untersuchen.

Auf dem Moskauer Bischofskonzil vom 11. Februar 1649 gerieten die Anhänger der alten Bräuche und die einer Verbesserung der liturgischen Bücher und Riten zum erstenmal aneinander. Erzpriester Stefan bezog gegen den Patriarchen und die höhere Geistlichkeit Stellung. Patriarch Iosif suchte seinerseits durch eine Eingabe an den Zaren Aleksej die Erlaubnis zur Einberufung einer Synode zu erhalten, die über den Erzpriester Stefan Vnifat'ev zu Gericht sitzen sollte. Das waren die ersten Anzeichen unterschiedlicher Denkrichtungen in der Kirche, die einige Jahre später zur Spaltung führen sollten.

c) Patriarch Nikon (1652–1667)

Schon zu Lebzeiten von Patriarch Iosif hatte sich Metropolit Nikon von Novgorod (seit März 1649) als eifriger Arbeiter Christi vor anderen Hierarchen der russischen Kirche hervorgetan. Er wurde unter zwölf Kandidaten auf den Patriarchenstuhl gewählt. Metropolit Nikon lehnte seine Wahl ab, und erst als der Zar und seine Umgebung auf die Knie fielen und ihn unter Tränen anflehten, fand er sich bereit, dieses hohe Amt anzunehmen. Offensichtlich wurde er Patriarch mit der Absicht, die liturgischen Bücher und die Riten zu verbessern. Deshalb hatte er gefordert, daß ihm von allen das feierliche Versprechen gegeben würde, ihm in allem als Hirt und Vater gehorsam zu sein, was er zu den göttlichen Dogmen und kirchlichen Kanones verkünden werde.[111] Wie schon Patriarch Filaret wurde auch Patriarch Nikon „Großer Herrscher" genannt, einen Titel, den er als Zeichen besonderer Zuneigung des Zaren Aleksej Michajlovič (1645–76) erhielt. Nach seinem politischen Einfluß war Patriarch Nikon wirklich ein „großer Herrscher", denn ohne ihn wurde keine staatliche Angelegenheit entschieden.

Die kirchliche Tätigkeit des Patriarchen Nikon war auf die Lösung zweier Grundprobleme konzentriert: das Verhältnis zwischen staatlicher und kirchlicher Macht und das Ziel, die russische gottesdienstliche Praxis mit der griechischen in Übereinstimmung zu bringen. Patriarch Nikon war bestrebt, „völlig unabhängig vom Zaren und selbständiger und souveräner Lenker der Kirche und alles Kirchlichen zu sein".[112]

Der Einfluß des Patriarchen Nikon in weltlichen Angelegenheiten war so groß, daß er nicht nur als erster Ratgeber des Zaren galt, sondern ihn auch manchmal in der Staatsführung vertrat. Alle staatlichen Maßnahmen während der ersten sechs Jahre des Patriarchats von Nikon sind auf sein Betreiben begonnen und beendet worden, manche sogar gegen den persönlichen Willen des Zaren und der Bojaren. Unter der Mitwirkung des Patriarchen Nikon fand auch 1654 die Wiedervereinigung der Ukraine mit Rußland statt.[113] Als Ergebnis der Kirchenreform des Patriarchen Nikon wurden einige russische Riten und Bräuche geändert.[114] Vielen russischen Menschen jener Zeit, die stark von den äußeren Formen der Religionsausübung geprägt waren, erschienen diese Veränderungen des Ritus als gegen den orthodoxen Glauben selbst gerichtet. Einige Geistliche, die sich an die Spitze der alt-ritualistischen Bewegung stellten, gaben ihrem Protest Ausdruck. „Wir, die wir mit den Vätern zusammengekommen sind", schreibt der Protopope Avvakum in seinem „Leben", „sind nachdenklich geworden: Wir sehen, daß es Winter werden will, das Herz friert, und die Füße zittern".[115] Zur Verteidigung des Kreuzeszeichens mit zwei Fingern schrieben die Protopopen Avvakum und Daniil ein Traktat und überreichten es dem Zaren Aleksej Michajlovič.

Die Verbesserung der liturgischen Bücher stieß auf starken Widerstand.[116] Empörung verursachte nicht so sehr die Tatsache, daß Verbesserungen vorgenommen wurden (das hatte es in Moskau schon vor Patriarch Nikon gegeben), als vielmehr die Verbesserung des Textes der Moskauer liturgischen Bücher entgegen der Bestimmung der

Synode von 1654 nach den neugedruckten Kiever (kirchenslavischen) und griechischen liturgischen Büchern, denen man nicht überall vertraute. „An sich hätte die Verbesserung der liturgischen Bücher nach gedruckten Ausgaben diese Bücher noch nicht schlecht gemacht, wenn die gedruckten Ausgaben geeignet gewesen wären und das große orthodoxe Rußland mit den Patriarchen der Ökumene in allem übereinstimmte, aber gerade diese Qualität mangelte den obengenannten westlichen Druckausgaben."[117]

Die griechisch gedruckten Ausgaben der liturgischen Bücher wurden vornehmlich in italienischen Druckereien (in Venedig) gedruckt, weil die Griechen unter der Türkenherrschaft keine eigenen Druckereien besaßen. Die westliche Herkunft der griechischen liturgischen Bücher machte mißtrauisch; viele waren der Ansicht, daß die Lateiner ihre „Häresien" in die Texte gebracht hätten. Die Beteiligung des Griechen Arsenios, der Anlaß gegeben hatte, in ihm einen Verräter an der Orthodoxie zu sehen, an der Verbesserung und der strikte Befehl, alle alten liturgischen Büchern einzusammeln und nur nach neuen zu zelebrieren, erschütterte das Vertrauen in sie noch mehr.[118] Von nicht geringem Einfluß war auch die geistliche Rivalität der ehemaligen Freunde aus der Bruderschaft um Rtiščev.

Das energische Wirken des Patriarchen Nikon, das sich auf alle wichtigen Gebiete des kirchlichen und staatlichen Lebens erstreckte, behinderte die Interessen der Bojaren. Die Feinde des Patriarchen verleumdeten ihn beim Zaren und nötigten ihn schließlich, die Hauptstadt zu verlassen und sich in das von ihm selbst gegründete Neu-Jerusalem-Auferstehungs-Kloster zurückzuziehen.[119]

Indessen waren auf Anraten des Metropoliten Paisios Ligarides von Gaza die Patriarchen von Alexandrien und Antiochien 1666 nach Moskau geladen worden, um an dem Konzil über den Patriarchen Nikon teilzunehmen.[120] Der Hauptkläger Patriarch Nikons war Metropolit Paisios Ligarides. Die Stimme der Feinde des Patriarchen erlangte das Übergewicht. Sie hatten die Patriarchen des Ostens gegen ihn aufgebracht, und am 12. Dezember 1667 wurde Patriarch Nikon die Patriarchenwürde aberkannt, und er wurde zuerst ins Ferapontov- und dann (1676) in das Kirillo-Belozerskij-Kloster gebracht.[121]

Patriarch Nikon starb am 17. August 1681 auf dem Weg aus der Verbannung in Belozero im Auferstehungs-Kloster, wohin er zurückgekehrt war. Er wurde als Patriarch bestattet. Zar Feodor Alekseevič selbst trug seinen Leib bis zum Grab und erbat von den Patriarchen des Ostens die Freisprechung für den Verstorbenen und seine Aufnahme unter die russischen Patriarchen.

Das Große Moskauer Konzil von 1666–67 faßte den Beschluß, die kirchlichen Riten zu verbessern und stellte die Gerichtsprivilegien der Kirche, die im Jahre 1649 eingeschränkt worden waren, wieder her. Es erließ einige Regeln zur gottesdienstlichen Praxis, zum religiös-sittlichen Leben der Geistlichkeit und der Laien sowie zum Klosterleben. Die Frage von Patriarch Nikon nach dem Verhältnis zwischen geistlicher und weltlicher Macht wurde vom Konzil folgendermaßen beantwortet: „ Es soll beschlossen werden, daß der Zar Vorrecht in weltlichen, und der Patriarch in kirchlichen Dingen besitzt, auf daß so die Harmonie der kirchlichen Verfassung allzeit heil und unerschüttert bewahrt bleibe."[122]

Die folgenden Patriarchen, beginnend mit Ioasaf II., haben konsequent die Durchsetzung der Beschlüsse des Großen Moskauer Konzils von 1666–67 zu erreichen gesucht. Aktiv setzte sie Patriarch Ioakim (1674–1690) durch. Unter seinem Patriarchat verbesserte sich der Lebensstandard der Geistlichkeit, und es wurden strenge Maßnahmen gegen heterodoxe Proselytenmacherei ergriffen. 1685 wurde in Moskau die Slavisch-griechisch-lateinische Akademie eröffnet. 1687 kam die Kiever Metropolie zum Moskauer Patriarchat. Damit wurde die Russische Orthodoxe Kirche, die aus politischen Gründen künstlich geteilt gewesen war, wieder vereinigt. Die negative Einstellung des Patriarchen Adrian (1690–1700) gegenüber der reformerischen Tätigkeit von Zar Peter I. (1689–1725) war einer der Gründe für die Beseitigung der Patriarchatsverfassung in der Russischen Orthodoxen Kirche. Nach dem Tode des Patriarchen Adrian (1700) wurde für ihn kein Nachfolger ernannt. Die provisorische Leitung der russischen Kirche wurde dem Metropoliten Stefan Javorskij von Rjazan' (gest. 1722) übertragen, der als Patriarchatsverweser die Kirchenleitung bis zur Gründung des Hl. Synods (1721) innehatte.

4. Die Zeit der Synodalverwaltung (1721–1917)

a) Die Kirche und die Reformen Peters I.

Das 18. Jh. war eine Zeit radikaler Veränderung vieler Lebensbereiche des russischen Volkes. Mit der Regierung Peters I. beginnt die Periode der sogenannten Europäisierung Rußlands. Die politische Verfassung des Landes und seine Wirtschaft wurden nach westeuropäischem Vorbild neu gestaltet. Westeuropäische Kultur wird mit Nachdruck eingeführt. Obwohl man in Rußland mit vielen dieser Erscheinungen europäischen Lebens schon im 17. Jh. bekannt geworden war, wurden sie unter Peter I. alle von oben – allmählich aber unter Druck – eingeführt. Das hieß natürlich nicht, daß es in all diesen Umgestaltungen nichts gegeben hätte, was durch die Bedürfnisse des Landes selbst hervorgerufen und durch seine natürliche Entwicklung vorbereitet worden wäre. Das grundsätzlich Positive an den petrinischen Veränderungen ist augenfällig. Doch der dabei durch nichts begründete Bruch mit den nationalen Grundlagen und Formen des staatlichen Lebens zeigt einen der wunden Punkte der petrinischen Reform.

Als Peter I. ab 1718 die Kollegialverwaltung für verschiedene Gebiete des staatlichen Lebens einführte, wollte er für die Leitung des kirchlichen Lebens ein Geistliches Kollegium schaffen. In seinem Auftrag verfaßte Bischof Feofan Prokopovič von Pskov (später Erzbischof von Novgorod) (1681–1737) das „Geistliche Reglement", in dem die Motive für den Ersatz der Patriarchalverfassung durch die kollegiale aufgezeigt und die Rechte und Pflichten des Geistlichen Kollegiums und seine Zusammensetzung angegeben waren.[123] Die feierliche Gründungsversammlung des Geistlichen Kollegiums, das den Namen „Heiligster Regierender Synod" erhielt, fand am 14. Februar 1721 statt. Wenn das „Geistliche Reglement" auch von einem Kirchenmann – dem Pskover Bischof Feofan Prokopovič – verfaßt worden war, so war es doch der Sache nach ein gewöhnlicher Akt staatlicher Gesetzgebung und keine Entscheidung nach kirchlichem kanonischem Recht.[124] Daß durch das „Geistliche Reglement" das Patriarchat in der russischen Orthodoxen Kirche beseitigt wurde, entsprach allein dem Willen des Monarchen. Der Zar hatte sich selbst zum „Obersten Richter" ernannt und sah im Synod nur das ausführende Organ „seiner weisenden Gewalt". Die Oberste Kirchenleitung stand von da ab unter vollständiger Kontrolle der weltlichen Macht. Das war ganz offensichtlich ein Verstoß gegen die Grundlagen kanonischen Rechts. Schon im 34. Kanon der Apostolischen Kanones heißt es eindeutig, daß „den Bischöfen jedes Volkes der erste unter ihnen bekannt sein muß und sie ihn als Haupt anerkennen müssen". Dieser „Apostolische Kanon" ist oftmals durch Kanones der Ökumenischen und Landeskonzile bestätigt worden. Bis auf Peter I. hatte es keine orthodoxe Landeskirche ohne bischöfliches Oberhaupt gegeben, sei dies Erzbischof, Metropolit oder Patriarch.

Noch im Jahr 1721 wandte sich Peter I. an den Patriarchen Jeremias III. von Konstantinopel mit der Bitte, den Hl. Synod durch die Orthodoxen Patriarchen des Ostens anerkennen zu lassen. 1723 anerkannten die Patriarchen von Konstantinopel und Antiochien (das

Patriarchat von Alexandrien war vakant und der Patriarch von Jerusalem schwer krank) in einer besonderen Urkunde die von Peter I. durchgeführte Reform der Obersten Kirchenleitung und nannten den Hl. Synod ihren „Bruder in Christo", der das Recht hätte, alles das zu tun, was auch die Patriarchenstühle tun. „So wurde die der Absicht nach in Prinzip und Durchführung unkanonische Reform Peters des Großen formal durch diese Bestätigung der Patriarchen des Ostens bestätigt."[125]

Die ganze Synodalperiode hindurch ist die Kirchenreform Peters I. in weiten kirchlichen Kreisen als negativ empfunden worden. Von den Hierarchen der petrinischen Zeit war wohl allein Erzbischof Feofan Prokopovič dieser Idee einer Kirchenreform gänzlich ergeben, deren Ideologe er faktisch war. Der Präsident des Synod, Metropolit Stefan Javorskij, hielt des Patriarchat für die notwendige und beste Form der Leitung der Russischen Orthodoxen Kirche. Gegen die Kirchenreform machten, ohne Repressalien zu fürchten, ebenfalls Front sowohl der Vizepräsident des Synod, Erzbischof Feodosij Janovskij (gest. 1727), wie auch Erzbischof Feofilakt Lopatinskij (gest. 1741), Metropolit Ignatij Smola (gest. 1741), Erzbischof Georgij Daškov (gest. 1739), Bischof Lev Jurlov (gest. 1755), Metropolit Sil'vestr Cholmskij (gest. 1735) und Bischof Markell Rodyševskij. Im 19. Jh. opponierte Metropolit Filaret Drozdov (1782–1867) von Moskau gegen die offizielle Denkschrift des Oberprokurators des Synods A. N. Murav'evs „Über den Zustand der Orthodoxen Kirche in Rußland" und insbesondere gegen die Kirchenreform Peters I.: In der Denkschrift heißt es, daß „die Patriarchen Ioakim und Adrian sich den petrinischen Umgestaltungen widersetzten und deshalb für die Regierung unbequem waren." So war es wohl kaum. Peter hätte mit ihnen einen Modus vivendi finden können, wenn er nicht vom Kollegienprojekt von Leibniz so angetan gewesen wäre. Darunter war auch das Projekt des Geistlichen Kollegiums, das Peter von diesem Protestanten übernahm, mit dem jedoch die Vorsehung Gottes und kirchliche Gesinnung in den Hl. Synod umgewandelt wurde. „Die Denkschrift klagt darüber, daß der Synod bestehen blieb." „Das ist nicht nötig. Es wäre gut gewesen, das Patriarchat nicht abzuschaffen und die Hierarchie nicht zu erschüttern. Den Patriarchen aber wieder einzusetzen, wäre nicht angezeigt; er wäre kaum nützlicher als der Synod. Wenn schon die weltliche Macht das Übergewicht über die geistliche gewonnen hat, weshalb sollte dann ein Patriarch diesen Druck besser aushalten als der Synod? ... Es gab eine Zeit, als es in Rußland weder Patriarchen noch Synod gab, sondern nur einen Metropoliten. Doch die weltliche Macht ehrte aufrichtig die geist-

liche und ihre Verfassung; und diese hatte mehr Raum, mit Eifer und Begeisterung zu wirken. Das ist es!"[126]
In den Jahren der Vorherrschaft des Westens wurden in St. Petersburg, der Hauptstadt Rußlands, die säkularisierenden Tendenzen immer stärker. In erster Linie wurden die wirtschaftlichen Grundlagen der kirchlichen Unabhängigkeit erschüttert. In dieser Absicht wurde der Synod 1726 in zwei Departemente geteilt. Dem ersten, das aus sechs Mitgliedern des Synods bestand, wurde der geistliche Arbeitsbereich zugeteilt. Das zweite Departement, das ausschließlich aus Laien bestand, kontrollierte nicht nur den Grundbesitz der Kirche, sondern überhaupt das ganze Kirchenvermögen. Während der Regierungszeit Peters II. (1727–30) wurde das zweite Departement in „Ökonomiekollegium" der Synodalverwaltung umbenannt. Es war dann nur noch ein Schritt bis zur völligen staatlichen Unterordnung der kirchlichen Wirtschaftsverwaltung. Dieser Schritt wurde während der „Bironzeit" getan, als 1738 die genannte Einrichtung zusammen mit der Hof- und Finanzkammer in die Zuständigkeit des Senats überging.
Unter der Regierung Elizaveta Petrovnas (Elisabeth, 1741–62) nahm der ausländische Einfluß spürbar ab. Die Kaiserin änderte jedoch trotz ihrer tiefen Frömmigkeit kaum etwas an der Situation der Kirche. Wie vorher leitete der Oberprokurator die kirchlichen Angelegenheiten, und in dieser Zeit fand das Konsistorialsystem seine endgültige Ausbildung. Die russische Kirche war im Besitz bedeutender Ländereien und bemüht, wirtschaftlich selbständig zu bleiben. Indessen wurde der russischen Kirche in den Jahren 1763–64 unter der Regierung Katharinas II. noch ein Stoß durch die zaristische Macht versetzt. Unter dem Vorwand, die Einkünfte aus den Ländereien für Bildungszwecke zu verwenden, wurde das Kirchenland vom Staat übernommen, in Wirklichkeit gingen die Einkünfte jedoch in die Staatskasse. Nur ein Achtel der Einnahmen aus den säkularisierten Ländereien wurde für kirchliche Zwecke aufgewendet.
Wie schon die Einrichtung des Synods rief auch die Säkularisierung des Kirchenlandes Protest bei der russischen Geistlichkeit hervor. Als konsequenter Gegner der Säkularisierung trat Metropolit Arsenij Macievič von Rostov auf. Sein Protest wurde jedoch als Majestätsbeleidigung angesehen. Auf Befehl der Zarin wurde Metropolit Arsenij (1764) seines Amtes enthoben und in das karelische Nikol'skij-Kloster verbannt.
Die Kirchenreform hatte nicht nur die Struktur der Obersten Kirchenleitung, sondern auch die der örtlichen kirchlichen Verwaltungen verändert. Eine charakteristische Erscheinung der Synodalperiode sind die

Eparchialkonsistorien, die aus weltlichen Beamten bestanden. Wie der Synod in Petersburg eine der staatlichen Behörden war, so hatten an den Orten die Eparchialleitungen die Funktion von Kollegialorganen. Die Konsistoriumsmitglieder wurden dem Synod vom Bischof vorgeschlagen, aber ihre Einsetzung hing ganz vom Synod ab. Der Konsistoriumssekretär war allein dem Oberprokurator des Synods verantwortlich und nicht dem Bischof unterstellt. Ein solches Organisationssystem der Geistlichen Konsistorien mußte zu häufigen Konflikten und Mißverständnissen führen. Das formale Haupt des Konsistoriums – der Bischof – war faktisch seinem Sekretär, dem Vertreter des Oberprokurators, unterstellt. Das bedeutete natürlich nicht, daß die Verwaltungsinstanz den Platz der Eparchialbischöfe in der Kirche bestimmt hätte. Für das russische Volk war und blieb der Bischof sein Hierarch.

Die Kirchengemeinde war durch die ganze Geschichte der Kirche hindurch unberührt geblieben. Auch die von Peter I. verursachte Veränderung der Obersten Kirchenleitung konnte die Gemeinde nicht zerstören. Das Leben der Gemeinde war ein Ausdruck natürlicher Konziliarität der Kirche.

Ganz ohne Berührung durch die petrinischen Reformen konnte es aber für die Gemeinden nicht abgehen. Von der Regierungsgewalt wurden dem Priester, dem geistlichen Haupt der Gemeinde, auch die Aufgaben eines Beamten auferlegt, der für diese Tätigkeit der weltlichen Macht Rechenschaft schuldig war. Die Priester hatten die standesamtlichen Urkunden zu führen.[127] In gewissem Umfang wurde auch das Gemeindeleben durch Synodalinstruktionen reguliert, deren Ausführung den Kirchenältesten oblag. Solche Instruktionen sind zweimal, 1806 und 1890, an alle Gemeinden geschickt worden.

Im 19. Jh. hat es keine bedeutenden Veränderungen in der Organisation der Synodalverwaltung gegeben. Das einzige, was in dieser Zeit getan wurde, war die Schaffung einer Reihe von Hilfsbehörden, der Kanzlei des Hl. Synods, der Synodalkontrolle, des Geistlichen Lehrkomitees, des Rates für Lehranstalten, für Wirtschaftsverwaltung, der Verlagskommission, der Synodaldruckerei und der beiden lokalen Synodalkontore von Moskau und von Georgien-Imeretien (gegr. 1824).

Seitdem der Oberprokurator im 19. Jh. Ministerrechte erhalten hatte, war er faktisch Kirchenminister geworden, der in seinen Händen die Leitung des Hl. Synods vereinigte.[128]

Die Frage einer Wiederherstellung des Patriarchats in der Russischen Orthodoxen Kirche war Gegenstand lebhafter Diskussion in der 1906 einberufenen Vorkonziliaren Kommission, die unter Vorsitz des Metropoliten Antonij Vadkovskij von St. Petersburg mit der Ausarbeitung und Vorbereitung der für ein Landeskonzil notwendigen Materialien beschäftigt war.

Die Vorkonziliare Kommission sprach sich für die Wiedereinsetzung des Patriarchats in der Russischen Orthodoxen Kirche aus. Indessen erhielt die Kirche nicht die Erlaubnis, ein Landeskonzil zur Lösung der anstehenden kirchlichen Probleme einzuberufen, weil Kaiser Nikolaj II. dies für „zeitlich nicht passend" hielt. Mit dem Zusammenbruch des selbstherrlichen Zarenregiments 1917 erhielt die Russische Orthodoxe Kirche zum ersten Mal seit 1682 die Möglichkeit, ein Landeskonzil einzuberufen, um auf ihm das von Peter I. abgeschaffte Patriarchat wiederherzustellen.

b) Die apostolische Mission der Kirche in Sibirien, im Fernen Osten und in Nordamerika

Unabhängig von den säkularisierenden Reformen entwickelte sich das innergeistige Leben der Kirche in anscheinend ganz unerwarteten Richtungen. Der Herr berief seine Arbeiter auf immer neue, bisher unbebaute Felder. Diese Felder erstreckten sich vom Ural bis zu den Ufern des Stillen Ozeans. Mit ihrer Bebauung beginnt eine neue Seite in der Geschichte der russischen Kirche.

Im 18. Jh. war Tobol'sk das geistige und administrative Zentrum Sibiriens. 1702–10 und 1715–27 hatte Metropolit Filofej Leščinskij[129] die Eparchie von Tobol'sk inne. „Wenn es richtig ist, die hl. Nino die Erleuchterin Georgiens zu nennen, den hl. Gregor den Erleuchter Armeniens, den hl. Patrick den Erleuchter Irlands, den hl. Willibrord den Erleuchter Hollands und den hl. Ansgar den von Schweden und Dänemark, so kann man mit dem gleichen Recht den Metropoliten Filofej den Erleuchter Sibiriens nennen."[130]

Peter I. wollte zum Metropoliten in Tobol'sk nicht nur einen frommen, sondern auch einen gelehrten Mann haben, der imstande wäre, die in China und Sibirien „in der Blindheit des Götzendienstes verhärteten Menschen zur Erkenntnis des wahren Gottes zu bringen.[131] Und da der erste Kandidat – der spätere Dimitrij von Rostov (Tuptalo) – aus Gesundheitsgründen nicht nach Sibirien reisen konnte, fiel die Wahl auf den Ökonomen des Kiever Höhlenklosters Mönchspriester Filofej (Leščinskij).

Am 4. April 1702 kam Metropolit Filofej in Begleitung einiger gelehrter Mönche aus Kiev in Tobol'sk, der Hauptstadt Sibiriens, an. Im Dezember 1702 fand in Tobol'sk eine Synode statt, die über die Mißlichkeiten und Bedürfnisse der sibirischen Eparchie zu beraten hatte. Gegen Ende des Jahres 1702 wurde in Sibirien die erste Provinzschule für die Kinder der Geistlichkeit an der Residenz des Metropoliten errichtet; es war die zweite überhaupt in Rußland.[132] In der Schule wurden auch Kinder der neugetauften Chanten und Nenzen unterrichtet. Später wurde diese Schule in ein Seminar umgewandelt.[133] 1705 schickte Metropolit Filofej eine Gruppe von Missionaren mit dem Archimandriten Martinian an der Spitze nach Kamtschatka, wo sie die Entschlafens-Einsiedelei (Uspenskaja Pustyn') errichteten.[134]

In Irkutsk wurde 1707 ein Vikariat eingerichtet, um die Verwaltung der immensen Eparchie von Tobol'sk zu verbessern und die Missionstätigkeit zu verstärken. Erster Vikariatsbischof in Irkutsk wurde Varlaam Kosovskij. Seiner Verwaltung unterstanden die Missionsklöster von Nerčinsk, das Uspenskij-Kloster und das Posol'skij Preobraženskij-Kloster in Ostsibirien.

1709 wurde Metropolit Filofej wegen schwerer Krankheit Mönchspriester, nahm den Namen Feodor an und setzte sich in dem von ihm gegründeten Dreieinigkeits-Kloster in Tjumen' zur Ruhe. Die Vorsehung Gottes berief ihn jedoch zur Heidenbekehrung. Metropolit Ioann Maksimovič (1711–15), Nachfolger und Mithierarch des Metropoliten Filofej, trug ihm und einigen Priestern und Mönchen auf, die Verkündigung der Frohbotschaft fortzusetzen. Er versah die Missionare mit Kirchengerät und schickte sie nach Norden, dann nach Süd- und Ostsibirien zur Mission. In seiner Sorge um die Ausbildung einer gebildeten Geistlichkeit in Sibirien ergänzte der Metropolit „die apostolischen Bemühungen des unermüdlichen Filofej". Metropolit Ioann entsandte auch eine erste orthodoxe Mission mit dem Archimandriten Ilarion Ležajskij nach Peking.

Im Verlauf seines fünfzehnjährigen Verkündigungsdienstes hat der Mönchspriester und Hierarch Feodor-Filofej sechs Missionsreisen unternommen.

Nach dem Tod des Metropoliten Ioann wurde Feodor aufs neue mit dem Stuhl von Tobol'sk betraut. Im Alter von 76 Jahren unternahm der Starez, Metropolit Feodor, im Jahr 1726 seine letzte Missionsreise. Er ging nach Obdorsk zu den heidnischen Chanten und besichtigte unterwegs die von ihm seinerzeit errichteten Kirchen und stärkte die Neubekehrten im Glauben. Der Apostel Sibiriens verschied am 31. Mai 1727 im Dreieinigkeits-Kloster von Tjumen', wo er, seinem letzten Willen gemäß, vor der Kirchentür beigesetzt wurde. Er hat etwa 40 000 Menschen in Sibirien getauft und 37 Kirchen gebaut. Er bekehrte die Heiden nicht durch Furcht, auch bedrängte er sie nicht, sondern, wie seine Zeitgenossen bezeugen, „nur durch die Predigt des Evangeliums und seine Werke".

Die dritte große Leuchte der sibirischen Kirche wurde Innokentij Kul'čickij, der erste Bischof von Irkutsk (gest. 1731). 1722 wurde er als Bischof von Perejaslavl' und Missionsleiter in das Chinesische Reich geschickt. Der chinesische Kaiser ließ ihn aber nicht einreisen. Er machte deshalb im Transbaikalgebiet, im Verklärungskloster an der Selenga, halt. Während der Verhandlungen mit den chinesischen Behörden lernte Bischof Innokentij die burjatische Sprache. 1725 wurde klar, daß die chinesischen Behörden Innokentij nicht einreisen lassen würden, und deshalb wurde er 1727 vom Synod für die neueingerichtete Eparchie von Irkutsk bestellt. Dort richtete er im Irkutsker Auferstehungs-Kloster eine russisch-mongolische Missionarschule für 25 Schüler ein.[135] 1736 wurden dort schon 70 Schüler unterrichtet. Der erste Lehrer des Mongolischen war der Abt des Klosters, Archimandrit Antonij. Innokentij war besonders um die Bekehrung der am Baikal wohnenden Burjaten bemüht. Er half ihnen in allem und erwarb durch seinen Eifer den Ruhmestitel eines „Predigers des Glaubens unter den mongolischen Heiden". Der Hierarch starb 1731; auf Beschluß des Hl. Synods wurde der Hierarch Christi Innokentij 1804 den Heiligen der Russischen Orthodoxen Kirche hinzugezählt.[136]

Die Nachfolger des hl. Innokentij in Irkutsk waren die eifrigen Missionare Bischof Innokentij II. Nerunovič (1732–1741) und Bischof Sofronij Kristalevskij (1754–1771). Immer wenn Bischof Sofronij Missionare ins Transbaikalgebiet, nach Kamtschatka und nach Jakutien schickte, hielt er sie an, sich besonders um die Verbesserung der Lebensbedingungen der Neugetauften zu kümmern: „Durch Werke der Predigt und mit dem Licht der Liebe erwärmt die Menschenwelt, denn nur durch die Liebe entzündet sich die Liebe und bringt durch sich den Eifer für Gott hervor."

Um die Mitte des 18. Jh. wurde die Missionarstätigkeit auf Kamtschatka erneuert. 1745 traf hier eine geistliche Mission von 19 Personen mit dem Mönchspriester Ioasaf Chotuncev aus der Eparchie von Kruticy ein. Die Mission eröffnete 20 Schulen, in denen einige Hundert Menschen unterrichtet wurden.

Gegen Ende des 18. Jh. hatten die orthodoxen Missionare fast das ganze sibirische Land durchzogen und Zehntausende von Heiden, Lamaisten und Muslime getauft.[137] Aber es waren immer noch Anstrengungen nötig, um die ausgesäte Saat der Lehre Christi aufgehen zu lassen, um den Aberglauben auszurotten und die Neugetauften zu treuen Kindern der Kirche zu machen. Dies alles hatten die Missionare des 19. Jh. zu vollenden.

Diese neue Periode in der Geschichte der orthodoxen Mission in Sibirien ist vor allem gekennzeichnet durch die Einrichtung ständiger Missionen (im Unterschied zu den beweglichen Missionarsgruppen des 18. Jh.). In dieser Zeit verwandte man noch mehr Aufmerksamkeit auf die Einrichtung von Missionsschulen. Man begann mit der Übersetzung der Hl. Schrift und der liturgischen Bücher in die Sprachen der sibirischen Völker. Die kulturellen und wirtschaftlichen Beziehungen dieser Völker mit der russischen Bevölkerung verstärkten sich. Zu Beginn des Jahres 1829 berief der Herr den Archimandriten Makarij Glucharev (gest. 1847) zum Aposteldienst. Er war Magister der Theologie der Petersburger Geistlichen Akademie, Kenner alter und neuer Sprachen und übersetzte viele Bücher der Bibel ins Russische.[138] Er lehnte seine Berufung zum Bischof entschieden ab und schrieb ein Gesuch an den Synod, in dem er um die Entsendung nach Sibirien zur Predigt des Wortes Gottes bat. 1828 wurde er zum Leiter der neueingerichteten Mission im Altai-Gebiet ernannt. Er kam 1830 im Bijsker Kreis des Gouvernements Tomsk an und gründete dort unter den Kalmücken die erste Missionsstation, dann zog er weiter nach Majma, wo er die zweite Station errichtete. Schließlich ließ er sich in Ulala (das heutige Gorno-Altajsk) nieder, das zum Zentrum der Mission im Altai wurde. Nach kurzer Zeit hatte Vater Makarij die Umgangssprache der Altaier erlernt und sich an die Übersetzung der wichtigsten Gebete gemacht.

Die Übersetzung der Hl. Schrift und der liturgischen Bücher in die Sprache der Ureinwohner hielt Archimandrit Makarij für das sicherste Mittel, seine geistlichen Kinder im Glauben Christi zu befestigen. In den vierzehn Jahren seines Aufenthalts im Altai übersetzte er das Evangelium, die wichtigsten Stellen aus dem Alten Testament, der Apostelgeschichte und Apostelbriefe sowie andere Texte. Archimandrit Makarij verfaßte eine „Katechese für Altaier" und schrieb die berühmte Abhandlung „Gedanken über die Art und Weise einer erfolgreichen Verbreitung des christlichen Glaubens unter den Muslimen, Juden und Heiden im Russischen Reich".

Die von diesem flammenden Prediger gesäte Saat der Lehre Christi trug hundertfache Frucht: Die von ihm geschaffene Altai-Mission bestand im Jahre 1914 aus 604 Mitarbeitern mit 30 Stationen, 104 Kirchen und Bethäusern, vier Klöstern, 82 Schulen, zwei Frauengemeinschaften, drei Frauengemeinden und umfaßte an die 70 000 Christen.[139]

Im Jahr 1865 wurde der Gottesdienst in altaiischer Sprache eingeführt und 1874 gestattete der Hl. Synod der Altai-Mission eine eigene Druckerei und den Druck von Übersetzungen und Originalwerken in altaiischer Sprache.

Ihre höchste Blüte erreichte die Altai-Mission unter dem Bischof Makarij Nevskij (seit 1891 Erzbischof von Tomsk, 1912 Metropolit von Moskau, gest. 1917). Nach Abschluß des Studiums am Seminar von Tobol'sk (1855) trat er in den Dienst der Altai-Mission, für die er 28 Jahre in der geistigen Bildung tätig war, durch alle Stationen, vom Lehrer bis zum Missionschef.

Die Altai-Mission diente als Vorbild für die Einrichtung ähnlicher Missionen in Ost- und Westsibirien. 1882 wurde die Kirgisische Mission mit dem Zentrum in Semipalatinsk aus der Altai-Mission ausgegliedert.[140]

Fast gleichzeitig mit der Altai-Mission entstanden die Obdorsker-[141] und die Kondi-Mission (1844); 1850 die Mission von Turuchan, später die von Minusinsk (1867) und Semipalatinsk (1868).

Im Jenissej-Gebiet gab es keine speziellen Missionen; unter den Heiden wurde von den Priestern der Missionsgemeinden gepredigt. Im Süden des Jenissej-Gouvernements, bei den Juraken, Nenzen, Evenken und Jakuten, gab es vierzehn dieser Gemeinden, die sehr große Gebiete zu versorgen hatten. Die Priester mußten Tausende von Kilometern überwinden, um ihre Gemeinden zu besuchen.

Bischof Michail Burundukov von Irkutsk begründete 1814 die Transbaikal-Mission unter den Burjaten. Zu dieser Mission gehörten Priester Aleksandr Bobrovnikov, der große Kenner des Burjatischen, und der getaufte Burjate Michail Speranskij. Ein eifriger Prediger und Bekehrer der Heiden war Erzbischof Nil Isakovič (1838–1853) von Irkutsk; er war viel in den fernöstlichen Randgebieten des Landes gereist und gilt als der erste russische Erforscher des Buddhismus. Mitstreiter des Erzbischofs Nil bei der Übersetzung der Hl. Schrift in die burjatische Sprache war Nikolaj Nilov-Doržeev, ein gebürtiger Mongole und vor seiner Taufe eifriger Lamaist. Anstoß für die Annahme des Christentums war eine Vision des hl. Kreuzes am Himmel Dauriens. Nikolaj Nilov-Doržeev wurde ein eifriger Missionar, er wurde Priester und übersetzte bis zum Ende seines Lebens die Hl. Schrift und liturgische Bücher ins Burjatische.

Eine noch stärkere Entwicklung erfuhr das Missionswesen in Ostsibirien unter dem Erzbischof Parfenij Popov von Irkutsk (1860–1873). Dieser Missionsbischof verbesserte die Organisation der Irkutsker und Transbaikal-Mission bedeutend, berief aus Rußland Mönche zum Missionsdienst und richtete viele neue Stationen und Schulen ein. Auf Betreiben des Erzbischofs Parfenij wurde 1866 die Irkutsker Abteilung der Orthodoxen Missionsgesellschaft eröffnet, die 1870 in Irkutsker Komitee der Missionsgesellschaft umbenannt wurde. Dieses Komitee leistete eine umfangreiche Publikationsarbeit.

Seit dem Jahre 1867 hatte Erzbischof Parfenij nach und nach in allen burjatischen Kirchen den Gottesdienst in Burjatisch eingeführt. Zu Beginn des 20. Jh. gab es in der Irkutsker Mission etwa 20 Stationen und etwa 35 000 bekehrte Heiden. Die Mission hatte wohltätigen Einfluß auf die Lebensweise der neubekehrten Nomaden. Sie führte sie an das seßhafte Leben heran, indem sie ihnen Land anwies und Schulen und wohltätige Einrichtungen für sie schuf.

Viel schwerer hatten es die Missionare im Transbaikal-Gebiet, wo die Lamas der christlichen Predigt erbitterten Widerstand leisteten. Die Regierung kam den Bitten der Missionare nicht nach, die die getauften Burjaten in die Verwaltung der Steppen-Duma hineinbringen wollten, um damit die Macht der Lamas einzuschränken. So gab es unter den Bekehrten viel mehr Evenken, Jakuten und Karagazen als Burjaten. In der Transbaikal-Mission wurden um 1900 26 Stationen mit 20 Schulen gezählt. Am Posol'skij-Kloster wurden eine Missionarsschule, eine Ikonenwerkstatt, ein Altersheim und eine Apotheke eingerichtet. 1893 sind etwa 10 500 Heiden von den Missionaren des Transbaikal-Gebietes bekehrt worden, von denen die meisten lesen und schreiben konnten und die ihre Kinder gerne in die Schulen gaben. Zum Gedenken an das Werk des Erzbischofs Parfenij wurde eine der von ihm gegründeten Stationen Parfenij-Station genannt.

1793 wurde eine Mission von Mönchen des Valaam- und Konev-Klosters mit dem Archimandriten Ioasaf Bolotov an der Spitze nach Alaska entsandt. Schon im ersten Jahr (1794) wurden von den orthodoxen Missionaren mehr als 7000 Bewohner Alaskas auf der Insel Kadiak getauft. Die anfängliche Blüte der Mission war jedoch leider nicht von Dauer. 1797 wurde Archimandrit Ioasaf nach Irkutsk gerufen und dort zum Bischof von Kadiak geweiht. Auf der Rückkehr zum Ort seines Bischofs- und Missionsdienstes kam Ioasaf mit seinen Begleitern im Sturm um (1799). Schon 1796 hatte der eifrige Missionar Mönchspriester Juvenalij sein Leben als Märtyrer beendet, als er von wilden Heiden auf Alaska erschlagen wurde. So setzten die zurückgebliebenen Mitarbeiter der Mission, Mönchsdiakon Nektarij (bis 1806), Mönch Ioasaf (bis 1823), Mönchspriester Afanasij (bis 1825), ihren Dienst auf der Insel Kadiak fort. Von 1804–1807 wirkte der aus der Aleksandr-Nevskij-Lavra gekommene Mönchspriester Gedeon auf Kadiak. Ganze

34 Jahre hat der Valaam-Mönch German Missionsdienst in Amerika geleistet. Zuerst lebte der Heilige neben der Missionskirche auf der Insel Kadiak, dann siedelte er auf die nahe Elovyj-Insel über, die er „Neu-Valaam" nannte. Nach der Abreise des Mönchspriesters Gedeon blieb Vater German bis zu seinem Tod (13. 12. 1837) Beichtvater, Hirte und Seelsorger für die ihm anvertraute Kadiak-Mission. Am 9. August 1970, am Tag des Großmärtyrers Pantelaimon, fand die feierliche Kanonisierung des hl. German auf der Insel Kadiak statt.[142]

1840 wurde auf Erlaß des Hl. Synods die Eparchie von Kamtschatka eingerichtet, der auch die Kirchen am Ochotskij-Meer und in Amerika unterstanden. Auf Betreiben des Metropoliten Filaret von Moskau wurde Bischof Innokentij von Kamtschatka, den Kurilen und den Aleuten, der ruhmvolle Missionar der Aleuten, dorthin entsandt. Unter ihm wurde die Missionstätigkeit auf Kamtschatka neu belebt.[143] Als Sohn eines armen Küsters an der Il'ja-Kirche im Dorf Anga im Gouvernement Irkutsk erhielt er seine Ausbildung am Seminar von Irkutsk. 1823 ging er auf eigenen Wunsch auf die Aleuten-Inseln. Zehn Jahre arbeitete Vater Ioann Veniaminov auf der Insel Unalaška. Er taufte alle Einwohner der Insel, erbaute eine Kirche und mehrere Kapellen. Fünf Jahre lang predigte der selbstlose Missionar unter den kriegerischen Indianern Nordamerikas. Während seines Aufenthaltes auf den Inseln Unalaška (1824–34) und Sitka (1834–38) erlernte Vater Ioann die Sprache der Aleuten und Koloschen und studierte Sitten und Gebräuche sowie die Natur des Gebiets. Nachdem er Bischof von Kamtschatka geworden war, dehnte er die Missionstätigkeit weiter aus. Zur Eparchie des Bischofs Innokentij gehörten viele Völkerschaften, welche die Kamtschatka, die Aleuten und Kurilen und die Küste des Ochotskischen Meeres bewohnten. Viel Zeit brachte er auf Visitationsreisen zu, auf denen er ständig die Arbeit der Missionare seiner Eparchie kontrollierte. So hat er im Jahr 1856 in seiner Eparchie 8000 Kilometer zurückgelegt. Unter tätiger Mitwirkung des Bischofs Innokentij und seiner nächsten Helfer wurde die Hl. Schrift mit Ausnahme der Apokalypse ins Jakutische übersetzt sowie kurze Katechesen für die Ureinwohner verfaßt. Bischof Innokentij hielt die Missionare an, die Kinder in ihrer Muttersprache und im Russischen zu unterrichten. Der große Missionar vergaß auch nicht die ferne Tschukotka. Dorthin schickte er die kamtschatkalischen und jakutischen Priester, die 1850 eine Mission zur Bekehrung der Tschuktschen, Jukagiren und anderer Völkerschaften gründeten. Durch die Anstrengungen des unermüdlichen Innokentij wurden die Missionen von Nuschegak, Kenai und Kwichpak in Nordamerika sowie die von Tschukotka und am Amur gegründet. Wenig später wurde 1859 in der Eparchie von Kamtschatka das Vikariat von Jakutien eingerichtet, das später (1869) seinerseits zu einer selbständigen Eparchie wurde.

Große Mühe hatte der Erzbischof Innokentij bei der Mission der Ostjakuten und Evenken. Er baute Kirchen und Kapellen und übersetzte die Bibel und liturgische Bücher ins Jakutische und Tungusische. Am 19. Juli 1859 wurde in der Trinitäts-Kathedrale von Jakutsk zum erstenmal Gottesdienst in jakutischer Sprache gehalten.

Die Missionstätigkeit des Erzbischofs Innokentij erstreckte sich bis hin zu den entferntesten Völkerschaften des Amurgebietes und sogar bis hin zu den mandschurischen Stämmen jenseits der Grenze, zu denen er seinen Sohn, den Priester Gavrila Veniaminov, schickte. Als 1858 das Ussuri-Gebiet an Rußland kam, schickte er unverzüglich Missionare zu den Giljaken, Orotschenen, Golden und anderen am Amur lebenden Stämmen zur Predigt des Evangeliums. Bei diesen Stämmen richtete er Missionsstationen ein, baute Kirchen und Schulen und beschaffte durch die chinesische Mission für die Neubekehrten Bücher in mandschurischer Sprache.

Nach dem Tod des Metropoliten Filaret von Moskau (gest. 1867) wurde Erzbischof Innokentij zu seinem Nachfolger ernannt. Auf dem Moskauer Metropolitenstuhl blieb er seiner Missionarspflicht treu. Auf sein Bemühen hin wurde die Orthodoxe Missionsgesellschaft, die 1865 in St. Petersburg gegründet worden war, nach Moskau verlegt, und Metropolit Innokentij trat an ihre Spitze. In vielen Eparchien wurden Abteilungen der Missionsgesellschaft unter dem Vorsitz der lokalen Hierarchen eingerichtet. Diese Abteilungen unterstützten die aktiven Missionen finanziell. Auf Initiative des Metropoliten Innokentij wurde an den Grenzen des russischen Amerika, allerdings schon nach der Übergabe Alaskas durch die Regierung Alexanders II. an die Vereinigten Staaten (1867), im Jahre 1870 eine selbständige Eparchie der Russischen Orthodoxen Kirche eingerichtet – die Eparchie der Aleuten und von Alaska mit dem Bischofssitz in San Francisco. Später (von 1898–1907) sollte dort Tichon Belavin, der spätere Patriarch von Moskau und ganz Rußland, seinen Hierarchendienst versehen. Sein Wirken hat viel zur geistigen und kulturellen Annäherung der Völker Rußlands und Amerikas beigetragen.

Unter dem Vorsitz des Erzbischofs Makarij von Tomsk und dem Altai fand 1910 in Irkutsk eine Missionskonferenz statt. Die Konferenz nahm als Charta an, „daß Predigt, Unterricht, Gottesdienst, mit einem Wort, alle Arten der Missionsarbeit, in einer den Einheimischen verständlichen Sprache erfolgen müssen, wobei die Mission als solche

nicht anderen Zwecken dienen darf, sondern nach der Erreichung ihres eigenen einen und hohen Zieles streben soll, die Heiden für die Kirche Christi zu gewinnen".
Viele Studenten der Geistlichen Lehranstalten und Geistliche der Russischen Orthodoxen Kirche folgten diesem Aufruf. Unter ihnen wurde ein junger Priestermönch, später Metropolit Nestor Anisimov (gest. 1962), als selbstloser Missionar in Kamtschatka bekannt. 1907 wurde er zum Vorsteher der Wandermission von Korjak ernannt. Nachdem er von Vater Ioann Sergiev den Segen für sein Verkündigungswerk erhalten hatte, machte er sich nach dem fernen Kamtschatka auf. Im Wirkungsgebiet der Wandermission des Mönchspriesters Nestor gab es Tungusen (fast alle getauft), Korjaken, unter denen es wiederum kaum Getaufte gab, und Tschuktschen, ein Volk, das noch fast garnichts von Christus gehört hatte. Von Anfang an mußte Mönchspriester Nestor große Anstrengungen unternehmen, um seine Gemeinden, die in jenen Jahren in großer Not lebten, vor dem Hungertod zu retten. Er übersetzte für die Kamtschadalen Gebete und Stellen aus dem Evangelium; er lehrte sie Russisch, brachte ihnen die Grundbegriffe der Kultur bei und richtete Schulen ein.
Mönchspriester Nestor verfaßte das Projekt der Kamtschatka-Bruderschaft, die 1910 eröffnet wurde. Er besuchte Moskau, St. Petersburg, Kazan', Perm' und andere Städte und warb um Mittel für die Errettung der in äußerster Not lebenden Einwohner von Kamtschatka und Tschukotka. 1910 erschien in St. Petersburg die bemerkenswerte Arbeit „Die Orthodoxie in Sibirien" von Mönchspriester Nestor. In diesem Werk findet sich die Beschreibung der mühevollen Arbeit der sibirischen Missionare.
Dem Beispiel des eifrigen Nestor folgten viele und begaben sich nach dem fernen Kamtschatka, um den Missionaren zu helfen. Mit den Spenden der Kamtschatka-Bruderschaft wurde alles Nötige für Lebenssicherung der Kamtschadalen erworben. Mönchspriester Nestor richtete Krankenreviere ein, schuf verschiedene Heime und bereiste selbst auf Hundeschlitten seine Seelsorgegebiete. Ein großes Ereignis im Leben dieser Mission war der Kamtschatka-Missionskongreß, der 1914 im Dorf Ioasafovskoe stattfand. Die Sitzungen wurden in Russisch und Korjakisch gehalten. Der Kongreß faßte viele nützliche Beschlüsse für die Arbeit der Missionare. Im Jahre 1916 wurde der verdiente Missionar und Patriot Archimandrit Nestor, der zu der Zeit schon zwei Jahre im Ersten Weltkrieg an der Front verbracht hatte, in Vladivostok zum Bischof von Kamtschatka geweiht. Der Bischof und Missionar durchreiste unermüdlich auf Hundeschlitten Kamtschatka und Tschukotka,

um der von Erdbeben und schwarzen Blattern heimgesuchten Bevölkerung Hilfe zu bringen. 1917 nahm Bischof Nestor von Kamtschatka am allrussischen Konzil der Russischen Orthodoxen Kirche teil. Erzbischof Nikolaj Kasatkin von Japan (1836–1912) hat durch seine Mission (seit 1861) die Japanische Orthodoxe Kirche gegründet, die im Jahre 1912 insgesamt 266 Gemeinden, 33 017 orthodoxe Japaner (allein 1911 wurden 1082, 1912 1009 Japaner getauft), 34 Priester und sechs Diakone (alle Japaner) sowie 116 Katecheten zählte. Sie besaß ein Geistliches Seminar (89 Schüler), zwei Mädchenschulen, eine Druckerei, drei Zeitschriften und eigene theologische Literatur in Japanisch sowie in Übersetzungen.[144] Der Nachfolger von Erzbischof Nikolaj von Japan, Metropolit Sergij Tichomirov von Japan (gest. 1945), charakterisierte die Persönlichkeit und das Missionswerk seines Vorgängers folgendermaßen: „Alles, was es in der japanischen Kirche an Gutem gibt, bis hin zum letzten Christen in der Kirche, bis zum letzten Ziegel an den Gebäuden, bis zum letzten Buchstaben in den liturgischen Übersetzungen, ist das Werk des erleuchteten Geistes, des großen Herzens und des felsenfesten Willens des seligen Hierarchen. Es verband sich glücklich mit dem unerschütterlichen Glauben an die Heiligkeit seines Werkes und der Frömmigkeit seines Lebenswegs." Russische Geistliche waren auch in China, Korea und im Nahen Osten tätig.[145] Ein bekannter russischer Wissenschaftler war der Pekinger Missionar Archimandrit Iakinf Bičurin (1777–1853), der viele Werke zur Geschichte Chinas, der Mongolei und Zentralasiens verfaßte. Die Russische Geistliche Mission in Jerusalem hat solche bedeutenden Gelehrten wie Bischof Porfirij Uspenskij (1804–1885) und Archimandrit Antonin Kapustin (1817–1894) hervorgebracht. Während die russischen Kirchen in China während der Kulturrevolution weitgehend zerstört wurden, wird das geistige Werk der russischen Mission und des russischen Mönchtums bis heute in Palästina fortgesetzt.

c) Die Früchte orthodoxen Geistes

Die Herde der Russischen Orthodoxen Kirche ist, nachdem sie eine multinationale oder die allrussische geworden war, auch durch die Wiedervereinigung der Unierten (Union von Brest 1596) und Altritualisten mit ihr größer geworden. Gegen Ende des 18. Jh. kehrten Gebiete nach Rußland zurück, die sich seit dem 14. Jh. unter polnisch-litauischer Herrschaft befunden hatten. Damit wurden ungefähr zwei Millionen Unierte in der Ukraine (Wolhynien und Podolien, mit Ausnahme von Galizien) mit der Russischen Orthodoxen Kirche wieder

Die Zeit der Synodalverwaltung (1721–1917) 51

vereinigt. Im Jahre 1839 wurden mehr als anderthalb Millionen Unierte aus Weißrußland und Litauen einschließlich fast der ganzen unierten Geistlichkeit (1305 Personen), darunter Bischof Iosif Semaško 1798–1868 (später Metropolit) von Litauen mit der Russischen Kirche wieder vereinigt, außerdem 1875 noch einmal mehr als 50 000 Unierte des Cholmer Gebiets.

Seit 1800 nahm die Russische Orthodoxe Kirche unter bestimmten Bedingungen Altritualisten, die die Vereinigung mit ihr suchten, in ihre Gemeinschaft auf. Die Altritualisten erklärten sich mit der Aufnahme von Priestern der Russischen Orthodoxen Kirche in ihre Gemeinden einverstanden, wobei diese wieder den Gottesdienst nach den alten liturgischen Büchern und Riten von Nikons Reformen zu halten hatten. Der Synod hob für diese Altritualisten, die „Eingläubige" („Edinovercy") genannt wurden, das Anathema des Konzils von 1667 auf. Um 1917 gab es gegen 600 Kirchen der Eingläubigen. Das Landeskonzil von 1917–18 gestand den orthodoxen Altritualisten (Edinovercen), wie sie sich seit dem 1. allrussischen Edinovercenkongreß 1912 nannten, vier Vikarbischöfe zu.

Die segensreichste Erscheinung im 19. Jh. für die Russische Orthodoxe Kirche war das Aufblühen des Mönchtums, das sich wie viele andere Prozesse des geistigen Lebens im Lande, entgegen den säkularisierenden Tendenzen des Geistlichen Reglements und des Sondererlasses über das Mönchtum von 1724[146] vollzog. Die Säkularisierung des Kirchenbesitzes im Jahre 1764 und die Einführung etatmäßig festgelegter Gehälter für die Geistlichkeit schadeten der Entwicklung der russischen Klöster sehr. Bis zur Einführung dieser Gehälter in Rußland (die Ukraine nicht gerechnet) hatte es 732 Männer- und 222 Frauenklöster gegeben. Mit einem Federstrich vernichtete die Kaiserin Katharina II. 754 alte Klöster und ließ nur noch 200 übrig, nur noch den fünften Teil dieser geistigen Quellorte kirchlicher Bildung und Frömmigkeit.[147] Vier Fünftel der russischen Klöster wurden beseitigt.

„Katharina verfolgte zwar offensichtlich nicht die Geistlichkeit", schrieb A. S. Puschkin, „doch dadurch, daß sie sie ihres unabhängigen Status beraubte und die Klostereinkünfte beschnitt, hat sie der Volksbildung einen harten Stoß versetzt. Wir verdanken nämlich den Mönchen unsere Geschichte und folglich auch unsere Bildung."[148]
Ein neuer Aufschwung des Mönchtums in der zweiten Hälfte des 18. Jh. war mit dem Wirken des Starez Archimandrit Paisij Veličkovskij verknüpft. Um 1743 war er auf den Athos gegangen und hatte dort die Einsiedelei des hl. Elias gegründet. Danach ging er an die Moldau, wo er im Auferstehungs-Kloster von Neamt ein Koinobion einrichtete und

das Starzentum nach den besten asketischen Vorbildern der alten Zeiten einführte. Starez Paisij begann mit seinen Schülern die Übersetzung und Bearbeitung der Väterschriften nach griechischen und alten kirchenslavischen Abschriften.[149] Das bekannteste Werk dieser Bruderschaft ist die „Dobrotoljubie" (die Philokalia) in kirchenslavischer Sprache, die dann Metropolit Gavriil Petrov von Novgorod (gest. 26. 1. 1801) herausgab. Für die Redaktion der Handschriften zog Metropolit Gavriil die im geistigen Leben erfahrensten Starzen hinzu, darunter auch den Abt Nazarij vom Valaam-Kloster.

Die folgenden Klöster sind im 18./19. Jh. durch das Starzentum bekannt geworden.

Die *Florišševa-Einöde:* Sie wurde 1655 von Illarion gegründet, der 1682 zum Metropoliten von Suzdal' und Jur'ev ernannt wurde (gest. 14. 12. 1707). Diese Einöde war wegen ihrer äußerst strengen koinobitischen Regel berühmt.

Die *Sarovskaja-Einöde:* Die Koinobie wurde hier 1706 vom Mönchspriester Ioann (gest. 1737) eingeführt. Dort übten sich der Mönch Mark der Schweiger (gest. 1817) und Serafim Sarovskij (gest. 2. 1. 1833) in der Askese.[150]

Die *Golgatha-Einsiedelei des Soloveckij-Klosters:* Sie wurde 1715 auf der Anzerskij-Insel des Soloveckij-Archipels von Iisus (gest. 1726) gegründet. Die Mönche der Golgatha-Skete verhalfen dem alten Soloveckij-Kloster zu neuer geistiger Blüte.[151]

Das *Valaam-Kloster:* Das Starzentum und die Regel des Sarovskij-Klosters wurden dort vom Abt Nazarij (1782–1801), einem ehemaligen Mönch des Sarovskij-Klosters, eingeführt. 1793 wurden zehn Mönche des Valaam-Klosters, die durch die Schule des Abtes Nazarij gegangen waren, zur Mission nach Alaska geschickt. Unter ihnen war German von Alaska (gest. 1837), der Beschützer der autokephalen Orthodoxen Kirche in Amerika. Von den Mönchen des Valaam-Klosters wurde 1895 das Nikolaj-Männer-Kloster Ussuri als erstes Kloster im Fernen Osten gegründet.[152]

Die *Optina-Einöde zur Einführung Mariä in den Tempel von Kozel'sk:* Das Starzentum wurde 1829 eingeführt. Seit 1839 gab die Optina-Einöde Werke der Kirchenväter in Russisch heraus.[153] Die Bewohner der Einöde übersetzten die berühmten Werke der großen Heiler der Menschenseelen: Barsunophios des Großen, Johannes des Propheten, des Abba Dorotheos, des Petros Damaskenos und Ioannes Klimacos, Isaakios des Syrers, Symeons des Neuen Theologen, des Theodoros Studites, des Anastasios Sinaites, des Johannes Chrysostomos, jener Väter, von denen sich viele Generationen russischer Menschen in ihrem geistigen Leben haben führen lassen. Die bedeutendsten russischen Theologen, Metropolit Filaret Drozdov von Moskau und Erzpriester und Professor der Moskauer Geistlichen Akademie Feodor Golubinskij, die Zensoren für die Optina-Editionen waren, haben diesen Werken der Starzen von Optina einen hohen wissenschaftlichen Wert beigemessen.

In der Optina-Einöde wurden Archimandrit Leonid Kavelin (gest. 1891), der angesehene Altertumsforscher und Chef der Russischen Geistlichen Mission in Jerusalem (später Abt des Neues-Jerusalem-Klosters und des Troice-Sergiev-Klosters)[154] und Priester Pavel L. Florenskij (gest. 1943), der berühmte Philosoph und Theologe, ausgebildet, sowie viele andere Vertreter des wissenschaftlichen und kulturellen Lebens.

Die *Einsiedeleien des Troice-Sergiev-Klosters* (Bethanien, Gethsemane, Paraklit, Kinovija) sowie der *Smolensker Zosimeva-Einöde* wurden mit Hilfe des Moskauer Metropoliten Filaret Drozdov eingerichtet. Hier lebten die Starzen Mönch Filipp (gest. 18. 5. 1868), der Gründer des Höhlenklosters von Černigov, und seine drei Söhne, die Mönchspriester Ignatij (gest. 1900), Porfirij (gest. 1905) und Vasilij (gest. 1. 4. 1915); Abt Varnava (gest. 1906); Mönchspriester Isidor (gest. 3. 2. 1908), Hegumenos German, Mönchspriester Dosifej und Mönchspriester Aleksij, der an der Wahl von Patriarch Tichon auf dem Lokalkonzil 1917–1918 teilnahm, und viele andere. In der Einsiedelei Paraklit empfing 1927 der Patriarch Pimen von Moskau und ganz Rußland die Mönchsweihe.

Das Russische *Pantelejmon-Kloster auf dem Athos:* Es wurde 1839 wieder neu errichtet. Es entwickelte in der Folge eine rege Editionstätigkeit. Hier kam auf Russisch ein neu übersetzter und von Bischof Feofan Zatvornik ergänzter vollständiger Text der „Philokalia" heraus.[155] Im 20. Jh. ragte unter den russischen Mönchen des Athos besonders Siluan (1866–1938) durch sein heiligmäßiges Leben heraus; sein Name wird nicht nur auf dem Berg Athos, sondern auch von andersgläubigen Christen verehrt. Zu den herausragenden Russen gehörte auch Archimandrit Ilian (gest. 1971).

Die Mönche der Optina-Einöde, des Pantelejmon-Klosters auf dem Athos sowie auch die der Glinskaja-Einöde zur Geburt der Hl. Gottesgebärerin haben viele Anstrengungen unternommen, das ununterbrochene geistige Gebet nicht nur im Mönchtum, sondern auch in der Welt wieder neu zu begründen. Weil sie nicht „nach dem Gesetz, sondern nach der Gnade" wirkten, haben die Starzen viele erfahrene Beichtväter für die russische Kirche erzogen.

Die Wiedergeburt des geistigen Lebens in den alten Klöstern des orthodoxen Rußland hatte in der russischen Kirchengeschichte noch eine andere bemerkenswerte Folge, nämlich eine Blüte der theologischen Wissenschaft in den Geistlichen Lehranstalten (den Akademien und Seminaren). Dazu trug die selbstlose wissenschaftliche Arbeit des gelehrten Mönchtums und der besten Vertreter der Weltgeistlichkeit bei. Ein Bindeglied zwischen der altehrwürdigen Theologie und der neuen theologischen Wissenschaft waren die Werke des Metropoliten Dimitrij von Rostov (gest. 1709). Die Lesemenäen von Dimitrij waren die Weiterentwicklung jener gewaltigen hagiographischen Arbeit, die unter dem Metropoliten Makarij von Moskau Mitte des 16. Jh. begonnen worden war. Die Großen Lesemenäen des Metropoliten Makarij – dieser einmalige enzyklopädische Kodex kirchenslavischer Texte – sowie andere Primärquellen waren die Grundlage seiner Arbeit. Die Menäen von Dimitrij werden bis heute in den russischen Kirchen täglich gebraucht.

Die Geistlichen Lehranstalten der Russischen Orthodoxen Kirche teilten sich in Höhere (die Akademien: St. Petersburg 1797, reformiert 1809; Moskau 1685, verlegt in das Troice-Sergiev-Kloster 1814; Kiew 1615, reformiert 1819; Kazan', 1797 neueröffnet 1842), Mittlere (die Seminare) und Niedere (die Kreis- und Gemeindeschulen). Für die Absolventen der Geistlichen Akademien wurden die akademischen Grade des Kandidaten, Magisters und Doktors der Theologie geschaffen.

Die Stimme der Klöster hatte nicht nur für die akademischen Arbeiten der Theologen der Russischen Orthodoxen Kirche, sondern auch für breite Gesellschaftskreise Rußlands hohe Bedeutung. Über die umfangreiche patristische Literatur, die hauptsächlich von der Optina-Einöde und den Zeitschriften der Geistlichen Akademien herausgegeben wurde, fanden aus der lebendigen Vätertradition der Orthodoxen Kirche heraus die russischen Religionsphilosophen (oder, wie sie manchmal genannt werden, weltliche Theologen) ihren Weg in der Philosophie. Es waren dies I. V. Kireevskij (gest. 1856), A. S. Chomjakov (gest. 1860), J. F. Samarin (gest. 1876), I. S. Aksakov (gest. 1881), K. Leont'ev (gest. 1891) und viele andere. Diese slavophilen Denker trugen auch zum Nationalbewußtsein der Slaven, besonders auf dem Balkan bei. Im russisch-türkischen Krieg 1877–1878 bewies die Russische Orthodoxe Kirche große Entschlossenheit und Anteilnahme an den nationalen Interessen Rußlands und der slavischen Brudervölker.

Schon zu Beginn des Jahres 1876, bald nach dem antitürkischen Aufstand in Bosnien und der Herzegowina, hatte der Synod die Geistlichkeit und die Klöster ermächtigt, Mittel für die Opfer des Aufstands zu sammeln. Schon damals wurden in den Frauenklöstern Rote-Kreuz-Schwestern für den Lazarettdienst ausgebildet.
Zahlreiche Aufrufe und Hirtenbriefe der Hierarchen im ganzen Land von St. Petersburg und Moskau bis zu den entferntesten Gemeinden brachten den Slavischen Komitees gewaltige Spenden. Die Geistlichkeit und die Klöster von Moskau mit dem Metropoliten Innokentij von Moskau (gest. 1879) an der Spitze sammelten in zwei Wochen mehr als 30 000 Rubel und schickten sie nach Montenegro. „Die Stimme des russischen Volksgewissens spricht: Wir Russen müssen vor allem und mehr als andere den leidenden Christen im Osten helfen", äußerte der Rektor der St. Petersburger Geistlichen Akademie Protopresbyter Ioann Janyšev, „die russische Kirche, einst Tochter, heute jedoch Schwester der Kirchen des Ostens, hat das auf alle Zeiten untrennbare Band mit den leidenden östlichen Gliedern des einen Ökumenischen Leibes Christi nicht vergessen."[156]
Wieder, wie schon in den Tagen großer Prüfungen für das Volk – der Schlacht auf dem Schnepfenfeld (1380), des Poleneinfalls (1612) und des Vaterländischen Krieges von 1812 – segnete die Kirche die russischen Streiter, die zum Kampf mit den Feinden von Frieden und Liebe auszogen. Die Kirche teilte mit dem Staat die Last der materiellen Aufwendungen für den Befreiungskrieg auf dem Balkan. Am Tag der Kriegserklärung wies der Synod 100 000 Rubel für die Sanitätsversorgung der Armee an. Alle Mitglieder des Synods beschlossen, für die Zeit des Krieges ihr ganzes Gehalt für die Kriegskosten zur Verfügung zu stellen. Bei der Gesellschaft für Kriegsversehrtenfürsorge betrug die Summe der kirchlichen Spenden 11 Millionen Goldrubel.
Die Unterstützung der Südslaven durch das ganze Volk, angeführt von der russischen Kirche, zeigte, wie groß der Einfluß der Kirche im gesellschaftlichen Leben des Landes war. So setzte die Russische Orthodoxe Kirche ihren Hirtendienst, ihre erleuchtende und aufbauende Mission fort. Die Wiedergeburt der Orthodoxie vollzog sich in dieser „synodalen" Kirche in ihrer ganzen Tiefe und Kraft. Als Zeichen für die Wiedergeburt steht die Schar der Streiter für die Orthodoxie, die die im 18./19. Jh. verherrlichten Heiligen einschließt.[157] Die Konziliarität der Kirche erwies sich als die Kraft, die imstande war, in ungewöhnlichen historischen Situationen standzuhalten. Nicht in der Flucht in die Vergangenheit und auch nicht in utopischen Phantasien über die Zukunft bestand das Heilswirken der Kirche, sondern in geistig-nüch-

terner Sammlung, in der Pflege und Verwirklichung alles Wahren und
Ewigen.

5. Die Russische Kirche unter neuen historischen Bedingungen

a) Der kirchlichen Wiedergeburt entgegen (1901–1917)

Ein Ereignis, das über 200 Jahre erwartet wurde, eröffnet eine neue
Epoche in der Geschichte der Russischen Orthodoxen Kirche. Es ist
das Landeskonzil von 1917–18, auf dem das Patriarchat und die alten
wahren kanonischen Normen des kirchlichen Lebens wiederhergestellt
wurden. In der ganzen Synodalzeit hatten sich die russischen Gläubigen
nicht mit dem der Kirche vom Staat aufgezwungenen System der staatlichen Bevormundung, einer bürokratischen Verwaltung von der Obersten Kirchenleitung bis hinein in das gemeindliche Leben abfinden
können. Verstöße gegen die Kanones führten zur Absonderung der
Hirten von der Herde, zu weltlich-administrativen Beziehungen zwischen ihnen und schließlich zur Gleichgültigkeit der Laien gegenüber
der Kirche und dem geistlichen Leben, besonders unter städtischen
Lebensbedingungen. Ein alarmierendes Zeichen war die Gegenüberstellung von „Geistlichkeit und Gesellschaft", besonders von „Geistlichkeit und Intelligenzija" in der kirchlichen und weltlichen Presse
Ende des 19./Anfang des 20. Jh.[158]

Neben der Missionsarbeit unter den noch nicht vom Christentum erreichten Völkern Asiens und der Tätigkeit von Missionspriestern, um
Altritualisten und Sektierer mit der Kirche zu versöhnen, stand die russische Geistlichkeit an der Schwelle des neuen Jahrhunderts vor der
Aufgabe, für die schwierigere „Mission unter der Intelligenzija" zu sorgen.[159] Sowohl von seiten der Kirche als auch von seiten weltlicher
Kreise versuchte man die zwischen Kirche und Intelligenz aufgekommene Spannung zu beseitigen. Der bekannteste Versuch dieser Art
waren die religiös-philosophischen Versammlungen in St. Petersburg
(1901–1903), auf denen Vertreter der weltlichen Kultur und Kirchenmänner unter dem Vorsitz des Rektors der St. Petersburger Geistlichen
Akademie, Bischof Sergij Stragorodskij (später Patriarch von Moskau
und ganz Rußland), diskutierten.[160] Nach diesem Vorbild wurden später (1906–1907) religiös-philosophische Gesellschaften in Moskau und
Kiev gegründet.

Für breitere Schichten der Stadtbevölkerung waren die „Öffentlichen
Theologischen Lesungen" von großer Bedeutung. Diese wurden seit

1897 in Moskau abgehalten und standen dort unter der Leitung der Erzpriester Georgij Smirnov-Platonov und Ioann Petropavlovskij. Professoren der Moskauer Geistlichen Akademie, des Moskauer- und des Bethanien-Seminars nahmen daran teil. Seit 1903 fanden sie in St. Petersburg (unter Leitung des Rektors des St. Petersburger Geistlichen Seminars, Archimandrit Sergij Tichomirov, des späteren Metropoliten von Japan) statt, ab 1904 auch in Voronež und anderen Städten.[161]

Die theologische Entwicklung und Vervollkommnung des Gemeindelebens war von anderen dringenden Aufgaben einer Umgestaltung in der russischen Kirche nicht zu trennen. Es entwickelte sich der Gedanke eines Landeskonzils als eines entscheidenden Schritts zur umfassenden Regulierung des kirchlichen Lebens. Anfang 1905 beschäftigte sich eine besondere Konferenz beim Ministerkomitee unter dem Vorsitz von Graf S. J. Vitte auf höchste Anweisung mit einem Gesetzentwurf „Über die Festigung der Prinzipien der Glaubenstoleranz", der am 17. April 1905 publiziert wurde. Dabei stellte sich heraus, daß nach dem Gesetzentwurf heterodoxe, altritualistische und Sektengemeinden privilegierter und vom Staat unabhängiger waren als die orthodoxe Kirche. Die Minister stellten die Frage nach „wünschenswerten Umgestaltungen" der kirchlichen Verwaltung in Rußland. Ein entsprechendes Memorandum „Fragen wünschenswerter Umgestaltungen des Status der Orthodoxen Kirchen bei uns"[162] hatte der aus diesem Anlaß zu der Konferenz hinzugezogene Metropolit Antonij Vadkovskij[163] von St. Petersburg und Ladoga als Vorsitzendes Mitglied des Synod eingebracht. Im Memorandum wurde gefordert, „die ständige Bevormundung und die zu wachsame Kontrolle des kirchlichen Lebens durch die weltliche Macht, die die Kirche der Selbständigkeit und der Initiative beraubt, zu beseitigen oder wenigstens zu mildern", und es wurde die „Notwendigkeit einer Revision der kirchlichen Verfassung" vorgetragen.[164]

Der Vorsitzende des Ministerkomitees, Graf S. J. Vitte, brachte seinerseits eine ausführliche Denkschrift: „Über die gegenwärtige Lage der Orthodoxen Kirche"[165] ein. Als Antwort darauf erschienen die vom Oberprokureur des Synods, K. P. Pobedonoscev, verfaßten „Vorstellungen zu Fragen wünschenswerter Umgestaltungen des Status der Orthodoxen Kirche bei uns".[166] Die Ministerkonferenz wäre vielleicht noch lange fortgesetzt worden, wenn nicht auf Betreiben von K. P. Pobedonoscev die Frage am 13. März 1905 der Konferenz entzogen und dem eigentlichen Adressaten, dem Synod, übergeben worden wäre.[167]

Am 22. Mai wurde über den Synod dem Kaiser in einem Bericht vorgeschlagen, „die gegenwärtige staatliche Situation der Kirche in Rußland zu prüfen", „dem Synod einen Patriarchen zum Haupt zu geben" und zur Diskussion der kirchlichen Umgestaltungen in Moskau ein Landeskonzil der Russischen Orthodoxen Kirche einzuberufen.[168] Am 31. März 1905 entschied der Kaiser über diesen Bericht in einer Weise, die den Gang der Angelegenheit hemmte. Dabei wurde nur die Einrichtung einer Vorkonziliaren Konferenz gestattet, die folgende Fragen behandeln sollte: Einführung von Metropolitankreisen, Revision der Eparchialverwaltung und des Kirchengerichts, die Einrichtung der Gemeinde sowie die Vervollkommnung der Geistlichen Lehranstalten. Es wurde für nötig gehalten, rechtzeitig auf diesem Wege die Vorbereitungen für das Landeskonzil zu beginnen. Mit Erlaß des Synods vom 27. Juli 1905 wurde den Eparchialbischöfen aufgetragen, ihre Ansichten zu allen Punkten der geplanten kirchlichen Umgestaltungen, die in einer besonderen Enquête formuliert waren, dem Synod einzureichen. Die gegen Ende des Jahres eingegangenen Antworten der leitenden Hierarchen lieferten umfangreiche und wichtige Materialien für weitere Arbeiten zur Vorkonziliaren Konferenz.[169] Am 16. Januar 1906 wurde die „Vorkonziliare Kommission" vom Kaiser bestätigt, ein Repräsentativorgan aus zehn Hierarchen, sieben Priestern sowie einundzwanzig Professoren von Geistlichen Akademien und Universitäten. Vorsitzender der Kommission war Metropolit Antonij Vadkovskij. Die Arbeit der Vorkonziliaren Kommission dauerte vom 8. März bis zum 15. Dezember 1906, ihre Arbeiten wurden später als „Tagebücher und Protokolle" veröffentlicht.[170] Der nächste Schritt in Richtung auf ein Konzil wurde 1912 unternommen, als auf Erlaß des Kaisers vom 28. Februar die Vorkonziliare Konferenz einberufen wurde.

Zwischen den zwei Revolutionen kamen auch die Gemeindefragen über den toten Punkt hinweg. Am 18. November 1905 hatte der Synod eine Verordnung „Zur Frage der Einrichtung des Gemeindelebens und der Seelsorgerversammlungen" erlassen, in der die Einrichtung von Gemeinderäten unter dem Vorsitz des Gemeindepriesters vorgeschrieben wurde. Die Mitglieder sollten von einer allgemeinen Gemeindeversammlung gewählt werden.[171]

In der Vorkonziliaren Kommission, zu deren Arbeitsprogramm die Frage nach der Gemeindeverfassung gehörte, wurde der Entwurf einer Verfassung der orthodoxen Gemeinde in der Russischen Orthodoxen Kirche erarbeitet. Im Februar 1907 wurde eine besondere Konferenz für Gemeindeorganisation beim Synod gebildet. Am 21. Mai 1914 billigte der Synod die Endfassung des Gesetzentwurfs zur Reform der Kirchengemeinde und brachte sie zur Beratung in die gesetzgebenden

Kammern (der Staatsduma und des Staatsrates) ein. Es wurde die folgende Definition der Gemeinde angenommen: „Orthodoxe Gemeinde wird ein Bund von orthodoxen Christen genannt, der ein Teil der Herde des Ortsbischofs ist und dadurch zu der einen, heiligen, katholischen und apostolischen Kirche gehört; der sich an einem bestimmten Ort befindet; der zu einer Gemeinde um seine Kirche vereinigt ist und vom Bischof der nächstgelegenen seelsorgerlichen Leitung eines oder mehrerer Priester anvertraut ist, damit seine Glieder das ewige Heil durch das Mittel des gemeinsamen Gebets, der gnadenreichen Sakramente, der kirchlichen Erbauung und Werke christlicher Wohltätigkeit erreichen mögen."[172]

Die vorkonziliaren Arbeiten der Jahre 1905–1914, die Antworten der Hierarchen wie auch die Tagebücher der Vorkonziliaren Kommission wurden zur Grundlage der Arbeiten des Vorkonziliaren Rates von 1917 und danach der Sektionen und Kommissionen des Landeskonzils der Russischen Orthodoxen Kirche von 1917–1918. Sie wurden für die Konzilsakten verwendet.

b) Das Landeskonzil (1917–1918)

Am 2. März 1917 dankte der letzte russische Kaiser, Nikolaj II., ab. Alles war darauf vorbereitet, daß die Kirche im entscheidenden Augenblick der Ideologie und der Praxis der „Symphonia von Staat und Kirche" entsagen konnte, die eine der möglichen historischen Formen ihres Verhältnisses zum Staat darstellt, dem Wesen nach aber keineswegs obligatorisch und nicht die einzige für die Kirche ist. In den Augen der orthodoxen Gläubigen war auch die Abhängigkeit der Kirche von der bürgerlichen provisorischen Regierung widernatürlich, so daß unter den Bedingungen der Übergangszeit die Frage einer schnellen Einberufung eines allrussischen Landeskonzils zur Lösung der kirchlichen Kardinalprobleme noch aktueller wurde. Am 29. April wandte sich der Synod in neuer Zusammensetzung mit einem Sendschreiben an die „Erzhirten, Hirten und alle treuen Kinder der Russischen Orthodoxen Kirche".

Der Grundgedanke des „Sendschreibens" bestand darin, daß „nach Änderung des staatlichen Systems die Russische Orthodoxe Kirche nicht mehr bei jener Ordnung stehenbleiben kann, die ihre Zeit überlebt hat". Der Synod rief zur Einführung des Wahlprinzips auf „für alle ihm zugänglichen Formen der kirchlichen Verwaltung" und betonte dabei, daß „die breite Teilnahme aller Glieder der Kirche (d. h. des nie-

deren Klerus und der Laien) in kirchlichen Dingen die Grundlage der kirchlichen Verfassung werden muß".[173]
Am gleichen Tag, dem 29. April 1917, beschloß der Synod die Einrichtung einer Sonderkommission zur Vorbereitung des Konzils – den Vorkonziliaren Rat. Er nahm seine Sitzungen am 11. Juni auf. In ihn wurden die angesehensten Vertreter der kirchlichen Hierarchie, der Geistlichkeit und der theologischen Wissenschaft berufen. Am 5. Juli 1917 wurde nach einem Bericht des Vorkonziliaren Rates beschlossen, das Konzil in Moskau am „Fest des Entschlafens der Allerheiligsten Gottesgebärerin", am 15. August 1917, zu eröffnen. Gleichzeitig wurde die „Verordnung über die Einberufung des Konzils" angenommen, die die Wahlordnung für die Mitglieder des Konzils festlegte: Jede Gemeinde wählte Vertreter für die Teilnahme an den Propsteiwahlversammlungen, jede Propstei stellte Delegierte für den Eparchialkongreß auf, der seinerseits die Delegierten der Eparchie für das allrussische Landeskonzil wählte. Für den 23. Juli wurden die Gemeinde-, für den 30. Juli die Propstei- und für den 8. August die Eparchialwahlversammlungen anberaumt. Die so gewählten Delegierten kamen am 15. August in Moskau zusammen. Damit begann eines der repräsentativsten Konzile in der Geschichte der Russischen Kirche. Es bestand aus 564 Mitgliedern, darunter zehn Metropoliten, 17 Erzbischöfe, 53 Bischöfe und 15 Archimandriten. Insgesamt nahmen 265 Geistliche und 299 Laien am Konzil teil. Die Mitglieder waren in zwei Gruppen eingeteilt: berufene Mitglieder und gewählte Mitglieder. Zu den berufenen Mitgliedern gehörten die Mitglieder des Synods in seiner vollständigen Zusammensetzung vom 15. August 1917 (neun Personen), alle 73 Eparchialbischöfe und alle Mitarbeiter des Vorkonziliaren Rates (82 Personen). Zu den gewählten Mitarbeitern gehörten die Vertreter aller Eparchien (je zwei Delegierte der Geistlichkeit sowie je drei der Laien von jeder Eparchie – insgesamt 330 Personen) und einiger Vikariatsbistümer (11 Personen) sowie Vertreter des Mönchtums, der Geistlichkeit des Heeres und der Marine, der Eingläubigen-Geistlichkeit, der Geistlichen Akademien (12 Professoren), der Universitäten und der Akademie der Wissenschaften (13 Professoren).[174] Das Konzil wurde zum „Fest des Entschlafens der Allerheiligsten Gottesgebärerin" mit feierlichen Gottesdiensten in den Moskauer Kirchen eröffnet; das Konzil war eines der längsten in der Geschichte der russischen Kirche.
Die Verhandlungen der ersten Session des Konzils (15. August bis 9. Dezember 1917) war der Reorganisation der obersten Kirchenleitung gewidmet: Wiederherstellung des Patriarchats, Wahl des Patriarchen, Definition seiner kanonischen Rechte und Pflichten, Einrichtung

von Konzilsorganen für die gemeinsame Verwaltung der kirchlichen Angelegenheiten – des Hl. Synods und des Obersten Kirchenrates –, Wahl der Mitglieder der neuen Konzilsorgane. Auch der Rechtsstatus der Russischen Orthodoxen Kirche im Staat wurde erörtert. Während der zweiten Session (20. Januar bis 20. April 1918) war das Konzil mit Fragen der Umbildung der Eparchialverwaltung, der kirchlich-administrativen Einordnung der Eingläubigen (des Teils der Altritualisten, die sich 1800 mit der Orthodoxen Kirche wiedervereinigt hatten), der inneren und äußeren Mission sowie den Fragen der kirchlichen und der Zivilehe beschäftigt. Eines der wichtigsten Ergebnisse des Konzils wurden die „Bestimmungen zur Orthodoxen Gemeinde" (die 129. Akte gleichzeitig Schlußakte der 2. Session des Konzils vom 7. April 1918) sowie die „Verordnung über die orthodoxe Gemeinde" (Entwurf eines Gemeindestatuts), deren Erörterung 16 Konzilsakten (88–103) vom 19. Februar bis zum 14. März 1918 gewidmet waren.[175]

Einige Akten der zweiten Session waren hagiologischen Fragen gewidmet, der Kanonisierung neuer Heiliger, des Bischofs Sofronij von Irkutsk (gest. 1771) und des Bischofs Iosif von Astrachan (gest. 1671). Die Beschlüsse der dritten Sitzung des Konzils, deren Akten nicht veröffentlicht wurden, galten der Ausarbeitung der Wahlordnung für die Wahl des Patriarchen und des Patriarchatsverwesers, der Einrichtung neuer Eparchien und Vikariatsbistümer und Bestimmungen zum Rang der Weihen, zu Klöstern und Klosterleuten u. a.[176]

Das Landeskonzil von 1917–1918 ist zu einem großen historischen Ereignis im Leben der russischen Kirche geworden. Es zog die Summe alles Guten und Lebensfähigen, das die russische Kirche in der Synodalzeit unter Aufnahme und Verallgemeinerung der geistlichen Erfahrungen vieler Hierarchen, Glaubenskämpfer und Theologen der vergangenen zweihundert Jahre geschaffen hatte. „Das Konzil hat in seinen Akten" – wie Patriarch Tichon sagte – „die Zukunftsvorstellungen und Hoffnungen der besten Söhne der russischen Kirche Fleisch werden lassen, der Hierarchen und der gläubigen Laien, die für den Gedanken einer Erneuerung des konziliaren Lebens der Kirche lebten, diesen glücklichen Tag jedoch nicht mehr erlebt haben."[177]

Die Wiederherstellung des Patriarchats war der wichtigste Akt des Landeskonzils. Der Vorkonziliare Rat hatte im Sommer 1917 in Petrograd unter dem Einfluß von modernistisch eingestellten Professoren einen Beschluß gegen die Wiedereinführung des Patriarchats gefaßt; sie hielten das Patriarchat mit der Idee der Konziliarität unvereinbar. Historiker betonen dabei zurecht, daß der Vorkonziliare Rat „aus vierzig Laien, zehn Priestern und zwölf Bischöfen bestand und es deshalb nicht schwer war, sich vorzustellen, wozu das führte: zur Stärkung der Weltgeistlichkeit und der Laien in der Kirche.[178] Dementsprechend fand die Idee des Patriarchats als „nicht zeitgemäß und undemokratisch" keinen Platz in dem Programm, das dem Konzil am 12. August 1917 vorgelegt wurde. Die Aufgabe des Konzils war allgemeiner formuliert: „Wiederherstellung der kanonischen konziliaren Verfassung der Kirche." Auf dem Konzil verfolgten die Erneuerer ihre antikirchliche Linie weiter. Auf den Sitzungen der Sektion „Oberste Kirchenleitung" und in privaten Versammlungen von Konzilsmitgliedern richtete sich die Mehrzahl der Referate gegen das Patriarchat.

Nach mehrtägigen stürmischen Debatten stellte die Sektion „Oberste Kirchenleitung" die Frage des Patriarchats einer allgemeinen Erörterung des Konzils anheim, die am 11. Oktober 1917 stattfand. Erst allmählich begann das Konzil, wie ein Teilnehmer, der Metropolit Evlogij Georgievskij, sagte, „das anfänglich an ein Parlament erinnerte, sich zu einem wahren kirchlichen Konzil zu wandeln".[179] Die Teilnehmer an den Konzilsverhandlungen beobachteten, nach dem Zeugnis des Hauptberichterstatters zur Frage kirchlicher Obergewalt, Bischof Mitrofan Krasnopol'skij, „mit Verwunderung, wie der Gedanke an einen Patriarchen geradezu wundertätig aufkam und in kurzer Zeit die besten Hoffnungen der russischen Menschen in sich verkörperte".[180]

Die bei vielen Teilnehmern vorhandene Stimmung gewann durch den Vortrag des Archimandriten Ilarion Troickij „Warum muß das Patriarchat unbedingt wiedereingesetzt werden?" auf der Plenarversammlung des Konzils am 23. Oktober 1917 neue Kraft. Der hervorragende Theologe konnte in seinem Bericht überzeugend darstellen, daß das „Patriarchat das Grundgesetz des höchsten Regiments in jeder Landeskirche ist".[181] Die kanonische Wahrheit triumphierte: Am 28. Oktober stellte das Konzil, ohne auch nur die Hälfte der vorgesehenen Beiträge angehört zu haben, die Erörterungen ein und nahm mit überwältigender Stimmenmehrheit die Entschließung der Wiederherstellung des Patriarchats in der Russischen Orthodoxen Kirche an.[182]

Die Wiederherstellung des Patriarchats hatte nicht nur nationale, lokale, sondern auch panorthodoxe Bedeutung und besiegelte den „Sieg über die Gegner der Bischofsgewalt in der Kirche".[183]

Am 31. Oktober wurden die Wahlen der drei Kandidaten für den Patriarchenstuhl durchgeführt. Die drei Kandidaten waren Erzbischof Antonij Chrapovickij von Char'kov, Erzbischof Arsenij Stadnickij von Novgorod und Metropolit Tichon Belavin von Moskau – „der klügste, strengste und gütigste der Hierarchen der russischen Kirche".

Die endgültige Wahl wurde dem Willen Gottes anheimgestellt (Joh. 15, 16). Am 5. November 1917, nach Liturgie und Gebet in der Moskauer Christi-Erlöser-Kirche, trat der blinde Starez Aleksij von der Zosima-Einöde aus dem Altarraum, bekreuzigte sich dreimal und nahm aus einem versiegelten Kasten vor der wundertätigen Ikone der Gottesmutter von Vladimir ein Los. Metropolit Vladimir Bogojavlenskij (gest. 25. 1. 1918) von Kiev empfing das Los aus der Hand des Starez und verlas dem Konzil den Namen des Erwählten Gottes: „Tichon, Metropolit von Moskau". Die Inthronisation des neugewählten Patriarchen wurde in der großen Entschlafens-Kathedrale des Moskauer Kreml am Tag der Einführung Mariä in den Tempel am 21. November 1917 vollzogen.

Mit der Wiederherstellung des Patriarchats hat das allrussische Landeskonzil von 1917–1918 günstige Bedingungen für die Einrichtung des Lebens der Russischen Orthodoxen Kirche in Übereinstimmung mit den kanonischen Normen geschaffen, denen folgende vom Konzil am 4. November 1917 angenommene Gesetze zugrunde liegen:
1. In der Russischen Orthodoxen Kirche gehört die oberste legislative und administrative Gewalt, die Rechtsprechung und Kontrolle dem Landeskonzil, das periodisch in bestimmten Abständen einberufen wird; es setzt sich aus Bischöfen, Klerikern und Laien zusammen.
2. Das Patriarchat wird wiederhergestellt, und die kirchliche Leitung liegt beim Patriarchen.
3. Der Patriarch ist der erste unter den ihm gleichen Bischöfen.
4. Der Patriarch ist zusammen mit den Organen der Kirchenleitung dem Konzil rechenschaftspflichtig.

In Übereinstimmung mit den kirchlichen Kanones verlieh das Landeskonzil mit Beschluß vom 8. Dezember 1917 dem Patriarchen das Recht, kirchliche Konzile einzuberufen und auf ihnen den Vorsitz zu führen, mit den anderen autokephalen Kirchen in Fragen des kirchlichen Lebens in Verbindung zu treten, sich mit Sendschreiben an die ganze Russische Orthodoxe Kirche zu wenden, die Eparchien zu besuchen und sich um die rechtzeitige Besetzung der Bischofsstühle zu sorgen, allen Hierarchen brüderlichen Rat zur Ausübung ihrer Hierarchenpflichten zu geben und schuldige Bischöfe vor ein kirchliches Gericht zu zitieren.

Seit der Wiederherstellung des Patriarchats haben der Obersten Kirchenleitung in der Russischen Orthodoxen Kirche sukzessiv vorgestanden: Tichon, Patriarch von Moskau und ganz Rußland (Belavin) 1917–1925, als Patriarchatsverweser Petr, Metropolit von Kruticy (Poljanskij) 1925–1936, als Stellvertretender Patriarchatsverweser Sergij (Stragorodskij) 1936–1943, ders. Patriarch von Moskau und ganz Rußland 1943–1944, Aleksij, Patriarch von Moskau und ganz Rußland (Simanskij) 1945–1970, Pimen, Patriarch von Moskau und ganz Rußland (Izvekov) seit 1971.

c) Patriarch Tichon

Unter den Männern der Kirche, die größten Einfluß auf die nachfolgende Entwicklung der Ereignisse genommen haben, wird der Historiker zweifellos den Namen des Patriarchen Tichon an erster Stelle nennen. Er begann den Weg, den die orthodoxe Kirche auch heute geht, den Weg eines freien Zeugnisses Christi und des geistigen Aufbaus in einer neuen Welt.

Patriarch Tichon (mit weltlichem Namen Vasilij Ivanovič Belavin) wurde am 19. Januar 1865 in der Familie eines Dorfpriesters der Pskover Eparchie geboren. Er besuchte die Geistliche Lehranstalt von Toropec, das Pskover Geistliche Seminar und die Petersburger Geistliche Akademie, die er im Jahre 1888 absolvierte. Er lehrte Dogmatik, Moral- und Fundamentaltheologie im Pskover Seminar. 1891 empfing er die Mönchsweihe unter dem Namen des hl. Tichon Zadonskij, und am 22. Dezember 1891 wurde er zum Mönchspriester geweiht. Im März 1892 wurde er zum Inspektor des Cholmer Geistlichen Seminars ernannt und im Juni desselben Jahres zu seinem Rektor unter Erhebung zum Archimandriten. Am 19. Oktober 1897, im 33. Lebensjahr, wurde er zum Bischof von Lublin, Vikar der Eparchie von Warschau und Cholm geweiht. Am 14. September 1898 wurde er Bischof der Aleuten und von Alaska (ab 1900 erhält diese Eparchie den Namen von den Aleuten und Nordamerika). Am 5. Mai 1905 wurde er zum Erzbischof erhoben. Seinen weiteren Dienst versah er in Jaroslavl' (seit 1907) und Wilna (seit 1913). Mit Beginn des Ersten Weltkriegs war er 1914 gezwungen, aus der im Frontbereich gelegenen Eparchie von Wilna und Litauen nach Petersburg zu gehen.[184]

Wie sein Mitstreiter und Nachfolger Metropolit Sergij Stragorodskij hervorhob, war sich Patriarch Tichon „immer in gleicher Weise treu. Auf der Schulbank, als Priester und Bischof, bis hin zum Patriarchenstuhl zeichnete er sich durch größtes Wohlwollen, Friedfertigkeit und Güte aus. Er besaß besondere Offenheit in seinen Ansichten und war fähig, jeden zu verstehen und ihm zu vergeben."[185] Diese geistliche Haltung des Patriarchen Tichon verband sich mit unbeugsamer Festigkeit und Prinzipientreue in Fragen, die das Wesen des orthodoxen Glaubens und des inneren Lebens der Kirche berührten. Auf allen Stufen seines bischöflichen Dienstes in der Synodalzeit verteidigte er konsequent die Unantastbarkeit der kirchlichen kanonischen Normen und wies jegliche Versuche seitens der weltlichen Verwaltung, sich in das kirchliche Leben einzumischen, entschieden zurück. In den Jahren des Rasputin-Unwesens[186] verkörperte Erzbischof Tichon für die Zeitgenossen das Gewissen der Russischen Orthodoxen Kirche als einer der Hüter ihrer Heiligkeit und inneren Freiheit. Nach dem Fall der Monarchie wurde Tichon durch die freie Willensäußerung des Kirchenvolkes zum Metropoliten von Moskau gewählt. Die Liebe der orthodoxen Gläubigen zu ihm fand zwei Monate später ihren Ausdruck in seiner einstimmigen Wahl zum Vorsitzenden des Landeskonzils der Russischen Orthodoxen Kirche am 18. August 1917. Und danach wies ihm die göttliche Vorsehung das Los des Patriarchenamtes zu.

In der vielseitigen und fruchtbaren Tätigkeit des Patriarchen Tichon (1917–1925) kann man drei Hauptrichtungen hervorheben: die Suche nach Wegen zur Herstellung korrekter Beziehungen zwischen Kirche und Sowjetstaat; die Bemühungen um die kirchliche Ordnung der russischen orthodoxen Diaspora, die im Verlauf des Bürgerkrieges 1918–1922 entstanden war, sowie den Kampf um die kirchliche Einheit und Reinheit des kanonischen Bewußtseins hinsichtlich der in der Russischen Orthodoxen Kirche entstandenen Spaltungen.

Nach dem Sieg der Oktoberrevolution waren grundlegende Veränderungen im Status aller Stände Rußlands eingetreten. Sie betrafen sowohl die Geistlichkeit als auch die breite Masse der Gläubigen. Die Jahrhunderte währende Epoche, während der die russische Staatsmacht ihre Beziehungen zur kirchlichen Gewalt entsprechend der sogenannten kirchlich-staatlichen Symphonie eingerichtet hatte, war zu Ende gegangen. Die Sowjetregierung führte die Trennung von Kirche und Staat durch. Zur Grundlage für die sowjetische Gesetzgebung bezüglich der Kirche wurde das Dekret des Rates der Volkskommissare vom 20. Januar 1918 „Über die Freiheit des Gewissens, über kirchliche und religiöse Gesellschaften". Durch dieses Dekret wurde die Kirche vom Staat getrennt, die Religion zur Privatangelegenheit eines jeden Bürgers erklärt.[187]

Die Trennung der Kirche vom Staat wurde in der ersten Verfassung der RSFSR, wie sie vom 5. allrussischen Rätekongreß am (10.) 23. Juli 1918 angenommen war, festgelegt.

Die Durchführung gesetzgeberischer Maßnahmen bezüglich der Kirche war kein leichter und schmerzloser Prozeß. „Wir wissen, wie schwer es war, Beziehungen zwischen der Russischen Orthodoxen Kirche und dem Sowjetstaat in den nachrevolutionären Zeiten herzustellen", sagte Metropolit (jetzt Patriarch) Pimen am 31. Mai 1971 in seinem Bericht auf dem Landeskonzil der Russischen Orthodoxen Kirche. Ein Teil der Hierarchie und der Geistlichkeit der russischen Kirche war zu jener Zeit nicht ausreichend auf die neuen Rechtsbeziehungen zwischen Kirche und Staat vorbereitet.

Im Juni 1917 hatten nur einige wenige im Vorkonziliaren Rat in der Sektion für Fragen der gegenseitigen Beziehungen von Staat und Kirche unter der Leitung des Erzbischofs Arsenij Stadnickij von Novgorod den Gedanken der Trennung von Kirche und Staat verteidigt. Die Mehrheit war entschieden gegen die Trennung. Dieser letztere Gesichtspunkt war auch in den weiteren Diskussionen auf dem Landeskonzil 1917–1918 vorherrschend. Im Konzilsbeschluß über den „Rechtlichen Status der Orthodoxen Russischen Kirche" vom 2. Dezember 1917 wurde für die Orthodoxe Kirche – obwohl auch solche Punkte vorgesehen waren wie „Unabhängigkeit der Kirche von der Staatsgewalt" und „Rechte der Selbstbestimmung und Selbstverwaltung in Dingen der kirchlichen Gesetzgebung, der Verwaltung und des Gerichts" – „der erste Rang im öffentlich-rechtlichen Status unter den anderen Konfessionen" beansprucht und unter anderem gefordert, daß das „russische Staatsoberhaupt, der Konfessionsminister und der Volksbildungsminister orthodox sein sollten".[188] Im Dezember 1917 waren solche Forderungen schon ein Anachronismus.

Das Dekret über die Gewissensfreiheit unterlag äußerlich schweren Bedingungen: Es war das vierte Jahr des Weltkriegs. Hunger, Zerstörung, politische Verschwörungen und der Bürgerkrieg wüteten.

Patriarch Tichon, von dem man eine sofortige und genaue Einschätzung der noch ungeklärten Situation im Land verlangte, charakterisierte sie in dem für die russische Homiletik traditionellen System geistlicher Begriffe als „Wirren", „Zerfall der russischen Macht", „Stunde des Zornes Gottes". Große Teile des Volkes, nicht nur die Geistlichkeit, konnten nicht gleich die Bedeutung der sozialistischen Umwälzungen und ihr historisches Gewicht begreifen. So ist es nicht verwunderlich, daß auch das Schiff der Kirche, nach dem Ausdruck eines Augenzeugen „von den Wellen hin- und hergerissen wurde und sich zeitweilig bald zu sehr nach rechts, bald zu sehr nach links neigte". Die geistliche Weisheit des Patriarchen Tichon war nötig, um die Kirche vor zahlreichen Gefahren und Versuchungen zu bewahren, sie aus dem weltlichen Taumel herauszuführen auf den einzig richtigen Weg traditionellen patriotischen Dienstes für das Volk und der tiefen geistlichen Nüchternheit. Das war der Kurs des Patriarchen Tichon.

Am (25. September) 8. Oktober 1919, dem Tag des großen Patrioten und Friedensstifters Sergij von Radonež, wandte sich der Patriarch mit einem Sendschreiben an die Hirten der Russischen Kirche, in dem er sie aufrief, sich jeglicher politischer Äußerungen zu enthalten und in Nachfolge des Apostelgebotes in weltlichen Dingen „aller menschlichen Ordnung" untertan zu sein (1 Petr 2, 13).

So wurde schon 1919 vom Patriarchen Tichon ganz kategorisch das Prinzip der Loyalität der Kirche gegenüber dem Sowjetstaat formuliert. Liturgischen Ausdruck fand dieses Prinzip in der Wiedereinfügung der Bitte „für Russland und seine Obrigkeit" (heute: „Für unser gottbehütetes Land, seine Obrigkeit und sein Heer") in die Ektenie durch den Patriarchen Tichon. Die gesamtkirchliche Einstellung hinsichtlich der in der UdSSR erfolgten Umwälzungen formulierte der Patriarch exakt 1923. Die „Russische Orthodoxe Kirche", so hieß es im Sendschreiben des Patriarchen vom (18. Juni) 1. Juli 1923, „will weder eine weiße noch eine rote Kirche sein. Sie muß und wird sein die eine, katholische, apostolische Kirche, und alle Versuche, von welcher Seite sie auch ausgehen mögen, die Kirche in den politischen Kampf hineinzustoßen, müssen verworfen und verurteilt werden."[189]

Am gleichen Tag vollzog Patriarch Tichon im Donkloster den ersten Gottesdienst nach seiner Rückkehr in die Kirchenleitung. Die Aufgabe der Kirche ist es, sagte er in der Predigt, „die Lehre Christi von der Brüderlichkeit und der alles besiegenden Liebe in Frieden für die ganze Welt auszusäen. Das von Leidenschaften aufgewühlte Menschenmeer braucht dies besonders heute. Und die Kirche muß diese ihre Hauptaufgabe erfüllen."[190]

„Die Rückkehr zum einstigen System ist unmöglich", so wurde im „Aufruf der orthodoxen Bischöfe" betont, der im August 1923 erschien und von Patriarch Tichon und seinen nächsten Mitstreitern, den Erzbischöfen Serafim Aleksandrov, Tichon Obolenskij und Ilarion Troickij, unterzeichnet war, „die Kirche ist nicht die Dienerin jener nichtigen Gruppen von Russen, wo immer sie auch leben mögen, zu Hause oder im Ausland, die sich ihrer erst dann erinnerten, nachdem sie von der russischen Revolution gekränkt worden waren, und die sie (die Kirche) für ihre persönlichen politischen Ziele benutzen möchten".[191] Die Treue zur Kirche und die Treue zur Heimat finden ihre untrennbare Einheit im theologischen Bewußtsein der Russischen Orthodoxen Kirche und werden zur Grundlage ihres zwischenkirchlichen und ökumenischen Zeugnisses. Dazu schrieb Patriarch Tichon 1924 in einem Sendschreiben an Patriarch Gregorios VII. von Konstantinopel: „Und wir und unsere Herde sind der Kirche Gottes treu und der teuren Orthodoxie und unserer Regierung. Nur die Feinde der Kirche, die Wirrnis und Feindschaft säen, können anderes sagen und behaupten."[192]

Das wichtigste Dokument war der Aufruf des Patriarchen Tichon, den er an seinem Todestag, am (25. März) 7. April 1925, unterzeichnete, und der bei seiner Veröffentlichung in den Zeitungen nicht ganz zutreffend „Vermächtnis" genannt wurde. Als letztes Sendschreiben des Patriarchen zieht es gleichsam die Summe seiner Sicht des historischen Prozesses. „Es ist an der Zeit für die Gläubigen, den christlichen Standpunkt zu begreifen, daß die Geschicke der Völker vom Herrn gerichtet werden, und alles Geschehene als Ausdruck des Willens Gottes anzunehmen". Nicht zufällig trat „in Jahren der großen Zerstörung nach dem Willen Gottes, ohne den in der Welt nichts geschieht, die Sowjetmacht an die Spitze des russischen Staates, die die schwere Verpflichtung auf sich nahm, die unheimlichen Folgen des blutigen Krieges und des schrecklichen Hungers zu beseitigen". Die russische Kirche „hat mit dem ganzen Volk die neue Ordnung der Dinge anerkannt" und den Segen Gottes „auf die Arbeit der Völker, die ihre Kräfte im Namen des Gemeinwohls vereint haben" herabgerufen. Dies entsprach voll und ganz der historischen Tradition der Russischen Orthodoxen Kirche. „Ohne uns an unserem Glauben und der Kirche zu versündigen, ohne irgend etwas an ihnen anders zu machen, ohne irgendwelche Kompromisse oder Zugeständnisse auf dem Gebiet des Glaubens zu machen, müssen wir als Bürger aufrichtig gegenüber der Sowjetmacht und der Arbeit der UdSSR für das Gemeinwohl sein, indem wir die Ordnung des äußeren kirchlichen Lebens und der kirchlichen Tätigkeit mit dem neuen Staatssystem in Übereinstimmung bringen."[193]

Die von theologischer Weisheit und historischer Voraussicht erfüllten Sendschreiben des Patriarchen der Jahre 1923–1925 sind zu einer „geheimnisvollen Linie geworden, an der der weitere Zerfall der Kirche zum Stillstand kam und ihre kanonische Wiederherstellung begann".[194] „Man muß der Vereinigung von kirchlicher Kanonizität und Bürgerloyalität als Prinzip und Ergebnis seiner Tätigkeit Gerechtigkeit widerfahren lassen."[195] Die Lebenskraft dieses Prinzips wird durch jenes unbedingte Vertrauen bewiesen, das die Gläubigen – unter einer Vielfalt von kirchlichen Gruppen, Spaltungen und „Orientierungen" – jener Richtung des kirchlichen Lebens erwiesen, die mit dem Namen des Patriarchen verbunden war und in den zwanziger Jahren und nicht selten auch noch später die „Tichon-Kirche" genannt wurde. „Das Kirchenvolk überwand jeden Zweifel und folgte ihm mit schweigender Billigung, in der der orthodoxe gläubige Mensch die Manifestation des konziliaren Geistes, die Konziliarität seiner Kirche sieht."[196]

d) Die kirchliche Diaspora

Die feurigen Fronten des Bürgerkrieges veränderten eine Zeitlang die historisch gewachsenen Grenzen der orthodoxen Eparchien und Kirchenkreise. Gruppen von Eparchien, die durch die Fronten vom Moskauer kirchlichen Mittelpunkt abgetrennt waren und die Verbindung zu ihm verloren hatten, gingen zur Selbstverwaltung über und organisierten provisorische örtliche Zentren. Im November 1918 wurde die Provisorische Kirchliche Oberleitung von der Sibirischen Kirchenkonferenz in Tomsk geschaffen, zu der sich dreizehn Hierarchen der Eparchien des Urals und Sibiriens sowie auch Vertreter des Klerus und der Laien – hauptsächlich Teilnehmer am Landeskonzil 1917–1918 – zusammengeschlossen hatten. Eine entsprechende Oberste Provisorische Kirchenleitung wurde vom Kirchenkonzil zu Stavropol' im Mai 1919 gegründet. An der Spitze der Provisorischen Obersten Kirchenleitung in Sibirien stand Erzbischof Sil'vestr Ol'ševskij von Omsk und Pavlodar (gest. 1920). Die Südliche Provisorische Oberste Kirchenleitung wurde von Erzbischof Mitrofan Simaškevič vom Don und von Novočerkassk angeführt, zu ihrem Ehrenvorsitzenden wurde Metropolit Antonij Chrapovickij von Kiev und Galizien gewählt. So wurde ein bedeutender Teil des russischen Episkopats auf dem von der weißen Armee besetzten Gebiet, ob er wollte oder nicht, in die Wendepunkte des Klassenkampfes verwickelt, was unvermeidlich traurige Folgen haben mußte. In dem Maße, in dem die Weiße Armee sich aus Rußland zurückzog (Kolčak nach China, Denikin und Wrangel nach Konstantinopel und Europa), folgten ihnen auch einzelne Hierarchen.

Der Hauptstrom der Emigranten ergoß sich nach Europa. Nach den Angaben der Zeitung „Volja Rossii" gab es zum 1. November 1920 schon zwei Millionen Russen in den europäischen Ländern. Ihre Zahl wuchs danach noch bedeutend. Die Organisation der kirchlichen Versorgung einer solchen Menge von Gläubigen, die aus ihren gewohnten Lebensbedingungen herausgerissen worden waren, war keine leichte Aufgabe.

Die Basis für das kirchliche Leben der Kinder der Russischen Orthodoxen Kirche in der Zerstreuung wurden die russischen Kirchen, die in der zweiten Hälfte des 19. Jh. in vielen Städten Europas errichtet worden waren, so die Kirchen der hl. Elizaveta in Wiesbaden (1855), der hl. Trinität und des hl. Aleksandr Nevskij in Paris (1861), der Kreuzerhöhung in Genf (1866), des hl. Simeon Divnogorskij in Dresden (1874), des hl. Aleksandr Nevskij in Kopenhagen (1883), des hl. Nikolaos des Wundertäters in Wien (1899), der Geburt Christi und des hl. Nikolaos in Florenz (1903) und anderer.[197]

In kanonischer Hinsicht waren sie alle dem Metropoliten von Petrograd unterstellt. Aber die im Anschluß an den Bürgerkrieg und die imperialistische Blockade unterbrochene Verbindung mit ihrer Eparchialobrigkeit erschwerte den normalen Gang des kirchlichen Lebens. Deswegen hatte die Russische Oberste Kirchenleitung schon, als sie noch auf der Krim, in Simferopol, residierte, die Initiative ergriffen und am 2.(15.) Oktober 1920 Erzbischof Evlogij Georgievskij zum Verwalter der Kirchen in Westeuropa mit den Rechten eines Eparchialbischofs ernannt.[198] Genau genommen war die Provisorische Oberste Kirchenleitung kein Organ der kirchlichen Obrigkeit, das für die Verwaltung der Gemeinden in den europäischen Ländern kanonisch kompetent gewesen wäre. In Berücksichtigung jedoch der gestörten kirchlichen Verbindungen zum Zentrum hielt es Patriarch Tichon für möglich, am 8. April 1921 einen Erlaß über die zeitweilige Unterordnung der westeuropäischen Gemeinden unter den Erzbischof (ab 1922 Metropolit) Evlogij „bis zur Wiederherstellung der kanonischen Verbindung mit Petrograd" herauszugeben.

So war das Problem der kanonischen kirchlichen Versorgung der orthodoxen Flüchtlinge und ihrer Geistlichen gelöst.

Dann aber befand sich die Provisorische Oberste Kirchenleitung auf der Krim bald nach der Ernennung des Erzbischofs Evlogij in der Emigration, zuerst in Konstantinopel und dann (ab 1921) in Jugoslawien. Unter der Gastfreundschaft des serbischen Patriarchen Dimitrije ließen sich die Mitglieder der Provisorischen Obersten Kirchenleitung (die sich jetzt „Provisorische Oberste Kirchenleitung im Ausland" nannte) in der Stadt Sremski Karlovcy, der Residenz der serbischen Patriarchen nieder. An der Spitze der Karlovicer Obersten Kirchenleitung stand Metropolit (ehemals von Kiev und Galizien) Antonij Chrapovickij. Sekretär der Verwaltung und Redakteur der in Sremski Karlovcy erscheinenden „Cerkovnye Vedomosti" (Kirchliche Nachrichten) wurde Eksaukustodian Macharoblidze, der ehemalige Kanzleichef des Protopresbyters des Heeres und der Flotte (des höchsten Geistlichen der Militärgeistlichkeit). Die aktive Tätigkeit des letzteren im Rahmen der Obersten Kirchenleitung führte zu einer engen Zusammenarbeit der Karlovicer kirchlichen Verwaltungsorgane mit ehemaligen Angehörigen von Heer und Flotte, die mit Wrangels Armee von der Krim evakuiert worden waren. Diese Verbindung wirkte sich auf den Gang der Arbeit und auf die Beschlüsse der Gesamtkirchlichen Auslandsversammlung aus, die später in „Russisches Kirchenkonzil des ganzen Auslands" umbenannt wurde (später fügte man „Erstes" hinzu, weil 1939 ein „Zweites Konzil des ganzen Auslands" stattgefunden hatte). Der bekannte russische Kirchenrechtler S. V. Troickij definierte das Wesen der Karlovicer Spaltung so: „Diese Versammlung hatte rein politischen Charakter, sowohl nach ihrer Zusammensetzung (von den 163 Mitgliedern der Versammlung waren 67 Politiker und Offiziere der Wrangel-Armee) als auch in ihren Beschlüssen, deren wichtigster „die Wiederherstellung der Zarenmacht in Rußland aus dem Hause Romanov" war.[199]

Die auf der Karlovicer Kirchenversammlung (sie „Konzil" zu nennen ist kanonisch nicht zulässig) zutage getretene tendenziöse Einstellung wurde von der Auslandsgeistlichkeit nicht ausnahmslos geteilt. Drei von elf Bischöfen und mehr als die Hälfte der Priester machten gegen die politischen Entscheidungen der Versammlung Front. An der Spitze dieses Teils der Versammlung stand Erzbischof Evlogij.

In Kenntnis der Karlovicer Versammlung und ihrer Beschlüsse unterstützte Patriarch Tichon die Position des Erzbischofs Evlogij und verurteilte die aufreizenden „Acta", die von der Mehrheit der Karlovicer angenommen worden waren. Am 22. April (5. Mai) 1922 faßten die Obersten Organe der Russischen Orthodoxen Kirche – der Synod und der Oberste Kirchenrat – eine Resolution, mit der die Karlovicer Oberste Kirchenleitung aufgehoben wurde.[200] Die Karlovicer indessen fügten sich nicht dem Beschluß der höchsten kanonischen Instanz unter dem Vorwand, daß dieser Beschluß unter dem Druck der Zivilgewalt zustande gekommen sei, und daß der Erlaß, den die Karlovicer Hierarchen erhalten hatten, nicht persönlich vom Patriarchen, sondern von Erzbischof Faddej Uspenskij und anderen unterzeichnet sei. Es wurde die Theorie einer autarken Kanonizität des „Bischofskonzils" ohne Beziehung zum Ersthierarchen aufgestellt. Indessen ist der Sinn des Patriarchenerlasses vom 22. April äußerst einfach und klar. So schrieb Metropolit Elevferij Bogojavlenskij (1870–1940) zur Erklärung dieses Erlasses in dem „Brief an N. E. Markov" (den Autor des 1926 in Paris erschienenen Buches „Die Wahrheit über die kirchlichen Wirren"): „Durch die Übergabe der westeuropäischen Gemeinden (an Metropolit Evlogij) hat die (Karlovicer) Kirchenleitung sich schon faktisch selbst aufgehoben, sich zu einer überflüssigen Einrichtung gemacht. Eben dies sagt auch der Erlaß vom 22. April (5. Mai) 1922."[201] Welche Argumente die Apologeten der ausländischen Obersten Kirchenleitung auch immer anführen mögen, daß sie sich der höchsten kanonischen Instanz nicht untergeordnet haben, bleibt zweifellos eine Tatsache. Es gab keine Gründe, ihre Tätigkeit fortzusetzen. Indem sie ihre vom Patriarchen aufgehobenen administrativen Organe beibehielten und weiterhin versuchten, ihnen ohne jedes kanonische und historische Recht die ganze russische orthodoxe Diaspora zu unterstellen, verursachten die Karlovicer eine Spaltung.[202] Die kirchenrechtliche Untersuchung der Hauptfakten der Geschichte der Karlovicer Kirchenspaltung brachte Metropolit Elevferij Bogojavlenskij schon 1927 zu dem Schluß, daß das Karlovicer kirchliche Regiment „in kanonischer Hinsicht keinen Boden unter den Füßen" hätte, daß seine administrativen Organe „unkanonisch" seien, und daß alles, was sie getan haben, „ohne kanonischen Wert" sei. Entsprechende Urteile finden sich in den Arbeiten des bekannten Historikers I. Stratonov, in seinen in den zwanziger Jahren in der Pariser Zeitschrift „Put'" (Weg) erschienenen Aufsätzen und in seinem allgemeinverständlichen Werk „Die Geschichte der russischen Wirren 1921–1931". Die kanonische Haltlosigkeit der Karlovicer Vorstellungen, ihr politischer und unkirchlicher Charakter sind konsequent auch von S. V. Troickij „Über die Unwahrheit der Spaltung von Karlovcy" aufgedeckt worden.[203] Patriarch Tichon hatte des öfteren versucht, die politisierenden Schismatiker zur Vernunft zu bringen. Obwohl er für die Schwierigkeiten, vor die das Leben die Hierarchie und Geistlichkeit in der Emigration stellte, Verständnis hatte, hielt er es dennoch nicht für möglich, orthodoxe Kanones weltlichen Ansprüchen zu opfern. Im November 1923 und im März/April 1925 bekräftigte Patriarch Tichon noch einmal seinen Erlaß vom 22. April (5. Mai) 1922 über die Aufhebung der Karlovicer Kirchenleitung.

Ein anderer Grund dafür, daß sich einige Bischöfe mit Klerus und Herde außerhalb der Grenzen des Sowjetstaates befanden, war der, daß eine Reihe von Gebieten, die früher zu Rußland gehört hatten, jetzt von ihm abgetrennt waren. Das waren die Eparchien der Russischen Orthodoxen Kirche in Lettland, Litauen, Polen, Finnland, Estland und Bessarabien.

Am 12. März 1917 verkündete ein Konzil von Bischöfen, Klerikern und Laien in der alten georgischen Hauptstadt Mzcheta die Wiederherstellung der Autokephalie der Georgischen Kirche. Unter Umgehung der Hierarchie der Russischen Orthodoxen Kirche wandten sich die georgischen Hierarchien unter Verstoß gegen die Kanones an die weltlichen Instanzen in Gestalt der Provisorischen Regierung; letztere fixierte die georgische Autokephalie in einem besonderen Beschluß vom 27. März 1917. Am 8. September desselben Jahres wurde der ehemalige Bischof Kirion von Polock und Vitebsk (Sadzaglišvili), bekannt als Autor zur Geschichte der Georgischen Kirche, der schon 1906 in der Vorkonziliaren Kommission „Vier Vorträge zugunsten der georgischen kirchlichen Autokephalie" vorgelegt hatte, zum Katholikos-Patriarchen von ganz Georgien gewählt.[204] In einem Sendschreiben an den georgischen Episkopat vom 29. Dezember 1917 charakterisierte Patriarch Tichon die Aktionen der transkaukasischen Hierarchen als antikanonisch. Für ein Vierteljahrhundert war die Gemeinschaft zwischen der Russischen und der Georgischen Orthodoxen Kirche kanonisch unterbrochen. Weder Katholikos (Patriarch) Kirion III. (gest. 26. 6. 1918), noch sein Nachfolger, Katholikos (Patriarch) Leonid Okropiridze (gest. 11. 6. 1921), der einige Sendschreiben mit Patriarch Tichon austauschte, konnten oder wollten die kanonische Berechtigung seiner Forderung nach strenger Beachtung der Kanones verstehen. Erst 1943, auf dem Höhepunkt des Großen Vaterländischen Krieges, wurde unter Katholikos (Patriarch) Kallistrat (Cincadze, 1932–52) die kanonische Gebetsgemeinschaft zwischen der Georgischen Orthodoxen und der Russischen Orthodoxen Kirche wiederhergestellt.

Nach der Neugründung des polnischen Staates 1918 und der Unterzeichnung des Friedensvertrages von Riga zwischen Polen und der Sowjetunion vom 18. März 1921 befanden sich sieben Eparchien der Russischen Orthodoxen Kirche ganz oder teilweise innerhalb der polnischen Grenzen, so die Eparchien von Warschau, Wolhynien, Grodno, Litauen, ein Teil von Minsk mit der Stadt Pinsk sowie die von Cholm. Patriarch Tichon unternahm große Anstrengungen zur kanonischen Installierung dieser Eparchien unter den Bedingungen eines anderen Souveränen Staates. Durch Erlaß des Patriarchen Tichon und des Synods vom (15.) 28. September 1921 wurden der Orthodoxen Kirche in Polen Rechte weitgehender Autonomie in Richtung auf einen allmählichen Übergang in die Autokephalie verliehen. Unterdessen war schon im Jahre 1920 während der polnischen Intervention in Sowjetrußland in Warschau der Gedanke einer eigenständigen „polnischen Autokephalie" aufgekommen. Diese Vorstellung wurde von der orthodoxen Bevölkerung und der Mehrheit der westrussischen Bischöfe nicht unterstützt.[205]

Nur zwei Bischöfe, Dionisij Valedinskij und Georgij Jaroševskij, wurden Parteigänger einer Autokephalen Polnischen Kirche und machten sich an ihre Installierung. Die Umstände waren für sie günstig. Der vom Patriarchen für die Warschauer Eparchie ernannte Erzbischof Serafim (Čičagov) wurde von den polnischen Behörden nicht an seinen Dienstort gelassen. Die orthodoxen Eparchien in Polen wurden vom ehemaligen Erzbischof von Minsk und Turov, Georgij Jaroševskij, geleitet, der sich in der Lavra von Pocaev aufhielt. Patriarch Tichon, der Erzbischof Georgij in der Vergangenheit als eifrigen Kirchenmann und gebildeten Kanonisten gekannt hatte, war einverstanden, ihn „in oiconomia" an die Spitze der Kirchenleitung in Polen zu stellen. Am 5. Oktober 1921 wurde er zum Exarchen des Patriarchen in Polen ernannt und als faktischer Vorsteher der Orthodoxen Kirche in Polen in den Metropolitenrang erhoben. Als Handreichung zur Kirchenleitung wurde ihm ein Patriarchenerlaß vom 15. September 1921 und die vom Patriarchen Tichon bestätigte „Verordnung über die Leitung der Orthodoxen Kirche in Polen" zugesandt.

Die Regierung Piłsudskis mischte sich wiederum ungeniert in die Angelegenheiten der Orthodoxen Kirche in Polen ein und weigerte sich, die vom Patriarchen gesandte „Verordnung" anzuerkennen. Unter dem Druck der Staatsmacht und antisowjetischer Emigranten suchte die Führung der polnischen Eparchien weiterhin einen Weg zur Autokephalie unter Umgehung der kirchlichen Kanones. Nachdem Metropolit Georgij am (27. Januar) 8. Februar 1923 das Opfer eines Mordanschlags geworden war, setzte sich sein Nachfolger, Erzbischof Dionisij Valedinskij von Wolhynien und Žitomir, der unrechtmäßig vom Konstantinopler Patriarchen den Titel eines Metropoliten von Warschau und ganz Polen verliehen bekommen hatte, an die Spitze solcher Bemühungen. Die Hierarchen, die dem Moskauer Patriarchat die Treue gehalten hatten, wurden abgesetzt und durch Parteigänger des Metropoliten Dionisij ersetzt. Während der zeitweiligen Entfernung des Patriarchen Tichon von der Kirchenleitung (Mai 1922 bis Juni 1923, s. o. S. 64ff.) und unter diesem Vorwand organisierten die Autokephalisten eine Reihe von Bischofssynoden, die die eigenmächtige Trennung von der Russischen Orthodoxen Kirche vorbereiteten. Im Februar 1923 unternahm ein Konzil der Bischöfe der Orthodoxen Kirche in Polen Schritte, die faktisch den eigenmächtigen Übertritt der polnischen Eparchien in die Jurisdiktion des Patriarchats von Konstantinopel bedeuteten.

Patriarch Tichon bezeichnete einen solchen Übertritt nach seiner Rückkehr in die Kirchenleitung als unrechtmäßig und lehnte in einem Brief vom 23. Mai 1924 die Bitte des Metropoliten entschieden ab, der eigenmächtigen Initiative der polnischen Autokephalisten seinen Segen zu erteilen. Zur Deckung ihrer unrechtmäßigen Trennung von der russischen Mutterkirche brachten die Hierarchen der Orthodoxen Metropolie in Polen die Theorie einer angeblichen „doppelten" kanonischen Jurisdiktion in Polen vor – gleichzeitig unter Konstantinopel und Moskau. Aufgrund eines Tomos der Kirche von Konstantinopel (veröffentlicht am 13. November 1924) fand am 17. September 1925 in Warschau die offizielle Zeremonie der Verkündigung der Autokephalie der Polnischen Orthodoxen Kirche statt.

Obwohl die polnische Regierung eine besondere Reise des Metropoliten Dionisij in den orthodoxen Osten organisierte – die anderen autokephalen Kirchen sollten zur Anerkennung der polnischen Autokephalie bewegt werden –, antworteten die Oberhäupter einiger Kirchen ausweichend, während andere sich eindeutig ablehnend verhielten. Der Patriarch Gregorios von Antiochien schrieb, daß „eine solche Einmischung, nicht auf die Bitte, sondern gegen Wunsch und Willen der rechtmäßigen kirchlichen Gewalt des Patriarchen von ganz Rußland, unzulässig sei".[206]

Erst die Ereignisse der dreißiger und vierziger Jahre veranlaßten die polnischen orthodoxen Hierarchen zur Revision ihrer Position, so daß sie, schon unter Patriarch Aleksij, vor der Mutterkirche für ihre kanonische Sünde Buße ablegten. Die unkanonische Position des Konstantinopler Patriarchats wirkte sich in jenen Jahren auch auf das kirchliche Leben in Finnland und Estland aus. „Anstelle brüderlicher Hilfe und Unterstützung hat das Konstantinopler Patriarchat den Weg der Feindschaft zur russischen Kirche betreten und hat verschiedene Eparchien und Kirchen, denen Patriarch Tichon selbst Autonomie verliehen hatte, völlig abgetrennt", schrieb der ehemalige Vorsteher der Finnischen Autonomen Orthodoxen Kirche Metropolit Serafim Luk'janov bitter.[207] Dieser Politik lag die falsche und tendenziöse Theorie zugrunde, die Patriarch Meletios IV. (1921–1923) aufgebracht hatte, nach der der Phanar angeblich die kanonische Jurisdiktion über die ganze orthodoxe Diaspora besäße und – umgekehrt – die russische Kirche nicht berechtigt wäre, ihre Jurisdiktion über die russischen Staatsgrenzen hinaus auszudehnen. Dem Konstantinopler Patriarchen wurden dabei Rechte zugebilligt, für die die kirchlichen Kanones nicht die geringste Begründung liefern.[208]

Patriarch Tichon und der Synod der russischen Kirche versuchten die Abgefallenen zur Vernunft zu bringen.

Im Erlaß des Synod an die Finnische Kirchenleitung vom 28. November 1923 wurde unterstrichen, daß mit dem Wiedereintritt Patriarch Tichons (seit 27. 6. 1923) in die Kirchenleitung die Ursache fortgefallen sei, aufgrund derer der Konstantinopler Patriarch sich hätte genötigt sehen können, die Finnische Kirche seiner Jurisdiktion unterzuordnen, und daß die Finnische Kirche „unter das Regiment des Patriarchen von ganz Rußland zurückkehren müsse".[209] Diese legitime Forderung wurde von der Finnischen Kirchenleitung abgelehnt. Die kanonische Gebetsgemeinschaft beider Kirchen wurde erst 1957 wiederhergestellt. In die Jurisdiktion des Konstantinopler Patriarchen war 1923 auch die Estnische autonome Kirche (die Eparchie von Reval und Estland) unter Verletzung der kirchlichen Kanones und unter Druck der Nationalisten übergegangen. Sie wurde geleitet von Erzbischof Aleksandr Paulus (gest. 1953), der im August 1923 schon vom Konstantinopler Patriarchen zum Metropoliten erhoben worden war. Die Regierung Lettlands übte genauso wie die Regierungen Polens, Estlands und Finnlands Druck auf die Orthodoxe Kirche Lettlands (Eparchie von Riga und Lettland) aus und versuchte, ihren Austritt aus der Jurisdiktion der Russischen Orthodoxen Kirche zu erreichen. Die Behörden erlaubten weder Erzbischof Serafim Čičagov noch Erzbischof Gennadij Tuberozov, die Patriarch Tichon in die Rigaer Eparchie hatte entsenden wollen, die Einreise nach Lettland. Erst als ein Kirchenkonzil unter dem Druck der Staatsmacht die Selbständigkeit und Unabhängigkeit der Lettischen Orthodoxen Kirche (1920) verkündet hatte, erlaubte die Regierung im Jahre 1921 dem Erzbischof Ioann Pommer die Einreise nach Lettland. Er war Lette und war formal von der Geistlichkeit Lettlands gewählt, faktisch aber von Patriarch Tichon ernannt. Es wurde die Meinung verbreitet, daß er vom Patriarchen die Unabhängigkeit der Orthodoxen Kirche Lettlands erlangt hätte. In Wirklichkeit hatte Patriarch Tichon (durch Bestimmung des Patriarchen, des Synods und des Obersten Kirchenrates vom 21. 6. 1921) Erzbischof Ioann persönlich – als Ausnahmeregelung – weitgehende Vollmachten zur Verwirklichung einer lokalen kirchlichen Autonomie verliehen, aber in gar keinem Falle zu einer Autokephalie der Lettischen Kirche.[210] Erzbischof Ioann bewahrte bis zu seinem Märtyrertod (er wurde in der Nacht vom 11. zum 12. 10. 1934 ermordet) die kanonische Unterordnung unter das Moskauer kirchliche Zentrum, obwohl er öffentlich auch die Selbständigkeit der Lettischen Kirche verkündete. In ihrem Bestreben, sich die Leitung der orthodoxen Kirche zu unterwerfen, übte die Regierung des bürgerlichen Lettland Druck auf die Orthodoxie im Lande aus und setzte sie in den Jahren 1921–1925 einer scharfen Diskriminierung aus. 1936 konnten die Nationalisten – wiederum unter Beteiligung des Konstantinopler Patriarchenstuhls – endlich das lettische Schisma durchsetzen, die Abtrennung der Lettischen Kirche vom Moskauer Patriarchat.

Das war die Situation der russischen kirchlichen Diaspora zum Zeitpunkt des Todes von Patriarch Tichon. Man muß seine große Selbstbeherrschung in dieser gewaltigen Arbeit bewundern, die er und seine Nachfolger geleistet haben, um die Einheit der Russischen Kirche wiederherzustellen und die von Gott anvertraute Herde zu bewahren. Patriarch Tichon bemühte sich, alle jene, die die Kleider Christi teilen wollten, wieder unter das gnadenreiche Omophorion der Hierarchen von ganz Rußland zurückzuführen.

e) Der Kampf um die kirchliche Einheit

Die Auswirkungen der Revolutionszeit hatten sich nicht nur am äußeren kirchlichen Wirken unter neuen sozialen Bedingungen gezeigt. Innerhalb der Kirche selbst, in der Geistlichkeit und unter den Gläubigen, kam es zu eigenartigen Schichtungen, zur Herausbildung von modernistischen Tendenzen. Es entstanden Gruppen und Strömungen, die zur „Revolution in der Kirche", zu radikaler und allseitiger „Erneuerung", oder zur Wiederherstellung des kirchlichen Lebens nach verschiedenen sich gegenseitig ausschließenden Prinzipien, vom sozialen Christentum des 20. Jh. bis in die Zeit der apostolischen Kirche aufriefen. In dieser Gärung, die 1922 zur Entstehung der „Erneuerer"-Spaltung in der Russischen Orthodoxen Kirche führte, war nichts überraschend oder historisch zufällig. Schon während der Regierungszeit Aleksandrs I. (1801–25), im ersten Viertel des 19. Jh., waren solche Tendenzen während der Blütezeit des sogenannten „geistigen" (oder „liberalen") Christentums in der antikirchlichen Predigt der Freimaurer aufgetreten. Die Reformepoche während der Regierungszeit Aleksandrs II. (1856–81) war durch ein bisher nie dagewesenes Wachsen religiöser Freigeistigkeit und von Kritizismus gekennzeichnet. In den sechziger und siebziger Jahren wurden die wichtigsten kirchlichen Traditionen und Einrichtungen kritisiert.
In Reden und Vorträgen, in Zeitungen und Zeitschriften wurde die historische Bedeutung des Mönchtums und der Klöster, die Heiligenverehrung und die apostolische Sukzession der Hierarchie, die Bischofsgewalt in der Kirche und die Unveränderbarkeit ihrer kanonischen Verfassung, die Gottgeoffenbartheit der Dogmen und der Heilscharakter der kirchlichen Sakramente in Frage gestellt. Es gab Stimmen, die eine Wahlgeistlichkeit und einen verheirateten Episkopat, die Zweitehe der Kleriker und die Ehescheidung, die Umwandlung der kirchlichen Predigt in öffentliche Publizistik, Vertretung der Geistlichkeit in politi-

schen Organen und ihre Entfernung aus den Volksschulen forderten. Mit erstaunlicher Folgerichtigkeit und Exaktheit wurden dieselben Themen und „Probleme" dann 1905–1907 wieder aufgegriffen, um schließlich, fast unverändert, in den Programmen und Losungen der Erneuerer aufzutauchen. Dieselben, die zu Beginn des Jahrhunderts zur „Erneuerung" aufgerufen hatten (vor allem die Mitglieder des Petersburger Kreises der „32 Priester"), wurden Führer der Erneuerer-Bewegung.

Die führende Rolle unter ihnen beanspruchte eine Gruppe, die sich am 7. März 1917 in Petrograd unter dem Namen „Allrussischer Bund der demokratischen orthodoxen Geistlichkeit und Laien" konstituiert hatte. Die Gruppe erfreute sich der Unterstützung der Provisorischen Regierung und des Oberprokurators des Hl. Synods. V. N. L'vov gab, vom Synod gestützt, die Zeitung „Christi Stimme" heraus und gründete den Verlag „Konziliare Vernunft" mit der gleichnamigen Zeitschrift. Den Ton gaben hier die Vertreter der „progressiven" Gemeindegeistlichkeit an: A. I. Vvedenskij, A. I. Bojarskij und I. Egorov. Die Kirche der Heiligen Zacharias und Elisabeth in Petrograd, an der Aleksandr Vvedenskij Hauptgeistlicher war, wurde zum Hauptherd einer verantwortungslosen Demagogie, die Patriarch Aleksij später einmal „Kerenskij-Wirtschaft in den Kirchenmauern" nennen sollte. Die modernistische Kritik war, wie schon früher, gegen fast alle traditionellen Formen der orthodoxen Frömmigkeit und kirchlicher Einrichtungen gerichtet.

Der „Bund der demokratischen Geistlichkeit" eröffnete alsbald seine Filialen in Moskau, Kiev, Char'kov, Odessa, Novgorod und anderen Städten. Die zahlenmäßig verschwindend kleinen Gruppen drängten den Gläubigen ihre antikirchlichen Standpunkte auf unter Ausnutzung aller Mittel der Publizistik und der Propaganda. Die Losungen der „Reformation" und der „Erneuerung" der Orthodoxen Kirche rissen einige der Professoren der Geistlichen Akademien mit sich fort, die sich insbesondere um die vom Synod der Petrograder Akademie herausgegebenen „Kirchlich-gesellschaftlichen Nachrichten" sammelten, deren Redakteur der aktive Ideologe des „Erneuerertums" Professor B. V. Titlinov von der Petersburger Geistlichen Akademie war. Nachdem sie sich auf dem Landeskonzil 1917 in der Minderheit befunden hatten, versuchten die „Erneuerer" jetzt zur Verschwörertaktik überzugehen. Im Januar 1918 bereiteten die Mitglieder des Bundes der demokratischen Geistlichkeit insgeheim Auftritte gegen Patriarch Tichon in Moskau, Petrograd und anderen Großstädten vor; es gelang ihnen jedoch nicht, ihre Absichten zu verwirklichen. Zu dem Zeitpunkt wagten es die Verschwörer noch nicht, offen auf eine Kirchenspaltung zuzugehen. „Wir

beschlossen, in der Kirche zu bleiben, um das Patriarchat von innen aufzubrechen", bekannte Vvedenskij später.[211] Seit 1919 existierte in Moskau der „Vereinigte Rat religiöser Gemeinschaften und Gruppen". Die Erneuerer führten dort ihre Vertreter als „Vertreter der Russischen Orthodoxen Kirche" ein und versuchten, ihn zu einem kirchenpolitischen Zentrum aller religiösen Gemeinschaften der RSFSR, unabhängig von den Konfessionen, umzugestalten, zum sogenannten „Ispolkomduch" (d. h. „Exekutivkomitee der Geistlichkeit"). Doch aus diesem Unternehmen wurde nichts. 1920 stellte der „Bund der demokratischen Geistlichkeit" seine Existenz als Organisation ein. Das Erneuerertum suchte neue Formen.
Die Umstände erleichterten den Verschwörern die Verwirklichung des Vorhabens. Am (29. April) 12. Mai 1922 erschien bei dem schon unter Hausarrest stehenden Patriarchen Tichon im Trinitäts-Kloster eine Gruppe der „progressiven Geistlichkeit", Erzpriester Aleksandr Vvedenskij, die Priester Aleksandr Bojarskij und Evgenij Belkov und der Lektor S. Stadnjuk. Nach Phrasen darüber, daß ein neues Landeskonzil zur Regulierung der kirchlichen Angelegenheiten sofort einzuberufen sei, wozu schon die Erlaubnis der weltlichen Behörden vorliege (diese Erlaubnis erhielten die Erneuerer erst ein Jahr später im Mai 1923), forderten sie den Patriarchen auf, seine Patriarchengewalt abzugeben. Der Patriarch faßte den Entschluß, ihnen die Möglichkeit zu geben, über die Kanzlei zu verfügen. Aber unabhängig von ihnen hielt er es für notwendig, seine Rechte und Pflichten in Einklang mit dem Konzilsbeschluß von 1918 einem der rangältesten Hierarchen zu übergeben. Dies teilte er offiziell in einem Brief dem Staatsoberhaupt M. I. Kalinin mit: „Angesichts einer äußerst schwierigen Lage in der Kirchenleitung, die dadurch entstanden ist, daß ich vor ein Zivilgericht gerufen wurde", schrieb der Patriarch „halte ich es für das Wohl der Kirche für nützlich, temporär, bis zur Einberufung eines Konzils, entweder den Metropoliten Agafangel (Preobraženskij) oder den Metropoliten von Petrograd Veniamin (Kazanskij) an die Spitze der Kirchenleitung zu stellen." Das Patriarchenschreiben mit dieser Entscheidung wurde Metropolit Agafangel zugeschickt.[212]
Am 1./14. Mai 1922 erschien in den „Izvestija" ein Aufruf der Erneuerer „An die gläubigen Söhne der Orthodoxen Kirche Rußlands". Ohne den Namen des Patriarchen Tichon direkt zu nennen, äußerten die Feinde der Patriarchatskirche die Erwartung „eines Gerichts über die Verursacher des kirchlichen Ruins". Die Erneuerer spekulierten mit den jurisdiktionellen Schwierigkeiten der Russischen Orthodoxen Kirche, gaben vor, den Willen „breiter Volkskreise auszudrücken" und

machten sich anheischig, die „Lösung der Kirchenleitungsfrage und der Herstellung normaler Beziehungen zwischen der Kirche und der Sowjetmacht" auf sich zu nehmen. Sie versprachen ferner die „Einstellung" des von ihnen selbst erdachten und bis dahin von ihnen als wichtigstes Argument ständig gebrauchten Bürgerkriegs der Kirche gegen den Staat. Am (2.) 15. Mai 1922 wurde eine Deputation der Erneuerer von M. I. Kalinin empfangen, und am nächsten Tag unterrichteten die Erneuerer den Vorsitzenden des Allrussischen Exekutivkomitees in einem offiziellen Schreiben von der Gründung einer Obersten Kirchenleitung „angesichts der Tatsache, daß Patriarch Tichon selbst sein Amt niedergelegt hat". Diese Kirchenleitung habe „seit dem 15. Mai die Führung der kirchlichen Angelegenheiten in Rußland auf sich genommen". Ein Umsturz in der Kirche hatte sich vollzogen; ein Häuflein aufrührerischer Kleriker hatte die vom Patriarchen einem der dienstältesten Metropoliten übergebenenen Vollmachten an sich gerissen.

Weil sie darauf rechneten, den einen oder anderen der vom Patriarchen als seine möglichen Vertreter Benannten auf ihre Seite zu bringen, versuchten die Mitglieder der selbsternannten Obersten Kirchenleitung mit diesen in Verhandlung zu kommen. In Petrograd begab sich Erzpriester Aleksandr Vvedenskij zu Metropolit Veniamin und in Jaroslavl' der Priester Vladimir Krasnickij zu Metropolit Agafangel. Diese unedle Mission brachte jedoch keinen Erfolg.

In der Obersten Kirchenleitung blieben Antonin Granovskij und Leonid Skobeev, die unter den russischen Hierarchen das geringste Ansehen besaßen. Doch auch diese Bischöfe waren in die Oberste Kirchenleitung „nicht als Vorgesetzte, sondern als Ehrenrepräsentanten der Kirche" berufen.[213] „Vorgesetzte" wollten die Organisatoren des Umsturzes selber sein. Am (16.) 29. Mai 1922 beriefen die Erneuerer in Moskau eine „konstituierende Versammlung" ihrer Anhänger ein und organisierten eine Gruppe mit dem Namen „Lebendige Kirche". Die „Grundthesen, die von den Vertretern der ‚Lebendigen Kirche' auf ihrer Versammlung angenommen wurden, schlossen die Forderung nach allseitigen Reformen der kirchlichen Verfassung und der Glaubenslehre ein".[214]

Die Hauptfrage in Theorie und Praxis war allerdings die nach einer radikalen Veränderung der Kirchenverfassung, ihrer Leitung, oder, wie man in den stürmischen zwanziger Jahren sagte, die Frage der „Macht in der Kirche".[215]

Von Anfang an hatte sich die „Lebendige Kirche" nach dem Prinzip einer politischen Organisation eingerichtet – mit einem „Programm", einem „Zentralkomitee", einem „Statut" und mit „Mitgliedsbeiträgen".

Am 4. Juli 1922 wurde in Moskau auf einer Versammlung der Vertreter der „Lebendigen Kirche" ein Zentralkomitee mit Erzpriester Vladimir Krasnickij an der Spitze gewählt. Der erste allrussische Kongreß der „Lebendigen Kirche" in Moskau (August 1922) beschloß Direktiven, um die Patriarchatskirche überall mit Gewalt zu bekämpfen.
Zur Verwirklichung der Losungen der „Lebendigen Kirche" und zur Usurpation des kirchlichen Regiments im Lande wurden 56 „Bevollmächtigte" der Obersten Kirchenleitung in die Eparchien geschickt. Sie hatten die Pflicht, „die Mönche (d. h. die eingesetzten orthodoxen Hierarchen) aus den Hierarchenresidenzen zu vertreiben", örtliche Filialen der „Lebendigen Kirche" einzurichten, Eparchialverwaltungen und Propsteien der Erneuerer zu schaffen und schließlich den Orthodoxen die Kirchen wegzunehmen, und zwar in der Regel durch Gewalt. „Unter dem Vorwand des Kampfes gegen konterrevolutionäre Elemente machten sie sich daran, ihre Gegner in der Kirche zu erledigen", erinnert sich N. F. Platonov. Krasnickij gab als Mitglied der Obersten Kirchenleitung Anweisungen zur administrativen Ausweisung ihm nicht genehmer Personen und motivierte dies mit seinem „Kampf gegen die Konterrevolution".[216]
In verhältnismäßig kurzer Zeit fanden sich die orthodoxe Geistlichkeit und die Hierarchie in der Situation eines Häufleins terrorisierter Schismatiker. Durch die Oberste Kirchenleitung wurden viele angesehene Hierarchen ihres Amtes enthoben, darunter die Metropoliten Veniamin Kazanskij, Arsenij Stadnickij, Mitrofan Simaškevič, Kirill Smirnov, Michail Ermakov und Agafangel Preobraženskij, dem die Erneuerer auf Anweisung des Patriarchen Tichon die Patriarchatskanzlei hatten übergeben sollen.
Man könnte die „Lebendige Kirche" und das Erneuerertum im ganzen eine „presbyterianische Spaltung protestantisch-rationalistischer Machart" nennen, wie dies Kirchenhistoriker getan haben.[217] Aber die Spalter waren durchaus nicht bereit, sich mit „Presbyterianismus" zu begnügen, sie strebten nach Hierarchenstühlen und Mitren.
Im Juni/Juli 1922 vollzogen Antonin und Leonid, die einzigen Bischöfe in der „presbyterianischen" Obersten Kirchenleitung, ohne Segen des Patriarchen und unter Verletzung der Kanones, auf Drängen der Erneuerer die ersten Erneuerer-Weihen, indem sie einige verwitwete Erzpriester ohne vorherige Mönchsweihe zu Bischöfen weihten. Bald darauf wurde das Kirchenvolk mit Verwunderung Zeuge noch schlimmerer Erscheinungen, die als Verhöhnung der kirchlichen Kanones und Bräuche aufgefaßt wurden: als man verheiratete Erzpriester ohne Trennung von ihren Ehefrauen zu Bischöfen aufstellte.[218]

„Aus solchen Weihen, die den kirchlichen Kanones zuwiderhandeln", schrieb Patriarch Tichon, „ist eine Hierarchie entstanden, die illegitim und ohne Charisma, sich mit der legitimen Hierarchie nicht in Gemeinschaft befindet."[219]
Ein Teil des orthodoxen Episkopats, der dem Druck nicht hatte standhalten können, schloß sich im Sommer 1922 den Spaltern an. Die einen taten es in echter Verwirrung, in der Hoffnung auf wirkliche Verbesserung einzelner Teile des Kirchenlebens, andere von Ehrgeiz oder Vermessenheit getrieben, die Mehrheit jedoch aus einem allgemeinen Gefühl der Verlorenheit heraus und aus Furcht vor Repressalien. Eine große Welle von Apostasien bewirkte das sogenannte „Memorandum der Drei" – eine in der Presse veröffentlichte Erklärung dreier ehrwürdiger Hierarchen vom (3.) 16. Juni 1922[220], in der sie die Oberste Kirchenleitung zur „einzigen kanonisch legitimen kirchlichen Gewalt"[221] erklärten. Die Entstehung dieses Dokuments war bestimmt, wie die Autoren später bekannten, einerseits „durch die drückenden Umstände, andererseits durch schlaue Berechnung, sich selbst an die Spitze der Bewegung zu setzen, sie lenkbar zu machen, sie in kanonische Bahnen zurückzuführen und dadurch die Situation der Kirche zu retten und der Anarchie in ihr zuvorzukommen".
Selbst um den Preis von Kompromissen und Zugeständnissen gelang es den Verfassern des „Memorandums" aber nicht, die Zerstörungsprozesse in der Kirche unter Kontrolle zu bringen. Metropolit Sergij Stragorodskij, einer der angesehensten orthodoxen Hierarchen jener Zeit, hatte es schon am 23. Oktober 1922 für nötig befunden, die kirchliche Gemeinschaft mit den Aktivisten der „neuen Kirche" aufzukündigen und aus der Obersten Kirchenleitung auszutreten.[222]
1923 wurde Erzbischof Evdokim Vorsitzender der Obersten Kirchenleitung. Er versuchte bis zu einem gewissen Grad, jedoch nicht sehr konsequent, einzelne antikanonische Exzesse im Erneuerertum auszugleichen, führte Verhandlungen über die Bedingungen einer Vereinigung der Spalter mit der Patriarchatskirche, wurde aber als „schlechter Erneuerer" im Sommer 1924 abgesetzt und in den Ruhestand versetzt. Im August desselben Jahres kehrte er wieder in die orthodoxe Kirche zurück.
Die Kirche bewahrt dankbar die Namen jener Vertreter der orthodoxen Hierarchie und der Geistlichkeit, die von Anfang an nichts mit den Anstiftern der kirchlichen Wirren zu tun haben wollten. Metropolit Agafangel, der den Titel eines Stellvertreters des Patriarchen Tichon angenommen hatte, wandte sich am (5.) 18. Juni 1922 mit einem Sendschreiben an die „Erzhirten, Hirten und alle Kinder der Russischen Or-

thodoxen Kirche", in dem er vor dem ganzen Volk die von den Erneuerern angenommene „Gewalt sowie Handlungen für illegitim" erklärte. Der Metropolit lehnte zwar notwendige Veränderungen und Umgestaltungen in der gottesdienstlichen Praxis und in den Riten nicht ab, machte den Gläubigen jedoch klar, daß Kirchenreformen nur von einem Landeskonzil durchgeführt werden könnten, „in Übereinstimmung mit dem Worte Gottes und nach dem Maß der Bestimmungen der hl. Ökumenischen Konzile, jener ersten und Grundquelle unserer Kirche". In der Denkschrift wurde ein einfacher und wirksamer Weg zur Heilung des aufgekommenen Übels aufgezeigt: es nicht zur Kenntnis zu nehmen, die Berührung mit ihm zu vermeiden, streng an seinem Gewissen, am Glauben und an den Kanones festzuhalten. Den Eparchialbischöfen wurde vorgeschrieben, bis zur Wiederherstellung der Obersten Kirchlichen Gewalt zur Selbstverwaltung überzugehen, nach ihrem „Gewissen und bischöflichem Eid", die Direktiven der zentralen Erneuerer-Instanzen zu ignorieren.[223] Die Spalter suchten mit allen Mitteln den Metropoliten Agafangel zu beseitigen, da sie in ihm sofort einen festen Bewahrer der kanonischen Wahrheit, einen treuen Gefolgsmann des Patriarchen Tichon und einen Gegner und Ankläger ihrer antikirchlichen Tätigkeit erkannt hatten. Die Beseitigung des Stellvertreters des Patriarchen als Ergebnis der Intrigen der Erneuerer führte dazu, daß die der Patriarchatskirche treuen Eparchien für einige Zeit ohne Oberste Leitung blieben. Doch der Glaube des Starzen und Metropoliten Agafangel – er war der Weihe nach der älteste Bischof der russischen Kirche – an die orthodoxe Herde war nicht umsonst, seine Worte waren prophetisch. Das gläubige Volk ließ nicht von seinem Ersthierarchen und verließ nicht seine geheiligten Altäre. Die Eparchien gingen zur Selbstverwaltung über und verweigerten der spalterischen Obersten Kirchenleitung den Gehorsam. Die Gemeinden vermieden die Unterordnung unter die neuen, von den Erneuerern im Land geschaffenen Eparchialleitungen, verließen die Hierarchen, die die Orthodoxie verraten hatten, und hielten sich von der neuen, die Kanones und die Frömmigkeit mit Füßen tretenden modernistischen Hierarchie zurück.
Die gläubige kirchliche Masse beggnete den Erneuerern und ihren Ideen mit offener Unversöhnlichkeit.[224]
Das orthodoxe Volk spürte, wie später der Patriarchatsverweser Petr Poljanskij schrieb, „mit einfachem Herzen die innere Leere der Erneuerer-Bewegung und ihre ganze Gefahr."[225]
Die Ereignisse brachten es bald klar an den Tag, daß das, was die Erneuerer aufgestellt hatten, von Menschen und nicht von Gott (Apg 5,

38–39) war. Es waren erst einige Monate nach der „Mairevolution" vergangen, als der erste Allrussische Kongreß der modernistischen „Lebendigen Kirche" (im August 1922) nach Aussagen seiner Teilnehmer schon „zum Wendepunkt hin zur Krise des Erneuerertums"[226] geworden war. Die auf Sand gebaute „lebendige" oder „neue Kirche" hatte einen Riß vom Fundament bis zur Kuppel bekommen: Der Vorsitzende der Obersten Kirchenleitung, Bischof Antonin, organisierte, nachdem er mit Krasnickij und dessen Gruppe gebrochen hatte, den „Bund der kirchlichen Wiedergeburt" (BKW). Seine Parteigänger nannte man im Unterschied zu den Anhängern der Lebendigen Kirche „Wiedergeburtler" oder, nach dem Namen ihres Führers, „Antoniner". In der Hoffnung auf eine Überwindung der Diskrepanz zwischen der Erneuereroberschicht und der kirchlichen Masse trat der BKW als „Organisation der klassenlosen Volkskräfte" auf und stützte sich nicht auf den Klerus (den „Stand der Opferpriester", wie Antonin sagte), sondern auf die Laien, das einzige Element, das imstande wäre, „das kirchliche Leben mit revolutionär-religiöser Energie aufzuladen".

Die reformistischen Forderungen der Wiedergeburtler nahmen sich bescheidener aus als der totale Reformismus, wie er von der Lebendigen Kirche verkündet worden war. Sie gaben sich anscheinend mit einer Reform des Gottesdienstes zufrieden: geöffneter Altarraum, Gottesdienst in der Nationalsprache, Freiheit liturgischen Schöpfertums usw. Dafür gab es auf dem Gebiet der Demagogie einen offensichtlichen Erfolg. Die Schreiben Antonins stellen eine merkwürdige Mischung von gottesdienstlicher Terminologie und Zeitungslosungen dar: „revolutionäre Geistigkeit", „Kommunismus kirchlicher Art", „Dynamisierung des Lebens", „gesellschaftliche Aktivität der Kirche". Das Statut des BKW erklärte der „religiösen Ausbeutung", dem „Priesterprofessionalismus" und dem „Monarchismus der Kleriker" den Krieg und versprach den Gläubigen nicht mehr und nicht weniger als „die breiteste Demokratisierung des Himmels, den breitesten Zugang zum Schoß des himmlischen Vaters".[227]

In der ersten Zeit gingen viele aus der Erneuerer-Geistlichkeit und besonders auch Laien von der „Lebendigen Kirche" zum „Bund der kirchlichen Wiedergeburt" über. In den „Izvestija" vom 5. September 1922 wurde die Eröffnung einer Petrograder Sektion des BKW mitgeteilt, in die alle früheren Führer der Petrograder Erneuerer eintraten: Vvedenskij, Belkov und Bojarskij. Danach erfolgte eine neue Spaltung in der Spaltung.

Vvedenskij, Bojarskij und ihre Parteigänger, die gerade erst unter die Fahnen des BKW geeilt waren, erklärten die Gründung einer eigenen

Gruppe unter dem Namen „Bund der Gemeinden der alt-apostolischen Kirche" (BGAK).²²⁸ Erzpriester Evgenij Belkov gründete dort, in Petrograd, den „Bund der kommunalen religiösen Arbeitsgemeinden", die dem Geist des BGAK („Izvestija" vom 2. September 1922) nahestanden. In Pensa entstand die „Freie Arbeitskirche" (FA) („Izvestija" vom 2. Dezember 1922), in Saratov die „Puritanische Partei der revolutionären Geistlichkeit und der Laien".²²⁹ Die Erneuerer begannen sich in Denominationen und Parteien aufzulösen. Es entstanden auch häretische Sekten, wie z. B. die „Egorovščina" aus einer Gemeinde, die einer der Pioniere des Erneuerertums, Erzpriester Ioann Egorov, gegründet hatte und die sich dann in eine Sekte mit ihren „Presbytern" entwickelte, die durch die „eigene Inspiration" geweiht wurden.²³⁰

Die Geist- und Perspektivelosigkeit und der rein negative Charakter des „Reformismus" der Erneuerer zeigten sich augenfällig auf dem Erneuerer-Kongreß vom 29. April bis 9. Mai 1923 in Moskau. Ihm gaben die Erneuerer in stolzer Verblendung den Namen „Zweites allrussisches Landeskonzil der orthodoxen Kirche", die Orthodoxen aber brandmarkten es als „schismatisches Konzil", als „Räubersynode" und als „Pseudokonzil". Auf dem Kongreß waren alle drei modernistischen Hauptparteien vertreten: „Lebendige Kirche", „Bund der kirchlichen Wiedergeburt" und „Bund der Gemeinden der altapostolischen Kirche" mit dem Recht der entscheidenden Stimme, während die Vertreter der übrigen kleinen Gruppen und Strömungen lediglich Gaststatus hatten.

Das Pseudokonzil von 1923 erhob die kanonischen Verstöße der früheren Obersten Kirchenleitung und des Zentralkomitees der „Lebendigen Kirche" zu Gesetzen; d. h. ein Episkopat aus Weltgeistlichen; Zweitehe der Geistlichen; Erlaubnis, Witwen und Geschiedene zu ehelichen; Schließung der Klöster und Beseitigung des Mönchtums. Mit der Mehrheit der Stimmen der einfachen Geistlichen indessen brachte der Kongreß die Vorschläge dogmatischer (A. Vvedenskij) und liturgischer (V. Krasnickij) Reformen zu Fall.²³¹

Ein Akt empörender Illegitimität war die Resolution (nach einem Bericht von A. Vvedenskij) des Erneuerer-Kongresses, dem Patriarchen Tichon den Patriarchenrang, seine Weihen und das Mönchtum abzusprechen und das Patriarchat in der russischen Kirche zu vernichten als eine „monarchistische" und „konterrevolutionäre" Kirchenführung, die „nicht dem Geist der Zeit entspricht".²³² Die zerstörerische antikirchliche Arbeit hatte scheinbar ihr Ziel erreicht: Die kirchliche Gesellschaft war zerschlagen, die Kanones in den Schmutz gezogen und die russische Kirche ihres Hauptes beraubt.

Unter diesen Umständen hielt es Patriarch Tichon für seine Hirtenpflicht, aufs neue die Bürde der Verantwortung für die Leitung der russischen Kirche auf sich zu nehmen.[233]
Am 28. Juni 1923 wurde sein Sendschreiben veröffentlicht, in dem das Erneuerertum charakterisiert wurde als „armselige Halbwahrheit, lauwarmes, liberales Christentum, in dem weder göttliche, noch menschliche Wahrheit ist". Die Anführer der modernistischen Gruppierungen wurden als „gewinnsüchtige Menschen, die nur nach materiellen Vorteilen, Positionen und Auszeichnungen streben", verurteilt. Zu den Beschlüssen des Pseudokonzils, die ihn persönlich betrafen, bestätigte Patriarch Tichon seinen Protest, der in der Resolution vom (26. April) 8. Mai 1923 vorgebracht worden war, und qualifizierte das Urteil über sich als „sowohl in der Form, als auch im Wesen falsch".
Im Sendschreiben des Patriarchen vom 1. Juli 1923 wurde darauf hingewiesen, daß die Erneuerer „bewußt oder unbewußt die Orthodoxe Kirche ins Sektentum stoßen" und daß die Kirche keinerlei Reformen, die auf ihrem schismatischen „Konzil" 1923 angenommen wurden, billigen und segnen könne.[234]
Die wichtigste theologische Quelle für die Anklage gegen die Spaltung der Neuerer war das Sendschreiben des Patriarchen vom (2.)15. Juli 1923. Hier war die Geschichte der betrügerischen Usurpation der Patriarchatskanzlei im Mai 1922 durch die Erneuerer geschildert, und hier wurden die kirchlichen Bestimmungen angeführt, gegen die die Schismatiker verstoßen hatten. Die illegitim usurpierte kirchliche Gewalt, schrieb Patriarch Tichon, „verwandten sie nicht zum Aufbau der Kirche, sondern dazu, um in ihr die Saat der verderblichen Spaltung zu säen". Alle von kirchlicher Einheit und dem göttlichen Charisma Abgefallenen rief der Erzhirte auf, „sich durch Buße zu reinigen und in den rettenden Schoß der einen ökumenischen Kirche zurückzukehren".[235]
Das gläubige Volk wandte sich geistlich aufs neue seinem Ersthierarchen zu, dessen strenge Stimme viele Schwankende zur Besinnung brachte.
In konziliarer Einmütigkeit verurteilten die orthodoxen Bischöfe im Juli 1923 die Erneuerer als Schismatiker und wandten sich an den Patriarchen Tichon mit der Bitte, „sich wieder an die Spitze der russischen Kirche zu stellen und ihr Steuermann zu sein".
Die Rückkehr von Patriarch Tichon in die Kirchenleitung und seine volle Unterstützung durch das Bischofskonzil der Russischen Orthodoxen Kirche wurden in einen besonderen kanonischen Akt gefaßt. Anfänglich hätten, nach dem Zeugnis von Bischof Trifon Turkestanov, 14 Hierarchen, die sich zu dieser Zeit in Moskau aufhielten, diesen Akt

unterschrieben. Danach unterschrieben alle in kanonischer Unterordnung unter Patriarch Tichon stehenden Bischöfe diese Urkunde, so daß ein Jahr später, im Sommer 1924, mehr als 100 Unterschriften unter dem Akt standen.[236]
So begann Patriarch Tichon mit seinen Mitarbeitern 1923, die Kirche zu befrieden und zu sammeln. Das geschah nicht auf der Grundlage eines Kompromisses, mit dem verschiedene Gruppen und Strömungen vereinigt wurden, sondern auf der Grundlage der „von Gott eingesetzten Ordnung des Lebens und der kanonischen Leitung der Kirche".[237]
Mit Erlaß vom 2./15. April 1924 wurde den Führern der Erneuerer verboten, Gottesdienste abzuhalten. „Wegen der verursachten Wirren, Spaltung, illegitimer Usurpation der kirchlichen Gewalt" wurden sie bis zur Buße als „außerhalb der Gemeinschaft der orthodoxen Kirche befindlich" erklärt. Gleichzeitig äußerte der Patriarch unverwandt den Wunsch und die Hoffnung, daß „der Herr der Russischen Orthodoxen Kirche Frieden schenken und die von der Kirche und von uns Fortgegangenen in den Schoß der Kirche zurückführen möge".
Nach einem Monat, am (6.)19. Mai 1924, wandte sich der Erneuerer-Oberpresbyter Vladimir Krasnickij, der Vorsitzende des Zentralkomitees der „Lebendigen Kirche", der damals noch einflußreichsten Strömung im Erneuerertum, an Patriarch Tichon mit der Bitte, ihn und seine Anhänger in die kanonische Gebetsgemeinschaft aufzunehmen und „mit der Liebe des Patriarchen alles zuzudecken, worin sie in der Zeit der Erneuerer-Bewegung gesündigt hätten". Damit war das Erneuerertum zusammengebrochen. Patriarch Tichon nahm die Buße des ehemaligen Führers der „Lebendigen Kirche" an.[238] Der Zerfallsprozeß des Erneuerertums, die Rückkehr der betrogenen Geistlichkeit und des gläubigen Volkes aus der Spaltung in die Patriarchatskirche war nicht mehr rückgängig zu machen.

f) Der Kampf um die kirchliche Einheit in der Ukraine

Die kirchlichen Spaltungen in der Ukraine boten in den ersten Jahren nach der Oktoberrevolution ein äußerst verworrenes Bild. Noch am 20. November 1917 hatte das Landeskonzil der Russischen Orthodoxen Kirche aufgrund einer Eingabe von Vertretern der ukrainischen Eparchien mit dem Erzbischof Evlogij Georgievskij von Wolhynien an der Spitze den Segen zur Einberufung eines Ukrainischen Gebietskonzils im Dezember 1917 in Kiev gegeben, auf dem die Situation der Kirche in der Ukraine unter den neuen Bedingungen definiert werden sollte. Zur gleichen Zeit unternahmen lokale Nationalisten eine Kam-

pagne zur Abtrennung der orthodoxen Gemeinden der Ukraine von der Russischen Orthodoxen Kirche.
Das Ukrainische Gebietskonzil eröffnete seine Sitzungen am 7. Januar 1918, doch schon am 18. Januar wurden die Sitzungen wegen des Bürgerkriegs in der Ukraine geschlossen. Zu dieser Zeit hielt sich Metropolit Platon Roždestvenskij als Vertreter des Patriarchen Tichon in Kiev auf; er warnte die Aktivisten der kirchlichen Rada (Versammlung), daß „eine vorzeitige und nicht durchdachte Ankündigung der Autokephalie der Ukrainischen Kirche kirchliche Wirren, vielleicht sogar ein großes Schisma oder eine Spaltung hervorrufen wird".[239]
Das Kiever Kirchenkonzil nahm im Sommer 1918 seine Arbeit wieder auf; am 9. Juli 1918 nahm es die „Verordnung zur Provisorischen Leitung der Orthodoxen Kirche in der Ukraine" an, die dann vom Synod der Russischen Orthodoxen Kirche am (7.) 20. September 1918 bestätigt wurde.[240] Die orthodoxen Eparchien der Ukraine stellten nach wie vor einen untrennbaren Bestandteil der Russischen Orthodoxen Kirche dar, in der sie einen besonderen autonomen Kirchenbezirk (Metropolitankreis) bildeten. Diese Autonomie bezog sich auf die lokalen kirchlichen Angelegenheiten und galt nicht für Angelegenheiten von gesamtkirchlicher Bedeutung.
Nach Beendigung des Bürgerkriegs 1921 erhielt die Ukrainische Orthodoxe Kirche den Status eines Exarchats des Moskauer Patriarchats. Zum Exarchen der Ukraine ernannte Patriarch Tichon Erzbischof (später Metropolit) Michail Ermakov (gest. 1929). Einige Jahre lang kämpfte Metropolit Michail an der Spitze der ukrainischen orthodoxen Hierarchie in strenger kanonischer Einheit mit der Russischen Orthodoxen Kirche gegen die zahlreichen Spaltungen und Mißverhältnisse.
Indessen strebten nationalistisch gesonnene Gruppen der ukrainischen Geistlichkeit zur Autokephalie. Am (1.) 14. Oktober 1921 berief die schon erwähnte Allukrainische orthodoxe kirchliche Rada, an deren Organisation seinerzeit die überzeugten Nationalisten S. Petljura, V. Čechivskij und I. Ogienko (später Erzbischof der Ukrainischen Autokephalen Orthodoxen Kirche) teilgenommen hatten, ein „Allukrainisches Konzil" von Vertretern der Geistlichkeit und Laien unter dem Vorsitz von V. Čechivskij ein. Auf diesem Konzil wurde eigenmächtig, ohne Zustimmung der höchsten kirchlichen Gewalt der russischen Kirche, den Kanones zuwider die Autokephalie der Ukrainischen Orthodoxen Kirche verkündet. Keiner der Bischöfe hatte an dieser Versammlung teilgenommen, aber die Autokephalisten wollten, koste es, was es wolle, ihre „eigene" Hierarchie haben. Am (10.) 23. Oktober 1921 organisierten die unbotmäßigen Kleriker in der Kiever Sophien-Kathe-

drale unter Teilnahme einiger Priester die Pseudoweihe des amtsenthobenen verheirateten Erzpriesters Vasilij Lipkovskij zum Bischof, den man darauf zum „Metropoliten von Kiev und der ganzen Ukraine" erhob. Am Tag darauf „installierte" Vasilij selbst seinen Genossen, den Kiever Kleriker Nestor Šaraivskij, als Bischof. Zu zweit „weihten" sie dann I. Teodorovič, A. Jarošenko, S. Orlik und andere. Im Verlaufe einer Woche wurde eine ganze Hierarchie von Pseudobischöfen geschaffen, die nach dem Namen des Begründers der Spaltung „Lipkovcer", vom Volk aber „Selbstweiher" genannt wurden.[241]
Die ukrainische Geistlichkeit erkannte in ihrer Mehrheit die Selbstweiher nicht an. Im August 1922 versammelte sich in Kiev eine Gruppe von 84 ehemaligen Teilnehmern des Konzils der Ukrainischen Kirche von 1918 zu einer Konferenz. Das Protokoll der Konferenz, in dem vorgeschlagen wurde, daß die Ukrainische Kirche „jetzt den Weg der Autokephalie betreten hat", wurde der Obersten Kirchenleitung, dem Konzil der Ukrainischen Bischöfe, zur Bestätigung vorgelegt. Letzteres lehnte in der Sitzung vom (23. August) 5. September 1922 unter dem Vorsitz des Exarchen des Patriarchen, Erzbischof Michail von Kiev, die Forderung nach einer sofortigen Erklärung der Autokephalie ab, weil diese Frage in die Kompetenz eines allukrainischen Kirchenkonzils und eines Landeskonzils der Russischen Orthodoxen Kirche falle. Unter der Geistlichkeit fehlte die nötige Einigkeit. Die Spaltung der Erneuerer hat 1922 das Episkopat sowohl der russischen als auch der ukrainischen Eparchien in zwei Lager gespalten. Die zum Erneuerertum abgefallenen ukrainischen Bischöfe mit Erzbischof Pimen Pegov an der Spitze, die auf das Wort einer der Gruppen der „Autarkisten" hörten, verkündeten in der Ukraine eigenmächtig eine zweite „Autokephalie". Das Kirchenvolk, das das Unrecht dieser und jener sah, blieb in seiner Masse der rechtmäßigen Hierarchie treu, die die kanonische Bindung zur Russischen Orthodoxen Kirche bewahrt hatte.
Eine dritte „Autokephalie" wurde im Herbst 1923 von Bischof Feofil Buldovskij von Lubny (in der Spaltung selbsternannter „Metropolit" von Char'kov) ausgerufen, die deshalb „Buldovščina" oder „Spaltung von Lubny" genannt wurde. Ihr Hauptherd waren die Eparchien von Poltava und Char'kov. Die Buldovščina wiederum war mit der „Ioannikievščina" (nach dem Namen des Bischofs Ioannikij Sokolovskij, eines der Mitstreiter Feofils) verbunden.
Patriarch Tichon tat alles, was ihm möglich war, um das kirchliche Leben in den ukrainischen Eparchien zu stabilisieren, die er weiterhin als einen untrennbaren Teil der Russischen Orthodoxen Kirche ansah. Als der Ukrainischen Kirche 1918 die Autonomie gewährt worden war,

hatte Patriarch Tichon in oiconomia auch den Segen für den Gottesdienst in ukrainischer Sprache gegeben. Doch die Unbotmäßigkeiten der Spalter hörten nicht auf. Anfang 1924, als die Lage in der Ukraine besonders schwierig geworden war, beschloß der Patriarch, die ukrainische Autonomie aufzugeben und die ukrainischen Eparchien in die unmittelbare Jurisdiktion des Moskauer Patriarchats zurückzuführen, was mit Patriarchatsschreiben vom (24. März) 6. April 1924 bekanntgegeben wurde.[242]

Mit Erlaß des Patriarchen Tichon und des Synods vom (2.) 15. April 1924 wurden die Amtsverbote, die den Führern der Erneuerer und allen, die sich mit ihnen in Gemeinschaft befanden, auferlegt worden waren, in vollem Umfang auf Erneuerer-Autokephalisten ausgedehnt.

Die Haltung der kirchlichen Gewalt gegenüber der Spaltung von Lubny wurde durch ein Konzil der Ukrainischen Bischöfe unter Vorsitz des Exarchen des Patriarchen, Erzbischof Michail von Kiev, am (12.) 25. Dezember 1924 bestimmt. Das Konzil beschloß die Laisierung und Exkommunizierung von Feofil Buldovkij und seiner Parteigänger als „von der Orthodoxie Abgefallene". Dieser Beschluß wurde nach dem Tod des Patriarchen Tichon vom Stellvertreter des Patriarchatsverwesers Metropolit Sergij am 5. Januar 1926 bestätigt; diese Bestätigung wiederholte er noch einmal im Jahre 1943 in Verbindung mit der Aktivierung der Buldovščina in den Jahren der Hitlerokkupation.

g) Die Wahrer der heiligen Sukzession

Die Jahre, in denen Patriarch Tichon den Dienst des Obersten Hirten ausführte, waren zwar kurz, aber ereignisreich gewesen. Bis zur letzten Stunde hatten die Kräfte des Patriarchen der Kirche gehört; noch zwei Tage vor seinem Ende hatte er eine Bischofsweihe in der Großen Himmelfahrtskirche angeführt. Einen Tag vor seinem Tod schrieb er einen Brief an den Metropoliten von Warschau, in dem er die eigenmächtige polnische „Autokephalie" verurteilte, und an seinem Todestag unterschrieb er das bekannte Sendschreiben an die Gläubigen vom (25. März) 7. April 1925.

Eine Großtat des Patriarchen Tichon zum Wohle der Kirche war, daß er die Nachfolge für die höchste kirchliche Gewalt in der russischen Kirche ordnete. Nach den kirchlichen Kanones erfüllt während der Vakanz des Patriarchenstuhls ein Hierarch, der das Vertrauen der Kirche besitzt, als Verweser des Patriarchenstuhls die Aufgaben eines ersten Bischofs einer Landeskirche.

Die vom Landeskonzil am 7. Dezember 1917 angenommene „Verordnung über die Oberste Kirchenleitung" sah vor, daß es neben dem Patriarchen zwei konziliare Organe geben sollte, den Hl. Synod und den Obersten Kirchenrat, die gemeinsam wirken sollten. Die Fülle der kanonischen Gewalt sollte nach dem Tod des Patriarchen auf diese konziliaren Institutionen übergehen, deren Mitglieder wiederum den Verweser wählen sollten.

Aber die Vorschriften und die kanonischen Bestimmungen „setzen das Kirchenleben immer in seinem normalen Gang voraus".[243] Es war indessen dahin gekommen, daß in den letzten Lebensmonaten des Patriarchen Tichon der Apparat der Obersten Kirchenleitung nicht funktionierte. Es blieb der einzige Ausweg, den das Landeskonzil von 1917–1918 dem Patriarchen überlassen hatte, durch persönliche Verfügung einen Hierarchen zu benennen, der nach seinem Tode die ganze Fülle der Patriarchengewalt bis zur Wahl eines neuen Oberhaupts durch ein neues Landeskonzil empfangen sollte.[244]

Am (25. Dezember 1924) 7. Januar 1925 gab Patriarch Tichon die folgende Verfügung: „Im Falle Unseres Ablebens übergeben Wir Unsere Patriarchenrechte und -pflichten provisorisch dem Hochgeweihten Metropoliten Kirill. Für den Fall, daß er aus irgendwelchen Gründen nicht in die Ausführung der bezeichneten Rechte und Pflichten eintreten kann, gehen solche auf den Hochgeweihten Metropoliten Agafangel über. Wenn auch dieser Metropolit keine Möglichkeit hat, sie auszuführen, so gehen Unsere Patriarchenrechte und -pflichten auf den Hochgeweihten Metropoliten Petr von Kruticy über. Indem Wir diese Unsere Verfügung allen Erzhirten, Hirten und Gläubigen der Russischen Kirche zur allgemeinen Kenntnis bringen, halten Wir es für Unsere Pflicht, hinzuzufügen, daß diese Verfügung Unsere Verfügung vom November 1923 ersetzt."[245]

Eine Schar von Bischöfen, praktisch ein Hierarchenkonzil, wenn auch nicht speziell einberufen, mit sechzig Hierarchen, die an dem Begräbnis des Hochheiligen Patriarchen im Moskauer Don-Kloster am (30. März) 12. April 1925 teilgenommen hatten, konstatierte nach Einsicht in die Patriarchenverfügung vom 25. Dezember 1924, daß „der entschlafene Patriarch unter den gegebenen Umständen keinen anderen Weg zur Bewahrung der Sukzession der Gewalt in der russischen Kirche gehabt hat". Weil die in der Verfügung benannten, der Weihe nach ältesten Hierarchen (die Metropoliten Kirill und Agafangel) zu dieser Zeit nicht in Moskau waren, wurde entschieden, daß Metropolit Petr „kein Recht hat, sich dem ihm auferlegten Dienst zu entziehen"[246] und in die Pflicht des Patriarchatsverwesers eintreten müsse. In diesem Sinne wurde eine

konziliare Urkunde „Über die Annahme der Gewalt durch Metropolit Petr" verfaßt, unter der als erste von den sechzig Unterschriften die des Metropoliten Sergij von Novgorod, des künftigen Nachfolgers des Verwesers, stand.
Der Patriarchatsverweser Metropolit Petr Poljanskij von Kruticy hatte die Kirchenleitung nicht ganz acht Monate inne, vom (30. März) 12. April bis zum (27. November) 10. Dezember 1925. Dem Verweser war keine leichte Aufgabe zugefallen, das „Schiff der Kirche", wie er selbst schrieb, „zum ruhigen Hafen inmitten des stürmischen Meeres zu führen."[247] Unter Hinweis auf eine Reihe von Umständen, die sich in jener schwierigen Zeit ungünstig auf den Gang des kirchlichen Aufbaus ausgewirkt hatten, sprach Metropolit Petr von einem Andrängen unierter Propaganda gegen die orthodoxen Eparchien des westlichen Weißrußland und der Ukraine, von dem „geistigen Gift", das die Sektierer verstärkt in die Seelen der Orthodoxen schütteten, sowie auch von der Aktivierung der antikirchlichen Tätigkeit seitens der Erneuerer. Patriarch Tichon und seine geistigen Mitstreiter hatten in den Jahren 1923–1924 entscheidende Erfolge bei der Überwindung der Erneuerer-Spaltung erringen können. 1925 rechneten nun die Feinde der Orthodoxie damit, daß der Tod des allgemein verehrten Ersthierarchen die Russische Orthodoxe Kirche schwächen und in eine innere Krise führen würde. Die Taktik der Spalter hatte sich geändert. In den Sendschreiben der Erneuerer-Synode, die sofort nach dem Tod des Patriarchen (vom 11. April 1925, vom 30. April 1925 u. a.) veröffentlicht wurden, wurde beharrlich die falsche Begründung gegeben, daß der einzige Anlaß für die Spaltung die Persönlichkeit des Verschiedenen gewesen sei und daß es nach seinem Ableben keine Gründe mehr für eine Trennung gäbe. Gleichzeitig apellierten sie, die Bezeichnungen „Tichon-Anhänger" und „Erneuerer" zu vergessen und sich auf das nächste, nach der Rechnung der Erneuerer „zweite", Landeskonzil vorzubereiten, das im Herbst 1925 stattfinden sollte.
Metropolit Petr unterzog in seinem Ersthierarchenschreiben „An die Erzhirten, Hirten und alle Kinder der Russischen Orthodoxen Kirche" vom (15.) 28. Juli 1925 das von den Erneuerern vorbereitete „neue Pseudokonzil" einer strengen kanonischen Zensur und lehnte mit Hinweis darauf, daß die kirchlichen Kanones sogar die Anwesenheit auf den eigenmächtigen Versammlungen der Spalter untersagten, entschieden den Gedanken an irgendeine „Versöhnung" mit ihnen, an irgendwelche Verhandlungen über eine „Vereinigung" ab. „Die wahre Kirche ist einig, und einig ist das ihr innewohnende Charisma des Hl. Geistes", schrieb der Verweser, „es kann nicht zwei Kirchen und zwei Charis-

mata geben. Nicht von der ‚Vereinigung' mit der orthodoxen Kirche dürfen die sogenannten Erneuerer sprechen, sondern sie müssen wahre Buße für ihre Verirrungen ablegen."[248] Das Wesen der von den Erneuerern angebotenen „Versöhnung" legte Metropolit Petr bildhaft und kurz in der Adresse „An die Pröpste, Geistlichen und Gemeinderäte der Leningrader Eparchie" dar. „Sie haben den Orthodoxen die Hand der Versöhnung entgegengestreckt", bemerkte er, „nur um sie in den Abgrund zu ziehen."[249]
Die im Kampf mit der Patriarchenkirche und ihrem Oberhaupt verärgerten und verbitterten Führer der Spaltung wählten den falschen Weg, den der Verleumdung und Provokation. In der „Adresse an die Regierung der UdSSR", die von den Teilnehmern des zweiten Pseudokonzils der Erneuerer angenommen wurde, das in Moskau vom 1. bis zum 19. Oktober 1925 stattfand, waren verleumderische Erklärungen darüber enthalten, daß die „religiöse Organisation des Tichon nach formaler Anerkennung der Sowjetmacht faktisch eine ausgesprochen antisowjetische Organisation bleibt" und daß die „Verbindung der Tichon-Hierarchie mit den monarchistischen Emigrantenzentren" eine „dokumentarisch erhärtete Tatsache" sei.[250] Verleumdung und falsches Zeugnis waren in erster Linie gegen den Patriarchatsverweser gerichtet.
Das zweite (und letzte) Pseudokonzil der Erneuerer erfüllte nicht die gehegten Erwartungen. Es brachte den Spaltern nicht den Triumph über die orthodoxe Kirche und konnte den weiteren Zerfall der modernistischen „Synodalkirche" nicht aufhalten. Die Krise des Erneuerertums wird überzeugend durch die folgenden Zahlen belegt: Zu Beginn des Jahres 1923 war es den Erneuerern gelungen, durch Betrug und Erpressung etwa 70 Prozent der orthodoxen Gemeinden im ganzen Land unter die Botmäßigkeit ihrer Obersten Kirchenleitung zu bringen; der „Synod", der 1924 die Oberste Kirchenleitung abgelöst hatte, zählte in seinem Amtsbereich fast 15 000 Gemeinden (von insgesamt 28 743, einschließlich Weißrußlands, der Ukraine und der nordamerikanischen Eparchie). Gegen Ende 1925 waren etwa 9000, und gegen Ende 1926 ungefähr 6000 Gemeinden abgespalten geblieben.[251] Relativ hartnäckig hielt sich das Erneuerertum lediglich in einzelnen Randgebieten, in den Eparchien Sibiriens, der Krim, des Kaukasus, des Fernen Ostens, Mittelasiens und Kasachstans. In den zentralen Eparchien war der Prozentsatz der Erneuererkirchen zu dieser Zeit ziemlich unbedeutend.[252]
Besorgt um das Wohl der Kirche und um allen Zufällen zuvorzukommen, veröffentlichte Patriarchatsverweser Metropolit Petr im Spätherbst 1925 zwei Akte über die Ordnung der weiteren Sukzession der höchsten kanonischen Gewalt in der Russischen Orthodoxen Kirche.

Mit dem ersten Akt, einer Verfügung für den Fall seines Ablebens vom (22. November) 5. Dezember 1925, benannte er als mögliche Kandidaten für den Posten des Verwesers vier Hierarchen, die Metropoliten Kirill Smirnov, Agafangel Preobraženskij, Arsenij Stadnickij und Sergij Stragorodskij. Mit dem zweiten Akt, vom (23. November) 6. Dezember 1925, beauftragte er für den Fall, daß er unfähig sei, die Pflichten des Patriarchatsverwesers auszuüben, Metropolit Sergij Stragorodskij von Nižnij-Novgorod mit der provisorischen Wahrnehmung dieser Pflichten. Falls es Metropolit Sergij nicht möglich sein sollte, die Pflichten eines Verwesers auf sich zu nehmen, hatte Metropolit Petr in diesem Dokument nach dem Beispiel der Verfügung des Patriarchen Tichon vom 25. Dezember 1924 ersatzweise noch zwei mögliche Nachfolger vorgesehen: Metropolit Michail Ermakov, Exarch der Ukraine, und Erzbischof Iosif Petrovych von Rostov. In der Verfügung wurde die Beibehaltung des Namens des Metropoliten Petr als Patriarchatsverweser in der Fürbitte während des Gottesdienstes vorgeschrieben, was als direkter liturgischer Ausdruck der Einheit und Konziliarität der russischen Patriarchenkirche, als Symbol der kanonischen Sukzession ihrer Oberhäupter gelten sollte.

Die genannte Verfügung war mit dem (27. November) 10. Dezember 1925 in Kraft getreten. Metropolit Sergij schrieb aus Nižnij-Novgorod (heute Gor'kij) am (1.) 14. Dezember 1925 an Bischof Gavriil von Klin, der als einer der Vikarbischöfe provisorisch die Moskauer Eparchie leitete, daß er sich nicht berechtigt sähe, die ihm auferlegten Pflichten des Verwesers unter den gegebenen Umständen abzulehnen. Er bat Bischof Gavriil, alle Bischöfe in Moskau und außerhalb davon in Kenntnis zu setzen. Bis zu seiner Ankunft in Moskau sollten ihm die Geschäftssachen für das Verweseramt nach Nižnij-Novgorod geschickt werden. Unter dem Dokument stand die Unterschrift: „Für den Patriarchatsverweser – Sergij, Metropolit von Nižnij-Novgorod". So anspruchslos in der Form war das „Antrittsschreiben" des in seine Pflichten eingetretenen neuen Oberhauptes der Russischen Orthodoxen Kirche, mit dessen Namen ihre Geschichte in den kommenden achtzehn Jahren verbunden bleiben sollte. – Später nannte sich Metropolit Sergij „Vertreter des Patriarchatsverwesers".[253]

Die Frage der Sukzession der kanonischen Gewalt spitzte sich im Frühjahr 1926 unerwartet zu. Metropolit Agafangel (Preobraženskij) von Jaroslavl' veröffentlichte, ohne von der Situation in der Obersten Kirchenleitung zu wissen und ohne sich vorher mit dem Verweser und dem von ihm ernannten Stellvertreter abgesprochen zu haben, am (5.) 18. April 1926 in der Stadt Perm' unerwartet ein „Sendschreiben an die Kirche", in dem er die Gläubigen davon unterrichtete, daß er die Aufgaben des Patriarchatsverwesers übernommen habe. Indessen hatte Metropolit Petr den Titel eines Patriarchatsverwesers nicht abgelegt, und die mit diesem Titel verbundenen Vollmachten wurden schon von Metropolit Sergij ausgeübt. In Briefen vom (17.) 30. April 1926, (3.) 16. Mai 1926 und (10.) 23. Mai 1926 überzeugte Metropolit Sergij Metropolit Agafangel, daß seine Argumente kanonisch nicht begründet seien. Daraufhin teilte Agafangel in einem Telegramm vom (11.) 24. Mai 1926 dem Metropoliten Sergij mit, daß er „um des kirchlichen Friedens willen der Verweserschaft entsagen" wolle. Metropolit Petr versuchte anschließend nicht mehr, die entstandene Situation zu revidieren, wobei er die Fülle der faktischen Vollmachten dem Patriarchatsverweser Metropolit Sergij beließ, selbst aber den Titel des Verwesers mit liturgischer Berücksichtigung seines Namens in der Fürbitte vorbehielt. Damit wird auch der Umstand erklärt, daß Metropolit Sergij das Amt des Stellvertreters mit den entsprechenden Vollmachten beibehielt.

Am (29. August) 11. September 1936 starb Metropolit Petr. Am (14.) 27. Dezember 1936 nahm der Hl. Synod den „Akt über den Übergang der Rechte und Pflichten des Verwesers des Patriarchenstuhls der Russischen Orthodoxen Kirche auf den Stellvertreter des Patriarchatsverwesers, den allerseligsten Metropoliten Sergij Stragorodskij von Moskau und Kolomna" an, analog dem konziliaren „Akt über die Annahme der Gewalt durch den Metropoliten Petr". Der Übergang der Verweserrechte auf Metropolit Sergij, der sie zu dieser Zeit faktisch schon elf Jahre innehatte, war durch die Verfügung des Metropoliten Petr vom (22. November) 5. Dezember 1925 für den Fall seines Todes vorgesehen. Jetzt trat diese Verfügung in Kraft. Von den in ihr außer dem Metropoliten Sergij noch genannten drei möglichen Nachfolgern waren zwei vor dem Metropoliten Petr gestorben, Metropolit Agafangel Preobraženskij (gest. 1928) und Metropolit Arsenij Stadnickij (gest. 1936). Der dritte, Metropolit Kirill Smirnov, hatte nach wie vor keine Möglichkeit, den für ihn testamentarisch vorgesehenen Dienst anzutreten. So war durch Gottes Willen unter außergewöhnlich verwickelten Umständen die Sukzession der Ersthierarchengewalt in der Russischen Orthodoxen Kirche erhalten geblieben. Mit größter Ehrfurcht verehrt sie die Namen ihrer großen Erzhirten, die in inspiriertem und weisem Eifer im Verlauf vieler Jahre die Sukzession der 1917 vom Konzil wiederhergestellten Patriarchengewalt festgehalten und bewahrt und ihren legitimen Nachfolgern übergeben haben.

h) Die Festigung der Konziliarität der Kirche

Die noch nicht abgeschlossene Normalisierung der Situation der Kirche im Sowjetstaat wirkte sich weiterhin erschwerend auf das kirchliche Leben aus. Eine gute Ordnung der kirchlichen Angelegenheiten nach konziliaren kanonischen Prinzipien war ohne die Einrichtung eines Synods beim Obersten Hirten nicht möglich.[254] Die Einrichtung und erfolgreiche Arbeit des obersten konziliaren Verwaltungsorgans in der Russischen Orthodoxen Kirche hingen von ihrem Status ab. Nach der sowjetischen Gesetzgebung (Dekret des Allrussischen Zentralen Exekutivkomitees vom 12. 6. 1922, Instruktion des Allrussischen Zentralen Exekutivkomitees vom 10. 8. 1922) mußte die Tätigkeit aller privaten und der ihnen angeglichenen religiösen Gesellschaften vom Volkskommissariat für Innere Angelegenheiten sanktioniert werden; nichtregistrierte Gesellschaften wurden aufgelöst.[255]

In seinen letzten Lebensjahren war Patriarch Tichon unermüdlich um korrekte Beziehungen der Kirche zur Sowjetregierung besorgt gewesen, um dadurch eine volle Legalisierung ihrer Existenz zu ermöglichen, berichtete Metropolit Sergij.[256]

Der provisorische Hl. Synod des Patriarchats, den der Patriarch sofort nach seiner Rückkehr in die Kirchenleitung 1923 eingerichtet hatte, besaß nicht den Charakter einer von der Sowjetmacht anerkannten kirchlichen Institution, weil er keinen juristischen Status besaß, d. h. nicht registriert war. Ihm gehörten die nächsten Mitarbeiter des Patriarchen, die Metropoliten Tichon Obolenskij, Serafim Aleksandrov und Petr Poljanskij an. Der Synod hieß provisorisch, weil die Vollmachten seiner Mitglieder, die berufen, aber nicht vom Konzil gewählt waren, provisorisch waren. Patriarchatssynod hieß er im Unterschied zum nichtkanonischen, sogenannten „Hl. Synod", der an der Spitze der kirchlichen Organisation der Erneuerer-Spalter stand.

Nachdem die Führer der Erneuerer-Gruppe „Lebendige Kirche" Buße getan hatten und vom Patriarchen wieder in die Gemeinschaft aufgenommen worden waren, wandte sich Patriarch Tichon in Verbindung mit einer geplanten Reorganisation der Obersten Kirchenleitung (des Hl. Synods und des Obersten Kirchenrates) mit Eingaben vom (8.) 21. Mai 1924 und (15.) 28. Januar 1925 an die entsprechenden Instanzen mit der Bitte um Registrierung dieser Organe. Zu den zwölf Mitgliedern des Provisorischen Synods des Patriarchen sollten, außer den schon genannten Hierarchen, Metropolit Sergij Stragorodskij, Erzbischof Pavel Borisovskij und andere gehören. Diese Pläne wurden nicht verwirklicht. Die Frage der Normalisierung des kirchlichen Lebens war für den Patriarchen Tichon und seine kanonischen Nachfolger mit der Veröffentlichung eines kirchlichen Dokuments verbunden (einer „Deklaration"), eines Dokuments über die historische Einheit der Kirche und des Volkes in der Epoche nach der Oktoberrevolution sowie über die Notwendigkeit, die Formen kirchlichen Lebens mit den heutigen äußeren Bedingungen in Übereinstimmung zu bringen. Der Sache nach mußte das Sendschreiben des Patriarchen Tichon vom (25. März) 7. April zu einer solchen „Deklaration" werden. Die in diesem Sendschreiben, das erst nach dem Tod des Patriarchen erschien, geäußerten Gedanken fanden dann ihre Entwicklung in einer ganzen Reihe von Dokumenten der Russischen Orthodoxen Kirche in den Jahren 1926–27.

Die Dringlichkeit der Suche nach neuen Formen kirchlichen Lebens unterstrich Erzbischof Ilarion Troickij (gest. 1929) in seiner „Denkschrift" vom Februar 1926, die zuerst in der Zeitung „Vozroždenie" (Erneuerung) in Paris am 18. August 1926 erschien.

Von dem aufrichtigen Wunsch, „den betrüblichen Mißverständnissen zwischen Kirche und Sowjetmacht ein Ende zu bereiten", war die „Adresse der orthodoxen Bischöfe an die Regierung der UdSSR" durchdrungen"[257], die im Mai 1926 als Entwurf einer offiziellen Adresse im Namen des „leitenden Organs der Orthodoxen Kirche" verbreitet wurde, sowie auch der mit diesem Dokument verbundene „Entwurf einer Adresse an die Orthodoxen Erzhirten und Hirten" des Metropoliten Sergij vom (28. Mai) 10. Juni 1926.[258] Der Grundgedanke der „Adresse der orthodoxen Bischöfe" war die Anerkennung der historischen Wichtigkeit und rechtsbildenden Bedeutung der Sowjetischen Verfassung und des Dekrets über die Gewissensfreiheit, die die Freiheit des Gewissens und der Organisation des kirchlichen Lebens verkündeten, für die Russische Orthodoxe Kirche. Diese „gründet ihre Beziehung zur Staatsgewalt auf der vollständigen und konsequenten Durchführung des Prinzips der Trennung der Kirche vom Staat". Sie „strebt nicht nach der Beseitigung der existierenden Ordnung und nimmt nicht teil an Handlungen, die auf dieses Ziel gerichtet sind, sie unterwirft sich allen bürgerlichen Gesetzen". „Zugleich", unterstreichen die Autoren der Adresse, „wünscht die Kirche, in vollem Maße ihre geistige Freiheit und Unabhängigkeit zu bewahren, die ihr von der Verfassung gewährt werden", und verwirft deshalb entschieden den ihr von verschiedensten Abtrünnigen aufgedrängten „unwürdigen Weg der Kompromisse". Sie ist sich klar über die grundsätzliche Verschiedenheit zwischen der religiösen Lehre der Kirche und der materialistischen Philosophie, wobei sie im ganzen und im einzelnen

„ihre, von der Heiligkeit der vergangenen Jahrhunderte umwehte Glaubenslehre" unantastbar bewahrt.[259] Metropolit Sergij setzte die Bemühungen des Patriarchen Tichon fort und wandte sich am 10. Juli 1926 als Stellvertreter des Patriarchatsverwesers an die staatlichen Instanzen mit der Eingabe, ihn als stellvertretenden Patriarchatsverweser zu registrieren und ihm die Organisation einer Kanzlei in Moskau zu gestatten. Als Metropolit von Nižnij-Novgorod hielt sich der Stellvertreter damals in Nižnij-Novgorod auf. Die Eingabe ersuchte weiter um die Registrierung der örtlichen Organe der Kirchenleitung, um die Erlaubnis — bis zur Einberufung eines Landeskonzils — zur Einberufung von Hierarchen-Kongressen, um die Herausgabe eines Presseorgans sowie um die Einrichtung von Geistlichen Lehranstalten. Die Punkte der Eingabe entsprachen den dringenden Nöten der Russischen Orthodoxen Kirche. Die Hauptfrage war immer noch die Frage der Normalisierung der rechtlichen Situation der Kirche, ihre „Legalisierung". In dem der Erklärung beigelegten „Entwurf einer Adresse an die orthodoxen Erzhirten und Hirten" (Deklarationsentwurf von 1926) formulierte Metropolit Sergij genau die Möglichkeit und Notwendigkeit eines Christen, den kirchlichen Dienst mit dem patriotischen Dienst am Nächsten in der sozialistischen Gesellschaft zu verbinden, ohne jeden moralischen Kompromiß und Nachteil für seinen Glauben.[260]

i) Die Erklärung vom Jahre 1927

Im November 1926 wurde Metropolit Sergij vor die Notwendigkeit gestellt, sich vorübergehend von der kirchlichen Leitung zurückzuziehen. In Übereinstimmung mit der Verfügung des Metropoliten Petr vom 6. Dezember 1925 mußte der Erzbischof (Vikar der Eparchie von Jaroslavl') Iosif Petrovych von Rostov die Pflichten des Stellvertreters des Patriarchatsverwesers übernehmen. Da auch er für sich in naher Zukunft keine Möglichkeit sah, diesen Dienst auszuüben, veröffentlichte Erzbischof Iosif am (25. November) 8. Dezember 1926 das Sendschreiben „An die Erzhirten, Hirten und Herde der Russischen Orthodoxen Kirche", in dem für den Fall unvorhergesehener Ereignisse die weitere Ordnung einer „kanonisch unanfechtbaren" Sukzession der höchsten kirchlichen Gewalt in der russischen Kirche aufgezeigt wurde. In Übereinstimmung mit dieser Ordnung gingen die Vollmachten eines provisorischen Stellvertreters im Dezember 1926 auf den Erzbischof Serafim Samojlovič von Uglič über.[261]

So war Anfang 1927 die Lage der Obersten Kirchenleitung äußerst unbestimmt. Erzbischof Serafim mußte, als er „das schwere und verantwortungsvolle Kreuz der Führung der russischen Kirche auf sich nahm", die Eparchialbischöfe geradezu bitten, „die Korrespondenz und Beziehungen zu ihm auf ein Minimum zu beschränken", und ihnen empfehlen, „alle Angelegenheiten, außer den prinzipiellen und gesamtkirchlichen, endgültig am Ort zu lösen".[262]
In der Mehrzahl der Fälle entsprach das Verhalten der leitenden Hierarchen ihrer hohen Berufung, und sie bewahrten bei der faktischen Autonomie ihres Regiments in den Eparchien die geistliche kanonische Treue zum Ersthierarchen, indem sie das Fehlen äußerer konzilialer Gemeinschaft durch brüderliche Einheit gutmachten.[263] Aber in einzelnen Eparchien kamen Mißstände auf und Abweichungen von der kanonischen Norm sowie mangelnde Achtung vor der höchsten kanonischen Gewalt. Die aktive antikirchliche Tätigkeit verschiedener von der Kirche abgefallener Spaltergruppierungen wie der „Synodalkirche" der Erneuerer, des Obersten Kirchenrates der Gregorianer und der eigenmächtigen ukrainischen „Autokaphalien" wirkte sich aus. Zur Stärkung der kirchlichen Einheit war eine umgehende Legalisierung der Obersten Kirchenleitung unumgänglich.
Im April 1927 erhielt Metropolit Sergij die Möglichkeit, wieder zur Ausübung seiner Pflichten als Stellvertreter des Patriarchatsverwesers zurückzukehren.[264] Am 18. Mai 1927 hatte er in Moskau eine Bischofskonferenz einberufen, auf der er den Entwurf zu einer Organisation eines provisorischen Hl. Synods des Patriarchen vorlegte. In den Hl. Synod wurden berufen: Metropolit Arsenij Stadnickij von Novgorod, Metropolit Serafim Aleksandrov von Tver', Erzbischof Sil'vestr Bratanovskij von Vologda, Erzbischof Aleksij Simanskij (der spätere Patriarch) von Chutyn, Erzbischof Sevastian Vesti von Kostroma, Erzbischof Filipp Gumilevskij von Zvenigorod und Bischof Konstantin D'jakov (später Exarch der Ukraine) von Sumy. Diese Hierarchen waren bereit, die Anstrengungen des Stellvertreters bei der Leitung der russischen Kirche zu teilen.[265]
Später kamen zu den Mitgliedern des provisorischen Hl. Synods des Patriarchen Metropolit Michail Ermakov (Exarch der Ukraine) von Kiev, Metropolit Nikandr Fenomenov von Taškent, Erzbischof Anatolj Grisjuk von Samara, Erzbischof Pavel Borisovskij von Vjatka und Bischof Sergij Grišin von Serpuchov, gleichzeitig Geschäftsführer des Synods, hinzu. Als Oberhaupt der Kirche konnte sich Metropolit Sergij jetzt offiziell auf den „Willen des ihn einmütig umgebenden Episkopates als der Stimme der ganzen Kirche" stützen[266], „Indem er der Patriarchats-

leitung die Möglichkeit gab, richtig zu funktionieren, diente der Synod zur Rechtfertigung und Festigung der Idee des Patriarchats im russischen kirchlichen Bewußtsein und folglich zur Bewahrung des Patriarchats", schrieb deshalb Metropolit Sergij.[267]

Am 20. Mai 1927 teilte das Volkskommissariat für Innere Angelegenheiten Metropolit Sergij mit, daß es keine Hindernisse für das neue konziliare Organ der russischen Kirche gäbe, vorausgesetzt, daß es bestätigt werde. Im August wurde der Synod des Patriarchen offiziell bestätigt. Am 25. Mai fand die erste offizielle Sitzung des provisorischen Hl. Synods des Patriarchen als kanonisch und juristisch legitimiertes Organ der Obersten Kirchenleitung beim Stellvertreter des Patriarchatsverwesers statt. Am gleichen Tag wurde eine Verfügung an die Eparchien geschickt, in der den leitenden Hierarchen aufgetragen wurde, umgehend bei sich (bis zur Wahl ständiger) provisorische Eparchialräte einzurichten und sie bei den lokalen Behörden registrieren zu lassen. Für die Vikarbischöfe wurde die Bildung von Propsteiräten vorgeschrieben. So entstand die Grundlage für eine langwierige mühselige Wiederherstellung der ganzen kirchlich-administrativen Struktur des Moskauer Patriarchats.

Am (16.) 29. Juli 1927 wurde das „Sendschreiben an die Hirten und die Herde" veröffentlicht, das gemeinsam mit dem Metropoliten Sergij die ständigen Mitglieder des Hl. Synods des Patriarchen unterzeichnet hatten. In der Literatur wird es gewöhnlich die „Deklaration des Metropoliten Sergij" oder die „Deklaration von 1927" genannt. Als Metropolit Sergij dem Kirchenvolk die Organisation des Hl. Synods des Patriarchen und seine Legalisierung mitteilte, wies er darauf hin, daß er nur das Werk fortsetze, das von Patriarch Tichon begonnen wurde. Der Wunsch des verstorbenen Patriarchen hatte sich erfüllt: „Nunmehr hat unsere orthodoxe Kirche in der Sowjetunion nicht nur eine kanonische, sondern auch eine nach bürgerlichen Gesetzen völlig legale zentrale Leitung." „Wir hoffen", hieß es weiter, „daß sich die Legalisierung nach und nach auch auf die untere kirchliche Verwaltung, auf die Verwaltung der Eparchien und Kirchenkreise ausdehnen wird."

Die Thesen von Metropolit Sergij, im „Entwurf einer Adresse" vom 10. Juni 1926 vorgelegt, wurden in der Deklaration des Jahres 1927 nachdrücklich bestätigt.

Das Prinzip der Trennung der Kirche vom Staat, das in den kirchlichen Dokumenten der vorangegangenen Zeit konsequent durchgeführt worden war, wurde von den Autoren der „Deklaration" durch das Prinzip der patriotischen Zusammenarbeit mit dem Sowjetstaat im Dienst am Volkswohl ergänzt. „Wir wollen Orthodoxe sein und gleichzeitig die

Sowjetunion als unsere bürgerliche Heimat begreifen, deren Freuden und Erfolge unsere Freuden und Erfolge und deren Mißerfolge unsere Mißerfolge sind. Jeder Schlag, der gegen die Sowjetunion geführt wird, wird von uns als ein Schlag verstanden, der gegen uns gerichtet ist."[268] Die „Deklaration" nannte deutlich einen der Gründe für jene Schwierigkeiten, auf die die Kirche bei der Einrichtung ihres Lebens im ersten Jahrzehnt nach der Oktoberrevolution gestoßen war: „auf das ungenügende Bewußtsein (von seiten vieler Vertreter der Kirche) von dem Ernst dessen, was sich in unserem Land vollzogen hatte". In diesem Dokument wurde betont, daß es „Zufälligkeiten für einen Christen nicht gibt und daß in dem, was sich bei uns vollzogen hat, wie überall und immer, dieselbe Rechte Gottes wirkt, die ein jedes Volk zu dem ihm vorbestimmten Ziel führt".[269]

Mit aller Schärfe wurde in der Deklaration das Problem der mit den Emigranten ins Ausland gegangenen Geistlichkeit behandelt. Um den politisch unausgewogenen Äußerungen einzelner Vertreter der Russischen Orthodoxen Kirche im Ausland und den daraus entstehenden Ärgernissen und Beschwerden ein Ende zu bereiten, forderte die oberste kirchliche Gewalt eine Loyalitätserklärung von der Geistlichkeit im Ausland. Diejenigen, die eine solche Loyalitätserklärung nicht unterschrieben oder ihr nicht treu blieben, sollten aus dem Klerus des Moskauer Patriarchats ausgeschlossen werden. Als Aufgabe von nicht geringerem Gewicht sah die Kirchenleitung die Vorbereitung und Einberufung des zweiten Landeskonzils der Russischen Orthodoxen Kirche an, des Konzils, das „nicht mehr eine provisorische, sondern eine ständige zentrale Kirchenleitung wählen wird".[270]

j) Patriarch Sergij

Ein Dokument von herausragender kirchengeschichtlicher Bedeutung stellt die Deklaration von 1927 dar. Sie schließt eine Reihe von Sendschreiben ab, die die russische Kirche in den vorangegangenen Jahren veröffentlicht hatte, und trägt zweifellos Züge der vorangegangenen Sendschreiben. Sie muß in unmittelbarem Zusammenhang mit dem Lebensweg und dem theologischen Erbe ihres Schöpfers, des Metropoliten Sergij[271], gesehen werden und deshalb im Zusammenhang mit der allgemeinen Entwicklung des russischen theologischen Denkens der jüngsten Zeit.

Eine Besonderheit dieses Denkens ist die eschatologische Auffassung von der historischen Realität als der Verwirklichung des göttlichen Entwurfs von Welt und Mensch, die Fähigkeit zur historischen Vorausschau, die „Offenheit" für das Zukünftige und überhaupt für all das Neue, das die Bewahrung von christlichem Mut und Nüchternheit möglich macht. Früher als andere Hierarchen in der Kirche hatte Bischof Sergij schon in den ersten Jahren des 20. Jh. mit äußerster Deutlichkeit begriffen, daß die Situation der Kirche sich abrupt ändern könnte. Schon 1904 sah er im russisch-japanischen Krieg „den Verkünder des endgültigen Zusammenbruchs", „den Beginn des endgültigen Niedergangs" des Russischen Reiches und mit ihm der tausendjährigen kirchlich-staatlichen „Symphonia".[272]

Es beginnt eine Epoche, so sagte er in den bedrohlichen Tagen des Jahres 1905 voraus, in der man „fordern wird, daß wir nicht mehr mit aus fremden Fässern ausgeliehener Tinte schreiben, sondern mit dem Blut aus unserer eigenen Brust", wo die Kirche, „nach Jahrhunderten friedlicher Existenz hinter der Mauer des staatlichen Schutzes, ungeschützt und durch nichts gedeckt geradewegs auf das Schlachtfeld, in die Schläge der Feinde hinauszieht".[273] Ein Jahr später, in der Vorkonziliaren Kommission, unterstrich Erzbischof Sergij in prophetischer Voraussicht: „Wir dürfen uns nicht vorstellen, daß unsere gegenwärtige kirchliche Situation immer so bleiben wird, weil wir für eine solche Sicherheit keinen Grund haben. Wir können keine Minute jene völlig außergewöhnlichen Umstände außer acht lassen, in denen sich unsere Kirche in allernächster Zukunft befinden kann."[274] Die Geschichte hat diese Voraussage vollkommen bestätigt.

Eine andere Eigenart, die das theologische Denken und das praktische Wirken des Metropoliten Sergij auszeichnete, war die Gnadengabe der Urteilsfähigkeit, „der Unterscheidung des Wichtigen, vordringlich Notwendigen vom Zweitrangigen, Vorläufigen".[275] Im Geiste der Theologie der Väter nannte Metropolit Sergij eine solche Unterscheidung „das Grundprinzip des geistigen Lebens eines Christen", „den stärksten Charakterzug, der die Praxis der hl. Kirche Christi von der Praxis der von der Kirche getrennten Gemeinschaften unterscheidet".[276]

Ein solcher Zugang erlaubt, das Innere vom Äußeren, den Inhalt von der Form zu trennen. So bleibt unter allen äußeren Veränderungen das Wesen des kirchlichen Dienstes unverändert: Es bleibt „immer und überall der eine und derselbe apostolische Dienst, der Dienst der Versöhnung", und es bleibt die ewige Aufgabe der Kirche, „allenthalben ja etliche selig" zu machen (1 Kor 9, 22).[277] Die Formen des kirchlichen Lebens sind indessen vergänglich und hängen von vielen für die Kirche äußeren Ursachen ab.

Daher lehnte Metropolit Sergij entschieden jeden Formalismus in administrativen und kanonischen Fragen ab, sowohl den Formalismus der

Konservativen, die sich um jeden Preis an überlebte Formen und Ordnungen klammern, als auch den Formalismus der Reformatoren, die ihr fremde Formen aufzwingen wollten. Der Geist weht, wo er will. Es ist unmöglich, mit den Mitteln der Logik künstlich neue Formen des kirchlichen Lebens zu schaffen. Die besten Formen werden jene sein, „die das Leben selber schafft", und die Aufgabe der Hierarchie und der obersten kanonischen Gewalt ist es, „nur die uns sichtbaren Hindernisse fortzuräumen und dem Leben die Möglichkeit freier Entfaltung zu eröffnen".[278] Dies war die theologische Position von Metropolit Sergij. An anderer Stelle hat er sie definiert als „lebendige Brechung des Prinzips in der Atmosphäre des Lebens".[279] Diese Position ist mit einer soteriologischen Ausrichtung seiner ganzen Theologie und seines ganzen kirchlichen Wirkens verbunden. Der Christ, betonte Metropolit Sergij, sieht das höchste Gut nicht in irdischem Wohlergehen und glücklichen Umständen, sondern darin, das ewige Leben zu erlangen: „Er wünscht, daß alle seine Mitbürger Bürger des Himmels werden, er betet: Dein Reich komme, Dein Wille geschehe, wie im Himmel also auch auf Erden."[280] In Übereinstimmung mit dem Gesagten war er der nur auf den ersten Blick paradoxen Ansicht, daß die Orthodoxen, wenn sie das seit 1917 in Rußland existierende politische System anerkennen, sich nicht in Politik einmischten, daß sie jedoch, wenn sie umgekehrt versuchten, dieses System zu ignorieren, in rein politische Illusionen und Ambitionen verfielen.

So war die Deklaration das natürliche Ergebnis und die Verallgemeinerung der Überlegungen und Urteile des Metropoliten Sergij auf dem Gebiet der Geschichtstheologie. Die geschichtstheologischen Ansichten des Metropoliten Sergij weisen eine harmonische Einheit mit anderen Bestandteilen seiner theologischen Weltanschauung auf dem Gebiet der Dogmatik, Asketik und des Kirchenrechts auf. Nach dem Geist eines bedingungslosen kirchlichen Patriotismus sowie auch nach den theologischen Grundideen zeigt die Deklaration von 1927 eine bemerkenswerte Übereinstimmung mit dem Sendschreiben des Patriarchen Tichon vom (25. März) 7. April 1925 und anderen Zeugnissen des theologischen Denkens des Patriarchen. Das beweist, daß die theologische Basis des kirchlichen Handelns beider Ersthierarchen die gleiche ist: Es ist dies die sogenannte „Theologie des ethischen Monismus", eine reife Frucht der theologischen Entwicklung in der russischen Kirche des 19./20. Jh.

Nichtsdestoweniger hat kein von der russischen Kirche veröffentlichtes Dokument nach der Oktoberrevolution soviel stürmische Diskussionen, Zweifel und Beanstandungen ausgelöst, wie die Deklaration von

1927. In der negativen Einstellung zu ihr trafen sich die extremen Einstellungen. Die in ihr vertretene Position rief den Haß sowohl der „Modernisten" als auch jener hervor, die die Zeichen der Zeit nicht verstehen konnten oder wollten.

Die entschlossene, unwiderrufliche Wahl des richtigen historischen Kurses für das Schiff der Kirche, wie er von der Deklaration von 1927 fixiert worden war, und die unverwandte Verfolgung des eingeschlagenen Kurses in der Folgezeit wurden nur dank der Weisheit und der kirchlichen Standhaftigkeit des Metropoliten Sergij und der um ihn gescharten Mitglieder des Provisorischen Synods des Patriarchen möglich. Patriarch Aleksij (damals noch Erzbischof von Chutyn und ständiges Mitglied des Synods) erinnerte sich vierzig Jahre später: „Als der Hochgeweihte Sergij die Leitung der Kirche übernahm, ging er empirisch an die Situation der Kirche in der sie umgebenden Welt heran und ging dabei von der damaligen Wirklichkeit aus. Wir alle, die ihn umgebenden Hierarchen, waren mit ihm einer Meinung. Mit dem ganzen Provisorischen Synod haben wir mit ihm die Deklaration von 1927 in der vollen Überzeugung unterschrieben, daß wir unsere Pflicht vor der Kirche und ihrer Herde erfüllen".[281]

Metropolit Sergij und seine Mitarbeiter waren in ihrem kirchlich-kanonischen Wirken nicht allein. Die Deklaration wie auch andere Maßnahmen und Akte des Moskauer Patriarchats fanden breite und entschiedene Unterstützung von seiten der Hierarchie, des Klerus und der Laien im ganzen Land und prinzipielle Billigung solcher angesehener Hierarchen wie der Metropoliten Petr Poljanskij, Arsenij Stadnickij, Nikandr Fenomenov, der Erzbischöfe Ilarion Troickij, Evgenij Zernov, Petr Zverev, Prokopij Titov, Amvrosij Poljanskij und anderer.[282]

Zweifellos hat die Deklaration des Metropoliten Sergij ihre Bestimmung erfüllt, nämlich zur Konsolidierung der Hierarchie, des Klerus und der Herde der russischen Patriarchatskirche unter ihrem kanonischen Oberhaupte beizutragen. Am 27. April 1937 verlieh der Hl. Synod Metropolit Sergij in Anerkennung seiner Leistungen den Titel „Allerseligster" Metropolit von Moskau und Kolomna mit dem Recht, zwei Panhagien zu tragen, sowie dem Recht, das Kreuz im Gottesdienst voranzutragen.

Die russische Patriarchenkirche folgte treulich dem durch die Deklaration des Metropoliten Sergij vorgestreckten Kurs, und zwar nicht durch Worte, sondern durch Taten in den harten Jahren des Großen Vaterländischen Krieges (1941–1945) des Sowjetvolkes mit dem faschistischen Deutschland. Schon am ersten Tag des Krieges erhob sich wie Sturmgeläut der patriotische Appell des Ersthierarchen der Russischen Orthodoxen Kirche, des Patriarchatsverwesers und Allerseligsten Metropoliten Sergij von Moskau und Kolomna, der „im Namen der Russischen Orthodoxen Kirche alle ihre treuen Kinder zur Verteidigung der geheiligten Grenzen ihrer Heimat" segnete.

„Unsere Orthodoxe Kirche", schrieb Metropolit Sergij in seinem Sendschreiben vom 22. Juni 1941, mit dem er sich an die „Hirten und die Herde der Orthodoxen Kirche Christi" wandte, „hat immer das Schicksal des Volkes geteilt. Gemeinsam mit ihm hat sie die Prüfungen getragen und sich seiner Erfolge gefreut. Sie wird ihr Volk auch jetzt nicht verlassen. Mit dem Segen des Himmels segnet sie auch die bevorstehende Großtat des ganzen Volkes ... Es ist unser, der Hirten der Kirche, unwürdig, in einer solchen Zeit, in der das Vaterland alle zu hohen Taten aufruft, nur schweigend dem zuzusehen, was ringsumher vorgeht, den Kleinmütigen nicht zu ermutigen, den Verbitterten nicht zu trösten und den Schwankenden nicht an seine Pflicht und an den Willen Gottes zu erinnern. Laßt uns gemeinsam mit der Herde unser Leben einsetzen. Die Kirche Christi segnet alle Orthodoxen zur Verteidigung der geheiligten Grenzen unserer Heimat. Der Herr wird uns den Sieg schenken."[283]

Mehr als zwanzig patriotische Sendschreiben veröffentlichte Metropolit Sergij als Reaktion auf die Ereignisse des Krieges. Diese Sendschreiben haben eine große Rolle im patriotischen Aufschwung der Gläubigen gespielt. Mit dem Segen des Metropoliten Sergij wurde eine Sammlung für den Verteidigungsfonds durchgeführt, zur Unterstützung der Verwundeten und für den Unterhalt verwaister Kinder. Geistlichkeit und Laien der Russischen Orthodoxen Kirche traten aktiv, von den patriotischen Aufrufen ihres Oberhauptes inspiriert, in den „heiligen Kampf des Sowjetvolkes gegen die faschistische Aggression" ein.

Das patriotische Wirken des Ersthierarchen der Russischen Orthodoxen Kirche fand volle Billigung und Anerkennung von seiten der Sowjetregierung. Am 4. September 1943 wurde der Patriarchatsverweser Metropolit Sergij gemeinsam mit zwei anderen Hierarchen, den Metropoliten Aleksij Simanskij und Nikolaj Jaruševič, von I. V. Stalin, dem sowjetischen Regierungschef, empfangen.[284] Im Verlauf des Gesprächs teilte Metropolit Sergij dem Vorsitzenden des Rates der Volkskommissare mit, daß die leitenden Kreise der Orthodoxen Kirche die Absicht hätten, in nächster Zeit ein Bischofskonzil zur Wahl des Patriarchen von Moskau und ganz Rußland und zur Bildung eines Hl. Synods beim Patriarchen einzuberufen. Der Regierungschef zeigte sich diesen Vor-

stellungen gewogen und erklärte, daß es seitens der Regierung keine Hindernisse geben werde.
Am 8. September 1943 wurde Metropolit Sergij von einem Bischofskonzil der Russischen Orthodoxen Kirche zum Patriarchen von Moskau und ganz Rußland gewählt.[285]
Die Wahl des Metropoliten Sergij zum Patriarchen von Moskau und ganz Rußland war ein wichtiges Ereignis im Leben der Russischen Orthodoxen Kirche, denn bald darauf wurden die innerkirchlichen Spaltungen überwunden, besser gesagt: die Überreste dieser Spaltungen. Die interorthodoxen und zwischenchristlichen Beziehungen wurden wiederaufgenommen; auch wurde 1943 die 1917 unterbrochene kanonische Gebetseinheit mit der Georgischen Kirche wiederhergestellt. Große Aufmerksamkeit widmete Patriarch Sergij der Besetzung vakanter Bischofsstühle. Er bereitete die Wiederaufnahme der Tätigkeit der Geistlichen Lehranstalten vor. „In seinem ganzen kirchlichen Wirken hat Patriarch Sergij gezeigt, daß der Geist des kirchlichen Regiments und die gnadenreiche Kraft der kanonischen Ordnungen in der Kirche unverändert bleiben müssen und können, ungeachtet dessen, daß die Formen des kirchlichen Regiments sich unter dem Einfluß verschiedener Bedingungen der Zivilverfassung ändern können."[286]

k) Patriarch Aleksij

Nachfolger des Patriarchen Sergij als Patriarchatsverweser wurde Metropolit Aleksij von Leningrad und Novgorod, das der Weihe nach älteste Mitglied des Hl. Synods.[287] Während seiner neunmonatigen Amtszeit als Verweser wurden die Einberufung eines Landeskonzils der Russischen Orthodoxen Kirche und die weitere Organisation des kirchlichen Lebens vorbereitet.
Am 2. Februar 1945 wurde Metropolit Aleksij in der Moskauer Christi-Auferstehungskirche in Sokol'niki von den Mitgliedern des Landeskonzils der Russischen Orthodoxen Kirche zum Patriarchen von Moskau und ganz Rußland gewählt. Auf dem Landeskonzil waren als Ehrengäste die Oberhäupter und Vertreter mehrerer orthodoxer Lokalkirchen versammelt, so der Papst und Patriarch Christophoros von Alexandrien und Afrika, Patriarch Alexandros III. von Antiochien und dem Orient, Katholikos (Patriarch) Kallistrat von Georgien, Erzbischof Germanos von Thyatyra (Patriarchat von Konstantinopel), Erzbischof Athenagoras von Sebaste (Kirche von Jerusalem), Metropolit Iosif von Skopje (Serbische Kirche), Bischof Iosif von Arges (Rumä-

nische Kirche), jeweils mit ihren Delegationen. Am 4. Februar fand in der Theophanie-Kathedrale des Patriarchen die feierliche Inthronisation des neuen Patriarchen statt.[288]
Die herausragenden persönlichen Eigenschaften des Patriarchen Aleksij, seine rückhaltlose Treue zur orthodoxen Glaubenslehre, ihrem Geist und ihren Kanones, das tiefe Verständnis für die Interessen der russischen Kirche und die Nöte der Zeit – all dies wirkte sich günstig auf den allgemeinen Gang des Kirchenlebens von 1945–1970 und bis heute aus.
Patriarch Aleksij von Moskau und ganz Rußland (mit weltlichem Namen Sergej Vladimorovič Simanskij) wurde am (27. Oktober) 9. November 1877 in Moskau in einer alten Adelsfamilie geboren. Er wurde tiefreligiös erzogen und erhielt eine hervorragende Ausbildung im Hause, die er im Gymnasialkurs des Lazarev-Instituts für orientalische Sprachen (1888–1891) und im Moskauer Nikolaj-Lyzeum (1891–1896) fortsetzte. 1899 absolvierte Sergej Simanskij die Juristische Fakultät der Universität Moskau und erhielt den akademischen Grad eines Kandidaten der Rechte. Im Herbst 1900 trat S. V. Simanskij in die Moskauer Geistliche Akademie ein. Am 9. Februar 1902 vollzog Bischof Arsenij Stadnickij, der damalige Rektor der Akademie, an Sergej Simanskij die Mönchsweihe, in der er den Namen Aleksij (zu Ehren des hl. Metropoliten Aleksij von Moskau) erhielt. Am 17. März 1902 wurde der Mönch Aleksij zum Mönchsdiakon und am 21. Dezember 1903 zum Mönchspriester geweiht. Im Frühjahr 1904 absolvierte er die Moskauer Geistliche Akademie mit dem Grad eines Kandidaten der Theologie, nachdem er am Lehrstuhl für Philosophie eine Dissertation mit dem Thema „Die im zeitgenössischen rechtsethischen Bewußtsein herrschenden Begriffe in der Kritik des Metropoliten Filaret" verteidigt hatte. Im August 1904 wurde Mönchspriester Aleksij zum Inspektor des Geistlichen Seminars von Pskov ernannt, im September 1906 zum Rektor des Geistlichen Seminars von Tula unter Erhebung in den Archimandritenrang. In beiden Seminaren leitete er neben seiner administrativen Tätigkeit das Lehrfach Neues Testament. In diesen Jahren trat die Predigerbegabung des künftigen Patriarchen zutage. Am 6. Dezember 1911 wurde Archimandrit Aleksij zum Rektor des Geistlichen Seminars von Novgorod und zum Abt des Klosters des hl. Antonius des Römers (Rimljanin, gest. 1147) ernannt.
Am 28. April 1913 vollzog Patriarch Gregorios von Antiochien in Konzelebranz mit fünf Hierarchen in der Novgoroder Sophien-Kathedrale die Weihe des Archimandriten Aleksij zum Bischof von Tichvin, dem zweiten Vikar der Novgoroder Eparchie.[289]

Während des Ersten Weltkriegs war Bischof Aleksij von Tichvin mit allen ihm erreichbaren Mitteln bemüht, die Nöte der Flüchtlinge und die Leiden der Verwundeten zu lindern. Auf seine Initiative wurden in der Novgoroder Eparchie mehrere Lazarette eingerichtet und eine breite kirchliche und zivile Sammel- und Spendentätigkeit zur Unterstützung der Notleidenden entfaltet.

Am 11. Februar 1916 wurde Bischof Aleksij von Tichvin zum ersten Vikar der Novgoroder Eparchie ernannt, wobei er gleichzeitig das Amt des Abtes des Klosters des hl. Varlaam von Chutyn wahrnahm. Da Erzbischof Arsenij Stadnickij von Novgorod ständig im Synod zu tun hatte, überließ er die Verwaltung der ausgedehnten Eparchie faktisch seinem Vikar.

Die Ereignisse der Februar- und Oktoberrevolution des Jahres 1917 nahm Bischof Aleksij als „historisch unvermeidlich" hin. Von Anfang an verhielt er sich der Sowjetmacht gegenüber loyal.

Am 21. Februar 1921 ernannte Patriarch Tichon Bischof Aleksij zum ersten Vikar der Eparchie von Petrograd mit dem Titel eines Bischofs von Jamburg und wies ihm als Hauptkirche die Kazaner Kathedrale zu.

Im Mai 1922 wurde die Leitung der Petrograder Metropolie (nach dem Tod des Metropoliten Veniamin von Petrograd) Bischof Aleksij anvertraut. In Treue zu den kirchlichen Kanones und zu Patriarch Tichon lehnte er entschieden das wiederholte Ansinnen der spalterischen Erneuerer ab, auf ihre Seite überzuwechseln. Am 29. Juni 1922 wurde Bischof Aleksij von der Obersten Kirchenleitung der Erneuerer „in den Ruhestand versetzt"[290] und im Oktober 1922 in die administrative Verbannung nach Kasachstan (Karakalinsk, Gebiet von Karaganda) geschickt, wo er mehr als drei Jahre verbrachte.

Im Frühjahr 1926 kehrte Bischof Aleksij zum Fest der Verkündigung Mariä in die Stadt an der Neva zurück, die in Leningrad umbenannt worden war. Metropolit Sergij Stragorodskij von Nižnij-Novgorod ernannte ihn zum Leiter der Novgoroder Eparchie mit dem Titel eines Erzbischofs von Tichvin (später Chutyn). Seit dieser Zeit war Erzbischof Aleksij der engste Mitarbeiter des Patriarchatsverwesers Metropolit Sergij. Er nahm an der Ausarbeitung der bekannten Deklaration von 1927 teil, mit der die Normalisierung der Beziehungen zwischen der Russischen Orthodoxen Kirche und dem Staat eingeleitet wurde. Mit der ihm eigenen Energie beteiligte er sich am Kampf gegen die innerkirchlichen Spaltungen (der Iosiflanen, Grigorianer, Viktorianer und anderer). Am 18. Mai 1932 wurde Erzbischof Aleksij von Chutyn in den Rang eines Metropoliten von Staraja Rusa und Novgorod erhoben und am 5. Oktober 1933 zum Metropoliten von Leningrad ernannt. Sein fruchtbares kirchliches Wirken und seine geistige Autorität machten es den Leningrader Erneuerern, vor allem ihrem Führer N. F. Platonov, unmöglich, ihren Einfluß auszudehnen. Im November 1938 wurde Metropolit Aleksij in Anerkennung seines fünfundzwanzigjährigen Hierarchendienstes und seines fünfjährigen Wirkens auf dem Leningrader Stuhl mit dem Recht, zwei Panhagien zu tragen, ausgezeichnet.

Vom ersten Tag des „Großen Vaterländischen Krieges" an zeichnete sich Metropolit Aleksij durch hohen Patriotismus aus. Er unterstützte entschieden den Aufruf des Patriarchatsverwesers Sergij und folgte ihm mit dem Sendschreiben „Die Kirche ruft zur Verteidigung der Heimat", das im Juli 1941 in der Leningrader Metropolie verschickt und verlesen wurde.[291] Metropolit Aleksij blieb bei seiner Herde im eingeschlossenen Leningrad, wo er Hunger, Not und alle Schrecken der Blockade ertrug, ohne die Gottesdienste zu unterbrechen. Ungeachtet der Schwierigkeiten der Kriegszeit, der häufigen Bombenangriffe und des Artilleriebeschusses, besuchte er seine Herde. Das Beispiel seiner Liebe und Opferbereitschaft inspirierte Tausende von Menschen und hielt in ihnen den Glauben an den Sieg wach.[292]

Auf dem Bischofskonzil der Russischen Orthodoxen Kirche vom 8. September 1943 referierte Metropolit Aleksij über „Die Pflicht des Christen für Kirche und Heimat im Vaterländischen Krieg".[293]

Solange Patriarch Sergij Ersthierarch war, war Metropolit Aleksij sein engster Mitarbeiter. Unter seiner unmittelbaren Teilnahme wurden die zwischenkirchlichen Beziehungen der Russischen Orthodoxen Kirche sowie die Verlagstätigkeit wiederaufgenommen, insbesondere die Veröffentlichung des „Žurnal Moskovskoj Patriarchii" (Journal des Moskauer Patriarchats, September 1943).[294]

Der Beginn des Ersthierarchendienstes des Patriarchen Aleksij fiel mit der Schlußphase des Zweiten Weltkriegs zusammen. Ausgezeichnet mit „einem besonderen Charisma des Gottesdienstes, durch eine besondere Gnadengabe des Dienstes"[295], tröstete Patriarch Aleksij viele Gläubige, die im Krieg ihre Verwandten und Nächsten verloren hatten. Das Bedürfnis, die Wunden des Krieges zu heilen, verband sich mit der Notwendigkeit, neue blutige Schrecken abzuwenden. Der Kampf für den Frieden wurde zur ständigen Sorge für den Patriarchen Aleksij und bestimmte sein vielgestaltiges Wirken, das sich in drei Hauptrichtungen entwickelte: 1. die Sorge des Hierarchen um die ihm anvertraute Herde, um die Überwindung der Spaltungen und die normale Entwicklung der russischen Kirche; 2. der Dienst an der Orthodoxie und Förderung der gesamtorthodoxen Gemeinschaft; sowie 3. der Dienst an der gesamten christlichen Welt, der Dialog mit den andersgläubigen Kirchen und die Teilnahme an der ökumenischen Bewegung.

Patriarch Sergij hatte seinem Nachfolger zahlreiche ungelöste Fragen und dringende Geschäfte hinterlassen. An erster Stelle stand für den Patriarchen Aleksij die Besetzung der vakanten Bischofsstühle. In der Zeit von 1945 bis 1971 wurden in der Russischen Orthodoxen Kirche 129 Bischofsweihen vollzogen, von denen Patriarch Aleksij 57 selbst vornahm. In seinen Ansprachen an die Geweihten, bei der Übergabe des Bischofsstabes, rief er immer dazu auf, bis zum Ende der Kirche Gott treu zu bleiben, die Herde selbstlos zu lieben und die Bewahrung des göttlichen Charisma in sich selbst nicht zu vergessen.[296]

Bei der Neuerrichtung der Geistlichen Schulen haben sich unter der unmittelbaren Leitung des Patriarchen Aleksij Erzbischof Grigorij Čukov von Pskov, Mag. theol. S. V. Savinskij, Magister-Erzpriester T. D. Popov, Professor A. I. Georgievskij und andere besonders eingesetzt. Im Sommer 1944 wurden das Orthodoxe-Theologische Institut und die Theologischen Kurse für Pfarrer eröffnet, die zwei Jahre später in die Moskauer Geistliche Akademie und das Moskauer Geistliche Seminar umgewandelt wurden. Geistliche Lehranstalten wurden ebenfalls in Leningrad, Odessa und anderen Städten eingerichtet.[297]

Die Arbeit des Patriarchen Aleksij für Einrichtung und Entwicklung der Geistlichen Schulen und der geistlichen Bildung ist beispiellos. Viele Jahre wurden die Bibliothek und das Kirchlich-Archäologische Museum an der Moskauer Geistlichen Akademie mit wertvollen Büchergaben, Ikonen und anderen Schenkungen des Patriarchen Aleksij vervollständigt. Trotz drängender Geschäfte fand er immer Zeit, die Akademie zu besuchen, Referate zu halten, bei den Examen zugegen zu sein und Veranstaltungen der Studenten zu besuchen. Dadurch wurde das theologische Niveau der Absolventen der Geistlichen Lehranstalten wesentlich gehoben. Fast alle der von ihm geweihten Bischöfe hatten höhere geistliche Studien absolviert.

Mit dem Namen des Patriarchen Aleksij sind auch die jedes Jahr stattfindenden und zur Tradition gewordenen Filaret-Abende verbunden, die dem Andenken des Metropoliten Filaret Drozdov von Moskau, des hervorragenden russischen Theologen und Predigers (1782–1867), gewidmet sind. Sie fanden im Troice-Sergiev-Kloster, in der Geistlichen Akademie am Festtag von Filaret dem Mildtätigen am (1.) 14. Dezember statt. Der Patriarch erfreute das Publikum an diesen Abenden nicht nur durch seine Anwesenheit, sondern auch durch seine hochinteressanten Vorträge über das Leben und Wirken und das theologische Erbe des Metropoliten Filaret von Moskau.

Da er selbst häufig Gottesdienste hielt, blieb der Patriarch in ständiger Fühlung mit dem gläubigen Volk. Erhöhte Aufmerksamkeit widmete er besonders der liturgisch einwandfreien Durchführung der Gottesdienste und ihrer Schönheit sowie dem Kirchengesang. Groß war die Fürsorge von Patriarch Aleksij für die geistliche Bildung und die normale und planmäßige Arbeit der Verlagsabteilung des Moskauer Patriarchats. Mit dem Segen von Patriarch Aleksij erschienen zwei Ausgaben der Bibel, das Neue Testament, Tipikon, Služebnik, Trebnik, Časoslov und die Festmenäen. Auch die Zeitschriften „Bogoslovskie Trudy" (Theologische Arbeiten, seit 1959), „Vestnik Zapadno-evropejskogo Ekzarchata Russkoj Pravoslavnoj Cerkvi" (Nachrichten des Westeuropäischen Exarchats der Russischen Orthodoxen Kirche), „Pravoslavnyj Visnyk" (Orthodoxer Bote, auf ukrainisch), „Stimme der Orthodoxie" und andere Schriften begannen nach und nach zu erscheinen. Die Frucht seines Hirtendienstes enthalten die fünf Bände seiner „Predigten, Reden, Sendschreiben und Adressen" (1948–1970). Darin sind „die kostbaren Zeugnisse seiner Mühe um die Schönheit der Kirchen, die Ordnung des Kirchengesangs, um die Frömmigkeit der Betenden und einen hohen Stand des geistlichen Lebens und Wandels der Hirten ausgestreut".[298]

Unter Patriarch Aleksij unternahm die Russische Orthodoxe Kirche große Anstrengungen zur Überwindung der Spaltungen. Die Führer des Erneuerertums taten in der Mehrzahl Buße und hatten sich bis 1946 mit der Mutterkirche wiedervereinigt. Im Mai 1945 taten die Mitglieder des sogenannten „estnischen Schisma" in Tallinn Buße, wodurch die kanonische Existenz der Estnischen Metropolie im Schoß der Russischen Orthodoxen Kirche wiederhergestellt wurde. Im Gehorsam gegenüber dem Appell des Patriarchen Aleksij an die Vertreter der sogenannten „Karlovicer Spaltung" vom 10. August 1945 vereinigten sich im gleichen Jahr die russischen Gemeinden in Westeuropa unter Metropolit Evlogij Georgievskij und Serafim Luk'janov, die Gemeinden der „Bischofskonferenz von Charbin" mit Metropolit Meletij Zborovskij von Charbin und der Mandschurei, die Russische Geistliche Mission in China unter Bischof Viktor Svjatin, die Gemeinden der Eparchie von Munkacs-Prjašev und andere wieder mit dem Moskauer Patriarchat.

1946 trat ein Teil der nordamerikanischen Gemeinden aus dem amerikanischen Exarchat der Russischen Orthodoxen Kirche in die Jurisdiktion des Moskauer Patriarchats.

Mit dem Namen des Patriarchen Aleksij ist die Aufhebung der Brester Kirchenunion vom 8. 10. 1596 durch die Beschlüsse der Konzile von

L'vov 1946 und von Užgorod 1949 verbunden; ihr Ergebnis war, daß die zahlreiche unierte Geistlichkeit der Westukraine, Weißrußlands und Transkarpatiens mit der Russischen Orthodoxen Kirche wiedervereint wurde. Mit dem Segen des Patriarchen Aleksij wurden der Orthodoxen Kirche Polens (1948) und der Orthodoxen Kirche der Tschechoslowakei (1951) die Autokephalie verliehen.[299]
In seinem Dienst als Oberhirte der Russischen Orthodoxen Kirche und als Friedensstifter nahm Patriarch Aleksij gleichzeitig auch die Hirtenmission im Weltmaßstab wahr. Er stärkte und vertiefte die Beziehungen zu den anderen orthodoxen autokephalen Kirchen. Dazu trugen in hohem Maße seine Reisen nach Palästina (1945), Georgien (1945), Bulgarien (1946 und 1962), Jugoslawien und Rumänien (1947 und 1962), in den Orient und auf den Balkan (1945 und 1958), nach Westeuropa (1964), sowie Besuche Ägyptens, des Libanon und Syriens (1945 und 1960) bei.
1945 unternahm Patriarch Aleksij eine Pilgerfahrt ins Hl. Land. Bei seinem Treffen mit Patriarch Benediktos von Jerusalem legte er die Position der Russischen Orthodoxen Kirche zu einigen kirchlichen Fragen dar, besonders zu der Notwendigkeit, die Russische Geistliche Mission in Jerusalem (seit 1920 unter der Verwaltung der Karlovicer Spaltung) in die Jurisdiktion des Moskauer Patriarchats zurückzuführen, was 1948 erfolgte.[300] Die Treffen des Patriarchen mit den Oberhäuptern der orthodoxen Kirchen verliefen in einer Atmosphäre gegenseitigen geistigen Verständnisses und dienten weiterer brüderlicher Annäherung und dem Ziel der gesamtorthodoxen Einheit.
Vom 8. bis 19. Juli 1948 beging die Russische Orthodoxe Kirche feierlich das fünfhundertjährige Jubiläum ihrer Autokephalie. Zum erstenmal in der Geschichte fand in Moskau eine historische Konferenz von Oberhäuptern und Vertretern der orthodoxen Landeskirchen statt, der Kirchen von Konstantinopel, Alexandrien, Antiochien, Georgien, Serbien, Rumänien, Bulgarien, Griechenland, Albanien, Polen und der Tschechoslowakei. Der Sache nach war diese Konferenz ein gesamtorthodoxes Konzil, das den Weg zur panorthodoxen Einheit eröffnete. Es wurde eine Reihe von wichtigen theologischen und kirchengeschichtlichen Fragen erörtert: 1. „Der Vatikan und die Orthodoxe Kirche"; 2. „Über die anglikanische Hierarchie"; 3. „Über den Kirchenkalender"; 4. „Die ökumenische Bewegung und die Orthodoxe Kirche"; 5. „Über die Situation des slavischen Mönchtums auf dem hl. Berg Athos" u. a.[301] Die Behandlung dieser Fragen war die erste Erfahrung bei der gemeinsamen Lösung von Problemen, vor der alle orthodoxen Kirchen standen. Die Konferenz nahm die „Adresse an die

Christen der ganzen Welt" an, die zum ersten Nachkriegsdokument wurde, in dem der Standpunkt der Orthodoxie zum Friedensdienst unter den Völkern dargestellt war.

Die Feierlichkeiten anläßlich des vierzigjährigen, fünfzigjährigen und sechzigjährigen Jubiläums der Wiederherstellung des Patriarchats in der Russischen Orthodoxen Kirche in den Jahren 1958, 1968 wie auch 1978 (schon mit dem Patriarchen Pimen), an denen Delegationen aller orthodoxen Landeskirchen teilnahmen, trugen zu einer weiteren Annäherung der orthodoxen Kirchen bei.[302]

Mit dem Segen des Patriarchen Aleksij beteiligten sich die Vertreter der Russischen Orthodoxen Kirche an den vier panorthodoxen Konferenzen der orthodoxen Landeskirchen in den Jahren 1961, 1963, 1964 und 1968 auf der Insel Rhodos (Griechenland) und in Genf, die ein Programm für ein zukünftiges panorthodoxes Vorkonzil sowie die Lösung einer Reihe anderer Fragen erarbeiteten.[303] Die Konferenzen von Rhodos brachten die gesamtchristliche Problematik des modernen Lebens zutage.

Auf den panorthodoxen Konferenzen wurden die Voraussetzungen für eine Teilnahme der Russischen Orthodoxen Kirche an der ökumenischen Bewegung geschaffen. Über den Sinn des Ökumenismus sagte Patriarch Aleksij: „Je mehr Gemeinschaft es zwischen den Christen verschiedener Konfessionen gibt, um so eher werden sich die Menschen zu der einen Herde Christi vereinigen."

Unter Patriarch Aleksij erfolgte eine bedeutende Erweiterung und Vertiefung der Beziehungen der Russischen Orthodoxen Kirche zu den heterodoxen Bekenntnissen. Patriarch Aleksij traf sich gern mit heterodoxen Kirchenführern, unter denen er sich großer geistiger Autorität und uneingeschränkter Hochachtung erfreute.

Am 18. Juli 1961 wurde unter dem Vorsitz von Patriarch Aleksij im Troice-Sergiev-Kloster ein Bischofskonzil der Russischen Orthodoxen Kirche einberufen. Das Konzil erörterte wichtige Fragen des kirchlichen Lebens und faßte zwei Beschlüsse: 1. Über Änderungen in der „Verordnung zur Leitung der Russischen Orthodoxen Kirche", die den Absatz IV „Über die Gemeinden" betreffen; 2. „Über den Beitritt der Russischen Orthodoxen Kirche zum Ökumenischen Rat der Kirchen".

In einer Adresse an die Dritte Vollversammlung des Ökumenischen Rats der Kirchen unterstrich Patriarch Aleksij die Bereitschaft der Russischen Orthodoxen Kirche, an der Arbeit aller Kommissionen und Organe des Ökumenischen Rates teilzunehmen „in Unterstützung der allseitigen Entwicklung christlichen Handelns, im Dienst nach Kräften an der Menschheit durch Begründung von Brüderlichkeit und Näch-

stenliebe auf Erden (2 Petr 1, 7), von Gerechtigkeit (Ps 99, 4) und Frieden (Eph 2, 15) unter den Völkern".[304]
Der Dienst an der christlichen Einheit fand seinen Ausdruck in freundlichen Begegnungen mit Vertretern der Anglikanischen und Altkatholischen Kirche und den Alten Kirchen des Ostens (der Armenischen, der Koptischen, der Äthiopischen, der Syrischen und der der Malabaren) sowie auch Vertretern verschiedener protestantischer Bekenntnisse.[305] Große Bedeutung für die Einheit der Christen hatte die Annäherung zwischen der Russischen Orthodoxen Kirche und der römisch-katholischen Kirche, die unter Patriarch Aleksij und dem Pontifikat von Papst Johannes XXIII. stattfand.[306] Vertreter der Russischen Orthodoxen Kirche nahmen als Beobachter an allen vier Sitzungsperioden des Zweiten Vatikanums (1962–1965) teil. Es folgten Gespräche von Theologen und zahlreiche Treffen auf höchster kirchlicher Ebene. Eine lange und dauerhafte Perspektive der gegenseitigen Beziehungen beider Kirchen muß, nach den Worten des Patriarchen Aleksij, vor allem „durch gesamtchristliche Einheit des Glaubens an den Herrn Jesus Christus und durch die Pflicht des Friedenstiftens" bestimmt werden. Es war für Patriarch Aleksij in der Zeit des sogenannten „Kalten Krieges" nicht leicht, seinen Friedensdienst zu verwirklichen, da seine friedliebenden Aufrufe voreingenommen als eine Art politischer Aktion angesehen wurden. Es bedurfte eines festen Glaubens an den Sieg des Friedens und der Gerechtigkeit, um mit unverwandtem Enthusiasmus durch ein Vierteljahrhundert konsequent die Prinzipien des Friedens und der guten Nachbarschaft zu vertreten: „Der Krieg, von Menschen erfunden, ist eine Katastrophe, die die Menschen abwenden können ... Gott sei Dank, daß der Durst nach Frieden, der uns alle vereint, bezeugt, daß die Menschheit in ihren sittlichen Kräften nicht verarmt ist, sondern über gewaltige Möglichkeiten verfügt, um Zerstörung und Tod zu besiegen ... Möge endlich die vom Propheten Jesaja verkündete Zeit anbrechen ..."[307] „Es genügt nicht, den Krieg abzulehnen, man muß daran arbeiten, die Ursachen der Feindschaft zu zerstören, damit die Menschen ihren Vorzug nicht in der physischen Kraft sehen, sondern im Einstehen für die Wahrheit, nicht im Mißtrauen, sondern in gegenseitigem Vertrauen, nicht im Haß eines auf den anderen, sondern in Liebe. Diese Arbeit, die ständig in der Kirche verrichtet wird, wird in unserer Zeit zur Aufgabe aller friedliebenden Menschen."[308]
Solche Aufrufe aus dem Mund des Ersthierarchen der Russischen Orthodoxen Kirche waren nicht nur auf seinen Auslandsreisen zu hören, sondern auch auf seinen Reisen durch die Sowjetunion – in Moskau und Leningrad, in Kiev und Odessa, in Tbilissi und Erevan. In seiner

Rede auf der „Konferenz der sowjetischen Öffentlichkeit für Abrüstung" (Moskau 1960) hob Patriarch Aleksij die historische Bedeutung des weiteren Wirkens der Russischen Orthodoxen Kirche im Kampf für die friedliche Verfassung des Vaterlandes und des Friedens in der ganzen Welt hervor und bestimmte seine Perspektiven. Unverwandt betonte er, daß der Friedensdienst Pflicht der Gläubigen sei. So regte Patriarch Aleksij die Einberufung von zwei Konferenzen aller Kirchen und religiösen Vereinigungen der UdSSR an (Sagorsk 1952 und 1969), auf denen Christen und Muslime, Juden und Buddhisten sowie Vertreter anderer Religionen Fragen eines gemeinsamen Friedensdienstes erörterten. Auf diesen historisch bedeutenden Konferenzen rief Patriarch Aleksij die Gläubigen zu eifrigem Gebet dafür auf, daß der Friede Gottes wirklich in der Welt herrschen möge und ihr unverzichtbarer Besitz würde.[309]

Auf Veranlassung des Patriarchen Aleksij nahm die Russische Orthodoxe Kirche tätigen Anteil an der Schaffung internationaler christlicher Organisationen zur Verteidigung des Friedens. Im Juni 1958 nahmen Delegierte der Russischen Orthodoxen Kirche an der Arbeit der ersten Internationalen Konferenz von Vertretern der christlichen Kirchen in Prag teil. Diese Konferenz war der Anfang der Tätigkeit der „Christlichen Friedenskonferenzen" (CFK), die der Erhaltung und Festigung des Friedens auf dem europäischen Kontinent dient. Im Juni 1961 nahm eine Delegation der Russischen Orthodoxen Kirche an der Arbeit des „Gesamtchristlichen Weltkongresses zur Verteidigung des Friedens" teil. Der Patriarch übermittelte dem Kongreß ein Sendschreiben, in dem er alle Christen aufrief, ihre Anstrengungen im Geist der Liebe des Evangeliums und des Friedens zu vereinigen, um die Menschheit vor der atomaren Bedrohung zu schützen.[310]

Seit dieser Zeit nehmen Vertreter der Russischen Orthodoxen Kirche ständig an der Arbeit der „Christlichen Friedenskonferenz" teil (1964, 1968, 1971, 1978 usw.).

Das lange und von geistlichen Anstrengungen erfüllte Leben des Patriarchen Aleksij wurde von einer fünfundzwanzigjährigen Ersthierarchenschaft gekrönt. Der fünfundzwanzigste Jahrestag seiner Inthronisation wurde am 4. Februar 1970 von der Russischen Orthodoxen Kirche mit feierlichem Gebet begangen.[311] Auch in den letzten Monaten seines Lebens trug Patriarch Aleksij, ungeachtet zunehmender Schwäche, wie gewöhnlich die Last seines Amtes. Er erörterte mit den Mitgliedern des Synods besonders wichtige kirchliche Fragen und fällte historische Entscheidungen. Dazu gehörte auch die Kanonisierung des „Erleuchters Japans", des Erzbischofs Nikolaj Kasatkin von

Japan, die Verleihung der Autonomie an die Orthodoxe Kirche Japans und der Autokephalie an die Orthodoxe Kirche in Amerika.
Nachfolger von Patriarch Aleksij (gest. 17. 4. 1970) wurde Patriarch Pimen von Moskau und ganz Rußland, der auf dem Landeskonzil der Russischen Orthodoxen Kirche (30. 5. bis 2. 6. 1971) einstimmig gewählt wurde.[312]

l) Patriarch Pimen

Patriarch Pimen von Moskau und ganz Rußland (mit weltlichem Namen Sergej Michajlovič Izvekov) wurde am (10.) 23. Juli 1910 in der Stadt Bogorodsk (heute Noginsk) in einer frommen orthodoxen Familie geboren. In der frühen Jugend erhielt er eine religiöse Erziehung.[313] Zusammen mit seiner Mutter Pelageja Afanas'evna unternahm Sergej Izvekov Wallfahrten zu den heiligen Stätten Rußlands und war häufig im Troice-Sergiev-Kloster. Während der Jahre an der städtischen V. G. Korolenko-Oberschule erwies er sich als vielseitig begabt und war ständig unter den besten Schülern. Schon als Knabe ministrierte Sergej Izvekov in der Kirche, sang und las im Chor, um später bei den Bischöfen Nikanor und Platon von Bogorodsk als Hypodiakon zu dienen.[314] Nach Beendigung der Oberschule im Jahre 1925 übersiedelte Sergej Izvekov nach Moskau. Zwei Jahre später, am (21. September) 4. Oktober 1927, empfing er die Mönchsweihe mit dem Namen Pimen (zu Ehren des ägyptischen Asketen, des hl. Poimen des Großen) in der Gethsemane-Einsiedelei des Troice-Sergiev-Klosters. Nach der Mönchsweihe war Mönch Pimen Chorleiter in der Moskauer Kirche zum hl. Pimen dem Großen. 1931 legte er als Externer die Prüfungen für den Kurs der Geistlichen Schule vor einer kompetenten Kommission unter dem Vorsitz des ehemaligen Rektors des Bethanien-Seminars Erzpriester Aleksandr Zverev ab.[315] Am (3.) 16. Juli 1931 wurde Pimen in der Dorogomilov-Epiphanien-Kathedrale in Moskau von Erzbischof Filipp Gumilevskij von Zvenigorod zum Mönchsdiakon geweiht. Anderthalb Jahre später weihte ihn Erzbischof Filipp am (12.) 25. Januar 1932 zum Mönchspriester. Im Mönchsdienst in der Welt war Mönchspriester Pimen mehrere Jahre Chorleiter der Dorogomilov-Kathedrale, wo er die Tradition der besten russischen Kirchenchorleiter fortsetzte. Dann kamen die Jahre des Großen Vaterländischen Krieges, der nach den Worten des Patriarchen Pimen „der schwerste aller Kriege war, die die Heimat je zu ertragen hatte".[316]
Bei Kriegsende war der Mönchspriester Pimen Priester an der Verkündigungs-Kathedrale in der alten russischen Stadt Murom in der Epar-

chie Vladimir. Ab 1946 setzte Mönchspriester Pimen seinen Priesterdienst in der Eparchie von Odessa und ab 1947 in der Eparchie von Rostov fort. Ende 1949 wurde er vom Patriarchen Aleksij zum Abt des Pskover-Höhlenklosters in der Eparchie Pskov ernannt und im Frühjahr 1950 in den Archimandritenrang erhoben. Im Januar 1954 wurde Archimandrit Pimen, der viel für die Restaurierung und Wiederherstellung des Pskover Höhlenklosters getan hatte, zum Abt des Troice-Sergiev-Klosters ernannt. In den vier Jahren, in denen er Abt dieses berühmten Klosters war, bemühte er sich, mit allen Mitteln den weiteren Ausbau zu fördern. So wurden zu seiner Zeit zwei Nebenaltäre in der Sergieva-Refektoriums-Kirche errichtet, einer zu Ehren des hl. Serafim von Sarovsk und einer zu Ehren des hl. Hierarchen Ioasaf von Belgorod.

Am 17. November 1957 wurde Archimandrit Pimen in der Entschlafens-Kathedrale von Odessa durch Patriarch Aleksij zum Bischof von Balta, Vikar der Eparchie von Odessa, geweiht. Im Dezember 1957 wurde der Bischof von Balta zum Bischof von Dmitrov, Vikar der Eparchie von Moskau, ernannt und im November 1960 mit der Würde des Erzbischofs ausgezeichnet. Im März 1961 wurde er zum Erzbischof von Tula und Belev ernannt, und am 14. November desselben Jahres erfolgte seine Ernennung auf den Stuhl von Leningrad unter Erhebung in den Metropolitenrang.

Am 9. Oktober 1963 wurde Metropolit Pimen von Leningrad auf den Stuhl von Kruticy und Kolomna (Gebiet Moskau) berufen. Er nahm aktiv teil an der Arbeit des „Weltfriedensrates" und des „Sowjetischen Komitees zur Verteidigung des Friedens" (seit 1963), der „Kommission des Hl. Synods der Russischen Orthodoxen Kirche für die Beziehungen zwischen Christen" sowie an der Arbeit einer Reihe anderer kirchlicher und öffentlicher Organisationen, die der Festigung des Friedens und der Annäherung der christlichen Kirchen dienen. Metropolit Pimen war der engste Mitarbeiter von Patriarch Aleksij. Nachdem er 1971 auf den Stuhl der Ersthierarchen der Russischen Orthodoxen Kirche berufen worden war, setzte Patriarch Pimen die Arbeit seines großen Vorgängers, des Patriarchen Aleksij würdig fort. Sein Programm beschrieb er kurz nach seiner Inthronisation im Juli 1971 folgendermaßen: „Ich halte es für meine unumstößliche Pflicht, auf dem Weg weiterzugehen, den der selig entschlafene Patriarch Aleksij der Kirche vorgezeichnet hat – auf dem eines eifrigen Dienstes an Gott, einer unerschütterlichen Bewahrung der Traditionen und Gebräuche der hl. Orthodoxie, der Erweiterung brüderlicher Kontakte zu den autokephalen und autonomen

Orthodoxen Kirchen sowie der ökumenischen Beziehungen, auf dem Weg einer Vertiefung und Erweiterung des friedenstiftenden Wirkens, der Erziehung von Geistlichkeit und Gläubigen zu einem bewußten Patriotismus, zu grenzenloser Liebe zu ihrem großen Vaterland und zu einer pflichtbewußten Einstellung zur Arbeit."[317]

Unter der Führung des Patriarchen Pimen verwirklicht die Russische Orthodoxe Kirche unter Beachtung der kirchlichen Traditionen und Gebräuche, unter Bewahrung und Vermehrung des geistigen Erbes, das aus der Tiefe der Jahrhunderte kommt, ein außergewöhnlich breites und vielgestaltiges Programm. Patriarch Pimen leitet unmittelbar die Moskauer Gemeinden, zelebriert ständig in der Epiphanien-Kathedrale des Patriarchen, in vielen Moskauer Kirchen sowie auch im Troice-Sergiev-Kloster, dessen Hieroarchimandrit er ist. Unter der Fürsorge des Patriarchen Pimen stehen die Moskauer Geistliche Akademie und das Geistliche Seminar im Kloster des hl. Sergij wie auch die anderen Geistlichen Lehranstalten der Russischen Orthodoxen Kirche in Leningrad und Odessa. In Sorge um die Bewahrung der charismatischen Sukzession im kirchlichen Leben, um die Besetzung der vakanten Bischofsstühle mit würdigen Kandidaten, gibt Patriarch Pimen seinen Segen zu Bischofsweihen und nimmt nicht selten selbst Bischofsweihen vor. In den Sendschreiben des Patriarchen zu Christi Geburt und Ostern an alle Glieder der Russischen Orthodoxen Kirche wendet er sich im Namen der ganzen Kirche mit Glückwünschen und Grußadressen an die Christen. In ihnen wird die konziliare Sicht der Kirche zu einer Reihe von kirchlichen und gesellschaftlichen Fragen der Gegenwart dargestellt, und es werden die Grundlagen der orthodoxen Lehre und des christlichen Glaubens dargelegt. Unter der Leitung des Patriarchen Pimen sind der Hl. Synod, die Synodalabteilungen und die anderen Einrichtungen des Moskauer Patriarchats tätig, die mit ihrer Arbeit den normalen Lauf des innerkirchlichen Lebens unterstützen.

Von großer gesamtkirchlicher Bedeutung ist die weitere Annäherung zwischen der Russischen Orthodoxen Kirche und den anderen orthodoxen Landeskirchen (s. Abb. 6) sowie die Vertiefung und Erweiterung der freundschaftlichen Beziehungen mit den anderen christlichen Kirchen und Konfessionen. Zu dieser Annäherung und Gemeinschaft haben in nicht geringem Maße auch die Reisen von Patriarch Pimen beigetragen, die er bald nach seiner Inthronisation nach Ägypten, in den Nahen Osten und auf den Balkan unternahm (1972). Im gleichen Jahr unternahmen Vertreter der Russischen Orthodoxen Kirche unter dem Patriarchen eine Pilgerfahrt ins Hl. Land, wo sie das Grab des Herrn und die anderen großen Heiligtümer der Christenheit aufsuchten

(s. Abb. 7). Des weiteren besuchte Pimen als erster Patriarch von Moskau und ganz Rußland den Hl. Berg Athos (s. Abb. 8).
Auf diesen und folgenden Reisen in die Tschechoslowakei und die Schweiz 1973 (s. Abb. 9 und 10), nach Äthiopien, Finnland und Bulgarien 1974, nach Rumänien 1975 und nach Indien 1977, sowie auch bei brüderlichen Besuchen in Armenien (1972 – s. Abb. 11, 1976 und 1987) und Georgien (1977) traf sich Patriarch Pimen mit den Oberhäuptern der dortigen Kirchen, konzelebrierte mit ihnen oder nahm an gemeinsamen ökumenischen Gebeten teil und hatte Begegnungen und Gespräche mit angesehenen Vertretern von Staat und Gesellschaft der besuchten Länder. Diese Reisen haben zu einer größeren Einheit mit den orthodoxen Landeskirchen, zu einem tieferen gegenseitigen Verstehen mit den anderen christlichen Kirchen geführt und hatten große Bedeutung für die Festigung des Friedens und der Freundschaft unter den Völkern.
Besonders große Anstrengungen unternimmt die Russische Orthodoxe Kirche unter ihrem Ersthierarchen auf dem außergewöhnlich wichtigen Feld der Friedensarbeit. Die Idee des Friedens findet ihren Ausdruck in Sendschreiben und Adressen, in Predigten und Reden, in Radio- und Fernsehauftritten sowie Presseinterviews des Patriarchen und seiner Mitstreiter, der Erzhirten und Hirten der Russischen Orthodoxen Kirche. Unter der Leitung des Patriarchen Pimen haben Delegierte der Russischen Orthodoxen Kirche an zahlreichen Friedensforen teilgenommen, so an der Arbeit des „Weltkongresses der friedensliebenden Kräfte in Moskau" (Oktober 1973), an der Sitzung des „Weltfriedensrates" in Sofia (Februar 1974, s. Abb. 12), an der „Konferenz der Häupter und Vertreter der Kirchen und religiösen Vereinigungen" in Sagorsk (September 1975), an der gleichnamigen Konferenz, die der Ächtung der Neutronenbombe gewidmet war (Dezember 1977), an der Arbeit des „Allchristlichen Friedenskongresses" in Prag (1978) und an anderen Konferenzen und Kongressen (s. dazu Abb. 13–17).
Hervorzuheben sind die auf Initiative von Patriarch Pimen vom 6. bis 10. Juni 1977 in Moskau veranstalteten Weltkonferenzen „Religiöse Vertreter für dauerhaften Frieden, Abrüstung und gerechte Beziehungen zwischen den Völkern", mit 650 Vertretern der bedeutendsten Religionen aus 107 Ländern[318] (s. Abb. 15) und die fast gleich große „Religiöse Vertreter für die Errettung der heiligen Gabe des Lebens vor einer Atomkatastrophe" vom 10. bis 17. Mai 1982. So große interreligiöse Konferenzen hatte die Geschichte noch nicht gesehen. Das friedenstiftende Wirken der Russischen Orthodoxen Kirche hat zu Recht die Anerkennung der breiten Weltöffentlichkeit gewonnen. Für

hervorragende Verdienste um die Festigung des Friedens in der ganzen Welt ist Patriarch Pimen, und damit die ganze Russische Orthodoxe Kirche, mit vielen internationalen kirchlichen und staatlichen Auszeichnungen gewürdigt worden.

Ihrem bedeutenden Jubiläum, der Sechzigjahrfeier der Wiederherstellung des Moskauer Patriarchats, das vom 25. bis 29. Mai 1978 begangen wurde[319], ging die Russische Orthodoxe Kirche, den Geboten ihres Obersten Hirten, des Herrn Jesus Christus, getreu „mit Zuversicht auf die gnadenreiche Kraft und Hilfe von oben den kommenden Zeiten und Jahren ihres Lebens entgegen" (Patriarch Pimen).

Die Feiern zum 70. Geburtstag des Patriarchen Pimen (23. Juli 1980) waren Zeugnis der Begeisterung für die Einheit der Russischen Orthodoxen Kirche und der Anerkennung und hohen Einschätzung ihrer Tätigkeit von seiten der sowjetischen Öffentlichkeit.[320]

Ein herausragendes Ereignis im Leben der Kirche ist das tausendjährige Jubiläum der Taufe der Rus' (1988). Es ist ein Zeichen für die Einheit aller Christen im Kampf um allgemeinen Frieden und menschliches Heil und Wohlergehen.

m) Die Russische Orthodoxe Kirche –
Heutige Struktur, Leben und Dienst

In ihrer inneren Verfassung und Verwaltung läßt sich die Russische Orthodoxe Kirche von den apostolischen Kanones und den kanonischen Beschlüssen der ökumenischen und ihrer eigenen Landeskonzile leiten.

In Übereinstimmung mit dem 34. apostolischen Kanon wird die Russische Orthodoxe Kirche vom Hochheiligen Patriarchen von Moskau und ganz Rußland geführt und von ihm gemeinsam mit dem Hl. Synod geleitet. Der Patriarch hat das Recht, kirchliche Beziehungen mit den Oberhäuptern anderer autokephaler und autonomer Orthodoxer Landeskirchen zu unterhalten und sich mit Sendschreiben an die gesamte Russische Orthodoxe Kirche zu wenden.

Das Dekret des Rates der Volkskommissare vom (20. Januar) 8. Februar 1918 über „Gewissensfreiheit, Kirchen und Religionsgemeinschaften", mit der Trennung der Kirche vom Staat und der Schule von der Kirche, reguliert die Beziehungen von Kirche und Staat in der Sowjetunion.

In dem „Statut über die Verwaltung der Russischen Orthodoxen Kirche", das auf dem Landeskonzil am 31. Januar 1945 angenommen und vom Landeskonzil 1971 ergänzt wurde, heißt es, daß die höchste Gewalt auf dem Gebiet der Glaubenslehre, der Kirchenverwaltung und der kirchlichen Gerichtsbarkeit – die legislative, administrative und ordnende Gewalt – dem Landeskonzil (Landessynode) zusteht, das aus Bischöfen, Klerikern und Laien besteht und regelmäßig einberufen wird. Im Verlauf ihrer Geschichte hat die Russische Orthodoxe Kirche des öfteren Landeskonzile einberufen, um ihr Leben den veränderten Forderungen der Zeit anzupassen.

Zur Lösung wichtiger Fragen der Kirche beruft der Patriarch ein Bischofskonzil unter seinem Vorsitz ein. Die Entscheidungen dieses Konzils müssen von einem Landeskonzil bestätigt werden.

In Fragen, die Abstimmung mit der Regierung der UdSSR erfordern, setzt sich der Patriarch mit dem „Rat für die Angelegenheiten der Religionen" beim Ministerrat der UdSSR ins Benehmen. Während eines Patriarcheninterregnums leitet der Patriarchatsverweser gemeinsam mit dem Hl. Synod die Russische Orthodoxe Kirche.

Vorsitzender des Hl. Synods ist der Patriarch oder der Patriarchatsverweser. Als ständige Mitglieder gehören dem Synod an der Metropolit von Kiev und Galizien, Exarch der Ukraine; der Metropolit von Leningrad und Novgorod; der Metropolit von Kruticy und Kolomna sowie aufgrund ihrer Amtsstellung, der Geschäftsführer des Moskauer Patriarchats und der Vorsitzende des Kirchlichen Außenamts. Je drei andere Mitglieder werden alljährlich nach der Reihe der Eparchien zur Teilnahme an Herbst-Winter und Frühjahr-Sommer-Sitzungsperioden in den Synod berufen. Die Beschlüsse des Patriarchen und des Hl. Synods werden unverzüglich den leitenden Eparchialhierarchen durch die Kanzlei des Patriarchen, an deren Spitze der Geschäftsführer des Moskauer Patriarchats steht, zur Kenntnis gebracht. Zur Erörterung von Fragen besonderer Wichtigkeit werden Sitzungen des Synods mit erweiterter Besetzung einberufen. An diesen nehmen Hierarchen teil, die eine unmittelbare Beziehung zu den behandelten Problemen haben.

In äußerst wichtigen Fällen, die eine Erörterung durch den ganzen Episkopat erfordern, wird eine Umfrage unter den Hierarchen veranstaltet, nach deren Ergebnissen die Oberste kirchliche Gewalt die entsprechenden Schritte unternimmt. Dies kommt beispielsweise bei der Erörterung der Frage vor, ob einer der Zweige der Russischen Orthodoxen Kirche die Autokephalie zu gewähren sei.

Als Leitungsorgane für die verschiedenen Lebensäußerungen der Kirche bestehen beim Synod die „Kommission für die Fragen der christlichen Einheit" (Vorsitzender: Metropolit Filaret von Kiev und Galizien, Exarch des Patriarchen für die ganze Ukraine) sowie die Synodalabteilungen: Kirchliches Außenamt (Vorsitzender: Metropolit Filaret von Minsk und Weißrußland), die Verlagsabteilung (Vorsitzender: Metropolit Pitirim von Volokolamsk und Jurjev), die Wirtschaftsabteilung, das Lehrkomitee sowie das Pensionskomitee.

Die Aufgaben des Kirchlichen Außenamtes (auf Beschluß des Patriarchen und des Synods vom 4. 4. 1946 gebildet) bestehen in der Pflege der Beziehungen der Obersten kirchlichen Gewalt mit den ausländischen Einrichtungen der Russischen Orthodoxen Kirche, der Pflege der Beziehungen unserer Kirche mit den orthodoxen Landeskirchen, mit den andersgläubigen Kirchen und religiösen Vereinigungen, mit ökumenischen Organisationen, mit Einrichtungen nichtchristlicher Religionen sowie mit internationalen, nichtstaatlichen und gesellschaftlichen Organisationen, die sich mit Fragen der Sicherung und Festigung des Friedens beschäftigen.

Die Verlagsabteilung des Moskauer Patriarchats leistet Informationsarbeit für den Klerus und für die Laien über Leben und Dienst der Kirche, über moderne theologische und kirchlich-gesellschaftliche Fragen.[321]

Zur tausendjährigen Wiederkehr der Christianisierung der Rus' 1988 soll u. a. die Ausgabe der Menäen Bd. 1–12 (ab 1978) und das „Handbuch für Priester" Bd. 1–12 (ab 1977) vorliegen.

Aufgabe der Wirtschaftsabteilung ist die Versorgung der Gemeinden der Russischen Orthodoxen Kirche mit allem für die kirchlichen Aufgaben Notwendigen. Die Wirtschaftsabteilung hat in Moskau und in Sforino (Bezirk Sagorsk, Gebiet Moskau) eigene Werkstätten für die Herstellung von Kerzen, Ikonen, Kirchengeräten, liturgischen Gewändern, Taufkreuzen, Weihrauch und für viele andere Gegenstände kirchlicher Zweckbestimmung. Solche Werkstätten gibt es auch in anderen Eparchien, so z. B. in denen von Leningrad, Astrachan' und Irkutsk. Zu den Aufgaben der Wirtschaftsabteilung gehören auch die Renovierung und Restaurierung von Kirchen, Klöstern und anderen Kirchengebäuden. Das Lehrkomitee beaufsichtigt für die höchste kirchliche Gewalt die Geistlichen Lehranstalten des Moskauer Patriarchats. Es kümmert sich um deren Programme und Lehrpläne, um ihr tägliches Leben und Wirken, um ihre Arbeit in der Ausbildung der Seelsorger und bei der Entwicklung der russischen theologischen Wissenschaft.

Für die materielle Sicherung der Geistlichkeit und kirchlichen Mitarbeiter, die aus Krankheits- oder Altersgründen in Pension gehen, existiert seit 1948 beim Synod das Pensionskomitee. Das Komitee nimmt auf Antrag der Eparchialhierarchen Pensions- und Unterstützungsgesuche der pensionierten Geistlichkeit, der gegen Entgelt in kirchlichen Organisationen und Einrichtungen tätigen Arbeiter und Angestellten sowie der arbeitsunfähigen Familienmitglieder im Falle des Todes oder der Invalidität ihrer Ernährer an. Die Festsetzung der Pensionen wird in Übereinstimmung mit der „Verordnung über Pensionen und Beihilfen für die Geistlichkeit der Russischen Orthodoxen Kirche" ausgeführt. Revisionen dieser Verordnung von 1957 und 1970 erhöhten die Pensionsbeträge.

Alle Maßnahmen der Wirtschaftsabteilung, des Lehr- und Pensionskomitees werden aus Gesamtmitteln der Kirche finanziert, die dem Moskauer Patriarchat zur Verfügung stehen. Diese setzen sich aus den Beiträgen der Eparchialverwaltungen zusammen, die durch freiwillige Spenden der Gläubigen zustandekommen.

Administrativ ist die Russische Orthodoxe Kirche unterteilt in Exarchate, Eparchien, Propsteien und Gemeinden. Gegenwärtig gibt es vier Exarchate (das Ukrainische, das Westeuropäische, das Mitteleuropäische und das von Mittel- und Südamerika) und 76 Eparchien. Es existieren eine Propstei der Russischen Orthodoxen Kirche in Ungarn, Patriarchatsgemeinden in Nordamerika und Kanada sowie in Finnland. Es gibt Vertretungen des Patriarchats in Alexandrien, Damaskus, Tokio, New York, Genf (beim Ökumenischen Rat der Kirchen) sowie Klosterhöfe des Patriarchats in Belgrad, Sofia und Karlovy Vary (Karlsbad, ČSSR). In Jerusalem ist seit 1847 eine Geistliche Mission der Russischen Orthodoxen Kirche tätig. Unter den sieben Männer- und Frauenklöstern erfreuen sich besonders das vom hl. Sergij, dem Abt von Radonež, im 14. Jh. gegründete Troice-Sergiev-Kloster und die aus dem 13. Jh. stammende Lavra von Počaev auf dem Gebiet des Ukrainischen Exarchats der besonderen Liebe des russischen Volkes. Im Ausland befinden sich das Gornenskij-Frauenkloster bei Jerusalem.

Einige Eparchien haben Vikarbischöfe zur Unterstützung jener Eparchialhierarchen, die unmittelbar an der Arbeit der Organe der höchsten kirchlichen Gewalt teilnehmen. Nach einer in jüngerer Zeit entstandenen Tradition werden manche Vikarbischöfe auf Posten in den ausländischen Einrichtungen der Russischen Orthodoxen Kirche eingesetzt. Soweit notwendig, berufen sich die Eparchialhierarchen Eparchialräte aus erfahrenen Klerikern zur Unterstützung in der Eparchialverwaltung. Pröpste, die an der Spitze von Propsteikreisen der Eparchien stehen und von den Hierarchen unter den geistlich erfahrensten Klerikern ausgewählt werden, teilen sich mit den Hierarchen die Verwaltungsaufgaben in den Eparchien. Jede Eparchie besteht aus Gemeinden, die von Gemeindepriestern als Geistlichen der Kirche geleitet werden. Mit Beschluß der Bischofssynode von 1961, der vom Landeskonzil 1971 bestätigt wurde, ist die wirtschaftliche und finanzielle Verwaltung der Gemeinde Sache des Gemeinderates.

Den Gliedern der Russischen Orthodoxen Kirche eignet eine tiefe Liebe zum Gotteshaus und die Fürsorge um seine schöne Gestaltung. Renovierung und Restaurierung von Kirchengebäuden, insbesondere von Architekturdenkmälern, von Wandmalereien und Ikonen werden mit Kirchenmitteln ausgeführt, die aus den freiwilligen Spenden der Gläubigen zusammenkommen. Das Verantwortungsbewußtsein für die Geschicke der Orthodoxie veranlaßt Kleriker und Laien zu aktiver Unterstützung für die Bewahrung unserer kirchlichen Denkmäler. Die Kirche beteiligt sich an der Wiederherstellung und Restaurierung von kirchlichen Architekturdenkmälern, indem sie die entsprechenden Aufwendungen aus ihren Mitteln abzweigt.

Der Friedensdienst der Russischen Orthodoxen Kirche manifestiert sich auch, außer in kirchlichen Aktionen zur allseitigen Festigung eines dauerhaften Friedens auf unserem Planeten, in der vollen Solidarität unserer Kirche mit den guten Bestrebungen der sowjetischen Öffentlichkeit und des Volkes unseres Landes in der Sache der Verteidigung und Festigung des allgemeinen Friedens.

In Verwirklichung ihrer friedenstiftenden Tätigkeit stellt die Kirche Mittel für den „Sowjetischen Friedensfonds" bereit.

Beim Synod eingerichtete besondere Kommissionen erarbeiten unterschiedliche Programme sowohl für die innerkirchliche Tätigkeit des Moskauer Patriarchats, so zur Zeit zur Vorbereitung der Tausendjahrfeier der Taufe der Rus', als auch für die zwischenkirchliche Tätigkeit zur Befestigung der panorthodoxen Einheit.

II. KAPITEL

CHRONIKEN, ANDERE QUELLEN UND BÜCHER DER RUSSISCHEN KIRCHE

1. Die Chroniken

Die Grundlage der Geschichtsschreibung über das Leben der Russischen Orthodoxen Kirche im Mittelalter und in der frühen Neuzeit sind die Chroniken. Obwohl in diesen schriftlichen Quellen die Beschreibung kirchlicher Ereignisse nur einen Teil des Materials ausmacht, bedeuten sie eine solide Grundlage für die Geschichte der russischen Kirche.
Vom 12. Jh. an werden Chroniken nicht nur in Kiev und Novgorod geführt, sondern auch in einer Reihe anderer bedeutender Städte der Rus': in Vladimir an der Kljazma, in Rostov, Polock, Smolensk, Pskov, Černigov, Rjazan' und Galič. Die erhalten gebliebenen Chroniken sind ein historischer Schatz unseres Staates und der Kirche, gehören aber auch in die Schatzkammer der Weltliteratur. Wir kennen außerhalb der russischen keine Literatur, in der die Chroniken eine solch überragende Stellung einnehmen. Die Abfassung von Chroniken begann schon im 10. Jh. in der Kiever Metropolie, später wurde das Kiever Höhlenkloster, 1051 gegründet, dafür bedeutsam. Die Chroniken wurden vorwiegend von Mönchen in den Klöstern geführt.
Der Mönch betrachtet sein Wirken als Chronist als einen hohen Dienst und erfüllt mit ihm einen heiligen Auftrag der Kirche. Die Beschreibung historischer Ereignisse in der Rus' werden gelegentlich von Betrachtungen des Autors begleitet, in denen er sich bemüht, die wahren Beweggründe des Geschehens aufzudecken. Der Chronist ist auch Historiker, denn er will die inneren Antriebe eines Ereignisses klären. Alles vergangene und gegenwärtige Geschehen sieht er im Blick auf die Ewigkeit. Der Chronist beschreibt historische Ereignisse, die in der Gegenwart vor sich gehen, Schlachten mit den Fremdstämmigen, innere Kriege und den ewigen Kampf des Guten mit dem Bösen. Er ist sicher, wie dieser Kampf ausgehen wird: Ganz bestimmt wird das Gute siegen. So bleibt seine Hand fest bei der Beschreibung auch der schlimmsten Katastrophen für das Volk.
Der Chronist ist ein echter Patriot. Er leidet mit dem Volk bei der Beschreibung trauriger Ereignisse und freut sich, wenn er von Ruhmestaten und Siegen seines Volkes künden kann. Er ist ein treuer Sohn der Russischen Orthodoxen Kirche: Das Leben der Kirche wird in seinen

Werken getreu abgebildet. Vor allem die ältesten Nachrichten über das Entstehen der russischen Kirche sind wahrhaft kostbar; nach ihnen läßt sich nämlich die Amtsfolge der russischen Ersthierarchen feststellen.

Oft beschreibt der Chronist eingehend die Entstehungsgeschichte von Klöstern und die Großtaten der Heiligen, unterbrochen von der Darstellung profaner Ereignisse. Das Leben der Kirche und des Staates fließen für den altrussischen Schreiber zusammen, deshalb sind Ereignisse von gesellschaftspolitischer und kirchlicher Bedeutung miteinander verflochten.

Unter den ältesten Chroniken nimmt die sogenannte „Erzählung der vergangenen Jahre" eine zentrale Stellung ein. Ihr Verfasser war der hl. Nestor, ein Mönch des Kiever Höhlenklosters, der in der zweiten Hälfte des 11. und im Anfang des 12. Jh. (gest. um 1114) lebte. Die Chronik wurde bis zum Jahre 1110 geführt. Dieses unschätzbare Werk, die „Nestor-Chronik", wurde zur Grundlage der meisten folgenden altrussischen Chroniken.

Bevor Nestor an die Niederschrift seiner „Erzählung" ging, hatte er sorgfältig die Werke griechischer Chronisten und Historiker, wie Georgios Hamartolos, Symeon Logothetes und anderer, studiert. Das Kiever Höhlenkloster, in dem der Mönch Nestor wirkte, war der Mittelpunkt des religiösen und kulturellen Lebens der Kiever Rus', und alle Ereignisse von gesellschaftspolitischer und kirchlicher Bedeutung fanden deshalb ihren Widerhall bei den Bewohnern dieses Klosters und in der Nestor-Chronik.

Der Autor zitiert ausführlich die Hl. Schrift, gibt wichtige Informationen über die russische Kirche, erzählt von Wundern, von Kirchen. Er beruft sich dabei auf Überlieferungen. Das Werk Nestors ist eine Enzyklopädie mittelalterlichen Wissens und war ein Handbuch für den altrussischen Kirchen- oder Staatsmann.

Der Chronikenkodex Nestors ist in zwei Bearbeitungen überliefert, in der Laurentius-Chronik und der Hypatius-Chronik. Die erste Bearbeitung (1377) stammt von dem Mönch Lavrentij, der die Ereignisse bis zum Jahre 1305 dargestellt hat. Sie ist die älteste Abschrift, die wir besitzen. Die zweite Redaktion hat ihren Namen vom Ipat'ev-Kloster in Kostroma, wo die Abschrift aus dem 15. Jh. aufbewahrt wurde.

Andere frühe Chroniken entstanden in Novgorod, einer der ältesten Städte slavischer Stämme. Die 1. Novgoroder Chronik ist in zwei Fassungen bekannt, die eine (Sophien-Chronik) wurde bis zum Jahre 1352, die andere (Svod: Chronikfassung) bis zum Jahre 1446 geführt.[1] Die 2. Novgoroder Chronik umfaßt die Zeit 911–1573. Die 3. Novgoroder

Chronik (16. Jh.) mit dem Titel „Kurze Novgoroder Chronik über die Kirchen Gottes" enthält fast ausschließlich Nachrichten über kirchliche Ereignisse und die Novgoroder Bischöfe. Die 4. Novgoroder Chronik stellt einen umfangreichen Kodex von gesamtrussischer Bedeutung dar. Während die anderen Chroniken der Rus' in Klöstern und folglich von Mönchen geführt wurden, waren die Chronisten in Novgorod Weltgeistliche.
In Pskov wurden seit dem 13. Jh. Chroniken geführt. Bekannt sind die 1., 2. und 3. Pskover Chronik.
Der Beginn der Moskauer Chronikbeschreibung geht zurück auf das Baujahr der Uspenie-Kathedrale (Entschlafens-Kathedrale) im Kreml (1326). Mit der Entwicklung Moskaus zur Hauptstadt des russischen Staates gewinnt die Chronik hier im Unterschied zu den Chroniken von Novgorod, Pskov und Tver' gesamtrussische Bedeutung. Die Moskauer Chronikenkodexe entstanden außer an der Uspenie-Kathedrale auch im Troice-Sergiev-Kloster (Trinitäts-Kloster des hl. Sergij). Die älteste bis zum Beginn des 15. Jh. geführte Moskauer Chronik mit dem Namen Troickaja-Chronik ist nicht überliefert, sie verbrannte im Jahre 1812.
Ein anderer gesamtrussischer Chronikenkodex entstand um 1479. Er war zur Quelle für die Chroniken des 16. Jh. geworden. Sein Einfluß läßt sich besonders in der mit dem Jahr 1541 schließenden Voskresenskaja-Chronik verfolgen. Von großer Bedeutung für die Geschichte ist auch die etwa gleichzeitige Nikon-Chronik. Sie ist in zwei Abschriften überliefert, in der Patriarchal- und Obolenskij-Abschrift. Die Obolenskij-Abschrift wurde gegen Ende des 16. Jh. umgearbeitet, mit Materialien aus der Weltgeschichte angereichert und mit zahlreichen Miniaturen geschmückt, so daß ein illustrierter Chronikenkodex entstand, der »Zarische Chronik« (Carstvennyj letopisec) genannt wird.
Im 17. Jh. verliert die offizielle Chronikschreibung ihre ursprüngliche Bedeutung. Es werden Geschichten erzählt, die im übrigen jedoch nur Spuren von Chroniken und Annalen aufweisen. 1630 entstand am Hofe des Patriarchen Filaret eine historische Arbeit über die Zeit der Wirren. Unter dem Patriarchen Nikon wurde der Kodex vom Jahre 1652 verfaßt, der dem Metropoliten Filipp von Moskau besondere Aufmerksamkeit widmet.
Den Anfang der sibirischen Chronikschreibung im 17. Jh. bildeten die von den Teilnehmern des Zugs des Ermak gelieferten Materialien. Es waren mündlich überlieferte Erzählungen und schriftliche Berichte der Regimentsschreiber aus dem Gefolge des Ermak nach Moskau oder auch an die Stroganovs. Außerdem gab es volkstümliche Überlieferungen, auf deren Grundlage 1622 das Synodikon der Kathedrale von To-

bol'sk verfaßt wurde. Gleichzeitig wurden Chroniken in Kungur (Kungurskaja-Chronik) und im Gebiet der Stroganovs (Stroganovskaja-Chronik) geschrieben.

1636 verfaßte Savva Esipov, der Kanzlist des Erzbischofs von Tobol'sk, in Übereinstimmung mit dem schriftlichen Auftrag des Konzils vom 16. Februar 1636 die Chronik „Über Sibirien und die Einnahme Sibiriens" (die sog. Esipov-Chronik).

Gegen Ende des 17. Jh. verfaßte S. U. Remezov einen illuminierten Kodex, die Remezov-Chronik („Geschichte Sibiriens"), in der er die vorangegangenen Chroniken benutzte.[2] Im 19. Jh. (seit dem Jahre 1846) begann man in Rußland mit der Herausgabe von Chroniken unter dem Titel „Vollständige Sammlung der Russischen Chroniken". Diese Edition wird heute noch fortgesetzt. Gegenwärtig zählt diese Reihe 36 Bände.

Außer den Chroniken sind die Rechtssammlungen zu den Quellen der Geschichte der russischen Kirche zu zählen. Das älteste davon ist das Statut des Fürsten Vladimir Svjatoslavovič. Das Dokument berichtet von Hoheitsrechten des Kirchenregiments, die ihm vom Großfürsten nach der Annahme des Christentums durch die Rus' (10. Jh.) eingeräumt worden waren.

Von gleicher Art ist auch das Statut des Fürsten Jaroslav Vladimirovič des Weisen. Einzelnachrichten kirchlichen Charakters sind in der „Russkaja Pravda", einer Rechtssammlung des 11. Jh., enthalten, die uns in mehr als hundert Abschriften vom 13.–17. Jh. überliefert ist.

Zum Urkundenmaterial gehören unbedingt die Verträge der Rus' mit Byzanz von 907, 911, 944 und 971, die in der Nestor-Chronik enthalten sind, der Vertrag des Großfürsten Vladimir mit der byzantinischen Kaisertochter Anna, der Vertrag des Großfürsten Jaroslav mit dem Metropoliten der Rus' Ilarion, Gerichts- und Verfügungsurkunden an die Klöster. Die erhalten gebliebenen Ernennungsurkunden der Chane (chanskie jarlyki) für die Metropoliten der Rus' geben Nachricht über die Lage der Kirche in der Mongolenzeit.

Das Gesetzbuch des Zaren Aleksej Michajlovic vom Jahre 1649 enthält Beschlüsse bezüglich der Kirche, ihrer Hoheitsrechte und ihres Klosterbesitzes.

Als innerkirchliche kanonische Handbücher dienten die Akten des Landeskonzils von Vladimir 1274, der Moskauer Hundert-Kapitel-Synode von 1551 und der Großen Synode von Moskau 1666–1667. Im Blick auf den Bedarf der russischen Kirche wurden Sammlungen des Kirchenrechts geschaffen wie der „Kodex (cerkovnoe pravilo) des Metropoliten Ioann II." und die „Fragen des Kirik".

Große Bedeutung haben die Sendschreiben der russischen Hierarchen, weil sie charakteristische Züge der betreffenden Epoche wiedergeben.[3] Die Sendschreiben waren an die Gläubigen (so das Sendschreiben des Metropoliten Simon vom Jahre 1501) oder an den Fürsten (das Sendschreiben des Metropoliten Nikifor an Vladimir Monomach, 12. Jh.) oder an die römisch-katholische Kirche (z. B. die Entgegnungen an den Papst von Metropolit Ioann II.) gerichtet. Zu den Geschichtsquellen gehören auch Predigten.[4]

Im „Stepennaja kniga" (Stufenbuch) und im „Domostroj" (Hausordnung) sind als Literaturdenkmäler des 16. Jh. auch viele Nachrichten über das kirchliche Leben enthalten.

Zu den geschriebenen Geschichtsquellen der russischen Kirche gehören die Gottesdienstbücher, die Viten für die kanonisierten russischen Heiligen sowie Synodika, Hierarchenkataloge, Klosterarchivalien und Beschreibungen von Pilgerfahrten zu den heiligen Stätten, wie z. B. die „Pilgerreise des Igumen Daniil" aus dem 11. Jh., die Reisen des Stefan von Novgorod aus dem 14. Jh. und des Hierodiakons Zosima.

Zum kirchenhistorischen Material zählen auch Gegenstände der Vergangenheit, wie Kirchen, Ikonen, kirchliche Gerätschaften und Grabdenkmäler.

Nachrichten ausländischer Autoren (wie Herberstein und Faber), die Rußland bereist und beschrieben haben, bilden ergänzende Materialien für die Geschichte der russischen Kirche.[5]

2. Die Quellen der synodalen Periode

Der Charakter der Geschichtsquellen der russischen Kirche in der synodalen Periode ändert sich wesentlich dadurch, daß nach dem 17. Jh. in Rußland grundlegende Umwälzungen eingetreten waren, die sich unvermeidlich auf das Leben der Kirche auswirken mußten. Die Reformen Peters I. berührten unmittelbar die Organisation der russischen Kirche. Wenn in der vorsynodalen Periode staatliche Gesetze nur nach Konsultationen des Zaren mit den Häuptern der Kirche angenommen wurden, so erließ seit dem 17. Jh. das zaristische Regiment manchmal Gesetze für die Kirche, ohne sie vorher mit dem Kirchenregiment beraten zu haben. Die gesetzgeberischen Verordnungen und Ziele berührten häufig die gesamte Struktur der kirchlichen Verwaltung. Das bedeutete, daß sich die zaristische Gesetzgebung auf die Organe der Eparchialverwaltung, die Gemeindegeistlichkeit, die Klöster, die geistlichen Lehranstalten und die Missionseinrichtungen erstreckte.

Die offiziellen Geschichtsquellen für diese Zeit sind die Gesetze, die namens der Regierung oder des Hl. Synods veröffentlicht wurden. Aufgrund dieser Gesetze erließen die Eparchialorgane die entsprechenden Verfügungen.

So sind z. B. die Verfügungen, die in die „Vollständige Sammlung der Gesetze des Russischen Reiches" aufgenommen wurden, von großer Bedeutung.

1841 wurde das „Statut der Geistlichen Konsistorien" veröffentlicht, das zum grundlegenden Handbuch für die Eparchialverwaltung bis heute wurde. Es erschien mit geringen Veränderungen erneut 1883.

Als Zeitschrift des Hl. Synods erschienen: von 1875–1887 „Cerkovnyj vestnik" (Kirchlicher Bote), von 1888–1917 „Cerkovnye vedomosti" (Kirchliche Nachrichten). Diese Organe veröffentlichten in ihrem offiziellen Teil die Verfügungen und Anordnungen des Hl. Synods, und die „Eparchial'nye vedomosti" (Eparchialnachrichten) brachten in ihrem offiziellen Teil die Verfügungen der Eparchialbischöfe.

Interessant als Quelle ist auch der „Kodex der Gesetze des Russischen Reiches" (1832) in 15 Bänden, 1864 erschien der 16. Band.

Seit Beginn des 19. Jh. erschienen die „Empfehlungen des Reichsrates" mit der Unterschrift des Zaren sowie die „Beschlüsse" und „Erläuterungen" des Regierenden Senats zu verschiedenen kirchlichen Fragen (z. B. den Altgläubigen, den Sekten, dem Kirchenvermögen und weiterem).

In den sechziger Jahren des 19. Jh. wurde beim Hl. Synod eine Kommission eingesetzt, die die Archivbestände bearbeiten und veröffentlichen sollte. Als erste Arbeit erschien in zehn Bänden die „Vollständige Sammlung der Beschlüsse und Verordnungen über das Amt in der orthodoxen Konfession" und umfaßte die Zeit von 1721–1741, d. h. bis zur Regierung Elisabeths.

Die nächsten vier Bände dieser Reihe, „Die Regierungszeit der Kaiserin Elizaveta Petrovna", umfassen die Zeit bis zum Jahre 1762; darauf folgen drei Bände „Die Regierungszeit der Kaiserin Katharina II." (bis 1796), ein Band „Die Regierungszeit des Kaisers Paul I." (bis 1801), ein Band „Die Regierungszeit des Kaisers Nikolaus I." (1825–1828). Der Priester M. J. Moroškin gab die „Materialien der Regierungszeit des Kaisers Nikolaus I." heraus, in denen er viele unveröffentlichte Dokumente anführt und die Tätigkeit des Hl. Synods und der Eparchialbischöfe eingehend beschreibt. Von Bedeutung sind die sogenannten „Alleruntertänigsten Rechenschaftsberichte des Oberprokurators des Hl. Synods" für die Zeit von 1836–1914. Sie bestehen aus zwei Teilen, den Berichten selbst und den statistischen Übersichten.

Von nicht geringer Bedeutung für die Geschichte der russischen Kirche sind die Dokumente aus dem persönlichen Archiv des Metropoliten Filaret Drozdov von Moskau aus den Jahren 1821–1867. Sie sind deshalb historisch wertvoll, weil sie die Ansichten des Moskauer Hierarchen belegen, der tiefes Verständnis für die historischen Prozesse des kirchlichen Lebens besaß.

Für die Beziehungen der russischen Kirche zum orthodoxen Orient ist das umfangreiche Tagebuch des Archimandriten (später Bischofs) Porfirij Uspenskij (gest. 1885) „Das Buch meines Lebens" von Bedeutung. Zu Beginn des 20. Jh. war die russische Kirche durch einen Aufbruch in kirchlichen Kreisen und durch Reformprojekte gekennzeichnet. Obwohl die geplanten Umgestaltungen nicht verwirklicht wurden, haben die Dokumente dieser Jahre (die „Meinungsäußerungen" der Eparchialbischöfe, der Geistlichen Konsistorien und die Versammlungen des niederen Klerus sowie die „Journale und Protokolle des Vorkonziliaren Ausschusses" für 1905–1906) ohne Zweifel historische Bedeutung.

3. Die Bücher der russischen Kirche

a) Die Handschriften

Gleich nach Annahme des Christentums begann Großfürst Vladimir Schulen zu gründen. Für den Gottesdienst der Kirche und für die Schulen brauchte man Bücher; diese wurden durch Abschreiben von Hand vervielfältigt. Außer den gottesdienstlichen Büchern hatte man Übersetzungen der griechischen Chroniken des Ioannes Malalas und des Georgios Hamartolos sowie auch der Kosmographie (die Lehre vom Bau des Universums) des Kosmas Indikopleustes sowie des Hexamerons in die Rus' gebracht. Dazu kam auch eine Reihe von philosophischen und gottesdienstlichen Büchern in Übersetzungen der Schüler von Kyrill und Method, so z. B. die Übersetzung der wissenschaftlichen Enzyklopädie des 9. Jh., die bei uns unter dem Namen des „Izbornik von 1073" bekannt ist.

Der Umstand, daß die Bücher in der den Ostslaven zugänglichen kirchenslavischen Sprache in der Rus' verbreitet wurden, förderte rasch die Bildung nicht nur unter der Geistlichkeit, sondern auch in der Umgebung der Großfürsten. Das erklärt auch das Erscheinen von literarischen Werken in russischer Sprache schon um die Mitte des 11. Jh. Im Kiever Höhlenkloster wurde eine Chronik geschrieben, die der Chronist Nestor die „Erzählung der frühen Jahre" nannte. Der Verfasser der Chronik berichtet über Ereignisse von der Sintflut bis in seine Zeit und beschreibt dabei die Geschichte der Ausbreitung der Stämme über die ganze Erde. Offensichtlich waren dem Chronisten die entsprechenden Quellenwerke, aus denen seine Kenntnis der Weltgeschichte schöpfte, gut bekannt.

Vom Metropoliten Ilarion (11. Jh.) ist die berühmte Katechese „Wort vom Gesetz und der Gnade" auf uns gekommen, ein Werk tiefen theologischen Denkens und der Wortkunst, das den griechischen Vorbildern nicht nachsteht. Zur gleichen Zeit schrieb der Chronist Nestor die Viten der hl. Dulder, der Fürsten Boris und Gleb[6], sowie des hl. Feodosij, des Abtes und Gründers des Kiever Höhlenklosters.

So schuf die russische Geistlichkeit neben der Übersetzungsliteratur schon im 11. Jh. Werke, die bezeugen, wie tief sie sich die christliche Vorstellungswelt zu eigen gemacht hatte. Die Weiterentwicklung des Christentums in der Rus' fand, wie die Chronik berichtete, ihren Ausdruck in der Verkündigung der Lehre Christi und der Errichtung von Kirchen und Klöstern. In einer jeden Kirche hatte vorhanden zu sein: Evangelienbuch, Apostolos (die Lesungen aus der Geschichte und den Briefen der Apostel), Služebnik (Euchologion für die Priester, das die Formulare der drei Liturgien des Basilios des Großen, Ioannes Chrysostomos sowie der Liturgie der vorgeweihten Gaben für die Zeit der großen Fasten enthält), Trebnik (Euchologion: mit Formularen verschiedener Sakramente und Riten, wie der Taufe, der Beichte u. a., die der Priester vollzieht), Oktoich (das Buch für die nach den acht Kirchentönen oder -weisen angeordneten Hymnen der sonntäglichen Gottesdienste), gottesdienstliche Menäen (die Dienste für die Heiligen für jeden Tag des Jahres enthaltend[7]), Lese-Menäen[8] (an ihrer Stelle waren anfänglich Sammelbände kurzer Erzählungen mit der Bezeichnung „Prolog" gebräuchlich), Fasten-Triodion (es enthielt die Dienste der großen Fasten) und Blumen-Triodion (die Dienste von Ostern bis Pfingsten). Für den Vortrag der Hymnen gab es sogenannte Sticherarien und Kondakarien, in denen die Melodie mit Hilfe besonderer Zeichen, die später „krjuki" (eine Art Neumen) genannt wurden, bezeichnet war. Die Bücher des Alten Testament waren nicht in vollem Umfang in kirchlichem Gebrauch.[9] Jede Kirche mußte nicht weniger als zwölf Bücher zur Verfügung haben, wobei zu berücksichtigen ist, daß allein die Menäen für alle Monate des Jahres zwölf Bände ausmachten.

Der Ansturm der Tatarenhorden im 13. Jh. zerstörte große Bücherschätze. 1238 brannten die Tataren Vladimir und Bogoljubov nieder. In diesen Städten hatten sich die großen Büchersammlungen befunden, die Großfürst Andrej Bogoljubskij und sein Bruder Vsevolod Bol'šoe gnezdo erworben hatten. Zwei Jahre später wurde Kiev mit der Bibliothek des Fürsten Jaroslav zerstört und eingeäschert.[10] Die Christen der Rus' hatten viel zu leiden. Die Bevölkerung vieler Städte und Dörfer wurde erbarmungslos vernichtet, Bischöfe, Priester und Mönche kamen um. Viele Kirchen und Klöster wurden zerstört und damit auch deren Handschriften und Bücher.

Diese Katastrophe beschreibt das eigenständige Werk „Über den Untergang des russischen Landes", in dem die Zerstörung der russischen Heiligtümer, die Verwüstung des Landes und der Untergang seiner Menschen beklagt werden.[11]

Groß-Novgorod entging glücklich der Zerstörung durch die Tataren, so daß viele Novgoroder Handschriften bis heute erhalten sind. Die Tataren kamen nur einmal mit Einwilligung des Fürsten Aleksandr Nevskij nach Novgorod, um eine Volkszählung durchzuführen. Die Erhaltung der Novgoroder Kirchen und Klöster ist auch noch dadurch zu erklären, daß es dort hauptsächlich Gebäude aus Stein gab und nicht aus Holz, wie im mittleren Rußland. Die auf uns gekommenen handgeschriebenen Bücher bezeugen den hohen künstlerischen Rang der altrussischen Buchkunst wie auch das ehrfürchtige Verhältnis zu den Büchern der Kirche. Von diesen Handschriften ist das 1056–1057 vom Diakon Grigorij für den Novgoroder Posadnik Ostromir geschriebene Ostromir-Evangelium zu erwähnen. Aus dem Jahre 1092 stammt das Evangelium von Archangel'sk, so genannt nach dem Ort, an dem es im 19. Jh. aufgefunden wurde.

Zu den frühesten von Hand geschriebenen Evangelien gehört das sogenannte Mstislav-Evangelium vom Beginn des 12. Jh., in Majuskeln auf großformatige Pergamentblätter geschrieben.

Unter den Denkmälern der kirchlichen Literatur des 13. Jh. sind die Homilien des Bischofs Serapion von Vladimir hervorzuheben, in denen er von den über die Rus' hereingebrochenen Katastrophen spricht und die Menschen zur Buße aufruft.

Schon vor dem Tatarensturm, im ersten Viertel des 13. Jh., begann die Arbeit am Paterikon des Kiever Höhlenklosters, einer Sammlung von Viten der Mönche des Klosters, die wegen ihres heiligen Wandels verehrt wurden. Die Grundlage des Paterikons bildet der Schriftwechsel zwischen Bischof Simon von Vladimir, einem ehemaligen Mönch des Kiever Höhlenklosters, und dem Mönch Polikarp. In diesem Schriftwechsel wird von vielen Asketen des Klosters berichtet; in ihn wurden auch die Viten der hl. Klostergründer Antonij und Feodosij aufgenommen. Das Paterikon ist eng mit der Geschichte Kievs zu jener Zeit verknüpft und enthält viele wichtige historischeNachrichten. Es ist der erste Bericht über russische Klöster und deren Mönche.

Eine ähnliche Rolle als Zentren der Kultur und des Buchwesens spielen die Klöster der nordöstlichen Rus', die im 14. und den nachfolgenden Jahrhunderten entstehen. So pflanzt und hegt der hl. Sergij in dem von ihm gegründeten Trinitäts-Kloster die Kunst des Bücherschreibens. Seine Schüler gründen neue Klöster und setzen das Werk der Bildung in der Rus' fort (so Afanasij Vysockij). Besonders ist des gelehrten Hierarchen Bischof Stefan von Perm' zu gedenken, der nach dem Vorbild der hl. Slavenapostel Kyrill und Method der Bevölkerung von Perm Gottesdienst und Schrifttum in ihrer Muttersprache bot. Dafür hatte er Griechisch gelernt und beherrschte die permische Sprache.

Im 14. Jh. belebt sich allmählich die Buchproduktion. Wir besitzen aus dieser Zeit das Sijskoe-Evangelium von 1339, in dessen Sprache die Moskauer Mundart anklingt. Von den im Süden geschriebenen Büchern ist der reich mit Miniaturen geschmückte Kiever Psalter von 1392 zu erwähnen. Im 15. Jh. wenden sich die russischen Asketen vornehmlich nach Norden und bringen so Bücher und Bildung in die nördlichen Randgebiete des russischen Staates. Kirill Beloezerskij, der Schüler und Nacheiferer des hl. Sergij von Radonež, gründete im Norden das Kloster von Beloe Ozero, das später durch seine Bibliothek berühmt wurde. Im äußersten Norden, am Weißen Meer, entsteht das Soloveckij-Kloster, das zum Mittelpunkt der Bildung in diesem Gebiet wurde.

In Moskau wird das Čudov-Kloster im Kreml als Sitz des Metropoliten zum Mittelpunkt des Schrifttums. Es ist bekannt, daß im 16. Jh. erfahrene Schreiber im Čudov-Kloster wirkten und sich dort eine bedeutende Schreibschule bildete.

Eine besondere Epoche in der Geschichte der russischen Kirche stellt die Amtszeit des Metropoliten Makarij (1528–1563) dar. Auf Initiative des Metropoliten Makarij wird auf den Synoden von 1547 und 1549 die Kanonisierung vieler russischer Heiliger bestätigt. Zusammen mit den Viten gibt er auch die Werke der Heiligen heraus. Dieses grandiose Werk, die sogenannten „Lesemenäen des Makarij", sollte nach der Vorstellung des Metropoliten „alle in der Rus' gelesenen Bücher" einschließen[12].

Für die Vollendung der Menäen waren zwölf Jahre nötig. An dieser Arbeit waren viele Schreiber beteiligt, die abschrieben und alte sowie fremdsprachige Handschriften ins Russische übersetzten. 1542 wird Erzbischof Makarij Metropolit von Moskau.

Die Lesemenäen des Metropoliten Makarij waren von großer Bedeutung; in ihnen waren die Originale gesammelt, die man kopieren konnte, und im Kampf mit Häretikern konnte man in den Menäen Informationsmaterial für die Widerlegung ihrer irrigen Behauptungen finden.[13] Zu den bemerkenswerten handschriftlichen Büchern gehört das Evangelium von Borovsk (1552), das auf Geheiß des Metropoliten Makarij geschrieben und von ihm in der Hauptkirche des Klosters des Pafnutij von Borovsk niedergelegt wurde.

Vom 15. Jh. an gibt es in der Rus' Papier. Da es als Material billiger und zugänglicher ist als Pergament, erhielt das Buch eine größere Verbreitung unter der Bevölkerung.

Außer den im Gottesdienst gebrauchten Büchern kommen jetzt handschriftliche Bücher moralisch-erbaulichen Charakters auf, die von Laien gelesen wurden. Aber auch einige gottesdienstliche Bücher besaßen einen großen weltlichen Leserkreis. Zu den besonders weit verbreiteten gehörten Psalter und Stundenbuch.

Es gab zahlreiche handschriftliche Heiligenviten. Manche sind hervorragende Kunstwerke, wie die illustrierten Viten des hl. Sergij von Radonež, des Antonij Sijskij, der Sosima und Savvatij Soloveckie und des Aleksandr Svirskij (alle 16. Jh.) sowie von Varlaam und Ioasaf. Viele der handschriftlichen Kirchenbücher sind hervorragende Beispiele der darstellenden wie auch der Goldschmiedekunst (für die metallenen Einbände) und beweisen überzeugend die feine handwerkliche Kunst und tiefgeistige Einstellung des russischen Menschen der vorpetrinischen Zeit zu Christi Frohbotschaft. Je weiter sich indessen das handschriftliche Buchwesen entwickelte, desto dringender erhob sich die Frage der Bewahrung des richtigen Textes.

b) Die gedruckten Bücher

Der Buchdruck kommt in der Rus' um die Mitte des 16. Jh. auf. Wir besitzen erste Druckausgaben der für den Gottesdienst und das tägliche Leben notwendigen Bücher.

Für Moskau war das 16. Jh. das der Konsolidierung der zentralisierten Staatsgewalt. Unter Zar Ivan Groznyj (1533–1584) wurde Moskau das Zentrum eines ausgedehnten Staates. Außer den früher mit Moskau vereinigten Gebieten von Novgorod, Pskov, Tver', Rjazan' und Černigov kommen in der Regierungszeit Ivans IV. neue Besitzungen im Norden und Osten des Landes, Kazan' und Sibirien, zum Staatsgebiet. Es wurden verschiedene soziale, wirtschaftliche und Rechtsreformen, aber auch Veränderungen im Leben der Kirche notwendig.

Die 1551 einberufene Hundert-Kapitel-Synode,[14] an der auch Metropolit Makarij und der dem Zaren nahestehende Priester der Verkündigungskathedrale Sil'vestr teilnahmen, richtete ihr Augenmerk auf die kirchlichen Institutionen und insbesondere auf die geringe Zahl und die schlechte Qualität der Abschriften der gottesdienstlichen Bücher.

Der Buchdruck in Moskau war Sache der Kirche und des Staates. Die Bücher wurden „mit dem Segen des Metropoliten (später des Patriarchen) und der Erlaubnis des Zaren" gedruckt. Insbesondere gebührt dem Metropoliten großes Verdienst bei der Einführung des Buchdrucks, der sich unter ständiger Pflege durch die Kirche entwickelte.

Die ersten Moskauer Bücher nannten keine verlegerischen Daten. In den sieben auf uns gekommenen Ausgaben aus den fünfziger Jahren des 16. Jh. sind weder Erscheinungsort, noch -jahr oder Namen des Druckers angegeben. Sie zeigen alle einfache Satz- und Drucktechnik.

Ivan Fedorov, Diakon an der Kirche des Nikola Gastunskij im Kreml, der die ersten russischen Bücher mit vollständigen Verlagsangaben und Nachworten druckte, hat zu Recht später den Titel des russischen Erstdruckers verliehen bekommen. Im März des Jahres 1564 erschien sein Erstdruck des „Apostol", der Apostelgeschichte mit den Briefen. Wahrscheinlich hat es Beziehungen zwischen der Druckerei des Ivan Fedorov und der anonymen Moskauer Vorgängerin gegeben, so daß er im Wissen, daß dort das Evangelium schon in drei Ausgaben gedruckt war, neue Ausgaben druckte. Im Nachwort zum Apostol spricht Ivan Fedorov ausführlich von der Einrichtung einer Druckerei auf Initiative des Zaren und mit Segen des Metropoliten Makarij.

Nach Veröffentlichung der genannten Bücher zogen sich die Erstdrucker vor der Verfolgung durch Widersacher nach Wilna zurück, was jedoch für die Verbreitung des Buchdrucks segensreich war.

Die spätere Veröffentlichung der Bibel von Ostrog (1581) war die Krönung des Werks des russischen Erstdruckers Ivan Fedorov. Am 5. Dezember 1583 starb er in Lemberg. Aber seine geistige Saat trug reiche Frucht. Sein Gehilfe Petr Mstislavec Timofeev setzte das Werk fort. Er richtete mit den Brüdern Kuz'ma und Lukas Mamonič in Wilna eine Druckerei für kyrillische Bücher ein und veröffentlichte 1575 das Evangelium und 1576 den Psalter.

Nachdem die Erstdrucker Moskau verlassen hatten, setzten Nikifor Tarasiev und Andronik Timofeev Neveža ihr Werk dort fort. Sie druckten die Psalter von 1568, 1577 (in der Aleksandrova Sloboda) und 1602, das Fasten-Triodion von 1589, das Blumen-Triodion von 1591, den Oktoich von 1594 und den Apostol von 1597. Letzterer ist dadurch besonders bemerkenswert, daß dort am Ende des Nachworts zum erstenmal die Auflagenhöhe (1050) angegeben ist.

Immer mehr gottesdienstliche Bücher erscheinen.[15] Andronik Neveža arbeitete über dreißig Jahre in der Moskauer Druckerei.

Anfang des 17. Jh. gab es unter den Druckern viele Meister, die uns Beispiele ihrer Druckkunst hinterlassen haben. So arbeitete Anisim Michajlov Radiševskij, der „Wolhynier", wie er sich nennt, in den gleichen Jahren wie Ivan Nevežin. Er druckte das erste Evangelium nach den Ausgaben der anonymen Moskauer Druckerei.[16]

Ein anderer bedeutender Drucker dieser Jahre war Nikita Fedorov Fofanov, der 1609 die Allgemeinen Menäen druckte.

Danach wurde er nach Nižnij Novgorod geschickt, um dort eine Druckerei einzurichten, weil das Drucken in Moskau unter vorübergehender polnischer Besatzung unmöglich war. Wieder nach Moskau zurückgekehrt, druckte Nikita Fofanov 1615 den Psalter und später einen Oktoich in der von ihm neugeschaffenen Schrift, die dann später in Moskau unter der Bezeichnung „Fofanov-Schrift" Verwendung fand.

Nach und nach erscheinen außer den üblichen gottesdienstlichen Büchern neue Titel. So wird im Februar 1625 zum ersten Mal das Hexaemeron und im November desselben Jahres der Psalter mit Gottesdienstfolgen gedruckt. Alle diese Ausgaben wurden in den folgenden Jahren oft nachgedruckt. Unter dem Patriarchen Filaret Romanov wurde 1633 zum zweiten Mal der „Ustav" (Gottesdienstordnung) gedruckt, der offensichtlich Anerkennung fand, da er im gleichen Jahr noch einmal und 1641 unter dem Patriarchen Ioasaf gedruckt wurde.

In diesen Jahren (1633–1642) arbeitete, erst am Druckereihof (Heinrich von Staden: „druckehof"), dann selbständig, Vasilij Fedorov Burcov als Drucker. Die Arbeit V. F. Burcovs zeichnet sich durch die besondere Schrift, das Druckverfahren und die Ausstattung aus. Er war der erste, der in Moskau zwei Fibeln druckte (1634 und 1637, die letztere mit Illustrationen in weltlicher Manier) sowie den Kirchenkalender (svjatcy) und das Kanonikon, die später oft nachgedruckt wurden.

Ioasaf I., der 1634 Patriarch von Moskau geworden war, nahm sich eingehend der Arbeit der Druckerei an. Unter ihm wurden 1639 zwei Euchologien (Trebnik) großen Formats und Umfangs gedruckt, das eine für den Gebrauch der Mönche, das andere für weltlichen Gebrauch. 1640 wurden zum erstenmal Dienst und Leben des Wundertäters Nikolaus gedruckt.

Im August 1641 erschien die erste Hälfte (September–Februar) des Jahres-Prologs, eines belehrenden und unterhaltenden Buches, das in Schriften verbreitet war.[17]
Es ist bemerkenswert, daß Patriarch Iosif, der den Patriarchen Ioasaf bald darauf ablöste, den ersten Teil des Prologs unter Einführung einiger Viten russischer Heiliger noch einmal nachdruckte; die zweite Hälfte (März–August) erschien 1643. Unter dem Patriarchen Ioasaf wurde im November 1641 das Buch Margarit (eine Sammlung der Homilien von Iohannes Chrysostomos) gedruckt. Patriarch Iosif (ab 1642) ergänzte die Edition von gottesdienstlichen Büchern durch die Herausgabe eines Sammelbandes über die Ikonenverehrung und eines seiner Predigten (1642). Weiter gab er Predigten des Kyrill von Alexandrien (Kirillova kniga) heraus, der sich später großen Ansehens bei den Altgläubigen erfreuen sollte, wie übrigens alle Editionen aus der Zeit des Patriarchen Iosif.
Der Buchdruck versorgte im 17. Jh. hauptsächlich die Kirche. Erst ein Jahrhundert später erscheinen in Moskau Bücher mit weltlicher Thematik. Der Einfluß westlicher und ukrainischer Druckereien wirkte sich auch auf die Moskauer Veröffentlichungen aus. Auf Anordnung des Zaren Aleksej Michajlovič wurde 1649 gleichzeitig auf drei Pressen das berühmte „Uloženie" (Gesetzbuch) gedruckt, das der verbindliche Rechtskodex des russischen Reiches bis ins 19. Jh. blieb. Von den Büchern der Kirche wurde im gleichen Jahr der umfangreiche Band (944 Bogen) des Evangeliums mit Exegese (evangelie tolkovoe) des Feofilakt Bolgarskij zum ersten Mal herausgegeben und am Ende des Jahrhunderts (1698) erneut aufgelegt. 1650 wurde die (iosifinische) Erstfassung des Nomokanons (kormčaja kniga) gedruckt, die 1653 unter dem Patriarchen Nikon umgearbeitet wurde.
Unter dem Patriarchen Nikon begann die planmäßige Berichtigung der gottesdienstlichen Bücher. Die erste nach der Synode von 1654 verbesserte Ausgabe war die Gottesdienstordnung von 1655, wie im Vorwort vermerkt ist. Diese Ausgabe enthält zum ersten Mal kleine Illustrationen (Kelch, Diskos, Prosphora). 1655 erschien ein kleinformatiges Buch mit dem Titel „Regeln eines wahren Christenlebens", das der mit dem gleichen Titel 1598 in Ostrog gedruckten Ausgabe entspricht. Es enthält einen Psalter mit Gottesdienstfolgen.
Im gleichen Jahr (1655) erschien noch ein Stundenbuch. 1663 wurde die erste Moskauer Bibel nach der Bibel von Ostrog gedruckt, zweispaltig in kleiner Schriftgröße, ausgestattet mit Stichen, dem russischen Wappen und einem Plan von Moskau, der vom russischen Meister Zosima stammt. Auf Beschluß der Synode vom 7. Mai 1666 wurde von Si-

meon Polockij das Buch „Zepter des Regiments" (Žezl pravlenija) verfaßt und zwischen dem 6. Februar 1667 (Nominierung des Patriarchen Ioasaf II.) und dem 10. Juli 1667 gedruckt; an diesem Tag wurde das fertige Buch dem Zaren und dem Patriarchen überreicht.[18] 1668 erschien neu das „Formular für den bischöflichen Gottesdienst" (Činovnik archierejskogo služenija), 1670 wurde in der Ukraine erstmals die „Bischöfliche Unterweisung für den neueingesetzten Priester" verlegt.

Unter Patriarch Adrian und Zar Peter dem Großen erschien 1696 das Orthodoxe Glaubensbekenntnis (Katechismus) des Metropoliten Petr Mogila (gest. 1647). Der Katechismus war in Kiev unter seiner Anleitung entstanden.

Einzelne Drucker und der Moskauer Druckereihof (mit der Druckerei in der Alexander-Vorstadt) haben im 16. und 17. Jh. – wie der Moskauer Gesamtkatalog ausweist – insgesamt 369 Ausgaben veröffentlicht.[19]

Das 18. Jh. brachte viel Neues in Kultur und Leben der Rus'. Das galt auch für das Leben der Russischen Orthodoxen Kirche. Die Reformen Peters I., die vor allem die gesellschaftspolitische Ordnung im Lande berührt hatten, betrafen auch die Kirche. Die Bedeutung der Kirche im Leben der Gesellschaft und der Kultur veränderte sich. Der Buchdruck stand nicht abseits von neuen Bestrebungen und Reformen. Mit dem Tod des Patriarchen Adrian (gest. 1700) hört die Aufsicht der Kirche über die Druckerzeugnisse auf. Die zuerst in Kiev veröffentlichten ukrainischen Ausgaben wurden in Moskau nachgedruckt.[20]

Einen hohen Stellenwert unter den Ausgaben des 18. Jh. besaßen die Werke des Hierarchen Dimitrij von Rostov (gest. 1709). Eines seiner ersten Werke, die Sammlung der Wunder der Gottesmutter, erschien zuerst ohne den Namen des Autors, dann mit seinem Namen als Akrostichon, wie auch in den Ausgaben der Heiligen-Viten.[21] Einzelne Werke des Dimitrij von Rostov über verschiedene andere Themen, darunter auch gegen die Altgläubigen, wurden öfter gedruckt.[22]

Der Buchdruck des 18. Jh. ist durch die Einführung einer neuen, neben der kyrillischen stehenden Schrift gekennzeichnet, die „bürgerliche" Schrift genannt wurde. Mit dieser wurden nicht nur Werke weltlichen Inhalts, Zeitungen, Verfügungen, Kriegsberichte und Übersetzungen ausländischer Werke usw. gedruckt, sondern auch einige kirchliche Ausgaben. Dennoch überwog die kyrillische Schrift in den kirchlichen Werken; sogar die „Vedomosti" (Nachrichten; die erste auf Anordnung Peters I. herausgegebene Zeitung) wurden bis 1708 in ihr gedruckt wie auch einige Anordnungen und Berichte der petrinischen Zeit. In

Übereinstimmung mit dem Wunsch Peters I., Werke ausländischer Autoren in Übersetzungen herauszugeben, wurde 1719 die Übersetzung des lateinischen Werkes „Annales ecclesiastici" des Caesar Baronius in zwei Bänden ebenfalls in Kyrillisch gedruckt. Gleichzeitig wurden bekannte theologische Traktate in Lateinisch, Griechisch und anderen Sprachen veröffentlicht.

Ein wichtiges Ereignis im kirchlichen Leben des 18. Jh. war die Bibelausgabe des Synods. Der Neudruck war noch in der petrinischen Zeit geplant, aber nicht verwirklicht worden. Danach wurde der Text mehrfach bearbeitet. Die Neuausgabe erschien 1751 in St. Petersburg und 1756 in Moskau als sogenannte Elisabeth-Bibel, die im Laufe des 18. Jh. mehrfach in Moskau, Kiev und St. Petersburg nachgedruckt wurde.[23]

Um die Mitte des Jahrhunderts erschienen zahlreiche Homilien verschiedener Prediger, die hauptsächlich in der Moskauer Synodaldruckerei gedruckt wurden. Außer den schon erwähnten Festreden wurden auch Predigten, die an Festtagen während des Gottesdienstes gehalten wurden, gedruckt. In der zweiten Hälfte des 18. Jh. erlangte Metropolit Platon Levšin als Prediger und Theologe wegen seiner ausgezeichneten Kenntnisse und rednerischen Begabung große Publizität. Seine Werke wurden mehrfach sowohl in kyrillischer als auch in bürgerlicher Schrift gedruckt. Sein theologisches Werk „Die Lehre der Orthodoxie" erlebte mehrere Auflagen. Seine Predigten erschienen einzeln, zuerst in bürgerlicher Schrift, dann in kyrillischer. Sein Lehrbuch „Anfangsunterricht für diejenigen, die die Schrift verstehen wollen" erlebte allein im 18. Jh. sechzehn Auflagen. Der Metropolit mühte sich um die Bildung der Geistlichkeit und verfaßte neben vielem anderen den „Gekürzten Katechismus für Geistliche", der im 18. Jh. vierzehnmal aufgelegt wurde. Er verfaßte auch die „Instruktion für Pröpste". Zwei Akathistoi für den hl. Sergij von Radonež sowie auch dessen Vita stammen aus seiner Feder.[24] Für die Kinder verfaßte er einen „Kleinen Katechismus", der nur in bürgerlicher Schrift gedruckt wurde.

Zum Jahrhundertende erschienen, außer gottesdienstlichen Büchern, die Werke neuer Autoren, die dem gleichen Ziel, nämlich der Erziehung und Bildung der orthodoxen Gemeinde dienen.

Manchmal wurden Ausgaben in kyrillischer und bürgerlicher Schrift gedruckt. So wurde z. B. die „Heilige Geschichte in kurzen Fragen und Antworten" des Bischofs Veniamin Rumovskij-Krasnopevkov 1774 in St. Petersburg zuerst in bürgerlicher Schrift gedruckt und mehrere Male so neuaufgelegt, im Jahre 1787 jedoch gleichzeitig in den Synodaldruckereien von Moskau und Petersburg in kyrillischer Schrift.

Einige Ausgaben des 17. Jhs. wurden neu übersetzt. Als Krönung aller Original- und Übersetzungswerke der christlichen Ethik erschien das „Dobrotoljubie" (Philokalia) in vier Teilen, das der berühmte russische Asket Paisij Veličkovskij, Archimandrit des Auferstehungsklosters von Neamt in Moldau-Walachei, übersetzt hatte. Dies Werk erschien 1793 in Moskau mit den Verbesserungen des Priesters Jakov Dmirievič Nikol'skij.

III. KAPITEL

DAS LITURGISCHE LEBEN DER KIRCHE

Jeden Tag des Jahres widmet die Kirche dem Andenken bestimmter Ereignisse aus dem Leben Jesu Christi, der Gottesmutter, der Apostel, der Heiligen oder aber aus der Geschichte der Kirche. Diese kirchlichen Feiertage werden unterteilt in Feiertage des Herrn, in Feiertage zu Ehren der hl. Gottesmutter, der Heiligen und der hl. Engel. Das Kirchenjahr selbst wird durch mehrere Fastenzeiten bestimmt und kennt viele Tage, an denen besonders der Entschlafenen gedacht wird. Dem entsprechen die Gottesdienste, die Gesänge und die verschiedenen Riten. Dies alles wird durch die Gebetsordnungen und Gesänge erweitert, welche den Wochenkreis bilden, der wiederum von den Gebetsfolgen des Tageskreises geformt wird. So zeichnet sich jeder Tag durch seine Eigenheiten aus, und so entsteht der Kreis der Gottesdienste im Jahr, der Zyklus der kirchlichen Feiertage.

Das Kirchenjahr beginnt nach orthodoxer Tradition am 1. September alter Zählung (14. September nach dem Gregorianischen Kalender). Doch gibt es auch andere Markierungspunkte. Ein solcher ist z. B. das Fest der Geburt Christi, noch wichtiger aber ist Ostern, das Fest der lichten Auferstehung Christi. Auch rechnet man das Jahr von „Dreieinigkeit" zu „Dreieinigkeit", vor allem weil von Pfingsten (Dreieinigkeit) an der kirchliche Wochenzyklus mit seinen Offizien und Lesungen läuft. Außerdem feiert man in jeder Gemeinde mit dem Altarfest den Gedächtnistag des Heiligen oder des Ereignisses der Heilsgeschichte, dem der Altar der Kirche geweiht ist. An vielen Stätten begeht man auch die Festtage besonders verehrter wundertätiger Ikonen und wunderbarer Ereignisse. Schließlich hat jeder Christ seine persönlichen Daten, die jährlich wiederkehren: den Geburtstag, den Tag des Schutzengels, den Tauftag und Tage anderer denkwürdiger Ereignisse.

Das Jahr des orthodoxen Gläubigen gliedert sich nach dem Zyklus der kirchlichen Feste. An seinem Beginn steht das Hochfest der Geburt der Gottesgebärerin, und es endet ebenfalls mit einem Marienfest, nämlich mit Hochfest des Entschlafens der Gottesmutter; das ganze Jahr ist also gleichsam umschlossen vom Gebet zur Himmelskönigin, es steht im Zeichen des Gedächtnisses an ihre heilbringende Fürsorge für Kirche und Welt.

Ihrer Bedeutung nach unterscheiden wir große, mittlere und kleine Feiertage; dem Datum nach unbewegliche Feiertage, die jeweils am gleichen Kalendertag gefeiert werden, und bewegliche Feiertage, die zwar stets am gleichen Wochentage begangen werden, jedoch durch ihre Abhängigkeit vom Ostertermin auf verschiedene Kalenderdaten fallen können. Die Kirche folgt dabei dem Julianischen Kalender, der hinter dem Gregorianischen derzeit 13 Tage zurückliegt. Besonders feierlich und anders als alle anderen werden die zwölf Hochfeste zu Ehren unseres Herrn und zu Ehren der hl. Gottesgebärerin begangen. Es sind die Feste der Geburt der hl. Gottesgebärerin (8. September), der Einführung der hl. Gottesgebärerin in den Tempel (21. November), Mariä Verkündigung (25. März), Christi Geburt (25. Dezember), der Taufe Christi (6. Januar), Christi Darstellung im Tempel (2. Februar), der Verklärung Christi (6. August), des Einzugs unseres Herrn in Jerusalem (Palmsonntag – eine Woche vor dem Osterfest), Christi Himmelfahrt (am 40. Tag nach Ostern), Pfingsten – das Fest der Hl. Dreieinigkeit (am 50. Tag nach Ostern), Mariä Entschlafen (15. August) und das Fest der Kreuzerhöhung (14. September).

Als höchstes aller Feste gehört das Osterfest zu Ehren der Auferstehung Jesu Christi nicht in diese Reihe der zwölf Hochfeste. Von jeher gehört dieser Feiertag zu den beweglichen Festen, da er, entsprechend der alten Kirchenpraxis dem Sonnen-Mond-Kalender folgend, am ersten Sonntag nach dem ersten Frühlingsvollmond nach der Frühlingssonnenwende (der Tradition entsprechend folgen die orthodoxen Kirchen der alexandrinischen *Paschalia* und nehmen hierfür den 21. März an) gefeiert wird.

Zu den zwölf Hochfesten gehören jeweils Tage der Vor- und der Nachfeier. An diesen erklingen bereits während der Gottesdienste Gesänge des Feiertages.

Nicht zur Zahl der zwölf Hochfeste gehört das Fest Mariä Schutz und Fürbitte (1. Oktober), Christi Beschneidung (1. Januar), die Geburt Johannes d. T. (24. Juni), das Fest der Apostel Petrus und Paulus (29. Juni) und das Fest der Enthauptung Johannes des Täufers (29. August).

In Rußland wird das Fest Mariä Schutz und Fürbitte besonders gefeiert. Der Glaube an die Fürsprache der Gottesmutter und das Beschütztwerden durch ihr mächtiges Omophorion, welches über die ganze Erde ausgebreitet ist, ist allen rechtgläubigen russischen Menschen eigen. Die Gottesmutter erscheint im geistigen Schauen der Betenden als Fürsprecherin und Beschützerin, die vor ihrem göttlichen Sohne für die Welt fleht. So erklärt sich auch die andächtige Liebe des russischen Volkes diesem Feiertage gegenüber.

Am Vorabend der großen Feiertage (sowohl der Hochfeste als auch der anderen) wie auch vor Sonntagen, werden in den Kirchen feierliche Nachtwachen zelebriert.

Einigen der mittleren Feiertage wird ebenfalls eine Nachtwache vorangestellt, so den Gedenktagen des Apostels und Evangelisten Johannes des Theologen (26. September und 8. Mai), des Erzbischofs Johannes Chrysostomos (27. Januar und 13. November), des Erzbischofs und Wundertäters Nikolaos (6. Dezember und 9. Mai), der drei Hierarchen Basilios d. Großen, Gregorios Dialogos und Johannes Chrysostomos (30. Januar), des Märtyrers Georgios (23. April) und vieler russischer Heiliger.

a) Hochfest der Geburt Christi

Kein Feiertag aus der Zahl der zwölf Hochfeste wird von der orthodoxen Kirche mit solcher Innigkeit begangen, wie das Hochfest der Geburt Christi. Zur würdigen Feier bereiten sich die Gläubigen durch eine vierzigtägige Fastenzeit (vom 15. November bis zum 24. Dezember) vor. Sie wird das „Philippusfasten" genannt, da die Kirche am letzten Tage vor dieser Fastenzeit des Apostels Philippus gedenkt.

Je näher das Hochfest der Geburt Christi heranrückt, desto häufiger erklingen die allen Christen vertrauten Namen der hl. Jungfrau Maria, Josephs, des Verlobten, und immer stärker richtet die Kirche die frommen Gedanken der Gläubigen auf den gesegneten Stall zu Bethlehem und ruft alle auf, das in Windeln gehüllte, in der Krippe liegende Gotteskind würdig zu verehren. Fünf Tage vor dem Hochfest beginnt die eigentliche Vorfeier. Sie endet mit dem Großen Apodipnon am 24. Dezember, der sich als strenger Fastentag von den vorangegangenen Tagen unterscheidet und der Hl. Abend genannt wird.

Die Feierlichkeiten zum Hochfest der Geburt Christi werden in Rußland von frommen Bräuchen begleitet. Kirchen und Häuser werden von den Gläubigen mit Tannen geschmückt, und nicht selten baute man in den Kirchen „Höhlen" auf, nach dem Vorbilde jener, in welcher die Jungfrau Maria das göttliche Kind Jesus geboren und in Windeln gebettet hatte. Neben die Darstellung der göttlichen Familie stellte man aus Teigwerk gefertigte Lämmer und die Weisen aus dem Morgenland, die das Neugeborene verehren.

In den Tagen der Nachfeier werden in vielen Kirchen zwischen den liturgischen Diensten vertraute Weisen (koljadki) gesungen, Volkslieder, in welchen die hl. Jungfrau und das göttliche Kind verherrlicht werden.

Wenn die Gläubigen am ersten Tag des Weihnachtsfestes aus der Kirche in ihre Häuser zurückkehren, wird das Fasten gebrochen, das sie vierzig Tage lang eingehalten haben. Das Weihnachtsfasten ist nicht streng. An gewöhnlichen Wochentagen außer Mittwoch und Freitag ist der Genuß warmer Speisen, die mit Fastenöl zubereitet sind, erlaubt, an Sonnabenden, Sonntagen und Festtagen darf man auch Fisch verzehren. Bis zum Hochfest der Taufe Christi gestattet die Kirche sogar Fleisch, Milch, Eier und ähnliches auch am Mittwoch und Freitag. Daher heißen die Tage zwischen den beiden Hochfesten die „ununterbrochenen". An diesen heiligen Tagen zwischen den Festen besuchen die Gläubigen ihre Verwandten und Freunde wie auch die Kranken, um mit ihnen die Festtagsfreude zu teilen, sie beglückwünschen sich gegenseitig und wünschen allen Glück und Segen. Für die Geistlichen Akademien und Seminare ist dies Ferienzeit, in der die Studenten in ihre Elternhäuser zurückkehren können.

b) Das heilige Osterfest

Das Fest der strahlenden Auferstehung Christi, der heilige und große Sonntag des Pascha, ist der größte, feierlichste und gleichzeitig auch der älteste aller christlichen Feiertage. In den Gesängen der Kirche wird dieses Fest der „hochgerühmte und heilige Tag, der Feiertag der Feiertage und das Fest der Feste" genannt (vgl. 8. Irmos des Osterkanons). Der Anfang dieses Festes reicht bis in die Apostelzeit zurück.

Für die christliche Kirche gibt es kein freudigeres Ereignis als die Auferstehung Christi, und deshalb gibt es auch keinen Feiertag, den die Kirche mit größerem Jubel feiert als das Osterfest. Um würdig diesem Ostern zu nahen, bereiten sich die Gläubigen durch die vierzigtägige Fastenzeit und die Karwoche vor, deren Gottesdienste wir mit Recht die Vorfeier der Auferstehung Christi nennen dürfen, denn ihre Strahlen durchdringen alle Gottesdienste der Karzeit und schmücken sie mit unvergleichlicher Feierlichkeit. In alter Zeit wurden am Karsamstag – wie auch vor dem Fest der Geburt Christi – die Katechumenen getauft. Während des Taufritus vernahmen die Neuerleuchteten jenen Bericht des Evangeliums, in dem der auferstandene Herr seinen Jüngern auftrug, im Namen der Dreieinigkeit zu taufen (Mt 28, 19).

Es naht der Abend jenes Tages, an dem Christus in die Unterwelt kam, an dem der Kampf des Lichtes mit der Finsternis ausgefochten wurde, der Tag der tiefsten Gebetsversenkung in der Erwartung österlicher Freude. Bis zur elften Stunde in der Nacht dauert die Lesung, und die

Gläubigen hören von der Herabkunft des Hl. Geistes in der Apostelgeschichte.

Nach dem Mitternachtsgottesdienst versinkt die Kirche in erwartungsvolles Schweigen. Im Gebet vertieft erwarten die Priester im Altarraum den Anfang des Orthros zum Auferstehungsfest. Sie haben helle Feiertagsornate angelegt und halten Evangelienbücher, eine Auferstehungsikone und brennende Kerzen in ihren Händen. Nach der Öffnung der mittleren Tür, der Königstür, kommt der Priester aus dem Altarraum heraus, und Chor und Gläubige stimmen mit ihm in den Lobgesang für den Auferstandenen ein. Es folgt die Prozession um die Kirche, danach stehen die Gläubigen und Priester vor den verschlossenen Türen der Kirche, gleich als stünden sie vor dem Eingang zum Grabe Christi. Danach werden die Türen der Kirche geöffnet, und unter dem Gesang des Ostertroparion ziehen alle in die hell erleuchtete Kirche ein.

Der Orthros zum Osterfest unterscheidet sich von der Ordnung anderer Morgengottesdienste durch das Fortlassen des Hexapsalms und der Kathismenlesungen, welche vornehmlich Bußcharakter tragen, denn „feiern wir die Auferstehung Christi, so möge niemand seine Sünden beweinen, denn die Vergebung ist allen aus dem Grabe erstanden". Nach alter Tradition wird die ganze Ordnung des Orthros gesungen, wie auch in allen anderen Gottesdiensten während der ganzen Osterwoche.

Wenn sich der Ostermorgengottesdienst mit seiner Freude über die Erneuerung im auferstandenen Christus seinem Ende zuneigt, tritt der Priester auf den Ambo und verliest die berühmte Homilie auf das Osterfest von Johannes Chrysostomos. Diese Osterpredigt ist die wunderbarste Schöpfung kirchlicher Rhetorik, und sie bekundet die besondere Barmherzigkeit und Liebe des auferstandenen Herrn zu allen Menschen.

Die feierliche Entlassung beschließt diesen österlichen Morgengottesdienst. Wie zu Beginn des Gottesdienstes hält der Vorsteher der Kirche wieder den Osterleuchter und das Kreuz und grüßt die Gemeinde mit dem Ostergruß „Christus ist auferstanden". Anschließend singt der Chor das Polychronion.

In den russischen Kirchen ist es zur Tradition geworden, nach dem Osterevangelium die jeweilige Osterbotschaft des Patriarchen von Moskau und ganz Rußland an alle Bischöfe, Priester und an alle gläubigen Kinder der Russischen Orthodoxen Kirche zu verlesen, während die Osterbotschaft des Eparchialbischofs erst nach dem Kinonikon vorgetragen wird.

Der ganze Gottesdienst der Göttlichen Liturgie ist von der großen Osterfreude durchdrungen. Nach dem Entlassungsgebet wird das Osterbrot – Artos – geweiht. Es ist ein besonders zubereitetes gesäuertes Brot, in zylindrischer Form gebacken, das in der Kirche während der Osterwoche zur Erinnerung und zu Ehren der Auferstehung Christi aufbewahrt wird.

Nach der Segnung des Osterbrotes entläßt der Priester die Gläubigen, segnet die Betenden mit dem Kreuz und tauscht nochmals den Ostergruß. Der Chor greift diesen auf, singt mehrfach das Ostertroparion und beschließt dieses Singen mit dem Vers: „... und hat uns das ewige Leben gegeben, wir verneigen uns vor deiner Auferstehung nach drei Tagen."

Bevor nun die Gläubigen die Kirche verlassen, werden noch die mitgebrachten Osterspeisen – kuliči, paschi, Eier und andere besonders zubereitete Speisen – gesegnet (s. Abb. 16 und 17).

Während der ganzen Osterwoche werden alle Gottesdienste nach der Ordnung der Osterstunden gehalten, und alle Gottesdienste werden bei geöffneter Königstür gefeiert. Gegen Ende der Woche, besonders aber nach dem Thomassonntag (dem zweiten Sonntag nach der Auferstehung Christi), suchen die Gläubigen die Gräber ihrer entschlafenen Verwandten und Bekannten auf. Sie legen auf die Gräber geschmückte Ostereier, um auch ihnen, den ruhenden Seelen, die Auferstehungsfreude zu künden.

Vierzig Tage erklingen nun in den Kirchen die österlichen Gesänge. So erweist sich Ostern als lebendiges Zeugnis der Fülle und der wahren apostolischen Tradition.

c) Das heilige Pfingstfest

Pfingsten gehört zu den wichtigsten Festen der orthodoxen Kirche. Christus erfüllte sein Versprechen, das er seinen von ihm erwählten Jüngern, den Aposteln, gab: Am fünfzigsten Tage nach der Auferstehung Christi kam der vom Vater gesandte Hl. Geist auf die Apostel herab, auf daß sie, vom Glauben erfüllt, die Lehre des Herrn Jesus vom Frieden und von der Liebe zu Gott und den Nächsten bis an die Enden der Welt ausbreiteten.

An diesem Tage wurden an die dreitausend Menschen gläubig und ließen sich taufen. Der Tag der Herabkunft des Hl. Geistes auf die Apostel wird der Geburtstag der Kirche Christi auf Erden genannt.

Sorgsam bewahrt die russische Kirche die Traditionen der Rechtgläubigkeit. Die kirchlichen Feiertage gestaltet sie mit besonderer Festlichkeit. Für jeden orthodoxen Christen ist der Besuch des Gotteshauses vornehmster Ausdruck des Feierns; und so sind die Kirchen zum Pfingstfest ebenso überfüllt wie zum Fest der Geburt Christi und zum hl. Osterfest. Die Kirchenräume ertrinken im Grün. Der Duft der Birkenzweige, vom Ahorn und anderer Bäume mischt sich mit dem vieler Blumen. Die Blumen symbolisieren die geistige Fruchtbarkeit der Kirche Christi, den Glauben der orthodoxen Menschen an die lebenspendende Kraft des Hl. Geistes und an seine Macht, alles Seiende zu erneuern. Die Natur überzeugt uns von der Wahrhaftigkeit der Gnade Gottes. Nicht zufällig richtete der Erlöser die Aufmerksamkeit auf die Schönheit der Natur.

Der festliche Gottesdienst zu Ehren der Hl. Dreieinigkeit beginnt mit der Nachtwache, in welcher die Kirche besonders die dritte Person der Trinität, den Hl. Geist, besingt, der auf die Apostel herabgekommen ist und der seine überreichen Gaben auf die Kirche ausgegossen hat. Weise verbindet die Hl. Kirche mit den Gesängen des Jubels und der Freude die Gefühle der Demut und der Buße. Die Festtagskanones von Kosmas von Jerusalem und Johannes Damascenus rufen die Gläubigen auf, zu geisttragenden Jüngern Christi zu werden, durch welche allen Völkern die Größe Gottes verkündet und das Wissen um die Hl. Dreieinigkeit vermittelt wird.

Auch zu den Lobpsalmen singen alle Gläubigen mit dem Chor das Gebet: „Himmlischer König, Tröster, du Geist der Wahrheit ..., komm und nimm Wohnung in uns, reinige uns von aller Befleckung und errette unsere Seelen." Mit diesem Flehen beginnt die Kirche jeden Gottesdienst, denn ohne die Gnade des Hl. Geistes vermag niemand Gott würdig zu dienen. Zur göttlichen Liturgie werden Verse aus den Psalmen 19, 20 und 21 als Antiphone gesungen.

Die Apostellesung breitet vor den Zuhörern das großartige Bild des zu feiernden Geschehens aus, während in der Evangelienlesung an die Verheißung des Hl. Geistes erinnert wird, wie sie der Herr in Jerusalem dem Volke gab, das sich zum Laubhüttenfest versammelt hatte: „Wer an mich glaubt, wie die Schrift sagt, von dessen Leib werden Ströme lebendigen Wassers fließen. Das sagte er aber von dem Geist, den die empfangen sollten, die an ihn glaubten; denn der Geist war noch nicht da; denn Jesus war noch nicht verherrlicht." (Joh 7, 38–39)

Die kirchliche Ordnung untersagt vom Tage des hl. Osterfestes bis zum Pfingstfest alle großen Metanien (Verbeugungen, bei denen der Betende, nach dem er sich bekreuzigt hat, niederkniet und mit der Stirn den Boden berührt). Zum Pfingstfest aber, zum Hesperinos, welcher im

Anschluß an die göttliche Liturgie zelebriert wird, beugen alle Betenden in der Kirche ihre Knie im Gebet vor Gott.

Zu Ehren dieses Hochfestes sind in der folgenden Woche Mittwoch und Freitag keine Fastentage.

d) Die Verehrung der heiligen Gottesmutter

Die hingebungsvolle Verehrung der hl. Gottesmutter gehört zu den wesentlichsten Eigenarten der orthodoxen russischen Frömmigkeit. Ihr heiliger Name ist dem christlichen Bewußtsein ebenso nah und teuer wie der Name ihres göttlichen Sohnes. Die Bedeutung der hl. Jungfrau und zugleich ihre Größe liegen in der Tatsache, daß sie allein gewürdigt war, als menschliches Wesen dem Geheimnis unserer Erlösung zu dienen.

Die allheilige Jungfrau wird Gottesgebärerin genannt, da sie der Menschwerdung des Erlösers, des Gottmenschen diente.

Die Mutter des Herrn ist zur Mutter aller Christen geworden, da sie unter dem Kreuze Jesu in der Person Johannes des Theologen alle Christen an Kindesstatt angenommen hat. Durch sie gelangte die Menschheit zur innigsten Vereinigung mit Gott. Sie wurde der Anfang unserer Erlösung.

Der Glaube der orthodoxen russischen Menschen an den ungebrochenen Schutz und Beistand der Gottesmutter hat seine tiefste Begründung in der Jahrhunderte alten Erfahrung des russischen Volkes. Nirgends in der orthodoxen Welt sind so viele wundertätige Ikonen der Gottesmutter entstanden wie in Rußland. Besonders werden folgende Gottesmutterikonen verehrt und gefeiert: Von Tichvin (26. Juni), von Kazan' (8. Juli und 22. Oktober, s. Abb. 18), Hodigitria (= „Wegführerin") von Smolensk (28. Juli, s. Abb. 19), Znamenie (27. November) und von Vladimir (26. August, 23. Juni und 21. Mai).

Die Verehrung der hl. Gottesmutter bestimmt die Gebetsordnung und die Frömmigkeit der orthodoxen russischen Menschen. Jeder Gottesdienst der Orthodoxen Kirche enthält viele Gebetshinwendungen an die hl. Gottesmutter. Ihr heiliger Name wird ununterbrochen in der Kirche neben dem hochgepriesenen Namen ihres göttlichen Sohnes, unseres Herrn Jesus Christus, verehrt.

Das Hochfest des Entschlafens der Gottesmutter (am 28. August neuen Kalenders) beschließt den Kreis der kirchlichen Feste. Ihm folgt das Hochfest der Geburt der Gottesmutter. Daran erweist sich, daß das Kirchenjahr das gesamte Leben der Kirche Christi in geistlicher Weise in sich enthält, von der Vorbereitung auf die Ankunft des Erlösers (Geburt der Gottesgebärerin) bis hin zur endgültigen Errichtung der Apostelkirche nach Pfingsten und dem in der Person der Gottesmutter erreichten Aufstieg der Schöpfung zu ihrem höchsten Ziel, der Vergöttlichung des Menschen (Entschlafen der Gottesgebärerin).

e) Fastenzeiten und Fastengottesdienste

Jeder Christ strebt nach sittlicher Vervollkommnung. Der Gesetzesgeber des Neuen Bundes, unser Herr Jesus Christus, rief hierzu seine Jünger auf. Im geistigen Mühen der Entsagung wies er ihnen die notwendigen Wege und Mittel, dieses Ziel zu erreichen. Zu den wesentlichen Formen solchen Mühens gehört ohne Zweifel das Fasten. Das Fasten ist für fromme Menschen ein geistliches Werk. Es verlangt nicht nur den Verzicht auf bestimmte Speisen, sondern zugleich auch die Enthaltung von geschäftiger Betriebsamkeit, festlichen Zusammenkünften, Unterhaltung und Diskussionen, Vergnügungen und Zerstreuungen und schließlich von jederlei sündhaftem Tun. Der Zweck solcher Enthaltsamkeit ist, das Fleisch dem Geist unterzuordnen, die Leidenschaften zu besiegen, die Triebe zu bändigen und Leib und Seele gleichsam zu zwingen, vor Gott stille zu werden, damit der Geist des Menschen, sein höchster Wille und seine edelste Bestrebung wirksam werden können. Die Zeit des Fastens ist eine heilige Zeit und nach dem einmütigen Urteil der Orthodoxen besonders dazu geeignet, die Gnade des Hl. Geistes zu erwerben und Gott näherzukommen. Die Grundprinzipien des Fastens sind Enthaltsamkeit, inständiges Gebet, aufrichtige Buße und gute Werke.

Durch sein Vorbild hat Christus das Mühen im Fasten geheiligt, als er sich vierzig Tage und Nächte fastend auf seinen Dienst für das Menschengeschlecht vorbereitete. Nach seinem Vorbild und auf sein Geheiß hin hielten seine Jünger, die hl. Apostel, das Fasten (Apg 8, 2; 14, 23; 2 Kor 6, 5; 11, 27) und trugen auch den Gläubigen auf, im Namen Christi das Fasten zu halten (1 Kor 7, 5).

Die Russische Orthodoxe Kirche kennt, wie alle anderen Orthodoxen Kirchen, Fastenzeiten und Fasttage. Es gibt strenges und weniger strenges, langandauerndes und kürzeres und auch nur einen Tag währendes Fasten. Fasttage während des ganzen Jahres sind der Mittwoch und der Freitag jeder Woche, ausgenommen sind nur sechs besondere Wochen, in denen das Fasten unterbleibt.

Insgesamt fallen auf ein Jahr etwa 180 bis 200 Fastentage, an denen man Enthaltsamkeit übt und sich geistlich intensiv zurüstet. Eintägiges

Fasten hat die Kirche an den Vortagen der Hochfeste Christi Geburt, Christi Taufe und Kreuzerhöhung und vor dem Gedenktag an die Enthauptung Johannes des Täufers.

Die Fastenzeit vor Weihnachten (15. November bis 24. Dezember) bereitet die Gläubigen darauf vor, würdige Teilhaber am Hochfest Christi Geburt zu werden. Das Fasten vor dem Fest der Apostel Petrus und Paulus beginnt eine Woche nach dem Pfingstfest und dauert bis zum Festtage, dem 29. Juni. Die Fastenzeit vor dem Hochfest Mariä Entschlafen, die vom 1. bis zum 15. August dauert, wurde ebenfalls zur würdigen Vorbereitung auf das Festgeschehen angeordnet.

Die Große Fastenzeit vor dem Osterfest ist die wichtigste aller Fastenzeiten, die von der Kirche gefordert werden. In zwei Zeiträume wird dieses Fasten unterteilt: in das vierzigtägige Fasten, zur Erinnerung an das vierzigtägige Fasten unseres Herrn, und in das Fasten während der Karwoche, zur Erinnerung an die letzten Tage des Lebens Christi hier auf Erden, an seine Leiden am Kreuz, seinen Tod und an sein Begrabensein.

Eine Woche vor Beginn des „Großen Fastens" begeht man den „Sonntag des Fleischverzichts". Dieser Tag wird auch „Vergebungssonntag" genannt. Wenn man sich auf das „Große Fasten" vorbereitet, in dem alle Sünde und Verlockung, jeder Eigenwille und Müßiggang um Christi willen ersterben soll, damit man zu herzlicher Reue über sein sündhaftes Leben findet und dem Leben in Christus zustrebt, dann geht man in sich und erforscht sein Gewissen. Da ermahnt nun die Kirche einen jeden, sich mit all seinen Feinden und Beleidigern zu versöhnen. Am Vergebungssonntag überschreitet man die Schwelle dessen, von dem man mit Haß verfolgt wird, und selbst wenn er allein an der Feindschaft schuld ist und keine Absicht hat, sich wieder auszusöhnen, fällt man ihm dennoch zu Füßen oder verneigt sich vor ihm bis zur Erde und bittet ihn um Verzeihung. Dabei vergibt man ihm im Herzen alles, was er getan hat, ohne Bedingung und Einschränkung, mag er auch über die Bitte um Vergebung nur höhnisch lachen. An diesem Tag sucht man auch alle seine Nachbarn und Freunde auf, mit denen man stets in gutem Einvernehmen gelebt hat, und bittet auch sie um Verzeihung für alle absichtlichen und unabsichtlichen Kränkungen.

Die ganze erste Woche sieht man zu, daß man täglich die Morgen- und Abendgottesdienste besucht. Hinsichtlich des Essens schreibt das *Typikon* jeden Mittwoch und Freitag strenges Fasten vor, d. h. man darf nur einmal am Tag ungekochte Speisen ohne Fastenöl zu sich nehmen. An den übrigen Wochentagen sind warme Speisen ohne Fett erlaubt.

Die Gottesdienste während der Großen Fastenzeit unterscheiden sich wesentlich von denen im übrigen Kirchenjahr. Eine zentrale Aussage der Fastengottesdienste ist das Gebet Ephraim des Syrers, welches zu jedem Dienste gesprochen wird:

„Herr und Gebieter meines Lebens
gib mir nicht den Geist des Müßiggangs,
des Kleinmuts, der Herrschsucht
oder den der leeren Worte.

Verleih mir, deinem Knecht,
den Geist der Keuschheit, der Demut,
der Geduld und der Liebe.

Ja, Herr, mein König,
laß mich meine Fehler erkennen,
und laß mich nicht richten meinen Bruder,
denn du bist gepriesen von Ewigkeit zu Ewigkeit. Amen."

Jede Fastenwoche zeichnet sich durch bestimmte Eigenheiten aus. So unterscheidet sich die erste Woche durch besondere Strenge und Länge der Gottesdienste, von denen jeder seine besondere Eigenart hat. Am 1. Sonntag der Großen Fastenzeit, dem Sonntag der Orthodoxie, feiern wir den Sieg über die Häresie der Ikonoklasten und die Wiedereinsetzung der Ikonenverehrung. Das Fest der Orthodoxie gilt dem geistlichen Sieg der Kirche über alle Mächte des Bösen. Der 2. Sonntag ist dem Andenken des hl. Gregorios Palamas, des Erzbischofs von Thessaloniki, gewidmet. Dieser Hierarch lebte im 14. Jh., und seine Auslegung der Lehre über das nichterschaffene Licht unseres Herrn Jesus Christus auf dem Berge Tabor während der Verklärung Christi ist von großer Bedeutung. Am darauffolgenden 3. Sonntag wird zum Orthros, nach der Großen Doxologie, das heilige Kreuz aus dem Altarraum in die Mitte der Kirche getragen. Die Kirche erinnert am 4. Sonntag an den hl. Johannes Klimakos der die Erfahrung seines sechzigjährigen Asketenlebens in dem Werk „Die Himmelsleiter" niedergelegt hat. Am Donnerstag und am Sonnabend der 5. Woche ermahnt die Kirche zu besonderer geistiger Wachsamkeit. Am Sonnabend erklingt der unvergleichliche *Hymnos Akathistos* zu Ehren der hl. Gottesgebärerin. Mariä von Ägypten gedenkt die Kirche am 5. Fastensonntag, deren geistliche Wandlung zum Zeugnis für die unaussprechliche Barmherzigkeit wurde, die Gott den Bereuenden zuteil werden läßt. Am Freitag der 6. Woche wird die vierzigtägige Große Fastenzeit beendet.

An jedem Sonnabend wird ein besonderes Totengedächtnis gehalten. Der Sonnabend vor Palmsonntag ist dem Gedenken an die Auferweckung des Lazarus geweiht. Am Palmsonntag, dem 6. Sonntag, gedenken wir des feierlichen Einzugs unseres Herrn Jesus Christus in Jerusalem, da er zum freiwilligen Leiden und zur Erlösung der Welt nahte.

Die Karwoche ist ganz der Erinnerung an die letzten Tage unseres Herrn Jesus Christus auf dieser Erde gewidmet, an die Tage seines Leidens und seines Begrabenseins. Im Hinblick auf die zentrale Bedeutung dieser Geschehnisse nennen wir diese Tage auch die „Großen Tage". Besonders reich an geistigem Erleben sind die letzten drei Tage dieser Woche. Für alle Tage der Karwoche ist strengstes Fasten geboten, und man unterläßt soweit wie möglich unnötige Geschäfte und Arbeiten.

Der Gottesdienst am Karsamstag ist völlig bestimmt von gottesfürchtigem Wachen am Grab des Herrn.

An diesem Tag feiern wir die Göttliche Liturgie nach Basilios dem Großen. Die Priester vertauschen ihre dunklen Ornate gegen helle und gleichen so Engeln, die vom Himmel herabkamen, um den Stein von des Grabes Tür zu wälzen. Der Diakon, ebenfalls in hellem Gewande, den Engeln gleich, tritt mit dem Evangelium in die Mitte der Kirche und verkündet die Auferstehung Christi. Alles, was während der Zeit der Trauer in dunkle Stoffe gehüllt war, erstrahlt nun in hellen weißen Gewändern. Als Cherubikon singt der Chor: „Es schweige alles sterbliche Fleisch der Menschen und stehe mit Furcht und Zittern und sinne nichts Irdisches; denn der König der Könige, der Herr der Herrschenden naht, sich zu opfern und darzubringen zur Speise den Gläubigen. Ihm schreiten voran die Chöre der Engel mit aller Herrschaft und Gewalt, die vieläugigen Cherubim und die sechsflügligen Seraphim, und sie verhüllen ihr Angesicht und singen Halleluja".

Nach dem Entlassungsgebet werden Brot und Wein gesegnet. Das erinnert daran, daß in alter Zeit die Göttliche Liturgie am Abend gefeiert wurde und die Gläubigen die Kirche nicht mehr verließen, damit sie an der Lesung der Apostelgeschichte teilhaben konnten, welche der Auferstehungsfeier vorangeht. Daher mußte die Kirche für das leibliche Wohl derer sorgen, die sich durch strenges Fasten auf den bevorstehenden Dienst vorbereitet hatten.

Der Karsamstagsgottesdienst weckt bei den Gläubigen viele fromme Gefühle, und er vermag ihre Herzen mit freudiger Erwartung auf das Fest der strahlenden Auferstehung Christi zu erfüllen.

f) Das Totengedenken

Das Totengedenken in der Kirche ist auf dem Glauben an das jenseitige Leben und an die allgemeine Auferstehung der Toten gegründet, denn das Evangelium des Herrn Jesus Christus verkündet die zukünftige Auferstehung zu ewigem Leben. Die Auferstehung Christi ist das Unterpfand der allgemeinen Auferstehung der Toten. Christus ist der Anfang der Auferstehung und der Erstgeborene der Toten (Kol 1, 18).
Für den orthodoxen Christen ist der Tod des Körpers, das Sichloslösen der Seele vom Leib, nicht furchterregend, vielmehr ist es die Sünde, welche die Seele von Gott zu trennen vermag – der geistige Tod, den er fürchtet.
Da die Kirche bestimmt hat, der Toten zu gedenken, ordnete sie auch an, zu bestimmten Tagen besonders der Toten zu gedenken, Zeiten, zu denen sie ihre Glieder aufruft, in der Hoffnung auf die Auferstehung und das ewige Leben für die Entschlafenen zu beten.
Seit altersher wird in der Russischen Kirche jeweils am 3., am 9. und am 40. Tag nach dem Tod der Entschlafenen gedacht, außerdem nach sechs Monaten und am Jahrestag. Daneben gibt es aber auch besondere Daten, an denen allgemein für die Verstorbenen gebetet wird. Die Tradition schreibt vor, gleich nach dem Eintritt des Todes über verstorbenen Mönchen, Laien und Diakonen den Psalter zu lesen, über heimgegangenen Priestern jedoch das Evangelium. Die Tage allgemeinen Totengedenkens werden auch die „ökumenischen Tage" genannt.
In der russischen Kirche ist es Tradition geworden, nach dem Osterfest erstmals wieder am Dienstag, mancherorts auch schon am Montag in der Woche nach dem Thomassonntag, öffentlich der Verstorbenen zu gedenken. Diese Tage werden radonica genannt. Damit kommt zum Ausdruck, daß es sich um „freudige Tage" handelt.

g) Die Gläubigen im Gottesdienst

Die Gebetshaltung eines Christen bedarf einer äußeren Form. Jedes Beten wird von Verneigungen begleitet. Grundsätzlich wird im Stehen gebetet. Diese Tradition reicht bis in die Zeit des Alten Bundes zurück. Das Stehen während der Gottesdienste ist Ausdruck der Ehrfurcht vor Gott.
Orthodoxe Christen wenden sich im Gebet nach Osten. Diese Ausrichtung während der Gottesdienste auf den Altar an der Ostseite der Kirche beruht auf altem Brauch. Nach dem Zeugnis des hl. Basilios des Großen geht er bis auf die Zeit der Apostel zurück.

Während des Betens bekreuzigen sich die orthodoxen Christen, indem sie Daumen, Zeigefinger und Mittelfinger der rechten Hand zusammenlegen, den Ring- und den kleinen Finger aber an die Handfläche drücken. Mit der so geformten Hand zeichnen sie das Kreuz, indem sie zuerst die Stirn, sodann die Brust und danach erst die rechte und dann die linke Schulter berühren. Das Zusammenfügen der ersten drei Finger symbolisiert den Glauben an die Dreieinigkeit, während die beiden eingebogenen Finger die Vereinigung der beiden Naturen, der göttlichen und der menschlichen in Jesus Christus darstellen.

Zum Gebet in der Kirche und zu Hause neigen die orthodoxen Menschen, nachdem sie sich bekreuzigt haben, ihr Haupt zum Zeichen der Demut und der Ehrfurcht vor Gott.

Der Gläubige neigt aber auch sein Haupt zu vielen gottesdienstlichen Handlungen, Lesungen und Ausrufen. Wenn der Priester oder der Diakon vor den Gläubigen weihräuchert, so neigen alle ihr Haupt. Segnet der Priester das Volk und macht das Zeichen des Kreuzes und spricht, „Friede sei mit euch allen", wie auch zu den verschiedenen Sendungsformeln am Ende der Gottesdienste, wenn der Priester das Volk mit dem Kelch, dem Evangelium, dem Altarkreuz oder mit einer Ikone segnet, verneigen sich alle. Die Gläubigen verneigen sich sowohl bei der Verkündigung des Evangeliums als auch dann, wenn die vorbereiteten eucharistischen Gaben von der Prothesis an den Altar getragen werden, beim Cherubimgesang sowie bei der Sakramentsausteilung während der Kommunion. Im orthodoxen Gottesdienst werden Gebete auch von einem Kniefall begleitet. Das mit dem Kniefall verbundene Gebet wird vornehmlich während der Fasten- und Bußzeit geübt. Er ist Ausdruck tiefer Betroffenheit über unsere Sündhaftigkeit.

h) Gottesdienstliche Praxis

In allen orthodoxen Kirchen werden auf dem Altar und der Prothesis, hinter dem Altartisch und vor den Ikonen während aller Gottesdienste Kerzen zum Zeichen dafür entzündet, daß der Herr den Menschen das Licht der Wahrheit gezeigt hat und daß ihre Herzen in Liebe zu Gott brennen. Gleichzeitig sind sie ein Zeichen von Freude und feierlicher Stimmung in der Kirche.

Der Lichterglanz verstärkt sich zu feierlichen Gottesdiensten, nimmt dagegen zu Gottesdiensten an Wochentagen und besonders in der Großen Fastenzeit ab.

Der Altarraum ist vom Kirchenschiff durch die Ikonostase getrennt. Auf der Ikonostase befinden sich in vorgeschriebener Anordnung be-

stimmte Ikonen. Jede Ikonostase hat drei Türen, die nördliche und die südliche und im Zentrum die „Königstür", oft zweiflügelig, die auch die „heilige Tür" genannt wird (s. Abb. 20).
Diese mittlere Tür trägt deshalb einen so erhabenen Namen, weil der Herr der Herrlichkeit, Jesus Christus, während der Göttlichen Liturgie unter der Gestalt der Heiligen Gaben durch sie hindurchschreitet. Nur der höhere Klerus hat das Recht, durch diese königliche Tür in den Altarraum einzutreten. Hinter dieser Königstür befindet sich ein Vorhang (katapetasma). Das Öffnen und das Schließen dieses Vorhanges, wie auch der Königstür, hat jeweils besondere Bedeutung.
Die Verwendung von Weihrauch hat in der orthodoxen Kirche verschiedene Bedeutungen, je nachdem, wann und zu welchen gottesdienstlichen Riten sie durchgeführt wird.
Die Beweihräucherung der Kirche und geweihter Gegenstände, welche von den Christen verehrt werden, wie z. B. der Ikonen oder der Reliquien, bringt jene andachtsvolle Verehrung des Herrn der Herrlichkeit und seiner Heiligen zum Ausdruck. Wird die Beweihräucherung vor den Gläubigen ausgeführt, so beweist dieses ihre Heiligung durch die göttliche Gnade, sie steigert die Gebetsbereitschaft und erinnert daran, daß all unsere Gedanken und Gefühle in die Höhe gerichtet sein sollen.
Der brennende Weihrauch ist ein Symbol der Gnade Gottes und der ihr entsprechenden Gebetshaltung der Christen, ihrer brennenden Liebe zu Gott.
Der Priester segnet während der Gottesdienste das Kirchenvolk. Er segnet auch alle außerhalb der Kirche, die zu ihm kommen, um den Segen zu empfangen.
Das Kreuzeszeichen, mit welchem sich jeder getaufte Christ bezeichnet und zu welchem er auch verpflichtet ist, bedeutet die Gebetsanrufung des gekreuzigten Herrn. Der priesterliche Segen ist engstens verbunden mit dem Mysterium des Priestertums und folglich in der besonderen Macht, andere zu segnen, begründet. Ist für eine feierliche Nachtwache die Litija vorgesehen, zu der fünf Brote, Weizen, Wein und Öl gesegnet werden, so folgt darauf stets die Salbung der Gläubigen mit geweihtem Öl. In der Regel treten die gläubigen Christen während des Kanons zur Festtagsikone vor, verehren diese und wenden sich sodann zum Priester, der auf ihrer Stirn mit dem Öl das Zeichen des Kreuzes macht. Das Öl ist Ausdruck der Gnade Gottes an uns sündigen Menschen. Die Gläubigen nehmen diese Salbung in der festen Überzeugung entgegen, die gnadenspendende und heilende Kraft für Seele und Leib zu empfangen. In manchen Kirchen hat sich die Praxis herausgebildet, jeden Samstag zur Nachtwache diese Segnung zu spenden.

Die Kirche versammelt gleichsam die verschiedenen Elemente und gibt ihnen die Weihe: Wasser (durch das Eintauchen des Kreuzes), Luft (durch den Glockenklang), Erde (beim Begräbnisritus und der Weihe der Felder), Feuer (durch die kirchliche Verwendung von Kerzen und Lampen sowie beim Gottesdienst am Leidensfreitag), Brot, Weizen, Wein und Öl (bei der Litanei in der Nachtwache), die ersten Früchte (sie werden durch besondere Riten im Sommer geweiht), Blumen, Gras und Bäume (zu Pfingsten und am Palmsonntag) usw.

In der Regel wird im Anschluß an die Wasserweihe eine Segnung mit geweihtem Wasser vorgenommen. Während der Ritus der Großen Wasserweihe für das Hochfest der Taufe Christi vorgesehen ist, erfolgt die sogenannte Kleine Wasserweihe zu dem Fest der Austragung des Hl. Kreuzes (1. August), am Freitag der Osterwoche, in der Mitte der Festzeit nach Pfingsten, zum Patrozinium und an vielen anderen Tagen, wie auch oft aufgrund privater Anlässe.

Zum Osterfest weiht die Kirche mit solchem Wasser den Artos, die kuliči, die paschi, Milchspeisen und Eier (s. Abb. 17). Am Fest Christi Verklärung werden die Erstlingsfrüchte der Natur, Wein und Obst, geweiht (s. Abb. 21).

Im Beerdigungsritus werden der Leib des Entschlafenen, der Sarg und das Grab mit Weihwasser besprengt, damit Gott, der Herr, die Seele des Heimgegangenen reinige und heilige und ihm den himmlischen „Tau der Tröstung" zuteil werden lasse.

In der gottesdienstlichen Praxis der Russischen Orthodoxen Kirche wird sehr oft ein Akathistos gefeiert. Dieses ist eine besonders alte Form der Hymnusdichtung. Sie hat die Gestalt eines begeisternden kirchlichen Gedichts. Diese Dichtungen entstanden aus dem Bedürfnis der christlichen Seele, ihren Lobpreis und die Dankbarkeit dem Herrn, der hl. Gottesgebärerin und allen Heiligen gegenüber auszudrücken. So vermag ein Akathistos, der die Tugenden der Heiligen Gottes, ihren unerschütterlichen Glauben, ihre Liebe und Demut und auch Enthaltsamkeit besingt, im Betenden Gefühle größter Ehrfurcht zu wecken. Die Gläubigen teilen die Freude der Auserwählten Gottes und gewinnen die Sehnsucht nach sittlicher Vervollkommnung. Als ein freudig gestimmter Gesang der geistigen Wachsamkeit vermag jeder Akathistos jede betende Seele, besonders die zaghafte und leidtragende Seele, wohltuend zu beeinflussen. Jedoch ist ein Akathistos nicht nur ein Lob- und Dankgesang. Da wir ständig der göttlichen Hilfe bedürfen, fügen die Gläubigen ihrem lobpreisenden Gesang auch die Bitte um göttliche Hilfe zu. Der *Hymnos Akathistos* zu Ehren der allheiligen Gottesgebärerin ist das älteste Vorbild solcher Dichtungen. Er besteht aus dreizehn kurzen Gesängen, den „Kontakien", und zwölf umfangreicheren „Iken".

In späterer Zeit entstanden viele weitere Akathistos-Dichtungen. Allen voran der Akathistos „Zum süßesten Jesus", der von hoher Geistigkeit, Reue, Gebetstiefe, Liebe und Innigkeit getragen ist. Aus dem Griechischen sind in die slavische Sprache viele Akathistos-Dichtungen übersetzt worden, so z. B. die zu Ehren des Erzengels Michael, Johannes des Täufers, des Erzbischofs Nikolaos, zu Ehren Mariä Entschlafen, der Apostel Petrus und Paulus und der Akathistos zu Ehren des lebenspendenden Kreuzes.

Als in Rußland im Jahre 1721 der Regierende Synod eingerichtet wurde, gab es nicht nur eine große Zahl solcher Übersetzungen, sondern auch viele Neuschöpfungen von russischen Dichtern. In der Synodalperiode erschienen Akathistos-Dichtungen zu Ehren des Märtyrers Panteleimon, der Märtyrerin Barbara, des Märtyrers Georgios, der Märtyrer Adrian und Natalia, der ehrwürdigen Väter Antonij und Feodosij vom Kiever Höhlenkloster, zu Ehren des Fürsten Alexander Nevskij, des Märtyrers Johannes und vieler anderer Heiliger. Eine besondere, recht umfangreiche Akathistosgruppe entstand zu Ehren vieler verschiedener wundertätiger Muttergottesikonen, so zu Ehren der Muttergottesikone zu Vladimir, zu Kazan', zu Počaev, zu Tichvin, der „Schnell-Erhörenden", der „Stille meine Trauer Ikone", der „Freude aller Betrübten" und vieler anderer.

Diese russischen Dichtungen sind alle nach dem Vorbild der alten, besonders aber nach dem Hymnos Akathistos geschaffen worden. Diese Dichtungen stehen außerhalb der eigentlichen liturgischen Gesänge, welche nach der kirchlichen Ordnung für jeden Tag des Jahres vorgeschrieben sind. Nicht selten werden sie von den russischen Gläubigen in einer melodischen Form vorgetragen. Das Volk liebt diese Gottesdienste, besucht sie gern und findet in ihnen geistlichen Trost.

Im Gottesdienst der Russischen Orthodoxen Kirche wendet sich der Mensch nicht nur Gott zu und vereinigt sich mit ihm in den höchsten christlichen Gedanken und Gefühlen. Auch die gnadenvolle Heiligung der Nachfolger unseres Herrn Jesus Christus, wie es am Pfingstfest begonnen hatte und sich bis zum heutigen Tage fortsetzt, verwirklicht sich darin. Das Leben der Russischen Orthodoxen Kirche erscheint in ihren Gottesdiensten als die geheimnisvoll sich verwirklichende Menschwerdung Gottes. Der Herr lebt in der Kirche jeder Zeit. In ihr setzen sich geheimnisvoll die heiligen, evangelischen und kirchlichen Geschehnisse fort, und jede neue Generation der Christen wird deren Zeuge und Teilnehmer.

IV. KAPITEL

KIRCHENGESANG UND GLOCKENGELÄUT

Die Rus' empfing das Christentum aus Byzanz. In Kiev wurde eine Metropolie errichtet, die der Erzdiözese von Ohrid unterstellt war, welche ihrerseits zum Ökumenischen Patriarchat gehörte. Der griechische Gottesdienst unterschied sich von dem römischen durch seinen Reichtum an künstlerisch vollkommener und inhaltlich vielseitiger Hymnographie. Der Reichtum an kirchlicher Poetik befreite die griechische Kirche von der Notwendigkeit, die Gottesdienste instrumental zu begleiten. Alle künstlerischen Fähigkeiten der griechischen Meister waren vollständig auf die Entfaltung der kirchlichen Dichtungen und des Kirchengesangs ausgerichtet. Diese griechische Liturgik wurde für den orthodoxen Osten zur Traditionsquelle, und so erbte die russische Kirche die Überlieferung der Griechen. Dies bedeutete auch, daß sie zu keiner Zeit Instrumentalmusik im Gottesdienst gekannt hat. Folglich muß man bei russischer Kirchenmusik ausschließlich an Vokalmusik denken.

Die in die Rus' gekommenen griechischen Bischöfe zelebrierten die Gottesdienste in ihrer Muttersprache. Ihr Gesang war bestimmt von der byzantinischen Tradition. Doch schon während der Regierungszeit Jaroslav des Weisen, eines Sohns des Fürsten Vladimir, entstand die hervorragende Übersetzung griechischen Schrifttums in die slavische Sprache. An erster Stelle standen die Übersetzungen gottesdienstlicher Bücher.[1] Zu dieser Zeit treten auch erstmals russische Geistlichkeit und russische Sänger auf. Die aus dem 11. und 12. Jh. überlieferten Handschriften lassen den Schluß zu, daß der Entwicklungsprozeß des russischen Kirchengesangs sehr kompliziert gewesen sein muß. Offenkundig hat es drei Richtungen gegeben. Die eine bezeichnen wir als probyzantinisch. Zu ihr gehörten zweifellos die aus Konstantinopel nach Kiev geschickten Metropoliten und mit ihnen wohl der höhere Klerus. Die Vertreter dieser Anschauung bestanden auf der vollkommenen Erfüllung und Beibehaltung des byzantinischen Erbes. Dieser Richtung widersprach die prorussische Gruppe, zu der wohl ein Teil des niederen Klerus gerechnet werden muß. Ihr Ziel war, für den slavischen Bereich die heimatlichen Traditionen zu erhalten. Sie beschränkte sich darauf, allein die Texte der griechischen Gesänge zu übernehmen, denn ohne diese wäre eine Liturgik nicht denkbar gewesen. Als goldene Mitte entstand zwischen der probyzantinischen und der prorussischen

Richtung eine dritte Tendenz, der wohl die überwiegende Zahl des Klerus anhing. Dabei wurden nicht nur die byzantinischen liturgischen Texte übernommen, sondern auch deren Notation und kompositorischen Ansätze. Fremd blieben den Anhängern dieser Richtung jedoch die durch Melismen (melodische Verzierung: mehrere Noten auf eine Silbe Text) verzierten Melodien und die Darbietungsform der Griechen, die Art der Tonführung, besonders die Eigenheit der Verzierung des gesanglichen Textvortrags durch Hinzunahme fremder Phoneme (Sprachlaute). Diese Richtung gewann die Oberhand. Im 14. Jh. schwindet bereits die für die byzantinische melismatische Gesangsart charakteristische Notation. Immer seltener begegnen wir in Handschriften dieser Zeit liturgischen Texten ohne Notenschriftzeichen.[2]

a) „Znamennyj raspev" und das russische Achttonsystem

Die ersten russischen Melodien, die in griechischer Neumenschrift aufgezeichnet worden sind, wurden im Unterschied zu den nicht schriftlich fixierten „znamennye" (vom slavischen Zeichen – znak – das Zeichen) genannt. Diese Bezeichnung entsprach dem griechischen Wort „neuma". Sie legten den Anfang zu znamennyj raspev. (Die beiden Sprachzeichen raspev und napev dürfen nicht gleichgesetzt werden. Raspev wird in der russischen Kirchenmusik ein Grundstock kurzer, eigenständiger Motive genannt, der in einer bestimmten Stilform des Unisonogesangs eingesetzt wurde. Napev hingegen bezeichnet eine Melodie, welche mit diesem oder jenem liturgischen Text verbunden ist.)

Dem znamennyj raspev liegt das musikalische System der acht Kirchentöne[3] zugrunde, das von russischen Sängern entwickelt wurde. Die Entwicklung dieses Systems vollzog sich in einem komplizierten und langdauernden schöpferischen Prozeß, dessen Beginn bis in die letzten Jahrzehnte des 12. Jh. zurückreicht und dessen Höhepunkt gegen Ende des 15. Jh. erreicht wird.

Die altrussischen Sänger verstanden folglich unter einem Kirchenton die Gesamtheit bestimmter typischer Motive, deren Umfang sich von Jahrhundert zu Jahrhundert vergrößerte. Im Unterschied zum Achttonsystem des byzantinischen und des gregorianischen Kirchengesangs, in denen jeder „Ton" über eine bestimmte Tonskala mit festgelegten Dominanten und Schlußtönen verfügte, gab es im russischen System für alle acht Kirchentöne nur eine zwölfstufige diatonische Reihe:
A – H – C – d – e – t – g – a – b – c – d.

Die einzelnen Motive waren nicht an diesen oder jenen Abschnitt der Tonreihe gebunden. So konnte jede Stufe je nach Komposition des Motivs bei jedem Kirchenton sowohl die Bedeutung der Dominante als auch die des Schlußtons wahrnehmen.[4] Die kompositorische Kunst der altrussischen Meister bestand in dem Vermögen, durch Kombination verschiedener Motive des vorgegebenen Kirchentons Melodien zu formen. Der so arbeitende begabte Künstler vermochte auf diese Weise die der Tonsprache des russischen Volkes entsprechenden eigentümlichen Merkmale zu berücksichtigen und sehr ausdrucksvolle Melodienfolgen zu komponieren.

Der künstlerisch ästhetische Wert des znamennyj raspev kann mit der russischen dekorativen Kunst verglichen werden, besonders mit der architektonischen Ausgestaltung altrussischer Kirchenbauten, wie zum Beispiel mit der Trinitäts-Kathedrale zu Moskau, in der in erster Linie nicht die Symmetrie der Linienführung und die Proportionalität der einzelnen Bauabschnitte, sondern vielmehr die Feierlichkeit und die Vielfalt der architektonischen Komponenten auffallen.

Im 16. Jh. erreichte der znamennyj raspev die höchste Entfaltung. Nach ihm wurden Oktoichos, Triodien, Menäen der Feiertage, Irmologion und Obichod gesungen. Ähnlich dem gregorianischen Choral wurden die Melodien feierlich durch Improvisationen ausgeschmückt, deren Aufgabe es war, den jubilierenden Charakter zu betonen. In den Texten wurde diese Ausgestaltung durch den griechischen Buchstaben gekennzeichnet. Daher kommt auch die Bezeichnung der Anweisung „fita".

b) *Demestischer und putevoj raspev*

In der Geschichte des russischen Kirchengesangs nahm der znamennyj raspev stets die führende Rolle ein. Doch gab es neben diesem auch andere Motivquellen. So waren im 16. und in der ersten Hälfte des 17. Jh. zwei weitere sehr verbreitet: der demestische und der putevoj raspev. Der demestische war nicht an die Achttonfolge, die Osmoglasie, gebunden, denn seine Melodien orientierten sich nicht am znamennyj raspev, sondern vielmehr an Motiven, die dem russischen lyrischen Volkslied verwandt waren. Der putevoj raspev gehört wohl zum znamennyj raspev, unterscheidet sich aber von diesem durch die Vergrößerung der Tonlänge und durch die Ausnutzung komplizierter Rhythmen und auch durch die Umwandlung einzelner Motive. Der demestische Gesang zeichnete sich in seinen Melodien durch flexible Konturen in der Tonhöhe und seinen veränderlichen Rhythmen aus, während der putevoj raspev eher schwerfällig genannt werden darf, der kaum Rhythmusveränderungen zuließ. Diese beiden Formen wurden vorwiegend zur Ausgestaltung der Feiertagsgottesdienste eingesetzt. Bei Wiederholungen bestimmter Texte, so zum Beispiel der Megalynaria, durfte der Vortrag abwechselnd nach allen drei Motiven – znamennyj, putevoj und demestisch – erfolgen. Traditionsgemäß wurden Gesänge zu Prozessionen nach dem putevoj raspev vorgetragen.

c) Raspevy in der zweiten Hälfte des 17. Jahrhunderts

In der Mitte des 17. Jh. erwacht bei den russischen Meistern das Interesse an der Beständigkeit der Motive in bestimmter Tonart und auch der Bindung der Texte an feste Melodien. Aus diesem Grunde führte die Tendenz zur Vereinfachung der Melodien zu einer Verringerung der Motive. Im Zusammenhang mit dieser Entwicklung schwinden aus dem Repertoire des russischen Kirchengesangs sowohl der demestische als auch der putevoj raspev fast vollständig. Der führende znamennyj raspev bleibt erhalten, wird jedoch Kürzungen unterworfen. Die verkürzten Formen erhalten die Bezeichnung „malyj (kleiner) znamennyj raspev", während die ungekürzten Formen entsprechend „bol'šoj (großer) znamennyj raspev" heißen. In dieser Zeit erscheinen auch neue Motivquellen – die bulgarische, die Kiever und die griechische Quelle.

Es will scheinen, als deute die Bezeichnung „bulgarisches Motiv" tatsächlich auf bulgarische Quellen hin, doch läßt sich im einzelnen nicht beweisen, daß diese Melodien aus jenem Lande übernommen wurden. Die Mehrzahl der „bulgarischen Motive" finden wir in den westukrainischen schriftlichen Quellen des Kirchengesangs. Daher gibt es auch die Vermutung, daß es sich bei den so bezeichneten Melodien um eine westslavische Quellensammlung handelt[5].

Das Kiever Motiv ist eine national ukrainische Variante des znamennyj raspev. Diese bildete sich in der Feudalzeit heraus, der Zeit der großen territorialen Zerrissenheit jener Gebiete, die nicht in das entstehende Moskauer Reich eingebunden wurden.

Das sogenannte „griechische Motiv" hat keinerlei unmittelbare Beziehung zum griechischen Kirchengesang, weder im Sinne der Osmoglasie noch in Beziehung auf die Melodien, deren Rhythmik oder Vortragstradition. In dieser Hinsicht handelt es sich vielmehr um Formen, die dem russischen Kirchengesang sehr nahe stehen. Man nimmt heute an, daß das „griechische Motiv" Ende des 16., Anfang des 17. Jh. in der Ukraine entstanden ist. Dabei gilt die Bezeichnung selbst als Ausdruck

des Wunsches, die ukrainische Kirchenkultur im Kampf gegen Unionismus und Katholizismus zu stärken.[6]
Die Melodik aller drei Motivquellen – der bulgarischen, der Kiever und der griechischen – unterscheidet sich von znamennyj raspev durch klar herausgearbeitete tonale Beständigkeit, lakonische Motive und Schlichtheit der Rhythmen. Die bulgarischen, Kiever und griechischen Motivquellen besaßen im Vergleich zum znamennyj raspev keinen umfangreichen Motivfundus. Deshalb begegnen wir bei ihnen oft der genauen Wiederholung ein und derselben melodischen Zeile, was dem znamennyj raspev völlig fremd ist. Außerdem können wir im Kiever Motiv oft sogar die Wiederholung einzelner Wörter finden.[7]
Die frühesten Zeugnisse für mehrstimmigen Gesang in der russischen Kirche reichen in die vierziger Jahre des 16. Jh. zurück.
Der mehrstimmige Kirchengesang entwickelte sich auf der Basis des mehrstimmigen Volksgesangs. Der Volkschor unterteilt die Stimmen nicht nach Stimmumfang und Timbre in Diskant, Alt, Tenor und Baß. Die Melodieführung wird unter den Mitwirkenden entsprechend ihrer Erfahrung, der Tonfülle und dem Klang der einzelnen Stimme übertragen. Diejenigen Sänger, die über die mächtigsten Stimmen verfügten – wohl auch jeweils die erfahrensten Kräfte waren –, übernahmen die Grundmelodie, während die übrigen die führende Stimme begleiteten, sie mit Unterstimmen ergänzten, die der Tonsprache des russischen Volkes mit den entsprechenden Merkmalen Ausdruck verliehen. Frauen und Kinder singen die gleiche Melodie, nur eine Oktave höher als die Männerstimme. Die Eigenart des mehrstimmigen Volks- und Kirchengesangs war stets melodisch und nicht harmonisch, am häufigsten dreistimmig, manchmal auch nur zweistimmig, seltener vierstimmig aufgebaut. Jeder Chorsänger mußte jede beliebige Stimme der Partitur singen können.

d) Der polnische mehrstimmige Gesang

Ende des 15., Anfang des 16. Jh. lernt man in der Ukraine den westlichen Kirchengesang kennen. Dadurch machten die ukrainischen Meister mit der für sie neuen Liniennotation und der sogenannten Vielstimmigkeit – dem Partes-Gesang – Bekanntschaft. Diese beruhte auf vier Chorstimmen, dem Sopran und Alt auf der einen Seite, dem Tenor und Baß auf der anderen. Mitte des 17. Jh., als die Ukraine mit dem Moskauer Reich vereinigt wurde, kam diese Gesangsart auch nach Moskau. Da Patriarch Nikon (1652–1658) dieser Form gegenüber sehr

aufgeschlossen war, vermochte sie sehr schnell in der Hauptstadt Fuß zu fassen und gelangte dann in die Außengebiete und trug wesentlich zur Überwindung der „stročnoe" und demestischen mehrstimmigen Gesangstraditionen bei. Gleichzeitig vollzog sich auch in diesem Gebiet der Wechsel von der „Haken"- zur fünflinigen Notation, welche man hier die „Kiever Zeichen" nannte.
Dank einer polnischen Musikgrammatik von Dileckij lernten die Moskauer Meister nicht nur die Grundlagen der westeuropäischen Kompositionstheorien, sondern auch das neue Genre und den Stil des Chorgesangs. Sehr bald danach fanden sich in Moskau mehrere namhafte eigene Komponisten wie Žukov, Basilios Titov, Theodor Redrikov, Nikolaos Bovykin, Petr Noricyn, Stephan Beljaev u.a.m. Der Chorgesang, den sie nachzuahmen begannen, erhielt in Moskau die Bezeichnung des „polnischen Partes-Gesangs".
Einen besonderen Platz innerhalb des polnischen Partes-Gesangs nahm für die Komponisten Dichtung im konzertanten Genre ein. Für Konzertkompositionen dienten in der Regel die Textvorlagen der Kinonika oder aber auch ausgewählte Verse aus dem Psalter. Abgesehen von der großen Zahl der Tondichtungen für Chöre unterschied sich das „Konzert" auch durch die Verwendung von Ansätzen westlicher Polyphonie. In den Konzerten wurde häufig das künstlerische Mittel wechselweisen Einsatzes einzelner Stimmen angewandt, und die Melodieführung ging von einer Stimme auf die andere über. Als Genre gestaltete sich das geistliche Konzert zur höchsten Stufe meisterhafter Beherrschung des polnischen Partes-Gesangs. Sehr positiv wirkte sich auf diese Arbeit die Entwicklung der Schreib- und Drucktechnik aus. Negativ aber war, daß die Nachahmung orchestraler Vorbilder durch den Chor zu Lasten des Textinhalts gingen. Der russische Kirchengesang betont traditionell die jeweilige Textaussage. Für die Weiterentwicklung des russischen Kirchengesangs war die Periode des polnischen Partes-Gesangs wesentlich, denn sie bereitete den Boden für die Übernahme des italienischen Partes-Gesangs.

e) Der italienische Partes-Gesang

1735 ernannte die Kaiserin Anna Joannovna den italienischen Komponisten Araja zum Hofkapellmeister. Fünfundzwanzig Jahre lang leitete er die Hofkapelle in St. Petersburg. Nachfolger auf diesem Posten war Galuppi und danach, wenn auch mit einigen Unterbrechungen, Sarti. Mit den Namen dieser Kapellmeister verbindet sich die Ausbreitung des italienischen Gesangs in Rußland. Galuppi und Sarti hinterließen zahlreiche kirchliche Chorwerke zu ausgewählten Texten und sehr viele Konzerte zu Versen aus dem Psalter. Der neue italienische Gesang unterschied sich nicht wesentlich vom polnischen, wenn wir einmal von der Orchesterbegleitung zu einzelnen Konzerten aus der Feder Sartis absehen. Neu war die äußere Gestaltung der Kompositionen, deren Melodien alle Formen des Arioso italienischer Musik des 17./18. Jh. beibehielten, die Fiorituren, Triller und Vorschläge. Die breite Harmonie erlaubte dem Sänger, seinen ganzen Stimmumfang einzusetzen. Der Einsatz von Soli, Duetten, Trio und das Gegenüberstellen ganzer Klangkörper waren verbreitet. Die äußere Wirkung des Klanges entsprach oft nicht mehr dem Inhalt der gesungenen Texte, dessen Darbietung, wie im polnischen Partes-Gesang, oft unter häufigen Wiederholungen litt.

Die italienischen Komponisten fanden begabte russische Schüler wie Maxim Sozonovič Berezovskij (1745–1777), Dmitrij Stepanovič Bortnjanskij (1752–1825), Stepan Alekseevič Dechterev (1766–1813), Artemij Lukianovič Vedel' (1770–1806), Stepan Ivanovič Davydov (1777–1825). Sie konzentrierten ihre Aufmerksamkeit auf den emotionalen Ausdruck in ihren Tonschöpfungen. Ihre Musik steht den Textvorlagen näher, und in ihr beginnt das Gebet wieder hörbar zu werden.

Eine besondere Bedeutung in der Geschichte des russischen Kirchengesangs gewann Dmitrij Stepanovič Bortnjanskij. Vom siebten Lebensjahr bis zu seinem Tode – er starb mit 73 Jahren – war sein ganzes Leben engstens mit der Hofkapelle zu St. Petersburg verbunden, anfangs als Chorknabe und Schüler von Galuppi, später als Kapellmeister und Direktor. Neunundzwanzig Jahre lang leitete er die Kapelle. Über Bortnjanskij ist mehr geschrieben worden als über andere Komponisten, und die Meinungen über sein Werk gehen weit auseinander. Bortnjanskij komponierte eine dreistimmige Messe, mehrere Cherubikon-Gesänge, ausgewählte Gesänge für die Liturgie und für Gottesdienste zur Fastenzeit. Der Grundstock seines Schaffens umfaßt 35 Konzerte für einfachen Chor, 10 zweichörige und 14 Konzerte auf den Text des Ambrosianischen Lobgesangs, von denen vier für einfachen und zehn für Doppelchor gesetzt sind.

Bortnjanskij war jedoch nicht nur Komponist des italienischen Partes-Gesangs. Er war der erste, der sich der Übertragung russischer Kirchenmelodien zuwandte. Die Form seiner Übertragungen war einfach. Zwei Stimmen in parallelen Terzen oder Sexten trugen die Melodie, der Baß wurde in der Quart oder Quint geführt und gab den Grundton für die Akkorde. Eine der Oberstimmen erhielt den noch fehlenden Ton des Akkords. Die Melodien für seine Übertragungen entnahm Bortnjanskij nicht den vom Synod herausgegebenen Notensammlungen. Er erhielt sie aus der Kirchenpraxis und hier hauptsächlich aus dem Fundus des Volksgesangs. Diese Melodien unterscheiden sich von denen in den offiziellen Sammlungen durch größere Schlichtheit, und das sicherte ihren Erfolg. Einige seiner Übertragungen, wie zum Beispiel das Kontakion zum Hochfest der Geburt Christi „Deva dnes"' und der Vers „Priidite ublažim..." fanden allgemeine Anerkennung und haben ihre feste Stelle im Repertoire bis zum heutigen Tag erhalten.

Auch die administrative und die organisatorische Tätigkeit Bortnjanskijs war von großer Bedeutung für die weitere Entwicklung des russischen Kirchengesangs. Als Direktor der Hofkapelle übernahm er einen Chor, der nicht nur einen kirchlichen Auftrag zu erfüllen hatte, sondern auch zu Empfängen, Theateraufführungen u. a. eingesetzt wurde, wenn solche vom Zarenhofe veranstaltet wurden. Bortnjanskij löste aus diesem Chor die Hofkapelle, den eigentlichen Kirchenchor, heraus und trennte ihn vom Theater- und Konzertchor. Er verbesserte die Qualität der Sänger und vervollkommnete die Mitwirkenden künstlerisch im Kirchengesang. Diese Kapelle wurde zum Vorbild für alle Chöre. Nach ihr richteten sich die anderen Kirchenchöre der Hauptstadt und des ganzen Landes. Außerdem veröffentlichte die Hofkapelle geistliche musikalische Literatur, und Bortnjanskij erhielt persönlich das Recht, Veröffentlichungsgenehmigungen zu erteilen. Diese Voraussetzungen verhinderten weitgehend das Eindringen inhaltsloser und dem Geiste russischen Kirchengesangs fremder, oft ungebildeter Kompositionen unbekannter Nachahmer der italienischen Schule in das Repertoire russischer Chöre.

f) Entwicklung des Kirchengesangs nach D. S. Bortnjanskij

Zwei Richtungen bestimmten nach Bortnjanskij die Entwicklung der russischen Kirchenmusik während eines ganzen Jahrhunderts. Beide waren durch den großen Meister vorgegeben: Einmal war es die Aufgabe kirchlicher Melodien, sowohl aus dem znamennyj raspev, als auch aus anderen altrussischen Melodiequellen, zum anderen handelte es sich um Wege eigener Schöpfungen. Sowohl in der einen als auch in der anderen Richtung ist vieles geschaffen worden, es könnte nur in einem mehrbändigen Werk dargestellt werden. Während manche Komponisten sich durch große Produktivität auszeichneten, haben andere nur verhältnismäßig wenig komponiert, aber aus dieser Zahl der Werke sind einige von solch wahrer Begeisterung getragen, daß das Volk sie mit Liebe aufgenommen hat und sie weiterträgt. Wir nennen hier nur einige der Komponisten, deren Werke die Geschichte des russischen Kirchengesangs stark beeinflußt haben.

Erzpriester Petr Turčaninov (1779–1859) setzte auf dem Gebiete der Harmonisierung altrussischer Melodien das Werk Bortnjanskijs fort. In seiner Jugend sang er im Chor, wurde hernach Schüler von Sarti und Vedel'. Seit 1804 war er Dirigent des Metropolitanchors in St. Petersburg, und seit 1827 Gesangslehrer an der Hofkapelle. Die Übertragungsmethoden Turčaninovs entsprachen denen Bortnjanskijs. Der Unterschied bestand lediglich darin, daß Turčaninov zur Harmonisierung nicht Melodien aus dem Repertoire des Volksgesangs wählte, sondern solche, die er in den Ausgaben des Synods fand.

Er war selbst ein guter Sänger, und so beherrschte er hervorragend sowohl den Vokalismus als auch das Timbre der einzelnen Chorstimmen. Turčaninov harmonisierte eine große Zahl geistlicher Gesänge für alle wichtigen Feiertage des Kirchenjahres und versorgte die Chöre mit dem notwendigen Notenrepertoire. Hierdurch befreite er die Kirchenchöre von der Notwendigkeit, zu den Feiertagen ihren bislang bestehenden Repertoiremangel durch italienischen Partes-Gesang aufzufüllen.

In der Nachfolge von Turčaninov nahm A. F. L'vov (1798–1870) in der Geschichte der Harmonisierung altrussischer Melodien eine wesentliche Rolle ein. Er war 1837–1861 Direktor der Hofkapelle gewesen. In seinen Vertonungen ging er davon aus, daß sowohl den russischen kirchlichen Melodien als auch dem lyrischen Volksgesang ein symmetrischer Rhythmus fremd sei und daß sie sich nicht einem musikalischen Zeitmaß unterwerfen ließen. Dies bedeutete nämlich für den russischen Kirchengesang eine starre Form, die den Komponisten dazu zwingen würde, entweder den Rhythmus der Motive, oder aber die Einheit der musikalischen und textlichen Akzentuierung zu zerstören, um das Zeitmaß einzuhalten. Dieser Mangel haftete den Übertragungen der Vorgänger L'vovs an, in seinen Arbeiten weisen dagegen die Melodien kein festes Zeitmaß auf, dafür aber große Originaltreue, und es entsteht keine Diskrepanz zwischen rhythmischer und textlicher Akzentuierung. Diese neue Harmonisierungsmethode gestattete es dem Komponisten, nicht nur die altrussischen Melodien zu erhalten, sondern dem Hörer auch deren tief emotionale Sättigung und ästhetische Schönheit zu vermitteln. Als beispielhaft für seine Übertragungen gelten seine Stufengesänge der acht Kirchentöne nach dem znamennyi raspev.

Fast gleichzeitig mit A. F. L'vov – und ein wenig über seine Zeit hinaus – arbeitet noch ein weiterer, hochbegabter Musiker – der Dirigent des Metropolitanchors zu St. Petersburg und ehemalige Schüler der Hofkapelle, Grigorij Fedorovič L'vovskij (1830–1894), an der Übertragung altrussischer Melodien.

In seinen Harmonisierungen lehnte G. F. L'vovskij einen nichtsymmetrischen Rhythmus ab, also jene Form, die eine so nachdrückliche Rolle im Werke L'vovs spielte. In den Vertonungen L'vovskijs werden die Melodien, wie bei Bortnjanskij und Turčaninov, einem festen Zeitmaß unterworfen. Um nicht den natürlichen Rhythmus der Melodien zu zerstören, und um die Einheit zwischen der textlichen und der musikalischen Akzentuierung zu erhalten, nahm er oft Zuflucht zum Wechsel von einem zwei-betonten zu einem drei-betonten Takt.

Zu den besten und bekanntesten dieser Schöpfungen des Meisters zählen der Cherubikon-Gesang nach griechischem Motiv, der 119. Psalm zum Karsamstagsgottesdienst, ebenfalls nach griechischem Motiv, und der eucharistische Kanon zur Liturgie nach Basilios dem Großen.

Nach G. F. L'vovskij fiel es dem Komponisten Aleksandr Dmitrievič Kastal'skij (1856–1926) als Direktor der Moskauer Synodal-Chorschule zu, altrussische Melodien neu zu übertragen.

Der Komponist bewahrte die Originalmusik und deren Textverbindung. Sein tiefes Verständnis für den Charakter der Volksmusik ermöglichte es ihm, dessen Besonderheiten auch bei der Übertragung zu bewahren, ungeachtet des breiten Einsatzes aller genannten Mittel und Charakteristika des Volkschorlieds.

Die Schönheit und die einzigartige Vielfalt der Vertonungen alter Melodien, wie sie sich im Werke A. D. Kastal'skijs darboten, erweckten das Interesse zur Kirchenmusik bei Sergej Vasil'evič Rachmaninov (1873–1943). Auf der Grundlage der Harmonisierung von Melodien des znamennyi raspev und aus anderen Quellen schuf er die Komposition „Die Nachtwache". S. V. Rachmaninov sah die Melodien der altrussischen Kirchengesänge als künstlerisch wertvolles Material an, welches er für eine thematische Ausarbeitung für ein Symphonieorchester für tauglich hielt. Die „Nachtwache" ist nicht nur eine Übertragung alter Melodien, sondern vielmehr deren symphonische Interpretation mit Mitteln der Vokalmusik.

Die komplizierten Formen symphonischer Musik bei S. V. Rachmaninov machen seine Tonschöpfungen für Kirchenchöre fast unaufführbar. Nur ganz wenige Chöre führten ausgewählte, unkompliziertere Gesänge aus der „Nachtwache" auf, wie zum Beispiel den Gesang „Gottesgebärerin, Jungfrau..." und den „Hexapsalm". Offensichtlich hatte der Komponist, während er an der „Nachtwache" arbeitete, nicht so sehr im Sinn gehabt, das Repertoire der Kirchenchöre zu erweitern. Er beabsichtigte vielmehr, den breiten Kreisen der Liebhaber kirchlicher Musik in Rußland und im Ausland die Bedeutung der altrussischen Kirchenmelodien als ein wahrhaft künstlerisches Erbe aufzuweisen, welches allgemeine Anerkennung erheischte. In der „Nachtwache" von S. V. Rachmaninov erreichte der russische Kirchengesang im Hinblick auf die Übertragung alter Melodien seinen Höhepunkt. Es fällt schwer, einen anderen Komponisten zu nennen, der nach Rachmaninov noch irgend etwas vollkommen Neues in die Entwicklung dieser Kunst eingebracht hätte.

Bortnjanskij war der wichtigste und auch der letzte Vertreter des italienischen Stils im russischen Kirchengesang. Als 1837 A. F. L'vov die Stelle des Direktors der Hofkapelle in St. Petersburg übernahm, begann auf dem Gebiet der Kirchenmusik eine neue Richtung. Setzte er in der Harmonisierung alter Melodien in gewissem Grade die Linie fort, die einst von seinen Vorgängern Bortnjanskij und Turčaninov vorgezeichnet worden war, so betrat er auf dem Gebiete eigener Schöpfungen völlig neue Wege. Der musikalische Geschmack A. F. L'vovs war durch das Studium der deutschen klassischen Musik gebildet. Daraus ergab sich, daß zum bestimmenden Mittel seiner Musiksprache nicht die Melodik, sondern die Harmonie geworden war. In seiner Musik unterstützen die Akkorde nicht nur die Melodie, sondern sie bestimmen auch oft deren Entwicklung. Der häufige Gebrauch von Modulationen, die ständige Verwendung alternierender Akkorde und der Fermaten waren Hauptmittel zur Entwicklung der Dynamik in den Tonschöpfungen L'vovs. In einigen Kompositionen, wie auch in manchen Übertragungen, bewahrte der Künstler den asymmetrischen Rhythmus. Die Autorität A. F. L'vovs als hervorragender Interpret, Komponist und Direktor der Hofkapelle sicherte dem harmonischen Stil seiner Arbeiten Anerkennung und Vorbildlichkeit.

Unter seinem Nachfolger auf dem Posten des Direktors der Hofkapelle, N. I. Bachmet'ev, entwickelte sich eine neue Aufgabe für die Arbeit der Kapelle: die wissenschaftliche Pflege des harmonischen Stils nicht nur auf dem Gebiet der freien Komposition, sondern auch in der Interpretation des „höfischen Gesangs" (pridvornogo raspeva), der sich in der täglichen Praxis des Kirchengesangs herausgebildet hatte. Dabei schöpfte die Kapelle aus dem Melodienreichtum aus St. Petersburg, aus Moskau, der Ukraine und aus anderen Quellen. N. I. Bachmet'ev wurde 1807 geboren und war von 1861 bis 1883 Direktor der Hofkapelle; er starb 1891.

Die Melodien des „höfischen Gesangs" wurden vereinfacht. Unter dieser Vereinfachung mußte besonders das Achttonsystem leiden. Seine melodische Natur war letztlich so weit verloren gegangen, daß für das Verständnis der Sänger dieser oder jener Kirchenton nur noch die Abfolge von zwei, drei oder vier musikalischen Absätzen war, die auf bestimmter Tonhöhe vorgetragen wurden und untereinander durch bestimmte harmonische Abfolgen verbunden waren. Für das Verständnis der Sachkenner und Liebhaber des russischen Kirchengesangs bedeutete diese Tendenz der Hofkapelle in den siebziger Jahren des 19. Jh. einen Niedergang. Eindringlich wurde die Forderung erhoben, einen weiteren Verfall unbedingt zu verhindern.

Dieser Aufgabe nahm sich Peter Čajkovskij (1840–1893) an. Zwei große Kompositionswerke hat er uns hinterlassen: „Die Göttliche Liturgie" (1878) und die „Nachtwache" (1882). Die „Göttliche Liturgie" ist eine Tonschöpfung im homophon-polyphonen Stil. Die Melodik war der Volksmusik entlehnt. Diese Intonation wurde der Eigenart der Kirchenmusik entsprechend nur zurückhaltend verwendet, entsprach aber mit ihrer Eleganz der Begabung des Komponisten.

Über die „Nachtwache" hat sich Čajkovskij in seinem Vorwort dazu wie folgt geäußert: „Einige dieser echten Kirchenmelodien (welche aus den Notensammlungen des Synods übernommen wurden) habe ich unangetastet gelassen; bei anderen gestattete ich mir einige unbedeutende Veränderungen; endlich, im dritten Fall, wandte ich mich zeitweilig ganz von der genauen Befolgung der Vorgaben ab und folgte der Neigung meines musikalischen Gefühls. Bei der Harmonisierung von Kirchenmelodien hielt ich mich an die Grenzen des ‚strengen Stils', d. h., ich vermied auf jeden Fall Chromatismen und gestattete mir nur in äußerst wenigen Fällen die Verwendung dissonierender Akkorde."[8]

Die Meisterschaft Čajkovskijs auf dem Gebiet der Harmonisierung alter Kirchenmelodien übertraf nicht die Kunst seiner Vorgänger. Er verhielt sich den Melodien gegenüber sehr frei, so daß seine Harmonisierungen teilweise schon keine Übertragungen mehr waren, sondern freie Bearbeitungen der Motive alter Melodien.

Dabei wollte der Künstler keinen neuen Stil der Übertragungstechnik entwickeln. Seine Schöpfungen waren lediglich ein Aufruf an die Musikwelt seiner Zeit, zum ursprünglichen Kirchengesang zurückzukehren. „Wir brauchen einen Messias, der mit einem Schlag allen alten Kram überwindet und einen neuen Weg beschreitet. Und dieser neue Weg beinhaltet die Rückkehr zur altehrwürdigen Vergangenheit und zur Mitteilung alter Melodien in eine dieser entsprechenden Harmonisation ..."[9]

Dieser Aufruf verhallte nicht ungehört. Nach dem Erscheinen der Werke Čajkovskijs wandte sich eine Vielzahl begabter Komponisten schöpferisch den Aufgaben der Kirchenmusik zu. Weiter oben haben wir bereits die unübertroffenen Leistungen A. D. Kastal'skijs und S. V. Rachmaninovs auf dem Gebiet der Übertragungen erwähnt. Auf dem Gebiet der freien Komposition entsprachen diesen Werken die Arbeiten von Aleksandr Andreevič Archangel'skij (1846–1941), Aleksandr Tichonovič Grečaninov (1864–1956), Micail Ivanovič Ippolitov-Ivanov (1859–1935), Pavel Gregorievič Česnokov (1877–1944) und anderer mehr. A. A. Archangel'skij folgte in seinem Schaffen den Traditionen der kirchlichen Intonation, welche sich für den homophon-polyphonen Stil und die Formen der Kirchenmusik herausgebildet hatte. Hierher gehören vor allem die Vorbilder für die Cherubikon Gesänge, die Kompositionen für den Eucharistischen Kanon und die Konzerte. Dem gesamten Werk dieses Komponisten ist eine tiefe Emotionalität und starke Ausdruckskraft eigen. In seinen Konzerten erreichte er ein Pathos, das für die Oratorienchöre der westlichen klassischen Musik typisch ist. Grečaninov und Ippolitov-Ivanov nutzten für ihr Schaffen vornehmlich volkstümliche Melodien. In ihrer Mehrstimmigkeit begegnen wir auch Elementen der Volksliedpolyphonie. Insgesamt zeichnet sich die Musik dieser Komponisten durch offene Kantilenen und große Transparenz der Vertikale aus. Pathos war ihr fremd, doch war sie lyrisch und lebensbejahend. Die Kompositionen Česnokovs weisen einen großen Farbreichtum in der Chorpalette und ein hochentwickeltes Notenbild auf, das oft mehr der Verzierung als der emotionalen Ausdruckskraft zu dienen hat.

Neue Formen der Kirchenmusik zu Beginn des 20. Jh. hatten die Aufgabe, die Schönheit des Kirchengesangs jener Gesellschaftsschicht nahezubringen, die in der schon vorhandenen Kirchenmusik keine Befriedigung mehr fand. Doch waren diese Kompositionen kein Reformversuch für die russische Kirchenmusik. Sie konnten auch nicht zum festen Bestandteil des Chorrepertoires werden, denn sie hatten nichts mehr mit jener Kunst gemeinsam, die während vieler Jahrhunderte in der russischen Kirche gewachsen war, und nicht mit jenen Forderungen, die die überwiegende Zahl der Gläubigen an die Kirchenmusik stellte.

Für das Repertoire der Kirchenchöre ist heute die Musik des Komponisten A. D. Kastal'skij die künstlerische Richtschnur des Kirchengesangs.

g) Das Glockengeläut

Zu jeder orthodoxen Kirche gehören unbedingt Glocken, die entweder auf dem Dach der Kirche in den Kuppeltürmen oder aber in den Glockenstühlen über dem Eingang in die Kirche oder in Arkaden der Freitreppe, manchmal im Westteil der Kirche, andernorts in gesondert errichteten Glockentürmen aufgehängt werden. Die Kirchenglocken kündigen den Gottesdienst an und rufen die Gläubigen zusammen. Sie sollen auch dem kirchlichen Geschehen und dem Gottesdienst Feierlichkeit verleihen, sowie den Abwesenden besondere Augenblicke des Gebets und der Lesungen in der Kirche künden; sie werden damit aufgerufen, sich im Gebet zu Gott mit den Gläubigen in der Kirche zu vereinigen.

Die Glocken hatten aber auch noch eine weitere Bedeutung. Auf dem Lande waren sie in Zeiten der Unwetter und der Schneestürme rettendes Geläut, während eines Brandes wurden sie zum warnenden Sturmgeläut. Im Typikon begegnen wir verschiedenen Bezeichnungen für die Glocken: bilo (Schlagleiste), klepalo (Hammer), kampan (Glocke), tjažkaja (die Schwere) und zvony (Geläut). In der Regel hat jede Kirche mehrere Glocken, die sich in Größe und Klangfarbe voneinander unterscheiden. Ein volles Geläut hat die Feiertags-, die Sonntags-, die Polyeleon-, die Alltags- oder Werktags- und die fünfte oder kleine Glocke.

Neben diesen Hauptglocken gibt es mancherorts noch kleinere Glocken verschiedener Größe, das sogenannte Anfangsgeläut. Das Läuten vor Beginn, während des Gottesdienstes und danach unterscheidet sich voneinander. Im wesentlichen werden zwei Arten des Läutens beobachtet: das „ankündende" und das eigentliche Läuten.

Das ankündende Läuten wird mit einer Glocke, manchmal auch mit mehreren, geläutet. Sind es mehrere, so erklingen sie niemals alle zur gleichen Zeit. Das aufeinanderfolgende harmonische Anschlagen nennt man perezvon oder perebor. Wenn solches Läuten mehrerer Glocken in drei aufeinanderfolgenden Ansätzen geschieht, so spricht man von trezvon.

Das zusammenrufende Läuten vor dem Beginn des Gottesdienstes geschieht stets durch das ankündende Läuten mit einer Glocke, die eine bestimmte Zeitdauer hindurch geschlagen wird. Dieses ist immer ein frohes Künden. Deshalb erhielt es auch die Bezeichnung „blagovest" – die „Frohe Botschaft".

Vor Feiertags- und Sonntagsgottesdiensten wird die „Frohe Botschaft" durch den trezvon mit mehreren Glocken ausgeführt.

Das Läuten, durch welches bestimmte Gebetsfolgen oder Lesungen während der Gottesdienste angezeigt werden soll, geschieht während des Orthros und der Göttlichen Liturgie selbst.

Den verschiedenen Feiertagen entsprechend erfolgen „Frohe Botschaft" und Läuten durch unterschiedliche Glocken:
1. durch die Feiertagsglocke an allen Hochfesten und Kirchenfesten, zur Nachtwache, zur Göttlichen Liturgie und zum großen Hesperinos;
2. durch die Sonntagsglocke an jedem Sonn- und Feiertag, zu dem im Typikon die Nachtwache vorgeschrieben ist;
3. durch die Polyeleonglocke an dem Tag, an dem im Orthros das Polyeleon vorgesehen wird;
4. durch die Werktagsglocke an den Wochentagen und
5. durch die kleine Glocke, die zum kleinen Hesperinos geläutet wird.

Das Läuten in der großen Fastenzeit unterscheidet sich von demjenigen in der anderen Jahreszeit dadurch, daß es langsamer ausgeführt wird. Im Typikon finden wir für das Läuten außerhalb der großen Fastenzeit die Bezeichnung das „Schöne Läuten".
Das Glockenläuten war in Rußland bereits im 10. Jh. bekannt. Schon in den Chroniken von 988 werden Glocken in Rußland erwähnt. Nicht aus Byzanz, sondern aus dem Westen gelangten Glocken nach Rußland. Das Wort für die Bezeichnung der Glocke – kolokol – ist nach Meinung einiger Forscher aus dem altrussischen Wort „kolo" (Kreis, Umgebung) entstanden. Andere sind der Ansicht, daß es sich aus „kol o kol" entwickelt habe, d. h. von „Schlag auf Schlag". Dieses erinnert an die alten Klangbretter und deren Schlägel. Es gibt noch eine dritte Version, welche dem Wort kolokol einem griechischen Stamm – kalkun – zuweist, welcher Schlagholz oder Schlägel bedeutet.
Glocken besaßen zu Beginn des 11. Jh. bereits die Sophien-Kathedrale in Novgorod, die Zehntkirche in Kiev, wie auch Kirchen in einigen anderen Städten, darunter Vladimir, Polock und Novgorod-Severskij. In Rußland begann man erstmals Mitte des 13. Jh. Glocken zu gießen.
Im 14. Jh. sind Glockengießer in Moskau tätig, die Glocken für die Moskauer, aber auch für die Novgoroder Kirchen fertigten. In diesem Jahrhundert nahm die Glockengießerkunst in Moskau einen großen Aufschwung. Nicht nur für Moskau selbst, sondern auch für viele andere Städte werden Glocken gegossen. Aus der Reihe der Namen berühmter Glockengießer hat sich der Name Andrej Čochov erhalten. Auf einer seiner Arbeiten, der großen Kanone, die unter der Bezeich-

nung „car puška" bekannt ist und 1586 gefertigt wurde, ist sehr kunstvoll die Gestalt des Zaren Fedor Ivanovič dargestellt.

Die Fertigung der Glocken, wie sie aus Deutschland übernommen wurde, konnte in Rußland weiterentwickelt werden und erreichte in Rußland Ausmaße, wie sie in Westeuropa nicht bekannt waren. Der Grund hierfür liegt in der Religiosität des russischen Volkes. Seinem Wesen entsprach der gewaltige und harmonische Klang großer Glocken, der friedenspendend auf die Seele zu wirken vermag. In dieser Frohen Botschaft wurde der Ruf des Himmels vernommen, sich von aller irdischen Unruhe und Sorge zu befreien.

Umfang und Gewicht der russischen Glocken übersteigen wesentlich die Ausmaße der Glocken in Westeuropa.

1735 goß im Moskauer Kreml ein russischer Glockengießermeister die größte Glocke der Welt, deren Gewicht 12 000 pud, das sind fast 200 t beträgt. Bekannt geworden ist diese Glocke unter dem Namen „car kolokol". Die zweitgrößte Glocke nach der eben beschriebenen ist die des Dreieinigkeits-Klosters des hl. Sergij in Sagorsk. Sie wiegt 4000 pud, das entspricht einem Gewicht von mehr als 64 t. Sie wurde 1748 gegossen. Danach folgt die große Glocke der Mariä-Himmelfahrts-Kathedrale zu Moskau mit 4000 pud (64 t) 1817 als Ersatz für die bei der Flucht Napoleons aus Moskau 1812 gesprengte Glocke gegossen, die 1760 mit einem Gewicht von 3351 pud (53,5 t) angefertigt worden war. Glocken bis zu 1000 pud (16 t) gab es in vielen Klöstern. Das Läuten vom Glockenturm Ivan Velikij im Moskauer Kreml zeichnete sich durch besondere Feierlichkeiten aus. Besonders, wenn zu den Hochfesten und bestimmten feierlichen Anlässen alle Glocken eingesetzt wurden. Dieses „Schöne Läuten" geschah nach einer besonderen Melodie.

In der Nacht zum Fest der Auferstehung Christi wurde nach einem besonderen, von altersher in Moskau geübten Brauch geläutet. Das Anläuten zum Mitternachtsgottesdienst begann vom Glockenturm Ivan Velikij im Kreml. Zur Betonung der Feierlichkeit und Festlichkeit des großen Augenblicks mußten alle Moskauer Kirchen warten, bis die gewaltige Mariä-Himmelfahrts-Glocke dieses Glockenturms anschlug. Auf diesen ersten Schlag antwortete aus der Ferne, einem Echo gleich, die Glocke des Klosters zu den Leiden des Herrn. Dann erst begannen alle Glocken der Moskauer Kirchen gleichzeitig zu läuten. Feierlich, beständig anwachsend und anschwellend, trug sich die breite Welle des Dröhnens über die Mauern des Kreml und über den Moskva-Fluß hinaus, um sich weit in das Land zu ergießen.

Von allen russischen Glockengeläuten heben sich die berühmten „Rostovskie zvony" ab. Es ist das Glockengeläut von Rostov, das im ganzen Land berühmt und in vielen historischen Quellen erwähnt ist. Die Glocken von Rostov stellen das Größte dar, was die russische Kunst des Glockenläutens hervorgebracht hat.
Schon früh wandten die russischen Menschen große Aufmerksamkeit dem harmonischen Zusammenklang verschiedener Glocken zu.
Jedes Läuten hat seine eigene, besondere Aussage. Es gibt das Trauer kündende Beerdigungsläuten, aber auch das frohlockende „Schöne Läuten", wenn es galt, Freude, einen großen Feiertag, einen Sieg oder die Befreiung aus einer Gefahr anzuzeigen. Im alten Rußland ersetzte das Läuten die Musik, da außer den „gusli", einem russischen Volksinstrument, fast keine weiteren Instrumente bekannt waren.
Berühmt waren viele Klöster wegen ihres melodischen Glockengeläuts, besonders das Dreieinigkeits-Kloster des hl. Sergij von Radonež, wo die Kunst des Glockenläutens von einem Glöckner auf den anderen vererbt wurde. Die russischen Menschen sagen, daß das Glockengeläut der Kirchen die Gedanken unwillkürlich von der Erde fort in die himmlischen Höhen führt und so das Herz mit freudigen und hellen Gefühlen erfüllt.
Die Gläubigen bekreuzigen sich und richten ihre Gedanken auf Gott, wo immer sie die „Frohe Botschaft" hören. Hierin verbirgt sich die große moralische Bedeutung des kirchlichen Läutens, denn es erinnert an die ewige Gerechtigkeit, an die große christliche Liebe, an das Sein Gottes. Das kirchliche Glockengeläut hat sich in Rußland durch Jahrhunderte hindurch entwickelt, es hat sich zu einem bestimmten System musikalischen Klingens gefügt und wurde so zu einer besonderen Form der russischen nationalen Musikkunst.

V. KAPITEL

PERSÖNLICHES FRÖMMIGKEITSLEBEN

Nach einer bekannten Legende saßen an einem trüben Wintertag zu Beginn des vorigen Jahrhunderts zwei Männer zusammen auf einer einsamen Waldwiese am Ufer der Sarovska und unterhielten sich. Einer der beiden Gesprächspartner war der Gutsbesitzer N. A. Motovilov, ein Vertreter der Intelligenzschicht. Der andere, der Mönchsvater Serafim von Sarov, verkörperte die im Schoße des asketischen russischen Mönchtums gehütete Weisheit der orthodoxen Kirche. Zwei verschiedene Lebens- und Denkformen, zwei verschiedene Kulturen trafen hier aufeinander. Doch einte beide Männer der Glaube an Christus, bei Motovilov allerdings nur noch ein schwacher Funken. Aber er verstand die Lehre des ehrwürdigen Serafim von Sarov und schloß sie in sein Herz. Das gibt uns die Gewißheit, daß auch einem Christen des 20. Jh. das Wesen der orthodoxen christlichen Frömmigkeit nahegebracht werden kann.

Der ehrwürdige Serafim sagte: „Gebet, Fasten, Wachen und alle anderen christlichen Werke mögen an und für sich noch so gut sein, aber das Ziel unseres Christenlebens erreichen wir nicht, wenn wir nur solcherlei Werke vollbringen, wiewohl sie ein unerläßliches Hilfsmittel auf dem Weg zu diesem Ziel sind. Das wahre Ziel unseres Christenlebens besteht im Erwerb des Hl. Geistes Gottes. Nur ein gutes Werk, das um Christi willen getan wird, bringt uns die Früchte des Hl. Geistes. Alles, was nicht um Christi willen geschieht, wenn es auch gut ist, bringt uns keinen Lohn im Leben der künftigen Welt, ja nicht einmal im jetzigen Leben schenkt es uns die Gnade Gottes. Darum hat auch der Herr Jesus Christus gesagt: ‚Wer nicht mit mir sammelt, der zerstreut'".[1] In seiner Auslegung des biblischen Gleichnisses von den zehn Jungfrauen betonte der ehrwürdige Serafim, daß der Mangel an Öl in den Lampen der törichten Jungfrauen nicht als Mangel an Tugenden zu verstehen sei. Diese Jungfrauen meinten in ihrer geistlichen Torheit, daß die Berufung des Christen nur darin bestünde, Gutes zu vollbringen. Doch sie kümmerten sich nicht darum, ob sie dabei auch die Gnade des Geistes Gottes erwürben. Eine, wie wir heute sagen würden, formale Tugendübung ohne die nötige Beachtung ihrer wirklichen inneren Antriebe entbehrt der Gnade des Hl. Geistes. Fünf Jungfrauen „werden auch darum ... töricht genannt, weil sie die notwendige Frucht der Tugend vergaßen, nämlich die Gnade des Hl. Geistes, ohne den es niemals und für niemanden eine Rettung gibt ..." Der Marktplatz, zu dem die törichten Jungfrauen eilten, um Öl zu kaufen, ist, wie Serafim von Sarov sagt, unser Leben; „die Türen des Hochzeitssaales, die ihnen verschlossen bleiben und den Zutritt zum Bräutigam verwehren, stellen den Tod des Menschen dar; die klugen und die törichten Jungfrauen sind die Seelen der Christen; das Öl ist das Sinnbild nicht unserer Werke, sondern der durch sie empfangenen Gnade des Allheiligen Geistes Gottes." Der ehrwürdige Serafim erklärt den Sinn des „Kaufs" in diesem Gleichnis folgendermaßen: „Als ich noch nicht im Kloster war, pflegte ich mit Waren zu handeln, um damit Gewinn zu erzielen ... Es kommt ja nicht darauf an, daß man nur einfach Handel treibt, sondern darauf, daß man möglichst viel Gewinn dabei einstreicht. So kommt es auch im Christenleben nicht darauf an, daß man nur betet oder irgendein anderes gutes Werk vollbringt ... Entscheidend für uns ist nicht, daß wir die Summe unserer Tugenden vergrößern, die im Hinblick auf das Ziel unseres Christenlebens nur als Mittel dienen, sondern vielmehr, daß wir ... möglichst viel von den überreichen Gaben des Hl. Geistes erwerben."

Der Starez rät, jeder einzelne Christ möge sich eben das aussuchen, was ihm im gegebenen Moment am meisten von dem „segensreichen Kapital der Gnade Gottes" einbringt: „Wenn ihr die Gnade Gottes am ehesten durch das Wachen und Beten empfangt, so wacht und betet; wenn euch das Fasten viel vom Geist Gottes verschafft, so fastet; bringt euch das Almosengeben mehr, so gebt Almosen, und in dieser Weise denkt von jedem Tugendwerk, das um Christi willen getan wird."

Der Heilige von Sarov ermahnt, die Gaben des Hl. Geistes nicht nur für sich selbst zu sammeln, sondern sie auch freigiebig „zu verteilen an alle, die ihrer bedürfen".

Serafim von Sarov hat ausführlich dargelegt, daß ebenso, wie die Menschen von Gott geschaffen worden sind und von Natur aus den Geist Gottes in sich tragen, der Herr die Gnade des Hl. Geistes jedem Menschen mitteilen und ihm zugleich die Gewißheit schenken kann, daß ihm die Gnade Gottes wirklich gegeben ist und er keiner Selbsttäuschung, keinem Irrtum zum Opfer gefallen ist.

Am Ende dieses Gespräches erflehte der große Heilige von Sarov in stillem Gebet, daß Gott die Gnade des Hl. Geistes spürbar wirksam werden lasse. Da umleuchtete ein wunderbar strahlender und wärmender Lichtglanz, hell wie die Mittagssonne, die beiden Männer. Ein unbeschreiblicher Wohlgeruch verbreitete sich ringsum, und ein über alle Worte beglückendes Wonnegefühl erfüllte die Seelen der beiden. So hat der Herr die Wahrheit der Worte und Lehren des Starez Serafim beglaubigt.

Der ehrwürdige Serafim spricht nur aus, was seit altersher in der geistlichen Erfahrung der Orthodoxie lebendig ist. Die Viten und die Lehrworte der heiligen Väter des Altertums – wir denken nur an Antonius den Großen, Makarios den Ägypter, Ephraim den Syrer, Theodoros Studites, Basileios den Großen, Gregorios den Theologen, Johannes Chrysostomos, Gregorios Sinaites, Isaak den Syrer, Johannes Klimakos – sowie an die Namen vieler russischer Heiliger – beispielsweise Antonij und Feodosij vom Kiever Höhlenkloster, Sergij von Radonež, Iosif (Sanin) von Volokolamsk, Zosima und Savvatij vom Soloveckij-Kloster und andere – waren in den orthodoxen russischen Gemeinden weithin bekannt.

Bis etwa zum 18. Jh. richtete sich das persönliche Leben eines frommen Russen nach den Regeln der strengen monastischen Ordnung.[2] Das unermüdliche Gebet in den zahlreichen Klöstern, die prächtigen und erhebenden Gottesdienste in den orthodoxen Kirchen prägten den eigenständigen Typus der russischen Frömmigkeit, dessen wertvollste Eigenschaften sich in der Person des ehrwürdigen Serafim von Sarov (1754–1833) verkörperten, den die Kirche im Jahre 1903 heiliggesprochen hat. Nach den Worten von Erzbischof Filaret von Černigov (Gumilevskij, 1805–1866) war Serafim von Sarov „der größte Frömmigkeitsheld der jüngsten Zeit".[3]

So formt sich aus der alten und zugleich gegenwärtigen geistlichen Erfahrung die nationalrussische Religiosität mit ihren besonderen Merkmalen, mit ihrem orthodoxen Verständnis des Evangeliums.

a) Grundzüge der russischen orthodoxen Religiosität

Der Orthodoxie in Rußland ist eine bloß verstandesmäßige Anerkennung der christlichen Glaubensgewißheiten fremd. Grund und Ursprung, aber auch Ziel des geistlichen Lebens ist für einen orthodoxen Russen heute wie vor Hunderten von Jahren die lebendige Gemeinschaft mit Gott.

Alle Weisheit der orthodoxen Kirche von den Zeiten der Apostel bis in unsere Tage lehrt, wie man diese Gemeinschaft erreichen kann. Die heiligen Meister der Frömmigkeit haben in verschiedenen Epochen und unter verschiedenen Völkern unabhängig voneinander ein und dieselben Formen des geistlichen Lebens mit gleichartigen Mitteln entdeckt. So ist eine Wissenschaft vom Aufstieg zu Gott entstanden. Ihre Grundlagen finden sich in der Heiligen Schrift, besonders in den Evangelien, aber ihr Entwicklung vollzog sich in der Kirche, die vom Hl. Geist, der in ihr lebt, erleuchtet wird. Bis zu unserer Zeit haben sich gewaltige Schätze geistlicher Erfahrung angesammelt, die im Schrifttum der hl. Väter und in der asketischen Literatur aller Jahrhunderte enthalten sind. Es gibt Sammlungen solcher Werke, die sich einzelnen Seiten des geistlichen Lebens zuwenden oder die Einsichten orthodoxer Asketen verallgemeinern. Zu ihnen zählt die umfangreiche Sammlung der „Tugendliebe" (Dobrotoljubie = Philokalia); in ihr findet man Auszüge aus den Schriften hl. Väter und Asketen über grundlegende Merkmale des geistlichen Lebens und besonders über die Regeln des Gebets.[4] Ein weniger ausführliches Buch ist „Der unsichtbare Kampf", das der ehrwürdige Nikodemus vom Athos, ein Mönch vom Heiligen Berge (gest. 1809), zusammengestellt hat.[5] Aufgrund einer tiefsinnigen Deutung des verborgenen Sinnes des Evangeliums und gestützt auf die Erfahrung der alten Väter und Asketen legt dieses Buch in systematischer Ordnung die Prinzipien des geistlichen Lebens dar. Es nennt die Regeln des Gebets und der Askese, die Methoden des Kampfes mit den Versuchungen des Fleisches, der Welt und des Teufels, es gibt Hinweise auf mögliche Fehler und Abweichungen vom rechten Weg. So ist dieses Buch ein praktischer Leitfaden für jeden, der aufrichtig und eifrig um das Heil seiner Seele besorgt ist.

„Die Mönche ahmen die Engel nach, und die Laien sollen die Mönche nachahmen." Diese Worte stammen von einem bedeutenden Vertreter der orthodoxen Asketik, Johannes Klimakos (6. Jh.), dem Autor des weithin bekannten Buches „Klimax" (d. h. Himmelsleiter). Den Versuchungen der Welt entrückt, beten die Mönche für die ganze Welt und für alle Menschen. Die Kraft des Gebets der Mönche ist gewaltig. Ein Mann neuerer Zeit, der russische Athosmönch Starez Siluan (1866–1938) hat gesagt: „Dank der Mönche hört das Gebet auf Erden niemals auf; darin liegt der Nutzen für die ganze Welt, denn die Welt besteht durch das Gebet. Wenn das Gebet erlahmt, dann geht die Welt zugrunde."[6] Die vielhundertjährige Erfahrung der Orthodoxie hat hinlänglich bewiesen, daß das Mönchtum der Schutzwall der Kirche, der Bewahrer der Frömmigkeit und der Heilsmysterien ist. Die Mönche werden deshalb so sehr verehrt, weil sie in ihrem Leben auch äußerlich verwirklichen, was jeder Orthodoxe mindestens innerlich zu vollziehen trachtet – die Absage an die Verlockungen und Eitelkeiten der Welt und den vollkommen Gehorsam gegen Gott. Das Ziel des geistlichen Strebens ist es, durch die Einwirkung der Gnade Gottes innere Reinheit, Makellosigkeit und vollkommene Ergebenheit in den Willen Gottes zu erreichen, so wie sie der Jungfrau Maria, der Schutzherrin des orthodoxen Mönchtums, eigen waren. Die Mönchsregeln und gewissermaßen den Geist des Athos erhielten wir von dem Begründer des russischen Mönchtums, dem ehrwürdigen Antonij Pečerskij vom Kiever Höhlenkloster (11. Jh.). Die geistliche Verbundenheit der russischen Orthodoxie mit dem Athos, die nun schon neun Jahrhunderte ununterbrochen fortbesteht, ist allgemein bekannt. Heute bezeugt sie sich in den Bemühungen der russischen Kirche, den Bestand des alten russischen Panteleimon-Klosters auf dem Athos zu sichern, aber auch in der vertrauensvollen Verehrung, mit der im Volke alles umgeben wird, was eine Beziehung zum Athos hat. Der Orthodoxe empfindet die Askese nicht als drückenden Zwang, sondern als ein Herzensbedürfnis. Er versteht sie nicht als gewaltsamen Entzug der natürlichen Güter und Freuden des irdischen Lebens, sondern als die Gesamtheit der geeigneten Mittel zum „Erwerb der Gnade des Hl. Geistes" und zum Kampf mit den Versuchungen des Fleisches, den Verlockungen der Welt und des Teufels.

In der orthodoxen Asketik achtet man besonders aufmerksam auf die geistliche Nüchternheit – die vernünftige Einsicht, die davor bewahrt, in falsche Askese, sinnlose Übertreibung und Exaltation zu verfallen und dadurch in den Zustand der Scheinheiligkeit oder der teuflischen Verblendung zu geraten, der die Seele in Unordnung stürzt und zerstört. Die „Tugendliebe" heißt deshalb in ihrem Untertitel auch „Bücher der Nüchternheit". Der Asket erkennt seine Unvollkommenheit besonders deutlich, und aus dieser Einsicht entspringt seine Demut vor Gott und den Menschen. Doch eben hierin besteht, von außen betrachtet, die Vollkommenheit eines Menschen. Er selbst aber hält sich für den Geringsten von allen!

Wenn in einem Menschen Selbstliebe und Stolz nicht übermächtig sind, dann bringt ihn die Erkenntnis seiner eigenen Nichtigkeit dazu, sich um so fester an Gottes Güte, Heiligkeit, Allmacht und Gnade zu halten, durch die er die Liebe zum Schöpfer gewinnt und die freudige Zuversicht erwirbt, daß er nicht wegen seiner persönlichen Verdienste, sondern dank der Barmherzigkeit seines Schöpfers und Erlösers gerettet wird. In Gott empfängt er unablässig Hilfe für den Kampf mit der Sünde, und er wird jenes Lichtes teilhaftig, das die Seele verklärt, so daß er ein Träger des göttlichen Lichtes, der Freude und der Liebe wird, stets bereit, diese Gaben freigebig mit anderen zu teilen.

Nach orthodoxem Verständnis ist Heiligkeit nicht die persönliche Reinheit der Menschen, nicht die völlige Freiheit von der Sünde, sondern vielmehr eine besondere Gnade und Heiligung von Gott, die dem Menschen um so reichlicher geschenkt wird, je hartnäckiger er gegen die Sünde ankämpft und zu Gott hinstrebt.

Der Glaube des orthodoxen Christen ist nichts anderes als die brennende, innige und aufrichtige Liebe zu dem dreieinigen Gott.

Das Wesen der Orthodoxie ist Leben im Lichte der flammenden und allumfassenden Liebe zwischen Gott und Mensch.

Je mehr der Mensch in Liebe zu Gott erglüht, desto stärker wächst auch seine Liebe zu jedem Geschöpf Gottes, besonders aber zu seinen Mitmenschen. Herzliche und uneigennützige Bruderliebe, freudige Bereitschaft, die eigenen Interessen dem Wohl des Nächsten zu opfern, aufrichtige Liebe zur irdischen Heimat als dem Abbild der himmlischen Heimat – diese Merkmale sind kennzeichnend für die russische Religiosität.[7]

Der orthodoxe Mensch sieht den Sinn seines Lebens (bewußt oder unbewußt) im Aufstieg zu Gott in Jesus Christus durch die Gnade des Hl. Geistes; praktisch bedeutet das, sich täglich darum zu bemühen, daß man die Gnade Gottes bewahrt und vermehrt, indem man seinen Willen erfüllt und die Hindernisse überwindet, die der Gemeinschaft und Vereinigung mit Gott im Wege stehen. Das Endziel des Lebens aber ist es, nach dem zeitlichen Tode in der ewigen Freude des Himmelreiches zu weilen. Dieses Ziel zu erreichen ist für die russischen Gläubigen ein so heftiges Bedürfnis, und mit ihm verbinden sie so starke Hoffnungen, daß die Erwartung des ewigen Lebens im Paradies das ganze irdische Leben des orthodoxen Christen prägt. Seine Umwelt mißt er mit dem Maß der Ewigkeit. Sein „ersehntes Vaterland", das Paradies, zu erreichen, erhofft ein Orthodoxer nur mit Christus und in Christus, der gesagt hat: „Will mir jemand nachfolgen, der verleugne sich selbst und nehme sein Kreuz auf sich und folge mir. Denn wer sein Leben erhalten will, der wird's verlieren; wer aber sein Leben verliert um meinetwillen, der wird's finden. Was hülfe es dem Menschen, wenn er die ganze Welt gewönne und nähme doch Schaden an seiner Seele? Oder was kann der Mensch geben, womit er seine Seele auslöse?" (Mt 16, 24–26). Ein gläubiger russischer Mensch ist sein ganzes Leben über darum bemüht, diese Worte des Erlösers zu erfüllen.

Fromme Russen gestalten auch in unserer Zeit ihr persönliches und familiäres Leben im Geiste der Mönchsregeln. Die orthodoxe Kirchenordnung (das *Typikon*) kennt im Hinblick auf Gottesdienste, Fasten und Gebet nahezu keinen Unterschied zwischen Mönchen und Laien (nur ist den letzteren der Genuß von Fleischspeisen gestattet). Weit verbreitet ist heute unter frommen Laien das Jesusgebet nach den četki (Kette aus Holzperlen, entspricht etwa dem Rosenkranz), während man noch vor einigen Jahrzehnten meinte, diese Übung im fortwährenden Gebet komme ausschließlich den Mönchen zu. Nicht wenige Orthodoxe, die in der Welt stehen und als Produktionsarbeiter oder Angestellte tätig sind, haben sich im Herzen Gott geweiht und leben im Stande der Ehelosigkeit wie wahre Mönche (deshalb verzehren sie auch kein Fleisch). In ihrer freien Zeit verrichten sie lange Gebete, besuchen die kirchlichen Gottesdienste und üben Werke der Barmherzigkeit. Diese Lebensweise frommer Laien ist eine neuartige geistliche Existenzform, die sich ihrem Inhalt nach in nichts von der Mönchsaskese unterscheidet. Doch diese Menschen sind nicht in den Mönchsstand aufgenommen und haben keine Gelübde abgelegt; sie tragen kein Mönchsgewand, sie leben nicht in den Mauern eines Klosters, und kaum einer weiß von ihrem Tun, wenn sie freilich auch ihren Weg von Anfang an unter dem Segen und der Leitung erfahrener Seelsorger beschreiten.

Solche Erscheinungen geben Zeugnis davon, daß der Strom der traditionellen russischen Frömmigkeit – das Bemühen um ein geistliches Leben nach den Geboten des Evangeliums und dem Vorbild der hl. Väter der Kirche – nicht versiegt oder seine Richtung ändert.

Wenn ein Gläubiger spürt, daß die weltlichen Sorgen den Frieden seines Herzens stören, seine innere Verbindung zu Gott unterbrechen und den Leidenschaften Zutritt zu seiner Seele gewähren, dann überkommt ihn Reue, und er beichtet seinen Zustand als schwere Sünde. Der Rhythmus des modernen Lebens setzt dem unwandelbaren Verweilen des Gläubigen in Gott ernsthafte Hindernisse entgegen. Um die unserem Jahrhundert eigenen Versuchungen zu bestehen, bedarf es besonderer Anstrengungen. Doch ungeachtet aller Schwierigkeiten bemühen sich die gläubigen Russen darum, den Einfluß äußerer Umstände abzuwehren und ihr Herz in Frieden und Reinheit zu bewahren. Wer schwach geworden ist, gewinnt den Frieden mit Gott durch aufrichtige Reue zurück. Man muß einmal gesehen haben, wie in unseren Kirchen einfache russische Menschen bei der Beichte ihre Sünde beweinen, die oftmals nur darin besteht, daß sie, belastet durch eine Vielzahl wirtschaftlicher und häuslicher Sorgen, nicht so leben und so beten können, wie es ihr Gewissen von ihnen verlangt. Jedoch gerade dieses Weinen des menschlichen Herzens zeugt am zuverlässigsten von der inneren Gesundheit des Christen. Und wenn er, wie es scheint, im Kampf mit den Versuchungen durchaus nicht immer den Sieg behält, so ist doch in bestimmtem Sinne diese bittere Reue selbst schon der Sieg über die äußeren Verlockungen, vermögen doch diese der Seele nicht das inständige Verlangen nach steter Gemeinschaft mit Gott zu rauben. Denken wir in diesem Zusammenhang an den Bericht des Evangeliums von der Rettung des sinkenden Petrus durch den Herrn (Mt 14, 23–31).

Die stürmischen Ereignisse des 20. Jh., der rasche wissenschaftlich-technische Fortschritt, der Strudel des heutigen Lebens gleichen dem Sturm auf dem See Genezareth. Die orthodoxen Gläubigen gehen zusammen mit Christus über die Wogen des aufgewühlten Meeres. Wenn sie zu „sinken" beginnen, dann rufen sie den Herrn um Hilfe an und erhalten stets seinen Beistand.

Der orthodoxe Christ erfährt in der Kirche und in seinem persönlichen religiösen Leben die Gemeinschaft mit Gott. Er ist Diener und Mitarbeiter Gottes und weiß, daß sein Auge beständig auf ihm ruht. Die Verletzung dieses Prinzips ist Sünde, die das Bedürfnis nach Buße und Beichte weckt.

Welcher Art der Glaube eines Volkes ist, erkennt man unter anderem daran, welchen Menschen das Volk besondere Verehrung und Sympathie entgegenbringt. Die orthodoxen Russen lieben seit alters her vor allem die wahren Asketen und Überwinder – die Mönche und die Narren um Christi willen. Diese Narrheit ist das freiwillige Opfer eines Menschen, der sich verrückt stellt und auf alle irdischen Güter verzichtet, um damit zu bezeugen, daß irdische Weisheit und weltliches Glück nichts vor Gott sind, nichts im Vergleich zum inneren Leben des Geistes. Diese Menschen weihen sich allein Gott und dem Gebet, besonders dem Gebet für die ganze Welt. Wenn sie auch mitten in der Welt leben, so sind sie doch nicht von dieser Welt. Der orthodoxe Russe ist, mögen auch familiäre, berufliche, gesellschaftliche und andere Verpflichtungen auf ihm ruhen, deren Erfüllung vor Gott stets als Tugend geehrt wird, dennoch ein Mensch nicht von dieser Welt, ein Mensch Gottes.

Für die Orthodoxie ist es charakteristisch, daß sie den menschlichen Schwächen mit Barmherzigkeit und Großmut begegnet; sündhafte Zügellosigkeit und pharisäische Pedanterie sind ihr gleichermaßen fremd. Der Mensch kann alle irdischen Güter gebrauchen, wenn er nur nicht zu ihrem Knecht wird. Aus der Nähe zum göttlichen Licht empfängt die orthodoxe Seele ihre seltene Milde. Verzweiflung, Trübsal und Bekümmernis werden als Sünde gebeichtet. Die Auferstehung Christi von den Toten ist für den Orthodoxen eine Quelle der Freude und der Hoffnung auf die allgemeine Auferstehung, durch die die Erlösten in die ewige Freude des Paradieses eingehen. Der ehrwürdige Serafim von Sarov begrüßte zu jeder beliebigen Jahreszeit einen jeden, der zu ihm kam, mit den Worten: „Meine Freude, Christus ist auferstanden!"

Die russische orthodoxe Frömmigkeit kennt kein rationales System der Ethik. In der Orthodoxie gilt etwas in dem Maße als sittlich gut, wie es von Gott gesegnet wird und ihm wohlgefällt, oder wie es dem Menschen die Gaben des Hl. Geistes bringt. Hingegen wird als schlecht, als unsittlich betrachtet, was Gott entgegen ist, von ihm nicht gesegnet wird und die Gnade des Hl. Geistes nicht herbeiruft. Das bedeutet im praktischen Leben, daß der orthodoxe Christ beständig auf den Hl. Geist achthaben muß, der weht, wo er will. Die Gebote des Evangeliums, die den Menschen zu Gemeinschaft mit Gott rufen und ihn auffordern, Gott von ganzem Herzen zu lieben und ebenso auch den Nächsten wie sich selbst, stellen weder ihrem offenbaren noch ihrem verborgenen Sinne nach moralische Postulate dar. Deshalb urteilt ein orthodoxer Russe niemals abstrakt über Fragen der Sittlichkeit, sondern strebt danach, von Gott ein Zeugnis im Geiste zu empfangen, ob ihm eine Tat wohlgefällt oder nicht. Angesichts der allgemeinen Verderbnis der menschlichen Natur und der persönlichen Schwächen der Menschen ist keiner der Erdgeborenen vor Fehlern gefeit. Doch die Kirche belehrt den, der sich vergangen hat, gibt ihm die Kraft zur Besserung und reinigt ihn im Sakrament der Buße. Ohne die Kirche, ohne den Gottesdienst und die Sakramente vermag ein Orthodoxer nicht zu leben. Ihrer Kirche hängen die orthodoxen Christen mit grenzenloser Liebe an.

b) Das Verhältnis zu Gott

Will man von der Liebe zu Gott sprechen, muß man die Art dieses Gefühls bei den gläubigen Russen verstehen.
An allen Festtagen zu Ehren der allheiligen Gottesgebärerin und Immerjungfrau Maria wird in der orthodoxen Kirche innerhalb der Liturgie der Evangeliumstext von Maria und Martha (Lk 10, 38–42) verlesen, der mit den Worten abgeschlossen wird: „Und es begab sich, als er so redete, da erhob eine Frau im Volk ihre Stimme und sprach zu ihm: Selig ist der Leib, der dich getragen hat, und die Brüste, an denen du gesogen hast. Er aber sprach: Ja, selig sind, die das Wort Gottes hören und bewahren" (Lk 11, 27–28). Die Antwort Christi ist in hohem Maße vielsinnig: Ebenso wie jene selig ist, die den fleischgewordenen Logos in sich getragen, ihn geboren und genährt hat, sind auch jene Menschen selig, die die Worte Gottes, die Worte des Evangeliums, aufnehmen und sie in ihrem persönlichen Leben erfüllen.
So ist das Verhältnis des orthodoxen Menschen zu Gott der Haltung der Gottesgebärerin ähnlich. Das Wesen dieses Verhältnisses läßt sich

an dem erwähnten Bericht von Maria und Martha veranschaulichen. Maria, die Schwester der Martha und des Lazarus, liebte Christus so innig und verlangte so sehr danach, seine göttlichen Worte zu hören, daß sie bei seinem Eintritt in ihr Haus alles in der Welt vergaß, auch sich selbst, und nicht mehr daran dachte, daß sie eigentlich für einen würdigen Empfang des teuren Gastes hätte sorgen sollen. Eine solche vollkommene Aufmerksamkeit für Gott, die aus einer unendlichen Liebe zu ihm erwächst und alle weltlichen Sorgen, ja sogar sich selbst vergessen läßt (d. h. zu echter Selbstverleugnung führt), zeichnete die allheilige Immerjungfrau Maria aus. Eine derartige Haltung (wie sie sehr viele Gläubige praktisch erworben haben und erwerben) galt immer als das geistliche Ziel, auf das hin im orthodoxen Glauben alles ausgerichtet ist. Deshalb nennen viele die Orthodoxie, und namentlich die russische, mit Recht den Marien-Dienst an Gott (im Unterschied zum Martha-Dienst).

Die orthodoxen Russen lieben Gott tief und stark, mit einer unerklärlichen und geheimnisvollen hingebungsvollen Liebe. Nur in ganz seltenen Ausnahmefällen entschließen sie sich, ihn um etwas Irdisches zu bitten. Gewöhnlich scheuen sie sich davor, denn sie glauben fest daran, daß Gott selbst sieht und weiß, was dem Menschen frommt. Freude und Leid, Gesundheit und Krankheit, Erfolge und Mißlichkeiten, Wohlstand und Mangel sind Mittel, mit denen Gott die Herzen der Kinder Gottes prüft und heilt, indem er ihnen immer die Bedingungen zuschickt, unter denen sie am besten ihr Heil finden und die Gnade des Hl. Geistes erwerben können. Diese Überzeugung wurzelt tief in allen gläubigen Russen. Oftmals, besonders in Unglück und Leid, wiederholt der orthodoxe Russe die Worte des Johannes Chrysostomos (347–407), des Patriarchen von Konstantinopel, der, beraubt aller irdischen Rechte und Würden, im fernen Exil sterbend, gesagt hat: „Ehre sei Gott für alles!"

Gott, das ist für die Orthodoxen die wesenseine und unteilbare Dreieinigkeit. Fast alle kirchlichen Gottesdienste und häuslichen Gebete beginnen mit einem Lobpreis auf die Dreieinigkeit. Schon der Eintritt in die Kirche Christi vollzieht sich im Sakrament der Taufe im Namen des Vaters und des Sohnes und des Heiligen Geistes. In der Dreieinigkeit des Einen Gottes liegt die Quelle der einheitlichen Weltsicht und der wahren Bruderliebe. Das kommt sehr schön in dem Ausruf der Liturgie zum Ausdruck: „Lasset uns einander lieben, damit wir einmütig bekennen den Vater und den Sohn und den Heiligen Geist, die wesenseine und unteilbare Dreieinigkeit."

In der russischen Kirche sind (im Unterschied zur byzantinischen) viele Gotteshäuser der Hl. Trinität geweiht (angefangen von jener Kirchweihe, die die Großfürstin Rußlands Olga im Jahre 954 veranlaßte). Das bekannteste und berühmteste Kloster Rußlands, die Lavra des ehrwürdigen Sergij, eines der geistlichen Zentren des Landes, ist auf den Namen der Hl. Dreieinigkeit gestiftet und geweiht worden (s. Abb. 22–24). Zu den Lieblingsfesten des Volkes gehört der Tag der Hl. Dreieinigkeit (Pfingsten). Und zu den berühmtesten russischen Ikonen in aller Welt zählt die „Dreieinigkeit" des ehrwürdigen Andrej Rublev (s. Abb. 5).

Das tiefe orthodoxe Empfinden für das Geheimnis der Dreieinigkeit drückt sich auch in der persönlichen Frömmigkeit der Gläubigen aus. Die im Gebet erfahrene Gemeinschaft mit Gott erweckt eine besonders innige Liebe zu Christus als dem Gesandten des himmlischen Vaters, der die Menschheit von der Knechtschaft der Finsternis und des Verderbens befreit hat.

Jesus Christus ist der fleischgewordene Gott. Deshalb ist er der menschlichen Seele besonders nahe. Alle Ereignisse im irdischen Leben Jesu Christi waren zugleich auch Akte seines Erlösungswerkes, und so empfinden die russischen Gläubigen sie, als wären sie unmittelbar daran beteiligt.

Wenn am Großen Freitag (Karfreitag) vor Ostern in den Kirchen der Gottesdienst vollzogen wird, bei dem man im Gebet der Kreuzigung und des Todes unseres Herrn Jesus Christus gedenkt, errichtet man in der Mitte der Kirche auf einem Gestell, das Golgatha symbolisiert, ein großes Holzkreuz mit der Darstellung des gekreuzigten Erlösers; zu beiden Seiten des Kreuzes stehen (gewöhnlich in Lebensgröße) die Figuren der Gottesmutter und Johannes des Theologen (Joh 19, 26). Meist erhebt die Jungfrau Maria ihren Blick zu Christus, während Johannes der Theologe mit gesenktem Haupte gezeigt wird. Diese Golgatha-Gruppe ist dem Volke zugewandt. Getragen und feierlich nimmt der Gottesdienst seinen Gang und in der Kirche herrscht tiefe Stille.

Unwillkürlich hat man das Gefühl, daß die Menschen die Kreuzigung so erleben, als stünden sie selbst beim Kreuze Christi und als wären in ihnen auf geheimnisvolle Weise die Mutter Gottes und der Jünger, den Jesus liebhatte, gegenwärtig.

c) Das Verhältnis zu den Heiligen

Fast jedes Bittgebet (Ektenie) in den kirchlichen Gottesdiensten schließt mit der Aufforderung an alle Beter: „Unserer allheiligen, reinsten, hochgelobten und ruhmreichen Gebieterin, der Gottesgebärerin und Immerjungfrau Maria, samt aller Heiligen gedenkend, wollen wir uns selbst und einander unser ganzes Leben Christus, unserem Gott, hingeben."

Die Gottesmutter wird in der Orthodoxie verehrt als das vollkommenste Beispiel der Gottergebenheit, der Dienste an Gott und der Liebe zu Christus und aller Kreatur. Die Jungfrau Maria ist die Verkörperung und gleichsam der Inbegriff der höchsten geistlichen Eigenschaften und Tugenden, deren in bestimmtem Maße alle Heiligen teilhaftig sind. Sie überragt alle Engelwesen. Gott ausgenommen, steht niemand höher als sie. Ist der Herr Christus der aus der Jungfrau Maria Mensch gewordene Gott, so ist die Jungfrau Maria der erste vergöttlichte Mensch.

Der Herr, seiner menschlichen Natur nach der Sohn der Jungfrau Maria, teilte mit ihr die Macht, die Menschen zu erretten. Darum wendet man sich in orthodoxen Gebeten an die Gottesmutter mit den Worten: ‚Rette uns" (so wie auch an Christus), während man zu den Engeln und Heiligen ruft: „Bete für uns zu Gott." In den Orthodoxen Kirchen haben an der Ikonostase zu beiden Seiten der Königstür, die das Tor des ewigen Lebens darstellt, die Ikonen Christi und der Jungfrau Maria ihren Platz; damit wird bezeugt, daß der Eintritt ins Himmelreich sich für jeden Menschen durch die Vermittlung des Erlösers und seiner Mutter vollzieht.

Der hl. Gregorios Palamas, Erzbischof von Thessaloniki (14. Jh.), sagt: „Als Gott ein Bild der vollkommenen Schönheit schaffen und Engeln und Menschen die Kraft seiner Kunst deutlich offenbaren wollte, da machte er Maria in Wahrheit zur Allerschönsten. In ihr vereinigte er alles an Schönheit, was er auf die übrigen Geschöpfe verteilt hatte, und machte sie so zur Zierde aller sichtbaren und unsichtbaren Wesen zusammen, oder richtiger: Er mischte in ihr gleichsam alle Vollkommenheiten Gottes, der Engel und der Menschen und machte sie zu einer erhabenen Schönheit, die beide Welten verschönt, die sich von der Erde bis zum Himmel erhebt, ja sogar noch über ihn hinausreicht."

Die Jungfrau Maria lenkt die Geschicke der Kirche und des Universums. Die Orthodoxie lehrt, daß die Gottesmutter den Menschen deshalb so nahe ist, weil sie von der Erde stammt; in ihrer Person hat sich der Sohn Gottes zur gesamten erdgeborenen Menschheit herabgelassen. Darum kommt der Gottesmutter besondere Ehre zu, und deshalb bringen die Gläubigen der Himmelskönigin innige Kindesgefühle entgegen. Im Volk redet man sie oft als „Mütterchen" an. Als Mutter Christi des Erlösers, dessen Leib und Blut die Menschen in der Kommunion empfangen, ist die Jungfrau Maria auch Mutter der Kirche und jedes einzelnen Christen. Ihre mütterliche Fürsorge und ihren mütterlichen Beistand fühlt besonders der orthodoxe Russe! Nach der Art der Hilfe, die die Gottesmutter den Menschen durch ihre Ikonen erzeigt hat, preisen die Orthodoxen sie als „Hodigitria" („Wegführerin"), „eifrige Beschützerin", „Auffinderin der Verlorenen", „aller Betrübten Freude", „Torhüterin" (die den Gläubigen die Tore des Paradieses öffnet), „Linderin der Trübsal", „Trösterin", „schnell Erhörende", „unverhoffte Freude" und geben ihr noch viele andere lobpreisende Namen. Die Ikonen der Gottesgebärerin werden gewöhnlich auch nach dem Ort benannt, an dem sie aufgefunden wurden oder an dem sie besonders berühmt geworden sind, z. B. als Smolenskaja, Vladimirskaja, Kazanskaja, Tichvinskaja usw. Der Gottesmutter sind sehr viele Kirchen geweiht. Feste der Gottesgebärerin wie Geburt, Tempelgang, Verkündigung und Entschlafen stehen in einer Reihe mit den Festen des Erlösers und gehören zu den zwölf Hochfesten der orthodoxen Kirche (s. o. S. 144).

Als heilig verehrt die Orthodoxie die Engelwesen und die unsichtbare Schar der Gerechten Gottes. Sie alle bilden die triumphierende himmlische Kirche, die in engster Gemeinschaft mit der irdischen, der streitenden oder pilgernden Kirche steht. Gott selbst gibt Zeugnis von seinen geliebten Auserwählten, und dies findet seinen Ausdruck in einem besonderen kirchlichen Akt, bei dem sie zum Chor der Heiligen hinzugezählt und nach dem zeitlichen Tod verherrlicht werden.

Orthodoxe Russen stellen sich ständig unter den Schutz der Heiligen und empfangen ungezählte Zeichen wirksamer Hilfe, die ihnen die Glieder der himmlischen triumphierenden Kirche spenden. Die Gemeinschaft der himmlischen und der irdischen Kirche hat einen tiefen geistlichen Sinn: In der Gottesmutter und den Heiligen verwirklicht sich das höchste Ziel der ganzen Schöpfung – die Vergöttlichung des Menschen.

Neben der Verehrung der Heiligen preisen die Gläubigen in jeder Stadt und jedem Dorf gerade auch jene Gerechten Gottes, deren ganz besondere Fürsprache man an diesem Ort erfahren hat. Ferner gibt es Heilige, die sich vor Gott ganz bestimmter irdischer Nöte der Menschen annehmen. An sie wendet man sich überall mit der Bitte um Hilfe. Zum Beispiel stehen die Märtyrer Kosmas und Damian, Kyros und Johannes, Panteleimon und Hermolaos, Photios und Aniketas, Thallelaios und Tryphon den Menschen in Krankheit bei. Besondere Hoffnungen setzen die Orthodoxen auf den hl. Großmärtyrer und Arzt Panteleimon. Die hll. Märtyrer Gurias, Samonas und Habib treten vor Gott für ein friedliches Familienleben der Menschen ein. Die hll. Floros und

Lauros helfen in wirtschaftlichen Nöten, vor allem bei der Haltung der Haustiere; der hl. Märtyrer Bonifatius sorgt sich besonders um Menschen, die an Trunksucht leiden, und um ihre Familienangehörigen. Der hl. Hierarch Nikolaos, Wundertäter in Myra in Lykien, steht den Menschen auf Seefahrten und Reisen bei, er befreit sie von Armut und ungerechter Verurteilung (s. Abb. 25–27). An Georgios den Siegreichen wendet man sich in Zeiten der Kriegsgefahr, und an den hl. Apostel und Evangelisten Johannes den Theologen richtet man die Bitte, er möge Weisheit zur Erkenntnis der Hl. Schrift, der Glaubenslehre der Kirche und überhaupt jeder nützlichen Lehre schenken, usw.

Jeder Orthodoxe trägt den Namen eines bestimmten Heiligen und sucht deshalb gerade bei ihm besonderen Schutz. Nach orthodoxem Glauben hat jeder Getaufte seinen Schutzengel, einen körperlosen Diener Gottes, der dem Menschen bei der Rettung seiner Seele und bei jedem guten Beginnen unsichtbar hilft.

Die Engel und die Heiligen nehmen nicht deswegen zusammen mit den Menschen auf Erden tätig an der Errichtung des Reiches Gottes teil, weil Gott der Herr ihrer als Vermittler oder Diener bedürfte, sondern weil diese Mitwirkung ihnen nach der unaussprechlichen Liebe Gottes zu seinen Geschöpfen die Möglichkeit gibt, gewissermaßen zu freien Mitarbeitern Gottes zu werden, Gott ähnlich zu werden und den Weg der Vervollkommnung zu beschreiten.

d) Das Verhältnis zur Kirche

Im Russischen gibt es eine Redewendung: „Wer die Kirche nicht als Mutter hat, der hat Gott nicht zum Vater." In diesem Wort gibt sich das Verhältnis der Orthodoxen zur Kirche kund. Die Kirche ist von Gott gegründet, sie wird vom Hl. Geist gelenkt, ihr Haupt und Hoherpriester ist der Herr Jesus Christus. Die Gläubigen sind Glieder der Kirche, da Jesus Christus der Leib ist. Die kirchliche Hierarchie ist eine durch die Apostel eingesetzte göttliche Stiftung. Die Kirche ist universal. Das bedeutet nicht nur, daß sie sich über die ganze Erde erstreckt, sondern auch, daß sie alle Völker zu sich ruft, für den ganzen Erdkreis betet und der Leuchter des Glaubens und der Wahrheit für ihn ist. Universal ist die Kirche auch darum, weil jeder ihrer Teile und ebenso die Gesamtheit aller Teile dem Ganzen gleich sind. Diese ihre Eigenschaft heißt Katholizität. Selbst wenn in ihr nur noch zwei oder drei übrig blieben, die sich im Namen des Herrn versammelten, so wäre die Kirche dennoch universal. Im übrigen gehören zur Kirche nicht nur die Menschen, die auf Erden leben. Die Engel und alle Menschen, die, angefangen vom erlösten Adam, zur Schar der Gerechten des Alten und Neuen Bundes zählen und schon in der oberen Welt weilen, bilden die triumphierende himmlische Kirche. Die irdische Kirche geht der himmlischen Herrlichkeit entgegen. Deshalb ist die Kirche das Reich Gottes, das für den Menschen zeitlich in der irdischen kirchlichen Gemeinschaft beginnt und sich ewig in den himmlischen Wohnungen fortsetzt. Jeder Orthodoxe begreift recht wohl, daß in der Kirche als dem Leibe Christi alles heilig ist, d. h. von den Gnadenkräften des Hl. Geistes erfüllt ist: die Glaubenslehre, der Gottesdienst, die Sakramente, das Priestertum und das Bischofsamt, die geweihten Gegenstände, die Ikonen usw. Doch sind dies alles nur gnadenhafte Voraussetzungen, auf denen sich das persönliche geistliche Leben eines jeden einzelnen Gliedes der Kirche aufbauen kann. Christus hat den Menschen durch sein Werk die Möglichkeit eröffnet, Gemeinschaft mit Gott zu erlangen und das Himmelreich zu erben. Jedoch die Früchte des Heilswerks Christi muß sich jeder Mensch in der Kirche persönlich aneignen, wobei seine freie Willensanstrengung in Wechselwirkung zur Gnade des Hl. Geistes tritt. Die orthodoxen Theologen sprechen hier von zwei Aspekten der Gnade, einem statischen und einem dynamischen.

In der Orthodoxie gilt als Bewahrer der Frömmigkeit das Volk. Die Geistlichen, in erster Linie die Bischöfe, bezeugen den Glauben des Volkes. Deshalb muß die Unterweisung und Lehre der Bischöfe und Priester stets mit der Hl. Schrift und der Überlieferung, mit dem Geist der Orthodoxie in Einklang stehen.

Als wichtigste Erkenntnisquelle für die Wahrheiten der Glaubenslehre und des geistlichen Lebens diente den Orthodoxen stets der Gottesdienst und alles, was mit ihm zusammenhängt: die architektonische Symbolik der Kirchen, die Struktur ihres Innenraums, die Wandgemälde, die Ikonen, die geweihten Gegenstände, die liturgische Gewandung des Klerus usw. Das Verständnis all dieser Dinge entspringt einer ganzheitlichen Weltsicht. Es gibt nichts Äußeres, das nicht Erscheinung von Innerem, Geistlichem wäre.

Die göttliche Offenbarung hierüber findet sich in der Hl. Schrift, in der Festlegung der Ökumenischen Konzilien, in den Schriften der Kirchenväter, in den Gottesdienstordnungen, in speziellen alten Handbüchern und Anweisungen für die Ikonenmalerei und schließlich in den anerkannten Ordnungen des Gottesdienstes, der Architektur und der Malerei der Orthodoxie. Das symbolische Abbild (sei es Wort, Melodie oder Ikone) muß seinem Urbild entsprechen, d. h. jenen göttlichen und himmlischen Wahrheiten, Dingen und heiligen Personen, die es abbildet oder symbolisch bedeutet. Je nachdem, in welchem Grade das Ab-

bild seinem Urbild ähnlich ist, entsteht zwischen ihnen eine mehr oder weniger enge Beziehung.
Geheiligte Bilder (Ikonen) gibt es im Hause jedes frommen Christen. Sie sind gewissermaßen Fenster zur himmlischen Welt, durch die der Gläubige mit seinem geistigen Auge hinüberblickt, um so Teilhabe an jener Welt zu gewinnen.[8]

e) Das Verhältnis zum Gebet

Das Gebet ist für den Orthodoxen immer eine Form der Gemeinschaft mit Gott oder dem Heiligen, an den er sich wendet. Wenn das Gebet nicht gerade, unter dem Einfluß äußerer Umstände, spontan aus dem Herzen hervorbricht, nähert sich ihm der orthodoxe Christ mit frommer Bedachtsamkeit, nachdem er die irdischen Gedanken abgelegt hat. Es gibt das Gebet in Worten, das geistige Gebet und das wortlose Gebet (das Gebet im Stehen vor Gott). Das Gebet der Lippen allein ist höchst unvollkommen, ja es ist überhaupt kein Gebet. Nur wenn Verstand und Herz am Gebet teilnehmen, wenn der Geist sich auf das Gebet hin sammelt, geschieht das Mysterium der Vereinigung des Menschen mit Gott.
Das wortlose Gebet beginnt, wenn die Seele die Gegenwart Gottes spürt und vor ihm vollkommen verstummt. Dieser Zustand ist nur bei hoher geistlicher Reife erreichbar, doch er dauert nicht lange an, und man darf nicht versuchen, ihn künstlich hervorzurufen. Gewöhnlich bereitet sich ein orthodoxer Gläubiger bedächtig auf das Gebet vor und betet dann in der Kirche oder zu Hause vor den Ikonen; er verwendet dabei ein Gebetbuch oder spricht die Gebete aus dem Gedächtnis. In der Regel vollzieht jeder fromme Orthodoxe solche Gebete am Morgen, wenn er vom Schlaf erwacht ist, und am Abend, wenn er sein Tagwerk beendet hat. In der Kirche beteiligen sich die Christen an den allgemeinen Gebeten. Der Gläubige ist bestrebt, im Laufe des Tages sich möglichst oft mit kurzen Gebeten aus der Tiefe seines Herzens zu Gott hinzuwenden. Die Einübung ins geistliche Leben kann den Christen dahin bringen, daß er sich an jedem Ort und bei jedem Werk vor Gottes Augen weiß, daß er vor Gott wandelt. Das ist der Zustand der Vollkommenen. Ihn zu erreichen bemüht sich jeder Orthodoxe, der aufrichtig Gottes Nähe sucht.

f) Der Lebenszyklus der orthodoxen Russen heute

Die Bereitung des Menschen zum geistlichen Leben in Gott beginnt augenscheinlich schon im Mutterleib. Wenn eine Frau guter Hoffnung ist, dann besucht sie besonders häufig die Kirche und empfängt die heiligen Gaben, vor allem kurz vor der Geburt. Ist die langerwartete Stunde herangekommen, dann beten die Verwandten inständig für die Gebärende. Es existiert der Brauch, im Falle schwerer Geburten den Priester zu bitten, er möge die Königstür, die zum Altarraum führt, auftun und sie einen Tag oder eine Nacht geöffnet zu lassen. Nach dem Glauben des Volkes verhilft diese äußerste Maßnahme zur glücklichen Geburt des Kindes. Wenn ein neuer Mensch das Licht der Welt erblickt hat, dann bestellt man in den Kirchen Liturgien für die Gesundheit des jungen Erdenbürgers und läßt Dankandachten abhalten. Sobald die Mutter genügend zu Kräften gekommen ist, bringt sie ihr Kind zur Kirche, um es taufen zu lassen. Unter den besten Freunden wählt man den Taufpaten und die Taufpatin aus. Das Taufsakrament wird in der Kirche oder in einer Taufkapelle bei der Kirche gespendet. Zugleich empfängt das Neugeborene auch das Sakrament der Myron-Salbung (s. Abb. 28).

In alter Zeit taufte man das Kind sehr bald nach der Geburt und gab ihm gewöhnlich den Namen eines Heiligen, dessen Gedächtnis an diesem Tag gefeiert wurde.

Heutzutage wählen die Eltern gewöhnlich selbst den Namen ihres Kindes aus. Der Priester teilt den Eltern dann mit, welcher Heilige dieses Namens in größter zeitlicher Nähe zum Tauftag des Kindes gefeiert wird. Darum feiern die Christen von heute gewöhnlich drei Tage im Jahr: ihren Geburtstag, ihren Tauftag und ihren Namenstag. Wie früher werden diese Mysterien als zweite Geburt des Menschen, als seine Geburt in Gott und als die Erneuerung seiner ganzen Natur verehrt. Als Zeichen hierfür besorgt man zum Tauftag neue Kleider. Wer aus Wasser und Geist geboren ist, der ist würdig, die Kommunion zu empfangen. Ist der Getaufte noch ein Säugling, so reicht man ihm nur das Blut Christi, ist er bereits herangewachsen, so kommuniziert er unter beiderlei Gestalt. Ein neugetaufter Erwachsener kann im Laufe der drei folgenden Tage ohne Beichte das Abendmahl empfangen.

Die Taufgewänder bewahrt man zur Erinnerung an jenes Ereignis lange auf. Auch das Taufkreuz bewahrt man möglichst für immer. Nach orthodoxer Sitte muß jeder Christ auf der Brust ein Kreuz tragen. Niemand wagt es, ohne Kreuz zur Kommunion zu gehen. Wenn man im Volke jemanden wegen einer Ungerechtigkeit oder eines offenkundigen

Betruges tadeln will, dann ruft man heute noch: „Du trägst kein Kreuz!" Das Kreuz ist kein magisches Amulett, sondern vor allem ein Zeugnis des Glaubens. Er erinnert den Christen beständig daran, daß der Sohn Gottes für seine Sünde gekreuzigt worden ist.

Ist die Taufe an dem Säugling vollzogen, und sind vierzig Tage nach seiner Geburt vergangen, erlaubt der Priester der Mutter, in die Kirche zu kommen und zu kommunizieren. Danach reichen ihr die Taufpaten das Kind, und sie geht mit ihm bis in die Mitte der Kirche. Dort empfängt der Priester den Säugling aus ihren Händen und trägt ihn auf den Ambo bis vor die Königstür des Altarraums. Dort spricht er: „In die Kirche wird aufgenommen der Knecht Gottes (bzw. die Magd Gottes) N. N. im Namen des Vaters und des Sohnes und des Heiligen Geistes. Amen." Ist der Säugling männlichen Geschlechts, trägt er ihn in den Altarraum und wiederholt dort dieselben Worte. Währenddessen verneigt sich die Mutter des Getauften vor dem Ambo ehrfürchtig dreimal bis zur Erde. So vollzieht sich die Aufnahme der getauften Kinder in der Kirche. Ist der Ritus beendet, legt der Priester das Kind auf den Ambo, von wo die Mutter es mit ihren Händen aufnimmt. Dieser Akt soll bezeugen, daß der Säugling nun nicht mehr nur das Kind seiner Mutter, sondern auch ein Kind Gottes, ein Kind der Kirche ist und Gott selbst es gleichsam seiner leiblichen Mutter anvertraut, damit sie es nähre und aufziehe. Zugleich wird damit deutlich, daß das Kind ein Geschenk Gottes an seine Eltern ist.

Von frühester Jugend an nimmt das Kind an dem geistlichen Leben teil, das in der Familie gepflegt wird. Die Ikonen, die Morgen- und Abendgebete, die Gebete vor und nach dem Essen führen es in die Welt der Frömmigkeit ein. Man ist bestrebt, die Kinder oft in die Kirche zu bringen und zur Kommunion zu führen. In der Kirche lernen die Kinder von klein auf neben allem anderen Geduld. Bis zum siebten Lebensjahr gilt man als Kleinkind und kann ohne Beichte kommunizieren. Dann kommt der Tag der ersten Beichte. Obwohl die kirchlichen Kanones die Beichte nicht zur verpflichtenden Vorbedingung der Kommunion erklären, ist es doch seit altersher in Rußland Brauch, daß man vor dem Empfang der heiligen Gaben – Leib und Blut Christi – seine Seele im Bußsakrament gereinigt haben muß.

Allmählich formt sich die christliche Weltanschauung. Man kann alle erlaubten natürlichen Güter gebrauchen, wenn man nur nicht an eines von ihnen sein Herz hängt, so daß die Leidenschaft dafür vom Menschen Besitz ergreift und ihn seiner Freiheit beraubt. Das Herz des Menschen darf nur Gott gehören. Nach dem Grabe erwartet den Menschen ein Leben in Ewigkeit mit dem Herrn. In der Feuerprobe der irdischen Existenz mit ihren Versuchungen, im Kampf mit der Sünde festigen sich jene seelischen Eigenschaften des Menschen, die ihm die Türen des Himmelreiches öffnen; es wachsen und mehren sich der Glaube, die Hoffnung und die Liebe, die Gott dem Menschen von Geburt an gegeben hat. Denn das Himmelreich beginnt schon hier, auf Erden, im geistlichen Leben mit Gott. Die Orthodoxen erkennen, daß die Resultate ihrer Arbeit von Gott abhängen, der Mensch aber dazu berufen ist, redlich seine Pflichten zu erfüllen und nicht aus Furcht oder um des Gewinnes willen zu arbeiten, sondern „für sein Gewissen", wie die Russen sagen, und ohne Unrast.

Die häufige Gemeinschaft mit Gott, das Freisein von weltlichen Leidenschaften erwecken in der Seele die wahre christliche Liebe zur ganzen Welt und allen Menschen.

Orthodoxe Russen begegnen Menschen beliebiger Nationalität und jeden Glaubens und Menschen ohne Glauben mit herzlicher Offenheit. In der Kirche allerdings und in ihrem persönlichen geistlichen Leben dulden sie keinerlei Neuerungen, die der Orthodoxie fremd sind.

An freien Tagen, aber auch an Sonntagen und hohen kirchlichen Festen möchte jeder Gläubige beim Gottesdienst dabeisein. Ein festlicher Abendgottesdienst (Nachtwache) dauert zweieinhalb bis drei Stunden, bisweilen noch länger. Etwa gleich viel Zeit beansprucht am Morgen die Liturgie mit den anschließenden Gebetsoffizien (molebny) und Totengedenken (panichidy).

Im allgemeinen verweilen die Gläubigen bei jedem Gottesdienstbesuch etwa vier Stunden in der Kirche. Die ganze Zeit über beten sie andächtig und gesammelt in stehender Haltung.

Christen beten und kommunizieren in den Kirchen vor wichtigen Ereignissen in ihrem Leben: vor Beginn der Ausbildung und der Berufstätigkeit, vor dem Antritt des Armeedienstes, vor Reisen usw. Die Gläubigen entzünden Kerzen vor den Ikonen des Erlösers, der Gottesmutter und der Heiligen, an die sie sich im Gebet wenden. Bei der Liturgiefeier kauft man auch Prosphoren und reicht sie in den Altarraum zusammen mit Zetteln, auf denen die Namen von Verwandten und Angehörigen verzeichnet sind, für die besonders gebetet werden soll. Der Priester schneidet dann Partikel aus den Prosphoren, während er für die Gesundheit oder den seligen Frieden der genannten Personen betet. Am Ende der Liturgie gibt der Priester die den Prosphoren entnommenen Partikeln in den Kelch mit dem Blute Christi und bittet den Herrn, mit seinem Blute und durch die Gebete der Heiligen die Sünden derjenigen, derer er gedacht hat, abzuwaschen (s. Abb. 29 und 30).

Nach dem Gottesdienst tragen die Gläubigen die Prosphoren, aus denen die Partikel herausgelöst worden sind, als gesegnete Gaben nach Hause.

Oft bestellen Orthodoxe in der Kirche Liturgiefeiern oder Gebetsoffizien mit einer Wasserweihe für ihre Gesundheit und die ihrer Nächsten. Mit größter Ehrfurcht nehmen sie aus der Kirche das Wasser mit, das am Fest der Taufe des Herrn (Ephiphanias), aber auch am Altarfest der Kirche oder an anderen hohen Feiertagen sowie an den Gedächtnistagen besonders verehrter Heiliger geweiht worden ist. Zu dem gleichen Zweck bewahrt man in den heiligen Ecken auch das Antidoron (ein Stückchen aus dem Teil der Prosphore, der nach der Herauslösung des Lammes – des Brotstückes, das in der Liturgie zum Leib Christi gewandelt wird – übrigbleibt) und ebenso das Brot, das während der Litanei im festlichen Vigilgottesdienst geweiht wird, ferner geweihtes Öl, das Öl von Kirchenlampen und andere segensreiche Dinge. Kein orthodoxer Gläubiger fällt in irgendeiner wichtigen Angelegenheit eine Entscheidung, bevor er nicht den Rat und den Segen des Priesters eingeholt hat. Ist keine Kirche in der Nähe, dann bittet man in dringenden Fällen die Gerechten um Rat, ohne die kein Dorf Bestand hat (s. Abb. 31).

Die russische orthodoxe Geistlichkeit ist, wie früher, so auch heute, nicht in das weltliche und familiäre Leben der Gemeindeglieder verwickelt, und man begegnet dem Priester, dem geistlichen Hirten, gewöhnlich nur in der Kirche. Der orthodoxe Priester seinerseits versucht nicht, von den beruflichen und persönlichen Angelegenheiten der Menschen mehr in Erfahrung zu bringen als zur Kenntnis ihrer geistlichen Verfassung notwendig ist.

Orthodoxe wählen sich ihren Beichtvater nicht aus. Sie glauben, daß nach Gottes Vorsehung ein beliebiger Priester, manchmal sogar, ohne es selbst zu ahnen, genau das sagen und raten kann, was der Mensch in diesem Augenblick gerade braucht.

Fromme junge Brautleute verstehen das Sakrament der Ehe als Vereinigung beider zu einem Fleisch, als Verbindung zum gegenseitigen Beistand auf dem schweren geistlichen Weg zu Gott. Das Urbild dieser Vereinigung, die geistliche Vermählung des Himmelskönigs Christus mit seiner Braut, der Kirche, gibt dem Ehesakrament in den Augen der Orthodoxen eine tiefe Bedeutung. Während des Hochzeitsritus werden die Brautleute mit Kronen ähnlich denen der Könige geschmückt, die von den Führern des Bräutigams und der Braut gehalten werden. Deshalb nennt man das Ehesakrament auch „Krönung".

Das Familienleben eines orthodoxen Paares gestaltet sich im Geiste des apostolischen Gebotes, daß man einander lieben und die Frau dem Manne untertan sein soll (Kol 3, 18; 1 Kor 11, 5–10). Die gläubigen Frauen denken daran, daß das weibliche Geschlecht aus der Rippe Adams hervorgegangen ist, und sie begreifen, in welchem Verhältnis die Kirche zu Christus steht. Nicht so sehr wegen persönlicher Vorzüge ihrer Männer, sondern vielmehr aus Gehorsam gegen Gott, dem es gefallen hat, alles auf eben diese Weise zu ordnen, unterwerfen die Frauen ihren Willen gerne dem Willen der Männer in allen wichtigen Fragen. Die Frau ist die Lenkerin im Hause, der beste Ratgeber und der treueste Freund.

Wenn sich in der Familie Kinder und später Enkel einstellen, so hat die Hauptlast der Sorge die Frau zu tragen. Der Mann weiß das und achtet und verehrt seine Frau darum um so mehr. Die ehelichen Beziehungen in gläubigen Familien gründen sich nicht nur auf die Liebe der Gatten zueinander, sondern auch auf die Liebe in Christus, die Liebe zum Nächsten, die alle Schwierigkeiten besiegt und die Familien als „Hauskirche" zu bewahren hilft. „Was nun Gott zusammengefügt hat, das soll der Mensch nicht scheiden" (Mt 19, 6), spricht der Erlöser, und dieses Gebot des Herrn bemüht man sich genau zu befolgen.

Mit fortschreitendem Alter melden sich häufig Krankheiten und Leiden. Die orthodoxen Russen nehmen Krankheiten (und überhaupt Schmerzen) im geistlichen Sinne auf. Die Gläubigen wissen, daß die Krankheiten vom Teufel sind, daß aber der Herr den Engeln der Finsternis erlaubt, uns mit Krankheiten und Leiden zu schlagen, weil sie uns, gegen den bösen Willen des Satans, zum Besten dienen. Im Volke betrachtet man Krankheit und Leid als Heimsuchung Gottes. So sagt man denn: „Der Herr hat mich mit einer Krankheit (oder einem Leid) heimgesucht." Krankheiten und Leiden ohne Klagen anzunehmen ist das einzige Mittel, sie geistlich zu besiegen und die reiche Gnade Gottes zu erlangen. Zugleich unternimmt der Christ alles in seiner Macht stehende, um wieder geheilt zu werden. Wenn ein Orthodoxer von einer Krankheit befallen ist, bereitet er sich innerlich auf jeden möglichen Ausgang vor, ob es nun Gott gefällt, ihn dieses Mal noch am Leben zu lassen oder nicht. Das Sakrament der Krankenölung gehört zu den sieben Mysterien der orthodoxen Kirche. Nach der kirchlichen Ordnung muß dieser Ritus von sieben Priestern vollzogen werden. Jedoch ist es in der Praxis schon seit langem zugelassen, daß nur drei, zwei oder sogar nur ein Priester dieses Sakrament spenden. Zu seinem Vollzug gehört die Lesung von sieben Episteln – und sieben Evangelientexten, zwischen die Gebete zur Weihe des Öls eingeschaltet werden, mit dem der Kranke siebenmal gesalbt wird. Wer dieses Sakrament mit Glauben empfängt, erfährt nicht selten Genesung von unheilbar scheinenden Krankheiten. Die Krankenölung wird in solchen Fällen gespendet, in denen der Ausgang der Krankheit ungewiß ist. An einem offenkundig Sterbenden wird sie nicht vollzogen. Wenn ein Orthodoxer den Tod nahen fühlt, aber auch sonst im Laufe einer Krankheit, ist er bestrebt, zu beichten und die hl. Kommunion zu empfangen.

Der Gedanke an den Tod gehört zum Wichtigsten im geistlichen Leben. „Du bereitest dich offensichtlich nicht aufs Sterben vor", sagt man zu einem Menschen, der unverfroren eine augenfällige Sünde begeht oder ein leichtfertiges Leben führt. Die alten Heiligen raten: „Gedenke an die Stunde deines Todes, und du wirst in Ewigkeit nicht sündigen."

Fromme Russen sterben erstaunlich furchtlos, heiter und ruhig; von ihnen gilt wirklich, daß sie „von dannen gehen", wie man im Volke sagt.

Über dem Sarg eines Entschlafenen singt man in der Kirche ergreifende Gesänge. In einem von ihnen heißt es: „Das ersehnte Vaterland schenke mir, Herr, laß mich wieder zum Bewohner des Paradieses werden." In einem anderen werden die Gläubigen aufgerufen, ihre Totenklage in das Freudenlied „Halleluja!" zu verwandeln. Es wird das Wort des Evangeliums (Joh 5, 24–30) verlesen, in dem der Herr Christus verkündet, daß es den Tod als vollkommenes Nichtsein, als Beendigung jeglichen Lebens überhaupt nicht gibt, sondern daß die, die auf Erden Gutes getan haben, auferstehen werden. In den Gebeten und Liedern erklingt die Bitte, Gott möge der Seele des Verstorbenen Ruhe mit den Heiligen in den „Wohnungen der Gerechten" schenken und ihr ein ewiges Andenken bereiten.

Die Menschen, die wahrhaft in Christus gelebt haben, dürfen, weil der Herr auferstanden ist, mit ihm und in ihm auferstehen und kommen nicht uns Gericht (Joh 5, 24).

So schließt sich der Lebenskreis des Menschen. Er besteht für die Gläubigen aus vielen geheiligten Jahreszyklen, die voll von geistlichem Gehalt sind.

VI. KAPITEL

DIE THEOLOGISCHE WISSENSCHAFT IN DER RUSSISCHEN ORTHODOXEN KIRCHE

1. Orthodoxe Glaubenslehre und theologische Wissenschaft

Das Wort „Theologie" bezeichnet die gesamte Lehre von der christlichen Religion; wird jedoch gemeinhin mit der Lehre und den Dogmen der Kirche in Verbindung gebracht, d. h. mit den grundlegenden Wahrheiten des christlichen Glaubens, die von der Kirche seit den Tagen der Apostel ehrfürchtig bewahrt werden.

Wenn wir nun von Problemen der orthodoxen Theologie, von theologischen Problemen der Gegenwart sprechen, mag vielleicht jemand, der wenig mit der Orthodoxie vertraut ist, fragen: Können in der orthodoxen Theologie überhaupt irgendwelche Probleme entstehen? Fragen, die dem Nachdenken über Gott entspringen, wird es für die Christen immer geben. Die Kirche lebt in der Zeit und unter den Menschen, die sie zum Heil in Christus ruft, und das Leben stellt sie vor schwierige Aufgaben, die sie unter gebührender Berücksichtigung der jeweiligen konkreten Situation lösen muß.

Dabei sind jedoch stets dieselben Grundsätze für sie maßgebend, und sie läßt sich unverwandt durch die göttliche Lehre unseres Herrn und Heilands Jesus Christus leiten.

Wenn auch der Glaube, der Inhalt der Lehre, nicht problematisch ist, so wirft doch die Formulierung der Glaubenswahrheiten Probleme auf. Hier steht man vor der komplizierten Frage, mit welchen Worten man die althergebrachte Lehre der Kirche so darlegen soll, daß sie zugleich verständlich und doch auch möglichst vor Fehldeutungen geschützt ist. Die Sendung der Kirche war und ist stets das Heil des Menschen. Doch die Kirche verwirklicht diesen ihren hohen Auftrag immer in Anpassung an die jeweiligen örtlichen und zeitlichen Gegebenheiten. Insofern nun aber die Theologie gewissermaßen die Bewußtseinsinstanz der Kirche darstellt, muß natürlich jede Aufgabe, die sich der Kirche stellt, auch zu einer Aufgabe der Theologie werden. Aus diesem Grund sind die Probleme der Theologie stets vielgestaltig und aktuell und stehen immer in engem Zusammenhang mit dem kirchlichen Leben.

2. Grundzüge der russischen orthodoxen Theologie

Die grundlegenden Merkmale der russischen orthodoxen Wissenschaft sind: Rechtgläubigkeit, Kirchlichkeit, Treue zur Lehre der Bibel und der hl. Väter sowie aufmerksames Wahrnehmen der lebendigen liturgischen Erfahrung der Kirche.

Die Orthodoxie, die wir bekennen, hat nach der Überzeugung der russischen Theologen eine universale Bedeutung und eine universale Berufung. Wir glauben, daß sie im eigentlichen Sinn katholisch ist. Ihre Katholizität zu bezeugen ist unsere ökumenische Pflicht. Die russische Kirche versteht das Wesen der Katholizität jedoch in Übereinstimmung mit der jahrhundertealten orthodoxen Tradition. Einerseits kann die Katholizität der Orthodoxie nicht an ihrer äußeren Verbreitung in der Welt abgelesen werden. Die sichtbare Ausdehnung der orthodoxen Kirche kann nur ein Ausdruck ihres inneren Wachstums, ein Erweis ihrer geistlichen Reife und Kraft und ihrer geistlichen Vollkommenheit sein. Andererseits darf das orthodoxe Glaubensbekenntnis nicht nach dem Ermessen und Belieben einzelner interpretiert werden. „Wir können nicht nach einer solchen Katholizität streben, bei der die orthodoxe Lehre von aller Welt auf alle mögliche Weise bis zur völligen Unkenntlichkeit uminterpretiert würde", schrieb ein bedeutender russischer Theologe, Bischof Michail Gribanovskij. „Nach den Prinzipien unserer Kirche muß umgekehrt jedermann selbst dem entgegenwachsen und dem sich anbilden, was die orthodoxe Kirche als ihr Dogma verkündet hat."

Das Besondere des orthodoxen Verständnisses der Katholizität liegt, nach den Ausführungen des genannten Theologen, eben darin, daß das orthodoxe Glaubensbekenntnis vollkommen jenem inneren, wahren Menschen entspricht, der als Ebenbild Gottes in jedem verborgen ist. Wer in sich den Funken seines wahren Menschseins entfacht hat, wer im Geiste lebt, nach Höherem trachtet und von edlen Regungen geführt wird, wer bestrebt ist, sich seine innere geistige Welt zu erschließen, dem wird das orthodoxe Glaubensbekenntnis vertraut und ganz zu eigen werden; es wird seinen Erfahrungen entsprechen und sie völlig erhellen und erklären. Und umgekehrt, wer das orthodoxe Bekenntnis angenommen hat und sich aufrichtig und hingebungsvoll darum bemüht, sich mit seinem Verstand, seinem Empfinden, seinem ganzen inneren und äußeren Leben zu ihm zu erheben, der tritt auf den Weg des wahren Lebens und schafft Raum, daß seine wahre, ideale Natur sich entfalte.[1]

Doch die orthodoxe Lehre darf man nicht nur mit dem Verstand aufnehmen. Die Orthodoxie ist keine Theorie, sondern „das Leben in der gnadenvollen Erneuerung durch den Heiligen Geist".[2] Dieses Leben teilt sich mit durch die gnadenspendenden Sakramente, die die gesamte menschliche Existenz allseitig umfassen. Deshalb kann man die Vorzüge dieses segensreichen Lebens und der in ihm sich eröffnenden Gotteserkenntnis nur genießen, wenn man in realer Gemeinschaft mit der orthodoxen Kirche steht.[3] Die russische orthodoxe Theologie ist nichts anderes als die Theologie der orthodoxen katholischen Kirche. Die russische Theologie sieht ihren Platz nur innerhalb der Kirche. Außerhalb der Kirche gibt es sie nicht. Am Anfang ihrer Theologiegeschichte stehen die bedeutenden russischen Hierarchen und Theologen Metropolit Platon Levšin und Metropolit Filaret Drozdov. Das Fundament, auf dem sie errichtet wurde, war das gleiche wie das der Kirche selbst – Christus und seine Lehre, die aus der Hl. Schrift und der hl. Überlieferung zu uns spricht. Die Orientierung an der Hl. Schrift und der Überlieferung gibt der russischen kirchlichen Schule ihr charakteristisches Gepräge. Diese Ausrichtung erfuhr sie durch Metropolit Platon (Petr Levšin, 1737–1812). Er betrachtete das Studium der Hl. Schrift im Geiste der hl. Väter „unter Anleitung eines verständigen und gotterleuchteten Lehrers" als das wichtigste und nützlichste Mittel zur Ausbildung echter Theologen. In seiner Instruktion für das Seminar in Bethanien vom Jahre 1800 schrieb er: „Die verschiedenen theologischen Systeme, die heute an den Schulen gelehrt werden, sind unnötig oder nutzlos, denn sie riechen nach Schule und Menschenweisheit. Die Theologie Christi besteht nach der Lehre des Paulus jedoch nicht in überredenden Worten und nicht in menschlicher Weisheit, sondern im Erweis des Geistes und der Kraft."[4]

Die russische geistliche Schule ist dem Vermächtnis von Metropolit Platon treu geblieben. Die vortrefflichsten Theologen, die Rektoren und Professoren der Geistlichen Akademien, haben immer gelehrt, in der Geistlichen Schule eine Säule der Kirche zu sehen und die wissenschaftlich-theologische Arbeit als eine Form des kirchlichen Dienstes zu betrachten. Nach den Worten eines Rektors der Moskauer Geistlichen Akademie, Erzpriester Aleksandr Gorskij, „waren alle Studien in den Geistlichen Akademien darauf gerichtet, das Streben zum Göttlichen zu wecken und zu nähren. Die Philosophie lehrte die Studenten, Gott in der eigenen Erkenntnis zu finden und seine Stimme in der Tiefe der Seele zu vernehmen. Die Geschichte, die Wissenschaft vom menschlichen Schicksal, lehrte sie, Ehrfurcht vor den Wegen Gottes zu empfinden, auf denen das Menschengeschlecht, wie der Mensch, seiner

Bestimmung entgegengeführt wird. Aber das lebendige Wort Gottes war die einzige Wissenschaft. Alles, was der Herr uns über sich und seine Beziehung zu uns offenbaren wollte, das bildete den Gegenstand ihrer unermüdlichen Forschung und Denkbemühungen. Das göttliche Bild Jesu Christi, seinen Aposteln vorgezeichnet, stand ihnen ständig vor Augen."[5]

Die Vertreter der russischen theologischen Wissenschaft kennen und bekennen in unseren Tagen nichts anderes als ehedem in voller Verantwortung ihre Einheit mit der orthodoxen Kirche. Zum 50. Jahrestag der St. Petersburger Geistlichen Akademie erklärte Professor V. B. Karpov (am 17. Februar 1859), daß die Akademie ihr Festpanier erhebe, um zu bekräftigen, daß sie als Wächter über die Glaubensdefinitionen der Apostel und der Väter stets im Schoß der Kirche weilen werde.[6]

Im Wort Gottes und in der kirchlichen Überlieferung nach den ewigen Wahrheiten forschend, wußte sich jede der russichen Geistlichen Akademien zu allen Zeiten „als ein einziger lebendiger, ganzheitlicher Organismus und sah das höchste, ideale Ziel ihrer Erkenntnis im Reiche Gottes, in der Kirche Christi".[7]

Hier schwanden für sie die Grenzen von Raum und Zeit, die Trennwände zwischen Lebenden und Toten. Alles vereinte sich in der einen Liebe Christi, alles war lebendig in dem einen Leben Christi. So hat das Leben der russischen Theologen in und mit der Kirche ihrem kirchlichen Denken die Richtung vorgezeichnet.

Damit kommen wir zum letzten der oben aufgezählten Merkmale russischer Theologie: ihrer engen Bindung an die Liturgie. Neben der Bibel- und Vätertheologie widmet sie sich besonders intensiv dem Studium des Gottesdienstes und der liturgischen Bücher der Russischen Orthodoxen Kirche.

Die besondere Hinwendung des russischen theologischen Denkens zur Liturgie hat eindrücklich Bischof Feodor Pozdeevskij begründet: „Die liturgische Theologie, d. h. die theologische Verkündigung durch die große Schar der kirchlichen Hymnographen und Dichter (die in ihrer Mehrzahl von der orthodoxen Kirche verherrlicht und dem Chor der Heiligen zugezählt worden sind), faßbar in ihren kirchlich-liturgischen Schöpfungen, die von der gesamten orthodoxen Kirche in Gebrauch genommen worden sind, muß als ein über die Jahrhunderte hinwegreichendes, lebendiges Bekenntnis des Glaubens der ganzen orthodoxen Kirche im Verlauf ihrer Geschichte betrachtet werden. Sie ist im eigentlichen Sinne des Wortes eine Theologie der ganzen Kirche, nicht die einer einzelnen Epoche, einer einzelnen Person, einer einzelnen theologischen Schule. Was aber von besonderer Bedeutung ist: In der liturgischen Theologie spricht sich das gesamtkirchliche Bewußtsein vom Dogma aus, sowohl sein begriffliches Verständnis als auch seine Aufnahme durch die Erfahrung im Bereich der sittlichen Weltordnung. In ihr findet nicht nur die Metaphysik des Dogmas, sondern auch die Psychologie ihren Ausdruck, hier verbinden sich Verstand und Gefühl zur ungeteilt vernehmenden gläubigen Seele – zur Seele der Gesamtkirche. An dieser Theologie müssen alle unsere wissenschaftlichen theologischen Systeme und Meinungen ihren Maßstab finden. Es wäre nötig, sie in einem strengen System darzulegen, und zwar nicht nur in einem Handbuch, sondern vielleicht auch in einem einzigen Lehrbuch der orthodoxen Theologie."[8]

Die Grundzüge der russischen Theologie sind also Rechtgläubigkeit und Kirchlichkeit; sie werden im einzelnen kenntlich an der prinzipiellen Geltung, die Bibel, Väterschriften und Liturgie für sie besitzen. „Nicht dadurch erweist sich die Wissenschaft als kirchlich", schrieb Pavel Florenskij, „daß sie einige spezielle theologische Fragen erörtert, sondern dadurch, daß sie jeden Gegenstand, dem sie ihr Studium widmet, im kirchlichen Geiste beleuchtet." Die kirchliche Wissenschaft ist nach dem Verständnis der russischen Theologen „nicht die Wissenschaft einer Theologischen Fakultät, sondern eine ganze Weltanschauung, die auf den Grundsätzen der Kirchlichkeit aufbaut und die Kirchlichkeit in unserem Bewußtsein vertieft und erklärt". Die russischen Theologen wußten sich berufen „nicht zu einer Wissenschaft, die davon spricht, wie die Welt die Kirche sieht, sondern zu einer Wissenschaft, die lehrt, wie die Kirche die Welt und sich selber sieht". Ihr Leitbild war „das erhabene Ideal, die gesamte Wirklichkeit im kirchlichen Geiste erkennend zu durchdringen".[9]

3. Die dogmatische Theologie bis zum Beginn des 19. Jahrhunderts

Aus der vorsynodalen Periode des theologischen Denkens in Rußland lassen sich nur wenige Schriften aufführen, die als Vorläufer der russischen systematischen Theologie gelten dürfen. Hier sind vor allem zwei große Werke des 16. Jh. zu nennen: „Der Erleuchter" (1504) des ehrwürdigen Iosif von Volokolamsk[10] und der „Erweis der Wahrheit für einen, der nach der neuen Lehre fragt" (1564) aus der Feder des Mönchs Zinovij Otenskij.[11]

Im „Erleuchter", einer Traktatreihe, die die Häresie der Judaisierenden zu entlarven trachtet, sammelt der ehrwürdige Iosif dogmatische Belege aus allen damals in Rußland bekannten Kirchenvätern, so daß die

16 Kapitel dieses Buches eine nahezu vollständige Darlegung der fundamentalen Glaubenswahrheiten bieten. Es war das erste und für lange Zeit einzige theologische Werk in Rußland.
Die wegen ihrer Gedankentiefe und ihres reichen theologischen Gehaltes bemerkenswerte Schrift des Mönchs Zinovij – sie wendet sich gegen die Irrlehre des Feodosij Kosoj – enthält in ihren 56 Kapiteln gleichfalls eine vollständige und folgerichtige Wiedergabe der wichtigsten orthodoxen Dogmen.
Die westrussische Tradition wird repräsentiert durch das Ostroger „Büchlein vom Glauben" sowie durch die Katechismen des Mönchspriesters Zacharij Kopytenskij[12], des Erzpriesters Lavrentij Zizanij (gest. nach 1634)[13] und des Kiever Metropoliten Petr Mogila (1596–1647).[14]
Gewissermaßen am Schnittpunkt der Moskauer und der Kiever Tradition[15] steht als monumentales Denkmal der russischen theologischen Polemik gegen den Protestantismus vom Beginn des 18. Jh. der „Stein des Glaubens" des Patriarchatsverwesers Metropolit Stefan Javorskij (gest. 1722).[16] Erzbischof Feofan (Prokopovič, 1681–1736) trennte als erster die dogmatische Theologie – er unterrichtete sie als Lehrfach an der Kiever Geistlichen Akademie (1711–1716) – als eigene Disziplin von der Moraltheologie ab und bot sie in einem ausgearbeiteten System dar. Wenn er auch sein System nicht selbst vollenden konnte[17], durfte ihn Metropolit Makarij Bulgakov doch zu Recht als „Vater der systematischen Theologie in Rußland" bezeichnen.[18]
Das dogmatische System Erzbischof Feofans gliedert sich in zwei Teile. Der erste handelt „von Gott in sich selbst" (de Deo ad intra), von Gott als dem seinem Wesen nach Einen und den Personen nach Dreieinigen, der zweite spricht „von Gott in seinem Wirken nach außen" (de Deo ad extra), von Gottes Taten, darunter von der Erschaffung der Welt des Sichtbaren und Unsichtbaren und dem Ratschluß Gottes über seine Schöpfung, vor allem über die Erlösung des gefallenen Menschen.
Denselben Aufbau besitzen auch alle folgenden russischen Dogmatiken, ausgenommen das System des Erzbischofs Filaret Gumilevskij (1864), in welchem die Welterschaffung und der Ratschluß über die Schöpfung der allgmeinen Lehre von Gott zugeordnet sind, während sich der zweite Teil der Lehre von der Erlösung und Erneuerung der Welt widmet.
Der „Dogmatischen Theologie" Erzbischof Feofans folgten zwar weitere Lehrbücher der orthodoxen Dogmatik. Da diese aber ihrer Stoffmenge und ihrer scholastischen Aufbereitung wegen nicht befriedigten, beschloß die Kiever Akademie, zur Dogmatik Erzbischof Feofans zu-

rückzukehren. Sie diente bis zum Ende des 18. Jh. ununterbrochen als Leitfaden. Die weitere Vervollkommnung der theologischen Ausbildung an der Kiever Akademie ist das Werk von Archimandrit (später Bischof) Irinej Faľkovskij (1762–1823).[19] In den Jahren 1795–1801 gestaltete er das von Erzbischof Feofan Prokopovič entworfene und teilweise ausgeführte theologische System vollkommen um. Er überarbeitete es, ergänzte es durch neue Abschnitte und faßte es in einem konzentrierten „Kompendium der christlichen orthodoxen dogmatisch-polemischen Theologie"[20] zusammen. Das „Kompendium" des Bischofs Irinej gilt als „das beste dogmatische System seiner Zeit, das keinerlei Konkurrenz zu fürchten hatte".[21]

In der Moskauer Slavisch-griechisch-lateinischen Akademie behauptete im 18. Jh. das theologische System ihres Rektors, Archimandrit (später Bischof) Feofilakt Gorskij (gest. 1788) den Rang des besten Unterrichtsleitfadens.[22] Sein Werk beruht auf Vorlesungen, die er 1769–1774 an der Akademie in lateinischer Sprache gehalten hat.[23] Es erschien 1784 in Leipzig unter dem Titel „Dogmen der Orthodoxen Orientalischen Kirche oder christliche Lehre von den Artikeln des Glaubens (1. Teil) und des Handelns (2. Teil), zusammengestellt und adaptiert zum Gebrauch derer, die sich der theologischen Lehre geweiht und ergeben haben".[24] Das System Feofilakts behielt seine Funktion als Unterrichtsleitfaden sowohl für die Dogmatik als auch für die Moraltheologie in der Akademie bis zum Beginn des 19. Jh., in den Geistlichen Seminaren sogar noch über diese Zeit hinaus.

Im letzten Drittel des 18. Jh. tauchten die ersten Lehrbücher der Theologie in russischer Sprache auf. Einige von ihnen waren in Katechismusform abgefaßt, wie die Schriften von Mönchspriester (später Metropolit) Platon (Petr Levšin, gest. 1812)[25] und Archimandrit Makarij Susaľnikov (gest. 1787).[26] Andere Autoren, wie Archimandrit Makarij Petrovič[27] und Mönchspriester Juvenalij Medvedskij[28], ordneten das Material systematisch an und boten es kapitelweise dar. Besondere Beachtung verdienen die Arbeiten des hl. Hierarchen Tichon Zadonskij[29], die zwar überwiegend in den Bereich der Asketik gehören, dennoch aber im 18. und 19. Jh. auch der Erhellung dogmatischer Glaubenswahrheiten – namentlich in bezug auf die orthodoxe Erlösungslehre – gedient haben.[30]

Seit der Reorganisation der Geistlichen Akademien (d. h. nach 1809), durch die Latein als Unterrichtssprache weitgehend durch das Russische ersetzt worden war, wurden neu konzipierte russische Dogmatikkurse abgehalten. Der Leitfaden von Metropolit Grigorij Postnikov (gest. 1860) war in der St. Petersburger Geistlichen Akademie in Gebrauch³¹, derjenige von Erzbischof Innokentij Borisov wurde in der St. Petersburger, dann auch in der Kiever Geistlichen Akademie verwendet³², während man sich in der Moskauer Geistlichen Akademie an das System von Erzbischof Filaret Gumilevskij (gest. 1864) hielt.³³ Bald erschienen auch die ersten Dogmatikbücher, die den neuen Lehrprogrammen und dem reformierten theologischen Ausbildungsgang angepaßt waren: die „Dogmatische Theologie" des Moskauer Universitätsprofessors Erzpriester Petr Ternovskij³⁴ und die „Dogmatische Theologie der Orthodoxen Katholischen Morgenländischen Kirche" des Rektors des Kiever Geistlichen Seminars, Archimandrit Antonij Amfiteatrov.³⁵

4. Die „Dogmatische Theologie"
von Erzbischof Antonij Amfiteatrov

Dem Werk von Erzbischof Antonij Amfiteatrov (gest. 1879)³⁶ gebührt ein Ehrenplatz in der Geschichte der russischen Geistlichen Schule. Der spätere Hierarch war selbst ein Zögling der Kiever Geistlichen Akademie und lehrte an ihr lange Jahre die theologischen Wissenschaften; von 1845–1851 stand er dem Kiever Geistlichen Seminar als Rektor vor, und in den Jahren 1851–1858 wirkte er als Rektor und Professor an seiner Heimatakademie.

Die „Dogmatische Theologie" des damaligen Archimandriten Antonij folgte einem strengen System; jeder Gedanke wird umfassend dargelegt und in seinen Folgerungen untersucht. Sie genügte vollkommen den didaktischen Ansprüchen, die an ein Unterrichtswerk für eine Geistliche Schule zu stellen war. Ein solches Schulhandbuch der Dogmatik war von seinen Zeitgenossen sehnlich erwartet worden. Das erklärt seine Popularität als Seminarlehrbuch.

Erzbischof Antonij bot als erster russischer Theologe eine wissenschaftliche orthodoxe Definition des Dogmas und der dogmatischen Theologie, er benannte den Gegenstand und die Methode der orthodoxen wissenschaftlichen Dogmatik und verwies auf ihre wichtigsten Quellen und Hilfsmittel.

„Gegenstand der dogmatischen Theologie sind die Dogmen des christlichen Glaubens"; Dogmen aber heißen nach der Definition von Archimandrit Antonij „solche Wahrheiten, die erstens den kontemplativen Teil der christlichen Lehre bilden oder Normen des christlichen Glaubens sind; die zweitens von der einmütigen Stimme der universalen Kirche auf der Grundlage der göttlichen Offenbarung definiert worden sind und bekannt werden; die drittens jeder Christ unbedingt

kennen muß, weil er sonst Gefahr läuft, von der Gemeinschaft der wahren Christen", d. h. der Kirche, „abzufallen".[37]
So arbeitet Archimandrit Antonij folgende Grundelemente des Dogmas heraus, die auch in den Definitionen späterer Theologen wiederkehren: Herkunft aus der göttlichen Offenbarung, Kontemplatives (theoretischer Charakter), Kirchlichkeit (Katholizität) und verpflichtende Gültigkeit für jedes Glied der Kirche. Die wahre dogmatische Theologie ist orthodox. „Die dogmatische Theologie muß, unbeirrbar ‚dem Glauben der Auserwählten Gottes' (Tit 1,1) folgend, ebenjene Dogmen lehren, die die hl. Kirche auf der Grundlage der göttlichen Offenbarung bewahrt; und zwar alle, die sie bewahrt; und genau in der Weise, wie sie sie bewahrt."[38]
Damit diese Aufgabe erfüllt werden kann und in der Dogmatik „unzweifelhaft der Charakter der Orthodoxie zum Ausdruck kommt", muß der Dogmatiker sich stets vom „Vorbild der heilsamen Worte" (2 Tim 1,13) leiten lassen, d. h. vom Muster der dogmatischen Lehre der orthodoxen Kirche. Ein solches Muster ist für uns das Nizäno-Konstantinopolitanische Glaubensbekenntnis. Da in ihm jedoch nicht alle Dogmen in klar erkennbarer Form enthalten sind, von der dogmatischen Theologie aber Vollständigkeit und Ausführlichkeit verlangt werden, „muß man sich zwar im wesentlichen der Führung dieses Symbolons anvertrauen, daneben aber auch andere, ausführlichere Glaubensmuster in Betracht ziehen".[39] Zu diesen hilfsweise hinzutretenden, ergänzenden „Glaubensmustern" zählt Archimandrit Antonij: einige alte Glaubensbekenntnisse (das sogenannte Apostolische Symbolon, das Symbolon des hl. Gregorios Thaumaturgos und das aus dem Westen stammende, dem hl. Athanasios dem Großen zugeschriebene Symbol); die dogmatischen Definitionen der sieben Ökumenischen Konzilien und jener Landessynoden, deren Entscheidungen von der Universalkirche rezipiert worden sind; die Glaubensbekenntnisse und Enzykliken der hl. Väter, die von der Kirche als „ökumenische Lehrer und Säulen der Orthodoxie" anerkannt werden; schließlich „die symbolischen Bücher, die der russischen Kirche eigen sind" (das „Orthodoxe Bekenntnis" des Metropoliten Petr Mogila von 1640; das „Sendschreiben" der Patriarchen der Morgenländisch-Katholischen Kirche über den orthodoxen Glauben", das die östlichen Patriarchen 1723 an die anglikanische Kirche richteten; der „Ausführliche christliche Katechismus" des Metropoliten Filaret Drozdov, erstmals herausgegeben 1824).[40] Aufs ganze gesehen ist die Dogmatik von Erzbischof Antonij von streng orthodoxem Geist und von kirchlichem Pathos getragen. In einzelnen Abschnitten (Soteriologie und Ekklesiologie) übertrifft Antonij in der

Genauigkeit der Formulierungen seine Vorgänger und sogar seine Nachfolger.

5. Metropolit Makarij Bulgakov und seine Zeitgenossen

In der Zeit nach Erzbischof Antonij konzentrierte sich das russische theologische Denken darauf, die dogmatischen Systeme zu bereichern und zu vervollständigen, die historische Erforschung der Dogmen voranzutreiben, ihre apologetische Begründung und exegetische Erklärung auszubauen sowie tiefer in ihren sittlichen und mystischen Gehalt einzudringen. Die folgende Darstellung wird soweit wie möglich diese verschiedenen Aspekte als Gliederungsprinzip wählen und sie nacheinander entsprechend ihrem Hervortreten in den Arbeiten russischer Theologen behandeln.

a) Das dogmatische System des Metropoliten Makarij Bulgakov

Zunächst sah man sich der Aufgabe gegenüber, das System der orthodoxen Dogmatik zu bereichern, auszuweiten und wissenschaftlich zu vervollkommnen. Im Jahre 1849 erschien in St. Petersburg der erste Band des fünfteiligen Werkes von Archimandrit (später Metropolit) Makarij Bulgakov (1816–1882) „Orthodox-dogmatische Theologie".[41] Die „Orthodox-dogmatische Theologie" hat die vorangegangene dogmatische Literatur aufgearbeitet und damit Voraussetzungen für die weitere Entwicklung des russischen theologischen Denkens geschaffen. Alle folgenden Generationen russischer Theologen sind durch die Schule der „Dogmatik" Metropolit Makarijs gegangen. Den Geist der orthodoxen Dogmatik und die Prinzipien ihrer wissenschaftlichen Interpretation kann man unmöglich begreifen, wenn man sich nicht zuvor an einer geistlichen Lehranstalt jene dogmatischen Formeln zu eigen gemacht hat, die das „ABC der Dogmatik"[42] bilden. Nur allmählich, entsprechend der theologischen Reife des Forschers, offenbaren diese Formeln ihren inneren Gehalt, gewinnen an Leuchtkraft und erfüllen sich mit Leben, so daß unter der dunklen Hülle des Buchstabens der Geist und die Wahrheit der orthodoxen Lehre hervorstrahlt.

Auf der ersten Stufe der theologischen Bildung jedoch, auf der eine freie theologische Synthese noch nicht möglich ist, muß der kirchliche Theologe sich auf die Analyse bereitliegender Formeln, die aus der Hl. Schrift und den kirchlichen Glaubensdefinitionen stammen, be-

schränken. Eben auf diese Weise hat Metropolit Makarij sein System aufgebaut: zuerst die Formel, dann ihre Begründung (mit größter Vollständigkeit und Genauigkeit) mit Argumenten aus der Offenbarung und der kirchlichen Überlieferung, schließlich die Analyse der Formel.
Den Begriff des Dogmas bestimmt Metropolit Makarij fast ebenso wie Erzbischof Antonij Amfiteatrov, wenn sich auch bei ihm der Akzent ein wenig verschiebt.
Jedem Dogma kommen zuerst folgende Merkmale zu: Herkunft aus der göttlichen Offenbarung; Kirchlichkeit; Spekulativität (Kontemplativität); Heilsbedeutung und schließlich als Konsequenz der vorgenannten Eigenschaften, Unwandelbarkeit und Unanfechtbarkeit.
Um den Bereich des Dogmas näher zu begrenzen, schreitet Metropolit Makarij zu der Definition fort: „Dogmen heißen nur jene unter den in der göttlichen Offenbarung niedergelegten Glaubenswahrheiten, die sich direkt auf das Wesen der christlichen Religion als der wiederhergestellten Gemeinschaft zwischen Gott und Mensch beziehen und in sich im eigentlichen Sinne eine Lehre von Gott und seinem Verhältnis zur Welt und namentlich zum Menschen enthalten sowie von der Kirche als unanfechtbare und unwandelbare Grundsätze des heilmachenden Glaubens verkündet werden."
So ist die orthodoxe dogmatische Theologie nichts anderes als „das System der orthodoxen Glaubenslehre" oder „die Wissenschaft, die die Lehre der orthodoxen Kirche von Gott und seinen Werken darlegt".
Metropolit Makarij geht genauer auf die Quellen der dogmatischen Wissenschaft ein. Im Unterschied zu Erzbischof Antonij sieht er im „Vorbild der heilsamen Worte" (2 Tim 1,13), von der sich der gelehrte Theologe leiten läßt, drei durchaus ungleichwertige Komponenten zusammentreten, und zwar: „die göttliche Offenbarung als die einzige Quelle der orthodoxen dogmatischen Theologie"; das Nizäno-Konstantinopolitanische Symbol als „unumstößliches Fundament der orthodoxen dogmatischen Theologie"; fernerhin das „Orthodoxe Bekenntnis" des Metropoliten Petr Mogila, das „Sendschreiben der östlichen Patriarchen" und der „Ausführliche Katechismus" des Metropoliten Filaret Drozdov als „ständige Wegweiser für die orthodoxe dogmatische Theologie".[43] Gewiß wird mit dieser Klassifikation die Frage nach den Quellen der orthodoxen Glaubenslehre nicht endgültig entschieden. Metropolit Makarij verzichtet zwar nicht auf den von westlichen Theologen übernommenen Begriff der „symbolischen Bücher", doch praktisch verlagert er das Zentrum seines Systems auf die Bibel als die „einzige Quelle" und das Vätererbe als das „unumstößliche Fundament". Er greift auf die Tradition der Väter zurück und zeigt, daß die russische

Theologie durchaus nicht der nach nichtorthodoxen, scholastischen Mustern zusammengestellten sogenannten „symbolischen Bücher" als „ständiger Wegweiser" bedarf.

Metropolit Makarij erkannte klar, wie wichtig die allseitige wissenschaftliche Erforschung früherer theologischer Konzeptionen ist. Das bezeugt vor allem das 1869 eingeführte neue „Statut der Geistlichen Akademien", das unter seiner unmittelbaren Einflußnahme und Anleitung entstanden war. Dieses Statut (bisweilen als „Makarij-Statut" bezeichnet) orientierte den Unterricht in allen wichtigen theologischen Disziplinen an der Historie. So forderte das Statut unter anderem für die dogmatische Theologie einen engen Zusammenhang mit der Dogmengeschichte und den kritischen Überblick über heterodoxe Theorien, die der orthodoxen Lehre eine falsche Ausdeutung geben.

Schon deshalb kann man nicht völlig der Ansicht beipflichten, daß für Metropolit Makarij „das Dogma eine abgeschlossene theoretische Formel ist, die wegen ihrer abstrakten und unanfechtbaren Vollkommenheit unbedingte Verbindlichkeit besitzt".[44] Das Dogma ist gewiß unter anderem auch eine Formel. Tadeln dürfte man aber einen Dogmatiker nur dann, wenn für ihn das Dogma „nur eine Formel" ist. Metropolit Makarij hat zwar den Unterschied zwischen dem „unwandelbaren und unanfechtbaren" Wesen des Dogmas und seiner Formulierung, d. h. seinem geschichtlich bedingten buchstäblichen Ausdruck, nicht hervorgehoben. Namentlich seine Äußerungen über die „Entwicklung und Erschließung der Dogmen in der Kirche" erzwingen aber den Schluß, daß ihm dieser Unterschied bewußt war.

Metropolit Makarij, der nicht nur ein tiefsinniger Theologe, sondern auch ein bedeutender Kirchenhistoriker war, begriff sehr wohl, daß die auf den Konzilien getroffenen dogmatischen Definitionen vor allem historische Bedeutung besitzen: Jede von ihnen war zu ihrer Zeit notwendig und hinreichend, um jene Häresie, gegen die sie gerichtet war, zu vernichten. Wenn sich in der Kirche eine neue Irrlehre gegen ein definiertes Dogma erhebt, dann kann die zuvor als „abgeschlossen und unanfechtbar" geltende Definition dieses Dogmas sich als nicht mehr ausreichend erweisen. In einem solchen Falle gibt die Kirche eine neue, präzisierte Definition des Dogmas, die nicht etwa sein Wesen modifiziert, sondern vielmehr stärker auf die neu entstandene Häresie zugespitzt ist.

Nach übereinstimmender Meinung russischer Theologiehistoriker wäre ohne Metropolit Makarij Bulgakov die gesamte weitere Entwicklung der russischen Theologie nicht vorstellbar. Die Größe Metropolit Makarijs besteht darin, daß er, zeit seines Lebens in der Kirche und für die Kirche wirkend, es vermocht hat, sich über das Vergängliche und Zufällige zu erheben, in einem einzigen theologischen Entwurf das gesamte orthodoxe Glaubensbekenntnis seiner Zeit einzufangen und die kirchengeschichtliche Entwicklung gleichsam in einer Momentaufnahme festzuhalten und darüber hinaus seinen Nachfolgern den Weg für weitere Forschungen sowohl auf dem Gebiet der Dogmengeschichte als auch bei der Erkundung künftiger Lehrentwicklungen zu weisen.

Die russischen Dogmatiker der folgenden Zeit begannen, bei der Erforschung des Dogmas vornehmlich jenen Aspekten Aufmerksamkeit zu schenken, die Metropolit Makarij in seinem System zwar berücksichtigt, aber nicht genügend herausgearbeitet hatte – dem historischen, dem philosophisch-apologetischen und dem moralisch-psychologischen Aspekt.

b) Einige russische Theologen vor und neben Metropolit Makarij

Wenn man sein Augenmerk auf den großen „Systemschöpfer" richtet, gerät leicht die große Schar anderer bedeutender Theologen aus dem Blickfeld, ohne die eine Darstellung der Geschichte der russischen Dogmatik unvollständig wäre.

Als in den vierziger Jahren des 19. Jh. die Mönchspriester Antonij Amfiteatrov und Makarij Bulgakov an der Kiever Geistlichen Akademie ihre theologische Laufbahn begannen, hatten sie als Vorbild Erzbischof Innokentij Borisov vor Augen. Das theologische Denken entfaltete sich aber auch in anderen akademischen Zentren. An der Moskauer Geistlichen Akademie wirkten in jenen Jahren so hervorragende Theologen wie Archimandrit (später Erzbischof) Evsevij Orlinskij (1805–1883)[45] und Archimandrit (später Erzbischof) Aleksij Řžanicyn[46]; an der Kazaner Akademie las Archimandrit Serafim Aretinskij[47], der stark von den Anschauungen von Erzbischof Innokentij Borisov beeinflußt war.

Innokentij Borisov (1800–1856), ein bekannter russischer Theologe und Prediger, lehrte in den zwanziger Jahren Fundamentaltheologie und vergleichende Theologie an der St. Petersburger Geistlichen Akademie. Seine Vorlesungen bestachen durch tiefschürfende und originelle Gedanken. Dieser Theologe empfahl sich durch seine vorzügliche Kenntnis der neueren westlichen Theologie und Philosophie. Einige seiner fundamentaltheologischen Vorlesungen wurden bereits damals publiziert.[48] Doch besonderen Ruhm erntete er durch sein Hauptwerk, das Buch „Die letzten Tage im irdischen Leben unseres Herrn Jesus Christus".[49]

Archimandrit Innokentij bedient sich in dieser Arbeit bei der Erforschung der vom Evangelium geschilderten Begebenheiten weitgehend der historisch-archäologischen Methode. Mit dem der damaligen Wissenschaft bekannten Material auf das beste vertraut, illustriert er jeden Zug der Evangelien mit den entsprechenden archäologischen und geographischen Details. So formt sich aus diesem vielfarbigen Mosaik von Geschichte, Exegese, Psychologie und Dogmatik ein unvergleichlich lebendiges und theologisch überzeugendes Bildnis des Gottmenschen. Im Jahre 1830 wurde Archimandrit Innokentij, inzwischen Doktor der Theologie, zum Rektor der Kiever Geistlichen Akademie berufen. Er führte in die russische Theologie die historische und die historisch-vergleichende Methode ein. In weitem Umfange machte er sich die Ergebnisse der ausländischen (hauptsächlich der protestantischen) theologischen Wissenschaft zunutze.

Er beschäftigte sich mit den ältesten Quellen der orthodoxen Glaubenslehre, lehnte die traditionellen scholastischen Methoden ab und schuf einen ganz eigenen theologischen Stil. Als erster russischer Theologe gewährte Archimandrit Innokentij der Dogmengeschichte innerhalb der Dogmatik gleichberechtigte Mitsprache. Er gilt auch als der Begründer einer eigenen Disziplin, der „Ekklesiastik", einem Komplex aus Ekklesiologie, Liturgik, Kirchengeschichte und Kirchenrechtstheorie.

In den fünfziger und sechziger Jahren glänzte mit seinen akademischen Vorlesungen Archimandrit (später Bischof) Ioann Sokolov (1818–1869). Er las Moraltheologie an der Moskauer Geistlichen Akademie (1842–1844), später Kirchenrecht an der St. Petersburger Geistlichen Akademie (1844–1855), schließlich Dogmatik als Rektor der Akademien in Kazan' (1857–1864) und St. Petersburg (1864–1866).[50] Als Dogmatiker gehörte er, ebenso wie Metropolit Makarij Bulgakov, zur traditionellen oder, wie man zu sagen pflegt, abstrakt-dialektischen Schule der Theologie und bediente sich der strengen, den Verstand disziplinierenden Methoden und Schemata der Scholastik. Bei der Behandlung jedes Dogmas bekundete sich jedoch deutlich die ethische und eschatologische Haltung des Dogmatikers, seine Stellung zur Gegenwart und das Bewußtsein seiner Verantwortung für das Schicksal der Welt und der Kirche. Unwandelbarer, einziger Maßstab für Bischof Ioann war Jesus Christus, wie er euch „vor die Augen gemalt war als der Gekreuzigte" (Gal 3,1). Sehr bezeichnend hierfür sind seine Vorlesungen über die Person Jesu Christi (gehalten 1864–1865 an der St. Petersburger Geistlichen Akademie). Bischof Ioann verwirft „die Methode, die dogmatische Lehre des Christentums losgelöst für sich zu

untersuchen", und sieht in einem solchen Vorgehen „einen grundlegenden Fehler", da „wir hierbei die Lehre Christi getrennt von seiner Person studieren".
Bei all seiner blendenden und ein wenig kalten Dialektik[51] war Bischof Ioann durchaus den Problemen seiner Zeit zugewandt, zugleich aber auch tief eschatologisch gestimmt. Als hervorstechendes Merkmal seiner Vorlesungen bemerkten seine Hörer „die Verbindung einer scharfsinnigen und tiefschürfenden philosophischen Analyse mit einem gewissen Zug von Mystizismus".[52] Was er in den Vorlesungen ungesagt ließ, brachte er, wie Erzbischof Innokentij, in seinen Predigten zur Sprache, die voller origineller dogmatischer Gedanken waren.
Die von Bischof Ioann vertretene dynamische Konzeption der Erlösung läßt die gegenwärtige Bedeutung des Kreuzes Christi besonders eindrücklich hervortreten. Christus ist nach dieser Interpretation „das Opfer für die Welt, das um so mehr leidet, je mehr die Welt in ihrer Entwicklung voranschreitet". Das Kreuz Christi und die Last seiner Leiden wachsen in dem Maße, wie die Sünde der Christus kreuzigenden modernen Welt wächst.
In den fünfziger Jahren trat noch ein weiterer Theologe hervor, Archimandrit Feodor Bucharev. Er schuf ein eigenständiges System, dessen methodische Anlage biblisch-exegetisch und dessen Inhalt christozentrisch bestimmt sind. „Das Grundprinzip seines Systems, sowohl sein Ausgangspunkt als auch sein Zentrum als auch sein Schlußstück", bemerkt ein Chronist der Kazaner Geistlichen Akademie, „ist die Lehre vom Eingeborenen Sohn, vom Lamm Gottes, von dem, der allein Weg, Wahrheit und Leben ist."[53]
Seinen Vortrag der Dogmatik, wie auch den der übrigen theologischen Disziplinen, die er zu unterrichten hatte, baute Archimandrit Feodor allein nach soteriologischem Gesichtspunkt auf. „Jedes Dogma, jede Wahrheit und jede Festsetzung der Orthodoxie", schrieb er später, nach seiner Laisierung, unter seinem weltlichen Namen A. M. Bucharev[54], „sollen wir nicht nur dem Buchstaben und der Form nach betrachten und studieren, sondern immer auch im Geiste Christi, im Geiste seiner Herablassung vom Himmel auf die Erde, im Geiste seiner Liebe, in der er selbst zum Lamm Gottes wurde, das der Welt Sünde trägt."[55]
Fast alle russischen Theologen verstanden, daß man bei der Entwicklung des theologischen Denkens wie auch bei der Gestaltung des kirchlichen Lebens vor allem danach trachten müsse, „nach Sohnesart den freien und selbständigen Geist Christi"[56] in sich aufzunehmen. Der philosophische Gedanke ist der von Gott geoffenbarten Lehre nicht entgegengesetzt, er ist selbst eine Gabe Gottes. „Jeder Fortschritt des Den-

kens, der mit dem Gesetz und dem Anspruch des Denkens wirklich in Einklang steht, und überhaupt jeder Gedankengang, der tatsächlich vorwärts führt, macht im menschlichen Geist das Licht Christi sichtbar, und zwar in dem Maße, wie unsere Verstandesnatur dafür bereit ist. Dieses Licht Christi, das jeden Menschen im gesetzmäßigen Gang seines Denkens erleuchtet, läßt ihn eben in dieser ‚Erleuchtung' die Macht des Geheimnisses Christi – des Geheimnisses seiner Inkarnation und Menschwerdung – spüren."[57] Obwohl die theologischen Arbeiten von Archimandrit Feodor viel Wertvolles enthalten, überwiegt in ihnen doch zu sehr das persönliche religiöse Gefühl, aus dem theologischer Subjektivismus entsteht.

6. Die Schule der historischen Dogmenerklärung

Kennzeichnend für die folgende Entwicklungsetappe der russischen Theologie (der sechziger und vor allem der siebziger Jahre des 19. Jh.) ist das verstärkte Interesse für Fragen der Kirchen- und Dogmengeschichte. Seit 1869 war an den Geistlichen Akademien das neue Statut in Kraft, an dessen Abfassung Metropolit Makarij Bulgakov als Vorsitzender der Kommission zur Reform der geistlichen Bildung maßgeblich beteiligt war. Durch das neue Statut wurden an den Akademien jeweils drei Abteilungen eingeführt: eine theologische, eine kirchengeschichtliche und eine praktische. Das bedeutet, daß sich mindestens ein Drittel der Studenten auf ein Teilgebiet der Kirchengeschichte spezialisierte. Außerdem schrieb das Statut vor, beim Unterricht in allen theologischen Disziplinen noch mehr Gewicht auf die geschichtliche Darstellung zu legen. So sollte die Dogmatik in enger Verbindung mit der Dogmengeschichte und die Moraltheologie unter steter Rücksichtnahme auf die Geschichte der ethischen Lehren vorgetragen werden, während die Liturgik mit der kirchlichen Archäologie vereinigt und im wesentlichen als Geschichte des Gottesdienstes gelehrt wurde.
Auf diese Weise gewann in der von uns betrachteten Periode das Prinzip des Historismus in der Theologie erheblich an Bedeutung.

a) Das dogmatische System von Erzbischof Filaret

In einer Zeit, in der die theologische Bildung zunahm, die Ansprüche der kirchlichen Öffentlichkeit wuchsen und die Apologetik der Orthodoxie sich angesichts von Säkularisierung und intellektuellem Kritizismus vor immer kompliziertere Aufgaben gestellt sah, mußten die Theologen nicht nur die religiösen Erwartungen, sondern mehr noch das wissenschaftliche Interesse ihrer Leser befriedigen. Die russische Kirche entsprach den Bedürfnissen der Zeit mit dem System der dogmatischen Theologie des Erzbischofs Filaret Gumilevskij.

Die „Orthodoxe Dogmatische Theologie", die Erzbischof Filaret Ende 1864 in Černigov herausbrachte[58], gilt als die „Krone der theologischen Werke" dieses namhaften Vertreters der russischen kirchlichen Wissenschaft.[59] Er hatte die Arbeit an diesem Werk bereits in den dreißiger Jahren an der Moskauer Geistlichen Akademie begonnen, wo er in seinen Dogmatikvorlesungen, bemüht, das Dogma als Vernunftwahrheit nachzuweisen, „philosophische Analyse und historische Demonstration" miteinander zu verbinden wußte. Im Vorwort betont der Autor, daß er sein Werk „nicht ohne Berücksichtigung des deutschen Rationalismus" verfaßt habe.[60]

Nach Ansicht von Erzbischof Filaret hat es die Dogmatik mit der „Auslegung" dogmatischer Stellen der Hl. Schrift zu tun, natürlich „am Leitfaden der kirchlichen Überlieferung", während „die Methode der Dogmatik vornehmlich die analytische ist". Nach dieser Methode läßt sich ein Dogma dadurch am überzeugendsten begründen, daß man die innere Einheit und die ununterbrochene Überlieferung der dogmatischen Lehre aufweist. „Daß die Dogmatik als Wissenschaft auftreten kann, hat darin seinen Grund, daß die Dogmen des Glaubens als positive Setzungen untereinander in Verbindung stehen und zusammen ein organisches Ganzes bilden."[61] Folglich sieht Erzbischof Filaret seine erste Aufgabe darin, sowohl beim Aufbau des Gesamtsystems als auch bei jedem einzelnen Argumentationsschritt das vorgelegte Material historisch zu beleuchten. Nur auf diesem Wege ist es möglich, „eine sichere historische Basis für die rationale Begründung des Dogmas wie für seine Verteidigung gegen Einwände und Mißdeutungen" zu schaffen, obwohl sich dabei ein gewisser „scholastischer Schematismus" nicht vermeiden läßt.[62]

Ein Freund und Mitarbeiter Erzbischof Filarets, Professor Erzpriester Aleksandr V. Gorskij, kommentierte die Veröffentlichung der Dogmatik des hochwürdigen Filaret (1864) mit den Worten: „Wir besaßen bereits eine katholische Dogmatik (die des Metropoliten Makarij Bulgakov), jetzt ist eine protestantische erschienen, eine orthodoxe fehlt uns aber immer noch."[63] Die Kritik sowohl an Makarij als auch an Filaret in dieser Äußerung A. V. Gorskijs ist freilich übertrieben. Sie spiegelt jedoch eine Grundtendenz der russischen Theologen – das Bestreben, die theologische Wissenschaft von allen westlichen Einflüssen völlig zu befreien und innerhalb der russischen Kirche die alte Theologie der hl. Väter zu neuem Leben zu erwecken.[64]

Die „Dogmatik" Erzbischof Filarets bezeichnet wegen der wichtigen Rolle, die das historische Element in ihr spielt, nach einer treffenden Bemerkung von A. L. Katanskij den „Übergang von der dogmatischen Theologie zur historischen Dogmenauslegung".[65] Die besonderen Eigenheiten des dogmatischen Systems von Erzbischof Filaret, Neigung zum Rationalismus und Anwendung der historischen Methode, begegnen auch bei Professor Erzpriester Aleksandr Gorskij, Professor A. L. Katanskij und Bischof Sil'vestr Malevanskij.

b) Die theologischen Anschauungen von
Erzpriester Aleksandr Vasil'evič Gorskij

Professor Erzpriester Aleksandr Gorskij (1812–1875)[66], von N. N. Glubokovskij seinerzeit „der Prophet der neuen russischen Theologie" genannt, ist in der theologischen Literatur vor allem als Kirchenhistoriker bekannt.[67] Tatsächlich hat Aleksandr Gorskij dreißig Jahre lang an der Moskauer Geistlichen Akademie Kirchengeschichte unterrichtet, und nur in den zwölf letzten Jahren seines Lebens (1863–1875) hielt er, inzwischen als Rektor der Akademie, Vorlesungen über Dogmatik.

Das neue Statut der Geistlichen Akademien schrieb vor, den historischen Aspekt der historischen Wissenschaft besonders zu betonen. Nach seinen Angaben im jährlichen „Rechenschaftsbericht über den Stand der Moskauer Geistlichen Akademie" las Erzpriester Aleksandr Gorskij in den letzten Jahren seines Lebens „dogmatische Theologie in Verbindung mit Dogmengeschichte und einem kritischen Überblick über die wichtigsten Theorien, die, besonders in der jüngsten Zeit, die orthodoxe Lehre falsch auslegen. Die biblische Lehre wurde begleitet und erklärt durch das Zeugnis der Kirchenväter und -lehrer, wobei auch die Lehre der griechischen Theologen des Mittelalters Berücksichtigung fand."[68]

Erzpriester Aleksandr Gorskij schuf ein eigenständiges theologisches System, das jedoch bis heute recht wenig bekannt ist. Gleichwohl nimmt er in der Geschichte der russischen Theologie einen bedeutenden Platz ein. Er hat mehrere Generationen von Theologen herangebildet und eine eigene Schule geschaffen, die, nach einem Wort N. N. Glubokovskijs, „überall auf dem weiten Arbeitsfeld der russischen Theologie"⁶⁹ tätig wurde. Um so wertvoller sind für uns die nicht sehr zahlreichen Bemerkungen Aleksandr Gorskijs zur theologischen Methode, die sich in seinen Tagebüchern[70], Briefen[71] und wissenschaftlichen Veröffentlichungen[72] sowie in den Erinnerungen an ihn[73] finden.

Es gelang Gorskij besser als anderen, das dogmatische und das historische Element in der Theologie harmonisch miteinander zu verbinden; er betonte, daß das Verständnis und die Interpretation der Kirchengeschichte „in hohem Grade vom dogmatischen Standpunkt des Theologen abhängt".

Im Blick auf „die Entwicklung der Dogmatik" ist es deshalb sinnvoll, wenn die Wissenschaft nach dem „Einfluß individueller Besonderheiten der Kirchenlehrer auf die Kirchenlehre" fragt. Bei Aleksandr Gorskij tritt die Theologie auch in enge Beziehung zur Patrologie, weil „die biographischen Nachrichten über die Kirchenlehrer und die Erforschung ihrer Werke dazu dienen können, die Entwicklungstendenzen und Fortschritte der Dogmatik sichtbar zu machen".

Das Kriterium authentischer Theologie war für Vater Aleksandr die Treue zum orthodoxen Prinzip. Dieses Prinzip führt das theologische Denken stets zu den ursprünglichen Quellen, Bibel und Väterlehre, zurück und erlaubt, „jenes hohe Axiom innerlich zu erfassen und im historischen Prozeß gültig aufzuweisen, welches besagt, daß die Kirche sowohl die Lehrstätte der Wahrheit für ihre Kinder als auch der Tempel ihrer Heiligung als auch zugleich das geistliche Reich ist, in dem jedes Glied den ihm bestimmten Platz einnimmt und alle unter dem Regiment der einen höchsten, unsichtbaren Gewalt auf der Grundlage ihrer Gesetze von der sichtbaren Hierarchie gelenkt werden".[74] Aleksandr Gorskij war sehr darauf bedacht, daß die russischen Theologen neben den Denkmälern der Kirchengeschichte und dem Erbe der Theologie der hl. Väter auch der lebendigen liturgischen Erfahrung der Kirche ihre Aufmerksamkeit schenkten. Er lehrte, im orthodoxen Gottesdienst „die Blüte und Frucht am Lebensbaum der Kirche Christi" zu sehen[75], und riet seinen besten Studenten, Dissertationen über „die Dogmatik der liturgischen Bücher" zu schreiben[76] und auch die „neueren Auffassungen der deutschen Gelehrten, mögen sie auch oft völlig falsch sein", zur Kenntnis zu nehmen, vor allem jedoch die Regel des Apostels zu befolgen: „Prüfet aber alles, und das Gute behaltet" (1 Thess 5, 21). Zu prüfen bedeute, sich an die ursprünglichen Quellen zu wenden. Die Geschichte der Alten Kirche wurde von da ab im Geiste Aleksandr Gorskijs gelehrt, nämlich in enger Verknüpfung mit der Dogmengeschichte, so daß historischer und dogmatischer Stoff zusammen dargeboten wurden.

Noch zu Lebzeiten Gorskijs machte sich Archimandrit Ioann Mitropol'skij daran, die Geschichte der Ökumenischen Konzilien zu bearbeiten, und lieferte eine wissenschaftliche Darstellung der ersten drei von ihnen. Sein Werk wurde von Prof. A. P. Lebedev fortgesetzt, dessen Dissertation die „Geschichte der Ökumenischen Konzilien des 4. und 5. Jahrhunderts" behandelt. A. P. Lebedev wagte sich mutiger als andere russische Historiker an die Lösung historisch-dogmatischer Probleme und zog dazu alle erreichbaren wissenschaftlichen Daten heran. Nach seiner Ansicht „sind die Grundprinzipien der Orthodoxie so klar und eindeutig, daß man sich gegen sie nur in vollem Bewußtsein vergehen kann, nicht aber rein zufällig aus Nachlässigkeit oder Unachtsamkeit. Die Orthodoxie kann nicht in eins gesetzt werden mit sämtlichen kirchlichen Überlieferungen, mit sämtlichen Urteilen über historische Persönlichkeiten, die uns in der kirchlichen Praxis begegnen, oder mit sämtlichen Schriften, die, oft ohne Grund, Ansehen in der orthodoxen Welt erlangt haben. Die Orthodoxie steht höher als das faktische kirchliche Leben, und deshalb verliert sie nichts von alledem, was, rein faktisch gesehen, sich nicht gänzlich so erhalten hat, wie es früher vorhanden war."

Die Treue zum orthodoxen Prinzip, das sich in der Dogmatik intuitiv klar erfassen läßt, erlaubte es A. P. Lebedev, auch Angaben aus der wissenschaftlichen Literatur des Auslandes zu verwerten, aus der er alles Brauchbare und Zutreffende übernahm, dabei aber alle wichtigen Punkte einer strengen Analyse unterwarf und an den Quellen überprüfte. Mit anderen Worten, A. P. Lebedev verband „eine selbständige Aufarbeitung des gesamten wissenschaftlichen Materials mit einer schöpferischen Neubewertung des geschichtlichen Lebens der Kirche in orthodoxer Sicht".[77]

A. P. Lebedev und seine Schüler (A. A. Spasskij, N. N. Glubokovskij u. a.) haben sich vor allem damit große Verdienste um die russische Theologie erworben, daß sie die Wechselbeziehung von Göttlichem und Menschlichem in der Dogmenentwicklung erhellt haben. Die Ökumenischen Konzilien wurden in ihrem Handeln vom Hl. Geist geleitet, deshalb sind ihre dogmatischen Festlegungen unfehlbar. Von daher betrachtet, nehmen sie im dogmatischen System einen Platz ein, der jedem menschlichen Einfluß entzogen ist. Indessen führt die Kirche ein gottmenschliches Leben, und ihr dogmatisches Denken formt sich durch Menschen und für Menschen.

Man muß die hauptsächlichen Denkrichtungen und die damals wirksamen Einflüsse feststellen, um zu zeigen, daß das von der Gesamtkirche definierte, unanfechtbare dogmatische Resultat historisch gesehen zur rechten Zeit gefunden wurde und rational begründet ist. Von diesen Voraussetzungen ausgehend schuf A. P. Lebedev eine historische Darstellung der Ökumenischen Konzile des 4. und 5. Jh. von bemerkenswerter Geschlossenheit.

c) Die dogmatischen Arbeiten A. L. Katanskijs

Das Prinzip des orthodoxen kirchlichen Historismus in der Theologie hat ein anderer Schüler von Erzpriester Aleksandr Gorskij, A. L. Katanskij (gest. 1919)[78], entschlossen angewandt. Die historische Methode war für ihn ein Mittel, „dessen man sich mit Erfolg bei der Errichtung eines wissenschaftlich-dogmatischen Gebäudes bedienen kann, bei dem sich – entsprechend dem Voranschreiten der Wissenschaften – immerfort Umriß, Form und Anordnung der Teile ändern, obwohl es sich auf ewigen, unwandelbaren, von Christus, dem Erlöser, gelegten Fundamenten erbaut und aus ebenjenem Material besteht, das der Kirche ein für allemal in der Hl. Schrift und der hl. Überlieferung gegeben ist".[79]

Die dogmatische Theologie hat nach A. L. Katanskij die Aufgabe, „den spekulativen Charakter der von Gott geoffenbarten Lehre" klarzulegen und zu zeigen, „wie erhaben sie ist", und „wie man dieses oder jenes Dogma der orthodoxen Kirche zu verstehen hat". Die historische Dogmenerklärung hingegen soll nachweisen, „wie durch die Bemühungen der ganzen Kirche sich dank der genauen Definition, Auslegung und Begründung der Glaubenswahrheiten in menschlicher Sprache jenes äußere Schema des Dogmas entwickelt hat, unter dem es in der wissenschaftlichen Dogmatik auftritt".[80]

Von entscheidender Bedeutung für die Entfaltung der orthodoxen Dogmatik ist nach Meinung von A. L. Katanskij die „Treue zu den Vätern", d. h. der lebendige Umgang mit den Schätzen der Theologie der hl. Väter, sooft man theologische Fragen lösen will. Durch das Beispiel seiner eigenen theologischen Entwicklung, die sich unter dem Studium der Schriften der hl. Väter vollzog, hat Katanskij die russischen Theologen ermuntert, zu dieser „reichen, unerschöpflichen Quelle lebendigen Wassers" zu gehen, „die Werke der hl. Väter aus ganzem Herzen zu lieben" und in ihnen „ein einzigartiges Mittel zur Belebung unseres theologischen Denkens" zu erkennen.[81]

d) Das dogmatische System von Bischof Sil'vestr

Zum klassischen Muster der historischen Erklärung und Begründung der Dogmen wurde in der russischen Theologie das dogmatische System des Rektors der Kiever Geistlichen Akademie Archimandrit (später Bischof) Sil'vestr Malevanskij (gest. 1908).[82] Die Darlegung der historischen Schicksale eines Dogmas in der Kirche kann durchaus Hand in Hand gehen mit einem theoretisch-abstrakten Formalismus im Verständnis des Dogmas selbst.
Archimandrit Sil'vestr stellte sich in seinem fünfbändigen Standardwerk „Versuch einer orthodoxen dogmatischen Theologie (mit einer historischen Erklärung der Dogmen)"[83] die Aufgabe, die den Dogmen innewohnende Bewegung mit dem äußeren Gang der Kirchengeschichte in Verbindung zu setzen. Neben diesem „Versuch", der Hauptarbeit seines Lebens und einem der größten Werke der gesamten russischen Theologie, hat Archimandrit Sil'vestr als reifer Gelehrter noch eine Reihe historisch-dogmatischer Monographien und Aufsätze veröffentlicht.[84] In der Definition der Hauptmerkmale des orthodoxen Dogmas geht Archimandrit Sil'vestr über seine Vorgänger nicht wesentlich hinaus. Er nennt vier Kennzeichen des Dogmas: „Theologizität" (so heißt bei ihm das Merkmal, das auf den Gegenstandsbereich des Dogmas hinweist, in dessen Mittelpunkt Gott selbst steht), Geoffenbartheit, Kirchlichkeit und verpflichtende Verbindlichkeit für jeden Gläubigen.[85]
Die Kirchlichkeit des Dogmas erhält bei ihm eine zusätzliche, aus dem Leben abgeleitete Begründung. „Wer ein lebendiges Glied des kirchlichen Organismus ist, der kann nicht umhin, für sich das als unbedingt verbindliche Verpflichtung zu empfinden, was in ihm (d. i. im kirchlichen Organismus) eine innere, lebenswichtige Norm darstellt. Im Abfall von den Dogmen des Glaubens sieht die Kirche nicht Schwachheit und Unvermögen der Menschen, sondern einen offenen, bewußten und absichtsvollen Widerstand gegen ihre inneren Lebensprinzipien. Wer sich gegen die Dogmen wendet, der wendet sich nicht nur gegen die von Gott eingesetzte kirchliche Gewalt, sondern wird zugleich zum Feind der gesamten Kirche, der ihr Leben und ihre Integrität angreift und dabei auch Hand an sein eigenes geistliches Leben legt." Der Theologe findet das leitende Grundprinzip für seine Arbeit „nicht im Verstand, der oft genug mit der lebendigen Wahrheit bricht und mit ihr nach Belieben umspringt", und nicht „im toten Buchstaben der Schrift, der dieses oder jenes Verständnis zuläßt", sondern in der Kirche, „dem lebendigen und geheiligten Ursprung, den der Dogmatiker beständig

vor Augen hat", „im Geist der Wahrheit, der dem religiösen Bewußtsein der Gesamtkirche lebendig und unmittelbar innewohnt und immer untrennbar mit ihm eins ist", „im lebendigen Wort der Wahrheit, das in der Kirche ohne Unterlaß verkündet wird".[86] Archimandrit Sil'vestrs Aufforderung, sich an das gegenwärtige Dogmenverständnis der Kirche zu halten, blieb ein subjektiver Wunsch.

Die Schwierigkeiten, das vorgegebene dogmatische Verständnis zu erfassen und wissenschaftlich zu fixieren, bedingten, daß auch für Archimandrit Sil'vestr trotz allem die frühere, geschichtlich entstandene Formel der kirchlichen Glaubensdefinition das grundlegende theologische Kriterium blieb.[87]

Zusammenfassend darf man sagen, daß das seinem Umfang nach grandiose, in seinem wissenschaftlich-theologischen Gehalt tiefsinnige dogmatische System von Bischof Sil'vestr Malevanskij „Anspruch auf einen Ehrenplatz nicht nur in der russischen, sondern überhaupt in der europäischen Theologie hat".[88] „Die neuere russische Dogmatik", schrieb Professor N. N. Glubokovskij, „folgt im allgemeinen dem Vermächtnis des hochwürdigen Sil'vestr", in ihr „weht der Sil'vestrinische Geist historischer Betrachtung und Begründung".[89] Denn gerade der „Dogmatik" des hochwürdigen Sil'vestr war es gelungen, die Prinzipien der Geoffenbartheit, der Kirchlichkeit und der vernünftigen Erfassung des Dogmas harmonisch miteinander zu verbinden. In ihr „fand das rationale Element die legitime und naturgemäße Stellung, die ihm im Verhältnis zum Wesen des Dogmas, seiner geschichtlichen Herausbildung und seiner autoritativen Würde zukommt, es beansprucht nicht vermessen das Recht, die dogmatische Wahrheit hervorzubringen, sondern führt zu einem überzeugten, argumentativ begründeten Bekenntnis ihrer geoffenbarten Unbezweifelbarkeit". Bei Sil'vestr „bildet der dogmatische Komplex einen lebensvollen, wirkkräftigen Organismus theologischen Denkens. Hier werden die innere Würde und die normierende Kraft der Dogmen durch eine vielseitige wissenschaftliche Interpretation in einzigartiger Weise sichtbar gemacht."[90]

In den Systemen von Metropolit Makarij Bulgakov und Bischof Sil'vestr Malevanskij ist das Dogmenverständnis der russischen Kirche am nachhaltigsten zum Ausdruck gekommen. Metropolit Makarij spinnt den Faden der kirchlichen Überlieferung weiter und lehrt, daß die Universalkirche ihren Kindern gerade *so* zu glauben gebietet; Bischof Sil'vestr setzt diese Tradition ehrfürchtig fort und legt in seinen wissenschaftlich-theologischen Untersuchungen dar, *weshalb* wir gerade so glauben sollen. Im wissenschaftlich-theologischen Bewußtsein der Vertreter der Kirche wird das Dogma als wissenschaftliche Wahrheit nach und nach genauer definiert und ausformuliert (wie auch Bischof Sil'vestr in seiner historischen Darstellung zeigt), doch im lebendigen Bewußtsein der Kirche wird es als Gegenstand des Glaubens immer in seiner Fülle unverändert festgehalten (wie auch Metropolit Makarij zeigt). Metropolit Makarijs Aufgabe bestand folglich darin, die Formel des Dogmas biblisch-exegetisch und historisch-patristisch zu untermauern, während es Sache Bischof Sil'vestrs war, „eine wissenschaftliche Rechtfertigung des Dogmas" zu liefern und dem Leser dessen Geist und Lebendigkeit verständlich zu machen. Diese beiden Systeme, die sich nicht widersprechen, sondern einander ergänzen, bilden den dogmatischen Stamm des hochgewachsenen Baumes der russischen kirchlichen Theologie.

7. Die Schule der anthropologischen Dogmenerklärung

a) Die ethische Dogmeninterpretation an der St. Petersburger Geistlichen Akademie

Die allgemeine Entwicklung des dogmatischen Denkens in Rußland wurde geradlinig von einer theologischen Strömung fortgesetzt, die sich zuerst in den achtziger Jahren des 19. Jh. an der St. Petersburger Geistlichen Akademie bemerkbar machte; ihr Haupt war der Akademieinspektor und Dozent am Lehrstuhl für Fundamentaltheologie Mönchspriester (seit 1888 Archimandrit, seit 1894 Bischof) Michail Gribanovskij (1856–1898).[91] Hier wuchs eine neue Generation russischer Theologen aus dem Mönchsstand heran, die auf die Lösung theologischer Probleme vorzüglich vorbereitet war und an der Entwicklung des religiösen Bewußtseins der russischen Kirche und der russischen Gesellschaft lebhaften Anteil nahm. Diese jungen Vertreter des neuerstandenen gelehrten Mönchtums wußten sich die wichtigsten Ergebnisse des weltlichen religiösen Denkens schöpferisch anzueignen. Kritisch sondernd, übernahmen sie alles Gute und Nützliche, was sie bei den Slavophilen und bei F. M. Dostoevskij fanden, und vervollkommneten ihre theologische Methode in der Auseinandersetzung mit V. S. Solov'ev und L. N. Tolstoj.

Die Mönchstheologen früherer Zeit hatten sich niemals so weit auf das Gebiet weltlicher religiös-philosophischer Versuche begeben. Sowohl ihrer Erziehung als auch ihrer Denkungsart nach waren sie zuallererst Mönche, danach Theologen, und nur, wenn es unbedingt nötig war, auch Kritiker und Polemiker. Die Theologen der neuen Generation (vor allem Bischof Michail und Metropolit Antonij) waren hingegen in erster Linie religiöse Denker, die über die verlockenden Pfade philosophischer Spekulation zu den Höhen der dogmatischen Theologie gelangt waren und von dort weiter emporsteigend den opferreichen Weg des Mönchtums betreten hatten, das sie als lebendige Verkörperung und Offenbarung der kirchlichen Wahrheit und des im Evangelium verkündeten Ideals anzog.

Die Grundidee Bischof Michails bestand darin, die wissenschaftliche Theologie mit ihrem Tiefsinn und ihren Feinheiten „in engste Beziehung zu dem inneren Menschen in uns, zu seiner ursprünglichen Schönheit, von der jedem eine Ahnung gegeben ist"[92], zu setzen. Bischof Michail verstand, daß das Prinzip der Katholizität der Orthodoxie zur bewegenden Kraft für die Entwicklung der russischen Theologie werden müsse. Dieses Prinzip der Katholizität der orthodoxen Lehre wandte Bischof Michail in seinen theologischen Untersuchungen selber konsequent an. Seine Dissertation „Die Wahrheit der Existenz Gottes" – der erste Teil eines breit angelegten, aber nicht ausgeführten „Versuchs einer Erklärung der christlichen Grundwahrheiten durch das natürliche menschliche Denken" – hatte sich zum Ziel gesetzt, „die Frage nach dem Dasein Gottes auf dem Boden der Katholizität, in engster Beziehung zur normalen, ursprünglichen Natur des Menschen, aufzuwerfen". Als Ergebnis der Arbeit wird der Beweis vorgelegt, daß die Lehre der Bibel und der hl. Väter von der Gotteserkenntnis identisch ist „mit den unwiderlegbaren Resultaten der Selbstbeobachtung, mit den Thesen der modernen Psychologie und mit den Verallgemeinerungen, zu denen diese unterwegs ist".[93]

Fragen des menschlichen Geistes werden in einem Buch Bischof Michails beantwortet, das theologische Betrachtungen „Beim Lesen des Evangeliums" anstellt. Diese zweite und letzte Arbeit hat dieser bedeutende russische Theologe kurz vor seinem Tod veröffentlicht.[94] Nicht weniger wichtig als die theoretischen Arbeiten Bischof Michails war für die russische Kirche und die russischen Theologen das persönliche Vorbild seines christlichen Wandelns und seiner aus der Erfahrung gewonnenen Gotteserkenntnis. Der hochwürdige Michail war eine lebendige Verkörperung des orthodoxen katholischen Ideals. „Er war ein großer, ein apostolischer Geist, der weit über den Bereich seines persönlichen Lebens hinaus in die Ferne wirkte und in überströmender Liebe und heftigem Mitgefühl alle Menschen, ja das ganze Universum zu umfassen begehrte, um sie, gereinigt durch die Flamme des Gebets, zu Christus emporzutragen."[95]

Zu den Gesinnungsgefährten Archimandrit Michails an der St. Petersburger Akademie zählten auch Archimandrit (später Metropolit) Antonij Chrapovickij sowie die Studenten V. I. Bellavin (seit 1891 Mönch, der spätere Patriarch Tichon) und I. N. Stragorodskij (seit 1890 Mönch, der spätere Patriarch Sergij).

Archimandrit Antonij Chrapovickij, in den achtziger Jahren des vergangenen Jahrhunderts nacheinander Inspektor und Lehrbeauftragter an der St. Petersburger Geistlichen Akademie, dann Rektor des St. Petersburger Geistlichen Seminars (1890) und der Akademien in Moskau (1891–1895) und Kazan' (1895–1898), hat auf die Entwicklung des theologischen Denkens in Rußland bedeutenden Einfluß ausgeübt. Schon am Anfang unseres Jahrhunderts schrieb ein Historiker, daß Bischof Antonij von Wolynien „das Haupt einer neuen theologischen Schule" genannt werden könne.[96]

Bischof Antonijs Ziel bestand vor allem darin, „den sittlichen Wert unserer dogmatischen Glaubenssätze und kirchlichen Bestimmungen aufzuweisen, den Zusammenhang zwischen dem Glaubensbekenntnis und der Bergpredigt Christi sichtbar zu machen und nicht nur die Rechtmäßigkeit und Wahrheit, sondern auch die Heiligkeit all dessen zu zeigen, woran wir glauben und wovon wir uns im geistlichen Leben leiten lassen".[97] Seine Untersuchungen: „Die sittliche Idee des Dogmas von der Allheiligen Dreieinigkeit", „Ethische Begründung des wichtigsten christlichen Dogmas (des Erlösungsdogmas)", „Die sittliche Idee des Dogmas von der Kirche", „Der ethische Gehalt des Dogmas vom Hl. Geist"[98] sind eigentlich keine dogmatischen Traktakte.

Die in der 1. Hälfte des 19. Jh. in Arbeiten Moskauer Theologen bemerkbare Tendenz, die Vätertradition der Predigt um des Heiles willen wieder aufzunehmen, wurde von den Vertretern dieser neuen theologischen Schule konsequent weiterverfolgt. Zu dieser Richtung des theologischen Denkens gehörte auch Archimandrit (später Patriarch) Sergij Stragorodskij. Am 14. Juni 1895 verteidigte er an der Moskauer Geistlichen Akademie seine Magisterarbeit „Die orthodoxe Lehre von der Erlösung. Versuch einer Darstellung der sittlich-subjektiven Seite der Erlösung auf der Grundlage der Hl. Schrift und der Werke der hl. Väter".[99] Es ist ein wichtiger Beitrag zur orthodoxen Theologie, der bis heute seine Bedeutung für die russische Kirche behalten hat.[100]

b) Die „philosophische Dogmatik" an der Moskauer Geistlichen Akademie

Ein Schüler von Professor Erzpriester Aleksandr Vasil'evič Gorskij und sein Nachfolger auf dem Lehrstuhl für Dogmatik an der Moskauer

Geistlichen Akademie war Professor A. D. Beljaev (gest. 1919). Seiner Feder entstammen zahlreiche interessante und tiefschürfende theologische Arbeiten.[101] Besondere Beachtung verdient unter ihnen der in der russischen akademischen Theologie einmalige Versuch, ein ganzes dogmatisches System auf der Grundlage eines einzigen philosophisch-psychologischen Motivs zu errichten – das Buch „Die göttliche Liebe".

In einer Festansprache auf A. D. Beljaev sagte einer seiner ehemaligen Schüler, Professor A. P. Šost'in von der Moskauer Geistlichen Akademie, daß „seine Dogmatik nicht aus einer Reihe von Paragraphen und Rubriken besteht, die mit Bibelzitaten und Texten der hl. Väter untermauert werden, sondern die von Gott geoffenbarte Wahrheit als einen einheitlichen, lebendigen Organismus vorführt".[102]

Bedeutend gefördert wurde die russische Theologie auch durch die zweite große Arbeit A. D. Beljaevs, eine umfangreiche Untersuchung „Über den Atheismus und den Antichristen" von mehr als tausend Seiten. Diese dogmatisch-exegetische und patrologische Enzyklopädie über die Zeit und die Ankunft des Antichristen sammelt Zeugnisse zu dieser Frage von der Zeit der Apostel bis in die Gegenwart unter Einschluß auch heterodoxer Denker.

Zwei aufschlußreiche Arbeiten über das orthodoxe Dogmenverständnis und den Aufbau eines dogmatischen Systems verdanken wir dem Philosophen und religiösen Publizisten A. I. Vvedenskij (1861–1913), der gleichfalls als Professor an der Moskauer Geistlichen Akademie wirkte, darunter: „Zur Frage einer methodischen Reform der orthodoxen Dogmatik".[103] „Die heutige Zeit erwartet von der Dogmatik", schrieb A. I. Vvedenskij, „daß sie in das von Gott abgefallene menschliche Denken die ‚Gedanken Gottes' hineinträgt, jene göttlichen Prinzipien von unvergänglicher geistiger und geistlicher Kraft, die dem Zerfall unseres geistigen Organismus entgegenzuwirken vermögen. Eine Dogmatik, die den heutigen Bedürfnissen entgegenkommt, muß gleichsam ‚die Dogmen von neuem hervorbringen' und die traditionellen Formeln in lebendige und einleuchtende Glaubenswahrheiten verwandeln."[104]

Dem Prinzip der beständigen inneren „Neuschöpfung" des Dogmas entspricht beim Aufbau der Dogmatik die „genetische" Methode, die A. I. Vvedenskij auf der Grundlage seiner Theorie des „Gottesglaubens als biogenetisches Prinzip"[105] entwickelt hat. Demnach ist die Unveränderlichkeit des Dogmas vollkommen vereinbar mit der Veränderlichkeit der dogmatischen Formel, und zwar dergestalt, daß „die Wahrheit des kirchlichen Dogmas aus der Ferne der Jahrhunderte immer näher und näher an uns mit unseren Fragen, Sehnsüchten und Ahnungen herantritt".

Bedauerlicherweise ist das von A. I. Vvedenskij vorgetragene Programm eines Neuaufbaus der Dogmatik in der russischen Theologie nicht völlig verwirklicht worden. A. I. Vvedenskijs eigene Interessen lagen hauptsächlich auf dem Gebiet der Philosophie.[106] Die von ihm geforderte „philosophische Dogmatik" hat er in seinem „Philosophischen Kommentar zu Röm 1, 18–32"[107] sowie in seinem Aufsatz „Von der leiblichen Auferstehung"[108] selbst zu erarbeiten versucht. In seinen übrigen Arbeiten begegnen uns nur einzelne Gedanken, die auf die dogmatische Theologie Bezug nehmen.[109] Erzpriester Nikolaj Malinovskij, an den A. I. Vvedenskij seine Wünsche unmittelbar adressiert hatte, vermochte die in ihn gesetzten Erwartungen mit den folgenden Bänden seiner „Dogmatik" gleichfalls nicht zu erfüllen.[110]

Fortgeführt haben das Werk A. I. Vvedenskijs an der Moskauer Geistlichen Akademie Professor Priester Pavel Florenskij[111] und Professor A. M. Tuberovskij.[112]

A. M. Tuberovskij hatte seit 1910 den Lehrstuhl für Dogmatik an der Moskauer Geistlichen Akademie inne. Einige Punkte seines theologischen Programms fixierte er bereits in seiner „Dedikation" betitelten Antrittsvorlesung. Wolle man sich erfolgreich auf dem Gebiet der dogmatischen Theologie betätigen, dann reiche weder der Glaube allein noch das reine Denken aus. „Glaube und Denken sind beide gleichermaßen notwendig, um unsere Wissenschaft mit Erfolg zu betreiben." Dabei betonte Tuberovskij, daß er keinesfalls zu einer „Reformierung des Christentums" oder zu einer „Korrektur der kirchlichen Glaubenslehre" aufrufe, wie das im Westen durch die liberale protestantische Theologie geschehe und in Rußland durch die Vertreter der „unchristlichen" Bewegung (Merežkovskij, Rozanov, Ternavcev, Minskij) einzubürgern versucht würde, sondern vielmehr darum bemüht sei, „die von Gott selbst gegebene Offenbarung lebendig und bewußt zu erfassen, in das gottmenschliche Wesen der christlichen Botschaft tief einzudringen und sich die orthodoxe Glaubenslehre mit wirklicher Liebe anzueignen".

Der Theologe soll „den Hörern nicht eine Menge bekannten Wissens mitteilen, sondern den Gegenstand der Dogmatik zu einem umfassenden religiösen Weltbild, zu einer Figur christlichen Denkens, zu einem kirchlichen Anschauungssystem umformen". Tuberovskij war wie Bischof Michail Gribanovskij und Professor A. I. Vvedenskij der Ansicht, daß eine theologische Argumentation ihren Zweck erfüllt, „nicht inso-

fern sie formallogisch richtig ist, sondern insofern sie allen elementaren Bedürfnissen der psychischen Natur des Menschen entspricht".[113]
A. M. Tuberovskij hat sein theologisches Programm in „Die Auferstehung Christi. Versuch einer mystischen Ideologie des Oster-Dogmas"[114] weiterentwickelt. In dieser Arbeit entfaltet er die Lehre von der aus der Erfahrung gewonnenen, mystischen Gotteserkenntnis als der „dynamischen" im Gegensatz zur „statischen" Erkenntnis der theologisierenden Rationalisten. „Die mystische Erkenntnis kann deshalb als dynamisch bezeichnet werden, weil das Objekt dieser Erkenntnis als Kraft erfahren und erkannt wird. Dynamik ist der mystischen Erkenntnis zweitens in der Hinsicht eigen, daß diese Erkenntnis sich als ein lebendiger Prozeß vollzieht, der seine Minima und Maxima hat und zu keinem Zeitpunkt abgeschlossen ist. Drittens ist die mystische Initiation als erfahrungsmäßige Erkenntnis der Kraft und als lebendiger, ständiger Prozeß undenkbar ohne den realen Eintritt der erkannten Kraft in das erkennende Subjekt oder, was dasselbe bedeutet, ohne das tatsächliche ‚Einleben' des Erkennenden in die Kraft des Objekts."[115] Etwas vollkommen anderes ist die statische Gotteserkenntnis. Sie richtet sich auf die theoretische Erfassung der göttlichen Wesenheit, ist gekennzeichnet durch formallogische Richtigkeit und wirkt in keiner Weise unmittelbar auf die geistliche Verfassung der erkennenden Person ein. Zu den Vertretern der statischen Gotteserkenntnis kann man die Arianer, die mittelalterlichen Realisten, die Idealisten der Neuzeit, besonders Hegel, zählen. Die „dynamische Gotteserkenntnis", wie sie Tuberovskij verstand, fällt der Sache nach mit dem zusammen, was wir „apophatische Theologie" zu nennen gewohnt sind.[116]
Die Idee des göttlichen Opfers ist Grundlage und Mittelpunkt der gesamten theologischen Konzeption Tuberovskijs. Das verbindet sie mit der Theologie von Metropolit Filaret Drozdov und den von ihm ausgehenden soteriologischen Konzeptionen der Liebe und des Opfers bei Archimandrit Feodor Bucharev und Professor A. D. Beljaev. Tuberovskij unterscheidet drei aufeinander folgende Stufen oder, besser gesagt, drei Epochen der Offenbarung Gottes vor der Welt. Am Anfang, „vor aller Zeit", opfert der trihypostatische Gott seine Fülle um der Welterschaffung willen. Ein neues Opfer der Selbsterniedrigung hat Gott in der Fülle der Zeiten dargebracht, um die kreatürliche Welt zu vergöttlichen und sie von der Sünde zu erlösen. Dies geschah in der Inkarnation und Menschwerdung des Sohnes Gottes. Ihren Gipfel erreichte die göttliche Selbsterniedrigung Christi in seinem Kreuzesleiden, Tod und Begräbnis. Schließlich brachte die Auferstehung des Herrn „eine im Vergleich zur Welterschaffung und Inkarnation neue Offenbarung der

göttlichen Kraft". Der Sinn dieser dritten Offenbarung ist die Verherrlichung der Kreatur, ihre völlige geistig-leibliche Vergöttlichung. Die vollständige Verwirklichung „des in dieser Offenbarung geschenkten Heils gehört dem kommenden Reich der Herrlichkeit, so daß die Auferstehung Christi Grund und Wurzel der gesamtmenschlichen Auferstehung und der allgemeinen Anastasis der Kreatur ist".[117]

c) Die orthodoxe Wissenschaft von Gott und dem Menschen an der Kazaner Geistlichen Akademie

Die theologische Lehre vom persönlichen Gott und dessen Abbild, der menschlichen Person, der Theologen der Kazaner Geistlichen Akademie – Professor Veniamin Snegirev, Professor Viktor Nesmelov, Professor Erzpriester Nikolaj Petrov – war ihrer Grundintention nach anthropologisch ausgerichtet. Sie haben die russische Theologie um einen originellen Beitrag bereichert. Die theologische Tradition der „Kazaner" Schule innerhalb der russischen akademischen Theologie beginnt mit dem Rektor der Kazaner Akademie Archimandrit (später Bischof) Ioann Sokolov (gest. 1869, s. o.) und mit Archimandrit (später Erzbischof) Nikanor Brovkovič (gest. 1891), dem Verfasser bedeutender Arbeiten auf vielen Gebieten der orthodoxen Theologie. Sein theologisch-philosophisches Hauptwerk „Positivistische Philosophie und übersinnliches Sein"[118] hat sicher V. Snegirev und V. Nesmelov in ihren theologischen und metaphysischen Anschauungen beeinflußt.[119] Das System Erzbischof Nikanors ist streng ontologisch aufgebaut – alles wird auf das unbedingte Sein und die Quelle jeglichen Seins, Gott, zurückgeführt. Erzbischof Nikanor ist überzeugt, daß „das Unbedingte durch das Bedingte hindurchscheint, das Bedingte aber als wahres Sein, nicht als Fiktion, erschaut werden kann – allerdings nur im Unbedingten".[120] Denn „das Unendliche ist in jede seiner Hervorbringungen nicht bis zu einem gewissen Grade und nur teilweise, sondern ganz und gar eingegangen".[121]

Der Theologie der Person galten auch die Forschungen V. A. Snegirevs (1841–1889), angefangen von seiner Magisterarbeit 1871 über die Entwicklung der orthodoxen Christologie in den ersten drei Jahrhunderten[122]. Er widerstand der Versuchung, „die Philosophie als Weltanschauungssystem auf der Grundlage der Gesamtsumme wissenschaftlicher Erkenntnis" aufzubauen, und betrachtete es als seine Hauptaufgabe, eine philosophische Synthese des positiven Wissens und der Offenbarung zu schaffen. Eine solche philosophische Verschmelzung von Glaube und Wissen sah er vollkommen und vorbildlich bei den Vätern und Lehrern der alten christlichen Kirchen verwirklicht. Ein früher Tod hinderte diesen tiefen „Gelehrten und Mystiker", wie ihn V. I. Nesmelov nannte, seine Forschungen mit einer umfassenden theologischen Synthese zu krönen.[123] Ihre Erarbeitung fiel seinem Schüler V. I. Nesmelov zu.[124] Schon dessen Magisterarbeit „Das dogmatische System des hl. Gregorios von Nyssa" stellt die Frage nach dem Wechselverhältnis von Göttlichem und Menschlichem, Offenbarung und Vernunft, Glauben und Wissen in der theologischen Erkenntnis. In dieser Arbeit bemüht sich Nesmelov zu klären, „in welchem Grade der hl. Gregorios sein Ideal des christlichen Philosophen in der Praxis zu verwirklichen vermochte, d. h. in welchem Grade es ihm gelang, die christliche Theologie wissenschaftlich-philosophisch und die antike Wissenschaft christlich zu machen".[125]

Seine Gedanken über das Verhältnis des religiösen Glaubens zur wissenschaftlich-philosophischen Erkenntnis faßte V. Nesmelov 1912 in einer Vorlesungsreihe über „Glaube und Wissen vom Standpunkt der Erkenntnistheorie"[126] zusammen. Die religiöse Seinserfahrung ist nicht das Hirngespinst eines Menschen, der die unbeantwortbaren Fragen der Wissenschaft erledigen möchte, sondern die reale Erkenntnis der übersinnlichen Welt, ohne die sich das geistige Leben des Menschen nicht denken läßt.

Der religiöse Glaube ist eine wirkliche Erkenntnis der transzendentalen Realität, doch diese Erkenntnis vollzieht sich nicht über die Sinne und den Verstand, sondern wird intuitiv gewonnen.

Wie V. I. Nesmelov gehörten Professor Erzpriester Nikolaj V. Petrov (gest. 1956), Professor P. P. Ponomarev und Professor L. I. Pisarev zur Kazaner Theologenschule. Letzterer wurde durch patrologische Forschungen bekannt, während die beiden ersteren interessante soteriologische Arbeiten verfaßt haben. N. V. Petrov hat eine eigenständige Synthese der theologischen Anschauungen von Erzbischof Nikanor Brovkovič, Erzbischof Antonij Chrapovickij, V. I. Nesmelov und M. M. Tareev geschaffen. Die Kazaner Theologen haben in ihren Untersuchungen fast den gesamten Kreis des theologischen Denkens erfaßt, von der Lehre von der Welt und dem Menschen (Kosmologie und Psychologie) bis hin zu den höchsten Spekulationen über das innere Leben der Hl. Dreieinigkeit. Doch als einheitlichen Ausgangspunkt für ihre Forschungen wählten sie stets die Lehre der Bibel und der hl. Väter von der menschlichen Person als dem Zentrum des kosmischen Bewußtseins und als dem Bild Gottes im Menschen, das wiederhergestellt wird durch die Teilnahme am Kreuz des Erlösers.

8. Arbeiten russischer Theologen zu einzelnen Hauptstücken der Dogmatik

a) Die Lehre von der Hl. Dreieinigkeit

Die Trinität hat in Verbindung mit den tiefen Geheimnissen der Erschaffung, Erlösung und Heiligung der Welt und des Menschen durch den dreieinigen Gott die Aufmerksamkeit der russischen Theologen stets besonders auf sich gezogen. „Eine lebendige Empfänglichkeit für das Geheimnis des Dreieinen Gottes war dem russischen religiösen Bewußtsein von Anfang an eigen", betonte der damalige Bischof und spätere Metropolit von Volokolamsk, Pitirim Nečaev, auf der Weltkirchenkonferenz 1968 in Uppsala. „Das zeigt sich nicht nur in dem reichen liturgischen Erbe der orthodoxen Kirche, das der ganzen Orthodoxie gemeinsam ist, sondern auch an charakteristischen nationalen Besonderheiten des kirchlichen Bewußtseins in Rußland... Die lebenschaffende Dreieinigkeit und ihre Offenbarung im Leben der Kirche und der Welt – dies ist ein Thema, dem sich russische Hierarchen und Asketen in geistlichen Betrachtungen und Unterweisungen immer wieder zugewandt haben."[127] In diesem Zusammenhang unterstrich Bischof Pitirim besonders die Kontinuität der geistlichen Erfahrung großer russischer Gottschauer – der apostelgleichen Fürstin Olga (gest. 969), der ehrwürdigen Sergij von Radonež (gest. 1392), Iosif von Volokolamsk (gest. 1515), Aleksandr Svirskij (gest. 1533) und Serafim von Sarov (gest. 1833) –, deren Liebe zur Hl. Dreieinigkeit „die Dreieinigkeit selbst sichtlich auf die russische Erde herabgerufen hat"[128] (s. Abb. 32).

Der ehrwürdige Serafim von Sarov gab eine eindringliche Lehre von den Erweisen der trinitarischen Heilsökonomie – „vom Lebenshauch, der von allen Personen der Allheiligen Dreieinigkeit gemeinsam über die ganze Welt hin ausgeht und alle Enden der Welt erfaßt", und von seiner Einwohnung in der Kirche – sowie von „der Anwesenheit der allerschaffenden trinitarischen Einheit des Allherrschers in unserem Geiste"[129]. Als „vornehmliche Theologen der Dreieinigkeit" nennt Metropolit Pitirim bedeutende russische Hierarchen des vergangenen Jahrhunderts, die der heutigen russischen Theologie den Boden bereitet haben: Metropolit Filaret Drozdov[130], Erzbischof Innokentij Borisov[131] sowie die Bischöfe Ioann Sokolov[132] und Feofan Zatvornik[133]. Im Laufe der Entwicklung der russischen Theologie ist die Trinitätslehre immer mehr in den Mittelpunkt der dogmatischen Systeme gerückt. Während der erste russische Systematiker, Archimandrit Antonij Amfi-

teatrov, der „Lehre vom Geheimnis der Allheiligen Dreieinigkeit" in seiner „Dogmatischen Theologie" (1848) weniger als 20 Seiten widmet[134], beansprucht bei Archimandrit Sil'vestr Malevanskij das Kapitel „Von Gott, dem in den Personen Dreieinigen" mehr als 400 Seiten und umfaßt zwei Drittel des umfangreichen zweiten Bandes seiner „Dogmatischen Theologie"; das Werk bietet eine Geschichte des Trinitätsdogmas von den biblischen Zeiten bis zum 19. Jh.[135]
Andere Theologen konzentrierten sich in ihren Untersuchungen auf einzelne historische Epochen in der Entwicklung des Trinitätsdogmas. Einige Arbeiten widmeten sich seiner Erklärung unmittelbar nach Aussagen der Hl. Schrift, andere dem Trinitätsproblem bei den Ökumenischen Konzilien, in den alten Glaubensbekenntnissen oder bei einzelnen Kirchenvätern.[136] Auch die antitrinitarischen Lehren wurden untersucht.[137] Es wurden ferner Versuche unternommen, das Dogma der Hl. Dreieinigkeit mit Hilfe naturwissenschaftlicher, philosophischer und psychologischer Analogien rational zu begründen.[138] Bedeutend gefördert wurde die Trinitätsbetrachtung durch die Arbeiten russischer Religionsphilosophen des 20. Jh. wie Priester Pavel Florenskij, Erzpriester Sergij Bulgakow oder L. P. Karsavin[139], die freilich in mancher Hinsicht über den Rahmen der russischen orthodoxen Tradition hinausgingen. Völlig außerhalb der kirchlichen Trinitätslehre bewegte sich D. S. Merežkovskij, einer der führenden Männer der Petersburger religionsphilosophischen Zirkel, der das „Geheimnis der Drei" mit der sektiererischen eschatologischen Erwartung eines „Dritten Testaments" verband.[140]

b) Die Lehre von der Person Jesu Christi

Die Untersuchungen auf dem Gebiet der Christologie lassen sich in drei Gruppen unterteilen. Die Arbeiten der ersten gelten dem traditionellen Teil der Dogmatik, der von der zweiten Hypostase der Hl. Dreieinigkeit handelt. Hierher gehören die Vorlesungen von Archimandrit Aleksij Ržanicyn, Bischof Ioann von Smolensk und Professor E. A. Budrin (mit einer Kritik der sozinianischen Christologie) sowie die Monographien von Veniamin Snegirev, N. I. Troickij und Archimandrit (später Bischof) Christofor Smirnov.[141]
Die zweite Gruppe bilden historisch-biblische Untersuchungen über das irdische Leben Jesu Christi, die bei russischen Theologen in der Regel nicht nur mit geschichtlichem Stoff gesättigt, sondern auch reich an dogmatischem Gehalt sind.[142] Die dritte Gruppe umfaßt exegetische Arbeiten zum Neuen Testament, die vornehmlich der Logologie, d. h.

der Interpretation der Lehre von Gott dem Wort beim hl. Apostel und
Evangelisten Johannes dem Theologen, gewidmet sind.¹⁴³ In den
Schriften weltlicher Religionsphilosophen – V. S. Solov'ev, S. N. Tru-
beckoj, V. F. Ern – bekommt die Logosspekulation einen unkirchlich
gnostischen Charakter und geht allmählich in eine abstrakt verstandene
Sophiologie über (z. B. bei L. P. Karsavin). Andererseits haben einige
Philosophen der Solov'evschen Richtung versucht, auf dem Wege der
Annäherung an die kirchliche theologische Tradition eine religiös-phi-
losophische Synthese zu erreichen (man denke an die Systeme einer
Theodizee und Anthropodizee bei Priester Pavel Florenskij und Erzpriester Sergij Bulgakov).¹⁴⁴

c) Die Lehre vom Heiligen Geist

Wir führen in chronologischer Reihenfolge einige Arbeiten an, die sich
speziell mit der Lehre von der dritten Hypostase beschäftigen. In der
Lehre vom Ausgang des Hl. Geistes gibt es bekanntlich grundlegende
Unterschiede zwischen der orthodoxen Kirche und den westlichen
Konfessionen, und deshalb ist dieser Punkt früher als andere in der rus-
sischen theologischen Literatur allseitig erörtert worden. Bereits 1682
schrieb Adam Zernikov einen „Orthodoxen theologischen Traktat über
den Ausgang des Hl. Geistes vom Vater allein", der erstmals 1774 in
Königsberg in lateinischer Sprache erschien, darauf von der Russischen
Akademie der Wissenschaften zu St. Petersburg in griechisch herausgegeben und schließlich 1902–1906 in einer Ausgabe der Lavra von
Počaev in russischer Übersetzung veröffentlicht wurde.¹⁴⁵ Auf diese
Untersuchung stützte sich später Erzbischof Feofan Prokopovič bei
dem entsprechenden Traktat seines eigenen dogmatischen Systems.¹⁴⁶
Auch spätere russische Dogmatiker bedienten sich der Argumente Zer-
nikovs. Bis ins letzte Drittel des 19. Jh. galten jedoch nur wenige selbständige Arbeiten speziell der Lehre vom Hl. Geist und seinen Eigenschaften: Nur je eine Abhandlung wurde an der Kiever und an der
Moskauer Geistlichen Akademie erarbeitet.¹⁴⁷ Nach 1860 änderte sich
das. Im Hinblick auf eine mögliche Vereinigung der Altkatholiken mit
der orthodoxen Kirche erschienen in theologischen Zeitschriften Aufsätze, die sich mit dem Ausgang des Hl. Geistes und dem filioque be-
faßten.¹⁴⁸ 1914 wurden die bereits 1897 verfaßten klassischen Thesen
über das filioque aus der Feder des schon erwähnten Professors
V. V. Bolotov publiziert; sie liefern zusammen mit den Arbeiten des
Patriarchen Sergij das historische und theologische Fundament für die

heutige wissenschaftliche Formulierung des orthodoxen Standpunkts zu dieser Frage.[149]
Die orthodoxen Theologen betrachten das Problem des filioque unter zwei Aspekten: Sie unterscheiden zwischen der theologischen Lehrmeinung, dem Theologumenon über die Art und Weise des Ausgangs des Hl. Geistes, und der Tatsache der unkanonischen und unzulässigen Einfügung des filioque in das Glaubensbekenntnis, die der Westen ohne Ermächtigung durch ein Ökumenisches Konzil vorgenommen hat. Was die Art des Ausgangs des Hl. Geistes angeht, so lehren die orthodoxen Theologen drei Modi dieser geheimnisvollen Beziehung: „den völlig außerzeitlichen Ausgang des Hl. Geistes vom Vater; seine ‚von Ewigkeit her' wirksame Teilnahme an der Erschaffung und Heiligung der Welt, die sich durch den Sohn vollzieht und die Ursache sowohl für die Existenz der Welt als auch für die Existenz der Zeit selbst ist; seinen Ausgang am Tag der Pfingsten zur Heiligung der Kirche".[150] Als Ergebnis einer genauen Analyse der gesamten Literatur der hl. Väter zu diesem Thema legt Erzbischof Filaret (Vachromeev) in einem Bericht „Über das filioque" folgende trichotomische Formel vor, die die dogmatische Anschauung der orthodoxen Kirche wiedergibt: „Der Hl. Geist geht außer der Zeit vom Vater aus. Der Hl. Geist geht von Ewigkeit her vom Vater durch den Sohn aus zur Erschaffung und Heiligung der Welt. Der Hl. Geist ist am Tag der Pfingsten aus dem Vater vom Sohne Gottes herabgesandt worden und ruht seitdem in der Kirche Christi als dem Leibe Christi."[151]
Die westliche Kirche ist seinerzeit einen anderen, unkanonischen Weg gegangen. Das filioque, das damals eigentlich nicht einmal ein Theologumenon, sondern nur die theologische Meinung einiger weniger Väter der Westkirche darstellte, wurde dennoch in den Rang eines Dogmas erhoben und von westlichen Theologen eigenmächtig in das ökumenische Glaubensbekenntnis eingefügt. Historisch gesehen sollte man diesem antikanonischen Vorgehen keine schicksalhafte Bedeutung beimessen und sollte nicht die gesamte Geschichte der Spaltung der Universalkirche auf das filioque zurückzuführen versuchen. Patriarch Sergij nannte das Dogma vom filioque nur „einen von zahlreichen Differenzpunkten" zwischen den Lateinern und der Orthodoxie und betonte, daß das filioque eine Frucht des Katholizismus sei und nicht umgekehrt.[152] Professor V. V. Bolotov hat in den erwähnten „Thesen über das filioque" anhand kirchengeschichtlicher Belege überzeugend nachgewiesen, daß „nicht die Frage des filioque die Trennung zwischen den Kirchen herbeigeführt hat", sondern daß „die Gemeinschaft der einen katholischen Kirche durch das Papsttum ... zerstört worden ist".[153]

Übrigens stehen die beiden genannten Punkte nicht so sehr im Gegensatz zueinander, wie es nach der – ein wenig pedantischen – Abgrenzung durch Professor V. V. Bolotov scheinen möchte. Das Papsttum, gekrönt durch das Unfehlbarkeitsdogma (in der Ekklesiologie), das filioque (in der Trinitätslehre), das Dogma von der unbefleckten Empfängnis (in der Mariologie), die juridische Erlösungstheorie, die zu den Ablässen führt (in der Soteriologie) – alles das sind dogmatische Konsequenzen ein und derselben Seelenhaltung, die sich im Westen herausgebildet hat, bedingt sowohl durch das von Rom ererbte Rechtsdenken als auch durch die von Aristoteles herrührende Unfähigkeit, zwischen Wesen und Energie zu unterscheiden, als auch noch durch viele andere Faktoren. Es war die zwischen Ost und West herrschende Verschiedenheit in den Formen geistigen Lebens, die die erwähnten Differenzen hervorgerufen und im theologischen Denken sanktioniert hat, so daß, mit den Worten von Priester Pavel Florenskij gesprochen, „nicht verwunderlich ist, daß es zum Abfall kam, sondern vielmehr, daß der Abfall so lange, dank geheimnisvoller Hilfe, unentdeckt blieb".[154]

d) Arbeiten auf dem Gebiet der vergleichenden Theologie

Streng genommen hat es in der russischen theologischen Wissenschaft niemals eine „vergleichende" Theologie als selbständige Disziplin gegeben. Das Element des „Vergleichs" ist seit der Zeit der Kirchenspaltung merklich oder unmerklich in jedem beliebigen theologischen Text enthalten, der die Wahrheiten des Glaubens oder die Normen des christlichen Lebens berührt. Zugleich verlangt das Selbstverständnis des orthodoxen Theologen, daß er sich entschieden von jedem dogmatischen Irrtum, von jeder Abweichung und Häresie abgrenzt. Das gilt auch für Moraltheologie und Kanonistik. Es erwächst letztlich aus dem Bedürfnis des orthodoxen Christen, seine geistliche Identität zu bestimmen. Von daher fällt der wissenschaftlichen Theologie die Aufgabe zu, die wichtigsten christlichen Bekenntnisse zu erforschen, ihren Wahrheitsgehalt zu prüfen und eine eventuelle Unhaltbarkeit zu entlarven.

Was die dogmatischen Abweichungen und Irrtümer betrifft, so fehlt ein vergleichender Überblick über sie in keiner akademischen Dogmatikvorlesung. Doch außerdem gab es an den russischen Geistlichen Akademien noch einen Lehrstuhl für das Studium der heterodoxen theologischen Lehren. In seine Kompetenz fiel die Aufgabe, die westlichen Konfessionen in der Gestalt zu betrachten, wie sie bis heute existieren, d. h. als dogmatisch festgelegte und unveränderliche Gebilde. Das Statut von 1869 forderte eine „historische Kritik der westlichen Kirchen". Seit 1884 hieß diese Disziplin „Geschichte und Kritik der westlichen Bekenntnisse", seit 1912 „Geschichte und Entlarvung der westlichen Bekenntnisse, in Verbindung mit der Geschichte der Westkirche von 1054 bis zur Gegenwart". Die Beschäftigung mit der vergleichenden Theologie trug reiche Früchte. Die Professoren der Geistlichen Akademien in Moskau, Kiev, Kasan' und St. Petersburg und die Geistlichen an Auslandskirchen setzten sich mit dem Katholizismus, dem Anglikanismus, dem Luthertum und mit anderen Konfessionen besonders im Blick auf deren Verhältnis zur hl. Überlieferung auseinander.[155]

Grundlegende Bedeutung für die Formulierung der ökumenischen Position der Russischen Orthodoxen Kirche hatten und haben diejenigen Arbeiten über die westlichen Bekenntnisse, die aus der Feder russischer Hierarchen stammen. Den Trägern des bischöflichen Amtes kommt vor allen anderen das Recht zu, die orthodoxe kirchliche Wahrheit vor der heterodoxen Welt zu bezeugen.[156] Wie N. N. Glubokovskij mit Recht hervorhob, fällt das dogmatische Urteil über den Grad möglicher Annäherung sehr differenziert aus: „Gegenüber dem Katholizismus und dem Anglikanismus, die das Merkmal, Kirche Christi zu sein, bewahrt haben, wird selbst in den strittigsten Fragen Mäßigung geübt", während der Protestantismus als religiöser Rationalismus und anarchischer Individualismus, der unweigerlich zur Diskriminierung der göttlichen Offenbarung, zur Leugnung des gottmenschlichen Wesens Christi und der Kirche als des Leibes Christi führt, kategorisch abgelehnt wird[157]. Indessen hat die ökumenische Erfahrung der Gegenwart gezeigt, daß gerade die „protestantische" Seite sehr empfänglich für die orthodoxe Spiritualität ist. Die Gespräche zwischen Theologen der Russischen Orthodoxen Kirche und den Lutheranern haben gezeigt, daß die Standpunkte in vielen Fragen des geistlichen Lebens und grundsätzlicher konzeptioneller Erwägungen wenn nicht übereinstimmen, so doch mindestens einander eng berühren.[158] Bemerkenswert ist unter anderem, daß in der Lutherischen Kirche Schwedens ein intensives Interesse an der orthodoxen Spiritualität erwacht ist, wie man während der Weltkirchenkonferenz in Uppsala beobachten konnte.[159]

Eine eigene Tradition besitzt bereits die orthodox-anglikanische Bruderschaft von St. Sergius und St. Alban in Großbritannien, die gleichfalls tieferes Verständnis für die orthodoxe Spiritualität sucht. Besondere Förderung erfuhr sie durch das geistliche Wirken des Vorstehers der russischen Gemeinde in London, des Mönchspriesters und jetzigen Metropoliten von Surož Antonij Blum.

Kontroverstheologische und polemische Arbeiten entstehen vornehmlich aus konkretem Anlaß, also im Hinblick auf konfessionelle Streitigkeiten und Diskussionen. Doch die Wahrheit der Orthodoxie beweist sich nicht in der wissenschaftlichen Polemik, sondern sie offenbart sich im liturgischen Leben, in der kirchlichen Frömmigkeit, im beispielhaften Wandel der orthodoxen Heiligen. Die Orthodoxie ist keine Denkform, sondern eine Lebensform. Sie ist ein Medium des innigen Umgangs mit Gott, sie ist ein Weg, der über die Gemeinschaft mit Christus in seiner Kirche zum geheimnisvollen Ziel der göttlichen Heilsordnung hinführt – zur Erlösung und Vergöttlichung der Kreatur. Deshalb finden wir in den besten Werken der russischen orthodoxen Theologie genau wie in den alten Väterschriften nach den Worten eines zeitgenössischen russischen Theologen keine „scholastischen Erörterungen über die transzendenten und immanenten Relationen der göttlichen Hypostasen. Betrachtet werden hier vor allen Dingen die Beziehungen zwischen dem Hl. Geist und dem Geist des Menschen. Wenn unsere russischen Theologen, sowohl große Hierarchen als auch einfache Gemeindepriester, auf den Hl. Geist zu sprechen kamen, so haben sie fast niemals Erwägungen darüber angestellt, von wem und wie der Hl. Geist ausgeht, sondern haben davon geredet, wie wir, die Jünger Christi, lernen können, ‚den Hl. Geist zu erwerben'."[160]

9. Die Lehre vom Heil

a) Zwei Richtungen christlicher Soteriologie

Die Lehre von der Erlösung und Vergöttlichung des Menschen und der ganzen Schöpfung, die sehnsüchtig darauf wartet, „daß die Kinder Gottes offenbar werden" (Röm 8, 19), ist das Herzstück der orthodoxen Theologie. „Die Seele des Glaubens ist das Heil, und die Seele der Theologie ist die Lehre vom Heil", hat ein russischer Theologe, Erzbischof Ilarion Troickij, gesagt.[161] So sahen die russischen Theologen des 19. und besonders des 20. Jh. eine ihrer vorrangigen Aufgaben darin, die Lehre der Kirche von der Erlösung des Menschengeschlechts durch den Herrn Jesus Christus, den Sohn Gottes, eingehend zu studieren und darzulegen.

Die entscheidenden Punkte der orthodoxen Erlösungslehre sind im Nizäno-Konstantinopolitanischen Glaubensbekenntnis festgehalten. Die Soteriologie ist, vom dogmatischen Standpunkt aus betrachtet, untrennbar verbunden mit dem rechten Verständnis der Dogmen von der Allhl. Dreieinigkeit, dem Geheimnis der Fleischwerdung, der Einheit der beiden Naturen und der beiden Willen in Christus, der Auferstehung und Himmelfahrt des Herrn. Doch wenn das Glaubensbekenntnis auch die wesentlichen Stationen des Erlösungswerks Christi aufzählt, so erklärt es doch nicht die Heilsbedeutung dieser Ereignisse im einzelnen. Die Durchdringung des Erlösungsdogmas obliegt der theologischen Wissenschaft.

Den Theologen war es aufgegeben, das ewige Geheimnis der Heilsökonomie Gottes mit den Mitteln des menschlichen Verstandes zu erforschen: Weshalb kam die Erlösung gerade durch das Kreuz Christi? Wem, aus welchem Grunde und in welchem Sinne hat der Gottmensch sein Leben als Opfer dargebracht? Die altkirchlichen Theologen haben die Antwort auf diese Fragen in zwei Richtungen gesucht. Die einen formulierten die Erlösungslehre unter Verwendung allgemein verständlicher Begriffe aus unserer Erfahrungswelt und sprachen von der „Beleidigung der Majestät Gottes", dem „Zorn Gottes", dem „Versöhnungsopfer", der „Gott von seiten des Menschen geschuldeten Genugtuung", dem „Verdienst Christi" und der „Befreiung von der Strafe". Die anderen sahen die Erlösung mehr unter asketisch-sittlichem Aspekt, sie verstanden sie als ein Werk der göttlichen Liebe und interpretierten das Kreuz Christi als das unumgängliche Mittel, um die Sünde zu besiegen und die gefallene menschliche Natur zu erneuern und zu vergöttlichen. Beide Richtungen theologischen Denkens deuteten das Erlösungsgeheimnis unter verschiedenen, wenn auch einander ergänzenden Gesichtspunkten.

Diese beiden Ansätze, die sich dem einen Erlösungsgeheimnis von zwei verschiedenen Seiten her zuwenden und schon in der Alten Kirche zu unterschiedlichen Formulierungen der Erlösungslehre geführt haben, sind dann allmählich, entsprechend den unterschiedlichen Lebens- und Denkstilen der Ost- und der Westkirche, zu zwei soteriologischen Theorien ausgebaut worden: der westeuropäischen, die sich hauptsächlich juridischer Termini bedient, und der orthodoxen, die vor allem mit ethischen Begriffen arbeitet.

Die römisch-katholische und in ihrem Gefolge die protestantische Soteriologie beruht auf der Idee der Rechtfertigung des Menschen vor Gott, die ihren prägnantesten Ausdruck im Römerbrief des Apostels Paulus gefunden hat. Die westliche Theologie hat einseitig diese Idee weiterentwickelt, ohne sie durch weitere Elemente der neutestamentlichen Erlösungslehre zu ergänzen, denen man in anderen Briefen des Apostels Paulus und in den übrigen Büchern des Neuen Testaments begegnet.

Der Protestantismus hat, bei allen Differenzen zwischen ihm und dem Katholizismus, in der Erlösungslehre die Bahn juridischen Denkens nicht verlassen und interpretiert die Idee der Rechtfertigung dementsprechend ebenfalls einseitig. Der Unterschied zwischen Protestanten und Katholiken beschränkt sich darauf, daß sie über die Quelle der Rechtfertigung – Glaube oder Werke – uneins sind.

Die Theologie der Ostkirche ist völlig anderer Art. Der Osten versteht die Religion als geheimnisvolle, mystische Beziehung zwischen Gott und Mensch, deren letztes Ziel nicht allein die Rechtfertigung des Menschen vor Gott ist, sondern vor allen Dingen die Erneuerung, Heiligung und Verklärung der menschlichen Natur.

Der mystische Charakter der östlichen Frömmigkeit hat auch die Theologie der Ostkirche entscheidend geprägt, in erster Linie ihre Soteriologie. Die zentrale Idee der orthodoxen Soteriologie ist nicht die Rechtfertigung des Menschen vor Gott, sondern seine Vergöttlichung. Das Denkschema der orthodoxen Soteriologie hat seinen bestimmtesten Ausdruck in den Worten Athanasios des Großen gefunden: „Gott ist Mensch geworden, auf daß der Mensch Gott werde."[162]

Die russischen Theologen des 19. und 20. Jh. haben sehr viel dafür getan, um die Unhaltbarkeit der juridischen Erlösungstheorie nachzuweisen und zu zeigen, daß sie mit der Hl. Schrift und der Überlieferung der hl. Väter nicht übereinstimmt und nicht geeignet ist, den Menschen zu sittlicher Erneuerung und wahrer Seligkeit zu führen.[163]

Das russische theologische Denken hat seinen Weg auf der streng orthodoxen Bahn der Lehre der hl. Väter fortgesetzt. Wenn in der russischen Soteriologie des 19. Jh. solche Begriffe wie „Genugtuung", „Verdienst", „Vergeltung" auftauchen, so haben die russischen Theologen sie rein formal übernommen als Elemente einer bereitstehenden theologischen Sprache. Doch bemühten sie sich unverändert darum, in dieser Sprache das traditionelle orthodoxe Verständnis wiederzugeben. Auch die größten russischen Theologen des 18. und 19. Jh. – die hl. Hierarchen Dimitrij von Rostov und Tichon Zadonskij, Metropolit Filaret Drozdov, die Erzbischöfe Innokentij von Cherson und Filaret von Černigov, die Bischöfe Ioann von Smolensk und Feofan Zatvornik – verwendeten wohl in ihren theologischen Untersuchungen bisweilen juridische Termini, doch in der kirchlichen Predigt und in der asketischen Betrachtung vergaßen sie sie sofort wieder und gaben dadurch mit höchster Genauigkeit unmittelbar das Glaubensbewußtsein der Russischen Orthodoxen Kirche wieder.

b) Die Lehre vom Heil als Vergöttlichung

Die spezifisch russische Tradition der Soteriologie gründet sich auf die Werke großer Asketen des 18. und 19. Jh. – die des hl. Hierarchen Tichon Zadonskij (gest. 1783), des ehrwürdigen Serafim Sarovskij (gest. 1833) und des Bischofs Feofan Zatvornik (gest. 1894). Mit dem hl. Hierarchen Tichon Zadonskij beginnt eine soteriologische Richtung, die auf das spätere theologische Denken in Rußland einen nachhaltigen Einfluß ausüben sollte.[164]
Seine soteriologischen Anschauungen treten besonders deutlich in dem Buch „Vom wahren Christentum" zutage; er stellte es 1771 aus theologischen Vorlesungen zusammen, die auf die Zeit seines Rektorats am Tverer Geistlichen Seminar (1759–1761) zurückgehen. Dem hl. Tichon war, wie Erzbischof Filaret Gumilevskij feststellte, die besondere Gabe eigen, „das Unsichtbare durch das Sichtbare zu erhellen, geistliche Gedanken in anschaulichen Bildern darzustellen und das Denken von der Erde zum Himmel emporzuheben".[165] Er war bestrebt, in jedem Dogma, in jeder Einzelheit der orthodoxen Lehre das sittliche „Wesen des Christentums" aufzufinden. Stark vereinfacht läßt sich seine Lehre vom Heil etwa so wiedergeben: Nach Tichon ist die Kreatur geschaffen, damit Gott in ihr Wohnung nehme. Die ursprüngliche Welt war das Paradies, in dem Gott umherwandelte. Der Mensch befand sich damals in ständiger Gemeinschaft mit Gott. Diese Gemeinschaft, die der Sündenfall zerstörte, hat Christus wiederhergestellt. Er hat das Bild Gottes, den Menschen, von neuem befähigt, die Vollkommenheit des Urbildes auszudrücken. Er hat von neuem das Reich Gottes auf die Erde geführt. In Christus wurde offenbar, daß es möglich ist, „auch auf Erden ein himmlisches Leben zu führen". Denn alles auf Erden ist für die von Christi Blut reingewaschene Seele und das rein gewordene Bewußtsein des Christen rein, heilig und heilsam. Die Erde ist „das aufgeschlagene Buch des Himmels", und wer den Geist Christi hat, der versteht in ihm zu lesen. Von solcher Art aber ist ein wahres Glied der Kirche.[166]
Die Vergöttlichung des von Christus erlösten Menschen über seine Heiligung durch den Hl. Geist, den Tröster, – das war allezeit das Thema der Unterweisungen eines der größten Glaubenshelden der Orthodoxie, des ehrwürdigen Serafim Sarovskij.[167] Nach seiner Lehre „ist das wahre Ziel unseres Christenlebens die Aneignung des Hl. Geistes Gottes. Fasten, Wachen, Gebet, Almosengeben und jegliche gute Tat um Christi willen – dies alles sind Mittel zur Aneignung des Hl. Geistes."[168]

Der ehrwürdige Serafim deutet die gesamte biblische Lehre von der Heilsökonomie auf die Fähigkeit des Menschen hin, die göttliche Gnade zu empfangen. Die Gnade des Hl. Geistes, die der Dreieinige Gott Adam als „Lebensodem" einhauchte, war das Unterpfand seines paradiesischen Standes, in dem er sich der beständigen Gottesschau und Gemeinschaft mit Gott erfreute. Seit der Vertreibung Adams und Evas aus dem Paradies bis zur Fleischwerdung Gottes des Wortes, bis zu seinem freiwilligen Tode am Kreuz war der Mensch der Gnade des Hl. Geistes beraubt. Das Heilswerk Christi bestand auch darin, daß er die gnadenhafte Heiligung der menschlichen Natur erneuerte: Zuerst schenkte er den Aposteln die Gnade des Hl. Geistes (Joh 20, 22), indem er sie ihnen einhauchte wie einstmals der Schöpfer dem Erdenkloß Adam, später aber, nach seiner Auffahrt in den Himmel, wollte er die Früchte der Erlösung dem ganzen Menschengeschlecht zueignen, und deshalb gefiel es ihm, „aus dem anfanglosen und göttlichen Schoße Gottes des Vaters im Sturmesbrausen die Gnade des Hl. Geistes, des Trösters, herabzuführen, die er seinen Jüngern verheißen hatte (Joh 16, 7)". Diese Gnade wird dem Christen in der Taufe geschenkt und leuchtet in seinem Herzen im anfanglosen göttlichen Lichte Christi; ist der Mensch aber in Sünde gefallen, so wird er, wenn er Reue übt, im Sakrament der Buße von neuem mit dem Gewand der Unverweslichkeit bekleidet, das aus der Gnade des Hl. Geistes gewoben ist.[169]

Metropolit Filaret Drozdov, ein Zeitgenosse des ehrwürdigen Serafim, erfüllte gleichfalls das soteriologische Schema des Nizäno-Konstantinopolitanischen Glaubensbekenntnisses mit jenem lebendigen mystischen Geiste, der der Frömmigkeit der orthodoxen Kirche eigen ist. „Jesus Christus hat Fleisch angenommen, um die Menschheit mit der Gottheit zu versöhnen und zu vereinigen, er hat gelitten und ist gestorben, um unseren alten Menschen abzutöten, er ist auferstanden, um in uns den neuen Menschen zu erwecken, er ist in den Himmel gefahren, um die ihm der Natur nach gleiche Menschheit von der Erde zum Himmel zu ziehen."[170]

In demselben Sinne wie die Vorgenannten entfaltete auch Bischof Feofan Zatvornik (der Klausner) seine Lehre – auch seine Gedanken kreisten ständig um die Geheimnisse der Wiedergeburt, der Vergöttlichung und der Gemeinschaft mit Gott.[171]

Es ist nach Bischof Feofan der eigentliche Zweck des Christentums, den gefallenen Menschen wiederaufzurichten. Der Mensch wurde geschaffen zur Gemeinschaft mit Gott, seine Bestimmung ist, in ihm zu leben und selig zu sein.[172]

Höchst wertvoll sind Bischof Feofans Gedanken zum trinitarischen Aspekt der Heilsökonomie – er stellt Erwägungen darüber an, wie die Personen der Allhl. Dreieinigkeit in verschiedener Weise am Heilswerk teilnehmen. Das Werk des vom Vater gesandten Sohnes verbindet sich bei ihm vor allem mit der objektiven Seite des Heils, das Werk des Hl. Geistes hingegen vornehmlich mit der subjektiven Seite, mit dem persönlichen Heil jedes einzelnen Menschen.

Wie der ehrwürdige Serafim Sarovskij betont Bischof Feofan nachdrücklich, daß im Prozeß der rettenden Wiedergeburt des Menschen die Gnade des Hl. Geistes eine entscheidende Rolle spielt. Er sagt: „Ich habe Zeugnisse über die Gnade des Hl. Geistes nicht gesammelt, um zu verkleinern oder zu verdunkeln, was vom Herrn Jesus zu unserem Heil getan worden ist und noch getan wird, sondern vielmehr, um in den Blick zu rücken, was, offenbar in unguter Absicht, übersehen wird, und um in deinem Bewußtsein neben den Herrn auch, wie es sich gebührt, den Hl. Geist zu stellen, der in gleicher Kraft und in gleichem Maße wie der Herr unser Heil bewirkt. Unser Heil liegt im Herrn Jesus Christus, doch es wird in uns bewirkt durch die Gnade des Hl. Geistes." Deshalb ist es nötig, „ebenso laut, wie man den Herrn Jesus verkündigt, auch vom Hl. Geist zu predigen, ohne jedoch den gnädigen Willen des Vaters zu vergessen".

Die angeführten Sätze, die sowohl für die Dogmatik als auch für die Moraltheologie höchst bedeutsam sind, stammen aus der Broschüre Bischof Feofans „Briefe an eine Person in Petersburg aus Anlaß eines neuen dort erschienenen Glaubenslehrers".[173]

Die russische Tradition der Soteriologie wurde zusammengefaßt in einem Buch, das gleichzeitig eine neue Epoche in der Entwicklung der russischen Theologie einleitete, dem Werk des Archimandriten (und späteren Patriarchen) Sergij Stragorodskij, „Die orthodoxe Lehre vom Heil. Versuch einer Darlegung der ethisch-subjektiven Seite des Heils auf der Grundlage der Hl. Schrift und der Werke der hl. Väter".[174] Die Frage des persönlichen Heils, sagt Archimandrit Sergij in der „Einführung" dazu, kann nicht nur theoretisch beantwortet werden, sie geht jeden unmittelbar an. Der natürliche Mensch, der sich ausschließlich auf seinen eigenen Verstand verläßt, kann diese Frage nicht in rechter Weise lösen. Seine Anschauungen und Theorien erheben sich niemals bis zur reinen Wahrheit, sondern stellen nur einen mehr oder minder gelungenen Kompromiß zwischen der Wahrheit und den eigenen Neigungen und Wünschen dar. Alle theologischen Irrtümer und Häresien beruhen in erster Linie auf der sittlichen Unvollkommenheit des Menschen, auf seiner Unfähigkeit oder Unlust, sich von seiner sündhaften

Selbstliebe abzukehren, um demütig die Wahrheit anzunehmen.[175] Bei der Lösung der damit verbundenen Fragen treten die Besonderheiten der orthodoxen Glaubenslehre deutlich ans Licht. Archimandrit Sergij setzt die soteriologische Tradition des hl. Tichon Zadonskij und des Bischofs Feofan Zatvornik fort. Wie ein roter Faden zieht sich durch die Arbeit Sergijs der Gedanke, daß Glaubenskampf und Seligkeit, ewiges Leben und wahrhaft christlicher Wandel identisch sind. „Ewiges Leben heißt Gotteserkenntnis und Gottebenbildlichkeit, Schau des göttlichen Lebens in sich selbst. Aus dem Zustand seiner eigenen Seele, d. h. aus der Erfahrung, schöpft der Gerechte die Erkenntnis, worin das göttliche Leben besteht und wie es seinem Wesen nach beschaffen ist."[176]

Nach der Lehre des Patriarchen Sergij, wie sie Metropolit Pitirim Nečaev zusammenfaßt, „ist weder die Bestrafung der Sünde ein Zeichen dafür, daß Gott zürnt, noch die Vergebung der Sünde ein Zeichen dafür, daß Gottes Zorn sich in Erbarmen verwandelt hat. Das eine wie das andere hängt vom Seelenzustand der Menschen ab. Gott ist unveränderlich, ändern muß sich der Mensch." Aus alledem wird auch der Unterschied zwischen der westlichen (juridischen) und der orthodoxen Lebensauffassung deutlich. „Bei einem juridischen Lebensverständnis suchen die Menschen ihr persönliches Glück; folgen sie jedoch der orthodoxen Lehre, so hungern und dürsten sie nach der Gerechtigkeit, so suchen sie die sittliche Wahrheit, die sich in Gott verkörpert."[177]

Diesen Gedanken hat ein bedeutender Hierarch der russischen Kirche oft in seinen Predigten hervorgehoben: Bischof Vissarion Nečaev aus der alten Generation russischer Theologen, die noch unmittelbar in der Theologie Metropolit Filaret Drozdovs aufgewachsen ist.

In der Predigt „Gnade und gute Werke" (über Eph 2, 10) sagt Bischof Vissarion: „Worin besteht die heilsame Kraft der Gnade? Darin, daß Gott uns durch Jesus Christus erneuert hat, auf daß wir gute Werke vollbringen. Wir sind sein Werk, das heißt: Er hat uns zu einem neuen Leben erweckt, er hat im Sakrament der Taufe, die Kraft zum Vollbringen guter Werke, zum Sieg über Sünde und Tod gegeben. Er hat uns nicht nur die Gnade der Vergebung, sondern auch der Heiligung und Erneuerung geschenkt. Aus dem Taufbecken tritt ein neues Geschöpf hervor, das dem ersterschaffenen Menschen gleicht. Christus ist gekommen und hat im Menschen das Bild Gottes, das durch die Leidenschaften verdorbene, wiederhergestellt. Seit der Herabkunft des Hl. Geistes ist die Gnade Gottes erschienen, die allen Menschen heilsam ist (Tit 2, 11–14). Doch wenn die Menschen sich nach dem Empfang der Taufgnade abermals mit Sünden beflecken, so ist daran nicht

die Kraftlosigkeit der Gnade schuld, sondern allein der freie Wille des Menschen.
Das Himmelreich wird unter Anspannung aller Kräfte durch angestrengtes Tun ergriffen, und nur die Tätigen reißen es an sich (Mt 11, 12). Eben das meint der Apostel, wenn er sagt, wir sind geschaffen, also neugeboren durch die Taufgnade, zu guten Werken, damit wir sie tun; denn das bedeutet, uns ist die Gnade zum Vollbringen guter Werke gegeben, damit wir uns mit ihnen abmühen und nicht untätig dasitzen, damit wir auf dem Weg des Heils voranschreiten und nicht auf diesem Weg stehenbleiben oder ihn gar verlassen."[178]

c) Arbeiten russischer Theologen zur Erlösungslehre aus der zweiten Hälfte des 19. Jahrhunderts

Die orthodoxe Lehre vom Heil in den theologischen Begriffen der hl. Väter wissenschaftlich darzulegen und daneben die westliche juridische Auffassung kritisch zu analysieren, blieb auch in der zweiten Hälfte des 19. Jh. eine vordringliche Aufgabe der russischen Dogmatik.
1876 erschien eine Monographie des Professors der Kazaner Geistlichen Akademie N. Ja. Beljaev, die die katholische Soteriologie einer kritisch vergleichenden theologischen Analyse unterzog.[179] 1879 brachte A. D. Beljaev, Professor an der Moskauer Geistlichen Akademie, sein Werk „Die göttliche Liebe"[180] heraus, in dem er dem Unterschied zwischen der orthodoxen Erlösungslehre und den Auffassungen der westlichen Christenheit große Aufmerksamkeit schenkt. Im Anschluß an Metropolit Filaret Drozdov stellt A. D. Beljaev das Geheimnis der göttlichen Liebe und das Opfer des Gottmenschen in den Mittelpunkt der Erlösungslehre.
Die formal-juridische Auffassung vom Heilsgeschehen, die in der Westkirche vorherrscht, ist nach Ansicht von A. D. Beljaev „vor allem deswegen aufgekommen und durchgedrungen, weil man bei der Beurteilung des Heilswerks der Liebe Gottes zu wenig Bedeutung beigelegt hat. Wo die Liebe ist, dort kann es keine formaljuristische Abrechnung und Vergeltung geben."[181]
Ebenfalls 1879 verfaßte I. A. Orfanitskij am Lehrstuhl für Dogmatik der Moskauer Geistlichen Akademie unter Anleitung A. D. Beljaevs eine Kandidatenarbeit zum Thema „Über den hohepriesterlichen Dienst Jesu Christi".[182]
Dieser gründet seine Untersuchung auf einen Satz des hl. Gregorios des Theologen: „Der Vater nimmt das Opfer des Sohnes nicht deshalb an, weil er es gefordert hätte oder seiner bedürfte, sondern aus Gründen

der Heilsökonomie, deshalb, weil der Mensch geheiligt werden mußte durch die Menschheit Gottes, auf daß er selbst uns befreie ... und durch den Sohn zu sich emporführe."
Auch in den folgenden Jahren ging die theologische Forschung an der Moskauer Geistlichen Akademie in dieser Richtung an drei Lehrstühlen weiter: dem Lehrstuhl für Dogmatik (Professor A. D. Beljaev), für Neues Testament (Professor M. D. Muretov) und für vergleichende Theologie („Geschichte und Kritik der westlichen Bekenntnisse" – Professor D. F. Kasicyn und Professor V. A. Solokov). Allein im Jahr 1887 sind vier vergleichende Untersuchungen zur Soteriologie erschienen.
Schüler A. D. Beljaevs und M. D. Muretovs behandelten die Lehre von der Gnade und dem heilmachenden Glauben und das Thema Erlösung und Rechtfertigung.
Studien zur Gnade und Erlösung wurden unter Professor A. L. Katanskij auch am Lehrstuhl für Dogmatik der St. Petersburger Geistlichen Akademie betrieben. 1885 wurde die Untersuchung Dmitrij Kuljukins „Versuch einer Erklärung des Terminus ,Heil'" als beste Studentenarbeit anerkannt. Im Studienjahr 1889/90 verfaßte der Student Ivan Stragorodskij (später Patriarch Sergij) die Kandidatenarbeit „Die orthodoxe Lehre vom Glauben und den guten Werken"[183], die er später zu seiner bereits erwähnten Magisterarbeit „Die orthodoxe Lehre vom Heil"[184] umarbeitete.
Gleichfalls 1890 veröffentlichte Archimandrit (später Metropolit) Antonij Chrapovickij, auch er ein Absolvent der St. Petersburger Geistlichen Akademie, seine beiden ersten Studien zur Lehre vom Heil: „Betrachtung über die Heilskraft der Leiden Christi" und „Was ist unter dem ‚heiligmachenden Glauben' im Sinne der Hl. Schrift zu verstehen?"[184a]. Zum ersten Mal wird nun in der russischen kirchlich-theologischen Literatur deutlich gefordert, die vom Westen her eingedrungenen Elemente der Genugtuungstheorie (Satisfaktionstheorie) aus der dogmatischen Theologie zu verbannen. Einige Tage nach Erscheinen der „Betrachtung über die Leiden Christi" im „Kirchlichen Boten" gratulierte Professor V. V. Bolotov dem jungen Theologen zur Öffnung „neuer Perspektiven in der Dogmatik".[185]

d) Die ethische Interpretation des Erlösungsdogmas in Arbeiten russischer Theologen

Die russische orthodoxe Soteriologie sah sich vor die Aufgabe gestellt, das Erlösungsdogma unter treuer Bewahrung des biblischen und kirchlichen Verständnisses begründet und folgerichtig auszulegen, geleitet

Die Lehre vom Heil 247

von Prinzipien, die im Dogma selbst liegen, nicht aber von Grundsätzen der mittelalterlichen Scholastik.[186]

„Die besten Vertreter der russischen theologischen Wissenschaft und des religiösen Denkens, bedeutende Hierarchen der russischen Kirche, Professoren der Geistlichen Akademien, Mönchsasketen und weltliche Publizisten, sie alle vereinten sich gewissermaßen in dem Bemühen, tiefer in das Geheimnis unseres Heils einzudringen und ihm eine möglichst reine und richtige Auslegung zu geben."[187]

Besonders charakteristisch für diese Richtung in der russischen Theologie sind die soteriologischen Entwürfe des Professors M. M. Tareev[188] und der Professoren und Erzpriester Pavel Svetlov und Nikolaj Petrov.

Die Theorie M. M. Tareevs verdient Beachtung, weil sie den Sinn der Versuchung im Leben Christi des Erlösers zu erhellen unternimmt. Sie lenkt den Blick auf den Kampf des Gottmenschen mit der Lebenslüge der Menschheit, an der sich die wahre Gotteskindschaft von dem sündhaften Verhältnis zu Gott, Welt und Menschen scheidet. Doch die Theorie M. M. Tareevs beleuchtet lediglich die anthropologische Seite der Erlösung, sie klärt nicht die Frage, in welcher Beziehung das Erlösungswerk zu Gott steht, eine Frage, der er als angeblich „gnostisch"[189] jede Existenzberechtigung abspricht. Diese Meinung, wie auch eine Reihe anderer Punkte seiner religiösen Weltsicht, lassen M. M. Tareev praktisch außerhalb der orthodoxen kirchlichen Theologie stehen.[190]

Professor Erzpriester Pavel Svetlov[191] bleibt bei der Formel, daß das Erlösung bringende Kreuzesopfer Gott Genugtuung leistet, doch hat der Begriff des Opfers bei ihm keine juridische, sondern eine ethische Bedeutung: Das Opfer der göttlichen Liebe ist identisch mit der göttlichen Gerechtigkeit. Christus hat die durch die Sünde zerstörte Gemeinschaft zwischen Gott und Mensch wiederhergestellt; sein Werk vereinigt in sich zwei organisch miteinander verbundene Momente: ein objektives (Wiederherstellung der Liebe Gottes zum Menschen) und ein subjektives (Wiederherstellung der Liebe des Menschen zu Gott).

Professor Priester Nikolaj V. Petrov griff Ideen von V. I. Nesmelov und Metropolit Antonij auf und entwickelte folgende eigene Konzeption: Das Heil konnte nicht allein durch die Vergebung der Sünden bewirkt werden. Der Sünder kann, auch wenn ihm vergeben ist, Gott dennoch nicht lieben und mit ihm geeint die Seligkeit genießen. Wenn also das Heil kommen sollte, mußten die Menschen von der Sündenkrankheit geheilt, mußten sie wirklich von ihren Sünden gereinigt und wieder heilig werden. Denn nur die Heiligkeit kann den Menschen zur Gemeinschaft mit Gott führen, ihn von allem Elend, das an der Sünde hängt, befreien und ihm die Seligkeit bringen.[192]

Petrov zeigt, daß „die Mittlerschaft Jesu Christi und die Zurechnung des Werkes Christi, kraft der es den Menschen beigelegt wird, darin besteht, daß Christus sich mit dem menschlichen Geschlecht vereinigt, durch seine barmherzige Liebe zu den Menschen und durch die Annahme ihrer Natur (außer der Sünde) seinen Sieg über Sünde und Verdammnis (durch seinen völligen Gehorsam gegen Gott) der Menschheit zum Erbe gegeben und durch sich selbst ein neues Prinzip in das Leben des Menschengeschlechts hineingetragen hat"[193].

An den dargestellten soteriologischen Konzeptionen treten folgende allgemeine Züge hervor: 1. Die Erlösung wird aus dem sittlichen Werk Jesu Christi, aus seiner Liebe, seiner Barmherzigkeit, seinem Gehorsam gegen den Willen Gottes, erklärt; 2. das Erlösungsgeschehen wird mit dem ganzen Leben Christi, nicht nur mit seinem Tod (wie in der juridischen Theorie) verbunden; 3. die Kreuzesleiden werden nicht als eine an sich bestehende, sich selbst genügende Tatsache, die nichts mit der Liebe und dem Sohnesgehorsam Christi zu tun hätte, interpretiert, sondern als Ausdruck der rettenden Liebe Christi oder als Mittel des Kampfes mit unserer Sündhaftigkeit angesehen.

Die Untersuchungen der russischen Soteriologen faßt Professor P. P. Ponomarev (Kazaner Geistliche Akademie) so zusammen: Sie ergeben in ihrer Gesamtheit eine ausreichende theologische Basis für die weitere systematische Erforschung des Erlösungsdogmas". In seiner Arbeit „Vom Heil" unternahm P. P. Ponomarev selbst den Versuch einer systematischen Interpretation des Erlösungsdogmas; er ging dabei von dem Begriff des Willens Gottes aus, der den sündigen Menschen zum Heil bestimmt.

Nach P. P. Ponomarev ist die Soteriologie aufs engste mit der Christologie verknüpft, und ob das soteriologische Problem zutreffend gelöst wird, hängt nach ihm vor allem von der Richtigkeit des christologischen Prinzips ab.[194]

Ebendieses Prinzip legt Erzbischof Ilarion Troickij seiner soteriologischen und ekklesiologischen Konzeption zugrunde. Er betonte, „daß Soteriologie und Christologie in enger und unauflöslicher Verbindung miteinander stehen und die ganze Heilslehre in einem einzigen Punkte zusammenläuft – in der Fleischwerdung Gottes des Wortes".[195]

Die russische Soteriologie hat zweifellos bedeutende Erkenntnisse gewonnen, es sind aber noch nicht alle Aspekte ihres Gegenstandes genügend erhellt worden.[196]

Alle menschliche Erkenntnis hinsichtlich des Erlösungsdogmas ist jedoch relativ wie gegenüber jedem Dogma. Die Erlösung ist ein Geheimnis, das in Christus beschlossen ist. Wir entdecken es nur in dem Maße, in dem wir uns mit ihm und seinem Kreuz in der von ihm auf Erden gestifteten Kirche verbinden. Darum hat der Hierarch Feofan Zatvornik geschrieben: „Erkenne und bewahre in deinem Herzen alles, was die heilige Kirche lehrt. Indem du göttliche Kräfte durch die Sakramente empfängst und sie durch all die anderen heiligen Handlungen und Gebete der Kirche nährst, gehe unverwandt den Weg der Gebote, angeleitet von den rechtmäßigen Hirten – und du wirst ganz sicher das Himmelreich erlangen und gerettet werden."[197]

Wenn also die russische Theologie das Heil betrachtet, dann richtet sich ihr Blick auf die Kirche, das Problem der Erlösung läuft hinaus auf das Problem des Wesens der Kirche.

10. Die Lehre von der Kirche

a) *Zwei Entwicklungsstufen in der russischen Ekklesiologie*

Die Geschichte der russischen theologischen Forschung, die sich mit der orthodoxen dogmatischen Lehre von der Kirche beschäftigt, läßt sich in zwei Hauptperioden unterteilen. Die erste Periode reicht vom ersten Viertel bis zu den neunziger Jahren des 19. Jh. Sie ist dadurch charakterisiert, daß die aus der Scholastik übernommene einseitige Definition der Kirche als einer irdischen Organisation, als „Gesellschaft der Gläubigen", überwunden und zugleich damit die apostolische ekklesiologische Formel „Kirche ist Leib Christi" in der Dogmatik wieder in ihre Rechte eingesetzt wurde. Man könnte diese erste Periode die „christologische" nennen, weil in ihr das theologische Denken von einer christologischen Ausdeutung des Dogmas von der Kirche beherrscht wurde. Die wichtigsten Zeugnisse dieser ekklesiologischen Richtung sind die Werke von Metropolit Filaret Drozdov, Priester Ioann Mansvetov, Professor A. L. Katanskij und Professor Erzpriester Evgenij Akvilonov. Aber auch die exegetischen Arbeiten von Bischof Feofan Zatvornik, in denen die Briefe des hl. Apostels Paulus interpretiert werden, haben große Bedeutung für die Entwicklung der russischen Ekklesiologie erlangt.[198]

Die zweite Periode setzt im letzten Viertel des 19. Jh. ein. Sie ließe sich als die „triadologische" bezeichnen. In ihr werden vor allem zwei Problemkreise untersucht: das unterschiedliche Wirken des Vaters, des

Sohnes und des Hl. Geistes in der Kirche (im 19. Jh. behandelt von Bischof Feofan Zatvornik und Professor A. L. Katanskij, im 20. Jh. von Professor Priester Pavel Florenskij, Professor Erzpriester Sergij Bulgakov und Professor V. N. Losskij), sowie die Kirche in der Fülle ihres Gnadenlebens als Abbild des innergöttlichen Lebens der Allhl. Dreieinigkeit (erörtert vom Patriarchen Sergij, von Metropolit Antonij Chrapovickij und Erzbischof Ilarion Troickij). Hier werden Themen angesprochen wie Einheit, Katholizität, Konziliarität der Kirche, Einheit des Wesens bei einer Vielzahl von Hypostasen (Personen) in der Kirche, Beziehungen zwischen Kirche und Einzelpersonen. Zugleich bewegt sich die russische trinitarische Ekklesiologie immer mehr zum apostolischen Staurozentrismus hin: Das Kreuz Christi beherrscht sowohl die ekklesiologischen als auch die triadologischen Lehrgebäude.

b) Das biblische Fundament der Ekklesiologie

Die orthodoxe Ekklesiologie steht auf der unverrückbaren Grundlage der hl. Überlieferung und vor allem der apostolischen Lehre von der Kirche gemäß dem Neuen Testament. Das Neue Testament ist nach orthodoxem Verständnis ein ganz und gar kirchliches Buch, geschrieben von der Kirche, für die Kirche und über die Kirche. Mit der Kirche des Alten Bundes beginnen die Evangelisten Matthäus und Lukas ihren Bericht, mit dem Sakrament der Taufe setzt der Evangelist Markus ein, mit der Enthüllung des ewigen Grundes der Kirche im trihypostatischen Sein Gottes hebt der Apostel und Evangelist Johannes der Theologe an. Die „Apostelgeschichte" spricht ausschließlich von der Entstehung und dem Wachstum der christlichen Kirche in den ersten Jahrzehnten nach der Himmelfahrt des Herrn. Für die Kirche und über die Kirche sind die Briefe der hl. Apostel geschrieben. Alle Leitbilder der orthodoxen Ekklesiologie finden sich in den Briefen des hl. Apostels Paulus: die Kirche als Haus Gottes, dessen Eckstein Christus ist; die Kirche als Leib Gottes, dessen Haupt Christus ist; die Kirche als reine Jungfrau, die Christus anverlobt ist. Dieses letzte Bild (Eph 5, 22–32) fließt unmittelbar zusammen mit der prophetischen Vision des Apostels Johannes des Theologen in der Apokalypse: die Kirche als Braut des Lammes (Offb 21, 2.9). So ist das ganze Neue Testament von der ersten bis zur letzten Seite ein Buch von der Kirche. Sogar die Wortverbindung „Neues Testament = Neuer Bund" selbst ist eine der Wesensbestimmungen, die der Erlöser von der von ihm gestifteten Kirche gegeben hat. Denn eben die Kirche Christi in ihrer gottmenschlichen Realität ist der Neue Bund Gottes mit den Menschen.

Damit sollte nicht gesagt werden, daß in der Hl. Schrift des Neuen Testaments eine systematische wissenschaftliche Grundlegung der orthodoxen Lehre von der Kirche gegeben würde. Das lag nicht im Aufgabenfeld der Apostel. Sie erbauten die Kirche und weideten sie, sie „gaben Zeugnis" (Apg 4, 33), aber sie verfaßten keine Abhandlungen. In den Schriften der apostolischen Väter wird auch die Frage nach dem Wesen der Kirche nicht eigens gestellt. Hier ist von der Kirche teils in apologetisch-polemischer Absicht, teils im Hinblick auf praktische Bedürfnisse des innerkirchlichen Lebens die Rede.[199] Dasselbe gilt für die darauffolgende Zeit. Erst im Kampf gegen die Donatisten, Montanisten und andere häretische Bewegungen wurden einige Teilfragen der christlichen Ekklesiologie formuliert und geklärt.[200]

Das Nizäno-Konstantinopolitanische Glaubensbekenntnis charakterisiert die Kirche mit nur vier Worten – vier dogmatischen Definitionen: Die Kirche ist die „eine, heilige, katholische und apostolische Kirche". Einige alte Glaubensbekenntnisse sprechen überhaupt nicht von der Kirche.[201]

Solange die Christen durch die Kirche und in der Kirche lebten, wurden ekklesiologische Probleme nicht theoretisch erörtert. Infolge der Reformation jedoch drängte sich die Frage der Kirche den westlichen Konfessionen als entscheidendes dogmatisches Problem auf, und seit jener Zeit widmet man sich im Westen seiner wissenschaftlich-theologischen Bearbeitung.

Dieser Umstand erhellt, daß gerade an der Frage der Kirche mehr als anderswo die (praktischen und theologischen) Unterschiede zwischen Orthodoxie, Katholizismus und Protestantismus deutlich werden. Denn für einen orthodoxen Christen wurzeln religiöse Haltung, sittliches Bewußtsein und Bekenntnisstand in seiner persönlichen Zugehörigkeit zur wahren Kirche Christi, und sie bestimmen sich nach dem Maße seiner Kirchlichkeit. Deshalb ist es nicht verwunderlich, daß ekklesiologische Untersuchungen in der russischen dogmatischen Theologie einen so bedeutenden Platz einnehmen und unmittelbar auf die Grundfrage der Theologie – die Frage der Heilsökonomie – hinführen. Die Kirche ist nichts anderes als die „von Christus begründete Gemeinschaft der Seelen, die das Heil suchen".[202]

Wenn die Lehre von der Kirche aber so direkt mit der Kernfrage des Christentums, dem persönlichen Heil des Menschen und dem Heil der Welt, zusammenhängt, dann erlegt das dem Theologen, der seine ekklesiologische Position bestimmt, eine große Verantwortung auf. „Das ewige Leben zu haben, das ist ganz gewiß besser, als irgendein Gut oder einen Vorteil auf Erden zu gewinnen. Deshalb sollte niemanden die Frage gleichgültig lassen: Wie kann ich am wahrhaftigsten und richtigsten das ewige Leben erlangen? – zumal wenn man sieht, daß diesem Ziel viele auf verschiedenen Wegen zustreben."[203] Diese Worte stammen von Metropolit Filaret Drozdov, dem Theologen, der die russische orthodoxe Ekklesiologie auf festen Boden gestellt und ihre weitere Entwicklung maßgeblich beeinflußt hat.

c) Die ekklesiologischen Anschauungen von Metropolit Filaret Drozdov

Metropolit Filaret beleuchtet in seinen Werken die apostolische Lehre von der Kirche als dem Leibe Christi von allen Seiten und er benutzt dabei vornehmlich eben diese Bezeichnung „als die genaueste Formel für das Wesen der Kirche samt ihren Eigenschaften und Wirkweisen"[204].

In den 1815 verfaßten „Gesprächen zwischen einem Suchenden und einem Überzeugten über die Orthodoxie der Morgenländischen Griechisch-Russischen Kirche" – sie wurden als eine der Quellen der dogmatischen Lehre der Russischen Orthodoxen Kirche anerkannt – schrieb Metropolit Filaret: „Aufgrund des Wortes Gottes stelle ich mir die ökumenische Kirche als einen einzigen großen Leib vor. Jesus Christus ist sowohl sein ,Herz', der Ursprung des Lebens, als auch sein ,Haupt', die lenkende Weisheit. Nur ihm ist der volle Umfang und die innere Zusammensetzung dieses Leibes bekannt. Wir aber kennen verschiedene Teile von ihm und vor allem sein äußeres Erscheinungsbild, das sich über Raum und Zeit spannt."[205]

Christus steht zu allen einzelnen Gläubigen wie zur ganzen Kirche im selben Verhältnis. „Er gewinnt Gestalt in ihnen (Gal 4, 19), er lebt in ihnen (Gal 2, 20), und wie in ihm die ganze Fülle der Gottheit leibhaftig wohnt (Kol 2, 9), so will er nach der Weise dieses göttlichen Geheimnisses auch in seinen Auserwählten sogar leibhaftig wohnen, soweit er sie zur inneren Gemeinschaft mit ihm fähig findet." Anders gesagt, eben in der Kirche als dem Leibe Christi vollzieht sich das Geheimnis der Vergöttlichung der menschlichen Natur, so daß „der Mensch schon im irdischen Leben beginnt, Gott in sich zu tragen".[206]

In vielen Werken besteht die Tendenz, den Begriff der Kirche eingeschränkt auszulegen, um damit dem Verständnis der breiten Masse der Gläubigen entgegenzukommen. Die Kirche wird darin nicht nach einem himmlischen, sondern nach einem irdischen Bilde dargestellt, nämlich nach dem Muster existierender Gesellschaften und Organisationen. Von den letzteren unterscheidet sich die Kirche aber dadurch, daß sie nicht von Menschen, sondern von Gott selbst gegründet ist. Es fehlt auch jeder Hinweis auf das in unseren Augen wichtigste Merkmal der Kirche – ihre gottmenschliche Natur.

Eine ähnliche Inkonsequenz in der wissenschaftlichen dogmatischen Definition der Kirche begegnet uns in anderen theologischen Arbeiten. Die Einseitigkeit und Begrenztheit der ekklesiologischen Formel tritt dabei in Widerspruch zu dem reichen Inhalt, mit dem man sie, gestützt auf die Bibel und die Väterlehre, erfüllt. Besser als andere wurde Erzbischof Antonij Amfiteatrov in seiner „Dogmatischen Theologie" der gestellten Aufgabe gerecht. Der Theologe behandelt den Begriff des Leibes Christi zuerst als eine von vielen apostolischen Bezeichnungen für die Kirche und zwar als deren wichtigste.[207] Wir müssen Erzbischof Antonij Amfiteatrov zugestehen, daß er als Ekklesiologe über seine Vorgänger sichtlich hinausgekommen ist, da diese (Metropolit Makarij Bulgakov, Erzbischof Filaret Gumilevskij, Bischof Sil'vestr Malevanskij) sich in ihren dogmatischen Grundrissen darauf beschränkt haben, die Kirche ausschließlich als „Gesellschaft von Menschen" zu definieren.[208]

Wie oben bereits erwähnt, ist die erste Periode der russischen Ekklesiologie dadurch gekennzeichnet, daß man gegen die einseitige, aus dem Westen übernommene Formel der Schultheologie ankämpfte und sie durch die positive Darlegung des apostolischen Begriffs der Kirche aufzufüllen und damit zu überwinden trachtete.

d) Die Lehre von der Kirche in den Arbeiten I. F. Mansvetovs, A. L. Katanskijs und E. P. Akvilonovs

Die dogmatisch-exegetische Magisterarbeit Ioann F. Mansvetovs (später Erzpriester) „Die neutestamentliche Lehre von der Kirche" entstand am Lehrstuhl für Dogmatik der Moskauer Geistlichen Akademie unter der wissenschaftlichen Betreuung von Erzpriester A. V. Gorskij. Auf der Grundlage einzelner Stellen der Hl. Schrift will sie eine umfassende systematische Lehre von der Kirche und ihren wichtigsten Eigenschaften geben. Das neutestamentliche Material zur Frage der Kirche wird vorgelegt, verallgemeinert und dogmatisch eingeordnet. Der Band bietet wichtige Stellen, die sich auf das Wesen und die Eigenschaften der Kirche beziehen und die darüber hinaus eine erschöpfende Exegese erfahren.[209]

I. F. Mansvetov hat eine Reihe von Kernproblemen der Ekklesiologie, die mit der Soteriologie, Christologie und Eschatologie verknüpft sind,

in streng orthodoxem Sinn betrachtet. Er betont den heilsökonomischen Zusammenhang zwischen der Kirche und dem Kreuz Christi. Bei keinem der späteren russischen Ekklesiologen zeigt sich eine so eindeutig staurozentrische (auf das Kreuz bezogene) Konzeption.
In der Chronik der russischen Ekklesiologie stoßen wir auf den Namen des Professors der St. Petersburger Geistlichen Akademie A. L. Katanskij.
Dieser Theologe formuliert seine Ansichten zur Ekklesiologie in seiner 1875 veröffentlichten Arbeit „Charakteristik der Orthodoxie, des römischen Katholizismus und des Protestantismus"[210], die P. Gnedič später als ein knappes, inhaltlich aber vollständiges „Kompendium der Lehre von der Kirche" bezeichnete.[211] In dieser Arbeit versucht A. L. Katanskij, im Sinne der slavophilen Geschichtsphilosophie eine direkte Abhängigkeit zwischen der Empfänglichkeit eines Volkes für das Christentum und seinem Nationalcharakter zu ermitteln.
In den drei großen christlichen Konfessionen (Orthodoxie, Katholizismus, Protestantismus) sieht er die geschichtliche Manifestation der Wesenseigenart der drei ethnischen Welten Europas: der hellenischen, der romanischen und der germanischen.
Das Hauptverdienst A. L. Katanskijs liegt in dem Nachweis, daß die Christologie die Grundlage der gesamten orthodoxen Ekklesiologie bildet. Katanskij hebt als besonders bedeutsam hervor, daß „der Osten seine Aufmerksamkeit vor allem auf die Person Christi des Erlösers konzentriert hat", da doch in der rechten Anschauung von ihm „das Schicksal allen Lebens und die Zukunft des Christentums" beschlossen liege. Man muß unbedingt „in der Person Christi des Erlösers das menschliche Element vor der Absorption durch das göttliche bewahren und umgekehrt. Eben dies aber ist das Prinzip der Orthodoxie."[212]
Deshalb ist nach A. L. Katanskij die orthodoxe Anschauung von der Kirche im Unterschied zu den einseitigen Auffassungen des Katholizismus und des Protestantismus dadurch charakterisiert, daß „die Orthodoxie, ohne das göttliche Element in der Kirche dem menschlichen oder das menschliche dem göttlichen zu opfern, in der Kirche eine harmonische Verbindung von Unsichtbarem und Sichtbarem, Göttlichem und Menschlichem sieht, analog der Einheit von Gottheit und Menschheit in der Person des Gottmenschen".[213] Die orthodoxe Ekklesiologie leitet sich unmittelbar aus der Christologie ab, von ihr empfängt sie ihren Maßstab und ihr Gepräge.
Unter Anleitung A. L. Katanskijs erarbeitete an der St. Petersburger Geistlichen Akademie Evgenij P. Akvilonov (später Erzpriester und Professor an dieser Akademie) eine Studie über „Die Kirche. Wissen-

schaftliche Definitionen der Kirche und die apostolische Lehre von ihr als dem Leibe Christi".[214]
Er reichte sie an der Akademie als Magisterarbeit ein, doch der Synod versagte ihr seine Bestätigung in Anbetracht ihrer neuartigen dogmatischen Aussagen zu diesem Thema.
E. P. Akvilonov erhielt den Magistertitel zwei Jahre später (1896) für eine umgearbeitete Fassung seiner Arbeit – praktisch eine neue dogmatisch-exegtische Untersuchung, die den Titel der Dissertation I. F. Masvetovs wiederholte: „Die neutestamentliche Lehre von der Kirche".[215]
Akvilonov analysiert in seiner (ersten) Arbeit eingehend die von westlichen Theologen vorgeschlagenen Definitionen der Kirche[216] und kommt zu dem Schluß, daß „für Orthodoxe ... die Definition der Kirche als Gesellschaft der Gläubigen nicht uneingeschränkt annehmbar ist"[217], denn „sie drückt das Wesen der Kirche nicht völlig aus".
Deshalb habe die orthodoxe theologische Wissenschaft die unbedingte Pflicht, eine vollständige, genaue und der Orthodoxie gemäße Definition der Kirche zu finden. Eine solche vollständige und genaue Definition sieht E. P. Akvilonov in der Lehre des Apostels Paulus: Die Kirche ist der Leib Christi (Eph 1, 22–23). Eine Begründung und Interpretation der apostolischen Lehre von der Kirche gibt der Autor im Schlußkapitel seiner Monographie.[218]
E. P. Akvilonov faßt seine Untersuchung in einer neuen dogmatischen Definition der Kirche zusammen: „Die Kirche ist ein gottmenschlicher Organismus, der durch den Herrn Jesus Christus selbst als sein Haupt regiert und durch den Hl. Geist belebt wird; er ist von Christus selbst nach dem Willen Gottes des Vaters gegründet worden und wird von ihm gelenkt (auch im irdischen Teil der Kirche, da sie eine von Gott eingesetzte Hierarchie besitzt) und besteht aus allen Gläubigen im Himmel und auf Erden, die zum ewigen Leben streben, vereint in seliger Gemeinschaft mit dem Dreieinen Gott und in ihm auch miteinander."[219]
Wir haben die grundlegenden Arbeiten der russischen Dogmatik des 19. Jh., die das Dogma von der Kirche christologisch erklären, genannt. Im 20. Jh. hat man die dogmatischen Formulierungen noch genauer gefaßt, besonders aber die orthodoxe Lehre von der Kirche als dem Leibe Christi noch eingehender exegetisch begründet. Dies geschah in Arbeiten von F. Dymskij, Archimandrit (später Erzbischof) Ilarion Troickij, Priester Pavel Florenskij[220] und Metropolit Sergij Tichomirov. Mit Worten des letztgenannten Theologen wollen wir diesen Abschnitt beschließen: „Die Kirche ist der lebendige Leib Christi, ein lebendiger, von Lebenskraft durchpulster Organismus mit einem

Haupt – Christus. Ohne das Haupt, Christus, entquillt kein Leben. Das Haupt, Christus, ist das sine qua non des geistlichen Lebens. Doch auch Christus, das Haupt, verwirklicht seinen universalen Heilsplan durch seinen Leib – die Kirche: die Kirche ist das sine qua non der Errettung der Welt durch Christus."[221]

e) Die Kirche als Werk der trinitarischen Heilsökonomie

Die zweite Periode in der Entwicklung der russischen Ekklesiologie setzt mit dem Erscheinen von Arbeiten ein, die das unterschiedliche Heilswirken einer jeden Person der Allhl. Dreieinigkeit in der Kirche betrachten. Zu diesen Arbeiten zählen die bedeutenden Aufsätze, die der schon mehrfach erwähnte Professor A. L. Katanskij in den Jahren 1894 bis 1895 im „Kirchlichen Boten" veröffentlicht hat.[222] Sie wurden teilweise durch die Magisterarbeit E. P. Akvilonovs und die durch sie ausgelöste dogmatische Diskussion angeregt. Auf der Magisterdisputation E. P. Akvilonovs hatte A. L. Katanskij an der Dissertation bemängelt, daß in ihr das Wirken des Hl. Geistes in der Kirche nicht gebührend berücksichtigt worden sei, und Akvilonov wurde aufgefordert, das Dogma von der Kirche von der Trinitätslehre her eingehender zu erforschen. Zuvor war dieser Problemkreis schon von dem Professor der Moskauer Geistlichen Akademie Erzpriester A. V. Gorskij und dem großen Theologen und Asketen Bischof Feofan Zatvornik untersucht worden. Die entscheidenden Phänomene im geschichtlichen Leben der Kirche betrachtet A. V. Gorskij als Ergebnis der unmittelbaren Einwirkung der Personen der Hl. Dreieinigkeit. Ein Teil von ihnen wird nach seiner Auffassung von Gott dem Vater bewirkt, ein anderer von Gott dem Sohn, der dritte vom Hl. Geist.

Über das Wirken des Hl. Geistes spricht Bischof Feofan Zatvornik in der schon erwähnten Schrift[223], die gegen die sektiererischen Paškovcen (sie leugneten die Bedeutung des Hl. Geistes in der Heilsökonomie) gerichtet ist. Er führt eine reiche Zahl von Bibel- und Väterstellen an, die das Wirken der Gnade des Hl. Geistes in der Kirche bezeugen. Er hat sie, wie er sagt, nicht gesammelt, „um zu verkleinern oder zu verdunkeln, was vom Herrn Jesus zu unserem Heil getan worden ist und noch getan wird, sondern vielmehr, um in den Blick zu rücken, was übersehen wird, und um im (kirchlichen) Bewußtsein neben den Herrn auch, wie es sich gebührt, den Hl. Geist zu stellen, der in gleicher Kraft und in gleichem Maße wie der Herr unser Heil bewirkt". Für einen Theologen, der in das mystische Leben der Kirche und ihre gnadenerfüllte Gemeinschaft mit Gott einzudringen versucht, ist es deshalb unerläßlich, „ebenso laut, wie man den Herrn Jesus verkündigt, auch vom Hl. Geist zu predigen, ohne jedoch den gnädigen Willen des Vaters zu vergessen".[224]

A. L. Katanskij faßte die Anschauungen seiner beiden Vorgänger zusammen. In seiner Arbeit „Vom Hl. Geist dem Parakleten" formuliert er die orthodoxe Lehre von Christus dem Erlöser als Haupt der Kirche und vom Hl. Geist, dem Parakleten, als Lebenspender der Kirche in folgenden Thesen:

„1. Christus der Erlöser ist das Haupt der Kirche in eben dem Sinne, daß er als der neue Adam, als der Erstling des neuen Geschlechts die Quelle des neuen, fruchtbaren und heiligen Lebens ist, die Quelle, aus der dieses Leben in den Leib der Kirche fließt und die Neugeburt der Kinder Gottes bewirkt, so daß sie den alten Menschen (den Sündenmakel, der vom alten Adam stammt) ablegen und ihn, den neuen Menschen, anziehen. Dieses Leben, das von ihm als der Quelle ausgeht, dringt ein, strömt nach allen Seiten und breitet sich auf vielfache Weise im ganzen Leibe der Kirche aus.

2. Christus der Erlöser, das Haupt, wirkt auf die Kirche ein, jedoch nicht von außen her. Alles in ihr mit Leben erfüllend, nimmt er selbst Wohnung in ihr, verweilt in ihr und vereinigt sich aufs innigste mit ihr (gleichwie Mann und Frau sich verbinden), doch alles dies vollbringt er durch seinen Hl. Geist, den Parakleten.

3. Der Geist Christi trägt in sich und mit sich die Gaben des lebenschaffenden Lebens Christi, er zieht die Glieder der Kirche zu Christus und pfropft sie ihm ein wie wilde Ölzweige, er bereitet sie zur Wohnstatt Christi des Erlösers.

4. Schließlich fügt er (doch nicht ohne den Herrn, den Erlöser) alle zu einem Ganzen zusammen – zum Leib der Kirche. Alles in der Kirche durchdringt er; und wie die Seele die Bewegungen des Leibes, so lenkt er alle Bewegungen im Leibe der Kirche (doch abermals nicht ohne Christus den Erlöser). Alles dies vollbringen in der irdischen Kirche ihr Haupt Jesus Christus und der Hl. Geist nach dem gnädigen Willen Gottes des Vaters vermittels der Sakramente und der kirchlichen Hierarchie."[225]

Unter den russischen Theologen des 20. Jh. hat sich besonders intensiv Priester Pavel A. Florenskij mit der trinitarischen Struktur der Kirche beschäftigt. Dieses Thema berührt er bereits in seiner frühen Arbeit „Ekklesiologische Materialien. Der Begriff der Kirche in der Hl. Schrift".[226] Vor allem das fünfte Kapitel seiner Studie „Die Korrelation zwischen den Attributen der Kirche und deren symbolische Definition" interessiert hier. P. A. Florenskij holt bei der Erörterung seines

Themas weit aus. „Jeder Körper", schreibt er, „ist, vom allgemeinsten Standpunkt aus betrachtet, eine ‚Gruppe', wie die Mathematik sagt. Die Kirche ist der Leib Christi und somit ein Körper. Deshalb können wir die Kirche formallogisch nicht anders denn als Gruppe definieren. Jede Gruppe ist (1) eine Menge, die (2) durch eine bestimmte Einheit zu (3) einem Ganzen vereint wird." Diese mathematischen Begriffe überträgt er nun auf die Kirche und unterscheidet an ihr „(1) ihren Stoff oder die Menschen, aus denen sich ihr Inhalt zusammensetzt; (2) das sie einigende Prinzip oder den Leib Jesu Christi, der diese einzelnen menschlichen Einheiten assimiliert; (3) ihr Bewußtsein, das vom Hl. Geist ausgeht".

„Obwohl die ganze Allhl. Dreieinigkeit", fährt P. A. Florenskij fort, „an jedem göttlichen Akt teilnimmt, werden nichtsdestoweniger einzelne Momente des Heilswerkes Gottes vornehmlich von dieser oder jener Hypostase der Allhl. Dreieinigkeit bewirkt. Entsprechend den drei Hypostasen können wir an der Kirche drei Momente unterscheiden: (1) das Werk des Vaters als des Schöpfers, der den Menschen, die zur Kirche gehören oder gehören können, das Dasein gibt; (2) das Werk des Sohnes als des Logos, der die Menschen in seinen Leib hineinordnet; (3) das Werk des Geistes als des Heiligers, der den Leib Christi mit Leben erfüllt."[227]

Im Sinne des für ihn typischen physikalisch-mathematischen Symbolismus „zerlegt" P. A. Florenskij sodann den Begriff der Kirche gemäß den „Grundkategorien des Seins". Den drei ekklesiologischen Archetypen (Kirche als Haus, Kirche als Leib, Kirche als Weib) entsprechen die drei Seinssphären, die von (1) der Physik, (2) der Biologie und (3) der Psychologie erforscht werden.

Ihnen korrelieren die „drei Arten des Verhältnisses der Gottheit zur Kirche und der Kirche zur Gottheit". Aus ihnen wiederum leiten sich drei Attribute der Kirche ab: (1) Universalität, (2) Einheit, (3) Heiligkeit.[228] Endlich gibt es ekklesiologische Entsprechungen zu den drei Diensten Jesu Christi: Weg („Laien"), Wahrheit („Priestertum") und Leben („Prophetentum"). Die Resultate dieser aufwendigen und recht rationalistischen Analyse stellt P. A. Florenskij in einer formal aufgebauten, scholastischen Tabelle zusammen[229], mit der er diese theologisch-mathematische Untersuchung abschließt. Bereits in seinen folgenden Werken „Säule und Grundfeste der Wahrheit" und „Der Sinn des Idealismus"[230] hat Priester Pavel Florenskij allerdings diesen extremen theologischen Rationalismus in der Lehre von der Kirche im wesentlichen überwunden; äußeres Kennzeichen dafür ist sein Übergang zur Theologie der Person in der Kirche.[231]

Die Lehre von der Kirche

Auf andere Weise nähert sich der Erzbischof und spätere Metropolit Pitirim Nečaev der Frage, in welcher Beziehung die Personen der Hl. Dreieinigkeit zur Kirche und zu jedem ihrer Glieder stehen.[232] Er betrachtet die Kirche nicht von außen her, wie es die Religionsphilosophen zu tun pflegen, sondern von innen her, vom geweihten Raum der hl. Sakramente Gottes aus: Denn nur von diesem Standort her wird sichtbar, daß das Wirken des Dreieinigen Gottes in der Welt Fortsetzung und Folge seines beständigen Wirkens in der Kirche ist. Deshalb liegt der wahre Ausgangspunkt der Ekklesiologie beim sakramentalen Dienst der Kirche und beim frommen Wandel der Christen in Gebet und Askese. Das bekannte „Komma Johanneum" liturgisch interpretierend führt er aus: „Die orthodoxe Ekklesiologie beschreibt das Verhältnis der Dreieinigkeit zur Welt mit folgender Formel: Der Vater führt uns zum Sohn (er zeugt vom Sohn) durch das Wasser (durch die Taufe Jesu Christi, die Johannes der Vorläufer vollzog, und durch die Taufe eines jeden Christen, der in die Welt kommt); der Sohn führt uns zum Geist durch das Blut (das für uns dahin gegeben ward, zuerst von Ewigkeit her, dann, in der Fülle der Zeit, am Kreuz, und nun täglich im Neuen Bund vergossen wird in der Eucharistie); der Geist führt uns zurück zum Vater durch den Geist (in der Verkündigung an die Allreine Jungfrau, zu Pfingsten, in der folgenden Auferbauung der Kirche). Seit Pfingsten bewegt sich das ganze Leben der Kirche im Geiste: Ihr Leben in der Glaubenslehre, in den Sakramenten und im sittlichen Wandel. ‚Drei sind, die das bezeugen: der Geist und das Wasser und das Blut; und die drei stimmen überein' (1 Joh 5, 7–8). Dieses zwiefache Zeugnis ist die Offenbarung vom Gottmenschen Jesus Christus und seinem Werk."[233]

f) Die Einheit der Trinität und die Katholizität der Kirche

Etwa zur selben Zeit, als die erwähnten Arbeiten A. L. Kastanskijs das Heilswirken der Personen der Hl. Dreieinigkeit in der Kirche näher zu deuten versuchten, stieß die triadologische Interpretation des Dogmas von der Kirche auf ein neues Problem. In der Schule der anthropologischen Dogmenerklärung, bisweilen auch „Schule des ethischen Monismus" genannt, wurde die an sich schon aus der Theologie der hl. Väter bekannte Frage wieder erörtert, ob der natürliche Verstand sich das geheimnisvolle Wirken der Hl. Dreieinigkeit in der Kirche dadurch begreiflich machen könne, daß er das Mysterium der Kirche mit dem Mysterium der Hl. Dreieinigkeit selbst vergleicht. Da die Kirche ein neues Wesen ist, das zum alten sündhaften Leben der Welt im Gegensatz steht, hat sie ihr Urbild nicht auf Erden, wo man keine Liebe und keine Einheit findet, und wo Bosheit und Trennung herrschen, sondern im Himmel, wo die Einheit des Vaters und des Sohnes und des Hl. Geistes die drei Personen zu einem Wesen vereint, so daß es nicht drei Götter gibt, sondern einen Gott und ein einziges Leben in ihm.

Das trinitarische Wesen der Kirche offenbart sich in aller Klarheit im hohepriesterlichen Gebet des Erlösers (Joh 17, 11–23). In diesen Worten ist das Wesen der Kirche ausgesprochen. Nicht nach den Gesetzen der Welt ist sie erbaut und lebt sie, sondern nach den Gesetzen des göttlichen Lebens: „So wie wir", spricht der Erlöser. Das Mysterium der Kirche wurzelt in der Tiefe des Lebens der Dreieinigkeit: Die Gläubigen sind in der Kirche nicht einfach untereinander eins, ähnlich wie die Dreieinigkeit der göttlichen Personen in sich eins ist, sondern sie sind eins in den göttlichen Personen („sie sollen in uns eins sein"), sie vereinigen sich gewissermaßen durch sie – die Kirche ist in der Dreieinigkeit und die Dreieinigkeit in der Kirche. Die Definition der Kirche darf deshalb „nicht Begriffe des irdischen Daseins verwenden, sondern muß sich herleiten aus der Lehre vom dreieinigen Wesen Gottes, wie sie uns der Herr in seinem Abschiedsgebet gegeben hat. Gott ist Einer dem Wesen und dem Leben nach, doch trinitarisch in den Personen, so wie auch die Kirche dem Wesen nach eine ist, doch vielfältig in den Personen, die sie bilden."[234]

g) Kirche und Person in Arbeiten des Patriarchen Sergij

Die ekklesiologischen Anschauungen des Patriarchen Sergij Stragorodskij (gest. 1944) sind die Frucht vieler Jahre theologischen Forschens und praktischen Wirkens in der Kirche. Wir heben nur einige Hauptpunkte auf der Grundlage eines Aufsatzes hervor, in dem seinerzeit ein jüngerer Zeitgenosse des Patriarchen Sergij, der bedeutende Theologe V. N. Losskij (gest. 1958), dessen theologisches Denken gewürdigt hat.[235]

Patriarch Sergij entwickelt seine Ekklesiologie aus dem dogmatischen Grundsatz, daß zwischen „Natur" und „Person" in Gott und in den vernünftigen Geschöpfen zu unterscheiden ist. Dieser geheimnisvolle Unterschied, fundamental für die christliche Anthropologie wie für die auf ihr aufbauende Asketik, war schon in Archimandrit Antonij Chrapovickijs trinitarischer Ekklesiologie berücksichtigt worden. Patriarch Sergij hat ihn dann später weiter erforscht und theologisch präzisiert, vor allem in der Auseinandersetzung mit der sophianischen Theologie Erzpriester Sergij Bulgakovs. Patriarch Sergij bestimmt den Unterschied zwischen Natur und Person (Hypostase) in den kreatürlichen Wesen folgendermaßen: „Das vorzüglichste Kennzeichen des Menschen in der irdischen Welt ist seine Hypostase oder seine Natur. Der Mensch lebt nicht nur, sondern weiß auch, daß er und wofür er lebt; außerdem ist er sich dessen bewußt, daß alle seine Teile und ihre Regungen zu ihm gehören, sein sind. Er denkt nicht ‚mein Leib schmerzt', sondern ‚ich fühle Schmerzen'; nicht ‚meine Seele liebt', sondern ‚ich liebe' usw. Aber der Mensch richtet den Lichtstrahl seines Bewußtseins auch auf seinen Geist, nimmt Besitz von ihm und weiß ihn als sein eigen; deshalb sagt er nicht nur ‚mein Leib', ‚meine Seele', sondern auch ‚mein Geist', wie es beim Apostel heißt: ‚Geist samt Seele und Leib' (1 Thess 5, 23). Das ist ein Beweis dafür, daß Hypostase und Geist nicht eines sind: Wenn wir schon nicht vom Menschen als einem Wesen halb Geist, halb Leib sprechen wollen, so können wir doch bei einem reinen Geistwesen (wie es die Engel sind) zwischen der Hypostase einerseits und der Geistnatur – sozusagen dem Gegenstand des Bewußtseins – andererseits unterscheiden."[236]

Von diesen Voraussetzungen aus entwickelt Patriarch Sergij seine Lehre von der Person, anknüpfend an Gedanken aus der Schule der anthropologischen Dogmenerklärung, vor allem an die seiner alten Freunde und Gesinnungsgefährten, Michail und Antonij. Man darf die Person nicht mit der Natur vermischen, doch darf man sie auch nicht voneinander losreißen.

Eine klare Unterscheidung zwischen Natur und Person erlaubte Patriarch Sergij, die dogmatische Grundlage für die orthodoxe Verehrung der Gottesmutter zu formulieren – der vollkommenen menschlichen Person, die als einzige jene Fülle erreicht hat, zu der die ganze Schöpfung in der Kirche berufen ist. Mutter Gottes war sie nicht nur im Fleische, nicht nur ihrer Natur nach, sondern auch als Person; weil sie die Gottesmutterschaft bewußt angenommen und sie als freiwilliges Werk ihres ganzen Lebens in sich verwirklicht hat, wurde sie zur ersten menschlichen Person, die das höchste Ziel erreicht hat: jene Vergöttlichung der Kreatur, um derentwillen die Welt geschaffen ward. Deshalb konnten Tod und Verwesung die Allreine Mutter nicht halten, und wir verehren ihre menschliche Person, die durch Tod und Auferstehung hindurchgeschritten ist, als die Gebieterin, als die Himmelskönigin, die neben dem König Christus steht.[237]

In ihm hat die Gottheit die menschliche Natur in ihre Hypostase aufgenommen, auf daß der Mensch vergöttlicht werde; in ihr hat erstmals eine menschliche Hypostase dieses Ziel erreicht und die Fülle des göttlichen Seins im Hl. Geist erworben.

Die russischen Theologen von heute setzen in ihren ekklesiologischen Arbeiten die Tradition fort, die sie aus den Händen Patriarch Sergijs empfangen haben. Viel hat der jüngere Zeitgenosse des Patriarchen V. N. Losskij über die Kirche geschrieben. Mit interessanten Arbeiten sind auch Pierre L'Huillier, John Meyendorff, Georgij Florovskij und V. Verjužskij hervorgetreten.

Aufmerksamkeit verdient der bereits genannte Aufsatz des Metropoliten Pitirim Nečaevs „Die Kirche als Werk der trinitarischen Heilsökonomie". Er resümiert den heutigen Stand der triadologischen Erklärung des Dogmas von der Kirche, indem er die von der russischen Theologie entfaltete Lehre vom Wirken der göttlichen Personen der Trinität in der Kirche aufgreift, zugleich aber auch in der Nachfolge von Patriarch Sergij sich intensiv in das Geheimnis vertieft, wie die menschliche Person in der Kirche über das Kreuz zur Auferstehung gelangt. Die Ekklesiologie findet zur rechten Ausgewogenheit, wenn sie zum apostolischen Staurozentrismus zurückkehrt: Im innersten Raum der orthodoxen Lehre von der Dreieinigkeit, von der Kirche und von der menschlichen Person steht das ehrwürdige und lebenspendende Kreuz Christi, „der Mittelpunkt in der Ökonomie unseres Heils und die Stütze aller christlichen Hoffnungen".[238]

„Das Kreuzesopfer", heißt es bei Metropolit Pitirim, „ist das in der Hl. Dreieinigkeit verborgene Heilsgeheimnis der Welt, das in Kosmos und Geschichte durch den Kreuzweg Christi und seiner Kirche offenbar geworden ist. Der Kreuzweg der Kirche ist einzig möglich als Weg in der Nachfolge Christi und im Sohnesgehorsam gegen Gott. ‚Wer nicht sein Kreuz trägt und mir nachfolgt, der kann nicht mein Jünger sein' (Lk 14, 27). Jeder Gläubige, d. h. jeder, der seine Rechtfertigung in Christus sucht und darum zur Kirche kommt, muß ‚mit Christus gekreuzigt werden'. ‚Ich bin mit Christus gekreuzigt', sagt der Apostel, ‚Ich lebe, doch nun nicht ich, sondern Christus lebt in mir' (Gal 2, 19–20). Das bedeutet, ich lebe im Fleisch, doch kraft des wahren Lebens, des ewigen Lebens, im Glauben und im Geiste, ‚durch das Seufzen des Hl. Geistes' bin ich in Christus, und er in mir: er, der mich so sehr liebt, daß er sich selbst für mich ans Kreuz dahingegeben hat; ich, der ich ihn liebe, an ihn glaube und mich mit ihm kreuzigen lasse ans Kreuz meines persönlichen Dienstes. Hierin erweist sich die Gnade Gottes und zugleich meine Gerechtigkeit und mein Heil (Gal 2, 21); hierin liegt auch der Sinn der Kirche Christi, denn sie gibt mir das Recht, die Macht und die Kraft, mit Christus ans Kreuz erhöht zu werden."[239]

In der Kirche allein liegt der einzige Weg zur Rettung und Vergöttlichung der menschlichen Person. Wer sein Leben verliert um Christi willen, wer es dahingibt „für seine Freunde", der wird's erhalten – er gewinnt seine im Blute Christi gewaschene und vergöttlichte Person.

11. Liturgiewissenschaft und kirchliche Quellenkunde

Die russischen Theologen sind überzeugt, daß der wahre Schatz der orthodoxen Theologie im Gottesdienst und in den gottesdienstlichen Büchern der orthodoxen Kirche enthalten ist. Denn gerade hier findet man eine höchst „lebendige Dogmatik und Moraltheologie" (Bischof Vissarion Nečaev). So erklärt es sich, daß die russische Kirche und ihre Geistlichen Akademien der Liturgiewissenschaft – der Wissenschaft vom Gottesdienst, seiner Geschichte und seiner Ausdeutung – stets große Bedeutung beigemessen haben.

a) Herausgabe und Erklärung gottesdienstlicher Bücher

Anfänglich (im 18. und zu Beginn des 19. Jh.) beschränkte sich die russische Liturgiewissenschaft darauf, den orthodoxen Gottesdienst entsprechend den Bedürfnissen der Praxis zu beschreiben und zu erklären, die Symbolik der kirchlichen Gebräuche zu erhellen und den dogmatischen und sittlichen Gehalt der verschiedenen kirchlichen Riten zu erläutern. Einige der damals veröffentlichten liturgischen Bücher waren unmittelbar für den Zelebranten bestimmt und besaßen kanonischen, also normativen Charakter. So erschien schon unter Peter I. eine „Belehrung, wie der Priester und Diakon Dienst in der hl. Kirche tun und sich auf den Dienst vorbereiten soll, besonders auf den der göttlichen Liturgie".[240]

Ende des 18. Jh. kam das Buch des Metropoliten Gavriil Petrov „Über den Dienst und die Gottesdienstordnung in der orthodoxen griechisch-russischen Kirche" heraus.[241] Zu Beginn des 19. Jh. veröffentlichte Erzbischof Feoktist Močul'skij (gest. 1817) seine Arbeiten, und es erschien das ausführliche Handbuch „Neue Tafel" des Erzbischofs Veniamin Krasnopevkov-Rumovskij.[242] Dieses Werk gibt anhand von Zeugnissen aus der Kirchenväterliteratur eine Erklärung sämtlicher orthodoxer kirchlicher Gottesdienste und Riten, des Kirchengebäudes und seiner Ausstattung. Seit seinem Erscheinen erlebte es achtzehn Auflagen und wird noch heute unter der orthodoxen Geistlichkeit hoch geschätzt. Größte Aufmerksamkeit haben zahlreiche russische Interpreten kirchlicher Gottesdienste der Erklärung der göttlichen Liturgie geschenkt.[243]

Besonders wertvoll darunter sind die „Erklärung der göttlichen Liturgie" des Kiever Metropoliten Arsenij Moskvin (gest. 1876)[244] und die „Erläuterung zur göttlichen Liturgie nach der Ordnung des hl. Johannes Chrysostomos und des hl. Basilios des Großen", die Erzpriester Vasilij Nečaev (später Bischof Vissarion) verfaßt hat.[245] Er stellte sich die dogmatisch-exegetische Aufgabe, „den genaueren Sinn der Bestandteile der Liturgie darzulegen, soweit er aus dem Text selbst ersichtlich ist". Während die meisten früheren Interpreten des Gottesdienstes sich darum bemüht hatten, aus den verschiedenen Teilen der Liturgie eine fortlaufende Darstellung von Ereignissen aus dem irdischen Leben Christi, angefangen von seiner Geburt bis zu seiner Himmelfahrt, herauszulesen, meinte Vater Vasilij, daß die ganze Liturgie und jeder ihrer Teile gleichermaßen von Christus predige und seiner gedenke, besonders aber an seine letzten Lebenstage erinnere, jedoch nicht einen chronologischen Bericht über sein Leben darbiete.[246]

Neben Werken zur Liturgiewissenschaft erschienen auch die ersten Arbeiten zur kirchlichen Quellenkunde und zur Liturgiegeschichte. Bereits Ende des 18. Jh. kam in Voronež ein Buch von Ivan Apollosov zur Geschichte des russischen Kirchengesangs heraus[247], und die Geschichte der kirchlichen Riten wurde untersucht.[248] Dann erschienen u. a. ein Überblick über die Geschichte der orthodoxen gottesdienstlichen Bücher und Bücher über den Gottesdienst der russischen Kirche und den Hymnenschatz der Orthodoxie.[249] Wie eine liturgische Enzyklopädie wirkt das Werk des Erzpriesters Grigorij S. Debol'skij „Die Gottesdiensttage der orthodoxen griechisch-russischen Kirche".[250] Es wurde 1837 zum ersten Mal veröffentlicht und erschien bis zum Beginn des 20. Jh. in weiteren neun Auflagen. Dieses Werk hat, neben der schon erwähnten „Neuen Tafel" und dem „Handbuch" von S. Bulgakov[251], bis heute hohen praktischen Wert für die russische Geistlichkeit.

In der russischen Liturgiewissenschaft wurde aber auch die vergleichende Liturgiewissenschaft gepflegt, die den Gottesdienst der heterodoxen (westlichen und östlichen) Kirchen erforscht. Wir nennen hier nur Bücher über den Gottesdienst bei Protestanten und Katholiken, über die römische Meßliturgie, über den Gottesdienst in der westrussischen Kirchenunion und den Gottesdienst der Unierten im 17. und 18. Jh. Es erschienen aber auch Veröffentlichungen zur Geschichte der Hymnen im Westen und zum Ritus der orientalischen Kirchen.[252]

b) Die Liturgiewissenschaft an den Geistlichen Akademien

In der ersten Hälfte des 19. Jh. nahmen die Liturgiewissenschaft und die kirchliche Quellenkunde noch nicht den ihnen gebührenden Platz im Kreise der akademischen Disziplinen ein, da sie als praktische Fächer galten. Noch war die Zeit für eine eingehende historische Erforschung des Gottesdienstes nicht gekommen — nur ganz wenige Theologen (Erzbischof Innokentij Borisov, Erzbischof Filaret Gumilevskij) erkannten die Aktualität dieser Aufgabe, und die (dogmatische und ethische) Auslegung der liturgischen Texte und Riten blieb hauptsächlich den Hierarchen und der höheren Geistlichkeit vorbehalten. Freilich trieben bisweilen auch damals Theologen an den Akademien liturgiewissenschaftliche Studien, besonders wenn es galt, hymnographische Denkmäler und Schriften der hl. Väter, die sich mit der Auslegung der Liturgie beschäftigen, historisch zu analysieren und zu kommentieren.

Viele Artikel dieser Art erschienen während der ersten Hälfte des 19. Jh. in der Zeitschrift der St. Petersburger Geistlichen Akademie „Christliche Lektüre"[253] und in der von Erzbischof Innokentij gegründeten Zeitschrift der Kiever Geistlichen Akademie „Sonntagslektüre".[254] Die zumeist ungenannten Autoren versuchten, ganze Lehrstücke der Dogmatik auf liturgischen Texten aufzubauen, und so entwickelte sich eine eigene Richtung der dogmatischen Theologie — die liturgische Theologie[255].

An der St. Petersburger Geistlichen Akademie las von 1839–1873 Professor V. I. Dolockij (gest. 1895) Liturgiewissenschaft. Nach dem Urteil seines Schülers A. L. Katanskij hat er eigentlich erst „die Wissenschaft vom orthodoxen Gottesdienst geschaffen". Seine Vorlesungen boten vor allem eine Beschreibung und Analyse der vorhandenen Gottesdienstformulare, Festtagsoffizien und Sakramente.[256] Er stellte sich nicht die Aufgabe, die Geschichte der allmählichen Herausbildung geschlossener liturgischer Formen zu verfolgen, aber ein Anfang war damit gemacht.

A. L. Katanskij (gest. 1919), ein Schüler Dolockijs, unterrichtete 1864 bis 1867 Liturgik an der Moskauer Geistlichen Akademie. Dort konnte er auch den damaligen Rektor, Professor Erzpriester A. V. Gorskij, konsultieren und seine Hilfe in Anspruch nehmen. A. V. Gorskij hat sehr viel Wert darauf gelegt, daß der orthodoxe Gottesdienst, nach seinen Worten die „Blüte und Frucht am Lebensbaum der Kirche Christi"[257], gebührende Beachtung in der wissenschaftlichen Theologie findet. Der Erforschung der Liturgiegeschichte widmete sich vor allem die folgende Generation russischer Liturgiewissenschaftler, deren

Arbeiten die Liturgiewissenschaft – seit dem Statut der Geistlichen Akademien von 1869 ein gleichberechtigtes theologisches Lehrfach – auf eine wissenschaftlich gesicherte historische Grundlage stellten.
Als eigentlicher Begründer der historischen Liturgiewissenschaft in Rußland darf der Professor der Moskauer Geistlichen Akademie I. D. Mansvetov (1843–1885) gelten. Er vermochte in seinen Untersuchungen „die Detailanalyse mit einem umfassenden Gesamtüberblick harmonisch zu verbinden" (N. N. Glubokovskij) und legte überzeugend dar, daß man bei liturgiewissenschaftlichen Forschungen bis auf den ursprünglichen Gottesdienst des apostolischen Zeitalters zurückgehen muß, wenn man die Entfaltung des liturgischen Lebens der orthodoxen Kirche vollständig und objektiv erklären will.
Die Hauptarbeit I. D. Mansvetovs, die kurz vor seinem Tode veröffentlichte Dissertation „Die Kirchenordnung (das Typikon)"[258], wirft die komplizierte Frage des Typikons eher auf, als daß sie sie bereits zu lösen vermochte. Mansvetov beschränkt sich in seiner Untersuchung bewußt auf einen Themenkomplex: Er erforscht nur den liturgischen Teil des Typikons und berührt seinen disziplinären Teil nur dann, wenn es bei der Behandlung liturgischer Fragen oder zur Klärung des historischen Schicksals des Typikons notwendig ist. Ferner berücksichtigt er kaum die Frühgeschichte des Typikons, die Periode seiner anfänglichen Herausformung. Von den altrussischen Typika (ustavy) läßt er die lokalen Kirchenordnungen beiseite, die in den Ordnungsbüchern der Klöster (obichodniki) und den Zeremonialbüchern der Kathedralen (činovniki) aufgezeichnet sind.
Das Typikon, das die Ordnung der Gottesdienste innerhalb eines Tages sowie im Verlauf des beweglichen und des unbeweglichen Jahreskreises systematisch regelt, gehört seiner Entstehungszeit nach zu den jüngsten gottesdienstlichen Büchern. Es entstand in einer Epoche, in der sich die drei genannten Gottesdienstzyklen bereits herausgebildet und feste Gestalt angenommen hatten. Das Typikon ordnet das vorhandene liturgische Material und gibt Anweisungen zu seiner korrekten Verwendung im Laufe des gesamten Kirchenjahres. Das Typikon verdankt seine Entstehung dem praktischen Bedürfnis, Überschneidungen zwischen dem gottesdienstlichen Tageszyklus und den beiden Jahreszyklen auszugleichen.
Das Typikon setzt schon eine längere liturgische Entwicklung voraus. Diese vollzog sich in drei Etappen: Zuerst entstand der Zyklus der täglichen Gottesdienste, dann formte sich der bewegliche Jahreskreis, festgehalten im Triodion (triod'), schließlich gewann – sehr viel später – der unbewegliche Jahreskreis Gestalt; er wurde in den Menäen (minei)

festgelegt. Entsprechend diesem Entwicklungsgang vollzog sich auch die Ausformung des Typikons in drei Stufen. Mansvetov gliedert deshalb alle erhaltenen Typikontexte in drei Gruppen bzw. drei aufeinanderfolgende Redaktionen.[259] Eine andere Arbeit I. D. Mansvetovs ist „Metropolit Kiprian in seiner liturgischen Wirksamkeit" gewidmet.[260] Auch Metropolit Kiprian (gest. 1408) gehört zum ruhmreichen Kreis russischer Kirchenmänner der zweiten Hälfte des 14. bis Beginn des 15. Jh. Als russischer Metropolit war er Nachfolger des hl. Aleksij, Metropolit von Moskau (gest. 1378), und stand auch im Schriftverkehr mit dem hl. Sergij von Radonež (gest. 1392). Mansvetovs Abhandlung über Metropolit Kiprian bildet sachlich, soweit sie dem Typikon gilt, eine Fortsetzung (und Ergänzung) seiner weiter gefaßten Arbeit über das Typikon, obwohl sie bereits drei Jahre früher als diese veröffentlicht wurde. Denn zur Zeit des Metropoliten Kiprian stellte die Frage des Typikons für die russische Kirche ein liturgisches Problem ersten Ranges dar. Zu Beginn des 14. Jh. hatte man im ganzen orthodoxen Orient, auf dem Athos und bei den Südslaven, das Jerusalemitische Typikon übernommen, und nur die russische Kirche hielt noch ein volles Jahrhundert am Studitischen Typikon fest. Darunter litt die Einheitlichkeit der orthodoxen Gottesdienstpraxis. Es erwies sich als notwendig, die russischen Kirchenordnungen an das weiterentwickelte Typikon des orthodoxen Ostens anzupassen, vor allem aber der russischen Kirche dieses neue Typikon zugänglich zu machen, es in die Praxis einzuführen und nach ihm die gottesdienstlichen Bücher zu revidieren. Zur Lösung dieser Aufgabe hat Metropolit Kiprian entscheidend beigetragen.

Mansvetov erhellt den Ursprung und die Bauform der kirchlichen Gesänge in einer anderen meisterhaften Abhandlung „Über die Gesangsabfolge".[261] Insgesamt hat Professor I. D. Mansvetov mehr als vierzig wissenschaftliche Arbeiten (Monographien, Aufsätze, Rezensionen) zur Liturgiewissenschaft, Kirchengeschichte und kirchlichen Quellenkunde hinterlassen.[262]

Nach Mansvetov hatten A. P. Golubcov (gest. 1911) und (seit 1912) N. D. Protasov den Lehrstuhl für Liturgiewissenschaft an der Moskauer Geistlichen Akademie inne. Der erstere hat wissenschaftliche Beschreibungen einer interessanten Gruppe russischer Kirchenordnungen geliefert – der Kathedralzeremonialbücher, die dank ihres reichen Inhalts die alten Traditionen des religiösen und liturgischen Lebens Rußlands eindrucksvoll veranschaulichen.[263]

Die Tradition Mansvetovs und Golubcovs wurde vom Nachfolger Protasov, von Schülern und anderen weitergeführt. Besonders genannt seien die im „Theologischen Boten" publizierten Aufsätze zum Kirchengesang von S. Protopopov und N. M. Solov'ev.[264] I. D. Mansvetovs Untersuchungen zum Typikon setzte S. I. Smirnov (gest. 1916), Professor für Kirchengeschichte an der Moskauer Geistlichen Akademie, mit der Erforschung des disziplinären Teils des Typikons fort. Seine Arbeiten sind hauptsächlich dem Bußsakrament und der Bußdisziplin gewidmet, dabei auch der geistlichen Vaterschaft (duchovničestvo) und dem Starzentum (starčestvo)[265]; doch hat er auch Studien zur Liturgiegeschichte (Entwicklung der Riten) verfaßt.[266]

Auch in allen systematischen Abrissen der russischen Kirchengeschichte wird Fragen der Liturgiewissenschaft und der kirchlichen Quellenkunde breiter Raum gewährt[267].

c) Die liturgiewissenschaftlichen Arbeiten N. F. Krasnosel'cevs

Fast gleichzeitig mit I. D. Mansvetov begannen andere bedeutende Liturgiewissenschaftler ihre akademische Laufbahn: N. F. Krasnosel'cev an der Kazaner Geistlichen Akademie, F. A. Smirnov an der Akademie in Kiev, N. V. Pokrovskij an der Akademie in St. Petersburg.

N. F. Krasnosel'cev[268] ist als vorzüglicher Kenner und Kommentator liturgischer Handschriften der Bibliotheken des In- und Auslandes (Jerusalem, Athos, Konstantinopel, Rom) in die Geschichte der russischen Theologie eingegangen. 1881–1882 arbeitete er in Rom an liturgischen slavischen und griechischen Handschriften der Vatikanischen Bibliothek. Seine Forschungsergebnisse veröffentlichte er 1885 in dem Buch „Mitteilungen über einige liturgische Handschriften der Vatikanischen Bibliothek".[269] In dieser Publikation, die die vielseitigen wissenschaftlichen Interessen N. F. Krasnosel'cevs zeigt, veröffentlicht und kommentiert er dreißig Fragmente liturgischer Handschriften.

Der Gottesdienst der orthodoxen Kirchen hat, wie bereits gesagt, erst allmählich seine heutige Gestalt gewonnen. Die Russische Orthodoxe Kirche hat niemals den Gottesdienst mit der Glaubenslehre gleichgesetzt oder die liturgischen Riten für unantastbar und unveränderlich erklärt. Wandlungen der Riten der Kirche von Konstantinopel oder in der kirchlichen Praxis des Athos sind auch von der russischen Kirche nachvollzogen worden. Aber wenn die Russische Orthodoxe Kirche ihre Riten dem griechischen Brauch angepaßt hat, so hat sie doch, entsprechend den Umständen, immer auch ihre nationalen Besonderheiten in den Gottesdienst hineingetragen. Deshalb ist es nicht nur vom kirchengeschichtlichen, sondern auch vom liturgischen Standpunkt aus sehr wichtig, die Zeit und die Motive liturgischer Veränderungen zu studieren und zu erklären. Erst dadurch wird es möglich, den heutigen russischen Gottesdienst genauer und tiefer zu verstehen. Für wissenschaftliche Studien dieser Art hat N. F. Krasnosel'cev den Grund gelegt. 1887–1889 veröffentlichte er im „Orthodoxen Gesprächspartner" eine Reihe von Untersuchungen unter dem Generalthema „Über einige kirchliche Offizien und Riten, die heute nicht mehr in Gebrauch sind"; später hat er diese Arbeiten in einer Monographie zusammengefaßt.[270] Im „Orthodoxen Gesprächspartner" wurden auch in den folgenden Jahren Aufsätze zur Liturgiegeschichte und kirchlichen Quellenkunde veröffentlicht.[271]

d) Die Liturgiewissenschaft an der Kiever Geistlichen Akademie A. A. Dmitrievskij und seine Schule

Der Aufschwung der Liturgiewissenschaft an der Kiever Geistlichen Akademie ist vor allem mit dem Namen von Professor A. A. Dmitrievskij (1856–1929) verknüpft, korrespondierendes Mitglied der Akademie der Wissenschaften, einem der Großen unter den russischen Liturgikern.[272] Er war ein Schüler F. N. Krasnosel'cevs, begann unter dessen Anleitung in Kazan' seine wissenschaftliche Laufbahn und betonte stets den „mächtigen Einfluß", den sein Lehrer auf „seine gesamte pädagogische und wissenschaftlich-literarische Tätigkeit" ausgeübt habe. In Dmitrievskijs Kazaner Zeit fallen solche Arbeiten wie seine Magisterarbeit „Der Gottesdienst in der russischen Kirche während des 16. Jh.".[273] Sie fand Anerkennung als „ein äußerst solider Beitrag zur Quellenkunde im allgemeinen und zu der des orthodoxen Gottesdienstes im besonderen, sowohl wegen der Fülle des neuerschlossenen Materials, als auch wegen des streng wissenschaftlichen Charakters seiner Bearbeitung".[274] Seine ausführliche Rezension des Buches von N. F. Odincov über den Gottesdienst der russischen Kirche bis zum 16. Jh. stellt praktisch eine ergänzende Untersuchung zum Thema des rezensierten Buches dar.[275]
Seit 1884 hatte A. A. Dmitrievskij den Lehrstuhl für Liturgiewissenschaft und kirchliche Quellenkunde an der Kiever Geistlichen Akademie inne. Vor ihm (von 1870 bis 1883) wirkte an gleicher Stelle Professor F. A. Smirnov (in der Folgezeit Rektor der Moskauer Geistlichen Akademie, später Bischof Christofor), fruchtbarer Autor einer Reihe von Arbeiten zum Gottesdienst der alten Kirche, zur Ikonographie und zur Heortologie.[276]

In den ersten Jahren seiner Kiever Tätigkeit veröffentlichte Dmitrievskij in der Zeitschrift „Leitfaden für Dorfpfarrer" einige Dutzend Artikel, die sich hauptsächlich mit Fragen der gegenwärtigen liturgischen Praxis befassen, auf die das Typikon nach der „Nikonianischen" Verbesserung der gottesdienstlichen Bücher Mitte des 17. Jh. keine Antwort gibt.[277]

1895 erschien der erste Band („Typika") der großangelegten Lebensarbeit A. A. Dmitrievskijs, der fundamentalen „Beschreibung liturgischer Manuskripte, aufbewahrt in den Bibliotheken des orthodoxen Ostens".[278] Ihre hohe Bedeutung für die Liturgiewissenschaft läßt sich nach Ansicht maßgeblicher Zeitgenossen des Autors nur mit dem Wert vergleichen, den das vielbändige Werk des Metropoliten Makarij Bulgakov für die wissenschaftliche Erforschung der russischen Kirchengeschichte besitzt.

Im ersten Band der „Beschreibung" findet sich fast vollständig das Typikon der Großen Kirche von Konstantinopel (9./10. Jh.), das den Gottesdienst sowohl des unbeweglichen als auch des beweglichen Kirchenjahreszyklus regelt, dazu die mit ihm verbundene Ordnung der Vesper, der Mette und der Liturgie (nach einer Handschrift des 15. Jh. aus der Bibliothek des russischen Andreev-Skits auf dem Athos), ferner das Sinai-Kanonarion (10./11. Jh.), das von einem anderen hervorragenden Kenner der orthodoxen Altertümer des Orients, Archimandrit Antonin Kapustin, entdeckt und erstmals veröffentlicht worden ist[279] und, wie Dmitrievskij zeigt, Aufschluß über das alte Konstantinopolitanische Typikon gibt. I. D. Mansvetov hat den das Triodion betreffenden Teil des Sinai-Kanonarions neben das Typikon des ehrwürdigen Athanasios Athonites und das „Kurze Statut des Studios-Klosters" gestellt. Die zweite Abteilung der „Typika" nehmen Stiftertypika griechischer Klöster des Ostens und des Westens (Italiens) ein.[280]

Der zweite Band der „Beschreibung", 1901 erschienen, bietet „Euchologien".[281] Damit knüpft er an die „Euchologion"-Ausgabe des Dominikaners Jacques Goar (1601–1654) an, eine für die Entwicklung der Liturgiewissenschaft wegweisende Arbeit. So erklärt es sich, daß man Dmitrievskij einen „russischen Goar" genannt hat. „Wir haben uns entschlossen", schreibt der Autor im Vorwort, „die Arbeit Goars zu wiederholen, jedoch in sehr erweitertem Umfange und gestützt auf Nachforschungen in östlichen Bibliotheken..., und den Spezialisten der Liturgiewissenschaft ein solches Euchologion (bzw. eine solche Sammlung von Handschriftenmaterial, das sich auf dieses gottesdienstliche Buch bezieht und über zahlreiche, von den Bildungszentren oft weit

entfernte östliche Bibliotheken verstreut ist, die persönlich aufzusuchen für die einen beschwerlich, für andere überhaupt unmöglich ist) in die Hand zu geben, das sie der bekannten Schwierigkeiten enthebt und ihnen die Möglichkeit eröffnet, auf diesem Gebiet wissenschaftlich solide und selbständig zu arbeiten."[282]
Dieser Band der „Beschreibung" brachte – und bringt bis heute – den Liturgiewissenschaftlern, nicht nur den russischen, auch nicht nur den orthodoxen insgesamt, sondern auch den heterodoxen, gewaltigen Nutzen. Beschrieben werden in ihm 162 frühe Handschriften (9.–13. Jh.) aus östlichen Bibliotheken, einige Euchologien aus der St. Petersburger Öffentlichen Bibliothek (aus der Sammlung Archimandrit Antonin Kapustins) und ein Euchologion (von 1027) aus der Pariser Nationalbibliothek. Von der Publikation weiterer 40 zum Druck vorbereiteter Euchologien aus westlichen Bibliotheken mußte Dmitrievskij aus finanziellen Gründen absehen. Aus den gleichen Gründen verzichtete er auch auf den Abdruck der für den zweiten Band der „Beschreibung" geplanten kritischen Auseinandersetzung mit Goars „Euchologion" und beschränkte sich darauf, bei der Beschreibung des Pariser Euchologions von 1027 Irrtümer der Goarschen Ausgabe anzumerken.
Der dritte Band der „Beschreibung" – der letzte, der zum Druck gelangte – erschien erst 1917[283], als Dmitrievskij seine Beschäftigung mit der Liturgiewissenschaft bereits weitgehend aufgegeben hatte und als hauptamtlicher Mitarbeiter bei der Orthodoxen Palästina-Gesellschaft tätig war. Dieser dritte Band stellt die erste Hälfte des (geteilten) zweiten Teils der „Typika" vor und enthält: 1. das Jerusalemer Sabas-Typikon in verschiedenen Redaktionen, 2. 19 Typika von Athos-Klöstern und den allerersten Anfang (zwei Seiten von den vorbereiteten 70 Druckbogen) von Ergänzungen zum Typikon der Großen Kirche (d. h. zum ersten Band der „Beschreibung").[284]
Aus der Vielzahl einzelner wissenschaftlicher Publikationen Dmitrievskijs nennen wir noch das von ihm edierte sogenannte „Euchologion" (eine Sammlung von dreißig Gebeten) des hl. Serapion von Thmuis (gest. 358), eines Zeitgenossen und Freundes des hl. Antonios des Großen und des hl. Athanasios des Großen, den gleichfalls von ihm herausgegebenen „Ritus des Feuerofenspiels"[285] und die historisch-archäologische Skizze „Die Mitra". Weiter verfaßte er Studien über einzelne gottesdienstliche Bücher der russischen Kirche – das Hagiasmatarion (trebnik), das Liturgikon (služebnik), das Fasten- und das Blumentriodion.[286] Große Bedeutung für die liturgische Praxis der russischen Kirche besitzt sein Werk „Der Weihekandidat", ein Handbuch für die verschiedenen Weihen des Priesterstandes bis zum Bischof, das alle ähn-

lichen Leitfäden durch den Reichtum seiner liturgiegeschichtlichen und praktischen Angaben überragt.[287] Mehr als die Hälfte des Buches beansprucht die Darstellung der Bischofsweihe und ihrer Geschichte. Die zum Vollzug der Cheirotonie und Cheirothesie gehörenden Gebete und Riten erklärt Dmitrievskij unter Verwendung der Schriften des seligen Symeon von Thessaloniki.

In seinen letzten Lebensjahren arbeitete Dmitrievskij wieder an seiner kritischen Untersuchung über Goars „Euchologion". Frucht dieser Studien sind zwei Vorträge, die er in der Russisch-byzantinischen Kommission der Akademie der Wissenschaften der UdSSR gehalten hat: „Über die Unzulänglichkeit der Textedition im ‚Euchologion' Goars" (1924) und „Jakob Goar, ein Byzantinist des 17. Jh." (1926).[288] Dmitrievskijs akademische Vorlesungen zur Liturgiewissenschaft und kirchlichen Quellenkunde erwuchsen aus seinen eigenen liturgiegeschichtlichen Forschungsarbeiten. Er vertrat die Ansicht, daß der Liturgikunterricht „der Geschichte der liturgischen Bücher, die in der heutigen Gottesdienstpraxis verwendet werden, größere Aufmerksamkeit schenken muß. Denn diese Bücher sind nicht nur die Hauptquellen der Liturgiewissenschaft, sondern auch die Regulatoren des heutigen Gottesdienstes. Das historische Schicksal unserer gottesdienstlichen Bücher umfassend zu studieren ist für die Zöglinge unserer Akademien wirklich unerläßlich."

In den dreiundzwanzig Jahren Lehrtätigkeit an der Kiever Geistlichen Akademie konnte Dmitrievskij eine ganze Schule von Liturgiewissenschaftlern heranbilden.

Als würdiger Nachfolger A. A. Dmitrievskijs an der Kiever Geistlichen Akademie erwies sich sein Schüler Professor Erzpriester Vasilij D. Priluckij, der 1908 den Lehrstuhl für Liturgiewissenschaft und kirchliche Archäologie übernahm. 1912 verteidigte er seine Magisterarbeit über Kasualien in Rußland während des 16. und in der ersten Hälfte des 17. Jh.[289] Seine Arbeit schließt nach Thema und Inhalt an Dmitrievskijs Magisterarbeit von 1884 an. Dmitrievskij hatte seine Untersuchung auf das 16. Jh. begrenzt und vor allem die liturgiegeschichtliche Entwicklung der Hauptsakramente aus dem Hagiasmatarion (trebnik) betrachtet. Priluckij dehnte seine Untersuchung auf weitere Riten desselben gottesdienstlichen Buches aus.

Als Beilage zu seiner Arbeit publiziert Priluckij ein aus Kiev stammendes Formular: „Anweisung und Ritus für die Weihe einer neugebauten Kirche".

Gemäß dem revidierten Statut der Geistlichen Akademien wurde 1912 der Lehrstuhl für Liturgiewissenschaft und kirchliche Quellenkunde in

zwei Lehrstühle aufgeteilt, einen für Liturgiewissenschaft und einen für kirchliche Quellenkunde in Verbindung mit der Geschichte der christlichen Kunst. V. D. Priluckij las weiter Liturgiewissenschaft an der Kiever Geistlichen Akademie, während auf den Lehrstuhl für kirchliche Quellenkunde ein anderer Schüler Dmitrievskijs, N. N. Pal'mov (1872–1920), berufen wurde. Seine Hauptarbeit, die Untersuchung „Die Einkleidung zum Mönchsstand. Riten der Einkleidung zum Mönchsstand in der griechischen Kirche", trägt, wie die Arbeiten aller Schüler Dmitrievskijs, liturgiegeschichtlichen Charakter.[290]
Die russische Liturgiewissenschaft empfing auch durch andere Schüler Dmitrievskijs wesentliche Impulse.[291]
Bis hinein in patrologische Arbeiten, die von Dmitrievskij betreut wurden, sind seine liturgischen Anstöße spürbar. Schließlich kann man noch erwähnen, daß auch Leonid Nikol'skij Schüler Dmitrievskijs war; er hat später in der Lehrwerkstatt für Ikonenmalerei unterrichtet, die vom Komitee zur Pflege der Ikonenmalerei in der Vorstadt Borisovka eröffnet worden ist.[292] In der heutigen orthodoxen Liturgiewissenschaft wird die Tradition A. A. Dmitrievskijs von seinem Schüler N. D. Uspenskij, Professor der Leningrader Geistlichen Akademie, fortgeführt.[293] Unter seinen Arbeiten müssen vor allem die beiden Dissertationen über die Nachtwache (vsenoščnoe bdenie) genannt werden: seine Kandidatenarbeit „Die Herkunft des Gottesdienstes der Agrypnia oder Nachtwache und seine Bestandteile", die er unter Anleitung Dmitrievskijs 1925 am Leningrader Theologischen Institut verfaßte, und seine unveröffentlichte, 1948 an der Leningrader Geistlichen Akademie eingereichte umfangreiche Magisterarbeit „Die Ordnung der Nachtwache in der griechischen und der russischen Kirche". Zusammengenommen bieten diese beiden Arbeiten eine vollständige Geschichte der Herausbildung und der weiteren Entwicklung der Nachtwache seit den Zeiten des frühen Christentums bis zur gegenwärtigen russischen Gottesdienstpraxis.
N. D. Uspenskij gilt auch als unübertroffener Kenner des altrussischen Kirchengesangs. Hierin führt er die ruhmreiche Tradition russischer Kirchenmusikforschung fort.
Der Geschichte des liturgischen Gesangs der russischen Kirche (bis zur Mitte des 17. Jh.) gilt N. D. Uspenskijs Dissertation von 1957. Dasselbe Thema behandeln seine Bücher „Altrussische Gesangskunst", „Muster altrussischer Gesangskunst. Musikalisches Material mit historisch-theoretischen Kommentaren und Illustrationen" und „Weisen des russischen Nordens", ebenso sein Aufsatz „Methodische Grundlagen der Schulung zu interpretatorischer Meisterschaft in der altrussischen Gesangs-

kunst" und die von ihm zusammengestellte Chrestomathie „Das russische Chorkonzert vom Ende des 17. bis zur ersten Hälfte des 18. Jh."[294]
Von den Arbeiten, die unter Anleitung N. D. Uspenskijs an der Leningrader Geistlichen Akademie entstanden, erwähnen wir nur die Kandidatenarbeiten von G. Timofeev (jetzt Bischof German) „Der Gottesdienst des heiligen Osterfestes und seine geschichtliche Entwicklung", Diakon (jetzt Erzpriester) Leonid Nedajchlebov „Der Ritus der Aufnahme in die Kirche in der griechischen und der russischen Kirche" und P. V. Uržumcev „Das große Hagiasma (Die Herkunft des Ritus und seine Bedeutung im Lichte der Wasserweihgebete in Euchologien des 9. bis 10. Jh.) sowie die Magisterarbeiten von Petr Burburuz „Die ‚Apostolische Überlieferung' des hl. Hippolytos von Rom" (1971 verteidigt)[295] und dem Äthiopier Abba Habte Selassie Tesfa „Die Liturgie der Äthiopischen Orthodoxen Orientalischen Kirche mit ihren Anaphoren" (1972 verteidigt).

e) Liturgiewissenschaftliche Arbeiten von M. N. Skaballanovič

Einen bedeutenden Beitrag zur orthodoxen Liturgiewissenschaft hat der Professor der Kiever Geistlichen Akademie M. N. Skaballanovič (1871–1931) geleistet.[296] In den Jahren 1905 bis 1918 hat er zahlreiche Monographien und Aufsätze zur Liturgiewissenschaft veröffentlicht. Sein bedeutendstes Werk ist der „Kommentar zum Typikon", dessen erster Band 1910 herauskam.[297]

Dieser „Kommentar zum Typikon" war nach den ursprünglichen Vorstellungen des Autors als praktisches Handbuch für den Zelebranten gedacht. Gefesselt von der Arbeit an diesem weiten Thema und überzeugt von dessen großer wissenschaftlicher Bedeutung, schuf M. N. Skaballanovič jedoch ein Werk, dessen Erscheinen als ein Ereignis für die theologische Wissenschaft der Russischen Orthodoxen Kirche bezeichnet werden kann. Für dieses Buch verlieh ihm der Rat der Kiever Geistlichen Akademie im April 1912 den wissenschaftlichen Grad eines Doktors der Kirchengeschichte.

Skaballanovič wandte konsequent die quellenkundliche Methode bei der Deutung des Typikons an und bediente sich weitgehend traditioneller Verfahren der vergleichenden Sprachwissenschaft wie der etymologischen und semantischen Erklärung von Worten und Begriffen. Dank seiner Arbeit erschloß sich das Typikon, das reich an uralter Symbolik ist und viele spezifische Termini gebraucht, nunmehr auch all denen, für die es bisher ein Buch mit sieben Siegeln gewesen war. In die Geschichte der russischen Theologie ist M. N. Skaballanovič auch als Autor und Herausgeber der Buchreihe „Christliche Feste" eingegangen. Er hatte sich vorgenommen, in dreizehn Bänden alle zwölf Hochfeste der orthodoxen Kirche unter besonderer Hervorhebung des Festes der Auferstehung Christi ausführlich darzustellen. Jedes Fest sollte nach folgendem Schema kommentiert werden: 1. das Festereignis selbst und die Geschichte seiner feierlichen Begehung (Darlegung des Berichts im Evangelium; Ermittlung des historischen Beginns der feierlichen Begehung dieses Ereignisses; Angabe der Bedingungen und Umstände, unter denen sich das Fest herausbildete, z. B. geographische und topographische Angaben über Palästina, Hinweise auf die Lebensbedingungen der Juden); 2. das Offizium des Festes (Wiedergabe der Gesänge parallel in kirchenslavischer und russischer Sprache mit Erklärung der schwierigen und schwerverständlichen Wörter und Wendungen; Überblick über die Offizien der Vor- und Nachfeier mit einer Tabelle der verwendeten Kirchentöne und Proshomoia [podobny]; spezifische Gesangsweisen [napevy] des Festes); 3. das Offizium des Festes in der römisch-katholischen Kirche im Vergleich zum orthodoxen Formular.

Ebenso wie das grandiose Projekt des „Kommentars zum Typikon" ist auch dieses Vorhaben M. N. Skaballanovičs nicht bis zu seiner vollständigen Verwirklichung gediehen. Erschienen sind insgesamt sechs Bände.[298]

f) N. V. Pokrovskij und die kirchliche Quellenkunde an der St. Petersburger Geistlichen Akademie

Wie der vorangegangenen Darstellung zu entnehmen ist, hat sich die russische Liturgiewissenschaft an allen Geistlichen Akademien kräftig entfaltet. Auffällig ist jedoch, daß die Inhaber der Lehrstühle für Liturgiewissenschaft und kirchliche Quellenkunde in der zweiten Hälfte des 19. und zu Beginn des 20. Jh. ihre Aufmerksamkeit vornehmlich der Liturgiewissenschaft, dem Studium des orthodoxen Gottesdienstes, zugewandt haben. So blieb ihnen nicht genügend Zeit, ebenso intensiv auch die kirchliche Quellenkunde, das Studium der Denkmäler der christlichen Kunst, zu betreiben. I. D. Mansvetov und A. P. Golubcov an der Moskauer Geistlichen Akademie, N. F. Krasnosel'cev und V. A. Narbekov an der Kazaner Geistlichen Akademie, A. A. Dmitrievskij und Erzpriester Vasilij D. Priluckij an der Kiever Geistlichen Akademie, I. A. Karabinov und A. V. Petrovskij an der St. Petersburger Geistlichen Akademie – sie alle hoben das Ansehen der russischen

Theologie vor allem durch ihre wissenschaftlichen Erfolge auf dem Gebiet der Liturgiegeschichte. Die kirchliche Quellenkunde und die kirchliche Kunstwissenschaft in Rußland verdanken ihr Aufblühen mehr als sonst irgendeinem dem Professor für Liturgiewissenschaft und kirchliche Archäologie an der St. Petersburger Geistlichen Akademie Nikolaj Vasil'evič Pokrovskij (gest. 1917).[299]
Neben A. L. Katanskij, der das wissenschaftliche Erbe von Professor Erzpriester Aleksandr V. Gorskij an N. V. Pokrovskij weitervermittelte, beeinflußten den jungen Gelehrten auch noch zwei ältere Fachkollegen, die vorzügliche Kenner der russischen Sakralaltertümer waren, Professor I. I. Srednevskij und Professor F. I. Buslaev. Den Spuren dieser Gelehrten folgend, war N. V. Pokrovskij der Ansicht, „daß der russische Quellenforscher vor allem die Aufgabe hat, die Denkmäler des russischen Altertums zu studieren".[300] Ohne die mühselige Arbeit der vorhergehenden Sammlung und Klassifizierung der ikonographischen Denkmäler hätte N. V. Pokrovskijs monumentales Hauptwerk nicht entstehen können, seine Dissertation „Das Evangelium in ikonographischen, vornehmlich byzantinischen und russischen Denkmälern".[301] Ikonen mit Themen aus dem Evangelium bilden den größten und theologisch bedeutsamsten Teil des Ikonenschatzes der Christenheit. Darum ist Pokrovskijs Untersuchung zu Darstellungen aus der Evangelienhistorie von großem Wert nicht nur für die Kirchengeschichtsschreibung und die Kunstwissenschaft, sondern auch für die Theologie. N. V. Pokrovskij betrachtete die ikonographische Tradition der Evangeliendarstellung (wie überhaupt die gesamte orthodoxe Ikonenmalerei) als einen wesentlichen Bestandteil der Hl. Schrift der Kirche, in der Christus – und das ikonographische Abbild Christi – immer und überall ein und derselbe ist. Der Gelehrte hatte sich also das Ziel gesetzt, die Entwicklung der Ikonographie parallel zu der des christlichen Denkens zu verfolgen und dazu jedes von ihm herangezogene Denkmal genau zu analysieren. Er vertrat die Vorstellung, daß das überkommene ikonographische System kein zufälliges geschichtliches Gebilde, sondern Frucht jahrhundertelangen Nachdenkens und liturgischen Erlebens der Kirche ist. Es ist von der Kirche durch die segensreiche Erfahrung der Asketen geprüft und von ihr als Überlieferung anerkannt. Die Bedeutung seines „Musterbuches der Ikonenmalerei" als des grundlegenden Regulators der kirchlichen Kunst hat Pokrovskij auch in seinem Kommentar zu dem von ihm edierten Musterbuch hervorgehoben, das aus dem Antoniev-Sijskij-Kloster In Novgorod stammt.[302] Von anderen Arbeiten N. V. Pokrovskijs sind noch seine Untersuchungen zur

Sakralbaukunst wichtig und die beiden miteinander zusammenhängenden Arbeiten zur Geschichte der christlichen Riten.[303] Dank der Arbeiten N. V. Pokrovskijs hat sich die kirchliche Quellenkunde an der St. Petersburger Geistlichen Akademie, an der er mehr als dreißig Jahre lang unterrichtet hat, als selbständige Einzeldisziplin (abgetrennt von der Liturgiewissenschaft) durchgesetzt. Ihre anerkannte Aufgabe ist es, die Denkmäler der kirchlichen orthodoxen Kunst vor allem der russischen und der byzantinischen, systematisch zu erforschen.

N. V. Pokrovskijs Wirken reichte weit über die St. Petersburger Geistliche Akademie hinaus und rief eine ganze Schule (im weiten Sinne des Wortes) von Historikern ins Leben, deren Interesse den christlichen Altertümern und der orthodoxen Sakralkunst galt.

Die russische theologische Wissenschaft hat in einer langen historischen Entwicklung stets von neuem ihre Treue zur lebendigen, immerwährenden liturgischen Erfahrung der Kirche bekräftigt und sogar eine stark empirisch ausgerichtete Disziplin wie die kirchliche Quellenkunde zur Stufe der monumentalen Theologie emporgeführt, die ihre raumzeitliche Verwirklichung in der Ikone, in der Kirche, in der Sakralarchitektur und im Städtebau findet.

VII. KAPITEL

KIRCHLICHE KUNST UND SAKRALE BAUKUNST

1. Kirchliche Kunst

Nach dem Zeugnis der Nestor-Chronik war die göttliche Schönheit des orthodoxen Gottesdienstes ein wichtiger Grund dafür, daß die alte Rus' das Christentum annahm. „... Und wir kamen zu den Deutschen und sahen, wie sie den Gottesdienst verrichteten, sahen aber keinerlei Schönheit; und wir kamen zu den Griechen, und man führte uns dorthin, wo sie ihrem Gotte dienen. Wir wissen nicht, ob wir im Himmel oder auf Erden waren. Denn auf Erden gibt es weder so einen Anblick noch eine solche Schönheit. Wir wissen es nicht zu sagen, nur das wissen wir, daß Gott ganz sicher unter den Menschen weilt, und ihr Dienst ist mehr als der aller anderen Länder. Denn wir können jene Schönheit nicht vergessen..."[1] berichteten die aus Byzanz zurückgekehrten Abgesandten dem Großfürsten Vladimir von Kiev.

Die Ausrichtung auf das Schöne ist der am stärksten herausragende Zug des russischen religiösen Bewußtseins, der in der russischen religiösen Kunst Ausdruck gefunden hat. Die sorgfältige Ausarbeitung der äußeren Seiten des religiösen Lebens, die oft zum Vorwurf eines übermäßigen Ritualismus führte, war eine Folge des Bewußtseins von der verwandelnden Wirkung der göttlichen Energien, die in der Welt den Tempel Gottes errichten. Die Darbringung von Gaben in der Kirche, die Ausschmückung der Kirche als Haus Gottes war der russischen Orthodoxie immer zutiefst eigen. In dem Streben, das Haus Gottes zu schmücken, findet die orthodoxe Einstellung zur materiellen Welt – der Gnadenschöpfung Gottes – ihren Ausdruck. Durch Schuld des Menschen ist die Materie „grob" geworden, und der Mensch muß mit Gottes Hilfe sein Bild und Abbild in sich wiederherstellen und ebenso auch die erstgeschaffene Reinheit des materiellen Anfangs wiederherstellen. Im Einklang mit diesen Auffassungen brachte man zu Recht der Kirche die Erstlinge von allen Früchten der Erde, von den natürlichen wie von den durch Menschenhand geschaffenen.
Die Kanones des 5., 6. und 7. Ökumenischen Konzils über die Kirchenkunst erkannten sie als Bestandteil des geistigen Lebens an. Das „Gewissen den Dingen gegenüber", um mit den Worten des Abba Dorotheos zu reden, hat schon immer die Einstellung des russischen Gläubigen zu den kirchlichen Kunst- und Gebrauchsgegenständen geprägt.

Von daher kommt auch die besondere Auffassung von der Bestimmung der russischen Kirchenkunst. In ihr geht es nicht um ein bloßes Verzieren der Gegenstände, denn jedes Detail, das Ornament, die Edelsteine, alles ist notwendig für das, was in der Kirche wirkt, für die Offenbarung der geistig-symbolischen Bedeutung des kirchlichen Lebens.

Die Umwälzung, die sich durch den Glauben in der Seele des ganzen Volkes vollzogen hatte, äußerte sich in stärksten schöpferischen Impulsen. Als Jaroslav der Weise die prachtvolle Sophienkirche, der Göttlichen Weisheit geweiht, erbaut hatte, „da schmückte er sie mit jeglichem Schmuck, mit Gold, Silber, Edelsteinen und kostbaren Gefäßen, daß diese Kirche Verwunderung und Lobpreis bei allen umwohnenden Völkern hervorrief", schreibt Metropolit Ilarion (11. Jh.). Daß man im Kirchenschmuck dem byzantinischen Kanon folgte, war keine äußerliche Nachahmung, denn in ihm war die gleiche himmlische Schönheit ausgedrückt, die einst die Abgesandten des Fürsten Vladimir in Bann geschlagen hatte. Und sowohl diese Auffassung vom Kanon als auch seine Erschließung waren zutiefst persönlich, wofür die Eigenständigkeit der russischen Kirchenkunst steht.

a) Ikonenmalerei

Die hervorstechende Besonderheit eines russischen orthodoxen Kirchenraums ist der Reichtum an Ikonen (s. Abb. 33a und b). Sie leuchten in reinen Farben oder sind im Laufe der Zeit dunkel geworden, sie liegen offen oder sind mit blitzenden, kostbaren Schutzbeschlägen geschmückt. Eingefügt in vergoldete, geschnitzte Ikonostasen und Schreine, hinter Kerzenständern mit brennenden Kerzen und herabhängenden, farbigen Lampen, sind die Ikonen die Hauptzierde der Kirchen. Aus einer bedeutenden Anzahl von Ikonen bestehen die hohen, vielreihigen Ikonostasen[2] des Altarraums. Ikonen sind vor dem Ambo aufgestellt, stehen oder hängen an den Wänden und Säulen des Kirchenraums und werden auf Pulte gelegt. Der seit altersher in der Rus' bestehende fromme Brauch, einer Kirche Ikonen zu stiften, die dort jahrhundertelang bewahrt werden, hat viele Kirchen zu Schatzkammern alter und neuer Heiligtümer werden lassen. In den gottesdienstlich genutzten Kirchen Rußlands kann man Ikonen aus dem 13. Jh. und aus unserer Zeit sehen. Für den gläubigen russischen Menschen ist die Ikone der lebensspendende Gnadenquell in der Kirche und beim häuslichen Gebet.

Die Ikonenmalerei ist ein unentbehrlicher Teil der kirchlichen Tradition. Die Ereignisse und Menschen des Alten Testaments, der Erlöser und die Gottesmutter, die Teilnehmer an den heiligen Ereignissen, die Heiligen der Alten Kirche und schließlich die nationale Kirchengeschichte, die russischen Heiligen und ihr Dienst für Gott – das alles läßt die Ikonenmalerei Fleisch werden im gemalten Bild und schafft so eine eigene Chronik. Diese Geschichte ist das lebendige Gedächtnis der Kirche. In der Verehrung der Bilder manifestiert sich die lebendige mystische Verbindung der irdischen mit der himmlischen Kirche, sie verbindet die heute lebenden Menschen mit Gott und seinen Heiligen. Der Gebetsumgang mit dem Urbild und seine Verehrung sind dogmatisch vom 7. Ökumenischen Konzil begründet worden: „Der, der das Bild verehrt, verehrt die Hypostase des auf ihm Dargestellten." Durch die Ikone wird nicht allein die Verehrung des Urbilds vollzogen, sondern auch das individuelle oder gemeinsame Gebet um Beistand und Fürbitte. Durch die Ikone empfangen die Gläubigen die die geistigen Kräfte bestärkende Gnade, geistliche Hilfe und Heilung. In der Bestätigung der Wundertätigkeit einer jeden Ikone verehrt das kirchliche Bewußtsein jene Bilder, die durch Wunder, vornehmlich Heilungen, verherrlicht worden sind. Von solchen Ikonen wurden und werden zahlreiche Kopien hergestellt, die als Erfahrung gebetlicher Wiederholung der alten Offenbarung in „Maß und Ähnlichkeit" alle Besonderheiten des erstoffenbarten Bildes wiedergeben.

Das Material der Ikonenmalerei selbst hat eine tiefe symbolische Bedeutung: Das Holz ist das Symbol des Baums des Lebens des Paradieses und ein Bild des Gebets der Pflanzenwelt; der Leukas, aus Kreide und Fischleim bestehend, ist das Symbol des versteinerten Meeres der reinen Gebete der christlichen Seelen und des Herrn selbst, der durch den Fisch personifiziert ist[3], und auch das Bild des „alles, was Odem hat", das den Herrn lobt, und die Malfarben (Eitempera) selbst aus Mineralien und Erden, die in sich die Erdfeste und die Farben aufgenommen haben, wiederum eingeschlossen im Ei – dem Bild von Ostern – all dies zusammen ist ein Symbol für die Erlösung des ganzen göttlichen Weltengebäudes durch das Gebet zu Gott. Der Ikonenmaler jedoch, der dieses Werk vollbracht hat, ist Werkzeug des Willens Gottes, der uns an der höheren Welt durch die Schönheit des Bildes teilhaben läßt. Deshalb eben ist das Malen einer Ikone Gottesdienst, der vom strengsten Fasten und unaufhörlichen Gebet begleitet ist. Die vorbereitete Tafel wird in einem Gebetsgottesdienst mit Wasser geweiht; das von ihr ablaufende Wasser wird gesammelt und zum Anrühren des Leukas verwandt. Die grundierte Tafel wird ebenfalls geweiht und wird reichlich mit Weihwasser besprengt, das auch wieder gesammelt wird und zum Anrühren der Farben verwandt wird. So ist auch die Dreieinigkeit von

Andrej Rublev gemalt worden (s. Abb. 5), so sind alle Ikonostasen der Kirchen und die Kopie der wundertätigen Ikone der Allheiligen iberischen Gottesgebärerin entstanden und die ganze Menge der herrlichen wundertätigen Ikonen, durch die Rußland so berühmt ist.

Die griechische Bezeichnung des Fisches 'ἰχθύς enthält in sich fünf auf Jesus Christus bezügliche Monogramme: Ἰησοῦς, Χριστός, Θεοῦ Υἱός, Σωτήρ. In der Lucina-Katakombe befindet sich eine in diesem Sinne bemerkenswerte Darstellung. Sie zeigt zwei Fische mit brotgefüllten Körben auf dem Rücken. Der Fisch ist Jesus Christus, und die Brote sind das Symbol der Eucharistie. Das Entzünden von Kerzen und Lampen vor den Ikonen ist Symbol des brennenden Gebets, die Halbverbeugungen und die Verbeugungen bis zur Erde und das Küssen der Ikonen sind Ausdruck der Beziehung zum Urbild und Zeichen, denen die „geistige", geistliche Verehrung des Dargestellten zugrunde liegt. Den Sinn dieser traditionellen Übungen hat ein unbekannter russischer Ikonenmaler des 17. Jh. in der Aufschrift auf einer Erlöser-Ikone sehr genau ausgedrückt:

1. Das Bild ist nicht Gott, weist aber auf Gott hin.
2. Es gebührt sich, Gott im Bilde zu verehren,
3. vor dem Bild im Gebet die Knie zu beugen,
4. im Geiste sich zum Seienden selbst zu erheben.

Zu einer russischen orthodoxen Kirche gehört unabdingbar die Ikonostase. Die hochragende Ikonostase hat sich in Rußland aus der alten Kirchenschranke und aus dem griechischen Templon[4] heraus entwickelt. Die alte niedrige Altarschranke, manchmal als Säulchengitter, manchmal als durchgehende geschnitzte Wand, gab es in den Kirchen des Ostens und Westens. In den Kirchen des Westens ist sie praktisch verschwunden, bei den Griechen machte sie eine gewisse Entwicklung durch, indem sie mit Ikonen geschmückt wurde. Erst im Rußland des 16. Jh. wandelte sie sich zur klassischen fünfreihigen Ikonostase. Gleich der Schranke und dem Vorhang in der Alten Kirche schafft sie eine räumlich-hierarchische Teilung des Kirchenraums, die dem Altarraum die Hauptstelle als geistiges Sinnzentrum des Heiligtums als Bild des Reiches Gottes zuweist. Schranke, Vorhang und später die Ikonostase bezeichnen die Grenze zwischen zwei Welten, der außerzeitlichen und der zeitlichen. Doch ihr Sinn besteht nicht nur in der Trennung beider Welten, sondern auch in ihrer Vereinigung.

In der russischen Ikonostase wird bildhaft die Geschichte des „Heilsplans unserer Erlösung", „vom Ratschluß der Heiligen Dreieinigkeit vor aller Zeit, über die Gottesoffenbarung der Urväter, über die Prophezeiung und Vorbereitung des Alten Bundes auf die Fleischwerdung

Gottes hin zu den heilbringenden Ereignissen der Zeit des Evangeliums und zur künftigen Vollendung des Heilsplans – dem Tag des Gerichts", nach dem das ewige Leben der neuen Menschheit in Gott beginnt, verkörpert. Die klassische, vom Kreuz gekrönte Ikonostase besteht aus fünf Reihen bildlicher Darstellungen. Die oberste Reihe ist die Urväterreihe. In entwickelten Urväterreihen finden sich unbedingt die Ikonen von Adam und Eva, der Patriarchen Abraham, Isaak und Jakob sowie einiger Jakobssöhne als Vertreter der „zwölf Stämme Israels" und anderer. Die Darstellungen der Urväter befinden sich links und rechts von der zentralen Darstellung dieser Reihe, der Ikone der Dreieinigkeit.

In den Händen der Urväter befinden sich Schriftrollen mit Texten aus der Hl. Schrift. Die Urväterreihe kam zu Beginn des 16. Jh. auf, die uns heute erhaltenen Urväterreihen gehen jedoch frühestens auf das 17. Jh. zurück. Darunter folgt die Prophetenreihe, die die Kirche des Alten Testaments von Mose bis Christus, die „Zeit des Gesetzes", darstellt. Im Zentrum dieser Reihe steht die Gottesmutterikone „Znamenie" (Zeichen) mit im Gebet erhobenen Händen, mit drei leuchtenden Sternen, dem Symbol der Immerjungfräulichkeit, und den Himmelssphären im Schoß, dem Symbol der göttlichen Herkunft des Immanuel-Kindes. Die Ikone weist auf die unmittelbare Verbindung zwischen Altem und Neuem Testament hin. Die beiden obersten Reihen sind den Ereignissen gewidmet, die das Kommen des Erlösers in die Welt vorbereiteten. Die älteste vollständig erhalten gebliebene Prophetenreihe befindet sich in der Trinitäts-Kathedrale des Troice-Sergiev-Klosters in Sagorsk (s. Abb. 20). Sie ist offensichtlich wie die um wenige Jahre ältere (1408) in der Mariä-Entschlafen-Kathedrale von Vladimir von Andrej Rublev oder Schülern seines Kreises um 1420 geschaffen worden.

Die nächste Reihe der Ikonostase ist die Festreihe. Sie ist der Zeit des Neuen Testaments gewidmet. An der klassischen russischen Ikonostase ist die Festreihe über der Deesis angebracht, und ihre Ikonen werden nicht – wie das in Byzanz üblich war – an den entsprechenden Festtagen herausgenommen.[5] Die Festreihe besteht mindestens aus dreizehn Ikonen der Hauptfeste[6], die den liturgischen Jahreskreis ausmachen und von der orthodoxen Kirche besonders feierlich begangen werden.

So sind die Ikonen der drei oberen Reihen der Ikonostase in einer Abfolge nach Zeit und Bedeutung angeordnet.

Unter der Festreihe ist der „deisusnyj čin" oder „deesis" angebracht; diese Ikonenreihe hat sich aus einer dreiteiligen Ikone entwickelt, die in der Frühzeit auf der Altarschranke aufgestellt war und den Erlöser, die ihm im Gebetsflehen zugewandte Gottesmutter und den Vorläufer Johannes darstellte. Dazu kamen später Erzengel und Apostel und Ikonen der Kirchenlehrer Basileios des Großen, Gregorios des Theologen und Johannes Chrysostomos, manchmal auch der hl. Nikolaos und russische Hierarchen. Auf die Hierarchen folgen die Märtyrer, am häufigsten die Großmärtyrer Georgios Tropaiophoros und Demetrios von Thessaloniki, manchmal auch die russischen hl. Dulder Boris und Gleb. In der Deesis finden sich auch Ikonen von Mönchsheiligen und von Fürsten überwiegend lokaler Bedeutung.

Der Grundinhalt der Deesis-Anordnung ist das Gebet der Kirche für die Welt. Die Gottesmutter, der höchste Prophet und Vorläufer Christi, Johannes, die Erzengel, Apostel, Hierarchen, Mönche und Märtyrer, die ganze himmlische Kirche, stehen im Gebet vor dem Altar Gottes für die irdische Kirche.

Die Deesis kommt in der Form von Brustbildnis und Ganzfigur vor. Bei letzteren, die in der Rus' spätestens seit 1405 entstehen, bildet eine komplizierte symbolische Komposition „Spas v silach": der „Erlöser, umgeben von den Kräften" den Mittelpunkt. „Kräfte" ist eine Sammelbezeichnung der neun Engelschöre: Throne, Cherubim, Seraphim, Mächte, Herrschaften, Kräfte, Engel, Erzengel, Obrigkeiten nach Dionysios Areopagites.

Es ist eine Darstellung des Erlösers, wie er im Ruhme des Vaters die Lebendigen und Toten richtet. Der Erlöser wird mit segnender Rechten auf dem Thron dargestellt, er ist von Cherubim umgeben und Thronen, einem der Engelschöre, die das Aussehen vieläugiger geflügelter Ringe haben. Die Figur Christi des Erlösers ist in einen hellroten Lichtrhombus gestellt. Die von ihm ausgehenden Strahlen sind auf die Ecken der hellroten Fläche gerichtet, in denen Engel, Adler, Stier und Löwe als Symbole der Evangelisten dargestellt sind. Die vier Ecken der hellroten Fläche bezeichnen die vier Weltgegenden, die das heilsame Wort des Evangeliums erleuchtet. Die Komposition „der Erlöser, umgeben von den Kräften" gründet sich auf die neutestamentliche Auffassung der eschatologischen Schau des Propheten Hesekiel (Hes 1, 4–28). Die Deesis-Ordnung ist das Bild ständigen Gedenkens an den „schrecklichen Richterstuhl Christi", das Bild der zuversichtlichen Hoffnung der Kirche, das Antlitz Gottes und seiner Heiligen leibhaftig zu schauen. Die Deesis zeigt das künftige Leben der Welt als im liturgischen Leben der Kirche vorweggenommen.[7]

Die unterste Reihe der Ikonostase ist die Lokalreihe. In ihrem Zentrum befindet sich die Königstür, links davon (von den Gläubigen im Kirchenraum aus gesehen) die Ikone der Gottesmutter mit dem Kind, rechts davon die Ikone des Erlösers. Rechts von der Erlöser-Ikone befindet sich die sogenannte „Lokal"-Ikone, die Darstellung des Festes oder Heiligen, dem die Kirche geweiht ist. Die übrigen Ikonen dieser Reihe werden ziemlich willkürlich zusammengestellt, meistens findet man die Ikone der „Trinität", oder Ikonen von Heiligen, die an diesem Ort besonders verehrt werden.

Das Sinnzentrum der Lokalreihe ist die Königstür. Im oberen Teil der Königstür muß immer das Ereignis der Verkündigung dargestellt sein, der Beginn, das „Hauptstück unserer Erlösung", das dem Menschen den Eintritt in das Reich Gottes eröffnet. Königstür wird sie deshalb genannt, weil durch sie nach einer alten Deutung die heiligen Gaben hinausgetragen werden und „der König aller Könige und der Herr aller Herren" eintritt. Der liturgische Sinn der Königstür wird dadurch betont, daß über ihr eine Darstellung der Eucharistie angebracht ist in liturgischer Sinngebung des Abendmahls als „Kommunion der Apostel durch Christus Selbst". Die Pflicht zur Teilnahme an der Eucharistie in beiderlei Gestalt wird doppelt begründet: Auf der einen Seite spendet der Erlöser den Aposteln den kostbaren Leib, auf der anderen den Kelch mit dem allreinen Blut. Hier auf der Solea, der gegenüber dem Kirchenraum erhöhten Fortsetzung des Altarraums, wird an der Königstür vor der Ikonostase den Gläubigen die Kommunion gespendet. Hier vollzieht sich ihre Vereinigung mit Gott.[8] Die Königstür bestand schon in der alten ungeteilten Kirche seit der Einrichtung der Altarschranke und wurde offensichtlich schon seit dem 5. bis 6. Jh. mit heiligen Darstellungen versehen. Die ältesten erhalten gebliebenen russischen Königstüren stammen aus dem 13. bis 14. Jh.

Die Ikonostase wird vom Kreuz als dem Zeichen unseres Sieges über den Tod und dem Werkzeug unserer Erlösung gekrönt. Die Ikonostase ist die Frucht einer vielhundertjährigen Entwicklung, die die Idee des Verbundenseins des Zeitlichen mit dem Ewigen im Leben der Kirche auf russischem Boden durchgemacht hat.

Die altrussische Ikone ist eine der deutlichsten Manifestationen des religiösen Geistes der Nation. Nachdem die Ikonenmalerei in der Rus' als ein neuer Zweig der orthodoxen byzantinischen Tradition entstanden war, hat sie als russische Ikonenmalerei einen jahrhundertelangen Weg eigenständiger Entwicklung zurückgelegt; sie reflektierte die geistigen Lebenserfahrungen des Volkes. Deshalb wurde sie von einem der Erforscher der alten Ikonenmalerei als „geistige Schau in Farben" (E. N. Trubeckoj) definiert.

Die alte Rus' schuf ihre Theologie im Wort und in den Bildern. In der Harmonie der Farben, im Rhythmus der Linien, in der Vertiefung des

Gebets schaute sie das Göttliche in der Welt und im Menschen. In der alten Rus' hat die christliche Einstellung des Künstlers zu seinem Schaffen den besonderen Typ des Ikonenmalers hervorgebracht. Die Historiker der russischen Kirche haben schon seit langem die Fülle von Ikonenmalern unter den russischen Heiligen hervorgehoben. So kennt man als die ersten russischen Ikonenmaler Alipij (gest. gegen 1114) und Grigorij (11. Jh.) als Mönche des Kiever Höhlenklosters, die bei zugewanderten griechischen Meistern gelernt hatten.[9]

Ikonenmaler waren Metropolit Petr (gest. 1326), Erzbischof Feodor von Rostov (gest. 1394), Dionisij Glušickij (gest. 1437), Gennadij Ljumbimskij (gest. 1565), Ananij v. Novgorod (16. Jh.), Gennadij v. Černigov (17. Jh.) und andere. Lokale Verehrung als Heiliger genießt der große russische Ikonenmaler Andrej Rublev (gest. 1430).[10] Die Ikonenmalerei verbreitete sich stark im Mönchtum, sie wurde zu einem Ausdrucksmittel für die geistige Erfahrung, für die erhabenen Offenbarungen des Gebets.

Die strenge Bewahrung des ikonographischen Kanons trug dazu bei, daß seine ursprüngliche hohe Geistigkeit von Generation zu Generation bewahrt blieb. Der Beschluß der Hundert-Kapitel-Synode der russischen Kirche (1551)[11] ist bekannt; nach ihm ist das Ziel der Malkunst „die Darstellung unseres Herrn und Gottes und Erlösers Jesus Christus und seiner allreinen Mutter und der heiligen Himmelskräfte und aller Heiligen, die seit aller Zeit Gott wohlgefallen haben".

Die Synode hob besonders hervor, daß der Ikonenmaler demütig, sanft, fromm und ihm eitles Gerede und Hochmut fremd zu sein habe. Besonders wichtig sei für den Ikonenmaler die Bewahrung der seelischen und körperlichen Reinheit. Die Grundlage seines Lebens solle häufige Beichte und ein Wandel im Gehorsam gegenüber dem geistigen Vater „in Fasten, Gebet, Enthaltsamkeit und in Demut" sein. Die Ikonen seien mit „äußerster Sorgfalt" unter strenger Bewahrung der traditionellen Darstellung der Heiligen zu malen. Der Verstoß gegen diese Forderungen würde von seiten des Bischofs, dem die Ikonenmalerei unmittelbar unterstehe, zum Verbot des Ikonenmalens führen. Dieses strenge geistige und ethische Kriterium entspricht nicht weniger hohen professionellen Forderungen. Wenn der Ikonenmaler nach Beendigung der vorgeschriebenen Lehrzeit nicht den entsprechenden Grad der Meisterschaft erlangt hat, wird ihm das Malen von Ikonen verboten. Für einen Meister galt es als Todsünde, wenn er die Talente eines Lehrlings geheimhielt oder ihm seine Erfahrungen nicht weitergab (s. Abb. 34).

Die altrussische Ikone (11.–17. Jh.) wird seit dem 19. Jh. eingehend von Theologen, Historikern und Kunstwissenschaftlern erforscht. Es entstehen die ersten musealen und privaten Sammlungen alter Ikonen. Heute werden weltbekannte Sammlungen, die insgesamt an 20 000 Ikonen zählen, in der Tretjakov-Galerie und im Andrej Rublev-Museum für altrussische Kunst in Moskau, im Staatlichen Russischen Museum in Leningrad, in den Museen von Novgorod, Vologda, Jaroslavl', Rostov, Suzdal, Sagorsk und Petrozavodsk gepflegt. Wertvolle Ikonen finden sich im Kabinett für Kirchliche Quellenkunde der Moskauer Geistlichen Akademie in Sagorsk. Das Troice-Sergiev-Kloster in Sagorsk und das Pskover Höhlenkloster in Pečory mit ihren alten Ikonostasen, Ikonen und altem Kirchengerät aus dem 15. bis 17. Jh. sind Schatzkammern der alten Kunst. In vielen Kirchen in Stadt und Land gibt es Werke der alten Malerei, unter ihnen die alten verehrten Heiligtümer: die Feodorovskaja-Ikone der Gottesmutter (1239) in der Auferstehungskirche zu Kostroma, die Ikone der Gottesmutter von Kazan' (16. bis 17. Jh.) in der Theophanie-Kathedrale des Patriarchen in Moskau, die Ikone der Iberischen Gottesmutter (17. Jh.) in der Moskauer Auferstehungskirche in Sokol'niki, die Ikone der Gottesmutter aller Betrübten Freude (17. Jh.) in der Verklärungskirche in Moskau und andere.

Die altrussische Ikonenmalerei ist außerordentlich vielgestaltig. Die strenge Einhaltung des Kanons bedeutete nicht, daß es keine Bewegung, keine Entwicklung in der Ikonenmalerei gegeben hätte. Neue Offenbarungen, die die mönchischen Ikonenmaler im Gebet erhalten hatten, deren Wahrhaftigkeit dann von Konzilen, von der geistigen Lebenserfahrung der ganzen Orthodoxen Kirche geprüft wurde, wurden als eine neue Stufe der Gotteserkenntnis für die Welt kanonisiert. „Je beharrender und fester der Kanon", schreibt Priester Pavel Florenskij, „desto tiefer und reiner drückt er das allgemein Menschliche aus".[12]

In der Periode vor dem Tatareneinfall (von der Taufe der Rus' bis zum Jahre 1237), aus deren heiliger Kunst höchstens dreißig Ikonen erhalten sind, zeigen sich schon Merkmale einer gemeinsamen christlichen Kultur, die die Ikonenmalerei von Kiev, Novgorod und Rostov[13], den Hauptzentren der Kunst in der damaligen Rus', verband. Die untrennbare Verbindung der russischen mit der byzantinischen geistigen Kultur findet ihren Ausdruck in der wundertätigen Ikone der Gottesmutter von Vladimir, dem größten Heiligtum Rußlands und einem der erstaunlichsten Werke der Weltkunst[14]. Die in der ersten Hälfte des 12. Jh. aus Konstantinopel nach der Rus' gebrachte Ikone befand sich zuerst in der Stadt Vyšgorod bei Kiev. Im Jahre 1155 brachte sie Fürst

Andrej Bogoljubskij nach Vladimir, wo sie durch viele Wunder berühmt wurde. Während des Einfalls der Horden des Tamerlan in die Rus' wurde die Ikone am 26. August 1395 nach Moskau gebracht, wo das russische Volk heiße Gebete zur Fürsprecherin und Beschützerin der Christen emporsandte. Nach dem Zeugnis der Chroniken hat Tamerlan, nachdem er die russischen Grenzstädte zerstört hatte und auf dem Weg nach Moskau war, am gleichen Tag sein Herr zurückgezogen und das russische Land nie mehr behelligt. Man kann sagen, daß es heute in Rußland keine Kirche gibt, in der sich nicht eine Kopie dieser Ikone fände. Auch am Tage der Inthronisation des Patriarchen Pimen von Moskau und ganz Rußland wurde diesem eine Ikone der Gottesmutter von Vladimir dargebracht, die die bekannte Ikonenmalerin unserer Zeit M. N. Sokolova 1971 geschaffen hatte.

Schon vor dem Tatareneinfall hatte sich die russische Ikonenmalerei in Nachfolge der östlichen Tradition bei der Darstellung des Erlösers, der Gottesmutter, der Feste und der Heiligen der Alten Kirche auch Heiligen und heiligen Ereignissen der eigenen Kirche zugewandt. Nach den Chroniken kamen im 11. Jh. Ikonen der ersten russischen Heiligen, der rechtgläubigen Fürsten und hll. Dulder Boris und Gleb (gest. 1015) auf. Weit verbreitet und hochverehrt in der russischen Kirche sind die Ikonen der Gottesmutter mit den um die Ikone umlaufenden Randbildern. Sie zeigen die Wundererscheinungen der Himmelsherrin und ihre Ikonen, die Geschichte der mit diesen verbundenen russischen Städte und Klöster und das Eintreten der Mutter Gottes für die Gläubigen in schweren Notzeiten. Im 14. Jh. bilden sich endgültig die ikonographischen Hauptschulen der alten Rus' aus, die die Grundlage für den Aufschwung der kirchlichen Kunst im 15. Jh. bildeten. Die Ikonenmalerei der Rus' entwickelt sich in lebendigem Austausch mit der Kunst von Byzanz und der der Balkanslaven. In jeder Schule wurde der nationale Stil jedoch zum eigenständigen Ausdruck der religiösen Ideale des russischen Volkes. Die Meister der nordöstlichen Rus', der Schulen von Moskau und Rostov, schufen im Vergleich zur byzantinischen Malerei weniger strenge, mehr kontemplative Ikonen. Die Darstellung ist flächiger und zeichnet sich durch Harmonie der Farben, ruhigen Rhythmus der Konturen und Durchsichtigkeit der Malerei aus.[15] Von männlicher Kraft und Überzeugtheit sind die Heiligenantlitze der Novgoroder Ikonenmalerei durchdrungen, für die Festlichkeit und Reinheit der Farben in kontrastierenden Zusammenstellungen und Aufhellungen auf strahlendgrünen und intensivroten Gewändern, sonnengelbe und goldene Hintergründe charakteristisch sind.[16] Aus ihr erwuchs im 15. bis 16. Jh. die eigenartige Ikonenmalerei des russischen Nordens, die in sich den Asketismus des Mönchslebens des Nordens und die Festlichkeit der Volkskunst aufnahmen.[17]

Etwas ganz eigenes stellt die Ikonenmalerei von Pskov im 14. und 15. Jh. dar, mit ihrer kontrastreicheren Farbenskala, den offenen, von innerer geistiger Kraft erfüllten Gesichtern, mit der besonderen Lichtstärke der Goldstrahlen und der pointillierten Freistellen, die auf die Idee von der Durchdrungenheit der Welt mit dem göttlichen Licht zurückgehen.[18] Von bedeutender Eigenart war auch die Ikonenmalerei von Tver'.[19] Der vor kurzem entdeckte Tverer Zweig der Ikonenkunst ist durch strenge Charakteristik der Bilder, leuchtende festliche Farben, Liebe zur geometrischen Konstruktion mit mathematischer Symbolik und kühne Verbindung von Malerei mit Zeichnung ausgezeichnet.

Die altrussische Ikonenmalerei vom 11. bis zum 17. Jh. kennt keine namentlich gezeichneten Kunstwerke. Die Orthodoxie hatte die Einstellung der alten ungeteilten Kirche zur kirchlichen Kunst übernommen, nach der diese nicht Mittel zur Äußerung und Bestätigung des Künstler-Ichs war, sondern Dienst, der die Weitergabe der kirchlichen Tradition von Generation zu Generation, von Land zu Land in sich schloß. In der geistigen Erfahrung des Künstlers manifestierte sich diese Tradition. Dennoch haben alte Quellen und Schriftdenkmäler, in der Hauptsache die Chroniken sowie auch Kirchen- und Klosterinventare Nachrichten von Ikonen und von Malern, die diese oder jene Ikone geschaffen haben, überliefert. Die Forschungen der letzten Jahrzehnte erlauben es, den Kreis von Werken zu umreißen, der mit den Ikonenmalern verbunden ist, die im 15. Jh. in und um Moskau gewirkt haben:

Prochor von Gorodec ist einer der drei Meister, die um 1405 die Ikonostase der Verkündigungskathedrale des Moskauer Kreml schufen. Von ihm stammen die Ikonen: „Mystisches Abendmahl", „Kreuzigung", „Grablegung", „Höllenfahrt", „Himmelfahrt" und „Entschlafen der Gottesgebärerin". Es zeigen sich deutliche griechische Einflüsse in der Malweise der Ikonostase, nämlich Dramatik der Darstellung, kräftige Glanzlichter und schnelle kurze Strichhöhungen. Im Schaffen des Prochor vollzieht sich der Übergang von der Kunst der Moskauer Meister des 14. Jh., die die Malerei der in Moskau arbeitenden Griechen gut kannten, zur deutlich ausgeprägten russischen nationalen Kunst von Andrej Rublev und *Feofan Grek* (Theophanes der Grieche).[20] Er kam aus Byzanz. In der Rus' arbeitete er zuerst in Novgorod (seit den siebziger Jahren des 13. Jh.), dann in Nižnij Novgorod, Kolomna, Moskau und Serpuchov. Als Künstler kam Feofan in Rußland zum Ruhm. 1405 malte er die Deesis-Reihe (außer der Ikone des Erzengels Michael) für die Ikonostase der Verkündigungskathedrale des Moskauer Kreml. Aufgrund stilistischer und geistiger Nähe zu den Kreml-Ikonen schreibt man Feofan noch zwei Werke vom Ende des 14., Anfang des 15. Jh. zu, die wundertätige Ikone der Donskaja-Gottesmutter mit einer Darstellung des Entschlafens auf der Rückseite und die „Verklärung" (aus der Stadt Perejaslavl Zalesskij).[21]

Andrej Rublev ist als Schöpfer von Ikonen, Miniaturen und Fresken der große russische Ikonenmaler.[22] Er wurde um 1360 geboren und war Mönch im Moskauer Erlöser-Andronikov-Kloster. 1405 arbeitete er in der Verkündigungskathedrale des Moskauer Kreml und malte dort für die Festreihe der Ikonostase die „Verkündigung", „Christi Geburt", „Taufe Christi", „Darbringung Christi", „Auferstehung des Lazarus", „Einzug des Herrn in Jerusalem" und die „Verklärung". Schon 1404 hatte Andrej Rublev zusammen mit seinem Lehrer und Freund Daniil Černyj, der wie er Mönch des Andronikov-Klosters war, die Ikonostase und die Fresken der Entschlafen-Kathedrale in Vladimir geschaffen.[23] In den Jahren nach 1420 schufen Andrej Rublev, Daniil Černyj und noch „einer mit ihnen" die Ikonostase in der Trinitäts-Kathedrale des Troice-Sergiev-Klosters in Sagorsk (s. Abb. 20). Um die gleiche Zeit schuf Rublev auch die „Troica" (Trinitäts-)Ikone (s. Abb. 5), das größte Werk der altrussischen religiösen Kunst.[24] 1427–1430 arbeitete der Künstler in der Erlöserkathedrale des Andronikov-Klosters, aber die von ihm in dieser Zeit gemalten Ikonen und Fresken sind, mit Ausnahme zweier kleiner Fragmente, nicht erhalten geblieben. Andrej Rublev starb 1430.[25] Als hochgeistiger Mensch und hesychastisch gesonnener Mönch war er nach einer alten Quelle „von so großer Tugend und so großem Bemühen im Fasten und mönchischen Leben, daß er der göttlichen Gnade gewürdigt war, ständig Geist und Gedanken zum Immateriellen und göttlichen Licht aufzuheben, den sinnlichen Blick aber darauf zu richten, aus den materiellen Farben die Bilder des Herrn Christus, seiner allreinen Mutter und aller Heiligen zu schaffen".[26]

Die äußere Schönheit des Bildes bei Rublev ist ein Symbol der geistigen Schönheit, deren Annahme zum „geistigen Gebet" führt. Die verklärte und beseelte Welt seiner Bilder ist die Vorahnung des „Lebens der künftigen Welt".

Den Gipfel der Offenbarung durch Gebet erreichte Rublev in der „Troica", die er zum Gedenken und Preis des hl. Sergij von Radonež malte. Der Meister schuf mit ihr einen neuen Kanon der Darstellung der ersten Erscheinung der drei göttlichen Hypostasen in Engelsgestalt vor dem Menschen unter Konzentration auf den Ausdruck der Dreieinigkeit. Für den Ikonenmaler ist die Verkörperung von Vereinigung,

Liebe, Schönheit und Ruhe das Symbol der göttlichen Absicht bezüglich der Welt, die durch die Sünde und das Böse entstellt ist. Dieses Symbol steht auch für das Leben und die Berufung des hl. Sergij von Radonež und seiner Nachfolger, die Klöster zu Ehren der Hl. Dreieinigkeit gründeten. Wie eine alte Vita des hl. Sergij es ausdrückt, wird „der häßliche Zwiespalt dieser Welt durch die Anschauung der Hl. Dreieinigkeit besiegt".
Die von Rublev geschaffene Ikonographie der „Hl. Trinität" ist in der orthodoxen Kirche als Vorbild angenommen worden. Die nachfolgenden Ikonenmaler haben sich an diese Konzepte gehalten und Ikonen geschaffen, die von den gleichen Ideen erfüllt sind und dennoch die persönliche Auffassung des Künstlers und das Gemeinbewußtsein jener Zeit widerspiegeln. Zu diesen gehört die Ikone der „Hl. Trinität", die der Mönch Paisij im Iosif-Kloster von Volokolamsk bei Moskau zwischen 1480 und 1490 schuf.[27]
Dionisij Glušickij (ca. 1362–1437) war Ikonenmaler, Mönch und Klostergründer am Fluß Glušica im Gebiet von Vologda. Er schrieb Bücher ab und war ein begabter Holzschnitzer. Von den zahlreichen Ikonenwerken des Dionisij, die von seinen Zeitgenossen hoch geschätzt wurden, ist nur die Darstellung des hl. Kirill von Belozero (gest. 1427) überliefert.
Dionisij, Ikonenmaler und Meister des Fresko (erste Hälfte des 15. bis erstes Viertel des 16. Jh.) arbeitete 1467 im Pafnut'ev-Kloster der Stadt Borovsk gemeinsam mit dem Malermönch Mitrofan.[28] 1482 malte er für das Himmelfahrt-Kloster im Moskauer Kreml eine Hodigitria-Ikone der Gottesgebärerin.
In den Jahren 1481 bis 1486 malte er mit seinen Söhnen Feodosij und Vladimir sowie mit dem Mönch Paisij und anderen Malern Fresken und Ikonen in der Entschlafens-Kathedrale des Josif-Klosters von Volokolamsk.[29] Um 1500 schuf Dionisij die Ikonostase für die Trinitäts-Kathedrale des Klosters des hl. Pavel Obnorskij und von 1500 bis 1502 die Fresken und die Ikonostase in der Mariä-Geburt-Kathedrale des Ferapont-Klosters (beide im Gebiet von Vologda).[30]
In der Moskauer Ikonenmalerei manifestiert sich immer deutlicher das graphische Prinzip; es überwiegen feine Linien und Lokalfarbpunkte, die Figuren werden länger, die Malweise wird flüssiger und die Zeichnung anspruchsvoll. Das Schaffen des Dionisij ist der logische Abschluß dieser Kunstentwicklung. Bezeichnend für seine Malweise ist die „Kreuzigung" aus dem Kloster des hl. Pavel Obnorskij aus der Zeit um 1500 mit feinen, zarten, in schöner Beugung verharrenden Figuren ganz ohne jede Schwere.

Der große Aufschwung der religiösen Malerei des 15. Jh. war die Voraussetzung für das hohe Niveau der Ikonenmalerei des 16. Jh., die sich durch die Vielfalt der Richtungen bei der schöpferischen Aneignung und Durchdringung des Kunsterbes auszeichnete (s. Abb. 35). Das 17. Jh. ist das letzte Jahrhundert der altrussischen Periode. Die Ikonenmalerei dieser Zeit zeigt volksnahen Charakter: dekorative Lösungen, leuchtende Farben, Ornamentenreichtum – das alles sind Züge, die dann Schulen der Ikonenmalerei des 18. und 19. Jh., wie die von Palech und Mstera, beeinflußt haben.

Seit der zweiten Hälfte des 17. Jh. läßt sich, besonders in den großen Städten, unter dem Einfluß westlicher Kunst eine Abwendung von der orthodoxen Tradition hin zu einem Naturalismus im Barock-Stil und die Entstehung der sogenannten „malerischen" Richtung beobachten, die im 18. und 19. Jh. weit verbreitet war.[31] Aber auch die traditionelle orthodoxe Kunst entwickelte sich weiter. Ihre lebendigen Ströme brachen in der Kunst des russischen Nordens auf, hauptsächlich in der Ikonenmalerei der Klöster und des Volkes.[32]

Die Entdeckung der alten Ikonen zu Beginn des 20. Jh., die vorher unter dem gedunkelten Firnis und den vielen Schichten der Übermalungen verborgen geblieben waren, bedeutete einen Wendepunkt nicht nur in der Erkenntnis des wahren Geistes der alten Ikonenmalerei, sondern auch im Kunstschaffen der modernen Ikonenmaler. Die Ikonenmalerei der russischen Kirche des 20. Jh. entwickelt die moderne kirchliche Kunst weiter auf der festen Grundlage alter orthodoxer Ikonenmaltradition.

b) Die Bildstickerei

Die nach der Zeichnung von Ikonenmalern mit Gold- oder Silberfäden gestickten und mit Perlen und Edelsteinen besetzten ikonenartigen Darstellungen werden mit dem Sammelbegriff „Bildstickerei" (licevoe šit'e)[33] bezeichnet. „Bildstickerei" bedeutet, daß diese Stickart eine Kunst ist, die im Unterschied zur ornamentalen dekorativen Stickerei den Menschen, sein Gesicht und seine Umgebung darstellt.

Stickereien wurden nicht nur für die Priester- und Bischofsgewänder, sondern auch für die Kirche verwandt. In Bildstickereien sind die Aëroi, mit denen die heiligen Gaben bedeckt werden, gearbeitet. Hauptsächlich in Sticktechnik wurden Epitaphien – Darstellungen des Erlösers im Grab und des Entschlafens der Gottesgebärerin – hergestellt. Mit großen Stickikonen (peleny), die bis zu drei Meter lang sein konnten, schmückte man wie mit gemalten Ikonen die Kirchenwände

und Altarschranken. Gestickte Darstellungen fanden sich auf den Altarvorhängen, den Altardecken und den Sarkophagen der Heiligen. Auch im häuslichen Betraum fanden die Stickereierzeugnisse Verwendung. Besonders verbreitet war die Stickerei für transportable Kirchen, die ganze Ikonostasen aus gestickten Darstellungen hatten.
Die Bildstickerei ist eine Kollektivkunst. Künstler und Stickerinnen arbeiten an einem Werk.
Die russischen Stickereien waren schon im 12. Jh. in Byzanz hochgeschätzt, insbesondere in den Athos-Klöstern. Die ältesten Beispiele der russischen Stickerei finden sich in einem Tuch mit der Darstellung der Kreuzigung und in den Epimanikien des hl. Varlaam von Chutyn.
Außerordentlich verbreitet sind Grabdecken, die auf Grabmälern und Reliquienschreinen russische Heilige in voller Größe darstellen. Die Heiligenantlitze auf diesen Decken charakterisieren sie deutlich und drücken die ungewöhnliche geistige Kraft der Dargestellten aus. Die Orthodoxen verehren zugleich sowohl die Ikone als auch die Reliqien des Heiligen, weil sie an die charismatische Kraft der gesammelten geistigen Energien des Urbildes glauben. Eines der charakteristischen Werke dieser Art ist die Decke für den Reliquienschrein der hl. Efrosinija von Suzdal' (13. Jh.), die im 16. Jh. gefertigt wurde.[34] Im 18. und 19. Jh. und auch heute noch sind in der Kirche viele gestickte Epitaphien in Gebrauch.

c) Die Skulptur

Im Unterschied zur westlichen Tradition hat die Skulptur im Osten, so auch in Rußland, keine große Verbreitung gefunden. Dennoch kann vom orthodoxen Standpunkt eine geweihte Skulptur Gegenstand der Verehrung sein. Bis zum 18. Jh. wurden in Rußland Holzskulpturen (Hochreliefs) geschaffen, die vornehmlich den hl. Nikolaus, die hl. Großmärtyrerin Pareskeva Pjatnica, den hl. Großmärtyrer Georg, den Drachentöter, und einige andere darstellen.[35] Spätestens seit dem 14. Jh. findet in Rußland ein Typ plastischer Darstellung des hl. Nikolaus Verbreitung, der nach dem Ort seiner Verehrung, der bei Moskau gelegenen Stadt Možajsk, der „Nikola von Možajsk" genannt wird. Der hl. Nikolaus ist mit einem Schwert in der rechten Hand und der Stadt in der linken dargestellt. Die Symbolik der Darstellung entwickelt ein Bild des Heiligen als Verteidiger der Stadt und Kämpfer für die Gerechtigkeit in der Kirche. Einige dieser Skulpturen werden seit alter Zeit bis heute als wundertätig angesehen.
Unter dem Einfluß der Barock-Kunst und ihres Interesses für das Thema des Leidens Christi fanden die Skulpturen „Christus im Richthaus"

und naturalistische Barock-Skulpturen der Kreuzigung Verbreitung, die zuvor nur selten in orthodoxen Kirchen anzutreffen gewesen waren.

d) Die Mosaiken und Fresken

Der byzantinische christliche Kanon der Mosaikkunst wurde, wie es scheint, in den vierziger Jahren des 11. Jh. in die Rus' gebracht. Die ältesten Mosaiken der Sophien-Kathedrale in Kiev (1043–1046) wurden von byzantinischen Meistern geschaffen, die ihre hohe künstlerische Kultur und Technik mit nach Kiev brachten.
Bei den Mosaiken für den Altarraum der Entschlafens-Kirche im Kiever Höhlenkloster war der russische Ikonenmaler Alipij beteiligt.
In den Kiever Kirchen des 11. bis zum Anfang des 12. Jh. wird nicht die ganze Kirche, sondern nur der Altarraum und die Kuppel mit Mosaiken geschmückt. Dasselbe trifft für die Sophien-Kathedrale in Novgorod zu. In anderen Städten wurden die Kirchenwände durchgehend mit Fresken ausgemalt. In der frühen Epoche waren Fresken weit verbreitet. Der hochentwickelte Steinbau in der Rus' bewirkte einen Reichtum an Fresken, von denen viele ganz oder fragmentarisch bis heute erhalten sind.[36]
Die ältesten Fresken in der Rus' wurden um 996 in der vom hl. Vladimir, dem Täufer des russischen Volkes, erbauten Zehntkirche des Entschlafens der Gottesgebärerin in Kiev geschaffen. Die Zehntkirche wurde bei der Zerstörung der Stadt durch die tatarisch-mongolischen Horden vernichtet, bei archäologischen Ausgrabungen fand man jedoch kleinere Freskenfragmente aus der Zeit gegen Ende des 10. Jh.
Eine herausragende geistige Führungsrolle in der Entwicklung des Kirchenfreskos hat im Mittelalter die Eparchie von Novgorod gespielt. Sie bildete ein Zentrum, das Kiev in nichts nachstand und im politischen Einfluß die südrussische Hauptstadt sogar zeitweilig noch übertraf. Die alte Novgoroder Freskenmalerei war während der ganzen Zeit der Existenz des selbständigen Staates Novgorod (bis zum Ende de 15. Jh.) von der Idee des göttlichen Lichts in der Fülle seiner Manifestationen getragen. Von den glanzerfüllten, wie von Lichtströmen durchdrungenen Fresken des 11./12. Jh. kommt die Novgoroder Offenbarung zu dem wie ein Blitz aufleuchtenden Hesychasmus des 14. Jh., in dem sich der große Byzantiner Theophanes der Grieche (Feofan Grec) der einheimischen Geistesschule so kongenial erwies.
Die dritte bedeutende Schule der vormongologischen Rus', die von Vladimir-Suzdal', unterscheidet sich von der Kiever und Novgoroder durch tiefe Gebetskonzentration. Die Vertiefung in das reine Gebet

drückt sich aus im Fehlen harter Konturen und Höhungen, in der Weichheit der Figuren- und Gesichtszeichnung und in der äußersten Verhaltenheit der Bewegungen.
Die erhaltenen Freskenfragmente der Entschlafens-Kathedrale in Vladimir aus dem 12. Jh. und der Kathedrale zur Geburt der allheiligen Gottesgebärerin in Suzdal' von 1233 bezeugen die Einheit in der geistigen Offenbarung.
Die Entwicklung eines nationalen Stils in der Freskenkunst wurde durch den Einfall der tatarisch-mongolischen Horden nicht unterbrochen, obwohl zahlreiche Kirchen zerstört und viele Künstler getötet wurden. Das Ende des Steinbaus in der südlichen und nord-östlichen Rus' beendete auch die Ausbildung der Freskenmalerei, förderte aber die Ikonenmalerei, die zur Ausschmückung der kleineren Holzkirchen diente. In einer anderen Lage befanden sich Novgorod und Pskov, die von der Zerstörung durch die Tataren nicht erfaßt worden waren und so den Steinbau bewahrten und mit ihm die Kunst der Wandmalerei (s. Abb. 36 und 37).
Ein rein nationaler Freskenstil kontemplativer Verinnerlichung ohne die Ausdrucksformen der gräko-balkanischen Fresken wurde im 15. Jh. in Moskau geschaffen, das zuerst kirchliches und dann auch politisches Zentrum der alten Rus' geworden war. Die Kunst Andrej Rublevs, die mit ihren fließenden Linien, leichten Bewegungen und weichen, offenen Antlitzen zum klassischen Vorbild dieses Stils wurde, findet sich auch in den Fresken der Entschlafens-Kathedrale von Vladimir (1408). Zahlreiche Katastrophen, die die Rus' und die russische Kirche vom Ansturm der Tataren und Mongolen an erschütterten, führten zur Zerstörung sehr vieler Schätze. Wir wissen nicht, wie die Innenausstattung der Kiever Sophien-Kathedrale beschaffen war, die den Metropoliten Ilarion entzückte, doch die erhaltenen Werke der Fresken- und Ikonenmalerei bezeugen die Fülle der Liebe zur Kirche, von der Zeit der Kiever Rus' an.

e) Filigran- und Emailarbeiten, Ornamentik

Die Schöpfungen der vormongolischen Epoche beweisen das hochentwickelte handwerkliche Können russischer Künstler. Die Kiever beherrschten die komplizierte Technik der Zeichnung auf Gold, Silber, Kupfer und Bronze ausgezeichnet; sie waren vertraut mit der heute vergessenen Technik der Filigranarbeit mit Amalgam, mit dem außergewöhnliche Feinheit bei der Herstellung von Cloisonné-Email, Filigran und Goldkugelschmelz möglich wurde.[37] Bedeutende Zentren kirchlicher Kunst waren ebenfalls Novgorod und Pskov. Die Rus' von Vladimir-Suzdal' war berühmt für die Vielfalt ihres Kunsthandwerks. Im 14. Jh. beginnt die allmähliche Wiedergeburt des Kunsthandwerks, das stark unter dem tatarisch-mongolischen Einfall gelitten hatte. Nicht alles konnte wiederhergestellt werden, so war die Kunst der Herstellung von Cloisonné-Email verlorengegangen. Im 14./15. Jh. sind nur Emailarbeiten in Hohlformen bekannt, die dazu bis zum 16. Jh. von untergeordneter Bedeutung sind. Leichter war die von der Technik her unkomplizierte Filigrankunst zu beleben.[38] Im 15. Jh. wird Moskau zum Hauptzentrum des Kunsthandwerks. Hier blüht die Filigrankunst auf, hier werden neue Ornamente unter Verwendung der Novgoroder Tradition geschaffen. Um die Mitte des 17. Jh. kommt das eigenständige Moskauer Pflanzenornament als Schmuck auf. Um die dabei angewandte Zahlensymbolik zu verstehen, muß daran erinnert werden, daß nicht der Kelch die Hauptsache ist, sondern das Gefäß des Hauptsächlichen – die Koinonie, die im Zentrum des Kelches steht. Bei den Zahlen dieses Zentrums ist dies im Auge zu behalten. Die Zahlenreihe stellt einen Wechsel von Zahlen von unten nach oben dar: 1+8=9, 1+6=7, 1+4=5 und wieder 1+8=9. Diese kirchliche Regel läßt sich sehr schön bei der Gegenüberstellung mit einigen Zentralkuppeln des 18./19. Jh. ablesen. Diese Kuppeln sind in Form eines Kelchs gestaltet, auf dessen aus dem Zentrum herausgezogenen konkaven Konus sich das Kreuz erhebt; so z. B. in der Verklärungskirche von Radonež (1840). Die Zahl neun oben und unten symbolisiert die Gottesgebärerin in der Gestalt der Kirche und stellt auch noch die neun Chöre der Heiligen Gottes und die neun Engelchöre dar. Die Zahl sieben auf dem „Apfel" symbolisiert die sieben Gaben des Hl. Geistes und die Zahl fünf die Erleuchtung der Kirche durch das Evangelium, d. h. den Herrn Jesus Christus und die vier Evangelisten. Die Meister des 17. Jh. beherrschten die komplizierte Technik der Ornamentik auf den ziselierten Darstellungen in Hochrelief vollendet, wie z. B. beim Beschlag des Evangeliums von 1678 (Staatliche Rüstkammer).[39]

In Übereinstimmung mit dem Geist der orthodoxen eucharistischen Ekklesiologie, für die das Sakrament der Eucharistie, der eucharistische Kelch, Grund und Zentrum des geistlichen Lebens ist, wird das Poterion (der Kelch) zu einem der Grundsymbole der Geistigkeit. In den Blütezeiten christlicher Frömmigkeit wurden die heiligen Gefäße mit dem Gefühl tiefer Ehrfurcht vor dem Sakrament geschaffen, vor dem die himmlischen Kräfte erzitterten, die Formen und Verzierungen der Kelche bezeugten die geistige Reife der kirchlichen Gemeinschaft und, natürlich, die der Künstler selbst. Ein jedes Detail des heiligen Gefäßes gewinnt einen besonderen Sinn für jenen, der „das Feuer kommuniziert, wo er doch Gras ist, und – merkwürdiges Wunder – mit Tau benetzt wird, ohne zu verbrennen" (aus dem Gebet vor der Kommunion des hl. Symeon des neuen Theologen).

Das russische orthodoxe Poterion hat feststehende Merkmale. Die Form des Gefäßes ist dreiteilig, sie besteht aus dem Unterteil, dem „Apfel" (der kugelförmigen Verdickung des Kelchschafts) und der Kelchschale selbst, die durch den Schaft miteinander verbunden sind. Bei den alten Poterien ist der Durchmesser des Kelchs gleich dem Durchmesser des Unterteils. In der Regel gilt auf dem Kelch die Deesis-Ordnung mit unterschiedlicher Figurenzahl. Am oberen Kelchrand verläuft eine Inschrift mit den Einsetzungsworten des Herrn beim Abendmahl, die die Einheit einer jeden eucharistischen Feier in der orthodoxen Kirche bezeugt. Diese heiligen Gefäße wurden auf besondere Bestellung hochgestellter Vertreter der Kirche und des Staates hergestellt und drücken die kirchlich-gesellschaftliche Stimmung ihrer Zeit aus. In zahlreichen Gemeindekirchen und Klöstern benutzte man schlichte Gefäße aus Holz, später aus Metall – der sakramentale geistliche Akt erfordert keinen Luxus. Es sind einfache Holzgefäße erhalten, Poterion und Diskos, mit denen der hl. Sergij von Radonzež, einer der größten russischen Heiligen, die Liturgie feierte. Sein Poterion besteht aus einem Kelch in Pokalform auf einem von einem Band umfaßten Schaft mit flachem Unterteil. In diesem Pokal schaute der hl. Sergij das göttliche Feuer, das ihm in der Liturgie erschien, aber das Holz des Kelches nicht verbrannte, gleich der Flamme, die dem Propheten Mose im unverzehrten Dornbusch erschien. – Auch die erhaltenen Gefäße des hl. Nikon, des Nachfolgers des hl. Sergij, sind aus Holz.

Bei der Behandlung der Poterien müssen die Disken erwähnt werden. Sie haben die beständige Form eines Tellers, die älteren auf flachem Untersatz, die späteren auf einem höheren. Im Gegensatz zum Poterion ist der Diskos für das Volk nicht sichtbar. Vielleicht hat die geringere künstlerische Vielfalt der Disken mit diesem Umstand zu tun. Gewöhnlich ist auf den älteren Disken das Abendmahl der Apostel unter beiderlei Gestalt dargestellt, eine Bildtradition, die auf die frühbyzantinische Zeit zurückgeht und sich bis ins 16. Jh. gehalten hat. Später ist es das mystische Bild der Eucharistie selbst: der Kelch mit dem Christuskind in sich, umgeben von Engeln, die Rhipidien halten.

f) Buchdeckel und Ikonenverkleidungen

Im liturgischen Leben der orthodoxen Kirche ist das Evangelium von großer Bedeutung, nicht nur als Hl. Schrift, sondern auch als Symbol der göttlichen Weisheit. Während des „Einzugs mit dem Evangelium" ist es das Symbol Christi und der Weisheit. Dementsprechend wurde der Verzierung der Buchdeckel des Evangeliums große Aufmerksamkeit geschenkt. Eines der besten Beispiele ist die Evangeliumsdecke des Fedor Koška von 1372, die dem Troice-Sergiev-Kloster als Schenkung gehörte. Ihre Komposition ist kompliziert. Im Zentrum befindet sich Christus auf dem Thron. Davor stehen die Gottesgebärerin und ein unbekannter Heiliger im Omophorion an der Stelle des hl. Johannes des Vorläufers. Ein solcher Austausch gegen die Figur des Täufers kommt sehr selten vor. Der Heilige im Omophorion erinnert an den hl. Nikolaos. Die große Verehrung dieses hl. Hierarchen in der Rus' ist wohlbekannt. Er mag hier als Fürbitter für die Auftraggeber der Evangeliumsdecke eingesetzt worden sein. In diesem Zusammenhang sei daran erinnert, daß der hl. Sergij selbst den hl. Nikolaos tief verehrte.

Die theologische Bedeutung der Komposition ist offensichtlich. Die Darstellung des Erlösers in verschiedener Gestalt enthüllt die Vielfalt der göttlichen Fürsorge für die Welt: im Zeugnis der Leiden des Gottmenschen (die Leidensinstrumente), im Zeugnis von Gott als dem Schöpfer und König des Universums (Christus-Pantokrator) und von seiner Wiederkunft (der Erlöser auf dem Thron). Die das Zentrum umgebenden Heiligen symbolisieren die triumphierende Kirche in der Verherrlichung Gottes.

Es sind viele, außerordentlich vielgestaltige Decken vom Ende des 17. Jh. erhalten, einfache, in strenger Niello-Technik gehaltene und aufwendige mit farbenprächtigem Email und Edelsteinbesatz. Von strenger Schönheit ist das „Amethyst"-Evangelium von 1668, eine Schenkung des Zaren Aleksej Michajlovič an das Čudov-Kloster (Staatliche Rüstkammer). Decken des 18./19. Jh. übernehmen einige Stilzüge aus der Profankunst.

In der russischen Kirchenkunst sind metallische Ikonenverkleidungen (oklad) weitverbreitet. Eine der ältesten Verkleidungen ist die der Novgoroder Ikone Peter und Paul (11. Jh.) aus den zwanziger Jahren des 12. Jh. Im Unterschied zu den jüngeren bedeckten die alten getriebenen (basma) Verkleidungen nur den Hintergrund und die Ränder der Ikone als Symbol des die Heiligen umgebenden göttlichen Lichtes. Häufig waren ihnen die Relief-Darstellungen aufgeprägt, die einen Eindruck erwecken, als ob die umrissenen Gestalten aus dem Licht auf den Gläubigen zuträten. Eines der berühmtesten Werke dieser Art ist die „Fotij"-Verkleidung für die Ikone der Gottesmutter von Vladimir vom Beginn des 15. Jh. (Staatliche Rüstkammer). Seit dem Ende des 16. Jh. werden die Verkleidungen in ihrer Herstellungstechnik immer komplizierter. Es kommen reliefartig geprägte Verkleidungen auf, die die ganze Ikone, mit Ausnahme der Gesichter und Hände der Heiligen, bedecken. Solche Verkleidungen verhüllten dann nicht selten die Malerei der alten verehrten Ikonen. Diese Erscheinung in der russischen orthodoxen Ikonenmalerei ist keineswegs durch einen Verlust des Verständnisses für die Schönheit der alten Malerei zu erklären, sondern durch den besonderen symbolischen Sinn der Verkleidung. Dies bestätigen auch die zahlreichen Ikonen, die gleich für die Verkleidung gemalt wurden, wo aber mit derselben Sorgfalt Gewänder, Hintergrund und Aufschriften, die von der Verkleidung verdeckt wurden, ausgeführt sind.

Das Silber ist Symbol der geistigen Reinheit und der Heiligkeit, die durch Gebetsmühen und reinigende Buße erlangt werden. Das Gold ist Symbol des Lichts der göttlichen Gnade. Diese beiden Metalle sind die Grundmaterialien für die Herstellung der Verkleidungen, die die Bilder des Herrn, der Mutter Gottes und der Heiligen in das Gewand des göttlichen Lichtes hüllten. Es ist eine geprägte vergoldete Silberverkleidung der Ikone der „Hl. Trinität" von Andrej Rublev aus der Zeit zwischen dem 16. und 18. Jh. bekannt, bei deren Herstellung alle Farbtechniken der Goldschmiedekunst von der Gravierung und Niello-Technik bis zum Gemmenschnitt zur Anwendung kamen.[40] Im 19. Jh. und Anfang des 20. Jh. stellten die besten Goldschmiedefirmen (so z. B. Chlebnikov) viele Verkleidungen von seltener Schönheit her, in denen Prägung, Filigran, Edelsteine und prachtvolle Emaillen zu einem Ganzen vereinigt sind.

g) Kreuze

Das Siegessymbol des Christentums begleitet den orthodoxen Christen durch sein ganzes Leben. Das Kreuz krönt die Kirchenkuppeln als Zeichen des Triumphes Christi über die Welt und als Symbol der Erleuchtung des Universums, als Taufkreuz tragen es die Orthodoxen am Leib als ständige Erinnerung an die Erlösung durch den Herrn und als Zeugnis der Vereinigung mit der Kirche Christi. Das Kreuz hinter dem Altar erhebt sich im Altarraum als Symbol des Mittelpunkts christlichen Gebets und des Ecksteins, des Fundaments der Kirche. Das „Brustkreuz" tragen die Priester zum Zeichen dessen, daß sie „Christus angezogen" haben. Das „Altarkreuz" wird während des „großen Einzugs" gemeinsam mit dem Kelch vorangetragen. Das „Hinaustragen des Altarkreuzes" zum Kuß ist der Schlußakt der Liturgie, an dem alle Gläubigen teilnehmen. Schließlich wurden, wie auch in anderen Ländern, in der Rus' seit altersher an heiligen Orten oder einfach an Wegen Gedenk-, Verehrungs- und Votivkreuze aufgestellt. Sie haben sich bis in die heutige Zeit erhalten, vornehmlich in Transkarpatien und im europäischen Norden. Schon im 12. Jh. wurde in der Rus' das eigenartige russische achtendige Kreuz mit dem unteren Schrägbalken geschaffen. So ist es z. B. in der Komposition „Anbetung des Kreuzes" auf der Rückseite der Novgoroder Ikone des Erlöserbildes (jetzt in der Tretjakov-Galerie) dargestellt. Von gleicher Form war das Altarkreuz der Entschlafens-Kathedrale in Vladimir aus dem 12. Jh. Im 16./17. Jh. erfuhr der untere Schrägbalken eine symbolische Ausdeutung, nach der das obere Ende des Schrägbalkens auf die Rettung der Seele des einsichtigen, mit Jesus gekreuzigten Übeltäters hinweise, das untere auf den Untergang des anderen, des Lästerers. So wird das Fußteil des Kruzifixes gleichsam zur Waage des göttlichen Gerichts.

Die alten Kirchenkreuze haben an ihrer Basis oft einen Halbmond. Dies ergab sich aus der Umdeutung des alten christlichen Ankersymbols. Nach dem Sieg über das Khanat von Kazan', 1552, begann man es als Zeichen des Sieges des Christentums über den Islam anzusehen.

Im 16./17. Jh. findet die Form des aufblühenden Kreuzes, das den Lebensbaum symbolisiert, weite Verbreitung.[41] Bei den Kuppelkreuzen finden Ranken, Kletten, Äpfel und andere dekorative Elemente Verwendung. Die Tendenz zu übermäßiger Dekoration der Kuppelkreuze wurde von der Kirche verurteilt. So verbot die „Hundert-Kapitel-Synode" von 1551 die Herstellung von zusammengesetzten Kreuzen (Kap. 41).

Die Altarkreuze sind gewöhnlich achtendig; ihr Erkennungszeichen sind allein die verhältnismäßig kleinen Maße, die durch ihre Bestimmung bedingt sind, und das lange Unterteil, das als Handgriff dient. Meistens ist auf ihnen die Kreuzigung in Begleitung eines Pflanzenmotivs als dem immer mit der Idee des Kreuzes verbundenen Symbols des Lebensbaums dargestellt. Die Darstellungen sind von besonderer, keuscher Reinheit, die durch die Verwendung kostbarer Materialien betont wird. „Das Altarkreuz ist als eine Energie spendende Form zu denken, die ihre Wirkung nach außen abgibt."[42]

Mit nicht geringerer Meisterschaft wurden die Altarkreuze aus weniger kostbaren, ärmeren Gemeinden zugänglichen Materialien, wie z. B. Holz, gefertigt. Ein solches Kreuz aus dem 16. Jh. befindet sich heute im Museum von Rostov. Die in die Länge gezogenen Proportionen, die verallgemeinerte Silhouette der Figur, die feinen Hände des Erlösers – dies alles schafft ein Bild der vollkommenen Schönheit und des Leidens.

Vom Mönch Amvrosij stammt ein aus Zypressenholz geschnittenes Altarkreuz aus dem Troice-Sergiev-Kloster. In den eingeschnittenen Schreinen sind aus Elfenbein geschnitzte Reliefdarstellungen der Feste angebracht, die zu den besten Werken der Kleinplastik der 2. Hälfte des 16. Jh. gehören.

Die alten Brustkreuze folgten einer traditionellen Form, die Darstellungen auf ihnen sind aber von sehr unterschiedlicher Gestalt. Außer der Kreuzigung sind auf den Kreuzen dieses Typs die Kirchenfeste, Figuren einzelner Heiliger, der Engel und natürlich die Gottesmutter dargestellt. Die Darstellungen wurden sowohl auf der Vorder- als auch auf der Rückseite des Brustkreuzes angebracht. Die Ikonographie dieser Kreuze ist noch wenig erforscht, wesentlich ist, daß sie Ausdruck der Katholizität der Kirche ist. Die Vereinigung mit dem Bild des Kreuzes als Darstellung unterschiedlicher heiliger Ränge wie auch dogmatischer Ideen (der Trinität, der Inkarnation usw.) stellt bildlich die geistige Struktur der Kirche dar, wie dies auch in entwickelter Form in der Ikonostase verwirklicht ist.

Reliquienkreuze wurden entsprechend ihrer hohen Bestimmung oft aus Edelmetallen hergestellt und mit Email verziert, meistens wurden sie jedoch aus einfachem Metall gefertigt. Vom 12./13. Jh. ab ist die Form des Quadrifoliums, die sich gut zur Aufbewahrung eignet, für die Reliquienkreuze charakteristisch (aber nicht zwingend vorgeschrieben). Auch sie werden mit verschiedenen Darstellungen geschmückt; gewöhnlich ist dies die Kreuzigung und der Heilige, dessen Reliquien im Kreuz eingeschlossen sind. Nicht selten auch wurden die Reliquienkreuze als Brustkreuze verwandt und bekräftigen so das Band des Dieners der irdischen, pilgernden Kirche mit der triumphierenden himmlischen Kirche.

Durch große Vielgestaltigkeit zeichnen sich die Taufkreuze der alten Rus' besonders im 17. Jh. aus. Auch unter ihnen finden wir eine Vielzahl von Varianten des aufblühenden Kreuzes, das den Baum des Lebens symbolisiert.

h) *Kleinikonen*

Nach ihrer Aufmachung und teilweise auch nach ihrer Bestimmung stehen die Kleinikonen, die auf der Brust getragen werden und als Klappaltärchen gestaltet sind, sowie die Panhagien den Kreuzen nahe. Eine

Sonderstellung unter ihnen nehmen die ältesten in Cloisonné-Technik hergestellten Kleinikonen ein. Am bekanntesten sind die Kiever Emaillen; es gab jedoch auch noch andere Zentren der Herstellung in Rjazan', Vladimir und Novgorod. Die aus Byzanz gekommene Emailkunst war im 12. Jh. in Rußland aufgeblüht, zu einer Zeit, als sie im byzantinischen Kaiserreich in Verfall geriet.[43] Das Hauptsujet der Kiever Emaillen war die Deesis-Reihe.[44] Die Kleinikonen aus Cloisonné-Email wurden zum Schmuck von Gewändern, Kirchengeräten und anderem verwendet. Die Hauptfarben der Emaillen waren Dunkelblau, Bordeaux-Rot und Weiß. Die russischen Emaillen stehen den byzantinischen in der Feinheit der Zeichnung nach, besitzen aber besondere Ausdruckskraft in ihren weichen, verallgemeinerten Formen. Das Geheimnis dieser Kunst ging, wie bereits gesagt, nach der Eroberung durch die Mongolen verloren; die Emaillen jedoch erfreuten sich weiter hoher Wertschätzung.

Auf Kleinikonen hat die Darstellung der hl. Trinität weite Verbreitung gefunden. Zahllose Kleinikonen sind Reproduktionen der Ikone der Hl. Trinität von Andrej Rublev und bezeugen den starken Einfluß der neuen Sehweise auf die Verehrung des Bildes der hl. Trinität in der russischen Kirche.[45]

Eine eigenständige Erscheinung des 18./19. Jh. war das „Rostover Email". Die Kleinikonen aus Email Rostover Produktion sind mit der altrussischen Tradition verbunden, ungeachtet dessen, daß auf ihnen, wie auch in anderen Genres der Kirchenkunst dieser Zeit, gewisse Züge der Profankunst auftreten. Ungeachtet der fühlbaren Stilveränderung zeigt sich die im „Rostover Email" zutiefst traditionelle Weltsicht in den malerischen Konzepten, in Reinheit und Harmonie der Farben, in Verhaltenheit und Einfachheit der Komposition.

E. N. Trubeckoj hat von der Idee des „weltumfassenden Tempels" in der altrussischen Ikonenmalerei geschrieben.[46]

Diese Idee ist für die russische orthodoxe Eschatologie im ganzen charakteristisch; sie manifestiert sich deshalb nicht nur in den Ikonen, sondern auch in den Formen der Kirchengeräte.

i) Andere liturgische und kirchliche Kunst

Die Darstellung der hl. Trinität war auch auf *Panhagien* (die Allheilige) üblich (s. Abb. 23b). Hier ist sie oft mit dem „Znamenie"-Bild der Gottesmutter (oder der „Fleischwerdung") vereinigt. Beide Darstellungen sind auf den Innenseiten der Flügel angebracht. Ihre Vereinigung hatte einen tiefen theologischen Sinn: Gerade durch das Mysterium der

Fleischwerdung des Gottessohnes ist dem Menschengeschlecht die Offenbarung der Hypostasen des einen göttlichen Seins geschenkt worden. Auf der Außenseite konnte die Panhagia verschiedene Darstellungen haben: die Kreuzigung, den Erlöser auf dem Thron, die Himmelfahrt und andere. Solche Panhagien waren im 15. Jh. verbreitet; gewöhnlich sind sie von feinster, edelster Schnitzerei in Holz oder Elfenbein oder in Silber graviert und in Filigran eingefaßt. Die äußeren Figuren waren manchmal aufgesetzt und aus Metallguß. Die Fleischwerdung auf der Ikone der hl. Trinität, die Entdeckung des hl. Sergij von Radonež, hatte tiefgehende Auswirkungen auf das kirchliche Bewußtsein. Es führte hin zur Klärung der dogmatischen Lehre von der Hl. Trinität im Zusammenhang mit der Fleischwerdung und der apostolischen Sukzession des Bischofsamtes (die Panhagia, die auf der Brust getragene Ikone eines Hierarchen, war ursprünglich für die Anaphora der Theotokos-Prosphora bestimmt). Während der synodalen Periode waren die altrussischen Traditionen gerade in der Kleinplastik am tiefsten verankert und darin erhalten. In dieser Zeit fanden vornehmlich bei den Altgläubigen Kupfer- und Bronzeguß weite Verbreitung, wurden jedoch auch von der Kirche akzeptiert. Die Gußikonen – Klappaltärchen, Kleinikonen und Kreuze – wiederholten mit leichten Abweichungen die alten Vorbilder. Im Kupferguß der neueren Zeit kamen eigenständige Typen von Ikonen auf, außerdem auch Kreuze mit Umstehenden auf einzelnen dem Kreuz angelöteten Stäben oder mit Darstellungen von Kirchenfesten, die das Kreuz fächerförmig umgeben. Das Relief ist gewöhnlich flach, manchmal mit Prägungen. Die Figuren stehen vor einem Hintergrund mit Pflanzenornament, das mit buntem Email ausgefüllt ist.

An einigen Orten ist auch die Tradition der *Holzschnitzerei* erhalten geblieben. Kleinikonen aus Holz wurden gewöhnlich in der Umgebung großer Klöster mit verehrten Heiligen hergestellt. Geschnitzte Holzikonen wurden auch im Kiever Höhlenkloster und dem Troice-Sergiev-Kloster hergestellt, wo die Holzschnitztraditionen weit in die vorpetrinische Zeit zurückgingen. Im Sergiev Posad (dem heutigen Zagorsk) war das Schnitzergeschlecht der Chrustačevy besonders berühmt. Ihre sorgfältige Schnitzerei zeichnet sich durch ikonographische Traditionalität und Exaktheit aus, gleichzeitig jedoch auch durch eine gewisse Kälte. Für die Kiever Schnitzerei sind Barockeinflüsse charakteristisch.

Die strengen und einfachen Formen des orthodoxen Kirchengebäudes kamen bei der Herstellung besonderer *Tabernakel* zur Verwendung, die früher „Zion" oder „Jerusalem" genannt wurden. Sie symbolisieren das

Grab des Herrn entsprechend den Worten des Gebets aus der „Ordnung der Segnung eines neuen Schreins oder Gefäßes, in denen die Göttlichen Sakramente Christi aufbewahrt werden sollen": „Segne ... das neue Grab und das Gewahrsam für die hl. und lebenspendenden Sakramente deines allheiligen Leibes und deines kostbaren Blutes ..." Das Symbol des Kirchengebäudes als Grab des Herrn wird zum Symbol des künftigen Heils für die Menschheit und die ganze Welt, jenes himmlischen Jerusalem, in dem es keinen Tempel mehr geben wird, „denn der Herr, der allmächtige Gott, ist ihr Tempel, er und das Lamm" (Off. 21,22).

Von den ältesten Tabernakeln sind das „große" und das „kleine" Zion aus dem 11./12. Jh. der Sophien-Kathedrale in Novgorod bekannt, wobei das „kleine" Zion offensichtlich byzantinischer Herkunft ist. Beide stellen sechskantige Rotunden dar, die von einer flachen, mit dem Kreuz gekrönten Kuppel überwölbt sind. Das „große" Zion ist besser erhalten. Die Formen der Zione sind möglicherweise von der realen Gestalt der Auferstehungskirche in Jerusalem inspiriert.[47]

Das Konzept des Kirchengebäudes ist auch später untrennbar mit den Tabernakeln verbunden. Die Tabernakel sind dann oft in ihrer Form der Kirche angeglichen, für die sie bestimmt sind.

So ist z. B. ein Tabernakel in der Gestalt einer erlesenen Rotunde im Stil des Frühklassizismus erhalten, das möglicherweise nach dem Entwurf des Architekten M. Kazakov für die von ihm im Jahre 1801 für das Golycin-Krankenhaus in Moskau gebaute Kirche angefertigt wurde.[48] Architekturformen wurden auch bei den *Weihrauchfässern* reproduziert. Das Weihrauch verströmende Rauchfaß ist das Symbol der Gnade des Hl. Geistes in der Kirche, und ein Gefäß in Form einer Kirche spiegelt diesen Sinngehalt am genauesten. Das bekannteste Werk dieser Art ist das goldene Weihrauchfaß von 1598, eine Stiftung der Zarin Irina für das Grab des Zaren Fedor Michajlovič. Es gibt den Moskauer Kirchentyp wieder. Die Weihrauchfässer in Gestalt einer Kirche oder der einer Kirchenkuppel als Blüte drücken ihre liturgische Bestimmung aus. Im „Buch von der Kirche" des Metropoliten Symeon von Thessaloniki wird der symbolische Sinn des Räucherns offenbart: „... durch das Öl stellen wir die Gnade unseres Gottes dar, wie sie reichlich über uns ausgegossen wird; durch das Wachs, das aus Myriaden von Blüten zusammengetragen wird, unsere gänzliche und allgemeine Darbringung für Gott, durch den Thymian oder Weihrauch die Liebe Gottes, die sich über alle ausbreite; durch denselben bezeichnen wir auch den Wohlgeruch des Hl. Geistes." Außerdem entspricht die Form des Weihrauchfasses in der Gestalt einer Kirche am allerbesten

dem ewigen, unveränderlichen, unvergänglichen und vollkommenen Wesen der gottesdienstlichen Handlungen, indem sie besonders den Zustand der Ruhe und Beharrlichkeit unterstreicht. Ein solches Weihrauchfaß muß auf den Zelebrierenden wie eine sichtbare Erinnerung an den Sinn der Segnung des Weihrauchs wirken, seiner sakramentalienhaften Kraft, und eine besondere Strenge und Verhaltenheit bei den Räucherhandlungen fordern. Die strenge Form der flammenden Blüte vereinigt das Symbol des Glühens im Gebet zu Gott mit der von ihm über uns ausgegossenen Gnade, „dem Wohlgeruch des Hl. Geistes".
Wir konnten hier nur einige wenige Typen von kirchlichen Kunstgegenständen behandeln. Aber auch diese kurze Übersicht läßt den Schluß zu, daß in den Werken des russischen Kirchengeräts, wie auch in der Ikonenmalerei, eine hohe Symbolik lebt, die einfach und klar ausgedrückt wird.

2. Sakrale Baukunst

Schon bald nach der Christianisierung nahm die Bautätigkeit an Klöstern und Kirchen auf dem gesamten riesigen Territorium Rußlands ein enormes Ausmaß an.
Einer der führenden Forscher, der Kunsthistoriker I. Grabar' stellte fest: „Wenn all das, was in Rußland auf dem Gebiet der Kunst geschaffen worden ist, zusammengefaßt werden soll, dann kommt man zu dem Schluß, daß es ein Land der Baumeister gewesen sein muß. Das Empfinden für die Proportionen, das Verständnis für die Silhouette, das Gefühl für alles Dekorative, der Erfindergeist für neue Formen – mit einem Worte –, alle architektonischen Tugenden begegnen uns im Verlaufe der ganzen russischen Geschichte so beständig und überall verbreitet, daß einen unwillkürlich der Gedanke überkommt, das russische Volk sei von ganz außergewöhnlicher Begabung auf dem Gebiete der Architekturschöpfung."[49]
In der altrussischen Baukunst begegnen wir Zügen, die mit denen der Architektur der gesamten christlichen Welt übereinstimmen. Doch gibt es auch zahlreiche Eigenheiten, die die russischen Kirchen wesentlich von Kirchenbauten anderer Länder unterscheiden, sogar von solchen in orthodoxen Ländern, besonders von denen in Byzanz.[50] Diese Unterschiede belegen den eigenständigen nationalen Weg innerhalb des Christentums und sind Ausdruck eigenständiger russischer Sakralbaukunst.
Die wohl älteste Eigenheit russischer Kirchenbauten ist die Herausbildung der „vielhäuptigen" Kirchen. Die ersten Kirchen, die nach der

Kirchliche Kunst und sakrale Baukunst

Abb. 1   Zehntkirche zu Ehren Mariä Entschlafen Kiev,
Ende des 10., Anfang des 11. Jh.

„Taufe Rußlands" errichtet wurden, waren vielhäuptige Bauten: die hölzerne Kirche der hl. Sophia in Groß-Novgorod (989) mit dreizehn Häuptern[51], die Zehntkirche zu Ehren Mariä Entschlafen (989–996) – und deren Umbau (1039) mit ihren fünfundzwanzig Häuptern[52], die in Stein aufgeführte Sophien-Kathedrale in Kiev (1037–1043) (vgl. Abb. 2) mit dreizehn Häuptern[53] (s. Abb. 37 im Anhang), die Sophien-Kirche zu Polock (1044–1066) mit sieben und die Kathedrale zu Ehren des Erzengels Michael zu Kiev (1078–1088) mit fünfzehn Häuptern[54] und viele andere mehr.

Im Unterschied zu den byzantinischen Kirchen mit ihren flach abschließenden großen Kuppeldächern waren die russischen Kirchen mit kleineren halbkreisförmigen Kuppeln, den Häuptern, gekrönt, welche auf farbige, vielkantige, manchmal aber auch runde Postamente, die sogenannten „Hälse", gesetzt wurden.[55]

Die Ausgestaltung dieser Häupter veränderte sich im Laufe der Zeit wesentlich. Von der flachen Halbkreisform wandelte sich die Gestalt zur Zwiebelkuppel (vgl. Abb. 2).

Sakrale Baukunst

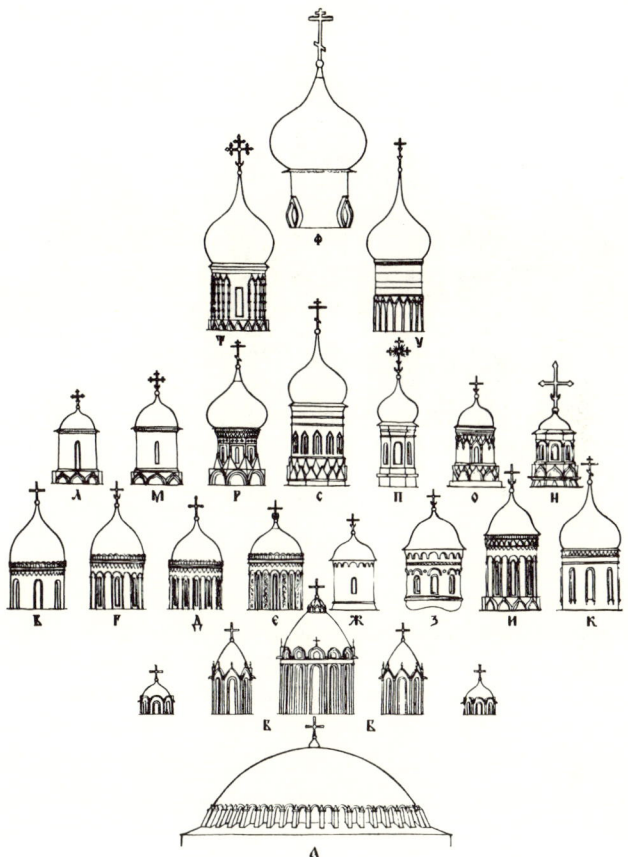

Abb. 2   Die Entwicklung der Kuppelformen in Rußland

(A) Sophien-Kathedrale in Konstantinopel – 6./7. Jh., (Б) Sophien-Kathedrale in Kiev – Anfang 9. Jh., (В) Christi-Auferstehung-Kathedrale zu Pereslavl'-Saleskij – 1152–1157, (Г) Kirche Mariä Schutz und Fürbitte am Nerl – 1165, (Д) Mariä-Entschlafen-Kathedrale in Vladimir – 1189 – Datum der Neukonstruktion der Kuppel, Kirchenbau – 1158, (E) Kathedrale zu Ehren des hl. Märtyrers Demetrios von Thessaloniki in Vladimir – 1194–1197, (Ж) Mariä-Entschlafen-Kirche auf dem Bolotovfeld bei Groß-Novgorod – 1352, (З) Kirche des hl. Märtyrers Theodoros des Stratelaten in Groß-Novgorod – 1361, (И) Christi-Verklärung-Kirche im Erlöser-Andronikov-Kloster zu Moskau – 1425–1427, (K) Mariä-Entschlafen-Kathedrale im Moskauer Kreml – 1475–1479, (Л) Kirche zu Ehren des hl. Märtyrers Trifon in Moskau – Anfang 16. Jh., (M) Christi-Geburt-Kirche im Dorf Jurkino – Anfang 16. Jh.,

Fortsetzung nächste Seite

Abb. 3   Kathedrale der hl. Sophia in Kiev, 1037–1043

„Die Lehre darüber, daß das Dach der Kirche nicht einfach der Abschluß eines gewöhnlichen Gebäudes sein darf, dem man jede beliebige Form geben könne, es vielmehr im unmittelbaren Sinne des Wortes ein Haupt sein soll, welches die Herrschaft Christi über das Christentum auszudrücken vermag – diese Lehre hat unwandelbar den unmittelbaren Anlaß dafür gegeben, daß unsere Architekten anstelle der flachen byzantinischen Kuppel die uns so sehr vertraute Zwiebelturmform

---

(Н) Christi-Himmelfahrt-Kirche im Dorf Kolomenskoe bei Moskau – 1532, (О) Kirche des hl. Antipij in Moskau – 1. Hälfte 16. Jh., (П) Christi-Geburt-Kirche im Dorf Besedy – 16. Jh., (P) Dreieinigkeits-Kathedrale in Moskau – 1594, Datum der Kuppelneukonstruktion, Kirchenbau 1552–1555, (С) Glockenturm „Ivan Velikij" im Moskauer Kreml – 16. Jh., (Т) Kirche zu Ehren des hl. Johannes Chrysostomos in Jaroslavl' – 1649–1654, (У) Kirche zu Ehren des hl. Apostels und Evangelisten Johannes des Theologen über dem westlichen Tor des Kreml zu Rostov – 1670–1683, **(Ф)** Christi-Verklärung-Kirche in Kiži – 1714.

Aus dieser Tabelle wird offenkundig, daß die byzantinischen Kirchen mit Kuppeln, in Rußland aber durch Häupter gekrönt wurden. In der Reihe В – К sehen wir das Erlöschen der Flamme, wobei von Д – З dieses mit dem Interregnum und der Tatarenzeit zusammenfällt. Im 16. Jh., wie auch im 11. Jh., erkennen wir die Verwendung fast aller Häupterformen. Dieses waren die Zeiten der Einigkeit, der Blüte und der „Sammlung geistigen Lichtes".

haben entwickeln müssen, die Zwiebelform als Gestalt des Hauptes..."[56]

Wenden wir uns nun der Betrachtung der Kiever Sophien-Kathedrale zu (Abb. 3).

Anstelle einer einzigen, wahrhaft gewaltigen, himmelsgleichen, lichtdurchfluteten und schwebenden, eine Halbkugel bildenden Kuppel, die in ihrer mächtigen Schlichtheit und kosmischen Offenheit die Vorstellung durchdringender Klarheit vermittelt, sehen wir in der Kiever Sophien-Kathedrale einen russischen vielhäuptigen Kirchenbau. Es ist dem Bild des harmonischen und einzigen Himmels, der offen und bis in seine letzten Grenzen durchdringbar erscheint, entgegengesetzt und verkörpert die Idee des geheimnisvollen, mystischen Kosmos.

Die Farbigkeit der russischen Kirchen des 16./17. Jh. verstärkte sich durch das Hinzukommen der „kokošnik" genannten Fassadenverzierungen, welche, den Kuppeln ähnlich, die Form einer Flamme nachbildeten. Bezieht man diese Symbolik ein, so darf man sich an eine Deutung der russischen vielhäuptigen Kirchen wagen.

Kirchenbauten mit vielen Kuppeln, wie sie in der Periode der Kiever Rus' üblich waren, verschwanden in der Zeit der Zerrissenheit und der Tatarenherrschaft fast vollständig. Bis zum 16. Jh. ist kein Kirchenbau mit mehr als fünf Kuppeln sicher nachweisbar, mit Ausnahme (und auch das nur mit Vorbehalt) der Trinitäts-Kathedrale zu Pskov, die 1367 errichtet wurde und sieben Kuppeln aufweist. Dennoch blieb mit dem Gebet um Befreiung und Vereinigung des russischen Volkes die Idee von den vielhäuptigen Kirchen erhalten. Nach der Schlacht auf dem Schnepfenfeld (1380), die das Ende der Fremdherrschaft ankündigte, erleben wir ein Wiederaufleben des Konzepts vielhäuptiger Kirchenbauten in den Miniaturen aus dem Anfang des 15. Jh.[57]

1547 errichtete man neben dem Schloß zu Kolomskoe im Dorf Djakov eine Kirche mit sechszehn Häuptern zu Ehren Johannes des Täufers. Zur Erinnerung an die Einnahme von Kazan' und von Astrachan wurde im Zentrum Moskaus, auf dem Roten Platz, die ursprünglich neunhäuptige, im 17. Jh. in eine fünfundzwanzighäuptige umgewandelte Trinitäts-Kathedrale aufgeführt.[58]

Die Mariä-Verkündigung-Kathedrale im Moskauer Kreml erhielt 1564 neun Häupter, wie auch die Erlöser-Kathedrale „na boru". In Moskau und in seiner näheren Umgebung wurden im 17. Jh. mehrere vielhäuptige Kirchen errichtet.

Das Entstehen solcher vielhäuptigen Kirchenbauten darf stets als ein Zeichen für das Bestehen einer einheitlichen Herrschaft in Rußland, sowohl in der Geschichtsepoche der Kiever Rus', als auch des Moskauer

310   *Kirchliche Kunst und sakrale Baukunst*

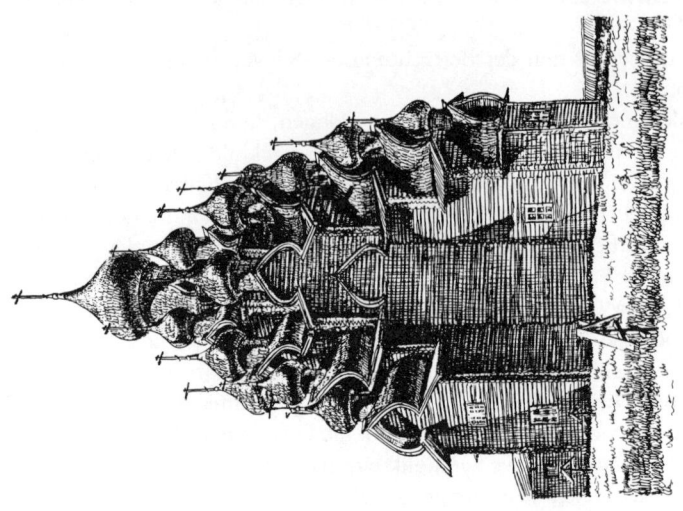

Abb. 5 Christi-Verklärung-Kirche auf dem Dorffriedhof von Kiži

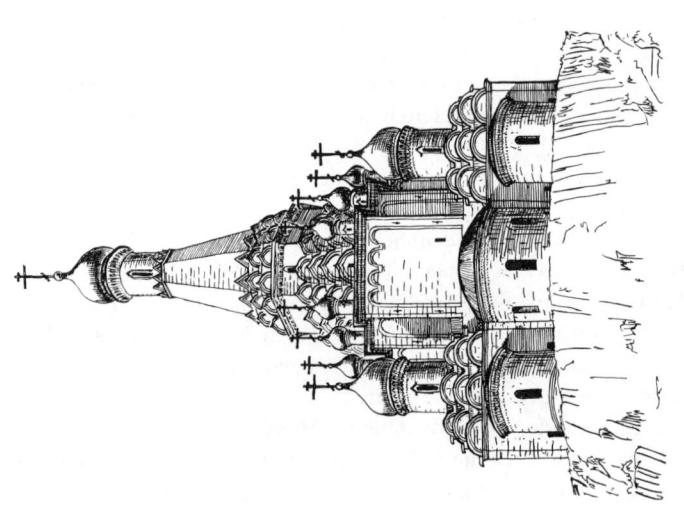

Abb. 4 Christi-Verklärung-Kirche im Dorf Ostrov bei Moskau

Reiches verstanden werden.[59] Nicht umsonst hat der historisch verläßliche, feinsinnige Forscher Ivan J. Zabelin das Aufkommen der vielhäuptigen Kirchen die „versammelte Vielhäuptigkeit" genannt.[60] Die Verwendung der Vielhäuptigkeit offenbart auch eine Zahlensymbolik.[61] Am offenkundigsten ist dies der Fall, wo die Zahl der Häupter derjenigen der Altäre entspricht, wie es am Beispiel der Sophien-Kathedrale in Kiev im 18. Jh. deutlich wird: Ihren neunzehn Altären entsprachen neunzehn Kuppeln. Im 17. Jh. befanden sich in der von 25 Häuptern gekrönten Trinitäts-Kathedrale zu Moskau 25 Altäre. Ein wesentliches Symbol begegnet uns in der Zahl 25. In der Offenbarung des Johannes heißt es: „Alsbald wurde ich vom Geist ergriffen. Und siehe, ein Thron stand im Himmel, und auf dem Thron saß einer. Und der da saß, war anzusehen wie der Stein Jaspis und Sarder; und ein Regenbogen war um den Thron, anzusehen wie ein Smaragd. Und um den Thron waren vierundzwanzig Throne, und auf den Thronen saßen vierundzwanzig Älteste..." (4,2–4). Aus diesen Worten des Apostels wird deutlich, daß die Zahl 25 den Thron der Allheiligen Dreieinigkeit und die ihn umgebenden zwölf Patriarchen des Alten Bundes und die zwölf Apostel des Neuen Bundes darzustellen hat.[62]

Die Vielhäuptigkeit ist charakteristisch für die Blütezeiten Rußlands. In den harten Jahren der Tatarenherrschaft begegnen wir strengen Linien in der Kirchenarchitektur, vor allem Bauten mit nur einem Haupt. Diese finden wir in großer Zahl in der Gegend um Pskov und in der Nähe von Novgorod, aber auch um Rjazan' und Moskau, also überall dort, wo sich die geistigen Kräfte zur Überwindung der Fremdherrschaft sammelten. Die Konturen dieser Bauten sind sehr eigenwillig. Sie erinnern an Krieger in ihren Panzern und Helmen. Diese anthropomorphe Ausformung war zutiefst bewußt. Denken wir daran, daß der russische Kirchenbau „Haupt" und „Hals" besitzt, daß die Häupter-Kuppeln die Bezeichnung „Helm" erhielten und sogar eine „Stirn" erkannt wurde[63], während die Dächer der Bauten „Schultern" genannt wurden. Das strenge Bild, das an das Kriegshandwerk erinnerte, wurde noch gesteigert durch die Umwandlung der Fenster in schießschartenähnliche Öffnungen (vgl. Abb. 6 und 7). Die Kuppeln wandelten sich fast vollständig in die Gestalt von Helmen. Die „Schuppendächer" wurden aus Blei, Espenholz oder Eisen gefertigt, auf daß sie mehr und mehr den Eindruck eines gepanzerten Kriegers hervorriefen. Das russische Volk glich mit seinen Kirchenbauten einem Heer, welches sich zur Verteidigung der Städte bereitet. Ein sehr eindringliches Bild solcher „Stadtkrieger" erweckt das Bild der Stadt Pskov jenseits des Flusses im 15. Jh.

312 Kirchliche Kunst und sakrale Baukunst

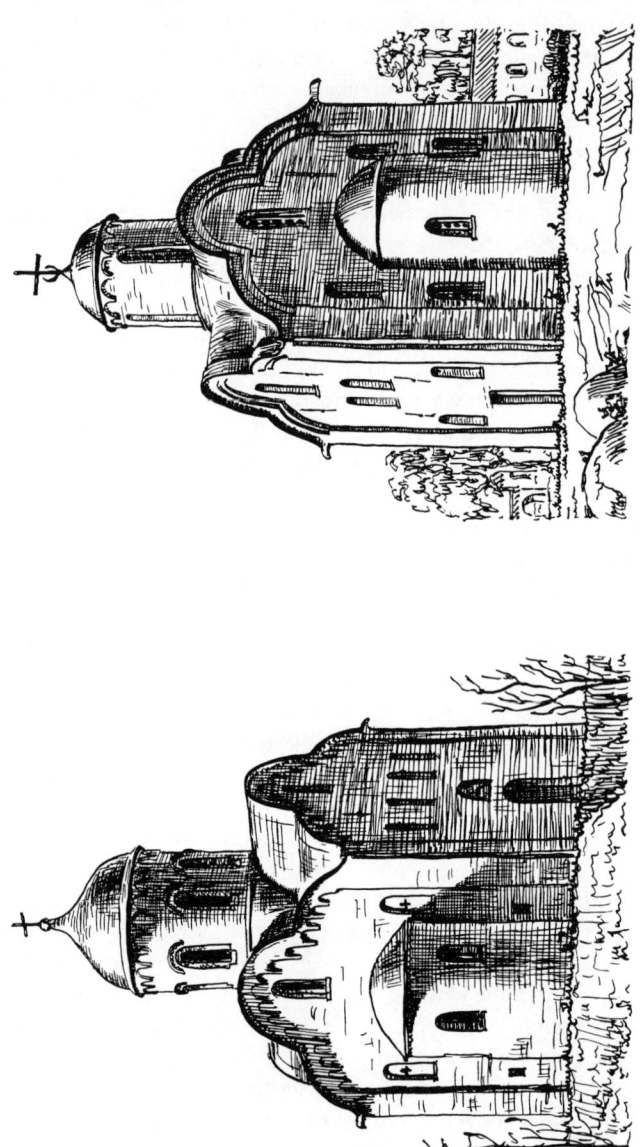

Abb. 6/7 Kirchen mit nur einem Haupt
6a Mariä-Geburt-Kirche in der Perynskij Einsiedelei Nähe Novgorod, Ende 12./Anf. 13. Jh.
6b Kirche des hl. Nikolaos a. d. Lipna bei Groß-Novgorod, 1292

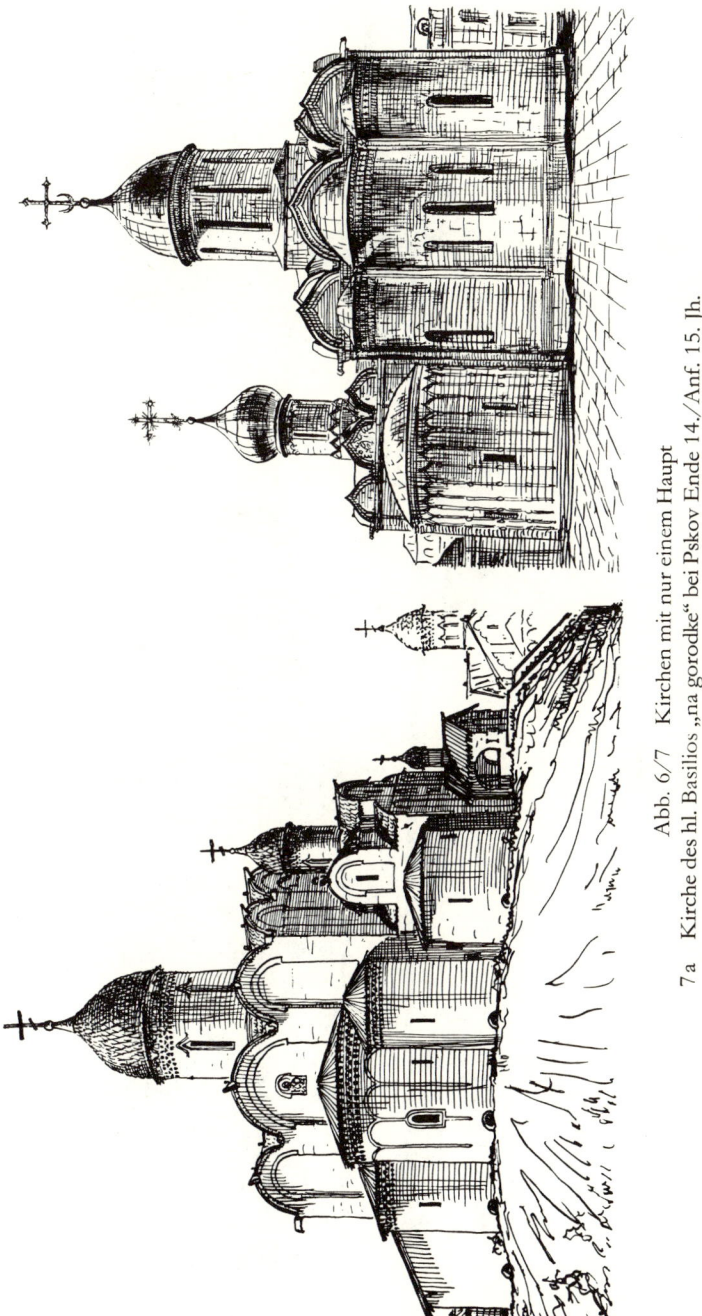

Abb. 6/7   Kirchen mit nur einem Haupt
7a   Kirche des hl. Basilios „na gorodke" bei Pskov Ende 14./Anf. 15. Jh.
7b   Trinitäts-Kathedrale im Troice-Sergiev-Kloster, Ende des 14. Jh.

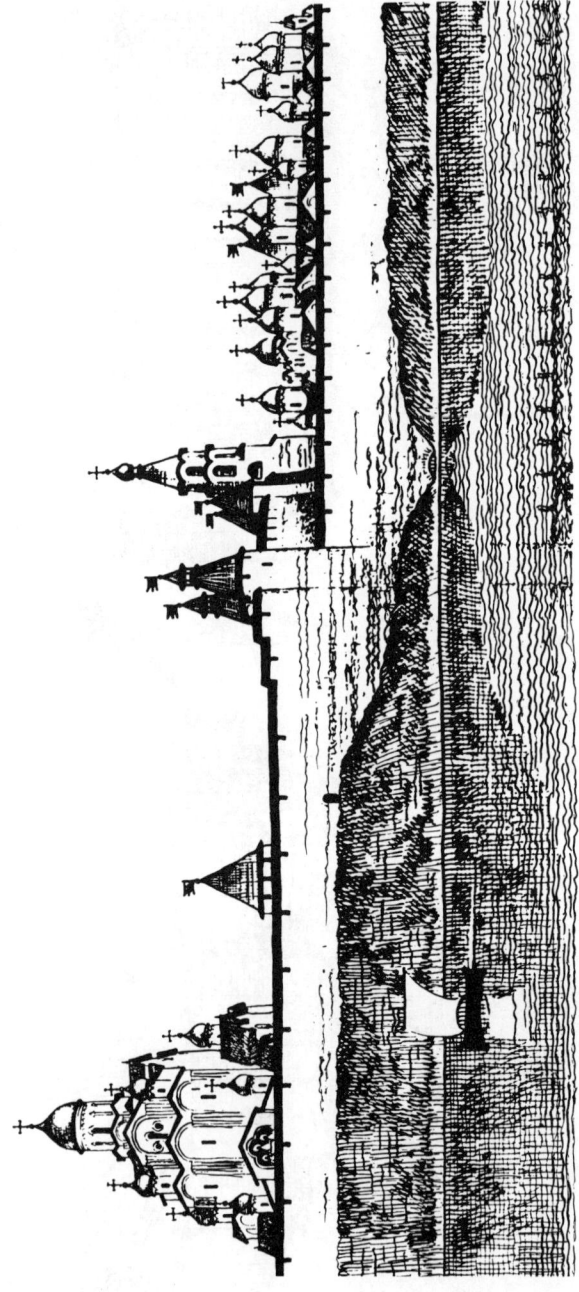

Abb. 8 Pskov jenseits des Flusses Velikaja im 15. Jh.
(Rekonstruktion von G. J. Mokeev, in: Das Stadtzentrum des altslavischen Veče-Pskov, Moskau 1971, S. 20–21)

Abb. 9   Mariä-Entschlafen-Kirche zu Uglič

Inmitten der vielen Türme erhob sich als „Heerführer" über das ganze Heer die mächtige Trinitäts-Kathedrale, zu deren Rechten die achtzehn Kirchen der Stadt die Gruppe der wichtigsten Anführer der „Truppen" bildeten, welche ihrerseits durch die Gruppe der Kirchenbauten in den Vorstädten symbolisiert wurden. Diese Kirchen erhoben sich wiederum über den Gebäuden der Paläste. Ähnliche Bilder boten die Städte Novgorod und Smolensk, Vladimir und Moskau.

Viele russische Kirchen sind aufgrund von Gelübden zur Erinnerung an einen Sieg im Kampf errichtet worden. Deshalb wurde in den Architekturformen Kriegssymbolik entwickelt.

316 *Kirchliche Kunst und sakrale Baukunst*

Abb. 10   Mariä-Entschlafen-Kirche zu Kondopog

Nicht nur die von einer mächtigen Kuppel gekrönten, sondern auch die vielhäuptigen Kirchenbauten sind diesem Bild verbunden. Das läßt sich an den Beispielen der Kirchenplätze im Moskauer Kreml, des alten Kiev und des Ensemble von Kiži nachweisen.

Schon gegen Ende des 15. Jh. erscheinen offenbar in Rußland die ersten Zeltdachkirchen. Im 16./17. Jh. erreichen sie ihre weiteste Verbreitung. Die hier zur Ausformung gelangende Architektur des achteckigen Zeltdaches, welches mit einer Kuppel und dem Kreuz abgeschlossen wurde, ist eine weitere hervorragende Besonderheit der russischen Baukunst. Die Aussagegewalt dieser Bauform eröffnet sich in ihrer Zahlensymbolik, aber auch historisch und durch die Form selbst. Der Gestalt des achteckigen Zeltdaches liegt die Zahl neun zugrunde, die sich aus den acht Ecken und dem geometrischen Zentrum, der Spitze des Zeltes, ergibt. In der christlichen Symbolik begegnen wir der

Sakrale Baukunst 317

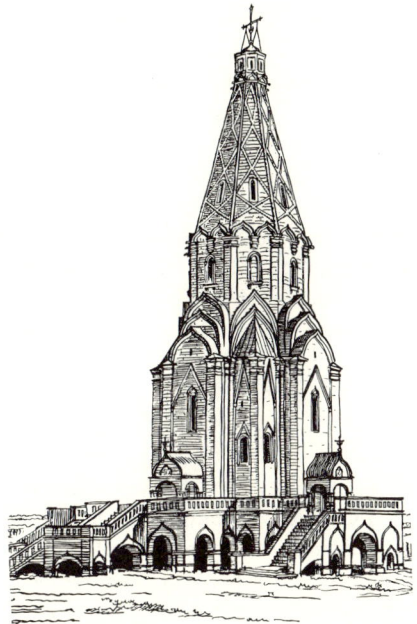

Abb. 11 Christi-Himmelfahrt-Kirche im Dorf Kolomenskoe

Zahl neun als Symbol der neun Ränge der himmlischen Mächte und in der Neunzahl der Ränge aller Gott wohlgefälligen Heiligen, welche jeweils wieder in eine dreistufige Hierarchie unterteilt werden.[64]
In den achteckigen Zeltdachkirchen Rußlands ist ein Symbol der Himmelskönigin zu sehen, die mit einem Haupte gekrönt ist, welches das Kreuz trägt – mit dem Symbol unseres Herrn Jesus Christus. Patriarch Nikon hatte das Errichten neuer Zeltdachkirchen verboten. Dennoch wurden besonders im Norden des Landes weiter Gottesmutter-Zeltdachkirchen gebaut. Als Beispiele mögen hier genannt werden die Gottesmutter-Kathedrale „Hodigitria" in Vjazma und die Mariä-Entschlafen-Kirche in Kondopog.
In der russischen Geschichte erschien die Gottesgebärerin stets als Verteidigerin, als Rückhalt, als Trost und als Sieg. Durch viele Wunder hat sie die russische Erde gesegnet. Ihre wundertätigen Ikonen wurden dem russischen Heer vorangetragen; den Novgorodern die Ikone des „Zeichens", den Smolenskern die „Hodigitria", dem Heer von Vladimir die Ikone „Die Tröstung". Das Moskauer Reich beschützten die Ikonen

der hl. Gottesgebärerin von Vladimir, Kazan', Bogoljubsk, der Iberischen, der „Heimsuchung aller Verlorenen" und des „Nichtverbrennenden Dornbuschs". Unüberschaubar groß ist die Zahl der wundertätigen Ikonen in Rußland. Jede Kirche erfuhr durch sie ihre Weihe. Nicht zufällig war, daß man Rußland in alter Zeit „das Haus der ökumenischen allheiligen Gottesgebärerin" nannte.[65]

Das „Haus der ökumenischen allreinen Gottesgebärerin" hat seine Herrin auch in der Trinitäts-Kathedrale zu Moskau verherrlicht (Abb. 12). Im Zentrum des Kreuzes mit acht Enden, das durch die Nebenaltäre gebildet wird, erhebt sich die Zeltdachkirche zu Ehren Mariä Schutz und Fürbitte. Architektonisch und symbolisch verstärkte man die acht Ecken durch acht Häupter. Hierdurch erreichte man für den Plan der Kirche eine große Ähnlichkeit zur Ikone des „Nichtverbrennenden Dornbuschs". Insgesamt darf gesagt werden, daß sich in diesem Bauwerk all jene besonderen Elemente nachweisen lassen, welche die russische Sakralbaukunst auf ihrem geistigen Entwicklungsweg herausgebildet hat. Die Trinitäts-Kathedrale ist sowohl eine vielhäuptige, als auch eine Zeltdachkirche. Ihre Kuppeln gehören in ihrer vielfältigen Formgebung zu den schönsten. Der Betrachter ist von der architektonischen Gestaltung dieser Kirche begeistert, und sie gilt als Hauptstudienobjekt für die russische Baukunst. Ungeachtet der vielen Veröffentlichungen harrt die Trinitäts-Kathedrale noch immer ihrer grundlegenden und tiefschürfenden Erforschung, dabei besonders der Ausdeutung ihrer Symbolik.

Der Eindruck dieser Kathedrale auf den Besucher ist treffend in den Worten des Patriarchen Sergij festgehalten[66]: „Nach dem Sieg über Kazan' im 16. Jh. legten unsere Vorfahren jedweden Anflug von Überheblichkeit dank des herrlichen Sieges und der Besetzung von sich ab, schrieben dieses alles vielmehr der göttlichen Vorsehung zu und errichteten zu Ehren all dessen in Moskau auf dem Roten Platz die herrliche Kathedrale, die mit Recht das achte Weltwunder genannt wird. Es ist die Basilios-Kathedrale. Die Inspiration der russischen Meister übertraf alle Erwartungen und setzt alle Betrachter bis zum heutigen Tage in Erstaunen."

Die unterschiedlichste Ausgestaltung der vielfältigen Verzierungen, die Ausmalung der geometrischen Ornamente, der Querbalken, der Reliefarbeiten, der vielfarbigen Kacheln, der Beschläge und Ziselierungen in vergoldetem Kupfer ist eine Besonderheit der russischen Baukunst. Die reiche Ausstattung und Ausgestaltung der altrussischen Kirchen darf nicht nur als Schmuck verstanden werden, sondern stets als darstellende, belehrende Symbolik, die durch den Reichtum und die Vielfalt, die Unerschöpflichkeit der Erscheinensformen Gottes in seiner Schöpfung, seines Willens und seiner Offenbarung verstanden werden muß. Sie sind stets Angebot der Kirche an die Gläubigen.

Im Unterschied zu vielen anderen Ländern ist die darstellende Symbolik in Rußland nicht allein der Sakralkunst vorbehalten, sondern man kann ihr an jeder Art Gebäude begegnen, angefangen bei kleinen Brunnen und Toren bis hinauf zu den gewaltigen Festungsmauern. Sie umfaßt die gesamte Architektur einer russischen Stadt. Sie verband diese mit der Natur, so daß die Stadt zur Verkörperung der hymnischen Worte des Psalmendichters werden konnte.

Abb. 12   Trinitäts-Kathedrale in Moskau

Zu den häufigsten verwendeten Symbolen für den Schmuck der Kirchen gehören der Wein und die Lilie. Die Worte des Erlösers „Ich bin der wahre Weinstock" und „Ich bin der Weinstock, ihr seid die Reben. Wer in mir bleibt und ich in ihm, der bringt viel Frucht; denn ohne mich könnt ihr nichts tun" (Joh 15,1 und 5) erweisen dieses Symbol als Bild Christi, seines Opfers, als Eucharistie, folglich auch als Bild seiner Kirche und endlich auch als Paradies.

320 Kirchliche Kunst und sakrale Baukunst

Abb. 13 Silhouette des Zentrums von Groß-Rostov

Ähnlich bilderreich wie das Symbol der Weinrebe ist das der Lilie. Es handelt sich dabei um eine sechsblättrige Blume. Wir haben es also mit einer vollendeten, über sieben Enden verfügenden Figur zu tun. Eine weiße Lilie mit gelbem Zentrum wurde in der christlichen Vorstellung zum Symbol der sieben Gnadengaben des Hl. Geistes. Zu den Symbolen in Gestalt der sechsblättrigen Lilien fügt sich die Darstellung einer der schönsten Blumen auf der Erde: das Bild der weißen Seerose.
In der russischen Symbolik erscheinen alle weißen Seerosen und Lilien zum Betrachter hin entfaltet und stets kreisförmig. Die unterschiedliche Zahl der Blütenblätter gestattet es, für jede gewünschte geistige Aussage die nötige Zahl zu wählen.
Göttliche Schöpfungen und Willensoffenbarungen, welche auf keinerlei anderen Wegen hätten dargestellt werden können, fanden in geometrischen Figuren ihren Ausdruck.
In dieser Hinsicht ist der Reichtum an Symbolik im Bauwerk der Trinitäts-Kathedrale zu Moskau bewunderungswürdig.

In der russischen Geschichte fallen die Blütezeit der darstellenden Symbolik und der Bau vielhäuptiger Kirchen zeitlich zusammen. Als Symbol der Strenge und der Asketik, als Bild des angespannten Kampfes mit den Feinden des russischen Reiches, ist die urwüchsige Kirchenarchitektur zweier Städte erhalten geblieben – von Groß-Novgorod, dem „Vater aller russischer Städte", und von Pskov, der Heimat der christlichen Erleuchterin der Rus', der apostelgleichen Großfürstin Olga.
Die Silhouetten russischer Städte waren reich und ausdrucksvoll (Abb. 13).
Die vertikalen Linien der Glockentürme zeugen nicht nur als Symbol vom Emporsteigen der frohen Kunde zum Himmel, sondern auch von unserem eigenen Streben zu Gott. Gleichzeitig sind diese Linien aber auch Ausdruck der entgegengesetzten Bewegung des Herabkommens göttlicher Gnade, des Segens der Allreinen und der Segnung aller Christen um ihrer Fürbitten willen.
Neben den Ideen, die in der Architektur der einzelnen Kirchenbauten zum Ausdruck kamen, trug jede russische Stadt zusätzlich ihre eigene geistige Idee im Stadtbild vor. Jede Stadt besaß neben ihrem Stadtnamen in der christlichen Periode noch einen geistigen Namen. So war Vladimir die Stadt der hl. Gottesmutter, Pskov das Haus der Hl. Dreieinigkeit, Kiev und Groß-Novgorod die Heimat der hl. Sophia, Pereslavl'-Zaleskij das Haus des Erlösers, Izborsk das Haus des hl. Nikolaos usw.

Abb. 14   Moskau, Blick auf den Kreml von der Varvarka Straße
17. Jh. Ein Beispiel des Moskauer Stadtbildes

Solche Zuordnungen fanden in der Stadtkomposition entsprechende Berücksichtigung. Mehrere Städte bildeten in ihrer Anlage die Form des Kreuzes. Diesem Phänomen begegnen wir zum Beispiel im alten Groß-Novgorod des 12. Jh. Die wichtigsten Kathedralen, die der hl. Sophia, die des Johannes d. T. im Stadtviertel der Kaufleute, die Kathedrale zu Ehren Mariä Geburt im Antoniev-Kloster und die Auferstehungskathedrale im Auferstehungskloster auf der Insel im Mjačinsee, bildeten im Stadtplan ein Kreuz, dessen Schnittpunkt am Volchov-Strom, unweit der berühmten Stadtbrücke, lag.

Ähnliche, durch Kathedralen gebildete Kreuze kennzeichnen die Stadtpläne von Vladimir und Suzdal' (wobei wir hier nur an die ältesten Kathedralen aus dem 12./13. Jh. denken).

Fortsetzung Seite 327

Sakrale Baukunst

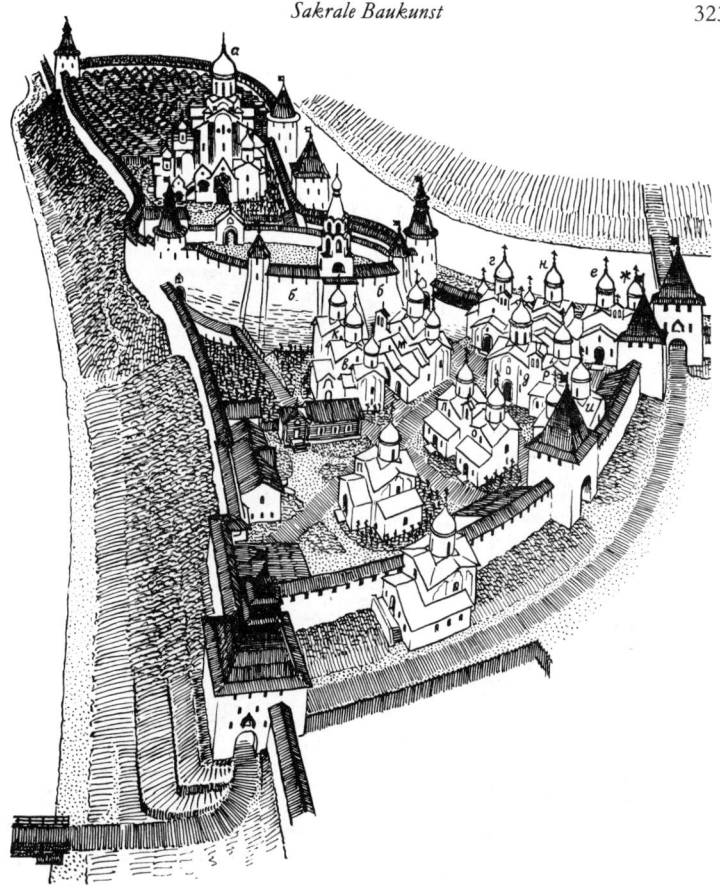

Abb. 15a   Das Haus der Heiligen Trinität – Pskov

Rekonstruktion des Stadtzentrums im 15. Jh.: (a) Trinitäts-Kathedrale mit ihren sechs Nebenaltären: der hl. Märtyrerin Paraskeva, Mariä Verkündigung, des Zeichens, der hl. Florus und Laurus, der hl. Dulder Boris und Gleb und des hl. Aleksandr Nevskij; (б) Zentrum des Hauses der Trinität, (в) Sophien-Kathedrale mit Nebenkirche des hl. Symeon, (г) Kathedrale des hl. Nikolaos mit Nebenkirche der hl. Kyros und Johannes, (д) Kathedrale des hl. Demetrios von Thessaloniki, (e) Mariä-Schutz-und-Fürbitt-Kathedrale, (ж) Kathedrale der Herabkunft des Hl. Geistes, (з) Kathedrale zu Ehren des Einzugs des Herren in Jerusalem mit Nebenkirche der gerechten Joachim und Anna, (и) Kirche zu Ehren des hl. Cyrillos von Jerusalem, (к) Kirche des hl. Märtyrers Theodoros von Tyron, (л) Kirche der Auferstehung Christi mit Nebenkirche des hl. Märtyrers Georg, (м) Kirche zu Ehren der Geburt Christi mit Nebenkirche des Erlösers, zu Ehren des nicht von Händen geschaffenen Bildes, (н) Kirche zu Ehren Mariä Geburt, (o) Kirche zu Ehren Timotheos, (п) Kirche des hl. Athanasios von Jerusalem, (p) Kirche des hl. Johannes des Theologen.

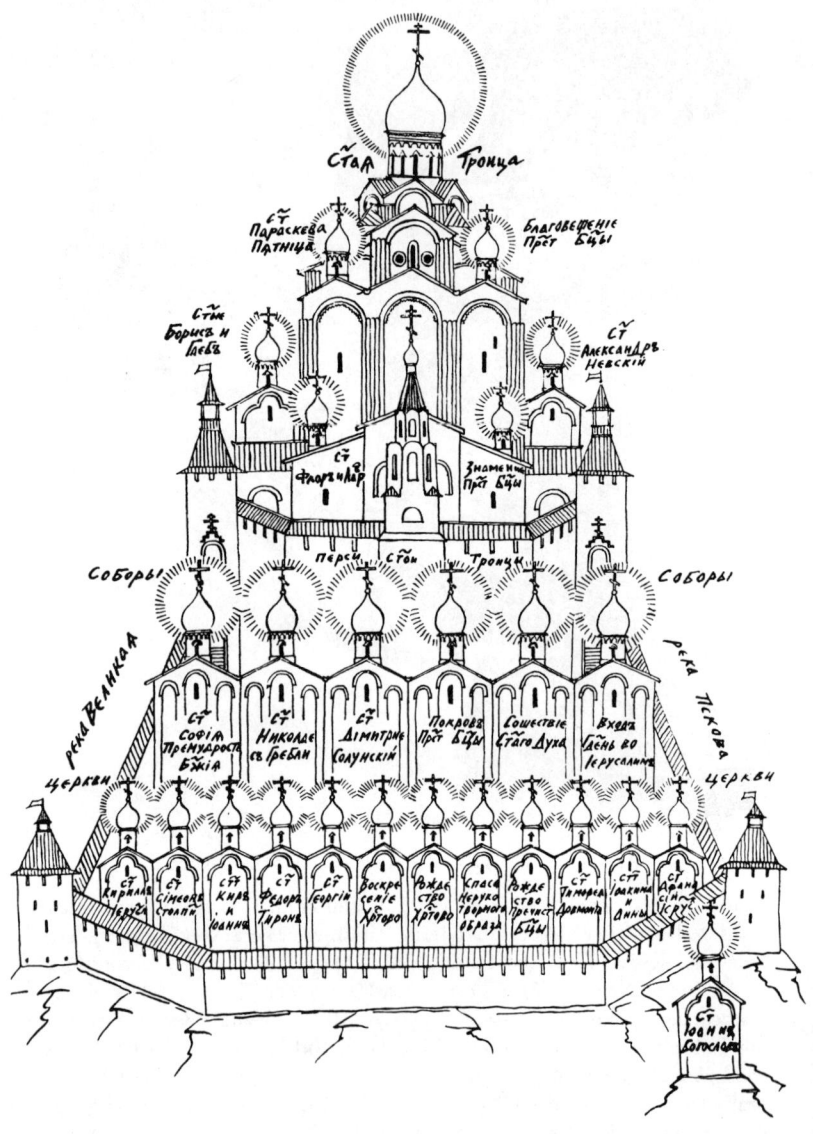

Abb. 15b   Idealisiertes Schema des Stadtzentrums von Pskov
mit der Bezeichnung aller Kirchen

Sakrale Baukunst

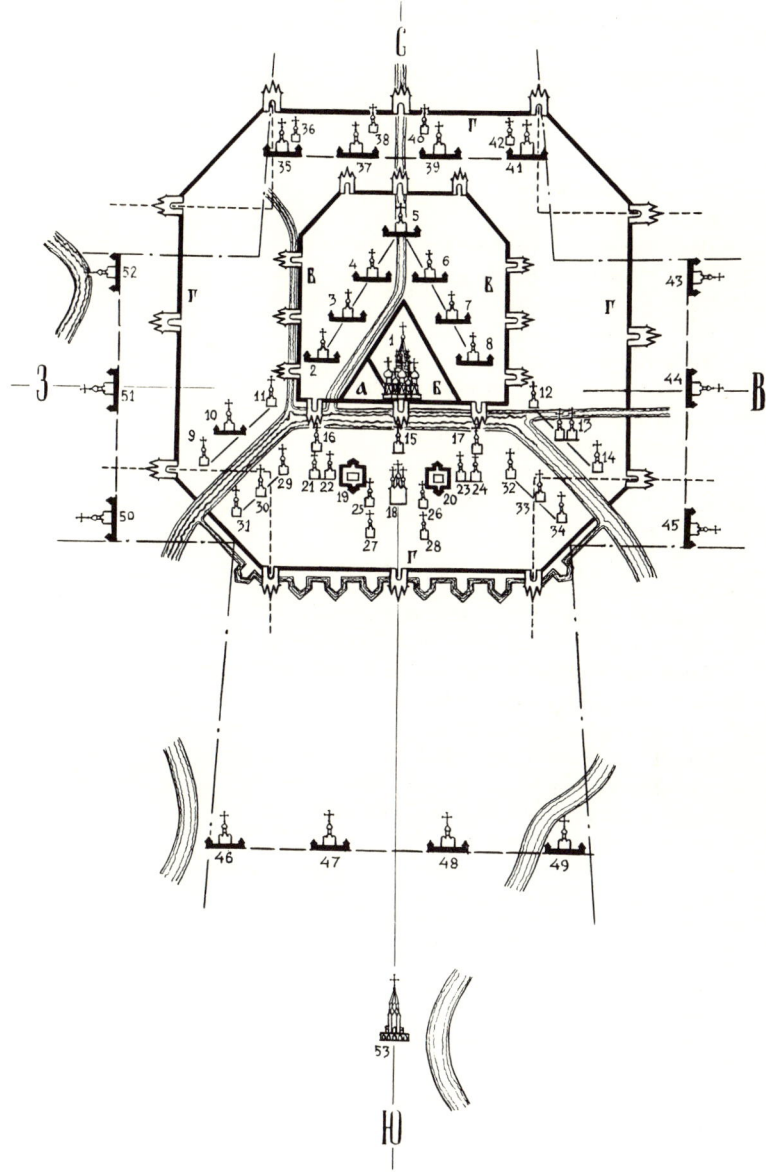

Abb. 16 Symbolische Kompositionsdarstellung der Stadt Moskau.
Ideales Schema der Stadt im 17. Jh.
А Kreml, Б Kitaigorod, В Belyj gorod, Г Skorodom

Fortsetzung nächste Seite

1 Trinitäts-Kathedrale (mit 7 Klöstern)
2 Alekseevskij-Kloster
3 Kreuzerhöhungs-Kloster
4 Nikita-Kloster
5 Georgios-Kloster
6 Varsonofevskij-Kloster
7 Chrysostomos-Kloster
8 Ivanovskij-Kloster
9 Mariä-Schutz- und -Fürbitt-Kirche
10 Mariä-Empfängnis-Kloster
11 Kirche des hl. Propheten Elias
12 Trinitäts-Kirche
13 Nikita-Kloster 'za Jauzoj'
14 Christi Auferstehung-Kirche 'v Gončarach'
15 Kirche der hl. Sophia
16 Trinitäts-Kirche 'na Berseneve'
17 Kirche zu Ehren Mariä Einführung in den Tempel
18 Christi Auferstehung-Kirche 'v Kadašach'
19 Kadaševskij Trackij dvor
20 Kadeševskij Bratskij dvor
21 Kirche zu Ehren der gerechten Joachim und Anna
22 Kirche zu Ehren der hl. Kosmas und Damianos
23 Kirche zu Ehren des hl. Johannes d. Theologen 'pod borom'
24 Kirche zu Ehren der hl. Michael und Theodoros von Černigov
25 Kirche der Herabkunft des Hl. Geistes
26 Kirche zu Ehren des hl. Kliment
27 Christi-Verklärung-Kirche 'v Nalivkach'
28 Christi-Verklärung-Kirche 'na Bolvanove'
29 Kirche zu Ehren des hl. Nikolaos 'v Golutvine'
30 Mariä-Verkündigung-Kirche
31 Kirche zu Ehren des hl. Johannes des Kriegers 'na Jakimanke'
32 Kirche zu Ehren des ehrw. Sergij von Radonež
33 Kirche zu Ehren der hll. Kosmas und Damianos
34 Kirche zu Ehren des hl. Nikolaos des Wundertäters
   Nördliche Linie der Klöster
35 Kloster der Leiden Christi
36 Mariä-Geburt-Kirche 'v Putinkach'
37 Vysoko-Petrovskij-Kloster
38 Kirche Znamenija der hl. Gottesgebärerin nahe den Petrovskich vorot
39 Roždestvenskij-Kloster
40 Kirche zu Ehren des ehrw. Sergij von Radonež
41 Sretenskij-Kloster
42 Mariä-Entschlafen-Kirche 'v Pečatnikach'
   Östliche Linie der Klöster
43 Erlöser-Andronikov-Kloster

44 Pokrovskij-Kloster
45 Novo-Spasskij-Kloster
   Südliche Linie der Klöster
46 Andreevskij-Kloster
47 Donskoj-Kloster
48 Danilovskij-Kloster
49 Simonov-Kloster
   Westliche Linie der Klöster
50 Novo-Deviči-Kloster
51 Savvin-Kloster
52 Novinskij-Kloster
53 Christi-Himmelfahrt-Kirche im Dorf Kolomenskoe

Der Höhepunkt der städtebaulichen Symbolik in Rußland wurde in Moskau im 16./17. Jh. erreicht (Abb. 16). Es ist die irdische Darstellung des in der Apokalypse beschriebenen Neuen Jerusalem in der Gestalt einer Stadt, die in ihrem Zentrum den Altar der Heiligen Trinität besitzt – die Trinitäts-Kathedrale auf dem Roten Platz. Die Stadt verfügt über zwölf Tore, jeweils drei auf jeder Seite, über das Symbol des Lebens, den Moskva-Fluß, der am Hochfest der Taufe Christi zum Jordan wurde, und letztlich über das Symbol des Lebensholzes Christi in Gestalt des Zarengartens. Der lag dem Kreml gegenüber und beherbergte die Kirche der hl. Sophia.

Offenkundig ist, daß die Gesamtanlage der Klöster oft der Beschreibung des himmlischen Jerusalem entsprechend errichtet wurde. Das läßt sich auch an der Anlage des Troice-Sergiev-Klosters ablesen, welches der ehrwürdige Sergij von Radonež gründete. Es hat zwölf Türme in seinen Mauern, beherbergt die Trinitäts-Kathedrale mit der Nebenkathedrale zu Ehren des Hl. Geistes. Diesen beiden Bauten steht die Kathedrale zu Ehren Mariä Entschlafen mit der Kirche Johannes d. T. über den hl. Pforten zur Seite.

Abb. 17   Ikone mit der Darstellung des hl. Troice-Sergiev-Klosters, gegründet von Sergij von Radonež

ANHANG

1. Anmerkungen

I. Kapitel
Abriß der Geschichte der Russischen Orthodoxen Kirche

1 Skythien nannte man seit der Zeit des griechischen Historikers Herodot (5. Jh. v. Chr.) das nördliche Schwarzmeergebiet zwischen Don und Donau.
2 Evsevij, Episkop Kesarijskij: Cerkovnaja Istorija (Eusebius von Caesarea: Kirchengeschichte). 2. Aufl. SPb. 1858, 3. Buch, 1. Kap.
3 Latyšev, V. V.: Izvestija drevnich pisatelej o Skifii i Kavkaze. 1. Grečeskie pisateli (Mitteilungen der alten Schriftsteller über Skythien und den Kaukasus. 1. Griechische Schriftsteller). In: VDI 1948, Nr. 2 (24); Izvestija drevnich pisatelej o Skifii i Kavkaze. 2. Latinskie pisateli (Lateinische Schriftsteller). In: VDI 1950, Nr. 4 (30).
Miroljubov, G.: Drevnij Chersones i Russkaja Cerkov' (Das alte Cherson und die russische Kirche). In: ŽMP 1952, Nr. 2, S. 51–57.
Latyšev, V. V.: Žitija svjatych episkopov Chersonskich. Issledovanie i teksty (Die Viten der heiligen Bischöfe von Cherson. Untersuchungen und Texte). SPb. 1906; Golubinskij, E. E.: Chersonskie svjaščennomučeniki, pamjat' kotorych 7 marta (Die heiligen Märtyrer aus dem geistlichen Stand von Cherson, deren Gedenken am 7. März begangen wird). In: IORJaS 1907, Bd. XII, Buch 1, SPb. 1907, S. 263–272; Lavrov, P. A.: Pamjatniki christianskogo Chersonesa (Denkmäler des christlichen Cherson). Lfg. 3; Žitija Chersonskich svjatych iz greko-slavjanskoj pis'mennosti (Die Viten der Chersoner Heiligen im griechisch-slavischen Schrifttum). M. 1911, S. 154–170, 180–184.
Šelov, D. B.: Raskopki severo-vostočnogo učastka Tanaisa (1955–1957) (Ausgrabungen im nordöstlichen Gebiet Tanais' [1955–1957]). In: Drevnosti Nižnego Dona, M. 1965, S. 100–103; ders.: Tanais i Nižnij Don v pervye veka našej ery (Tanais und der Untere Don in den ersten Jahrhunderten unserer Zeit). M. 1972, S. 271–292; Ljaševskij, S. (Protoierej): Istorija christianstva na zemle Russkoj s I po XI v. i Očerki po Predistorii Rossii (Geschichte des Christentums im russischen Land vom I. bis XI. Jh. und Studien zur Vorgeschichte Rußlands). Baltimore 1968, S. 26–36 (Teil I, Kap. 3: Christianskij chram apostol'skogo veka v drevnem Tanaise [Der christliche Tempel zur Zeit der Apostel im alten Tanais]).
4 Epifanij, Ieromonach: Skazanie o žitii i dejanijach i končine svjatogo i vsechchval'nogo i pervozvannogo iz apostolov Andreja (Erzählung über das Leben und die Taten und den Tod des heiligen und hochgepriesenen und erstberufenen der Apostel Andreas). Griechischer Text: PG, t. 120,

col. 216, Paris 1864. Slavischer Text: Veeikie Minei Čet'i, sobrannye Vserossijskim mitropolitom Makariem. 30 nojabrja. In: GIM, Nr. 786 (Sin. 988), 11. 1266 ob. – 1283.
5 Ebd.
6 Vasil'evskij, V. G.: Russko-vizantijskie otryvki. 1. Dva pis'ma imperatora Michaila VII Duki k Vsevolodu Jaroslavoviču (Russisch-byzantinische Fragmente. 1. Zwei Briefe des Kaisers Michael VII. Dukas an Vsevolod Jaroslavovič). In: ŽMNP 1875, Nr. 12, S. 270–315. Dasselbe in: Trudy V. G. Vasil'evskogo. Bd. 2, Lfg. 1, SPb. 1909. S. 3–55.
7 Innokentij, Archimandrit (Gizel'): Sinopsis ili kratkoe sobranie ot raznych letopiscev, o načale slavjano-rossijskogo naroda i pervonačal'nych knjazej Bogospasaemogo grada Kieva. O žitii svjatogo blagovernogo velikogo knjazja Kievskogo i vseja Rossii pervejšego samoderžca Vladimira i o naslednikach blagočestivyja deržavy ego Rossijskija (Synopse oder kurze Sammlung verschiedener Chronisten über den Anfang des slavisch-russischen Volkes und die ersten Fürsten der von Gott beschützten Stadt Kiev. Über die Vita des heiligen rechtgläubigen Großfürsten von Kiev und ganz Rußland, des ersten Selbstherrschers Vladimir und über die Erben seines frommen russischen Reiches). Kievo-Pečerskaja Lavra 1674; 25. Aufl. Kiev 1861, S. 20.
8 Berlinskij, M. F.: Kratkoe opisanie Kieva (Kurze Beschreibung Kievs). SPb. 1820, S. 189.
9 Malyševskij, I. I.: Skazanie o posešcěnii russkoj strany svjatym apostolom Andreem (Erzählung über den Besuch des russischen Landes durch den Apostel Andreas). In: TKDA 1888, Nr. 6, S. 337–350. Das gleiche in: Vladimirskij Sobornik. V pamjat' devjatisot-letija Kreščenija Rossii. Kiev 1888, S. 1–51; Petrovskij, S. V. (Ierej): Skazanie ob apostol'skoj propovedi po Severo-Vostočnomu Černomorskomu poberež'ju. Očerk iz istorii drevne-christianskoj literatury (Erzählung über die apostolische Predigt im nordöstlichen Schwarzmeerküstengebiet. Abriß der Geschichte der altchristlichen Literatur). Odessa 1898.
10 Ljaševskij, S. (Protoirej): Istorija christianstva v zemle Russkoj s I po XI vek i Očerki po Predistorii Rossii (Geschichte des Christentums im russischen Land vom I. bis XI. Jahrhundert und Studien zur Vorgeschichte Rußlands). Baltimore 1968, S. 132.
Malyševskij, I. I.: Sputniki i učeniki svjatogo apostola Andreja (Gefährten und Jünger des hl. Apostels Andreas). In: TKDA 1889, Nr. 12, S. 545–567.
11 Sacharov, A. N.: „Diplomatičeskoe priznanie" Drevnej Rusi (860. g.) (Die „diplomatische Anerkennung" der alten Rus' [i. J. 860]). In: VI 1976, Nr. 6, S. 64.
12 Toločko, P. P.: Drevnij Kiev (Das alte Kiev). Kiev 1976.
13 Golubinskij, E. E.: Istorija Russkoj Cerkvi. T. 1: Period pervyj. Kievskij ili domongol'skij. Pervaja polovina toma (Geschichte der russischen Kirche. Bd. 1: Erste Epoche, die Kiever oder die vormongolische. 1. Hälfte des

Anmerkungen zu Kapitel I 331

Bds.). M. 1901. Der griechische Text des Patriarchen Photios: PG 102, Paris 1860, col. 721–742.
14 Pamjatniki prosvetitel'noj dejatel'nosti svjatoj blagovernoj velikoj knjagini Ol'gi Rossijskoj v Pskovskoj strane (Denkmäler des missionarischen Wirkens der hl. rechtgläubigen Großfürstin Olga von Rußland im Pskover Land). SPb. 1883, S. 10, 19.
15 Mošin, V. A.: Christianstvo v Rossii do svjatogo Vladimira (Das Christentum in Rußland bis zum hl. Vladimir). In: Vladimirskij Sbornik. V pamjat' 950-letija Kreščenija Rusi. 988–1938. Belgrad 1938, S. 16.
16 Makarij, Mitropolit (Bulgakov): Istorija Christianstva v Rossii do ravnoapostol'nogo knjazja Vladimira, kak vvedenie v Istoriju Russkoj Cerkvi (Die Geschichte des Christentums in Rußland bis zum apostelgleichen Fürsten Vladimir, als Einführung in die Geschichte der russischen Kirche). SPb. 1846, 2. Aufl. SPb. 1868, S. 262–267.
17 Rozov, N. N.: Sinodal'nyj spisok sočinenija Ilariona – russkogo pisatelja XI veka (Synodales Verzeichnis der Werke Ilarions – eines russischen Schriftstellers des XI. Jh.). In: Slavia 32, 1963, Lfg. 2., S. 143–175.
18 Pravila svjatych Apostol, svjatych Soborov, vselenskich i pomestnych, i svjatych Otec s tolkovanijami (Regeln der hll. Apostel, der hll. Konzilien, der ökumenischen sowie der örtlichen und der hll. Väter mit Auslegungen). M. 1876, Lfg. 1, S. 410, 413.
19 Müller, L.: Zum Problem des hierarchischen Status und der jurisdiktionellen Abhängigkeit der russischen Kirche vor 1039. Köln 1959; Poppe, A.: Zasnuvannja mitropolii Rusy v Kyjivi (Die Gründung der Metropolie der Rus' in Kiev). In: Ukrajins'kyj Istoryčnyj Žurnal 1969, Nr. 6, S. 91–105.
20 Zur Kritik der historischen Daten s.: Malyševskij, I. I.: Kto byl pervyj mitropolit Kievskij? (Wer war der erste Kiever Metropolit?). In: TKDA 1883, Nr. 10, S. 123–171; Poppe, A.: Michaił Metropolita Ruski (Michail, Metropolit der Rus'). In: Słownik starożytności słowiańskich, Bd. 3, 1967, S. 242–243.
21 Honigman, E.: Studies in Slavic Church according to Greek Sources. In: Byzantion (American Series), vol. XVII, 1944–1956, p. 128–162.
22 Golubinskij, E. E.: Istorija ... (s. Anm. 13). S. 282. Ihm folgen nach russischen Quellen bis zum Mongoleneinfall 1237 die Metropoliten: Ioann I. (1008–35) Feopempt (1037–43), Kirill I. (1043–46), Ilarion (1051–53), Efrem (1055–61), Georgij (1062–72), Ioann II. Prodrom (1077–88). Ioann III. (1088–89), Nikolaj (1097–1104), Nikifor I. (1104–21), Nikita (1122–26), Michail II. (1127–45), Kliment Smoljatič (1147–55), Konstantin I. (1156–58). Feodor (1161–63), Ioann IV. (1164–66). Konstantin II. (1167–70), Michail III. (um 1171–81). Nikifor II. (1182–97), Gavriil, Matfej (um 1200–20). Dionisij, Kirill II. (1224–33) und Iosif (1237–40).
23 Makarij, Metropolit (Bulgakov): Istorija Russkoj Cerkvi (Geschichte der russischen Kirche). Bd. 2, S. 12–17, B. 3, S. 21–25.
24 Pavlov, A. S.: Pervonačal'nyj slavjano-russkij Nomokanon (Der ursprüngliche slavisch-russische Nomokanon). Kazan' 1869. S. 6.

25 In: PSRL, Bd. 1, S. 165, Bd. 2, S. 127.
26 Priselkov, M. D.: Očerki po cerkovno-političeskoj istorii Rusi X–XV vv. (Studien zur Kirchenpolitikgeschichte der Rus' im X.–XV. Jh.). SPb. 1913; Widera, B.: Jaroslaws des Weisen Kampf um die kirchliche Unabhängigkeit von Byzanz. In: Aus der byzantinischen Arbeit der DDR. Bd. 1, Berlin 1957, S. 158–175. Es gibt auch noch eine andere Deutung der Ereignisse, s.: Poppė, A. V.: Russko-vizantijskie cerkovno-političeskie otnošenija v seredine XI v. (Russisch-byzantinische kirchenpolititische Beziehungen in der Mitte des XI. Jhs.). In: Istorija SSSR 1970, N. 3, S. 108–124.
27 Sokolov, P. P.: Russkij archierej iz Vizantii i pravo ego naznačenija do načala XV veka (Ein russischer Erzbischof aus Byzanz und das Recht seiner Berufung bis zum Beginn des XV. Jh.). Kiev 1913, S. 51–52.
28 „Slovo o zakone i blagodati" („Predigt über das Gesetz und die Gnade"), die beste moderne Ausgabe: Rozov, N. N.: Sinodal'nyj spisok ... (s. Anm. 17). Nach einer anderen Handschrift (MDA, Nr. 15; GBL, f. 173): Elbe, H.: Die Handschrift C der Werke des Metropoliten Ilarion. In: Russia Mediaevalis, Bd. 2, München 1975, S. 120–161; Müller, L.: Des Metropoliten Ilarion Lobrede auf Vladimir den Heiligen und Glaubensbekenntnis. Wiesbaden 1962, ders.: Neue Untersuchungen zum Text der Werke des Metropoliten Ilarion. In: Russia Mediaevalis, Bd. 2; München 1975, S. 3–91.
29 Nikol'skij, N. K.: O literaturnych trudach mitropolita Klimenta Smoljatiča, pisatelja XII veka (Über die Arbeiten des Metropoliten Kliment Smoljatič, eines Schriftstellers des XII. Jh.). SPb. 1892.
Granstrem, E. Ė. in: TODRL XXV. L. 1971, S. 20–28.
30 Pogodin, M. P.: Knjaz' Andrej Jur'evič Bogoljubskij (Fürst Andrej Jur'evič Bogoljubskij). M. 1850.
31 Dmitrievskij, I.: O načale Vladimira, čto na Kljazme, O perenesenii v onyj grad iz Kieva Rossijskija stolicy i o byvšich v onom velikich knjazjach (Über den Anfang Vladimirs an der Kljazma, über die Verlegung der russischen Hauptstadt von Kiev in diese Stadt und über seine Großfürsten). SPb. 1802, S. 39 f.
32 Limonov, Ju. A.: Letopisec Andreja Bogoljubskogo (Der Chronist Andrej Bogoljubskijs). In: Kul'tura Drevnej Rusi. M. 1966, S. 113–116.
33 Georgievskij, V. T.: Svjatyj blagovernyj velikij knjaz' Andrej Bogoljubskij. Ego neocenimye zaslugi dlja Russkogo gosudarstva i Pravoslavnoj Cerkvi (Der hl. rechtgläubige Großfürst Andrej Bogoljubskij. Seine unschätzbaren Dienste für den russischen Staat und die orthodoxe Kirche). Vladimir 1894; 2. Aufl. SPb. 1900.
34 Skazanie o čudesach Vladimirskoj ikony Božiej Materi. S predisloviem V. O. Ključevskogo (Erzählung über die Wunder der Gottesmutterikone von Vladimir. Mit einem Vorwort von V. O. Ključevskij). M. 1878.
35 Dobrochotov, V.: Drevnij Bogoljubovo, gorod i monastyr', s ego okrestnostjami (Das alte Bogoljubovo, die Stadt und das Kloster mit seiner Umgebung). M. 1852.

36 Ščapov, Ja. N.: Knjažeskie ustavy i Cerkov' v drevnej Rusi XI–XIV vv. (Fürstliche Statuten und die Kirche in der alten Rus' des XI.–XIV. Jh.). M. 1972, S. 130–133.
37 Žitija prepodobnogo Avraamija Smolenskogo i služby emu. Prigotovil k pečati S. P. Rozanov (Die Vita des ehrwürdigen Avraamij von Smolensk und sein Offizium. Zum Druck vorbereitet von S. P. Rozanov). SPb. 1912.
38 Iakinf, Archimandrit (Bičurin): Istorija pervych četyrech chanov iz doma Čingisova. Perevedeno s kitajskogo monachom Iakinfom (Geschichte der ersten vier Chane aus dem Hause des Dschingis. Übers. aus d. Chines. durch den Mönch Iakinf). SPb. 1829; Vladimircov, B. Ja.: Čingis-chan (Dschingis Chan). Pg.-M.-Berlin 1922; Vernadskij, G. V.: O sostave Velikoj Jasy Čingis-chana (Über den Bestand der Großen Jasa des Dschingis Chan). Brüssel 1939; Kyčanov, E. I.: Žizn' Temučžina, dumavšego pokorit' mir (Das Leben Temučins, der dachte, die Welt erobern zu können). M. 1973. Editionen der Originaldenkmäler über Dschingis Chan: Kozin, S. A.: Sokrovennoe skazanie. Mongol'skaja chronika 1240 goda. Vvedenie, perevod, tekst, glossarij (Geheime Erzählung. Eine mongolische Chronik des Jahres 1240. Einleitung, Übersetzung, Text, Glossar). M.–L. 1941; Lubsan Danzan: Altan Tobči („Zolotoe skazanie"). Perevod s mongol'skogo, vvedenie, kommentarij i priloženija N. P. Sastinoj (Altan Tobči („Goldene Erzählung"). Übersetzung aus dem Mongolischen, Einleitung, Kommentar und Anhang von N. P. Šastina). In: Pamjatniki pis'mennosti Vostoka X. M. 1973; Mėn-da bėj-lu: Polnoe opisanie mongolo-tatar. Faksimilie ksilografa. Perevod s kitajskogo, vvedenie, kommentarij i priloženija N. C. Munkueva (Umfassende Beschreibung der Mongolo-Tataren. Faksimile des Xylograph. Übers. aus d. Chines., Einführung, Kommentar und Anhang von N. C. Munkuev). In: Pamjatniki pis'mennosti Vostoka XXVI, M. 1975.
39 Uspenskij, F. I.: Konkurencija narodov na Bližnem Vostoke (Konkurrenz der Völker im Nahen Osten). In: SRPO, Bd. 29, L. 1926, S. 1–27; ders.: Dviženie narodov iz Central'noj Azii v Evropu (turki i mongoly) (Bewegung der Völker von Zentralasien nach Europa [Türken und Mongolen]). In: VV I (XXVI) 1947, S. 9–28.
40 Pašuto, V. T.: Vnešnjaja politika Drevnej Rusi (Die Außenpolitik der alten Rus'). M. 1968, S. 264.
41 Meščerskij, N. A.: Drevnerusskaja povest' o vzjatii Car'grada frjagami kak istočnik po istorii Vizantii (Altrussische Erzählung über die Einnahme Konstantinopels durch die Lateiner als Quelle zur Geschichte von Byzanz). In: VV, Bd. 9, 1956. S. 170–185. Der altrussische Text der „Povest"' parallel mit moderner russischer Übersetzung in: „Izbornik" (Sbornik proizvedenij literatury Drevnej Rusi). M. 1969. S. 280–289.
42 Papy Innokentija III pis'mo k duchovenstvu i mirjanam v Rossii o posylke k nim papskogo legata. Oktjabr' 1207 (Der Brief des Papstes Innozenz III. an die Geistlickeit und die Laien in Rußland über die Sendung eines päpstlichen Legaten an sie. Oktober 1207). In: Akty istoričeskie, otnosjaščiesja k

Rossii, izvlečennye iz inostrannych archivov i bibliotek A. I. Turgenevym. Bd. 1: Vypiski iz Vatikanskogo tajnogo archiva i iz drugich rimskich bibliotek i archivov. S 1075 g. SPb. 1841, S. 3–4 (Dokument Nr. 3).

43 Golubinskij, E. E.: Istorija Russkoj Cerkvi (Die Geschichte der russischen Kirche). Bd. 2, Halbbd. I. M. 1900, S. 50–89.

44 Opredelenija Vladimirskogo Sobora (1274 g.) (Beschlüsse des Konzils von Vladimir [i. J. 1274]). In: PS 1863, Teil 1, S. 221 ff.; Pravila mitropolita Kirilla III (1243–1280) (Die Regeln des Metropoliten Kirill III. [1243–1280]). Ebd. 1865, Teil 1, S. 51 ff.

45 Pašuto, V. T.: Aleksandr Nevskij. 2. Aufl. M. 1975.
Šaskol'skij, I. P.: Bor'ba Rusi protiv krestonosnoj agressii na beregach Baltiki v XII–XIII vv. (Der Kampf der Rus' gegen die Aggression der Kreuzritter im Küstengebiet des Baltikums im XII.–XIII. Jh.). L. 1978.
Allgemeine Charakteristik in der Arbeit von Kolotilova, S. I.: Russkie istočniki XIII v. ob Aleksandre Nevskom (Russische Quellen des XIII. Jh. zu Aleksandr Nevskij). In: UZLPI, Bd. 502, Pskov 1971, S. 99–107.

46 Skazanie o podvigach i žizni svjatogo blagovernogo i velikogo knjazja Aleksandra Jaroslavoviča Nevskogo. Soobščil archimandrit Leonid (Erzählung über die Taten und das Leben des hl. rechtgläubigen Großfürsten Aleksandr Jaroslavovič Nevskij. Mitgeteilt von Archimandrit Leonid). SPb. 1882 (PDPI Nr. 36).
Mansikka, V.: Žitie Aleksandra Nevskogo. Razbor redakcij i teksty (Die Vita Aleksandr Nevskijs. Analyse der Ausgaben und Texte). SPb. 1913 (PDPI Nr. 180).
Serebrjanskij, N. I.: Drevnerusskie knjažeskie žitija (Altrussische Fürstenviten). M. 1915.
Eine neue wissenschaftliche Edition der Vita des hl. Aleksandr Nevskij: Begunov, Ju. K.: Pamjatnik russkoj literatury XIII veka „Slovo o pogibeli Russkoj zemli" (Denkmal der russischen Literatur des XIII. Jh. „Predigt über den Untergang des russischen Landes"). M.-L. 1965.
Eine moderne russische Übersetzung in: Chudožestvennaja proza Kievskoj Rusi XI–XIII vekov. M. 1957, S. 257–263; „Izbornik"(Sbornik proizvedenij literatury Drevnej Rusi). M. 1969, S. 328–343.

47 Pašuto, V. T.: Očerki po istorii Galicko-Volynskoj Rusi (Studien zur Geschichte der Galič-Volhynischen Rus'). M. 1950, S. 57–67.

48 Später haben katholische Historiker versucht, Metropolit Petr und Fürst Michail als Parteigänger der Union mit Rom hinzustellen. Das hat keinen historischen Boden. Der hl. Michail hat 1246 in der Horde mit seinem Blut seine Treue zur Heimat und zur Orthodoxen Kirche besiegelt. Das vorgeschlagene Militärbündnis war nie mit der Vorstellung einer kirchlichen Union verbunden (vgl. Tomašivs'kyj, S.: Predteča Isydora Petro Akerovyč – neznanyj mitropolyt Rus'kyj (1241–1245). (Der Vorläufer Isidors Petro Akerovyč – ein unbekannter Metropolit der Rus' [1241–1245]). In: Analecta Ordinis S. Basilii Magni 1927, Bd. II, fasc. 3–4, p. 221–313).

49 Gumilev, L. N.: Poiski vymyšlennogo carstva (Legenda o „gosudarstve presvitera Ioanna") (Die Suche nach dem erdachten Reich [Erzählung über den „Staat des Presbyters Johannes"]). M. 1970, S. 345.
50 Ioann, Mitropolit (Vendland): Knjaz' Feodor Černyj (Fürst Fedor Černyj). In: BT, Sammelband 11, M. 1973, S. 55–77.
51 Amin' Al' Choli: Svjazi meždu Nilom i Volgoj (Die Beziehungen zwischen Nil und Volga). M. 1962.
52 Polubojarinova, M. D.: Russkie ljudi v Zolotoj Orde (Russen in der Goldenen Horde). M. 1978, S. 24–34.
53 Grigor'ev, V. V.: O dostovernosti jarlykov, dannych chanami Zolotoj Ordy russkomu duchovenstvu (Über die Echtheit der Jarlyks, die die Chane der Goldenen Horde der russischen Geistlichkeit erteilten). M. 1842.
Priselkov, M. D.: Chanskie jarlyki russkim mitropolitam (Jarlyks der Chane an die russischen Metropoliten). Petrograd 1916.
54 Die Übertragung der russischen Metropolie nach Vladimir rief beim Fürsten Jurij L'vovič (1301–1315) von Volhynien-Galič Mißvergnügen hervor, da er 1303 vom Konstantinopler Patriarchen die Einrichtung einer Metropolie für die Galičer Rus' zu erreichen suchte. Als Kandidaten für den Metropolitenstuhl schickte er den Hegumenos Petr vom Ratskij-Kloster zur Weihe nach Konstantinopel. Nach dem Tod von Metropolit Maksim (gest. 1305) setzte Patriarch Athanasios Petr (1308–1326) nicht zum Metropoliten von Galič, sondern von ganz Rußland ein.
55 Schaeder, H.: Moskau das Dritte Rom. 2. Aufl. Darmstadt 1957.
56 Gorskij, A. V.: Svjatoj Petr, mitropolit Kievskij i vseja Rusi, i ego ispovedanie very (Der hl. Petr, Metropolit von Kiev und der ganzen Rus' und sein Glaubensbekenntnis). In: PrTSO 1844, Teil 2, S. 88.
57 Ključevskij, V. O.: Sočinenija (Werke). Bd. 2, M. 1957, S. 24.
58 Golubinskij, E. E.: Istorija... (s. Anm. 43), S. 194.
59 Ključevskij, V. O.: Očerki i reči. Vtoroj sbornik statej (Essays und Reden. Zweite Sammlung von Aufsätzen). Petrograd 1918, S. 200.
60 Novyj Zavet Gospoda našego Iisusa Christa. Trud svjatitelja Aleksija, mitropolita Moskovskogo i vseja Rusi (Das Neue Testament unseres Herrn Jesus Christus. Arbeit des hl. Aleksij, des Metropoliten von Moskau und der ganzen Rus'). Fototipičeskoe izdanie Leontija, mitropolita Moskovskogo. M. 1892.
Muretov, M. D.: Cerkovno-praktičeskoe i naučno-bogoslovskoe značenie slavjanskogo perevoda Novogo Zaveta v trude Svjatitelja Aleksija, mitropolita Kievo-Moskovskogo i Vserossijskogo (Kirchlich-praktische und wissenschaftlich-theologische Bedeutung der slavischen Übersetzung des Neuen Testaments in der Arbeit des hl. Aleksij, des Kievo-Moskauer und allrussischen Metropoliten). Sergiev Posad 1898.
61 Ključevskij, V. O.: Blagodatnyj vospitatel'russkogo narodnogo ducha (Der begnadete Erzieher des Geistes des russischen Volkes). M. 1892, S. 6–7.
62 Ostrogorskij, G. A.: Afonskie isichasty i ich protivniki (K istorii pozdnevizantijskoj kul'tury) (Die Hesychasten vom Athos und ihre Widersacher

[Zur Geschichte der spätbyzantinischen Kultur]). In: ZRNIB, Lfg. 5, Belgrad 1931.
63 Griechischer Text bei: Porfirij, Episkop (Uspenskij): Istorija Afona. Čast': Afon monašeskij (Die Geschichte des Athos. Teil: Der Athos der Mönche). Abt. 2 (Priloženija). SPb. 1892, S. 781–785. Russische Übersetzung ebd. S. 260–265. In vollständigerer Fassung in: Uspenskij, F. I.: Sinodik v Nedelju Pravoslavija (Synodikon des Sonntags der Orthodoxie). Odessa 1893, S. 30–38. Neue Übersetzung: Losev, A. F.: Očerki antičnogo simvolizma i mifologii (Studien zum antiken Symbolismus und zur Mythologie). M. 1930, S. 877–882.

Gorskij, A. V. (Protoierej), Nevostruev, K. I.: Opisanie slavjanskich rukopisej Moskovskoj Sinodal'noj biblioteki. Otd. 3. Knigi bogoslužebnye (Beschreibung der slavischen Handschriften der Moskauer Synodalbibliothek. Abt. 3: Gottesdienstliche Bücher). Teil 2, M. 1917, S. 460.

Petuchov, E. B.: Očerki po literaturnoj istorii Sinodika. I. Služby Čina Pravoslavija na russkoj počve do poloviny XVIII veka. II. Literaturnye ėlementy Sinodika kak narodnoj knigi v XVII i XVIII vekach. Istoriko-literaturnye nabljudenija i materialy (Studien zur Literaturgeschichte des Synodikon. I. Offizium zum Sieg der Orthodoxie im russischen Bereich bis zur Mitte des XVIII. Jh. II. Literarische Elemente des Synodikon als Buch für das Volk im XVII. und XVIII. Jh. Historisch-literarische Beobachtungen und Materialien). SPb. 1895.

Sobolevskij, A. I.: Recenzija na knigu E. V. Petuchova (Rezension des Buches von E. V. Petuchov). In: ŽMNP, Teil CCC 1895, Nr. 7–8, S. 185–193.

64 Golejzovskij, N. K.: Isichazm i russkaja živopis' XIV–XV vv. (Der Hesychasmus und die russische Malerei des XIV.–XV. Jh.). In: VV XXIX 1968, S. 202.
65 Melchisedek, Archiepiskop: Prepodobnyj Gerasim, pervyj Vologodskij Čudotvorec (Der ehrwürdige Gerasim, der erste Wundertäter von Vologda). In: ŽMP 1978, Nr. 3, S. 66–69.
66 Žitie mitropolita vseja Rusi svjatogo Aleksija, sostavlennoe Pachomiem Logofetom (Die Vita des Metropoliten der ganzen Rus', des hl. Aleksij, zusammengestellt von Pachomij Logofet). Lfg. 1–2, SPb. 1877–1878.

Aleksij, Patriarch: Žitie mitropolita Aleksija, Svjatitelja Moskovskogo i vseja Rusi (Vita des hl. Metropoliten Aleksij von Moskau und der ganzen Rus'). In: ŽMP 1978, Nr. 2, S. 72–76.

67 Titov, A. A.: Monastyr' svjatogo Grigorija Bogoslova v Rostovskom Kremle i postriženik ego Svjatitel' Stefan Permskij (Das Kloster des hl. Gregor des Theologen im Rostover Kreml' und der in ihm zum Mönch geweihte hl. Stefan von Perm). M. 1884.
68 Georgievskij. G. P.: Zavet Prepodobnogo Sergija (Das Testament des ehrwürdigen Sergij). M. 1893.
69 Auf der Hundertkapitel-Synode von 1551 wurde diese Ikone als Vorbild für die ganze folgende kirchliche Ikonographie der Allheiligen Dreieinig-

keit kanonisiert. Aus der umfangreichen Literatur zu Andrej Rublev und seiner „Dreieinigkeit" seien hier nur genannt: Lichačev, D. S.: Kul'tura Rusi vremeni Andreja Rubleva i Epifanija Premudrogo (Die Kultur der Rus' zur Zeit Andrej Rublevs und Epifanij Premudryjs). M.-L. 1962.
Andrej Rublev i ego épocha (Andrej Rublev und seine Zeit). Sbornik statej pod redakciej M. V. Alpatova. M. 1971.
Demina, N. A.: Andrej Rublev i chudožniki ego kruga (Andrej Rublev und die Künstler seines Kreises). M. 1972.
Plugin, V. A.: Mirovozzrenie Andreja Rubleva (Die Weltanschauung Andrej Rublevs). M. 1974.
Zitat s. Florenskij, P. (Ierej): Troice-Sergieva Lavra i Rossija (Die Troice-Sergieva Lavra und Rußland). In: Troice-Sergieva Lavra. Izd. Komissii po ochrane pamjatnikov. 1919.

70 Smirnov, S. (Protoierej): Učeniki prepodobnogo Sergija (Die Schüler des ehrwürdigen Sergij). In: DČ 1885, Nr. 6.
Troickij, Paterik, ili skazanija o svjatych ugodnikach Božiich, pod blagodatnym voditel'stvom Prepodobnogo Sergija v ego Troickoj i drugich obiteljach podvigom prosijavšich (Das Troickij-Paterikon oder die Erzählung über die hll. Gottwohlgefälligen, die unter der gnadenvollen Führung des ehrwürdigen Sergij in seiner Troice-Lavra und anderen Klöstern durch Askese berühmt wurden). Sergiev Posad 1896.

71 Poslanie Konstantinopol'skogo Patriarcha russkomu igumenu (Sendschreiben des Konstantinopler Patriarchen an einen russischen Abt). In: Pavlov, A. S.: Pamjatniki drevnerusskogo kanoničeskogo prava. Teil 1: Pamjatniki XI–XV vv. (PIB, Bd. VI). SPb. 1880, S. 187–190.
Belobrova, O. A.: Posol'stvo Konstantinopol'skogo Patriarcha Filofeja k Sergiju Radonežskomu (Gesandtschaft des Konstantinopler Patriarchen Philotheos an Sergij von Radonež). In: Soobščenija gosudarstvennogo istoriko-chudožestvennogo muzeja-zapovednika. Lfg. 2, Zagorsk 1958, S. 12–18.

72 Prochorov, G. M.: Ėtničeskaja integracija v Vostočnoj Evrope v XIV v. (Ot isichastskich sporov do Kulikovskoj bitvy) (Ethnische Integration in Osteuropa des XIV. Jh. [Von den Hesychastenauseinandersetzungen bis zur Schlacht am Schnepfenfeld]). In: Doklady Otdelenija ėtnografii (Geografičeskoe obščestvo SSSR), Lfg. 2, L. 1966, S. 105; ders.: Povest' o Mitjae. Rus' i Vizantija v épochu Kulikovskoj bitvy (Erzählung über Mitjaj. Die Rus' und Byzanz in der Epoche der Schlacht am Schnepfenfeld). L. 1978.

73 Mefodij, Archimandrit (Smirnov): Istorija o dostopamjatnom Florentijskom sobore po časti unii, kakovaja predprinjataja byla dlja soedinenija Vostočnoj Cerkvi s Zapadnoju (Geschichte des denkwürdigen Unionskonzils von Florenz, das zur Vereinigung der Ost- mit der Westkirche zusammenkam). SPb. 1805.
Ostroumov, I. N.: Istorija Florentijskogo sobora (Die Geschichte des Konzils in Florenz). Magisterarbeit, überarbeitet von A. V. Gorskij. M. 1847.

74 Golubinskij, E. E.: Istorija ... (s. Anm. 43).
75 Murav'ev, N. I.: Pjatisotletnij jubilej avtokefalii Svjatoj Russkoj Pravoslavnoj Cerkvi (Fünfhundertjähriges Jubiläum der Autokephalie der heiligen russischen orthodoxen Kirche). M. 1948, S. 14.
76 Poslanija Iosifa Volockogo (Sendschreiben des Iosif von Volokolamsk). M.-L. 1959. Über den ehrwürdigen Iosif siehe: Žitie prepodobnogo Iosifa Volokolamskogo, sostavlennoe Savvoju Černym, episkopom Krutickim. S predisloviem i primečanijami K. I. Nevostrueva (Vita des ehrwürdigen Iosif von Volokolamsk, zusammengestellt von Savva Černyj, dem Bischof von Kruticy. Mit Vorwort und Anmerkungen von K. I. Nevostruev). M. 1865, S. 162.
Nevostruev, K. I.: Rassmotrenie knigi I. Chruščeva „issledovanie o sočinenijach Iosifa Sanina, prepodobnogo Igumena Volockogo" (Kritische Betrachtung des Buches I. Chruščevs „Untersuchung über die Werke Iosif Sanins, des ehrwürdigen Abtes von Volokolamsk"). SPb. 1868; 1870.
Volokolamskij paterik. S. predisloviem archiepiskopa Pitirima (Volokolamsker Paterikon. Mit einem Vorwort des Erzbischofs Pitirim). In: BT 10, M. 1973, S. 175–222.
77 Li, G. Č.: Istorija inkvizicii v Srednie veka (Die Geschichte der Inquisition im Mittelalter). Bd. I, SPb. 1911, S. 43.
78 Melioranskij, B. M.: K istorii protivocerkovnych dviženij v Makedonii v XIV veke (Zur Geschichte der antikirchlichen Bewegungen in Mazedonien im XIV. Jh.). In: Stefanos. Sbornik statej v čest' F. F. Sokolova. SPb. 1895, S. 70 u. 72.
79 Prochorov, G. M.: Prenie Grigorija Palamy „s chiony i turki" i problema „židovskaja mudrstvujuščich" (Streit des Gregor von Palamas „mit den Bewohnern von Chios und den Türken" und das Problem der „jüdischen Weisen"). In: TODRL XXIV, L. 1972, S. 332.
80 Prosvetitel', ili Obličenie eresi židovstvujuščich. Tvorenie prepodobnogo otca našego Iosifa, igumena Volockogo (Der Erleuchter, oder die Entlarvung der Häresie der Judaisierenden. Werk unseres ehrwürdigen Vaters Iosif, des Abtes von Volokolamsk). Kazan' 1863, 4. Aufl. 1904, S. 80 f.
S. auch Popov, N. P.: Iosifovo Skazanie ob eresi židovstvujuščich po spiskam Velikich Minej (Die Erzählung Iosifs über die Häresie der Judaisierenden nach den Schriften der Großen Menäen). In: IORJaS 1913, Bd. 18, Buch 1. SPb. 1913, S. 173–197.
81 Makarij, Mitropolit (Bulgakov): Istorija Russkoj Cerkvi (Die Geschichte der russischen Kirche). Bd. 6, SPb. 1887.
82 Bruckus, Ju. D.: Zacharija, knjaz' Tamanskij (Zacharija, Fürst von Taman'). In: Evrejskaja starina. Bd. 10, Petrograd 1918.
83 Makarij, Mitropolit (Bulgakov): Istorija ... (s. Anm. 81), S. 82 f.
84 Ebd. S. 89.
85 Gramoty Ioanna III k Šarii (Schreiben Ioanns III. an Zacharias). In: Sbornik Russkogo Istoričeskogo Obščestva, Bd. 41, SPb. 1884, S. 41–73, 114, 309.

86 Rozenkampf, G. A.: Obozrenie Kormčej knigi v istoričeskom vide (Betrachtung des „Steuermannsbuchs" aus historischer Sicht). 2. Aufl. SPb. 1839. Priloženie No. 7. Oglavlenie Svodnoj Kormčej, S. 535–596.
87 Archangel'skij, A. S.: Nil Sorskij i Vassian Patrikeev; ich literaturnye trudy i idei v Drevnej Rusi. Čast' I. Prepodobnyj Nil Sorskij (Nil Sorskij und Vassian Patrikeev; ihre literarischen Werke und Gedanken in der alten Rus'. Teil I. Der ehrwürdige Nil Sorskij). SPb. 1882 (PDPI Nr. 25).

Grečev, B.: Prepodobnyj Nil Sorskij i zavolžskie starcy (Der ehrwürdige Nil Sorskij und die Starzen jenseits der Volga). In: BV 1907, Nr. 7; 1908, Nr. 2 u. 3; 1909, Nr. 2.

Nila Sorskogo Predanie i Ustav. S vstupitel'noj stat'ej M. S. Borovkovoj-Majkovoj (Überlieferung und Satzung des Nil Sorskij. Mit einem einleitenden Aufsatz von M. S. Borovkova-Majkova). SPb. 1912 (PDPI Nr. 179). Predanie učenikam o žitel'stve skitskom (Die Überlieferung an die Schüler über das Einsiedlerleben). S. 1–10. Ustav monastyrskij Nila Sorskogo (Die Klostersatzung des Nil Sorskij). S. 11–91.

Prochorov, G. M.: Povest' o Nilo-Sorskom skite (Erzählung über die Nil-Sorskij Einsiedelei). In: Pamjatniki kul'tury. Novye otkrytija. 1976. M. 1977, S. 12–20.

Daß die beiden großen Führer des russischen Mönchtums Ende 15./Anfang 16. Jh., Iosif Volokolamskij (gest. 1516) und Nil Sorskij (gest. 1508), Anführer zweier widerstreitender Lager im russischen geistigen Leben gewesen seien, des äußeren Wirkens und der inneren Kontemplation, entspricht nicht der Wirklichkeit. Der hl. Iosif hat in seiner „Regel" (s. Anm. 73, S. 296–319) eine Synthese der russischen monastischen Tradition gegeben, die ununterbrochen vom athonitischen Segen des hl. Antonij vom Kiever Höhlenkloster und dem Vermächtnis des hl. Sergij von Radonež herkommt und sich bis heute erhalten hat. Die „Regel" zeigt eine völlige innere Neugeburt des Menschen, die Unterordnung seines ganzen Lebens unter das Werk der Erlösung und Vergottung nicht nur des einzelnen Mönchs, sondern auch der allgemeinen Erlösung der ganzen Menschheit. Großer Raum ist in der „Regel" der Forderung ununterbrochener Arbeit eingeräumt: „Der Mönch soll niemals untätig sein". Die Arbeit als „gemeinsames Werk" stellte für Iosif das Wesen der Kirchlichkeit selbst, den Glauben dar, der sich in guten Werken manifestiert und sich im Gebet verwirklicht.

88 Makarij, Mitropolit (Bulgakov): Istorija ... (s. Anm. 81).
89 Evseev, E. I.: Gennadievskaja Biblija 1499 goda (Die Gennadius-Bibel aus dem Jahre 1499). M. 1914. Über den hl. Hierarchen Gennadij: M. L.: Gennadij, archiepiskop Novgorodskij (Gennadij, Erzbischof von Novgorod). In: ČOLDP 1875, Teil 1, S. 463–508.

Žmakin, V. I. (Ierej): Mitropolit Daniil i ego sočinenija (Metropolit Daniil und seine Werke). M. 1881.

Kloss, B. M. Mitropolit Daniil i Nikonovskaja letopis' (Metropolit Daniil und die Nikon-Chronik). In: TODRL XXVIII, L. 1974, S. 188–201.

90 Makarij, Mitropolit (Bulgakov): Istorija... (s. Anm. 81), S. 213, 293.
91 Lebedev, N. I.: Mitropolit Vserossijski Makarij i ego dejatel'nost' (Der Metropolit von ganz Rußland Makarij und sein Wirken). In: ČOLDP 1977, Teil II, 1878, Teil I, 1880; Teil II Buch 7, Abt.: Makarij, mitropolit Vserossijskij (1482–1563), M. 1877.
S. auch: Veretennikov, P. (Diakon): Makarij, archiepiskop Velikogo Novgoroda i Pskova (1526–1542) (Makarij, Erzbischof von Groß-Novgorod und Pskov [1526–1542]). In: ŽMP 1979, Nr. 8, S. 69–79.
Ders.: Moskovskie Sobory 1547 i 1549 gg. (Die Moskauer Synoden 1547 und 1549). In: ŽMP 1979, Nr. 12, S. 69–77.
Textausgaben: Stoglav. Hrsg.: I. M. Dobrotvorskij. Kazan' 1862; 3. Aufl. Kazan' 1911.
Subbotin, N. M.: Carskie voprosy i sobornye otvety o mnogorazličnych cerkonych činach (Stoglav) (Die Fragen des Zaren und die Antworten der Synode zu verschiedenen kirchlichen Ämtern [Hundertkapitel]). M. 1890.
Makar'evskij Stoglavnik. In: Trudy Novgorodskoj učeno-archivnoj komissii. Lfg. 1, Novgorod 1912.
Historische Untersuchungen zur Hundertkapitelsynode: Lebedev, N. I.: Stoglavnyj sobor 1551 goda (Opyt izloženija ego vnutrennej istorii) (Die Hundertkapitelsynode von 1551 [Versuch der Auslegung ihrer inneren Geschichte]). Lfg. 1, M. 1882.
Bočkarev, V. A.: Stoglav i istorija Sobora 1551 goda. Istoriko-kanoničeskij očerk (Die „Hundert Kapitel" und die Geschichte der Synode von 1551. Historisch-kanonischer Abriß). Juchnov 1906.
Stefanovič, D. (Ierej): O stoglave. Ego proischoždenie, redakcija i sostav. K istorii pamjatnikov drevnerusskogo cerkovnogo prava (Über die „Hundert Kapitel". Ihre Entstehung, Redaktion und Bestand. Zur Geschichte der Denkmäler des altrussischen Kirchenrechts). SPb. 1909.
Die großen Lesemenäen sind in drei Abschriften auf uns gekommen. Von der ältesten, der Novgoroder oder Sophien-Handschrift (1541) sind acht Monatsmeäen für September, Oktober, November, Februar, Mai, Juni und Juli in der Sophien-Sammlung der Staatlichen Öffentlichen Bibliothek (Leningrad) und für August im Zentralen Staatsarchiv (Moskau) erhalten. Die zweitälteste Abschrift der Großen Lesemenäen ist die Uspenskij-Abschrift (1552). Sie ist vollständig erhalten und befindet sich heute in der Synodal-Sammlung des Staatlichen Historischen Museums. Die dritte Abschrift, die sogenannte Zaren-Abschrift, wurde speziell für die Bibliothek des Zaren Ioann Groznyj hergestellt. Hier fehlen die Menäen für März und April, die übrigen befinden sich in der Synodal-Sammlung des Staatlichen Historischen Museums und sind zum Teil beschrieben: Gorskij, A. V.; Nevostruev, K. I. (das Halbjahr ab September vollständig sowie das Mai-Menäum): Opisanie Velikich Čet'ich Minej Makarija, mitropolita Vserossijskogo (Beschreibung der Großen Lesemenäen Makarijs, des allrussischen Metropoliten). In: ČOIDR 1884, Buch 1, Abt. 2; 1886, Buch 1, Abt. 2.

Dem Bestand der Großen Lesemenäen und seinem Verfasser sind folgende Arbeiten gewidmet: Makarij, Mitropolit (Bulgakov): O novgorodskich Makarievskich Čet'ich Minejach (Über die Novgoroder Lesemenäen des Makarij). In: Letopisi russkoj literatury i drevnosti. Bd. 1. M. 1859.

Popov, N. P.: Avtografy mitropolita Makarija, sobiratelja Velikich Minej (Handschriften des Metropoliten Makarij, des Sammlers der Großen Menäen). In: LZAK, Lfg. 25, SPb. 1913.

Kučkin, V. A.: O formirovanii Velikich Minej četij mitropolita Makarija (Über die Entstehung der Großen Lesemenäen des Metropoliten Makarij). In: Problemy rukopisnoj i pečatnoj knigi. M. 1976, S. 86–101.

92 Žitie svjatogo Filippa Mitropolita (Vita des hl. Metropoliten Filipp). In: GPB, Soloveckoe sobr. No. 19.

Filaret, Archiepiskop (Gumilevskij): Istorija Russkoj Cerkvi (Die Geschichte der russischen Kirche). Period tretij (Dritte Epoche). M. 1888.

93 Troickij Paterik, ili Skazanija o svjatych ugodnikach Božiich, pod blagodatnym voditel'stvom prepodobnogo Sergija v ego Troickoj i drugich obiteljach podvigom prosijavših (Das Troickij-Paterikon oder die Erzählung über die hll. Gottwohlgefälligen, die unter der gnadenvollen Führung des ehrwürdigen Sergij in seiner Troice-Lavra und anderen Klöstern durch Askese berühmt wurden). Troice-Sergieva Lavra 1896, S. 108.

94 Murav'ev, A. N.: Snošenija Rossii s Vostokom po delam cerkovnym (Beziehungen Rußlands mit dem Osten in kirchlichen Angelegenheiten). SPb. Teil 1, 1858; Teil 2, 1860.

95 Von 1589 bis 1700 hatten den Moskauer Patriarchenstuhl nacheinander inne: Iov (1589–1605) (der Grieche Ignatij, 1589–1605, ein Kandidat des falschen Demetrios, wurde der Patriarchenwürde entkleidet), Germogen (1606–12), Filaret (1619–33), Ioasaf I. (1634–40), Iosif (1642–52), Nikon (1652–58), Ioasaf II. (1667–72), Pitirim (1672–73), Ioakim (1674–90) und Adrian (1690–1700).

96 Pokrovskij, K.: Russkie eparchii v XVI–XIX vv., ich otkrytie, sostav i predely (Russische Eparchien im XVI.–XIX. Jh., ihre Eröffnung, ihr Bestand und ihre Grenzen). Bd. 1: XVI–XVII vv. Kazan' 1897.

97 Pierling, P.: La Russie et la Ste Siège. Bd. 1. Paris 1907.

98 Ivanov, F. (Ierej): Cerkov' v épochu Smutnogo vremeni na Rusi (Die Kirche in der Zeit der Wirren in der Rus'). Ekaterinoslav 1906.

Ders.: Istorija o pervom Patriarche Iove Moskovskom (Die Geschichte des ersten Moskauer Patriarchen Iov). In: Pamjatniki drevnej russkoj pis'menosti, otnosjaščiesja k Smutnomu vremeni. 2. Aufl. SPb. 1909. (RIB, Bd. 13). S. 923–590.

G-kov, K.: Vserossijskij Patriarch Iov – pervyj russkij Patriarch (Der allrussische Patriarch Iov – der erste russische Patriarch). In: Strannik 1895, Nr. 6–7, S. 177–186.

99 Dmitrievskij, A. A.: Patriarch Germogen i russkoe duchovenstvo v ich služenii Otečestvu v Smutnoe vremja (Der Patriarch Germogen und die russische Geistlichkeit in ihrem Dienst am Vaterland während der Zeit der

Wirren). SPb. 1912; Sokolov, V. A.: Svjatejšij Patriarch Germogen, K trechsotletiju so dnja ego mučeničeskij končiny (Der Allheiligste Patriarch Germogen. Zur dreihundertjährigen Wiederkehr des Tages seines Märtyertodes). M. 1911. In: ŽMP 1979, Nr. 7 (ebd. auch Literatur).

100 Makarij, Mitropolit (Bulgakov): Istorija Russkoj Cerkvi (Geschichte der russischen Kirche). Bd. 10, SPb. 1902, S. 154.

101 Ebd. S. 163.

102 Smirnov, A. P.: Svjatejšij Patriarch Filaret Nikitič, Moskovskij i vseja Rossii (Der Allheiligste Patriarch von Moskau und ganz Rußland, Filaret Nikitič). M. 1874.

103 Sobornoe izloženie Patriarcha Filareta (Sendschreiben des Patriarchen Filaret an das Konzil). In: ČOLDP 1879, II, Buch 1, S. 53 ff.; Buch 2, S. 29 ff.

Sobor, byvšij v Moskve pri Patriarche Filarete v 1620 g. i ego „Opredelenija" (Das Konzil in Moskau unter dem Patriarchen Filaret im Jahre 1620 und seine „Beschlüsse"). In: PS 1864, Teil 1.

104 Kazanskij, P. S.: Ispravlenie cerkovno-bogoslužebnych knig pri Patriarche Filarete (Korrektur der kirchlich-gottesdienstlichen Bücher unter Patriarch Filaret). M. 1848; Mansvetov, I. D.: Kak u nas pravilis' cerkovnye knigi (Materialy dlja istorii knižnoj spravy v XVII stoletii po bumagam archiva Tipografskoj biblioteki v Moskve) (Wie sind bei uns die Kirchenbücher berichtigt worden [Materialien zur Geschichte der Buchkorrektur im XVII. Jahrhundert nach den Papieren des Archivs der Typographischen Bibliothek in Moskau]). M. 1883.

105 Obnovlenskij, I.: Archimandrit Dionisij i ego dejatel'nost' po ispravleniju cerkovno-bogoslužebnych knig (Archimandrit Dionisij und sein Wirken bei der Korrektur der kirchlich-gottesdienstlichen Bücher). Tver' 1909. Zasedanie v. Knižnoj palate 18 fevralja 1627 goda po povodu ispravlenija katichizisa Lavrentija Zizanija (Sitzung im Bücheramt am 18. Februar 1627 anläßlich der Korrektur des Katechismus des Lavrentij Zizanij). SPb. 1878.

106 Abramov, N. A.: Mitropolit Kiprian, pervyj prosvetitel' Sibiri i osnovatel' ee letopisi (Metropolit Kiprian, der erste Missionar Sibiriens und der Begründer der sibirischen Chronik). In: ŽMNP 1849, Teil 64, Nr. 10, Abt. 5, S. 1–8.

107 Poršnev, B. F.: Tridcatiletnaja vojna i vstuplenie v nee Švecii i Moskovskogo Gosudarstva (Der Dreißigjährige Krieg und der Kriegseintritt Schwedens und des Moskauer Reiches). M. 1976.

108 Golubcov, A. P.: Vstuplenie na Patriaršestvo i „Poučenie k pastve" Iosifa, Patriarcha Moskovskogo (Der Amtsantritt des Patriarchen Iosif von Moskau und die „Belehrung an die Gemeinde"). In: PrTSO 1888, Teil 42, S. 327–381. Die Frucht der ökumenischen Diskussionen der Zeit des Patriarchen Iosif sind eine Reihe russischer Denkmäler, die ihre große theologiehistorische Bedeutung bis heute nicht verloren haben. Sie sind 1892 von A. P. Golubcov, Professor der Moskauer Geistlichen Akademie, herausgegeben worden: Pamjatniki prenij o vere, vozniksich po delu koro-

levica Val'demara i carevny Iriny Michailovny (Denkmäler des Glaubensstreites anläßlich der Verbindung des Thronfolgers Val'demar und der Zarentochter Irina Michailovna). M. 1892.
109 Kapterev, N. F.: Patriarch Nikon i ego protivniki v dele ispravlenija cerkovnych obrjadov (Patriarch Nikon und seine Widersacher in der Frage der Korrektur der kirchlichen Riten). Bd. 1: Vremja patriaršestva Iosifa. 2. Aufl. Sergiev Posad 1913.
110 Golubinskij, E. E.: K našej polemike so staroobrjadcami (Zu unserer Polemik mit den Altgläubigen). M. 1905, S. 36.
111 Ebd. S. 42f.
112 Kapterev, N. F.: Patriarch Nikon i car' Aleksej Michaijlovič (Patriarch Nikon und Zar Aleksej Michajlovič). Sergiev Posad, Bd. 1, 1909; Bd. 2, 1912. S. 545.
113 Die Begründung des Patriarchats in der Russischen Kirche hatte ihre Bedeutung in der interorthodoxen Welt bedeutend erhöht. Rom versuchte dem durch Verstärkung der antiorthodoxen Aktivitäten im Gebiet Westrußlands entgegenzuwirken. Am 6. Oktober 1596 wurde in Brest offiziell die Kirchenunion verkündet. Nach der politischen Angliederung von 1654 erfolgte auch die kanonische Wiedervereinigung der westrussischen Eparchien. 1687 trat der Metropolit von Kiev aus der Jurisdiktion des Patriarchen von Konstantinopel in die Jurisdiktion des Patriarchen von Moskau und ganz Rußland über. Dies war ein Ereignis von gewaltiger Bedeutung, da durch diesen Akt das ukrainische Volk seine Heimat vor Versklavung, Zerteilung und Vernichtung durch das Polen der Pane und die Türkei des Sultans rettete.
114 Kapterev, N. E.: Patriarch ... (s. Anm. 109); Golubinskij, E. E.: K našej ... (s. Anm. 110).
115 Žitie protopopa Avvakuma, im samim napisannoe, i drugie ego sočinenija (Die Vita des Protopopen Avvakum, von ihm selbst geschrieben, und andere seiner Werke). M. 1960, S. 23; Pustozerskij sbornik. Avtografy sočinenij Avvakuma i Epifanija. L. 1975.
116 Materialy dlja istorii raskola za pervoe vremja ego suščestvovanija. (Materialien für die Geschichte der Spaltung in der ersten Zeit ihres Entstehens). Hrsg.: N. I. Subbotin. Bde. I–IX, M. 1875–1894.
Smirnov, P. S.: Istorija russkogo raskola staroobrjadčestva (Geschichte der russischen Spaltung der Altgläubigen). 2. Aufl. SPb. 1895.
117 Uspenskij, N. D.: Kolizija dvuch bogoslovij v ispravlenii russkich bogoslužebnych knig (Zusammenstoß zweier Theologien in der Korrektur der russischen gottesdienstlichen Bücher). In: BT, Lfg. 13, M. 1975, S. 152.
118 Makarij, Mitropolit (Bulgakov): Istorija russkogo raskola, izvestnogo pod imenem staroobrjadčestva (Geschichte der russischen Spaltung, bekannt unter dem Namen der Altritualisten). SPb. 1899.
Plotnikov, K.: Istorija russkogo raskola, izvestnogo pod imenem staroobrjadčestva. Lfg. 1–2, SPb. 1891–1892.
119 Kapterev, N. F.: Patriarch Nikon ... (s. Anm. 112).

120 Dejanija Moskovskich Soborov 1666 i 1667 godov. Izdanie Bratstva svjatogo Petra Mitropolita (Die Akten der Moskauer Synode von 1666 und 1667. Ausgabe der Bruderschaft des hl. Mitropoliten Petr). M. 1881. Šarov, P.: Bol'šoj Moskovskij Sobor 1666–1667 gg. (Die große Moskauer Synode 1666–1667). In: TKDA, Nr. 1, 2, 4, 5; Kapterev, N. F.: Važnejšie postanovlenija Sobora 1667 g. otnositel'no blagoustrojstva russkoj cerkovnoj žizni (Die wichtigsten Beschlüsse der Synode von 1667 zur Ordnung des russischen kirchlichen Lebens). In: BV 1911, Nr. 5, S. 17–37; Nr. 6, S. 274–297.

121 Subbotin, N. I.: Delo Patriarcha Nikona (Das Werk des Patriarchen Nikon). M. 1862; Gibbenet, N. A.: Istoričeskoe issledovanie dela Patriarcha Nikona (Historische Untersuchung des Verfahrens gegen den Patriarchen Nikon). Bde. 1–2, SPb. 1882–1884; Delo o Patriarche Nikone (Das Verfahren gegen den Patriarchen Nikon). Izdanie Archeografičeskoj komissii. SPb. 1897.

122 Die Gegner der Reformen wurden vom Konzil anathematisiert und verflucht als „Häretiker" und Unbußfertige. Die Anführer der Altritualisten Avvakum, Feodor, Lazar' und Epifanij, die auf dem Konzil nicht abgeschworen hatten, wurden nach Pustozersk im Gebiet von Novgorod verbannt, wo sie im Jahre 1682 „wegen großer Lästerung des Zarenhauses" (offizielle Beschuldigung) der Todesstrafe durch Verbrennen übergeben wurden.

123 Duchovnyj Reglament, tščaniem i poveleniem vsepresvetlejšego deržavnejšego Gosudarja Petra Velikogo, imperatora i samoderžca Vserossijskogo (Geistliches Reglement, unter Aufsicht und Befehl des allerdurchlauchtigsten, mächtigsten Herrschers Peters des Großen, Kaisers und Selbstherrschers von ganz Rußland). M. 1721; 26. Aufl. M. 1904.

124 Schon 1742 war das Projekt einer Wiedereinführung des Patriarchats in Rußland aufgekommen. Seine Verfasser waren Metropolit Arsenij Macievič von Rostov und Erzbischof Amvrosij Juškevič von Novgorod. S. ŽMP 1943, Nr. 6.

125 Kartašev, A. V.: Očerki istorii Russkoj Cerkvi (Abriss der Geschichte der russischen Kirche). Bd. 2, Paris 1959, S. 367.

126 Verchovskij, P. V.: Očerki po istorii Russkoj Cerkvi v XVIII i XIX vv. (Studien zur Geschichte der russischen Kirche im XVIII. und XIX. Jh.). Lfg. 1, Varšava 1912. S. 145.

127 Ders.: Učreždenie Duchovnoj Kollegii i Duchovnyj Reglament. K voprosu ob otnošenii Cerkvi i gosudarstva v Rossii (Die Einrichtung des Geistlichen Kollegiums und des Geistlichen Reglements. Zur Frage der Beziehung zwischen Kirche und Staat in Rußland). Bd. 1: Issledovanie (Untersuchung). Bd. 2: Materialy (Materialien). Rostov-na-Donu 1916.

128 Runkevič, S. G.: Istorija Russkoj Cerkvi pod upravleniem Svjatejšego Sinoda, T. 1. Učreždenie i pervonačal'noe ustrojstvo Svjatejšego Pravitel'stvujuščego Sinoda (1721–1725 gg.) (Geschichte der russischen Kirche unter der Leitung des Heiligsten Synod. Bd. 1: Einrichtung und ursprüng-

licher Aufbau des Heiligsten Regierenden Synod [1721–1725]). SPb. 1900.

Blagovidov, F. V.: Ober-prokurory Svjatejšego Sinoda v XVIII i v pervoj polovine XIX stoletija. (Otnošenija ober-prokurov k Svjatejšemu Sinodu. Opyt cerkovno-istoričeskogo issledovanija) (Die Oberprokuratoren des Heiligsten Synod im XVIII. und in der ersten Hälfte des XIX. Jh. [Beziehungen der Oberprokuratoren zum Heiligsten Synod. Versuch einer kirchengeschichtlichen Untersuchung]). 2. Aufl. Kazan' 1900.

Filippov, A. N.: Katalog členov i oberprokurov Svjatejšego Pravitel'stvuščego Sinoda za XVIII v. (Iz rukopisnogo nasledija N. N. Podaševskogo) (Katalog der Mitglieder und Oberprokuratoren des Heiligsten Regierenden Synod für das XVIII. Jh. [Aus dem handschriftlichen Nachlaß N. N. Podaševskijs]). M. 1916.

Titov, A. A.: Svjatejšij Sinod v pervoj polovine XVIII veka (Der Heiligste Synod in der ersten Hälfte des XVIII. Jh.). Jaroslavl' 1908.

129 Potockij, N. (Ierej): Istoričeskij očerk christianskoj propovedi v Sibiri. Rukopis' (Historischer Abriß der christlichen Predigt in Sibirien. Manuskript). In: Tobol'skij filial Gosudarstvennogo archiva Tjumenskoj oblasti (GATOT), f. 530, op. I.

Pivovarov, B. (Diakon): Svjatitel' Filofej, v schime Feodor mitropolit Tobol'skij i vseja Sibiri (1650–1727) (Der hl. Filofej, in der Schima Feodor, Metropolit von Tobol'sk und ganz Sibirien [1650–1727]). In: ŽMP 1977, Nr. 3, S. 68–75.

Seit der Taufe der Rus' wurde der orthodoxe Glaube von russischen Missionaren im Baltikum verbreitet (bei Esten und Litauern), in Karelien (bei den Ižorcen und Kareliern), in Lappland (bei den Lappen), im Gebiet Perm' (bei den Syrjanen und Permjaken) und im Wolgagebiet (bei den Tataren, Cuvašen, den Mordvinen und anderen). Zweifelsohne hatten die sibirischen Völkerschaften schon vor dem Zug des Ermak (1581), der die Vereinigung Sibiriens mit Rußland einleitete, vom Christentum gehört. Aber erst mit der Einrichtung des Bischofsstuhls von Tobol'sk 1620 bekam die Predigt des Christentums festen Boden unter die Füße. 1653 wurde das Kondinskij-Kloster auf Bitten der Ostjaken gegründet. Von hier aus nahm die Erleuchtung der Völkerschaften Sibiriens durch das Licht der Lehre Christi seinen Ausgang. 1672 gründete Schimönch Gerasim in Irkutsk das Himmelfahrt-Kloster, dessen Mönche die Tungusen zum Christentum bekehrten. Die erste Orthodoxe Mission in Ostsibirien entstand unter der geistigen Leitung des Abts Feodosij vom Kloster zur Darbringung Christi von Temnikov zur Bekehrung der Daurier. Missionare gründeten im Transbaikalgebiet zwei Klöster, das Dreieinigkeits-Kloster auf dem rechten Selenga-Ufer und das Heilands-Verklärungs-Kloster auf dem Posol'skij-Kap des Baikal-Sees.

Meletij, Archimandrit: Drevnie cerkovnye gramoty Vostočno-Sibirskogo kraja (1653–1726) i svedenija o Daurskoj missii, sobrannye archimandritom Meletiem (Alte kirchliche Urkunden des ostsibirischen Gebietes

[1653–1726] und Mitteilungen über die Daurische Mission, gesammelt von Archimandrit Meletij). Kazan' 1875.
130 GATOT, f. 144, p. I, No 48, 1. I.
131 Sulockij, A. (Protoierej): Tobol'skie i Tomskie archipastyri (Erzbischöfe von Tobol'sk und Tomsk). Omsk 1881, S. 3.
132 Kopylov, A. N.: Očerki kul'turnoj žizni Sibiri XVII-načala XIX v. (Abriß des kulturellen Lebens Sibiriens im XVII./Anfang des XIX. Jh.). Novosibirsk 1974, S. 49.
133 Golubinskij, E. E.: Istorija kanonizacii svjatych v Russkoj Pravoslavnoj Cerkvi (Die Geschichte der Kanonisation der Heiligen in der Russischen Orthodoxen Kirche). M. 1903.
134 Sulockij, A. (Protoierej): Tobol'skie... (s. Anm. 131), S. 16.
135 Ders.: Tobol'skaja archierejskaja škola – predšestvennica Tobol'skoj seminarii (Die Tobol'sker erzbischöfliche Schule – die Vorläuferin des Tobol'sker Seminars). In: Irkutskie eparchial'nye vedomosti 1875, Nr. 3–6.
136 Golubinskij, E. E.: Istorija... (s. Anm. 133), S. 176.
137 Miller, G. F.: Istorija Sibiri (Geschichte Sibiriens). Bd. 2. M.–L. 1941.
Sibirskie Letopisi (Sibirische Chroniken). Izd. Archeografičeskoj komissii. SPb. 1907.
Bucinskij, P. N.: Kreščenie ostjakov i vogulov pri Petre Velikom (Die Taufe der Ostjaken und Vogulen unter Peter dem Großen). In: Vera i Razum 1893, Nr. 10; vgl.: Abramov, A. N.: O vvedenii christianstva u berezovskich ostjakov. 1706–1724 (Über die Einführung des Christentums bei den berezover Ostjaken. 1706–1724). In: ŽMNP 1851, Nr. 12; ders.: Propoved' Evangelija sibirskim vogulam. 1714–1722 gg. (Die Predigt des Evangeliums bei den sibirischen Vogulen. 1714–1722). In: ŽMNP 1854, Nr. 8.
Šišigin, E. S.: Christianizacija narodov Jakutii (Die Christianisierung der Völker Jakutiens). Avtoreferat na soiskanie učenoj stepeni kandidata istoričeskich nauk. Jakutsk 1975.
138 Innokentij, Ieromonach (Jastrebov): Archimandrit Makarij, osnovatel' Altajskoj duchovnoj missii (Archimandrit Makarij, der Begründer der Altaischen geistlichen Mission). SPb. 1892.
Ders.: Process usvoenija christianstva altajskimi inorodcami (Der Prozess der Annahme des Christentums durch die altaischen Fremdvölker). In: PS 1899, Nr. 4, S. 472–498.
GATOT, f. 144, op. I, ed. chr. 51, Heft 39.
139 Landyšev, S. (Protoierej): Zapiska ob Altajskoj cerkovnoj missii (Aufzeichnung über die Altaische Kirchenmission). In: GATOT, f. 144, op. I, ed. chr. 44-a.
140 Beljaev, I. (Protoierej): Russkie missii na okrainach (Russische Missionen in Randgebieten). SPb. 1900.
141 Spravočnaja kniga po Tomskoj eparchii (Nachschlagewerk für die Tomsker Eparchie). Tomsk 1914.

Irinarch, Ieromonach: Istorija Obdorskoj duchovnoj missii 1854–1904 gg. (Geschichte der Obdorsker geistlichen Mission 1854–1904). M. 1906.
142 Archangelov, S. A.: Naši zagraničnye missii. Očerki o russkich duchovnych missijach (Unsere Auslandsmissionen. Studien über die russischen geistlichen Missionen). SPb. 1899, S. 182.
Okladnikov, A. P.; Vasil'evskij, R. S.: Po Aljaske i Aleutskim ostrovam (Über Alaska und die Alëuten). Novosibirsk 1976.
Barsukov, I.: Innokentij, mitropolit Moskovskij i Kolomenskij (po ego sočinenijam, pis'mam i rasskazam sovremennikov) (Innokentij, Metropolit von Moskau und Kolomna [nach seinen Werken, Briefen und Erzählungen der Zeitgenossen]). M. 1883.
S. auch: Innokentij, Mitropolit (Veniaminov): Tvorenija (Werke). Bde. 1–3, M. 1886–1888; ders.: Pis'ma. 1828–1878 gg. (Briefe. 1828–1878). Gesammelt von I. Barsukov. Bde. 1–3, SPb. 1897–1901.
Korsunskij, I. N.: Innokentij, mitropolit Moskovskij i Kolomenskij (Innokentij, Metropolit von Moskau und Kolomna). Char'kov 1898.
Evlogij, Archimandrit (Smirnov): Žizn' i apostol'skie trudy mitropolita Innokentija Veniaminova (Das Leben und die apostolischen Werke des Metropoliten Innokentij Veniaminov). In: ŽMP 1975, Nr. 3.
Fialkin, V.: Svjatitel' Innokentij, mitropolit Moskovskij (Der hl. Innokentij, Metropolit von Moskau). In: ŽMP 1979, Nr. 3–5.
143 Ebd. (Anm. 142).
144 Antonij, Archiepiskop (Mel'nikov): Svjatoj ravnoapostol'nyj archiepiskop Japonskij Nikolaj (Der hl. apostelgleiche Erzbischof von Japan Nikolai). In: BT, Sbd. 14, M. 1976, S. 5–61.
Kondrašov, I. (Protoierej): Archiepiskop Nikolaj Kasatkin – Apostol Japonii (Erzbischof Nikolaj Kasatkin – der Apostel Japans). In: ŽMP 1972, Nr. 11.
145 Nikolaj, Ieromonach (Adoratskij): Istorija Pekinskoj duchovnoj missii. Pervyj period ee dejatel'nosti (1685–1745). Issledovanie (Die Geschichte der Pekinger geistlichen Mission. Die erste Zeit ihres Wirkens [1685–1745]. Untersuchung). Lfg. I, Kazan'.
Ders.: Pravoslavnaja missija v Kitae za 200 let ee suščestvovanija. Opyt cerkovno-istoričeskogo issledovanija po archivnym dokumentam (Die Orthodoxe Mission in China während 200 Jahren ihres Bestehens. Versuch einer kirchenhistorischen Untersuchung anhand von Archivdokumenten). Lfg. 1–2, Kazan' 1887.
Sergij, Ieromonach (Stragorodskij): Christianstvo v Kitae i Japonii (Das Christentum in China und Japan). In: Russkij Vestnik 1892, Nr. 12.
Ders.: Na Dal'nem Vostoke (Pis'ma japonskogo missionera) (Im Fernen Osten [Briefe eines japanischen Missionars]). Arzamas 1897.
Ders.: Kratkaja istorija Russkoj Pravoslavnoj Missii v. Kitae (Kurze Geschichte der Russischen Orthodoxen Mission in China). Peking 1916.
Nadačin, S.: Pravoslavnaja Cerkov' v Koree (Die Orthodoxe Kirche in Korea). SPb. 1911.

Chrisanf, Archimandrit (Ščetkovskij): Iz pisem korejskogo missionera (Aus den Briefen eines koreanischen Missionars). Kazan' 1904.

Feodosij, Archimandrit (Perevalov): Cerkovnyj énciklopedičeskij slovar' (Kirchliches enzyklopädisches Wörterbuch). Charbin 1931.

Potapov, I. (Ierej): Russkaja duchovnaja missija v Palestine (Istoričeskij očerk) (Die Russische Geistliche Mission in Palästina [Historischer Abriß]). In: ŽMP 1954, Nr. 4, S. 55–63.

146 Ivanovskij, V.: Russkoe zakonodatel'stvo XVIII i XIX vv. v svoich postanovlenijach otnositel'no monašestvujuščich lic i monastyrej (Opyt istoriko-kanoničeskogo issledovanija) (Die russische Gesetzgebung des XVIII. und XIX. Jh. in ihren Beschlüssen bezüglich der Personen im Mönchsstand und der Klöster [Versuch einer historisch-kanonischen Untersuchung]). Char'kov 1905.

147 Čudeckij, P.: Opyt istoričeskogo issledovanija o čisle monastyrej russkich, zakrytych v XVIII i XIX vv. (Versuch einer historischen Untersuchung über die Anzahl der im XVIII. und XIX. Jh. geschlossenen russischen Klöster). Kiev 1877.

148 Puškin, A. S.: Zametki po russkoj istorii XVIII veka (Bemerkungen zur russischen Geschichte des XVIII. Jhs.). In: Polnoe sobranie sočinenij v desjati tomach. Bd. 8, 2. Aufl. M. 1958, S. 130.

149 Žitie i pisanija moldavskogo starca Paisija Veličkovskogo (Leben und Schriften des Moldauer Starzen Paisij Veličkovskij), M. 1847.

Četverikov, S. (Protoierej): Moldavskij starec šiarchimandrit Paisij Veličkovskij. Ego žizn', trudy i vlijanie na pravoslavnoe monašestvo (Der Moldauer Starez, der Šiarchimandrit Paisij Veličkovskij. Sein Leben, seine Werke und sein Einfluß auf das orthodoxe Mönchtum). Lfg. 1–2, Petseri 1938.

Leonid, Ieromonach (Poljakov): Literaturnoe nasledstvo Paisija Veličkovskogo (Das literarische Erbe Paisij Veličkosvkijs). In: ŽMP 1957, Nr. 4, S. 57–61.

Leonid, Archiepiskop (Poljakov): Afon v istorii russkogo monašestva XI–XVIII vv. (Duchovno-nravstvennye svjazi) (Der Athos in der Geschichte des russischen Mönchtums vom XI–XVIII. Jh. [Geistlich-sittliche Bindungen]). Dissertation. Maschinengeschrieben. MDA, Zagorsk 1964.

Dobrotoljubie (Philokalia). M. 1773; 2. Aufl. 1822. Russische Übersetzung: Feofan Zatvornik, Episkop: Dobrotoljubie. Bde. 1–5, M. 1877 bis 1889 (davon mehrere Neuauflagen).

150 Denisov, L. I.: Zitie, podvigi, čudesa, duchovnye nastavlenija i otkrytie svjatych moščej prepodobnogo i Bogonosnogo otca našego Serafima, Sarovskogo Čudotvorca. S istoričeskimi očerkami Sarovskoj pustyni i ženskich monastyrej, osnovannych pod blagodatnym vozdejstviem prepodobnogo Serafima (Leben, Taten, Wunder, geistliche Belehrungen und die Auffindung der heiligen Gebeine unseres ehrwürdigen und gott-tragenden Vaters Serafim, des Wundertäters von Sarov. Mit historischen Abrissen der

Sarover Einöde und der unter dem gnadenvollen Einfluß des ehrwürdigen Serafim gegründeten Frauenklöster). M. 1904.
151 Meletij, Archimandrit: Istoričeskoe opisanie Golgofsko-Raspjatskogo skita na Anzerskom ostrove. S priloženiem žizneopisanija svjaščennoinoka Iova, osnovatelja Golgofo-Raspjatskogo skita (Historische Beschreibung der Golgatha-Kreuzigungs-Einsiedelei auf der Anzersker Insel. Mit einem Anhang der Lebensbeschreibung des heiligen Mönches Iov, des Gründers der Golgatha-Kreuzigungs-Einsiedelei). M. 1882.
Ders.: Istoričeskoe opisanie stavropigial'nogo pervoklassnogo Soloveckogo monastyrja (Historische Beschreibung des stauropegialen Soloveckij Klosters erster Klasse). M. 1881.
152 Poseljanin, E.: Russkie podvižniki XIX veka (Russische Asketen des XIX. Jh.). Teil I, SPb. 1900, S. 107–115.
Starčeskoe nastavlenie otca Nazarija, igumena Valaamskogo, s kratkim skazaniem o ego žizni i podvigach (Die Belehrung des Starzen Vater Nazarij, des Abtes vom Valaamkloster, mit einer kurzen Erzählung seines Lebens und seiner Taten). M. 1853.
Michail, Archiepiskop: Prepodobnyj German Aljaskinskij, Čudotvorec (Der ehrwürdige German von Alaska, der Wundertäter). In: ŽMP 1970, Nr. 11, S. 60–72. Über die Mitstreiter des hl. German s.: Pavlovič, A.: Stoletie Pravoslavnoj Missii v Severnoj Amerike (Ein Jahrhundert orthodoxe Mission in Nordamerika). In: ChČ 1894, Nr. 5, S. 177–207.
153 Leonid, Ieromonach (Kavelin): Istoričeskoe opisanie Kozel'skoj Vvedenskoj Optinoj pustyni (Historische Beschreibung der Optina-Einsiedelei des Tempelgangs-Mariä in Kozel'). 4. Aufl. M. 1885.
Četverikov, S. (Protoierej): Opisanie žizni blažennoj pamjati optinskogo starca ierošimonacha Amvrosija s istoriej Optinoj pustyni i ee starčestva (Beschreibung des Lebens des Starzen von Optina, des Erzschimönches Amvrosij seligen Angedenkens mit einer Geschichte der Einsiedelei von Optina und ihres Starzentums). Šamordino 1912.
Prosvirnin, A. (Ierej): Ierošimonach Amvrosij Grenkov (Der Erzschimönch Amvrosij Grenkov). ŽMP 1971, Nr. 11, S. 61–68. Dort auch die Bibliographie der Editionen der Optina Pustyn' unter der Redaktion des Schimönches Amvrosij. Ders.: Vvedenskaja Optina Pustyn' v istorii russkogo monašestva (Die Tempelgang-Mariä-Einsiedelei von Optina in der Geschichte des russischen Mönchtums). MDA 1968. Maschinengeschrieben.
154 Prosvirnin, A. (Ierej): Bibliografia trudov archimandrita Leonida (Kavelina) (Bibliographie der Arbeiten Archimandrit Leonids (Kavelin). In: BT, Sbd. 9, M. 1973, S. 226–240.
155 Florenskij, P. A. in: Filosofskaja Ėnciklopedija. Bd. 5, M. 1971.
Zen'kovskij, V. V. (Protoierej): Istorija russkoj filosofii (Geschichte der russischen Philosophie). Bd. 2, M. 1956, S. 366–381.
156 Otečestvennaja Cerkov' v istekšem godu (Die Vaterländische Kirche im vergangenen Jahr). In: Cerkovnyj Vestnik 1877, Nr. 1.

157 Poseljanin, E.: Ruskaja Cerkov' i russkie podvižniki 18 veka (Die russische Kirche und die russischen Asketen des 18. Jh.). SPb. 1905.
Ders.: Russkie podvižniki XIX veka. Istoriko-biografičeskie očerki (Die russischen Asketen des XIX. Jh. Historisch-biographische Studien). Teile 1–2, SPb. 1900; 2. verb. u. erg. Aufl. SPb. 1901.
Nikodim, Episkop (Kononov): Žizneopisanija otečestvennych podvižnikov XVIII–XIX vekov (Lebensbeschreibungen des Asketen des Vaterlands im XVIII.–XIX. Jh.). Bde.1–14, M. 1906–1912.
158 Sokolov. P. M.: Ob idejach i idealach russkoj intelligencii (Über die Ideen und Ideale der russichen Intelligenzija). SPb. 1904.
159 Vvedenskij, A. I.: Religioznoe „obnovlenie" našich dnej (Religiöse „Erneuerung" unserer Tage). Lfg. 1–2, M. 1903–1904.
Polozov, A. (Ierej): Intelligencija v Cerkvi (Die Intelligenzija in der Kirche). M. 1905.
160 Zapiski S.-Peterburgskich religiozno-filosofskich sobranij (Aufzeichnungen der St. Petersburger religionsphilosophischen Sammlung). SPb. 1906; (zuerst in der Zeitschrift „Novyj Put'" 1903–1904).
161 Kratkaja istoričeskaja zapiska o Publičnych Bogoslovskich Čtenijach v Moskve (Kurze historische Aufzeichnung über öffentliche theologische Vorlesungen in Moskau). In: Moskovskie Vedomosti 1903, Nr. 11, 14, 15, 16.
162 Kuznecov, N. D.: Preobrazovanija v Russkoj Cerkvi. Rassmotrenie voprosa po oficial'nym dokumentam i v svjazi s potrebnostjami žizni (Reformen in der russischen Kirche. Betrachtung der Frage anhand von offiziellen Dokumenten und in Verbindung mit den Lebensanforderungen). M. 1906, S. 8–10.
163 M. B.: Antonij, mitropolit Sankt-Peterburgskij i Ladožskij (Antonij, Metropolit von St. Petersburg und Ladoga). M. 1915.
164 Kuznecov, N. D.: Preobrazovanija ... (s. Anm. 162), S. 9f.
165 Ebd. S. 26–36.
166 Ebd. S. 39–46.
167 A. R.: Istoričeskaja perepiska o sud'bach Pravoslavnoj Cerkvi (Historischer Briefwechsel über die Wege der russischen Kirche). M. 1912.
168 Doklad Svjatejšego Sinoda o preobrazovanii upravlenija Rossijskoj Cerkov'ju na sobornom načale (Bericht des Heiligsten Synod über die Reformen der Leitung der Russischen Kirche initiiert durch das Konzil). In: Cerkovnye Vedomosti Nr. 45, vom 5. November 1905; Anmerkungen, s. 1897–1899, S. 59–61.
169 Von der großen Zahl der Arbeiten, die in den Jahren 1905 bis 1907 zum bevorstehenden Konzil erschienen sind, wollen wir die folgenden nennen: Sergij, Archiepiskop (Stragorodskij): O sostave ožidaemogo Črezvyčajnogo Sobora Russkoj Cerkvi (Über die Zusammensetzung des bevorstehenden außerordentlichen Konzils der Russischen Kirche). SPb. 1905.
Antonij, Archiepiskop (Chrapovickij): Pervaja otvetnaja dokladnaja zapiska Svjatejšemu Sinodu (Erste beantwortende, berichtende Aufzeichnung an den Heiligsten Synod). In: BV 1905, Nr. 12.

Novoselov, M. A.: O vozroždenii Russkoj Cerkvi (Über die Wiedergeburt in der Russischen Kirche). Vyšnij Voloček 1905.

Zaozerskij, N. A.: Osnovnye načala želatel'nogo dlja Russkoj Cerkvi upravlenija patriaršestva (Die Grundprinzipien einer für die Russische Kirche wünschenswerten Patriarchatsleitung). Sergiev Posad 1906.

Krasnožen, M. G.: Nakanune cerkovnoj reformy (Po povodu sozvanija Pomestnogo Sobora Russkoj Pravoslavnoj Cerkvi) (Am Vorabend der Kirchenreform [Anläßlich der Einberufung eines Landeskonzils der Russischen Orthodoxen Kirche]). Jur'ev 1907.

Otzyvy eparchial' nycharchiereev po voprosu o cerkovnoj reforme (Gutachten der Eparchialbischöfe zur Frage der Kirchenreform). Teile I–VII, SPb. 1906.

170 Kuznecov, N. D.: Preobrazovanija ... (s. Anm. 162), S. 153–155.

Krasnožen, M. G.: Cerkovnoe pravo (Das Kirchenrecht). 4. Aufl. Jur'ev 1917, S. 130.

Žurnaly i protokoly zasedanij Vysočajše učreždennogo Predsobornogo Prisutsvija (Berichte und Protokolle der Sitzungen der auf höchsten Erlaß gegründeten vorkonziliaren Kommission). Bde. 1–2, SPb. 1906; Bde. 3–4, SPb. 1907; Alfavitnyj ukazatel' (Alphabetisches Verzeichnis). SPb. 1909.

S. auch Sacharov, S.: O Predsobornom Prisutstvii (Über die vorkonziliare Kommission). Jur'ev 1910.

Smolič, I.: Predsobornoe Prisutstvie 1906 g. (Die vorkonziliare Kommission 1906). (K 25-letiju popytki cerkovnoj reformy v Rossii) (Zur 25-Jahrfeier des Versuchs einer Kirchenreform in Rußland). In: Put' 1931, Nr. 18, S. 65–75.

171 Krasnožen, M. G.: Cerkovnoe pravo (s. Anm. 170), S. 130.

Kuznecov, N. D.: Preobrazovanija ... (s. Anm. 162), S. 153–155.

172 Krasnožen, M. G.: Ebd. S. 131.

173 Svjaščennyj Sobor Pravoslavnoj Rossijskoj Cerkvi. Dejanija (Das hl. Konzil der Russischen Orthodoxen Kirche. Akten). Buch 1, Lfg. 1, M. 1918; (im weiteren: Dejanija).

174 Ebd. S. 12–18.

175 Dejanija. Buch I, Lfg. 2, M. 1918.

176 Varlaam, Igumen (Lunkin): Svjaščennyj Pomestnyj Sobor Russkoj Pravoslavnoj Cerkvi 1917–1918 gg. Obzor istočnikov (Das hl. Landeskonzil der Russischen Orthodoxen Kirche 1917–1918. Quellenübersicht). (Kursovoe sočinenie po kafedre istorii Russkoj Cerkvi). MDA, Zagorsk 1977–1978 (Mašinopis'). Kartašev, A. V.: Revoljucija i Sobor 1917–1918 gg. (Nabroski dlja istorii Russkoj Cerkvi našich dnej) (Die Revolution und das Konzil von 1917–1918 [Entwürfe für eine Geschichte der Russischen Kirche unserer Tage]). In: Bogoslovskaja Mysl'. Trudy Pravoslavnogo Bogoslovskogo instituta v Pariže. Lfg. 5, Paris 1942, S. 75–101.

177 Dejanija. Buch I, Lfg. 2, M. 1918, S. 33.

178 Kartašev, A.V.: Vremmennoe Pravitel'stvo i Cerkov'. Sovremennye zapi-

ski (Die provisorische Regierung und die Kirche. Zeitgenössische Aufzeichnungen). Buch 62, Paris 1933, S. 23.
179 Evlogij, Mitropolit (Georgievskij): Put' moej žizni. Vospominanija mitropolita Evlogija, izloženuye po ego rasskazam T. Manuchinoj (Der Weg meines Lebens. Erinnerungen des Metropoliten Evlogij, zusammengestellt nach seinen Erzählungen von T. Manuchina). Paris 1947.
180 Mitrofan, Episkop (Krasnopol'skij): Slovo v Chrame Christa Spasitelja v den' izbranija Vserossijskogo Patriarcha (Predigt in der Erlöser-Kathedrale am Tag der Wahl des Patriarchen von ganz Rußland). In: Dejanija. Buch 3, Petrograd 1918.
181 Ilarion, Archimandrit (Troickij): Počemu neobchodimo vosstanovit' patriaršestvo? (Reč' v obščem zasedanii Cerkovnogo Sobora 23 oktjabrija 1917g.) (Warum muß das Patriarchat unbedingt wiedereingesetzt werden? [Rede in der öffentlichen Sitzung des Kirchenkonzils am 23. Oktober 1917]). In: BV 1917, Nr. 10–12, S. 418–426.
182 Svjaščennyj Sobor Pravoslavnoj Rossijskoj Cerkvi (Das hl. Konzil der Russischen Orthodoxen Kirche). S. 1–16.
183 Rössler, R.: Kirche und Revolution in Rußland. Patriarch Tichon und der Sowjetstaat. Köln–Wien 1969, S. 28.
184 Tichon, Patriarch Moskovskij i vseja Rusi (Belavin): Gesammelte Werke. Bd. 6, S. 209–234.
185 Sergij, Mitropolit (Stragorodskij): Pis'mo mitropolitu Jaroslavskomu Agafangelu Preobraženskomu ot 17/30 aprelja 1916 goda (Brief an den Metropoliten von Jaroslavl' Agafangel Preobraženskij vom 17./30. April 1926.) S.: 224.
186 Die Geschichte Rasputins deckt die Schattenseiten der staatlichen Leitung in der Synodalperiode der Geschichte der russischen Kirche auf. Grigorij Rasputin (Novych), Abenteurer und Sektierer, der sich als „Starez mit der Gabe der Vorausschau" ausgab (gest. 18. 12. 1916), hatte in den letzten Jahren des Russischen Reiches einen bedeutenden Einfluß am Hofe.
187 Dekrety Sovetskoj Vlasti (Erlasse der Sowjetmacht). Bd. I. 25. Oktober 1917– 16. März 1918: M. 1957.
Giduljanov, P.V.: Otdelenie Cerkvi ot gosudarstva v SSSR. Polnyj sbornik dekretov, vedomstvennych rasporjaženij i opredelenij Verchovnogo suda RSFSR i drugich socialističeskich respublik (Die Trennung von Kirche und Staat in der UdSSR. Vollständige Sammlung der Erlasse, der amtlichen Verfügungen und Beschlüsse des Obersten Gerichtshofes der RSFSR und der anderen sozialistischen Republiken). Hrsg.: A. Krasikov. 3. Aufl., neu bearbeitet und ergänzt mit Verordnungen und Beschlüssen bis zum 15. Mai 1926. M. 1926.
188 Sobranie opredelenij i postanovlenij Sobora 1917–1918 gg. (Sammlung der Beschlüsse und Resolutionen des Konzils 1917–1918). Lfg. 1–4. M. 1918.
189 Novoe vozzvanie Patriarcha Tichona. (Poslanie „Archipastyrjam, pastyrjam i pasomym Pravoslavnoj Cerkvi Rossijskoj" ot 18 ijunja [1 ijulja] 1923

goda) (Die Neuberufung des Patriarchen Tichon). (Sendschreiben an „die Oberhirten, Hirten und an das Kirchenvolk der Russischen Orthodoxen Kirche" vom 18. Juni [1. Juli] 1923]). In: Izvestija, Nr. 149, vom 6. Juli 1923. Der vollständige Text des Sendschreibens ist in der Materialsammlung „Delo Mitropolita Sergija. Dokumenty k cerkovnym sobytijam 1927–1928 godov", Kitež 1929, Dokument Nr. 9, enthalten.

190 Izvestija, Nr. 146, vom 3. Juli 1923.

191 Ot episkopov Russkoj Pravoslavnoj Cerkvi (Von den Bischöfen der Russischen Orthodoxen Kirche). In: Izvestija, Nr. 186, vom 21. August 1923.

192 Tichon, Patriarch: Poslanie Patriarchu Konstantinopol'skomu Grigoriju VII. (Sendschreiben an den Patriarchen von Konstantinopel Gregor VII.). In: Cerkovnye Vedomosti 1925, Nr. 7–8, S. 2–4.

193 Das Vermächtnis des Patriarchen Tichon. In: Izvestija, Nr. 86, vom 15. April 1925. Deutsche Übersetzung in: Chrysostomus, J.: Kirchengeschichte Rußlands der neuesten Zeit. Bd. I. Patriarch Tichon. 1917–1925. München–Salzburg 1965, S. 374–378.

194 Elevferij, Mitropolit (Bogojavlenskij): Sobornost' Cerkvi. Božie i kesarevo (Die Katholizität der Kirche. Was Gottes ist und was des Kaisers). Paris 1938, S. 274.

195 Rössler, R.: Kirche und Revolution ... (s. Anm. 183), S. 229.

196 Ebd.

197 Russkaja Pravoslavnaja Cerkov'. Ustrojstvo, položenie, dejatel'nost' (Die Russische Orthodoxe Kirche. Aufbau, Lage, Tätigkeit). M. 1958, S. 148–150.

198 Evlogij, Mitropolit (Georgievskij): Put' ... (s. Anm. 179), S. 375.

199 Troickij, S. V.: O nepravde Karlovackogo raskola. Razbor knigi protoiereja Michaila Pol'skogo „Kanoničeskoe položenie cerkovnoj vlasti v SSSR i za granicej" (Džordanvil' 1948) (Über die Unwahrheit der Spaltung von Karlovcy. Kritik des Buches von Erzpriester Michail Pol'skij „Die kanonische Lage der kirchlichen Macht in der UdSSR und im Ausland" [Jordanville 1948]). Paris 1960, S. 99.
Dejanija Russkogo Vsezagraničnogo Cerkovnogo Sobora, sostojavšegosja 8–20 nojabrja (21 nojabrja–3 dekabrja) 1921 goda v Sremskich Karlovcach v Korolevstve serbov, chorvatov 1 slovencev (Akten des Russischen allausländischen Kirchenkonzils, das vom 8.–20. November [21. November–3. Dezember] 1921 in Sremske Karlovcy im Königreich der Serben, Kroaten und Slovenen stattgefunden hat. Sremske Karlovcy 1922.

200 Postanovlenie Svjaščennogo Sinoda i Vysšego Cerkovnogo Soveta No 348 ot 22 aprelja (5 maja) 1922 g. (Resolution des Heiligen Synod und des Höchsten Kirchenrates Nr. 348 vom 22. April [5. Mai] 1922). In: Cerkovnye Vedomosti 1922, Nr. 12–13.

201 Elevferij, Mitropolit (Bogojavlenskij): Sobornost' Cerkvi ... (s. Anm. 194), S. 66f.

202 Troickij, S. V.: Ideologija Karlovackogo raskola (Die Ideologie der Spaltung von Karlovcy). In: ŽMP 1948, Nr. 2, S. 43–50.

203 Ders.: O nepravde Karlovackogo ... (s. Anm. 199).
204 Kirion, Episkop (Sadzagelov): Četyre doklada v pol'zu Gruzinskoj cerkovnoj avtokefalii (Vier Vorlesungen zugunsten der georgischen kirchlichen Autokephalie). In: Žurnaly i protokoly Predsobornogo Prisutsvija. Bd. III, SPb. 1907, S. 43–58.
205 Troickij, S. V.: Po povodu neudačnoj zaščity ložnoj teorii (Anläßlich der mißlungenen Verteidigung einer verlogenen Theorie). In: ŽMP 1949, Nr. 12, S. 29 ff. (S. 51).
206 Ebd. S. 52.
207 Serafim, Mitropolit (Luk'janov): Bez kanonov (Ohne Kanones). In: ŽMP 1949, Nr. 6, S. 35 f.
208 Troickij, S. V.: Po povodu ... (s. Anm. 205), S. 43.
209 Buevskij, A. S.: Pravoslavnyj Vostok i Russkaja Pravoslavnaja Cerkov' v pervoj polovine 20-go stoletija (Der orthodoxe Osten und die Russische Orthodoxe Kirche in der ersten Hälfte des 20. Jh.). Maschinengeschriebenes Manuskript. MDA. M. 1951, S. 64 f.
210 Pravoslavnoe duchovenstvo v Latvii. 1920–1940. Sbornik dokumentov (Die orthodoxe Geistlichkeit in Lettland. 1920–1940. Dokumentensammlung). Riga 1962, S. 4, 18.
211 Vvedenskij, A. I. (Protoierej): Cerkov' i gosudarstvo (Očerk vzaimootnošenij Cerkvi i gosudarstva v Rossii za 1918–1922 gg.) (Kirche und Staat [Abriß der Wechselbeziehungen von Staat und Kirche in Rußland zwischen 1918 und 1922]). M. 1923, S. 215.
212 Die Patriarchenurkunde, erhalten vom Metropoliten von Jaroslavl' Agafangel Preobraženskij und von ihm vollständig in seinem Sendschreiben vom 5. (18.) Juli 1922 zitiert, war vom 3. (16.) Mai desselben Jahres datiert.
Vvedenskij, A. I. (Protoierej): Revoljucija i Cerkov' (Uchod Patriarcha Tichona) (Die Revolution und die Kirche [Der Weggang des Patriarchen Tichon]). Petrograd 1922, S. 20.
213 Titlinov, B. V.: Novaja Cerkov' (Die neue Kirche). Petrograd – M. 1923, S. 12.
214 Šiškin, A. A.: Suščnost' i kritičeskaja ocenka „obnovlenčeskogo" raskola Russkoj Pravoslavnoj Cerkvi (Das Wesen und die kritische Bewertung der „Erneuerer"-Spaltung der Russischen Orthodoxen Kirche). Kazan' 1970, S. 104 ff.
215 Titlinov, B. V.: Novaja Cerkov' (s. Anm. 213), S. 40.
216 Platonov, N. F.: Pravoslavnaja Cerkov' v 1917–1935 gg. (Vospominanija byvšego obnovlenčeskogo „mitropolita" snjavšego san v 1938 godu) (Die orthodoxe Kirche 1917–1935 [Erinnerungen des ehemaligen Erneuerer-„Metropoliten", der 1938 die Würde abgelegt hat]). In: EMIRA, V, 1961, S. 206 ff., S. 244.
217 Šabatin, I. N.: Russkaja Pravoslavnaja Cerkov' v 1917–1967 gg. (Die Russische Orthodoxe Kirche 1917–1967). In: ŽMP 1967, Nr. 10, S. 32 ff., S. 38.
218 Sergij, Episkop (Larin): Obnovlenčeskij raskol (Das Schisma der Erneue-

rer). In zwei Teilen. Astrachan'-Omsk 1953–1959. Maschinengeschrieben.
219 Sredi cerkovnikov (Obraščenie Patriarcha Tichona ot 15 [28] ijunja 1923 goda) (Unter Kirchenleuten [Aufruf des Patriarchen Tichon vom 15. / 28. Juni 1923]). In: Izvestija Nr. 147, vom 4. Juli 1923.
220 Sergij, Archiepiskop (Larin): Obnovlenčeskij raskol (s. Anm. 218). In: VZERPĖ, Jg. XII, 1964, Nr. 45–48, S. 34 ff., S. 120 ff., S. 252 ff. Hier S. 138.
221 Sergij, Mitropolit (Stragorodskij); Evdokim, Archiepiskop (Meščerskij); Serafim, Archiepiskop (Meščerjakov): Vozzvanie (Aufruf). In: Živaja Cerkov', Nr. 4–5, vom 1.–15. Juli 1922.
222 Sergij, Episkop (Larin): Obnovlenčeskij raskol (s. Anm. 218), Bd. 1, S. 205.
223 Agafangel, Mitropolit (Preobraženskij): Poslanie Zamestitelja Svjatejšego Patriarcha Moskovskogo i vseja Rusi k archipastyrjam, pastyrjam i vsem čadam Pravoslavnoj Russkoj Cerkvi ot 5 (18) ijunja 1922 g. (Sendschreiben des Stellvertreters des Heiligsten Patriarchen von Moskau und ganz Rußland an die Oberhirten, Hirten und alle Kinder der Russischen Orthodoxen Kirche vom 5. [18.] Juni 1922). In: Cerkovnye Vedomosti 1922, Nr. 10–11.
224 Sergij, Episkop (Larin): Obnovlenčeskij raskol (s. Anm. 218), Bd. 1, S. 166.
225 Petr, Mitropolit (Poljanskij): Poslanie Patriaršego Mestobljuditelja vozljublennym o Christe Archipastyrjam, pastyrjam i vsem čadam Pravoslavnoj Rossijskoj Cerkvi, ot 28 ijunja 1925 goda (Sendschreiben des Patriarchatsverwesers an die in Christo geliebten Oberhirten, Hirten und alle Kinder der Russischen Orthodoxen Kirche vom 28. Juni 1925). (214, Bd. 2, S. 68–72), S. 69.
226 Titlinov, B. V.: Novaja Cerkov' (s. Anm. 213), S. 14.
227 Ebd. S. 21–23.
Šiškin, A. A.: Suščnost' ... (s. Anm. 211), S. 191 ff.
Sergij, Episkop (Larin): Obnovlenčeskij raskol (s. Anm. 218), Bd. 1, S. 225 ff.
228 Drevle-apostol'skaja cerkov' (Die alt-apostolische Kirche). In: Nauka i religija (Gazeta), Nr. 15, vom 19. Oktober 1922; Proekt programmy CODAC. Smolensk 1923.
229 Šiškin, A. A.: Suščnost' ... (s. Anm. 211), S. 221 f.
230 Sergij, Episkop (Larin): Obnovlenčeskij raskol (s. Anm. 218), Bd. 2, S. 48.
231 Dejanija II Vserossijskogo Pomestnogo Sobora Pravoslavnoj Cerkvi (Akten des II. Allrussischen Landeskonzils der Orthodoxen Kirche). M. 1923, S. 13.
232 Ebd. S. 7.
233 Novoe vozzvanie ... (s. Anm. 189).
234 Ebd.
235 Tichon, Patriarch: Preosvjaščennym archierejam, blagogovejnym ierejam, čestnym inokam i vsem vernym čadam Pravoslavnoj Rossijskoj Cerkvi

(Poslanie ot 2 [15] ijulja 1923 g.) (An die hochgeweihten Bischöfe, die verehrten Priester, ehrwürdigen Mönche und alle gläubigen Kinder der Russischen Orthodoxen Kirche [Sendschreiben vom 2. / 15. Juli 1923]). In: Cerkovnye Vedomosti. Belgrad 1923, Nr. 15–16.
236 Sergij, Episkop (Larin): Obnovlenčeskij raskol (s. Anm. 218), Bd. 2, S. 45f.
237 Tichon, Patriarch: Preosvjaščennym ... (s. Anm. 235).
238 Primirenie Patriarcha Tichona s Krasnickim (Versöhnung des Patriarchen Tichon mit Krasnicki). In: Izvestija, Nr. 147, vom 1. Juli 1924. S. auch Izvestija Nr. 151, vom 5. Juli 1924; Izvestija, Nr. 155, vom 10. Juli 1924.
239 Cerkovnye Vedomosti 1918, Nr. 13–14, S. 442.
240 Sobranie opredelenij ... (s. Anm. 188), Heft 4, S. 15f.
241 Zum Versuch kirchengeschichtlicher Begründung der Häresie der Selbstweiher und der Bischofsweihe durch Handauflegung der Priester s. Čechovskij, V.: Za Cerkvu, Christovu Gromadu, proti carstva t'my (Für die Kirche, die Gemeinde Christi, gegen die Herrschaft der Finsternis). Char'kov 1922.
Dagegen: Iosif, Archiepiskop: Proischoždenie 1 suščnost' samosvjatstva lipkovcev (Herkunft und Wesen der Selbstweihe des Lipkovskij), Char'kov 1925.
Lollij, Episkop (Jur'evskij): Ukrainskaja lžeierarchija (Lipkovščina) (Die ukrainische falsche Hierarchie [Lipkovščina]). Mogilev-Podol'skij 1922. Manuskript. Letztere Arbeit ist teilveröffentlicht in: Ukrainskij pravoslavnyj blagovestnik (Char'kov) 1926, Nr. 21; 1927, Nr. 21–22; BT, Sbd. 18, M. 1978, S. 136–179.
242 Afanasij, Episkop (Sacharov): Poslanija patriarcha Tichona i dokumenty po istorii Russkoj Cerkvi posle končiny patriarcha Tichona (Sendschreiben des Patriarchen Tichon und Dokumente zur Geschichte der russischen Kirche nach dem Tode des Patriarchen Tichon). Maschinengeschrieben. MDA. Zagorsk 1958.
243 Aleksij, Patriarch Moskovskij i vseja Rusi: Slova, reči, poslanija, obraščenija (Predigten, Reden, Sendschreiben, Aufrufe). M. 1963, Bd. 4.
244 Afanasij, Episkop (Sacharov): Poslanija ... (s. Anm. 242).
245 Sergij, Mitropolit (Stragorodskij): O polnomočijach Patriaršego Mestobljuditelja i ego Zamestitelja (Über die Vollmachten des Patriarchatsverwesers und seines Stellvertreters). In: ŽMP 1931, Nr. 1, S. 3–5.
246 Petr, Mitropolit (Poljanskij): Poslanie ot 15 (28) ijulja 1925 goda (Sendschreiben vom 15. [28.] Juli 1925). In: Cerkovnye Vedomosti 1925, Nr. 21–22. Abgedruckt in 243, Bd. 2, S. 68–72.
247 Ebd. S. 70.
248 Manuil, Mitropolit (Lemeševskij): Russkie pravoslavnye ierarchi perioda 1893 po 1965 gg. (Russische Orthodoxe Hierarchen von 1893–1965). Bde. 1–6. Maschinengeschrieben. Kujbyšev 1966, Bd. 5, S. 346 und 229.
249 Dejanija III Vserossijskogo Pomestnogo Sobora Pravoslavnoj Cerkvi na territorii SSSR ot 1–10 Oktjabrja 1925 goda (Akten des III. Allrussischen

Landeskonzils der Orthodoxen Kirche auf dem Territorium der UdSSR vom 1.–10. Oktober 1925). Samara 1925, S. 29–31.
250 Trifonov, I. Ja.: Raskol v Russkoj Pravoslavnoj Cerkvi (1922–1925) (Das Schisma in der Russischen Orthodoxen Kirche [1922–1925]). In: VI 1972, Nr. 5, S. 64–77.
251 So gehörten den Erneuerern in den Eparchien von Nižnij-Novgorod und Tver' gegen Ende des Jahres 1926 nur 1,5% der Gemeinden, in der Eparchie von Rjazan' 1,6%, in der von Novgorod 2,4%, in der von Jaroslavl' 2,6%, in der von Kostroma 3,2%, in der von Kursk 4,3%, in der von Moskau 8%, in denen von Vladimir, Ivanovo-Voznesensk, Kaluga, Penza, Pskov und Samara betrug die Anzahl der Erneuerer-Kirchen unter 10 o/o. (Anm. 214, S. 286).
252 Sergij, Mitropolit (Stragorodskij): O polnomočijach ... (s. Anm. 245), S. 4f.
253 Akt o perechode prav i objazannostej Mestobljustitelja Patriaršego Prestola Russkoj Pravoslavnoj Cerkvi k Zamestitelju Patriaršego Mestobljustitelja, blažennejšemu mitropolitu Moskovskomu i Kolomenskomu Sergiju Stragorodskomu (Die Übergabe der Rechte und Pflichten des Verwesers des Patriarchenstuhles der Russischen Orthodoxen Kirche an den Stellvertreter des Patriarchatsverwesers, den allerseligsten Metropoliten von Moskau und Kolomna Sergij Stragorodskij). In: ŽMP 1934, Nr. 20–21, S. 3f.
254 Krasnožen, M. G.: Cerkovnoe ... (s. Anm. 171), S. 148.
255 Giduljanov, P. V.: Otdelenie ... (s. Anm. 187), S. 303f.
256 Patriarch Sergij i ego duchovnoe nasledstvo (Patriarch Sergij und sein geistliches Erbe). Izdanie Moskovskoj Patriarchii. M. 1947, S. 59.
257 K pravitel'stvu SSSR. Obraščenie pravoslavnych episkopov (An die Regierung der UdSSR. Aufruf der Orthodoxen Bischöfe). Zitiert nach: Put' 1928, Nr. 9, S. 61–74. Die erste Veröffentlichung der „Adresse" auf deutsch in: Kyrios 1962, Nr. 4.
258 Afanasij, Episkop (Sacharov): Poslanija ... (s. Anm. 242).
259 K pravitel'stvu SSSR ... (s. Anm. 257).
260 Patriarch Sergij i ego ... (s. Anm. 256), S. 259.
261 Erzbischof Iosif hatte sich nach der allgemein üblich gewordenen Regel drei mögliche Nachfolger bestimmt: Erzbischof Kornilij Sobolev, Faddej Uspenskij und Serafim Samojlovič. Da die ersten beiden das Amt des Stellverteters nicht annehmen konnten, wurde es Erzbischof Serafim.
262 Afanasij, Episkop (Sacharov): Poslanija ... (s. Anm. 242).
263 Pravda o religii v Rossii (Die Wahrheit über die Religion in Rußland). Izdanie Moskovskoj Patriarchii. M. 1942, S. 11.
264 Šiškin, A. A.: Suščnost' ... (s. Anm. 214), S. 302.
265 (Voskresenskij, A. S.) 1927–1932 god. In: ŽMP 1932, Nr. 11–12, S. 1 (Redaktionsartikel zum 5. Jahrestag der Gründung des Provisorischen Heiligen Synod des Patriarchen).
266 Elevferij, Mitropolit (Bogojavlenskij): Sobornost' ... (s. Anm. 194), S. 53.
267 Ioann, Archimandrit (jetzt Archiepiskop) (Snyčev): Cerkovnye raskoly v

Russkoj Cerkvi 20-ch i 30-ch godov XX stoletija – grigorjanskij, jaroslavskij, iosifljanskij, viktorianskij i drugie. Ich osobennost' i istorija (Die Kirchenspaltungen in der Russischen Kirche der 20er und 30er Jahre des 20. Jahrhunderts – die gregorianische, Jaroslaver, iosifjanische, viktorianische und andere. Ihre Besonderheit und Geschichte). Magisterarbeit. MDA 1965. Maschinengeschrieben, 423 S.
Zitat aus einem Brief an Metropolit Kirill (Smirnov) vom 5. (18.) September 1929.

268 Manuil, Mitropolit (Jemeševskij): Russkie... (s. Anm. 248), S. 60f.
269 Patriarch Sergij i ego .. (s. Anm. 256), S. 62.
270 Ebd. S. 63.
271 Patriarch Sergij (11. [23.] 1. 1867, Arzamas – 2. [15.] 5. 1944, Moskau), auf den Namen Ioann getauft, Sohn des Erzpriesters Nikolaj Stragorodskij. Das Geschlecht der Stragorodskie (vom Dorf Staryi Gorod, Kreis Temikov, Gouvernement Tambov) ist in der Geschichte der Russischen Kirche seit dem 18. Jh. bekannt. Ioann absolvierte das Geistliche Seminar von Nižnij-Novgorod (1886) und die Petersburger Geistliche Akademie (1890). Am 30. Januar 1890 empfing er die Mönchsweihe mit dem Namen Sergij zu Ehren des hl. Sergij von Valaam. Von 1890–1893 ist er als Mönchspriester bei der Russischen Geistlichen Mission in Japan unter der Leitung des Bischofs Nikolaj Kasatkin (gest. 1912), der später von der Russischen Kirche heiliggesprochen wurde. Von 1894–1895 ist er Hauptgeistlicher an der russischen Botschaftskirche in Athen, von 1897–1899 ist er wieder in Japan. Er erhält den Grad des mag. theol. für die Arbeit „Die orthodoxe Lehre von der Erlösung" (Sergiev Posad 1895), wird Rektor des Petersburger Geistlichen Seminars (1899) und der Geistlichen Akademie (1901–1905). Am 25. Februar 1901 wird er zum Bischof geweiht; Bischof vom Jamburg (1901–1905), Erzbischof von Finnland und Vyborg (1905–1917), Erzbischof von Vladimir und Šujskij (1917); Metropolit von Nižnij-Novgorod (1917–1934), dann Metropolit von Moskau und Kolomna mit dem Titel „Allerseligster", Stellvertreter des Patriarchatsverwesers (1925–1936), Patriarchatsverweser (1936–1943), Patriarch von Moskau und ganz Russland (1943–1944).
272 Sergij, Episkop (Stragorodskij): Slova i reči (1901–1905 gg.) (Worte und Reden [1901–1905]). S.-Peterburgskaja duchovnaja akademija, SPb. 1905, S. 25.
273 Ebd. S. 31, 34.
274 Pitirim, Episkop (Nečaev): Patriarch Sergij v istorii vosstanovlenija Patriaršestva (Patriarch Sergij in der Geschichte der Wiedererrichtung des Patriarchats). In: ŽMP 1969, Nr. 5, S. 63–71, S. 70.
275 Patriarch Sergij i ego ... (s. Anm. 256), S. 265.
276 Postanovlenie Zamestitelja Patriaršego Mestobljuditelja i Vremennogo pri nem Patriaršego Svjaščennogo Sinoda ot 24 dekabrja 1930 g. (Beschluß des Stellvertreters des Patriarchatsverwesers und des ihm beigeordneten Provisorischen Heiligen Synod des Patriarchen vom 24. Dezember 1930). Za No 252. In: ŽMP 1931, Nr. 4, S. 2.

277 Sergij, Episkop (Stragorodskij): Slova ... (s. Anm. 272), S. 3f. und S. 38.
278 Pitirim, Episkop (Nečaev): Patriarch Sergij ... (s. Anm. 274), S. 69.
279 Sergij, Metropolit (Stragorodskij): Otnošenie Cerkvi k otdelivšimsja ot nee obščestvam (Das Verhältnis der Kirche zu den von ihr getrennten Gemeinschaften). In: ŽMP 1931, Nr. 4, S. 3–7, S. 6.
280 Sergij, Episkop (Stragorodskij): Slova ... (s. Anm. 272), S. 156.
281 Kazem-Bek, A. L.: Svjatejšij Patriarch Moskovskij i vseja Rusi Aleksij (Der Allheiligste Patriarch von Moskau und ganz Rußland Aleksij). M. 1971. Maschinengeschrieben. S. 173.
282 Elevferij, Mitropolit (Bogojavlenskij): Sobornost' ... (s. Anm. 194), S. 186, 240.
283 Russkaja Pravoslavnaja Cerkov' i Velikaja Otečestvennaja vojna. Sbornik cerkovnych dokumentov (Die Russische Orthodoxe Kirche und der Große Vaterländische Krieg. Sammelband kirchlicher Dokumente). Izdanie Moskovskoj Patriarchii. M. 1943, S. 4f.
284 ŽMP 1943, Nr. 1, S. 5.
285 Patriarch Sergij i ego ... (s. Anm. 256), S. 277.
286 Ebd. S. 8.
287 Patriaršij Mestobljustitel' mitropolit Aleksij. Biografija (Der Patriarchatsverweser Metropolit Aleksij. Biographie). In: ŽMP 1944, Nr. 5–6.
288 Georgievskij, A. I.: O Pomestnom Sobore 1945 goda (iz vospominanij učastnikov Sobora) (Über das Landeskonzil von 1945 [aus den Erinnerungen der Konzilsteilnehmer]). In: ŽMP 1971, Nr. 2, S. 18–21.
Pitirim, Episkop Volokolamskij: Ètot den' prinadležit Cerkvi (Dieser Tag gehört der Kirche). In: ŽMP 1970, Nr. 2, S. 27–28.
Poslanie Svjatejšego Patriarcha Aleksija po slučaju izbranija ego Patriarchom Moskovskim i vseja Rusi (Sendschreiben des Allheiligsten Patriarchen Aleksij anläßlich seiner Wahl zum Patriarchen von Moskau und ganz Rußland). In: ŽMP 1945, Nr. 2, S. 5.
289 Novgorodskie eparchial'nye vedomosti 1913, Nr. 18.
Arsenij, Archiepiskop (Stadnickij): Na duchovnoj strade. Slova i reči (Geistliche Arbeit im Schweiße des Angesichts. Worte und Reden). Bd. 2, SPb. 1914, S. 218–219.
290 Nauka i religija, vom 3. Mai 1922.
291 Russkaja Pravoslavnaja Cerkov' ... (. Anm. 283), S. 51–54.
292 ŽMP 1945, Nr. 4, S. 26–27; 1957, Nr. 11, S. 47; 1965, Nr. 2, S. 68–76.
293 ŽMP 1943, Nr. 1, S. 9–12.
294 Ostapov, A. (Protoierej): Svjatejšij Patriarch Moskovskij i vseja Rusi Aleksij. Biografičeskij obzor dopatriaršego perioda žizni i služenija (Der Allheiligste Patriarch von Moskau und ganz Rußland Aleksij. Biographischer Überblick seines Lebens und Dienstes vor dem Patriarchenamt). In: ŽMP 1970, Nr. 2, S. 7–16.
Müller, J. (Hrsg.): Patriarch Alexius. Berlin 1967.
295 Pitirim, Episkop (Nečaev): Ètot den' ... (s. Anm. 288), S. 28.
296 Aleksij, Patriarch Moskovskij i vseja Rusi: Slova, reči, poslanija, obraščeni-

ja, stat'i (Predigten, Reden, Sendschreiben, Aufrufe, Aufsätze). Bd. 2, M. 1954, S. 47-62; Bd. 3, M. 1957, S. 35-38; Bd. 4, M. 1963, S. 55-86.
297 Russkaja Pravoslavnaja Cerkov' .. (s. Anm. 196), S. 109-125.
298 Doklad mitropolita Leningradskogo i Novgorodskogo Nikodima na toržestvennom sobranij v čest' 20-letija prebyvanija na pervosvjatiteľskom postu Svjatejšego Patriarcha Aleksija. 4 fevralja 1965 goda (Vortrag des Metropoliten von Leningrad und Novgorod Nikodim auf der feierlichen Versammlung zu Ehren der 20jährigen Amtsausübung des Allheiligsten Patriarchen Aleksij am. Februar 1965). In: ŽMP 1965, Nr. 3, S. 11ff., S. 16.
299 ŽMP 1970, Nr. 5, S. 8; 1970, Nr. 6, S. 69.
300 Nikodim, Archimandrit (Rotov): Istorija Russkoj Duchovnoj Missii v Ierusalime (Die Geschichte der Russischen Geistlichen Mission in Jerusalem). In: BT, Sbd. 20, M. 1979, S. 70-79.
301 Murav'ev, N.: K 500-letnemu jubileju avtokefalii Svjatj Russkoj Pravoslavnoj Cerkvi (Zum 500jährigen Jubiläum der Autokephalie der heiligen Russischen Orthodoxen Kirche). In: ŽMP 1948, Nr. 4, S. 22-25.
Chronika prazdnovanij 500-letija avtokefalii Russkoj Pravoslavnoj Cerkvi v Moskve (8-19 ijulja 1948 g.) (Chronik der Feierlichkeiten zur 500-Jahr-Feier der Autokephalie der Russischen Orthodoxen Kirche in Moskau (8.-19. Juli 1948). In: ŽMP 1948, Nr. 8, S. 3-5.
Nikonov, V.: K pjatisotletiju obrazovanija Russkoj Cerkvi (Zur 500-Jahr-Feier der Entstehung der Russischen Kirche). In: ŽMP 1948, Nr. 10, S. 49-58.
Dejanija Sovešč̌anija Glav i predstavitelej Avtokefaľnych Pravoslavnych Cerkvej v svjazi s prazdnovaniem 500-letija avtokefalii Russkoj Pravoslavnoj Cerkvi 8-18 ijulja 1948 goda (Akten der Konferenz der Häupter und Vorsteher der autokephalen orthodoxen Kirchen in Verbindung mit der 500-Jahr-Feier der Autokephalie der Russischen Orthodoxen Kirche vom 8.-18. Juli 1948). Bd. 1, M. 1949; Bd. 2, M. 1949.
302 50-letie vosstanovlenija Patriaršestva (50 Jahre Wiedererrichtung des Patriarchats). Sonderausgabe des ŽMP. M. 1971.
303 ŽMP 1961, Nr. 11, S. 6.
Vestnik Zapadno-Evropejskogo Ėkzarchata Russkoj Pravoslavnoj Cerkvi 1964, Nr. 45, S. 5-25.
304 Aleksij, Patriarch Moskovskij i vseja Rusi: Slova ... (s. Anm. 296), S. 214; s. auch in: ŽMP 1961, Nr. 8, S.5-29. S. Neu-Delhi 1961, Dokumentarbericht über die Dritte Vollversammlung des Ökumenischen Rates der Kirchen. Stuttgart 1962, S. 21.
305 BT, Sbd. 4, M. 1968, S. 203-248; Sbd. 5, M. 1971, S. 212-256. Besonders erwähnt werden muß der bereits im Jahre 1959 aufgenommene bilaterale theologische Dialog zwischen der Evangelischen Kirche in Deutschland und der Russischen Orthodoxen Kirche (die nach ihrem ersten Tagungsort sogenannten „Arnoldshainer Gespräche"; siehe Beihefte zur „Ökumenischen Rundschau", zuletzt die Nummern 34, 41, 49), sowie der seit

1979 parallel geführte Dialog zwischen dem Bund der Evangelischen Kirchen in der DDR und der Russischen Orthodoxen Kirche (sogenannte „Sagorsker Gespräche").
306 ŽMP 1964, Nr. 2, S. 2; 1966, Nr. 9, S. 70–75; BT, Sbd. 20, M. 1979, S. 108–149.
307 Aleksij, Patriarch Moskovskij i vseja Rusi: Slova ... (s. Anm. 296), M. 1963, Bd. 4, S. 108, 110.
308 Ebd. S. 86.
309 ŽMP 1965, Nr. 2, S. 51.
310 Aleksij, Patriarch Moskovskij i vseja Rusi: Slova ... (s. Anm. 296), S. 98–100.
311 Šabatin, I.: Dvadcat' pjat' let Pervosvjatitel'stva Svjatejšego Patriarcha Aleksija (Fünfundzwanzigjähriges Amtsjubiläum des Ersthierarchen und Allheiligsten Patriarchen Aleksij). In: ŽMP 1970, Nr. 2, S. 29–35.
312 Pomestnyj Sobor Russkoj Pravoslavnoj Cerkvi 30 maja – 2 ijunja 1971 goda. Dokumenty, materialy, chronika (Das Landeskonzil der Russischen Orthodoxen Kirche vom 30. Mai bis zum 2. Juni 1971. Dokumente, Materialien, Chronik). Izdanie Moskovskoj Patriarchii. M. 1972.
313 Svjatejšij Patriarch Moskovskij i vseja Rusi Pimen. K 70-letiju so dnja roždenija (Der Allheiligste Patriarch von Moskau und ganz Rußland Pimen. Zum 70. Geburtstag). In: ŽMP 1980, Nr. 7, S. 2–14, S. 3.
314 Ebd. S. 4.
315 Ebd. S. 5.
316 Pimen, Patriarch Moskovskij i vseja Rusi: Slova, reči, poslanija, obraščenija. 1957–1977 (Predigten, Reden, Sendschreiben, Aufrufe. 1957–1977). Izdanie Moskovskoj Patriarchii. M. 1977, S. 388.
317 Ebd.
318 Religioznye dejateli za pročnyj mir, razoruženie i spravedlivye otnošenija meždu narodami. Materialy Vsemirnoj konferencij. Moskva, 6–10 ijunja 1977 g. (Diener der Kirche für den dauerhaften Frieden, Abrüstung und gerechte Beziehungen zwischen den Völkern. Materialien der Weltfriedenskonferenz. Moskau, 6.–10. Juni 1977). Izdanie Otdela vnešnich cerkovnych snošenij Moskovskogo Patriarchata. M. 1978, S. 3, 35–41, 176–179.
319 Moskovskij Patriarchat, 1917–1977 (Das Moskauer Patriarchat, 1917–1977). Izdanie Moskovskoj Patriarchii, M. 1978, S. 22–23.
   60-letie vosstanovlenija Patriaršestva. Prazdnovanie jubileja 25–29 maja 1978 goda (60 Jahre Wiedererrichtung des Patriarchats. Jubiläumsfeier vom 25.–29. Mai 1978). Izdanie Moskovskoj Patriarchii, M. 1979.
320 Prazdnovanie 70-letija Svjatejšego Patriarcha Pimena (Feier zum 70. Geburtstag des Allheiligsten Patriarchen Pimen). In: ŽMP 1980, Nr. 9, S. 12–32.
321 Die Verlagsabteilung gibt allmonatlich das Organ der Russischen Orthodoxen Kirche, das „Žurnal Moskovskoj Patriarchii" („Journal des Moskauer Patriarchats") (seit 1943; seit 1971 in zwei Sprachen, Russisch und

Englisch) sowie den periodischen Sammelband „Bogoslovskie Trudy" („Theologische Arbeiten") (seit 1959) heraus. Alljährlich werden orthodoxe Kirchenkalender in Buchform (mit liturgischen Anweisungen für die Geistlichkeit) und als Wandkalender herausgegeben. Für die geistlichen Bedürfnisse der Gläubigen sind in wiederholten Auflagen die Bücher der Heiligen Schrift erschienen: Bibel (1956, 1968, 1976, 1979), Neues Testament (1958, 1976, 1979) und Psalter (1973) sowie liturgische Ausgaben: „Offizium für alle Heiligen des russischen Landes" (1946), „Offizium zu Christi Geburt" (1947), „Offizium zur Theophanie" (1948), „Offizium zur Darbringung Christi" (1950), „Offizium zum Entschlafen der Gottesmutter" (1950), „Offizium für den hl. Metropoliten Ioann von Tobol'sk" (1947) sowie viele andere Offizien, die in den Kalendern publiziert sind. Als Einzelausgaben erschienen die liturgischen Bücher: Tipikon (Typikon) (1957), Trebnik (Amtshandlungen) (1958), Služebnik (Offizium) (1960), Mineja obščaja (Menäen für die zwölf Monate) (1961), Psaltir' sledovannaja (Psalter) (1962, 1979), Časoslov (Stundenbuch) (1964), Oktoich (Oktoichos) Bd. 1, Ton 1–4, 1964; Bd. 2, Ton 5–8, 1965), Orthodoxes Gebetbuch (1956, 1970), Gebetbuch mit Psalter (1980), Triod' postnaja (Fastentriodion) (1972), Triod' cvetnaja (Blumentriodion) (1975), Mineja-Sentjabr' (September-Menäum) (1978), Mineja-Oktjabr' und Mineja-Nojabr' (Oktober- und November-Menäum) (1980). Die Frucht einer großen Kollektivarbeit ist die mehrbändige Edition „Nastol'naja kniga svjaščennosluzitelja" („Handbuch für die Geistlichkeit") (Bd. 1, 1977; Bd. 2, 1978; Bd. 3, 1979). Die Exarchate der Ukraine, von Westeuropa und von Mitteleuropa, die Ungarische Patriarchatspropstei sowie die Gemeinden der Russischen Orthodoxen Kirche in den USA und Kanada haben ihre Publikationsorgane: „Pravoslavnyj Visnyk" (Kiev) auf ukrainisch, „Vestnik Russkogo Zapadnoevropejskogo Patriaršego Ėkzarchata" („Bote des Russisch-Westeuropäischen Exarchats des Patriarchats") (Paris) in französisch und russisch, „Stimme der Orthodoxie" (Berlin) auf deutsch, „Kirchenchronik" (Budapest) auf ungarisch und „Edinaja Cerkov" (New York) auf englisch.

II. Kapitel
Chroniken, andere Quellen und Bücher der russischen Kirche

1 Vgl. die Erste Novgoroder Chronik nach ihrer ältesten Redaktion (Synodalhandschrift) 1016–1333/1352, Leipzig 1971.
2 Vgl. Bachrušin, V.: Vopros o prisoedinenii Sibiri v istoričeskoj literature (Die Frage der Vereinigung Sibiriens in der historischen Literatur). In: Naučnye Trudy, t. III, I. M. 1938; Sibirskaja letopis'. SPb. 1907; Kratkaja Sibirskaja letopis'. SPb. 1980.

Anmerkungen zu Kapitel II

3 S. z. B. Thron, N., Quellenbuch zur Geschichte d. Orth. Kirche, Trier 1983, S. 275ff.
4 S. S. 140.
5 Herberstein, S. v.: Das alte Russland, (Dt. Neuausgabe). Zürich 1984.
6 Der Vita ging eine früher entstandene Erzählung von den hll. Boris und Gleb voraus.
7 Auf uns sind handgeschriebene Novgoroder Menäen auf Pergament aus dem 11. und 12. Jh. gekommen.
8 „Lese" – zum Lesen in der Kirche und zu Hause bestimmt. Sie enthalten Viten (Biographien) der Heiligen, die nach Kalendertagen angeordnet sind. Die Lesemenäen bestanden aus zwölf Monatsbänden.
9 Der vollständige Bibeltext liegt erst im 15. Jh. unter Erzbischof Gennadij von Novgorod vor.
10 Das Land war so verheert, daß man sich wegen einer Abschrift des Nomokanons nach Bulgarien wenden mußte. Die Verbindung zum südslavischen Osten riß von nun an nicht mehr ab.
11 Das „Wort vom Untergang des russischen Landes" besteht aus nur 45 Zeilen. Man nimmt an, daß es die Einleitung zur Vita des Fürsten Aleksandr Nevskij war.
12 Vgl. das Nachwort zum Apostel von 1564. S. ebenfalls die Eintragung des Metropoliten Makarij, die eine Liste der in die Menäen aufgenommenen Bücher enthält, darunter: das Evangelium (vollständig), drei Psalterien (mit Exegese), Schriften von Johannes Chrysostomos, Basilios dem Großen, Gregor dem Theologen, die Paterika von Jerusalem, Ägypten und vom Sinai sowie andere Bücher.
13 In den Werken der Häretiker gab es Hinweise, daß sie diese oder jene Ansicht angeblich den Werken der Kirchenväter entnommen hätten. Die Aufnahme dieser Werke in die Lesemenäen des Metropoliten Makarij ermöglichte die Widerlegung dieser falschen Behauptung.
14 Die Synode und ihre Akten wurden Hundert-Kapitel-Synode genannt, weil die Ergebnisse in 100 Kapiteln dargelegt wurden.
15 Auch lange Zeit nach der Einführung des Buchdrucks blieben noch die handgeschriebenen Bücher in Gebrauch, da die Druckereien den Bedarf an gottesdienstlichen Büchern nicht gleich decken konnten.
16 „Erste" wird mit Vorbehalt gesagt, weil bis jetzt keine anderen Ausgaben des Evangeliums gefunden wurden.
17 Prolog wird ein Sammelband mit Heiligenviten und Katechesen für jeden Tag des Kirchenjahres genannt. Die Bezeichnung erklärt sich daraus, daß der Übersetzer den Begriff πρόλογος: Einführung, Vorwort nicht kannte und deshalb das Wort für den Titel des Buches hielt, den man dann beibehalten hat. Die Katechesen des Prologs wurden im Abendgottesdienst verlesen.
18 Makarij, Metropolit: Istorija russkoj cerkvi (Geschichte der Russischen Kirche). T. XII. S. 681. Anm. 374.
19 Zernova, A. S.: Knigi kirillovskoj pečati, izdannye v Moskve v XVI–XVII

vv. Svodnyj katalog (Die in Moskau im 16./17. Jh. herausgegebenen Bücher kyrillischen Drucks. Gesamtkatalog). M. 1958.

Anzahl der Ausgaben gottesdienstlicher Bücher Moskauer Drucks
(16.–17. Jahrhundert)

Apostol	22
Bibel	1
Evangelium	25
Lehr-Evangelium	8
Ektenien	3
Irmologion	6
Kanon für den hl. Hierarchen Aleksij	3
Kanon für den hl. Sergij von Radonež	2
Kanonikon	12
Kanoncs	1
Allgemeine Menäen	7
Allgemeine Menäen mit Festen	14
Gottesdienstliche Menäen (Jahreszyklus)	7
(oder 8 allein im Dezember)	
Gesang für Gebetsgottesdienste	5
Oktoich	9
Ritus der Weihe des Antiminsions	1
Prolog	8
Psalter	46
Psalter mit gottesdienstlichen Folgen	21
Kirchenkalender	7
Dienst für den hl. Aleksij, den Mann Gottes	1
Dienst für den hl. Johannes den Krieger	1
Dienst für den hl. Hierarchen Nikolaos	8
Dienst für den hl. Savva Storoževskij	2
Dienst für die hll. Sergij und Nikon von Radonež	1
Dienst für die Ikone der Gottesmutter von Tichvin	1
Služebnik	28
Ritualienbuch (Trebnik)	17
Ritualienbuch für Mönche	1
Ritualienbuch für Weltgeistliche	1
Fasten-Triodion	19
Blumen-Triodion	16
Typikon (Ustav)	7
Stundenbuch (Časovnik)	30
Stundenbuch (Časoslov)	13
Ritus der Wasserweihe zu Epiphanias	2
Formular für den bischöflichen Gottesdienst	2
Hexaemeron	11

20 So wurden z. B. die Homilien des Johannes Chrysostomos, die „Kommentare zur Apostelgeschichte und Offenbarung" und die „Confessio" des Petr Mogila im 18. Jh. sechsmal in Moskau aufgelegt.
21 Der erste Sammelband der „Wunder der Jungfrau Maria" erschien 1677 in der Druckerei von Novgorod-Severskij. Danach kam er mehrfach mit dem Titel „Betautes Vliess" (runo orošennoe) in Černigov heraus.
22 Das Vermächtnis des Hierarchen Dimitrij von Rostov (1717) „Erörterung über das Bild Gottes in den Menschen" wurde zweimal in Moskau veröffentlicht, 1714 und 1717; die „Untersuchung über den Glauben der Brynzy" wurde seit 1754 viermal in Moskau gedruckt.
23 Der Unterschied bestand im Titelblatt: Bei den Kiever Ausgaben findet sich ein gestochenes Frontispiz mit der Ansicht des Kiever Höhlenklosters, bei den Petersburgern eine Ansicht der Peter-und-Pauls-Festung, bei den Moskauern eine des Kreml'.
24 Im 18. Jh. wurden die Akathistoi siebenmal und die Vita viermal gedruckt. Sie haben bis heute nicht an Bedeutung verloren.

IV. Kapitel: Kirchengesang und Glockengeläut

1 Vgl. „Povest' vremennych let" (Kiever Annalen). Teil 1. M.–L. 1950. S. 102.
2 Uspenskij, N.: Vizantijskoe penie v Kievskoj Rusi (Der byzantinische Gesang in der Kiever Rus').
3 Osmoglasie: Gesamtheit (System, Ordnung) der acht Kirchentöne.
4 Uspenskij, N.: Drevnerusskoe pevčeskoe iskusstvo (Die altrussische Gesangskunst). M. 1965. S. 55–96.
5 Preobraženskij, A. V.: Kul'tovaja muzyka v Rossii (Kultmusik in Rußland). L. 1924. S. 52.
6 Skrebkov, S.: Evoljucija stilja v russkoj chorovoj muzyke XVII v. (Die Evolution des Stils der russischen Chormusik im 17. Jh.). In: Musica antiqua Europae Orientalis. Bydgoszcz 1966.
7 Beispiele für bulgarische Motive in: N. Uspenskij, a.a.O. S. 102–107; für Kiever Motive S. 111–112; für griechische Motive S. 99–102.
8 Čajkovskij, P. I.: Vsenoščnoe bdenie (Nachtwache). Hrsg. von Jürgenson. M. S. 1.
9 Koninskij, K. M.: Čajkovskij über die russische Kirchenmusik. In: Russische Musikzeitung. SPb. 1899, Nr. 2. S. 51.

V. Kapitel: Persönliches Frömmigkeitsleben

1 O celi christianskoj žizni. Beseda prepodobnogo Serafima Sarovskogo s N. A. Motovilovym (Vom Ziel des christlichen Lebens. Gespräch des ehr-

würdigen Serafim von Sarov mit N. A. Motovilov). Sergiev Posad 1914.

2 Besonders aufschlußreich ist der Bericht des Archidiakons Paul von Aleppo über Sitte, Brauchtum und kirchliches Leben in Rußland um die Mitte des 17. Jh.: Putešestvie Antiochijskogo Patriarcha Makarija v Rossiju v polovine XVII v. Perevod s arabskogo G. Murnosa (Die Reise des Patriarchen Makarios von Antiochien nach Rußland in der Mitte des 17. Jh., übersetzt von G. Murnos). Bd. 1–6. M. 1896–1902.

3 Filaret, Archiepiskop (Gumilevskij): Serafim. In: Polnyj Pravoslavnyj bogoslovskij enciklopedičeskij slovar'. SPb. 1912.

4 Dobrotoljubie. M. 1793.

5 „Nevidimaja bran'" blažennoj pamjati starca Nikodima Svjatogorca („Der unsichtbare Kampf" des Geron Nikodemos Hagiorites seligen Angedenkens). 2. Aufl. M. 1892.

6 Sofronij, Ieromonach: Starec Siluan. Paris 1952. S. 69.

7 Ermolatij, N.: Christianskoe učenie o dobrodeteli (Die christliche Lehre von der Tugend). Kandidatenarbeit MGA 1952–1953 (masch.). S. 64–65.

8 Uspenskij, L.: Smysl i jazyk ikon (Sinn und Sprache der Ikonen). In: Žurnal Moskovskoj Patriarchii 1955, Nr. 6. S. 63–64.

VI. Kapitel
Die theologische Wissenschaft in der Russischen Orthodoxen Kirche

1 In: Christianskoe Čtenie 1888. Nr. 5/6. S. 727–731.

2 Glubokovskij, N. N.: Pravoslavie po ego suščestvu (Die Orthodoxie ihrem Wesen nach). In: Christianskoe Čtenie 1914. Nr. 1. S. 19.

3 Ebd., S. 21.

4 Beljaev, A. (Protoierej): Mitropolit Platon kak stroitel' nacional'noj duchovnoj školy (Metropolit Platon als Erbauer einer nationalen geistlichen Schule). In: Bogoslovskij Vestnik 1912. Nr. 12. S. 673.

5 Gorskij, A. (Protoierej): Slovo na tekst „Domu Tvoemu podobaet svjatynja, Gospodi" (Ps. 92, 5) (Predigt über „Heiligkeit ist die Zierde Deines Hauses, Herr", (Ps. 93, 5). In: Bogoslovskij Vestnik 1892. Nr. 10. S. 2–7.

6 Pjatidesjatiletie St.-Peterburgskoj duchovnoj akademii (50. Jahrestag der St. Petersburger Geistlichen Akademie). SPb. 1859. S. 36.

7 Antonij, Metropolit (Vadkovskij): Reči, slova i poučenija (Reden, Ansprachen und Unterweisungen). 2. Aufl. SPb. 1901. S. 39.

8 Žurnal Soveta Moskovskoj duchovnoj akademii za 1911/1912 učebnyi god (Journal des Rates der Moskauer Geistlichen Akademie für das Studienjahr 1911/1912). Sergiev Posad 1912. S. 187.

9 Florenskij, P. (Ierej) anläßlich der Ehrung des Professors der Philosophie der Moskauer Geistlichen Akademie A. I. Vvedenskij. In: Bogoslovskij Vestnik 1912. Nr. 2. S. 421.

10 Iosif Volokolamskij: Prosvetitel' (Der Erleuchter). Ausgabe Kazan' 1855.

Bulgakov, A. I. (Ierej): Prepodobnyj Iosif Volokolamskij (Der ehrwürdige Iosif von Volokolamsk). SPb. 1865; Makarij, Archiepiskop (Bulgakov): Prepodobnyj Iosif v ego „Prosvetitele" (Der ehrwürdige Iosif in seinem „Erleuchter"). In: Christianskoe Čtenie 1871. Bd. 2.

11 Zinovij, Inok: Istiny pokazanie voprosivšemu o novom učenii (S predisloviem izdatelja) (Erweis der Wahrheit über die neue Lehre für einen Fragenden [Mit einem Vorwort des Herausgebers]). Kazan' 1864. – Über ihn: Kalugin, F.: Zinovij Otenskij i ego bogoslovsko-polemičeskie i cerkovno-učiteľnye proizvedenija (Zinovij Otenskij und seine theologisch-polemischen und kirchlich-didaktischen Werke). SPb. 1894.

12 Knižica o edinoj istinnoj pravoslavnoj vere i Svjatoj Sobornoj Apostoľskoj Cerkvi (Büchlein vom einen wahren orthodoxen Glauben und der Heiligen Katholischen Apostolischen Kirche), Ostrog 1588.

Zacharij, Ieromonach (Kopytenskij): O vere edinoj, Svjatoj, Sobornoj, Apostoľskoj Cerkvi (Vom Glauben der Einen Heiligen Katholischen Apostolischen Kirche). Kiev 1619.

13 Zizanij, L. (Protoierej): Kniga, glagolemaja po-grečeski Katechizis, polatinski Oglašenie, russkim že jazykom naricaemaja Besedoslovie (Buch, genannt auf griechisch Katechesis, auf lateinisch Unterweisung, in russischer Sprache aber Lehrgespräch geheißen). M. 1627.

14 Pravoslavnoe ispovedanie kafoličeskoj i apostoľskoj Cerkvi Vostočnoj (Orthodoxes Bekenntnis der katholischen und apostolischen Morgenländischen Kirche), geschrieben von Metropolit Petr Mogila oder auf seine Veranlassung und mit seiner unmittelbaren Beteiligung, 1631 in Latein verfaßt, wurde von den vier östlichen Patriarchen gebilligt. Die erste Druckausgabe erschien in Griechisch 1666 in Amsterdam. Eine kirchenslavische Übersetzung fertigte 1685 Patriarch Ioakim in Moskau im Čudov-Kloster an. Diese erschien mit einem Vorwort des Patriarchen Adrian in Moskau 1696; weitere Ausgaben: Moskau 1709; Kiev 1712; Černigov 1715; St. Petersburg 1717, 1722 und 1739; Moskau 1744. Die erste Ausgabe in Russisch erschien in St. Petersburg 1831, übersetzt von Priester Ioann Kolokolov. – Über den Verfasser des „Bekenntnisses" siehe: Gorskij, A. (Protoierej): Petr Mogila, Mitropolit Kievskij (Petr Mogila, Metropolit von Kiev). In: Pribavlenija k tvorenijam svjatych otcov. 1846. Teil 4; Golubev, S. G.: Kievskij mitropolit Petr Mogila i ego spodvižniki (Der Kiever Metropolit Petr Mogila und seine Gefährten). Bd. 1–2. Kiev 1884; ders.: Istorija Kievskoj duchovnoj akademii (Die Geschichte der Kiever Geistlichen Akademie). Bd. 1. Kiev 1886.

15 Tarasij, Ieromonach (Kurganskij): Velikorossijskoe i malorossijskoe bogoslovie XVI–XVII vekov (Die großrussische und die kleinrussische Theologie des 16.–17. Jh.). SPb. 1903.

16 Über ihn ausführlich: Morev, I. (Protoierej): „Kamen' very" mitropolita Stefana Javorskogo, ego mesto sredi otečestvennych protivo-protestantskich sočinenij i charakterističeskie osobennosti ego dogmatičeskich vozzrenij (Der „Stein des Glaubens" des Metropoliten Stefan Javorskij,

seine Stellung unter den vaterländischen antiprotestantischen Schriften und die charakteristischen Besonderheiten seiner dogmatischen Anschauungen). SPb. 1904. Noch im 20. Jh. erschienen dogmatische Traktate, die auf dem Traktat aufbauen, mehrfach in der populären Serie: „Die Lehre von den verschiedenen kirchlichen Dogmen", dargelegt nach dem Buch des Metropoliten Stefan Javorskij „Stein des Glaubens" (insgesamt 12 Bände).

17 Feofans „Dogmatische Theologie" wurde nach dem von ihm entworfenen Plan durch den Kiever Metropoliten Samuil Mislavskij zu Ende geführt und erschien vollständig erst 1782 in Leipzig in lateinischer Sprache.

18 Über das theologische Erbe Erzbischof Feofans siehe: Červjakovskij, P. A. (Ierej): O bogoslovii archiepiskopa Feofana Prokopoviča (Über die Theologie des Erzbischof Feofan Prokopovič). In: Christianskoe Čtenie 1876–1878; Tichomirov, F. A.: Traktaty Feofana Prokopoviča o Boge Edinom po suščestvu i Troičnom v Licach (Die Traktate Feofan Prokopovičs über Gott, den seinem Wesen nach Einen und den in den Personen Dreifaltigen). SPb. 1884. Einseitig und unrichtig wird die Theologie Erzbischof Feofans beurteilt bei: Kartašev, A. V.: K voprosy o pravoslavii Feofana Prokopoviča (Zur Frage der Rechtgläubigkeit Feofan Prokopovičs). In: Sbornik v čest' D. F. Kobeko. SPb. 1913. S. 225–237 und bei Florovskij, G. (Protoierej): Puti russkogo bogoslovija (Wege der russischen Theologie). Paris 1937. S. 89–94.

19 Bulašev, G. O.: Preosvjaščennyj Irinej Faľkovskij, episkop Čiriginskij (Der Hochwürdige Iriney Faľkovskij, Bischof von Čirigin). Kiev 1883.

20 Christianae Orthodoxae ... Theologiae Compendium ..., Bd. 1–2. M. 1802, 3. Aufl. 1818. Vgl.: Archimandrit Irinej: Položenija bogoslovskie iz VII, VIII i IX knig „Dogmatičeskoj Bogoslovii", dlja otpravlenija v Kievskoj akademii publičnych sostjazanij vybrannye (Theologische Thesen aus dem VII., VIII. und IX. Buch der „Dogmatischen Theologie", gesammelt zur Verwendung in öffentlichen Disputen an der Kiever Akademie). Kiev 1802 (lateinisch-russischer Paralleltext).

21 Bulašev, G. O.: a.a.O. (Anm. 19) S. 136.

22 Filaret, Archiepiskop (Gumilevskij): Obzor russkoj duchovnoj literatury (Überblick über die russische geistliche Literatur). Buch 2. SPb. 1884. S. 357 f.

23 Smirnov, S. K.: Istorija Moskovskoj Slavjano-greko-latinskoj Akademii (Geschichte der Moskauer Slavisch-griechisch-lateinischen Akademie). M. 1855. S. 204 f., 291 f. u. ö.

24 Orthodoxae Orientalis Ecclesiae Dogmata, seu doctrina christiana de credendis (pars prima) et agendis (pars secunda) ... Lipsiae 1784; letzte Ausgabe: M. 1827–1828. Siehe auch: Feofilakt, Archimandrit: Dogmaty christianskoj pravoslavnoj very, na rossijskom i nemeckom jazykach (perevel na nemeckij Ioann Rejchel') (Die Dogmen des christlichen orthodoxen Glaubens, in russischer und deutscher Sprache [übersetzt ins Deutsche von Johann Reichel]). M. 1773;

ders.: Položenija Bogoslovskie, iz raznych Bogoslovskich mest vzjatye k zaščiščeniju pravoslavno-kafoličeskoj very (na latinskom i russkom jazykach) (Theologische Sätze, verschiedenen theologischen Stellen entnommen zur Verteidigung des orthodox-katholischen Glaubens [in lateinischer und russischer Sprache]). M. 1773;

ders.: Dogmaty christianskoj pravoslavnoj very, v bogoslovskom učenii predloŽennye i iz'jasnennye Moskovskoj akademii rektorom Feofilaktom (s rossijskogo na francuzskij jazyk perevel I. V. Nalimov) (Die Dogmen des christlichen orthodoxen Glaubens, im theologischen Unterricht vorgetragen und erklärt vom Rektor der Moskauer Akademie Feofilakt [aus dem Russischen ins Französische übersetzt von I. V. Nalimov]). SPb. 1792.

25 Platon, Ieromonach: Pravoslavnoe učenie ili sokraščennaja christianskaja Bogoslovija, o glavnejšich dogmatach very i o zapovedjach Božiich (Orthodoxe Lehre oder kurze christliche Theologie, über die Hauptdogmen unseres Glaubens und über die Gebote Gottes). SPb. 1765;

sowie in: Platon, Archiepiskop, Poučitel'nye slova ... i drugie sočinenija (Unterweisungen ... und andere Werke). Bd. 7. M. 1780; 1791; 1800;

ders.: Malye katechizisy (Kleine Katechesen). Ebd. Bd. 6. M. 1780;

ders.: Katechizis ili pervonačal'noe nastavlenie v christianskom zakone (Katechismus oder Anfangsunterricht im christlichen Gesetz). Ebd. Bd. 8. M. 1781;

siehe auch: Platon, Mitropolit (Levšin): Gesammelte Werke. Bd. 1–2. M. 1912.

26 Makarij, Archimandrit (Susal'nikov): Pravoverie Svjatoj Vostočnoj Cerkvi, ili sokraščennoe učenie v zakone christianskoj very, izloŽennoe čerez voprosy i otvety (Der wahre Glaube der Heiligen Morgenländischen Kirche, oder kurze Belehrung im Gesetz des christlichen Glaubens, dargelegt in Fragen und Antworten). In: Christianskoe učilišče ili Sobranie trudov Troickoj Novosergievskoj pustyni archimandrita Makarija Susal'nikova (Christenschule oder Gesammelte Arbeiten des Archimandriten Makarij Susal'nikov vom Neuen-Sergij-Dreieinigkeits-Einödkloster). Bd. 3. M. 1803.

27 Makarij, Archimandrit (Petrovič): Dogmatičeskaja bogoslovija ili Pravoslavnoe učenie Vostočnoj Cerkvi, soderŽaščee vse, čto christianinu, iščuščemu svoego spasenija, znat' i delat' nadležit, sobrannoe iz Svjaščennogo Pisanija, svjatych otec i sistem bogoslovskich i porjadočno raspoloŽennoe dlja pol'zy i upotreblenija junošestvu ieromonachom Makariem v 1780 g. (Dogmatische Theologie oder die Orthodoxe Lehre der Morgenländischen Kirche, alles enthaltend, was ein Christ, der sein Heil sucht, wissen und tun soll, gesammelt aus der Heiligen Schrift, den heiligen Vätern und theologischen Systemen und geordnet dargelegt zum Nutzen und Gebrauch der Jugend von Mönchspriester Makarij im Jahre 1870). In: Sobranie vsech sočinenij Želtikova monastyrja archimandrita Makarija v trech tomach (Sämtliche Werke des Archimandriten Makarij vom Želtikov-Kloster in drei Bänden). Bd. 1. M. 1786. S. 1–212. Als Beleg für die Be-

handlung soteriologischer Probleme in der russischen Theologie des 18. Jhs. vor allem zwei Predigten „V Velikij Pjatok" (Zum Karfreitag). Ebd. Bd. 3 S. 158–175, 176–194.

28 Juvenalij, Ieromonach: Christianskaja bogoslovija dlja želajuščich v blagočestii vysšego uspecha (Christliche Theologie für diejenigen, die in der Gottesfurcht höher steigen wollen). M. 1806. S. 329. 2. Aufl. M. 1826. Das Buch zeichnet sich durch die Schlichtheit und seinen streng biblischen Charakter aus; siehe dazu: Filaret, Archiepiskop (Gumilevskij): a.a.O. (Anm. 22), S. 398.

29 Sočinenija ... Tichona, episkopa Voronežskogo i Eleckogo (Werke ... des Bischofs Tichon von Voronež und Elec.). Bd. 1–15. 3. Aufl. M. 1836. Nach der Kanonisation des hl. Hierarchen Tichon erschienen seine Werke unter dem Titel: Tvorenija iže vo svjatych otca našego Tichona Zadonskogo (Werke unseres heiligen Vaters Tichon Zadonskij). Bd. 1–5. 6. Aufl. M. 1898–1899.

30 Anonymus: Učenie Svjatitelja Tichona ob istinach Pravoslavnoj Christovoj very i Cerkvi (Die Lehre des hl. Hierarchen Tichon über die Wahrheiten des orthodoxen Christenglaubens und der Kirche). SPb. 1864; Lebedev, A.: Izloženie pravoslavnoj christianskoj very v besedach, po rukovodstvu pisanij Svjatitelja Tichona (Darlegung des orthodoxen christlichen Glaubens in Gesprächen, nach den Schriften des hl. Hierarchen Tichon). SPb. 1866; ders.: Izloženie christianskogo učenija Pravoslavnoj Kafoličeskoj Cerkvi, v pis'mach, izvlečennoe iz tvorenij svjatych otcov i učitelej Cerkvi, preimuščestvenno Svjatitelja Tichona Zadonskogo (Darlegung der christlichen Lehre der Orthodoxen Katholischen Kirche in Briefen, Auszüge aus den Werken der hl. Väter und Lehrer der Kirche, vornehmlich aus denen des hl. Hierarchen Tichon Zadonskij). SPb. 1869. S. 321.

31 Teile seiner Lektionen – die zeitweise Unterrichtsleitfaden an allen geistlichen Akademien waren – sind in der von ihm gegründeten Zeitschrift der St. Petersburger Geistlichen Akademie „Christianskoe Čtenie" abgedruckt worden; siehe: Učenie o Boge (Die Lehre von Gott). In: Christianskoe Čtenie 1822. Teil 6. S. 50–128, 166–244.

32 Dogmatičeskie traktaty, predstavljajuščie soboj obrabotannye dlja pečati otryvki iz ego akademičeskich lekcij (Dogmatische Traktate [für den Druck bearbeitete Auszüge aus akademischen Vorlesungen]). In: Innokentij, Archiepiskop Chersonskij (Borisov): Polnoe sobranie sočinenij. Bd. 11. SPb. 1901.

33 Filaret, Erzbischof von Černigov, der an der Moskauer Geistlichen Akademie während seines Rektorats in den 30er Jahren des 19. Jahrhunderts dogmatische Theologie dozierte, stellte später seine Vorlesungen in überarbeiteter und ergänzter Form zu einem systematischen Grundriß zusammen. (Vgl. Anm. 58).

34 Ternovskij, P. (Protoierej): Bogoslovie dogmatičeskoe, ili prostrannoe izloženie učenija very Pravoslavnoj Kafoličeskoj Cerkvi (Dogmatische Theologie oder ausführliche Darstellung der Glaubenslehre der Orthodoxen Katholischen Kirche). M. 1838; 1839; 1844.

35 Antonij, Archimandrit (Amfiteatrov): Dogmatičeskoe Bogoslovie Pravoslavnoj Kafoličeskoj Vostočnoj Cerkvi, s prisovokupleniem Obščego vvedenija v kurs Bogoslovskich nauk (Dogmatische Theologie der Orthodoxen Katholischen Morgenländischen Kirche, mit einer allgemeinen Einleitung in das Gebiet der theologischen Wissenschaften). Kiev 1848. 8. Aufl. SPb. 1862.
36 Sergij, Archimandrit (Vasilevskij): Vysokopreosvjaščennyj Antonij, archiepiskop Kazanskij i Svijažskij (Der Hochwürdige Antonij, Erzbischof von Kazan' und Svijažsk). Bd. 1–2. Kazan' 1885.
37 Antonij, Archimandrit (Amfiteatrov): Dogmatičeskoe Bogoslovie... (s. Anm. 35). 5. Aufl. M. 1852. S. 37.
38 Ebd.
39 Ebd. S. 38.
40 Ebd. S. 39–40. Die orthodoxe Kirche kennt streng genommen den Begriff der „symbolischen Bücher" nicht und besitzt keine solchen in dem Sinne, wie sie der Westen anerkennt. Die von Erzbischof Antonij aufgezählten Bücher sind ausführliche und vom gesamten orthodoxen Osten anerkannte Darlegungen des orthodoxen Glaubens. Dabei haben das erste und dritte Buch den Charakter eines Katechismus, während das zweite polemisch-apologetischer Natur ist.
41 Makarij, Archimandrit (Bulgakov): Pravoslavno-dogmatičeskoe bogoslovie (Orthodox-dogmatische Theologie). Bd. 1–5. SPb. 1849–1853. 3. Aufl. 1868; Bd. 1–2. 4. Aufl. 1883. 5. Aufl. 1895. Eine gekürzte Variante des Systems wurde zum Lehrbuch für geistliche Seminare: Rukovodstvo k izučeniju christianskogo pravoslavno-dogmatičeskogo bogoslovija (Leitfaden zum Studium der christlichen orthodox-dogmatischen Theologie). SPb. 1869; letzte Ausgabe: M. 1918. Siehe auch: Vvedenie v pravoslavnoe bogoslovie (Einführung in die orthodoxe Theologie). SPb. 1847. 7. Aufl. 1903.
42 Vvedenskij, A. I.: K voprosu o metodologičeskoj reforme pravoslavnoj dogmatiki (Zur Frage der methodischen Reform der orthodoxen Dogmatik). In: Bogoslovskij Vestnik 1904. Nr. 6, S. 180.
43 Makarij, Mitropolit: Pravoslavno-dogmatičeskoe bogoslovie (Orthodox-dogmatische Theologie). Bd. 1. 4. Aufl. SPb. 1883 (vgl. Anm. 41). S. 20.
44 Glubokovskij, N. N.: Russkaja bogoslovskaja nauka v ee istoričeskom razvitii i novejšem sostojanii (Die russische theologische Wissenschaft in ihrer historischen Entwicklung und ihrem neuesten Stand). Warschau 1928. S. 4.
45 Evsevij, Archimandrit: O pravoslavnoj Christovoj Cerkvi (Über die orthodoxe Kirche Christi). In: Pribavlenija k tvorenijam svjatych otcov 1843. T. 1; O Promysle Božiem (Über Gottes Vorsehung). Ebd.; O trojakom služenii Iisusa Christa (Über den dreifachen Dienst Jesu Christi). Ebd. 1844. T. 2; O Božestvennosti christianskoj religii (Von der Göttlichkeit der christlichen Religion). M. 1845; O prigotovlenii roda čelovečeskogo k prinjatiju Spasitelja (Über die Vorbereitung des Menschengeschlechts zum

Empfang des Erlösers). In: Pribavlenija k tvorenijam svjatych otcov 1845. T 3; O spasitel'nych tainstvach (Von den heilbringenden Sakramenten). Ebd. 1846. T. 4; 1847. T. 5; 2. Ausgabe: Besedy o semi spasitel'nych tainstvach Pravoslavnoj Kafoličeskoj Cerkvi (Gespräche über die sieben heilbringenden Sakramente der Orthodoxen Katholischen Kirche). SPb. 1849; O pravoslavnoj vere. Poučenija, predloženenye po porjadku Prostrannogo Katechizisa Pravoslavnoj Cerkvi (Vom orthodoxen Glauben. Unterweisungen, vorgetragen nach der Ordnung des Ausführlichen Katechismus der Orthodoxen Kirche). Buch 1–2. SPb. 1863; Besedy na Svjatoe Evangelie (Gespräche zum heiligen Evangelium). Bd. 1–2. SPb. 1875–1880. – Über ihn: Glubokovskij, N. N.: Preosvjaščennyj Evsevij Orlinskij, archiepiskop Mogilevskij, byvšij rektor (1847–1850) S.-Peterburgskoj duchovnoj akademii (Der hochwürdige Evsevij Orlinskij, Erzbischof von Mogilev, ehemaliger Rektor (1847–1850) der St. Petersburger Geistlichen Akademie). In: Christianskoe Čtenie 1909. Nr. 10. S. 1332–1351; Nr. 11. S. 1459–1482.

46 Von seinen Arbeiten siehe: Aleksij, Archimandrit (Ržanicyn): O Lice Gospoda i Spasitelja našego Iisusa Christa (Von der Person unseres Herrn und Erlösers Jesus Christus). Bd. 1–2. M. 1847–1848; O Preblagoslovennoj Deve Marii, Materi Gospoda našego Iisusa Christa (Von der hochgebenedeiten Jungfrau Maria, der Mutter unseres Herrn Jesus Christus). M. 1848; Vetchozavetnoe učenie o tainstve Presvjatoj Troicy (Die alttestamentliche Lehre vom Geheimnis der Allheiligen Dreieinigkeit). In: Pribavlenija k tvorenijam svjatych otcov 1849. T. 8; Ob angelach-chraniteljach (Von den Schutzengeln). Ebd.; O tainstve Kresta Christova (Vom Geheimnis des Kreuzes Christi). Ebd. 1851. T. 10.
Siehe auch seinen Briefwechsel mit Metropolit Filaret Drozdov und A. V. Gorskij.

47 Serafim Aretinskijs Vorlesungen blieben unveröffentlicht. Nur seine „Slova i reči" (Worte und Reden), Kazan' 1848, liegen vor, von denen viele auf seinen überarbeiteten Vorlesungen beruhen. – Siehe auch: Znamenskij, P. V.: Istorija Kazanskoj duchovnoj akademii (Geschichte der Kazaner Geistlichen Akademie). Bd. 2. Kazan' 1892.

48 Innokentij, Archimandrit (Borisov): Gesammelte Werke. SPb. 1871–1874; dass.: Bd. 1–12. SPb. 1901; dass.: Bd. 1–6. SPb. 1908; O bytii Božiem (Über die Existenz Gottes). In: Christianskoe Čtenie 1824. T. 13. Über ihn: Barsov, N. I.: Materialy dlja biografii Innokentija, archiepiskopa Chersonskogo (Materialien zur Biographie von Innokentij, Erzbischof von Cherson). Bd. 1–2. SPb. 1884.

49 Innokentij, Archimandrit (Borisov): Poslednie dni zemnoj žizni Gospoda našego Iisusa Christa (Die letzten Tage des Erdenlebens unseres Herrn Jesus Christus). In: Christianskoe Čtenie 1828–1830; auch in Gesammelte Werke Bd. 5 a.a.O.

50 Über ihn: Roždestvenskij, D. V. (Ierej): Preosvjaščennyj Ioann, episkop Smolenskij (Der hochwürdige Ioann, Bischof von Smolensk). Sergiev Posad 1915.

51 Dieser Zug tritt besonders an seinen Vorlesungen zum Trinitätsdogma hervor, siehe: Ioann, episkop Smolenskij: Dogmat o Presvjatoj Troice (Das Dogma von der Allheiligen Dreieinigkeit). SPb. 1877.
52 Znamenskij, P. V.: Istorija Kazanskoj duchovnoj akademii (Geschichte der Kazaner Geistlichen Akademie). Bd. 2 Kazan' 1892.
53 Ebd. S. 203.
54 Aleksandr Matveevič Bucharev (1822–1871) wurde als Sohn eines Diakons in der Eparchie Tver' geboren. 1846 beendete er sein Studium an der Moskauer Geistlichen Akademie und wurde Mönch. Er blieb an der Akademie und gab Unterricht in den Fächern Griechisch, Biblische Geschichte und später Hl. Schrift. 1852 wurde er zum außerordentlichen Professor ernannt, 1853 in den Rang eines Archimandriten erhoben. Seit 1854 hatte er den Lehrstuhl für dogmatische Theologie an der Kazaner Geistlichen Akademie inne, später las er dort Moraltheologie. Von 1858 bis 1861 arbeitete er als Zensor beim St. Petersburger Geistlichen Zensurkomitee. Im Februar 1861 ersuchte er um Entlassung aus dem Mönchsstand; dem wurde 1863 stattgegeben. Innerlich tief den Mönchsgelübden verpflichtet, hielt es Archimandrit Feodor für unstatthaft, der höheren kirchlichen Gewalt den Gehorsam zu verweigern, als sie ihm die Veröffentlichung seines Kommentars zur Apokalypse untersagte (postum herausgegeben von Priester Pavel Florenskij, Sergiev Posad 1916). Da Archimandrit Feodor seine theologische Arbeit als Berufung und Gabe Gottes empfand, der er, ein Mensch von ungewöhnlichem Zartgefühl, sich ungeteilt widmen wollte, wagte er es, seinen Mönchs- und Weihestand dem Lamme zum Opfer zu bringen, um ihm, ohne die Theologie preiszugeben, reinen Gewissens folgen zu können. Über ihn: Lavrskij, V.: Moi vospominanija ob archimandrite Feodore (A. M. Buchareve) (Meine Erinnerungen an Archimandrit Feodor [A. M. Bucharev]). In: Bogoslovskij Vestnik 1905.
55 Bucharev, A. M.: O sovremennych duchovnych potrebnostjach mysli i žizni, osobenno russkoj (Über die gegenwärtigen geistlichen Bedürfnisse des Denkens und Lebens, besonders des russischen). M. 1865. S. 596.
56 Ebd. S. 597.
57 Ebd. S. 601 f.
58 Filaret, Archiepiskop (Gumilevskij): Pravoslavnoe Dogmatičeskoe Bogoslovie. Bd. 1–2. Černigov 1864; Bd. 1–2. 2. Ausg. SPb. 1882.
59 Veniamin, Igumen (Jakovenko): Filaret, archiepiskop Černigovskij (Filaret, Erzbischof von Černigov). In: Žurnal Moskovskoj Patriarchii (im folgenden: ŽMP) 1966. Nr. 10. S. 47–55; ein Verzeichnis seiner Arbeiten: ebd. S. 55–56.
60 Ebd.
61 Ebd. S. 51.
62 Glubokovskij, N. N.: a.a.O. (Anm. 44) S. 5.
63 Katanskij, A. L.: Vospominanija starogo professora (Erinnerungen eines alten Professors). In: Christianskoe Čtenie 1914. Nr. 11; auch einzeln: SPb. 1914 (hiernach im folgenden zitiert).

64 Den Einfluß westlicher dogmatischer Systeme auf die Darlegungen Erzbischof Filarets vermerkt auch Erzpriester Nikolaj Malinovskij in: Pravoslavnoe dogmatičeskoe Bogoslovie (Orthodoxe dogmatische Theologie). Bd. 1. Sergiev Posad 1910. S. 124.
65 Katanskij, A. L.: Ob istoričeskom izloženii dogmatov (Über die historische Dogmenauslegung). In: Christianskoe Čtenie 1871. Bd. 1. S. 808.
66 Über ihn: Beljaev, A. D.: Pamjati A. V. Gorskogo (Zum Gedenken an A. V. Gorskij). M. 1875; Popov, S. P.: Rektor Moskovskoj duchovnoj akademii protoierej A. V. Gorskij (Der Rektor der Moskauer Geistlichen Akademie Erzpriester A. V. Gorskij). Sergiev Posad 1897; Protoierej A. V. Gorskij v vospominanijach o nem Moskovskoj duchovnoj akademii v 25 godovščinu so dnja ego smerti. S. priloženiem nekotorych neizdannych bumag iz archiva A. V. Gorskogo (Erzpriester A. V. Gorskij in Erinnerungen der Moskauer Geistlichen Akademie zu seinem 25. Todestag. Als Beilage einige unveröffentlichte Papiere aus dem Archiv A.V. Gorskijs). Sergiev Posad 1901 (die in diesen Band aufgenommenen Materialien wurden zuerst publiziert in: Bogoslovskij Vestnik 1900. Nr. 11); Smirnov, S. I.: A. V. Gorskij. In: Pamjati počivšich nastavnikov (Zum Gedächtnis verstorbener Lehrer). Sergiev Posad 1914. S. 58–94; Postnikov, P. (Ierej): Očerk žizni i dejatel'nosti protoiereja Aleksandra Vasil'eviča Gorskogo (Überblick über das Leben und Wirken Erzpriester Aleksandr Vasil'evič Gorskijs). In: U Troicy v Akademii (In der Akademie bei der Dreieinigkeits-Lavra). M. 1914. S. 252–341.
67 Siehe: Lebedev, A. P.: Cerkovnyj istorik A. V. Gorskij (Der Kirchenhistoriker A. V. Gorskij). In: Protoierej A. V. Gorskij: Sobranie cerkovnoistoričeskich sočinenij (Gesammelte kirchenhistorische Werke). Bd. 1. M. 1898. S. 555–579; 2. Aufl. SPb. 1903. S. 586–610.
68 Siehe: Otčet o sostojanii MDA za 1873/1874 učebnyj god (Rechenschaftsbericht über den Stand der MGA im Studienjahr 1873/1874). M. 1874.
69 Glubokovskij, N. N.: a.a.O. (Anm. 44) S. 32.
70 Dnevnik A. V. Gorskogo (Das Tagebuch A. V. Gorskijs). M. 1885.
71 Briefe A. V. Gorskijs sind publiziert im „Bogoslovskij Vestnik" sowie in den Sammelbänden: Protoierej Aleksandr V. Gorskij v vospominanijach o nem... (s. Anm. 66). Sergiev Posad 1900 und: U Troicy v Akademii. M. 1914.
72 Gorskij, A V.; Nevostruev, K. I.: Opisanie slavjanskich rukopisej Moskovskoj Sinodal'noj biblioteki (Beschreibung der slavischen Handschriften der Moskauer Synodalbibliothek). Bd. 1–5. M. 1855–1869; Bd. 6. M. 1917; Gorskij, A. V.: Istorija evangel'skaja i Cerkvi apostol'skoj (Geschichte des evangelischen Zeitalters und der Apostelkirche). M. 1883; ders.: Istorija Cerkvi Russkoj (Publikacija protoiereja Anatolija Prosvirnina po rukopisi 1842 goda) (Geschichte der russischen Kirche [publiziert von Erzpriester Anatolij Prosvirnin] nach einem Manuskript aus dem Jahre 1842). In: ŽMP 1976. Nr. 1–4.

73 Siehe vor allem Katanskij, A. L.: Vospominanija ... (s. Anm. 63); Muretov, M. D.: Vospominanija studenta MDA XXXII kursa (1873–1877) (Erinnerungen eines Studenten der MGA aus dem XXXII. Kurs (1873–1877). In: Bogoslovskij Vestnik 1914. Nr. 10/11; 1915. Nr. 10/12; 1916. Nr. 11/12; Sokolov, V. A.: Gody studenčestva (Studentenjahre). In: Bogoslovskij Vestnik 1916; Kapterev, N. F.: Vospominanija ob V. A. Gorskom (Erinnerungen an V. A. Gorskij). In: U Troicy v Akademii (s. Anm. 66). S. 495–510.
74 Zitiert nach Glubokovskij, N. N.: a.a.O. (Anm. 44). S. 32 f.
75 Katanskij, A. L.: a.a.O. (Anm. 63). S. 173.
76 Muretov, M. D.: a.a.O. (Anm. 73). 1915. Nr. 10/12. S. 721.
77 Glubokovskij, N. N.: a.a.O. S. 34.
78 A. L. Katanskij betrachtete sich selbst als Schüler A. V. Gorskijs. Er hatte zwar nicht bei ihm studiert (er war Absolvent der St. Petersburger, nicht der Moskauer Akademie), doch er wurde von diesem Theologen nachhaltig beeinflußt, als A. V. Gorskij an der Moskauer Geistlichen Akademie während des Rektorats Liturgik dozierte (1864–1867). Wichtige Arbeiten Katanskijs: Istorija popytok k soedineniju Cerkvej grečeskoj i latinskoj v pervye četyre veka po ich razdelenii (Geschichte der Versuche zur Einigung der griechischen und lateinischen Kirche in den ersten vier Jahrhunderten nach ihrer Trennung). SPb. 1868; Ob istoričeskom izloženii dogmatov (Über die historische Dogmenauslegung). In: Christianskoe Čtenie 1871; Ob izučenii biblejskogo novozavetnogo perioda v istoriko-dogmatičeskom otnošenii (Über das Studium der biblisch-neutestamentlichen Periode in dogmengeschichtlicher Beziehung). Ebd. 1872; Charakteristika Pravoslavija, rimskogo katoličestva i protestanstva (Charakteristik der Orthodoxie, des römischen Katholizismus und des Protestantismus). Ebd. 1875; Dogmatičeskoe učenie o semi cerkovnych tainstvach v tvorenijach drevnejšich otcov i pisatelej Cerkvi, do Origena vključiteľno (Die dogmatische Lehre von den sieben kirchlichen Sakramenten in den Werken der ältesten Väter und Schriftsteller der Kirche bis Origenes einschließlich). Spb. 1877; Ob ischoždenii Svjatogo Ducha (Vom Ausgang des Heiligen Geistes). In: Christianskoe Čtenie 1893; Učenie o blagodati Božiej (Die Lehre von der Gnade Gottes). Ebd. 1900–1902. Auf andere seiner Arbeiten wird im Abschnitt über die Ekklesiologie hingewiesen. (Vgl. Anm. 63).
79 Katanskij, A. L.: Ob istoričeskom izloženii dogmatov (siehe vorige Anm.), 1871, Bd. 1, S. 799.
80 Ebd. S. 829.
81 Katanskij, A. L.: Vospominanija starogo professora (Erinnerungen eines alten Professors). In: Christianskoe Čtenie 1916, Nr. 3, S. 296.
82 Über ihn: Vvedenskij, A. I.: Sravniteľnaja ocenka dogmatičeskich sistem vysokopreosvjaščennogo mitropolita Makarija i archimandrita Siľvestra (Vergleichende Beurteilung der dogmatischen Systeme des hochwürdigsten Metropoliten Makarij und des Archimandriten Siľvestr). In: Čtenija v

obšcestve ljubitelej duchovnogo prosvešcenija 1886, Buch 2, S. 129–150; Buch 3, S. 248–280; Buch 4, S. 334–353. Skaballanovič, M. N.: Preosvjašcennyj episkop Sil'vestr kak dogmatist (Der hochwürdige Bischof Sil'vestr als Dogmatiker). In: Trudy Kievskoj duchovnoj akademii 1909, Nr. 1. Ders.: O „Dogmatike" Preosvjašcennogo episkopa Sil'vestra (Über die „Dogmatik" des hochwürdigen Bischofs Sil'vestr), Kiev 1909. Ponomarev, P. P.: Preosvjašcennyj episkop Sil'vestr kak ucenyj bogoslov (Der hochwürdige Bischof Sil'vestr als gelehrter Theologe), Kazan' 1909.

83 Sil'vestr, Archimandrit (Malevanskij), später episkop: Opyt pravoslavnogo Dogmaticeskogo Bogoslovija (s istoriceskim izlozeniem dogmatov). Bd. 1–5, Kiev 1878–1892 (urspünglich in: Trudy Kievskoj duchovnoj akademii 1877–1891).

84 Sil'vestr, Archimandrit (Malevanskij): Ucenie o Cerkvi v pervye tri veka christianstva (Die Lehre von der Kirche in den ersten drei Jahrhunderten des Christentums). Kiev 1872; Otvet pravoslavnogo na predlozennuju starokatolikami schemu o Svjatom Duche (Antwort eines Orthodoxen auf das von den Altkatholiken vorgelegte Schema vom Heiligen Geist). Kiev 1874; Otvet pravoslavnogo na schemu starokatolikov o Presvjatoj Deve (Antwort eines Orthodoxen auf das Schema der Altkatholiken über die Allheilige Jungfrau). Kiev 1875.

85 Sil'vestr, Archimandrit (Malevanskij): Opyt ... (siehe Anm. 83), Bd. 1, 1878, S. 12. Der Autor verwirft die Aufteilung der Dogmen in biblische und kirchliche als irrig und unzulässig („das Dogma ist beides zugleich, eine untrennbare Einheit aus göttlicher Offenbarung und Spruch der Kirche"), und die Unterscheidung von wesentlichen und unwesentlichen Dogmen, doch er erkennt als „dem Wesen der Sache nicht abträglich" eine Einteilung an, nach der unterschieden werden kann zwischen allgemeinen (oder „Glaubensartikeln") und speziellen (d. h. aus den ersteren abgeleiteten), geklärten und ungeklärten (wobei, wie oben erwähnt, bereits Metropolit Makaij auf die unvermeidliche Relativität des Begriffes „Geklärtheit" hingewiesen hat), unfaßbaren (oder reinen), die sich allein auf die göttliche Offenbarung gründen, und faßbaren (oder gemischten), die nicht nur aus der göttlichen Offenbarung, sondern auch aus der Vernunft her bekannt sind (ebd. S. 27). Übrigens haben die russischen Dogmatiker von diesen bedingten Abstufungen nirgendwo Gebrauch gemacht.

86 Sil'vestr, Archimandrit (Malevanskij): Opyt ... (s. Anm. 83). Bd. 1, 1878, S. 22–23 und S. 42.

87 Die russische Theologie hat auch nach Archimandrit Sil'vestr die Aufgabe vor sich gesehen, das lebendige Glaubensbewußtsein der Kirche zu erfassen und wiederzugeben. Die Untersuchungen sind vor allem darum bemüht, aus dem Predigtschatz der russischen Hierarchen, als den Trägern des orthodoxen kirchlichen Glaubensbewußtseins, den dogmatischen Gehalt herauszustellen. Besonders die Predigten Metropolit Filaret Drozdovs haben Aufmerksamkeit gefunden. Siehe Gorodkov, A. A. (Ierej): Dogmaticeskoe bogoslovie po socinenijam mitropolita Filareta (Dogmatische

Theologie nach den Werken Metropolit Filarets). Kazan' 1887; Gnedič, P. (Ierej): Mysli ob iskuplenii v propovedjach mitropolita Filareta (Gedanken über die Erlösung in Predigten Metropolit Filarets). In: ŽMP 1954, Nr. 4. Auch der homiletische Nachlaß Erzbischof Innokentij Borisovs ist untersucht worden. Unzureichend erforscht ist bisher das dogmatische Erbe der Erzbischöfe Dimitrij Muretov, Nikanor Brovkovič, Amvrosij Ključarev und der Bischöfe Feofan Zatvornik und Vissarion Nečaev. Über Predigten von Hierarchen der neueren Zeit gibt es nur einen Aufsatz: Savinskij, S. (Protoierej): Dogmatičesakij élement v propovedjach mitropolita Krutickogo i Kolomenskogo Nikolaja (Das dogmatische Element in den Predigten des Metropoliten Nikolaj von Kruticy und Kolomna). In: ŽMP 1952, Nr. 5.

88 Skaballanovič, M. N.: Preosvjaščennyj episkop Sil'vestr kak dogmatist (Der hochwürdige Bischof Sil'estr als Dogmatiker). In: Trudy Kievskoj duchnovnoj akademii 1909, Nr. 1, S. 200.

89 Glubokovskij, N. N.: a.a.O. (Anm. 44). S. 6–7.

90 Ebd. S. 6.

91 Seine wichtigsten Arbeiten: Michail, Ieromonach (Gribanovskij): V čem sostoit cerkovnost'? (Worin besteht die Kirchlichkeit?). In: Cerkovnyj Vestnik 1886, Nr. 51–52; Opyt ujasnenija osnovnych christianskich istin estestvennoj čelovečeskoj mysl'ju (Versuch einer Erklärung der christlichen Grundwahrheiten durch das natürliche menschliche Denken). Bd. 1 Istina bytija Božija (Die Wahrheit der Existenz Gottes). SPb. 1888; Reč' pered zaščitoj magisterskoj dissertacii (Rede zur Verteidigung der Magisterdissertation). In: Christianskoe Čtenie 1888, Nr. 5/6, S. 727–731; Nad Evangeliem (Beim Lesen des Evangeliums). Simferopol' 1898; Voskresnaja noč' (Auferstehungsnacht). Simferopol' 1898; Lekcii po vvedeniju v krug Bogoslovskich nauk (Vorlesungen zur Einführung in das Gebiet der theologischen Wissenschaften). Postum erschienen in: Pravoslavnyj Sobesednik 1899, Nr. 1–12, auch einzeln: Kazan' 1899. Veröffentlicht wurden auch: Briefe, Simferopol' 1911. – Über ihn: Leper, R. Ch.: Pamjati Preosvjaščennogo Michaila, episkopa Tavričeskogo (Zum Gedenken an den hochwürdigen Michail, Bischof von Taurien). In: Cerkovnye Vedomosti 1898, Nr. 36; Tichvinskij, P. (Ierej): Vospominanija o počivšem svjatitele Michaile (Erinnerungen an den verstorbenen Hierarchen Michail). In: Tavričeskie Eparchial'nye Vedomosti 1899, Nr. 4.

92 Michail, Ieromonach: Reč' pered zaščitoj magisterskoj dissertacii (s. Anm. 91). S. 731.

93 Ders.: Opyt ... (s. Anm. 91). Bd. 1, 1888, S. 172.

94 Michail, Episkop Tavričeskij: Nad Evangeliem (Beim Lesen des Evangeliums). In: Tavričeskie Eparchial'nye Vedomosti 1898, Nr. 1–13. In Nr. 17 erschien die Mitteilung von seinem Ableben, sowie sein „Vermächtnis an die Gemeinde".

95 Antonij, Episkop: Slovo pri pogrebenii Preosvjaščennogo episkopa Michaila (Ansprache beim Begräbnis des hochwürdigen Bischofs Michail). In: Tavričeskie Eparchial'nye Vedomosti 1898, Nr. 18, S. 1210.

96 Nikol'skij, P. V.: Pis'ma o russkom bogoslovii (Briefe über die russische Theologie). Bd. 1, SPb. 1904, S. 12.
97 Antonij, Archiepiskop: Gesammelte Werke, Bd. 1, SPb. 1911, S. 287.
98 Ders.: Nravstvennaja ideja dogmata o Presvjatoj Troice (Die sittliche Idee des Dogmas der Allheiligen Dreieinigkeit). In: Gesammelte Werke, Bd. 2, SPb. 1911; Nravstvennoe obosnovanie važnejšego christianskogo dogmata (dogmata o spasenii) (Die sittliche Grundlage des wichtigsten christlichen Dogmas [Das Dogma der Erlösung]). Ebd.; Nravstvennaja ideja dogmata Cerkvi (Die sittliche Idee des Dogmas der Kirche). Ebd.; Nravstvennoe soderžanie dogmata o Syjatom Duche (Der sittliche Gehalt des Dogmas vom Heiligen Geist). Ebd.; zu einzelnen dieser Arbeiten siehe weiter unten.
99 Sergij, Archimandrit (Stragorodskij): Pravoslavnoe Učenie o spasenii. Opyt raskrytija nravstvenno-sub'ektivnoj storony spasenija na osnovanii Svjaščennogo Pisanija i tvorenij svjatootečeskich (Die orthodoxe Lehre vom Heil. Versuch einer Darlegung der ethisch-subjektiven Seite des Heils auf der Grundlage der Hl. Schrift und der Werke der Kirchenväter). Sergiev Posad 1895; 4. Aufl. SPb. 1910.
100 Über Patriarch Sergij: Gurij, Episkop (Egorov): Patriarch Sergij kak bogoslov (Patriarch Sergij als Theologe). In: Patriarch Sergij i ego duchovnoe nasledstvo (Patriarch Sergij und sein geistliches Erbe). M. 1947, S. 99–132; Losskij, V. N.: Ličnost' i mysl' Svjatejšego Patriarcha Sergija (Die Persönlichkeit und die Gedankenwelt des hochheiligen Patriarchen Sergij). Ebd. S. 263–270; Gurij, Episkop (Egorov): Literaturnye trudy Patriarcha Sergija (Die literarischen Arbeiten Patriarch Sergijs). In: ŽMP 1954, Nr. 5, 7; Gnedič, P.: Izloženie dogmata iskuplenija v trudach pokojnogo Patriarcha Sergija (Die Auslegung der Erlösungslehre in den Arbeiten des verstorbenen Patriarchen Sergij). In: ŽMP 1949, Nr. 10.
101 Theologische Arbeiten A. D. Beljaevs u. a.: Ljubov' Božestvennaja. Opyt iz"jasnenija glavnejšich christianskich dogmatov iz načala Ljubvi Božestvennoj (Die göttliche Liebe. Versuch einer Erklärung der christlichen Hauptdogmen aus dem Prinzip der göttlichen Liebe). M. 1880; Ideja edinobožija v Vetchom Zavete (Die Idee des Monotheismus im Alten Testament). In: Pravoslavnoe Obozrenie 1879. Buch 2; O pokoi voskresnogo dnja (Über die Ruhe des Auferstehungstages). In: Vera i Razum 1890, T. 2; Bezbožie, ego vidy, priznaki i predstaviteli (Der Atheismus, seine Formen, Merkmale und Vertreter). In: Vera i Razum 1891–1892; Istinnoe christianstvo i gumanizm (Das wahre Christentum und der Humanismus). In: Bogoslovskij Vestnik 1892, Nr. 6, 7, 9, 10; 1893, Nr. 3; O soedinenii Cerkvej. Razbor èncikliki papy L'va XIII ot 20 ijunja 1894 goda (Über die Vereinigung der Kirche. Kritik der Enzyklika Papst Leos XIII. vom 20. Juni 1894). In: Bogoslovskij Vestnik 1896, Nr. 1; O bezbožii i antichriste (Über den Atheismus und den Antichristen). Bd. 1: Podgotovlenie, priznaki i vremja prišestvija antichrista (Vorbereitung, Anzeichen und Zeit

der Ankunft des Antichristen). Sergiev Posad 1899 (ursprünglich in Teilabschnitten in: Bogoslovskij Vestnik 1893–1896).
102 In: Bogoslovskij Vestnik 1902, Nr. 4, S. 737.
103 Vvedenskij, A. I.: K voprosu o metodologičeskoj reforme pravoslavnoj dogmatiki (Zur Frage der methodologischen Reform der orthodoxen Dogmatik). In: Bogoslovskij Vestnik 1904, Nr. 6, S. 179–209.
104 Ebd. S. 186.
105 Vvedenskij, A. I.: Religioznaja vera, kak biogenetičeskij princip v psichologii (Der religiöse Glaube als biogenetisches Prinzip in der Psychologie). In: Bogoslovskij Vestnik 1899, Nr. 1, S. 39–56; Nr. 5, S. 75–98; Nr. 9, S. 40–83. Diesem Gedanken Vvedenskijs begegnet man schon in seinem Religija kak fakt (Die Religion als Tatsache). In: Čtenija v obščestve ljubitelej duchovnogo prosveščenija 1889, Buch 1, sowie in seiner Magisterarbeit: Vera v Boga, ee proischoždenie i osnovanija. Položitel'noe rešenie voprosa v svjazi s istoriko-kritičeskim izučeniem ego v tekuščem stoletii (Der Gottesglaube, seine Herkunft und seine Grundlagen. Positive Lösung des Problems in Verbindung mit einer historisch-kritischen Darstellung seiner Behandlung in diesem Jahrhundert), M. 1891.
106 Er hat u. a. folgende Abhandlungen verfaßt: Osnovnye gnoseologičeskie principy poslekantovskoj filosofil (Die gnoseologischen Grundprinzipien der nachkantischen Philosophie). In: Vera i Razum 1891; Sokrat (Sokrates). Ebd. 1892; Osnovatel' sistemy transcendental'nogo monizma (Der Begründer des Systems des transzendentalen Monismus). In: Voprosy filosofii i psichologii 1892, Buch 14–15; O religioznoj filosofii V. D. Kudrjavceva (Über die Religionsphilosophie V. D. Kudrjavcevs). Char'kov 1893; Zapadnaja dejstvitel'nost' i russkie idealy (Die westliche Wirklichkeit und die russischen Ideale), Sergiev Posad 1894; Sovremennoe sostojanie filosofii vo Francii i v Germanii (Der gegenwärtige Stand der Philosophie in Frankreich und in Deutschland), M. 1894; Očerk sovremennoj francuzskoj filosofii (Abriß der französischen Gegenwartsphilosophie), Char'kov 1894; Obščij smysl filosofii N. N. Strachova (Die allgemeine Bedeutung der Philosophie N. N. Strachovs), M. 1897; Protoierej Feodor A. Golubinskij, kak professor filosofii (Erzpriester Feodor A. Golubinskij als Philosophieprofessor). In: Bogoslovskij Vestnik 1897; Psichologija very (Die Psychologie des Glaubens), Sergiev Posad 1899; Prizyv k samouglubleniju. Pamjatii V. S. Solov'eva (Ein Aufruf zur Selbstvertiefung. Zum Gedenken an V. S. Solov'ev), M. 1900; Vremja i večnost' (Zeit und Ewigkeit), Sergiev Posad 1900; Iz itogov veka. Literaturno-filosofskaja charakteristika XIX stoletija s bogoslovskoj točki zrenija (Aus der Bilanz des Jahrhunderts. Eine literarisch-philosophische Charakteristik des 19. Jhs. aus theologischer Sicht). In: Bogoslovskij Vestnik 1901, Nr. 1; Zakon pričinnosti i real'nost' vidimogo mira (Das Kausalitätsgesetz und die Realität der sichtbaren Welt), Char'kov 1901; Tragedija znanija (Die Tragödie des Wissens), Sergiev Posad 1908.
107 Vvedenskij, A. I.: Smysl jazyčestva (Filosofskij kommentarij na Rim. I,

18–32 i parallel'nye mesta (Der Sinn des Heidentums; Ein philosophischer Kommentar zu Röm. 1, 18–32 und den Parallelstellen), M. 1900; Ders.: Religioznoe soznanie jazyčestva. Opyt filosofskoj istorii estestvennych religij (Das religiöse Bewußtsein des Heidentums. Versuch einer geschichtsphilosophischen Darstellung der Naturreligionen), Bd. 1, M. 1902, S. 752. (Dissertation).

108 A. V. (= Vvedenskij, A. I.), O voskresenii v tele. (Über die Auferstehung des Leibes). In: Dušepoleznoe Čtenie 1904, Nr. 5, S. 43–56.

109 Rezensionen: Kratkie zapiski po osnovnomu bogosloviju protoiereja Nikolaja Eleonskogo (Kurze Notizen zur Fundamentaltheologie Erzpriester Nikolaj Eleonskijs). In: Bogoslovskij Vestnik 1895, Nr. 8; O trudach episkopa Iustina (Soč., T. 1–10, M. 1895) (Über die Arbeiten Bischof Iustins [Werke, Bd. 1–10, M. 1895]). In: Bogoslovskij Vestnik 1896, Nr. 6. Siehe auch die Kritik an dem verzerrten Verständnis der christlichen Dogmen bei V. V. Rozanov und D. S. Merežkovskij: Vvedenskij, A. I.: „Religioznoe obnovlenie" našich dnej (Eine „religiöse Erneuerung" unserer Tage), Bd. 1–2, M. 1903–1904.

110 Über den 3. und 4. Band siehe: Ilarion, Archimandrit (Troickij): Zamečanija i popravki (Anmerkungen und Berichtigungen), Sergiev Posad 1914.

111 Florenskij hat gesagt, daß die Arbeiten A. I. Vvedenskijs ihn nachhaltig beeinflußt haben: Reč' na jubilee A. I. Vvedenskogo (Rede zum Jubiläum A. I. Vvedenskijs). In: Bogoslovskij Vestnik 1919, Nr. 2, S. 420–422. Siehe auch: Andreev, F.: Sto let bor'by za ontologizm (Hundert Jahre Kampf für die Ontologie). In: Bogoslovskij Vestnik 1914, Nr. 10/11. Als Gesinnungsgefährten A. A. Vvedenskijs darf man auch Professor P. V. Tichomirov an der Moskauer und Professor P. I. Linickij an der Kiever Geistlichen Akademie betrachten. Siehe: Tichomirov, P.: Pravoslavnaja dogmatika i religiozno-filosofskoe umozrenie (Orthodoxe Dogmatik und religionsphilosophische Spekulation). In: Vera i Razum 1897, Nr. 16; Linickij, P. I.: Značenie filosofii dlja bogoslovija (Die Bedeutung der Philosophie für die Theologie). In: Trudy Kievskoj duchovnoj akademii 1903–1904.

112 Tuberovskij, A. M.: Posvjaščenie (Dedikation). In: Bogoslovskij Vestnik 1912, Nr. 5, S. 191.

113 Ebd. S. 192.

114 Tuberovskij, A. M.: Voskresenie Christovo. Opyt mističeskoj ideologii paschal'nogo dogmata, Sergiev Posad 1916. Tuberovskij hat diese Arbeit dem Rat der MGA als Magisterarbeit vorgelegt, die Verteidigung fand im Oktober 1917 statt.

115 Ebd. S. 162.

116 Vgl. Losskij, V. N.: Očerk mističeskogo Bogoslovija Vostočnoj Cerkvi (Abriß der mystischen Theologie der morgenländischen Kirche), Kap. 1: Bogoslovie i mistika v predanii Vostočnoj Cerkvi (Theologie und Mystik in der Überlieferung der morgenländischen Kirche), Kap. 2: Božestvennyj mrak (Das göttliche Dunkel). In: Bogoslovskie Trudy, Bd. 8, M. 1972, S. 9–27.

117 Tuberovskij, A. M., a.a.O. (Anm. 114), S. 313–314. Siehe auch: Tuberovskij, A.: Obnovlenie čelovečestva (Die Erneuerung der Menschheit). In: Bogoslovskij Vestnik 1917, Nr. 6.
118 Nikanor, Archiepiskop (Brovkovič): Pozitivnaja filosofija i sverchčuvstvennoe bytie, Bd. 1–3, SPb. 1875–1888, insgesamt 1358 S.
119 Erzbischof Nikanor stand unter dem Einfluß theistischer Philosophen wie Professor Erzpriester Feodor A. Golubinskij und Professor P. D. Jurkevič. Siehe: Zen'kovskij, Vasilij V. (Protoierej): Istorija russkoj filosofii (Geschichte der russischen Philosophie), Bd. 2, M. 1960, S. 76.
120 Nikanor, Archiepiskop (Brovkovič), a.a.O. (Anm. 118), Bd. 3, S. 271.
121 Ebd. Bd. 2, S. 84.
122 Snegirev, V. A.: Učenie o Lice Iisusa Christa v pervye tri veka christianstva (Die Lehre von der Person Jesu Christi in den ersten drei Jh. des Christentums), Kazan' 1871.
123 Postum wurden seine systematischen Vorlesungen zur Psychologie und Logik herausgegeben: Snegirev, V. A.: Psichologija. Sistematičeskij kurs čtenij po psichologii (Psychologie. Systematische Vorlesungsreihe zur Psychologie), Char'kov 1901, VI + 301 S.
124 N. N.: Bogoslovskie trudy professora V. I. Nesmelova (1863–1937). (Die theologischen Arbeiten von Professor V. I. Nesmelov [1863–1937]). In: ŽMP 1973, Nr. 8, S. 68–75.
125 Nesmelov, V. I.: Dogmatičeskaja sistema svjatogo Grigorija Nisskogo (Das dogmatische System des hl. Gregor von Nyssa). Kazan' 1888, S. 623.
126 Ders.: Vera i znanie s točki zrenija gnoseologii (Glaube und Wissen unster dem Gesichtspunkt der Gnoseologie). In: Pravoslavnyi Sobesednik 1913, Nr. 1, S. 117–125; Nr. 2, S. 246–262; Nr. 4, S. 590–618; Nr. 5, S. 775–786; einzeln: Kazan' 1913, 95 S.
127 Pitirim, Archiepiskop: Cerkov' kak pretvorenie Trinitarnogo Domostroitel'stva (Die Kirche als Werk der trinitarischen Heilsökonomie). In: ŽMP 1975, Nr. 1, S. 58.
128 Ebd. S. 59.
129 Serafim Sarovskij, Prepodobnyj: O celi christianskoj žizni (Vom Ziel des christlichen Lebens). Sergiev Posad 1914.
130 Gorodkov, A. A. (Ierej): Dogmatičeskoe bogoslovie po sočinenijam mitropolita Filareta (Dogmatische Theologie nach den Werken Metropolit Filarets). Kazan' 1887.
131 Innokentij, Archiepiskop: O Svjatoj Troice (Von der Heiligen Dreieinigkeit). In: Gesammelte Werke, Bd. 11, SPb. 1877; 2. Aufl. 1901; ders.: Služba i akafist Presvjatoi Troice (Offizium und Akathistos auf die Allheilige Dreieinigkeit). SPb. 1854.
132 Ioann, Episkop Smolenskij: Dogmat o Presvjatoj Troice (Das Dogma von der Allheiligen Dreieinigkeit). SPb. 1877; auch in der Ausgabe: Bogoslovskie akademičeskie čtenija (Akademische Vorlesungen zur Theologie). SPb. 1897; 2. Aufl. 1906.
133 Besonders über das Wirken der Personen der Heiligen Dreieinigkeit in der

Kirche: Feofan, Episkop: Pis'ma k odnomu licu v Petersburge po povodu pojavlenija tam novogo učitelja very (Briefe an eine Person in Petersburg aus Anlaß des dortigen Auftretens eines neuen Glaubenslehrers). SPb. 1881.
134 Antonij, Archimandrit (Amfiteatrov): a.a.O., (Anm. 35), 5. Aufl. SPb. 1852, S. 67–84.
135 Sil'vestr, Archimandrit (Malevanskij): a.a.O., (Anm. 83), Bd. 2, Kiev 1881, S. 197–626.
136 Angeführt seien das Werk des bereits erwähnten Archimandriten (und späteren Erzbischofs) Aleksij Ržanicyn „Die alttestamentliche Lehre vom Geheimnis der Allheiligen Dreieinigkeit" und die in Kiev veröffentlichte anonyme Untersuchung „Die Lehre der Bücher des Alten und des Neuen Testaments von der Heiligen Dreieinigkeit": Aleksij, Archimandrit (Ržanicyn): Vetchozavetnoe učenie o Tainstve Presvjatoj Troicy. In: Pribavlenija k tvorenijam svjatych otcov 1849, Teil 7.
Učenie knig Vetchogo i Novogo Zavetov o Svjatoj Troice, Kiev 1862. Mit dem Trinitätsproblem in der Periode der Ökumenischen Konzilien beschäftigte sich die Dissertation: Spasskij, A. A.: Istorija dogmatičeskich dviženij v épochu Vselenskich Soborov (v svjazi s filosofskimi učenijami togo vremeni [Geschichte der dogmatischen Bewegungen in der Epoche der Ökumenischen Konzilien – im Zusammenhang mit den philosophischen Lehren jener Zeit]). Bd. 1: Trinitarnyj vopros (Istorija učenija o Svjatoj Troice) (Die trinitarische Frage [Geschichte der Lehre von der Heiligen Dreieinigkeit]). Sergiev Posad 1906; darin: Vvedenie, Istorija učenija o Svjatoj Troice v pervye tri veka christianstva (Einführung, Geschichte der Lehre von der Heiligen Dreieinigkeit in den ersten drei Jahrhunderten des Christentums). S. 1–127, 2. Aufl. 1914. Über die alten Glaubensbekenntnisse schrieben I. V. Čel'cov, A. P., Lebedev, A. Preobraženskij und V. D. Popov:
Čel'cov, I. V.: Drevnye formy simvola very Pravoslavnoj Cerkvi (Alte Formen des Glaubensbekenntnisses der orthodoxen Kirche). SPb. 1869 (Dissertation).
Lebedev, A. P.: O simvole Konstantinopol'skom ili našej Pravoslavnoj Cerkvi (Über das Konstantinopolitanische Symbolon bzw. das unserer orthodoxen Kirche). In: Sobranie cerkovno-istoriečeskich sočinenij (Gesammelte kirchenhistorische Werke). Bd. 3, 3. Aufl. SPb. 1904 (als Beilage [von 1902]) zur Dissertation von 1897: Vselenskie sobory IV i V vv. Obzor ich dogmatičeskich dejatel'nosti v svjazi s napravleniem škol Aleksandrijskoj i Antiochijskoj (Die Ökumenischen Konzilien des 4. und 5. Jhs. Überblick über ihre dogmatische Tätigkeit in Verbindung mit den Schulrichtungen von Alexandrien und Antiochien); Novyj vzgljad na proischoždenie simvola Konstantinopol'skogo i ocenka étogo vzgljada (Eine neue Ansicht über den Ursprung des Konstantinopolitanischen Symbols und einer Beurteilung dieser Ansicht). Ebd.

Preobraženskij, A.: Simvol apostol'skij (Das Apostolische Glaubensbekenntnis). In: Pravoslavnyj Sobesednik 1903, Nr. 6.
Popov, V. D.: Ob apostol'skom simvole (Über das Apostolische Glaubensbekenntnis). In: Trudy Kievskoj duchovnoj akademii 1908, Nr. 2–3.
Die Trinitätslehren einzelner Kirchenväter und -lehrer behandelten V. V. Bolotov, Kirill, Ieromonach (Lopatin), N. Ostroumov, A. P. Orlov und I. I. Adamov:
Bolotov, V. V.: Učenija Origena o Svjatoj Troice (Die Lehre des Origenes von der Hl. Dreieinigkeit). SPb. 1879; Trojakoe ponimanie učenija Origena o Svjatoj Troice (Das dreifache Verständnis der Lehre des Origenes von der Hl. Dreieinigkeit). In: Christianskoe Čtenie 1890; Lekcii po istorii drevnej Cerkvi (Vorlesungen zur Geschichte der alten Kirche). Bd. 2, SPb. 1910.
Kirill, Ieromonach (Lopatin): Učenie svjatogo Afanasija Velikogo o Svjatoj Troice (Die Lehre des heiligen Athanasios des Großen von der Hl. Dreieinigkeit). Kazan' 1894.
Ostroumov, N.: Analogii i ich značenie pri vyjasnenii učenija o Svjatoi Troice po sudu blažennogo Avgustina (Analogien und ihre Bedeutung bei der Erklärung der Lehre von der Hl. Dreieinigkeit nach dem Urteil des seligen Augustinus). In: Pravoslavnyj Sobesednik 1904, Nr. 12.
Orlov, A. P.: Trinitarnye vozzrenija svjatogo Ilarija Piktavijskogo (Die trinitarischen Anschauungen des heiligen Hilarius von Poitiers). Sergiev Posad 1908.
Adamov, I. I.: Učenie o Troice svjatogo Amvrosija Mediolanskogo (Die Lehre des heiligen Ambrosius von Mailand über die Dreieinigkeit). In: Bogoslovskij Vestnik 1910.

137 Die Geschichte antitrinitarischer Lehren erforschten der Professor für Patrologie an der Kazaner Geistlichen Akademie D. V. Gusev und der Professor für Dogmatik an dieser Akademie E. A. Budrin.
Gusev, D. V.: Eres' antitrinitariev III veka (Die Häresie der Antitrinitarier des 3. Jhs.). Kazan' 1872.
Budrin, E. A.: Antitrinitarii XVI veka (Die Antitrinitarier des 16. Jhs.). Bd. 1: Michail Servet i ego vremja (Michael Servet und seine Zeit). Kazan' 1878; Bd. 2: Faust Socin (Fausto Sozzini). Kazan' 1886; Bd. 3/1: Razbor veroučenija socinianskoj sekty (Kritik der Glaubenslehre der Sekte der Sozinianer). Kazan' 1889.

138 Das Dogma der Hl. Dreieinigkeit mit Hilfe naturwissenschaftlicher, philosophischer und psychologischer Analogien rational zu begründen, versuchten u. a. I. Platonov, Michail, Archimandrit (Gribanovskij), Antonij, Archimandrit (Chrapovickij), P. P. Sokolov, ein anonymer Autor im „Orthodoxen Boten", sowie der Moskauer Universitätsprofessor B. M. Melioranskij und Erzpriester N. Petrov.
Platonov, I.: O platoničeskoj Troičnosti Božestva (Über die platonische Dreieinigkeit der Gottheit). Char'kov 1885.
Michail, Archimandrit (Gribanovskij): Lekcii po vvedeniju v krug Bogo-

slovskich nauk (1886) (Vorlesungen zur Einführung in das Gebiet der theologischen Wissenschaften). Abschnitt über die Dreieinigkeit. In: Pravoslavnyj Sobesednik 1899, Nr. 5, S. 535–553; Nr. 6, S. 671–700.

Antonij, Archimandrit (Chrapovickij): Nravstvennaja ideja dogmata Svjatoi Troicy (Die sittliche Idee des Dogmas der Hl. Dreieinigkeit). In: Bogoslovskij Vestnik 1892, Nr. 10 (vgl. Auch Anm. 98).

Sokolov, P. P.: Učenie o Svjatoj Troice v novejšej idealističeskoj filosofii (Die Lehre von der Hl. Dreieinigkeit in der neuesten idealistischen Philosophie). In: Vera i Razum 1893.

Dogmat o Svjatoj Troice i polnoe znanie (Das Dogma von der Hl. Dreieinigkeit und das vollkommene Wissen). In: Bogoslovskij Vestnik 1904, Nr. 7/8, S. 355–404; Nr. 9, S. 139 (die Arbeit ist von 1892).

Melioranskij, B. M.: O troičnosti. Razbor kritiki L. Tolstogo. Kak možet byt' vyražen étot dogmat v sovremennych terminach (Über die Dreieinigkeit. Kritik der Kritik L. Tolstojs. Wie dieses Dogma in Begriffen unserer Zeit ausgedrückt werden kann). SPb. 1907; ders.: Iz lekcij po istorii i veroučeniju drevnej christianskoj Cerkvi (Aus Vorlesungen zur Geschichte und Glaubenslehre der alten christlichen Kirche). Bd. 1–3, Spb. 1910–1913.

Petrov, N. V. (Protoierej): O Svjatoj Troice (Über die Hl. Dreieinigkeit). In: Pravoslavnyj Sobesednik 1912, Nr. 1.

139 Florenskij, P. (Ierej): Stolp i utverždenie istiny (Säule und Grundfeste der Wahrheit). M. 1914; Smysl idealizma (Der Sinn des Idealismus). Sergiev Posad 1914.

Bulgakov, S. (Protoierej): O Bogočelovečestve (Über das Gottmenschentum). Bd. 1–3, Paris 1932–1945.

Karsavin, L. P.: Noctes Petropolitanae. Petrograd 1922; Vostok, Zapad i russkaja ideja (Der Osten, der Westen und die russische Idee). Petrograd 1922; O načalach (Von den Urgründen). Berlin 1925; O ličnosti (Über die Person). Kaunas 1929.

140 Merežkovskij, D. S.: Tolstoj i Dostoevskij (Tolstoj und Dostoevskij). Bd. 1–2, SPb. 1900; Ne mir, no meč (Nicht den Frieden, sondern das Schwert). SPb. 1908; Tajna Trech (Das Geheimnis der Drei). Prag 1924; Atlantida-Evropa (Atlantis-Europa). Belgrad 1929; Iisus Neizvestnyj (Jesus der Unbekannte). Bd. 1–3, Belgrad 1932–1934.

141 Aleksij, Archimandrit: O Lice Gospoda i Spasitelja našego Iisusa Christa (Über die Person unseres Herrn und Erlösers Jesus Christus). Bd. 1–2, 1847–1848.

Ioann, Episkop Smolenskij: O Lice Iisusa Christa (Über die Person Jesu Christi). In: Bogoslovskie akademičeskie čtenija (Akademische Vorlesungen zur Theologie). 2. Aufl. SPb. 1906, S. 59–100.

Budrin, E. A.: O Lice Iisusa Christa (Über die Person Jesu Christi). In: Pravoslavnyj Sobesednik 1890; O služenijach Iisusa Christa (Über die Dienste Jesu Christi). Ebd. 1890–1892.

Snegirev, V. A.: Učenie o Lice Iisusa Christa v pervye tri veka christianstva

(Die Lehre von der Person Jesu Christi in den ersten drei Jh. der Christenheit). Kazan' 1871.
Troickij, N. I.: Christos, kak Bog Slovo, i Otkrovenie Ego miru (Christus als Gott das Wort und Seine Offenbarung vor der Welt). In: Čtenija v obščestve ljubitelej duchovnogo prosveščenija. 1881.
Christofor, Archimandrit: Učenie drevnej Cerkvi o Lice Gospoda Iisusa Christa. (Do pervogo Vselenskogo Sobora) (Die Lehre der alten Kirche von der Person Jesu Christi [bis zum ersten Ökumenischen Konzil]). Tambov 1885.

142 Innokentij, Archimandrit (Borisov): Poslednie dni zemnoj žizni Gospoda našego Iisusa Christa (Die letzten Tage im irdischen Leben unseres Herrn Jesus Christus). Odessa 1860.
Feofan, Episkop (Govorov): Evangel'skaja istorija o Boge Syne, voplotivšemsja našego radi spasenija, v posledovatel'nom porjadke izložennaja slovami svjatych Evangelistov (Die Historie des Evangeliums von Gott dem Sohn, der um unseres Heiles willen Fleisch angenommen hat, dargelegt in fortlaufender Ordnung mit den Worten der hl. Evangelisten). 2. Aufl. M. 1899; Matveevskij, P. (Protoierej): Evangel'skaja istorija o Boge-Slove Syne Božiem, Gospode našem Iisuse Christe, voplotivšemsja i vočelovečivšemsja našego radi spasenija, izložennaja v posledovatel'nom porjadke i iz"jasnennaja tolkovanijami svjatych otcov i učitelej Pravoslavnoj Cerkvi (Die Historie des Evangeliums von Gott dem Wort, dem Sohne Gottes, unserem Herrn Jesus Christus, der um unseres Heiles willen Fleisch angenommen hat und Mensch geworden ist, dargelegt in fortlaufender Ordnung und erläutert durch Auslegungen der hl. Väter und Lehrer der Orthodoxen Kirche). 2. Aufl. M. 1912, 930 S.
Butkevič, T. (Protoierej): Žizn' Gospoda našego Iisusa Christa. Opyt istoriko-kritičeskogo izloženija evangel'skoj istorii s oproverženiem vozraženij, ukazyvaemych otricatel'noj kritikoj novejšego vremeni (Das Leben unseres Herrn Jesus Christus. Versuch einer historisch-kritischen Darlegung der Evangelienhistorie mit Widerlegung der Einwände, die von der negativen Kritik der jüngsten Zeit erhoben werden). M. 1883; 2. Aufl. SPb. 1887, 804 S.

143 Muretov, M. D.: Filosofija Filona Aleksandrijskogo v otnošenii k učeniju Ioanna Bogoslova o Logose (Die Philosophie des Philon von Alexandrien im Verhältnis zur Lehre Johannes des Theologen vom Logos). M. 1885; ders.: Bog-Slovo i Voskresenie Christovo (Gott das Wort und die Auferstehung Christi). In: Dušepoleznoe Čtenie 1903, Nr. 4, S. 646–673; Antonij, Archiepiskop (Chrapovickij): Syn Čelovečeskij. Opyt istolkovanija (Der Menschensohn. Versuch einer Deutung). In: Gesammelte Werke, Bd. 2, SPb. 1911, S. 140–148; ders.: Biblejskoe učenie ob Ipostasnom Slove Božiem (Die biblische Lehre vom hypostatischen Wort Gottes). Ebd. S. 149–155.
Znamenskij, D.: Učenie svatogo apostola Ioanna v četvertom Evangelii o Lice Gospoda našego Iisusa Christa (Die Lehre des hl. Apostels Johannes

im vierten Evangelium über die Person unseres Herrn Jesus Christus). Kiev 1907; Sagarda, N. T.: Pervoe sobornoe poslanie svjatogo apostola i evangelista Ioanna Bogoslova (Der erste katholische Brief des hl. Apostels und Evangelisten Johannes des Theologen). Poltava 1903.

144 Siehe vor allem: Solov'ev, V. S. Čtenija o Bogočelovečestve (Vorlesungen über das Gottmenschentum). In: Gesammelte Werke, Bd. 3, SPb. 1903; Duchovnye osnovy žizni (Die geistigen Grundlagen des Lebens). Ebd. Trubeckoj, S. N: Učenie o Logose v ego istorii (Die Lehre vom Logos in ihrer geschichtlichen Entwicklung). M. 1906.
Ern, V. F.: Bor'ba za Logos (Der Kampf um den Logos). M. 1910.
Zen'kovskij, V. V.: a.a.O. (Anm. 119), S. 336–346. Ebd. S. 366–405. S. auch: Losskij, V. N.: Spor o Sofii (Der Streit um die Sophia). Paris 1936; Florovskij, Georgij (Protoierj): Puti russkogo bogoslovija (Wege der russischen Theologie). Paris 1937; Pitirim, Archiepiskop (Nečaev): Osnovnye problemy sovremennogo Bogoslovskogo issledovanija v ich razvitii s konca XIX veka (Grundprobleme der heutigen theologischen Forschung in ihrer Entwicklung seit Ende des 19. Jhs.). In: Bogoslovskie Trudy, Bd. 5, M. 1970.

145 Tractatus Theologici Orthodoxi de Processione Spiritus Sancti a sole Patre. Regimonti 1744.
Pravoslavno-bogoslovskie issledovanija ob ischoždenii Svjatogo Ducha ot odnogo tol'ko Otca (Orthodox- theologische Untersuchungen über den Ausgang des Hl. Geistes vom Vater allein). Hrsg.: B. Davidovič, Bd. 1, Počaev 1902, 604 S.; Bd. 2, Žitomir 1906, 621 S.

146 Feofan, Archiepiskop (Prokopovič): Četyre sočinenija (Vier Schriften). M. 1773.

147 Tichomirov, A.: O proischoždenii Svjatogo Ducha (Vom Hervorgang des Hl. Geistes). Kiev 1832; Sergij, Archimandrit (Ljapidevskij): Ob ischoždenii Svjatogo Ducha (Vom Ausgang des Hl. Geistes). In: Pribavlenija k tvorenijam svjatych otcov 1859, Teil 18.

148 Es erschienen u. a. kurz nacheinander: Vladimir, Ieromonach (Nikol'skij): Spor ob ischoždenii Svjatogo Ducha (Der Streit um den Ausgang des Hl. Geistes). In: Pravoslavnoe Obozrenie 1869, Nr. 12.
Sil'vestr, Archimandrit (Malevanskij): Otvet pravoslavnogo na predložennnuju starokatolikami schemu o Svjatom Duche (Antwort eines Orthodoxen auf das von den Altkatholiken vorgelegte Schema vom Hl. Geist). Kiev 1874 (ursprünglich in: Trudy Kievskoj duchovnoj akademii 1874).
Kochomskij, S. V.: Učenie drevnej Cerkvi ob ischoždenii Svjatogo Ducha (Protiv papistov). Istoriko-dogmatičeskij očerk (Die Lehre der alten Kirche vom Ausgang des Hl. Geistes [gegen die Papisten]. Historisch-dogmatischer Abriß). SPb. 1875. Bogorodskij, N. M.: Učenie svjatogo Ioanna Damaskina ob ischoždenii Svjatogo Ducha (Die Lehre des hl. Johannes von Damaskus über den Ausgang des Hl. Geistes). SPb. 1879.
Nekrasov, A. A.: Učenie svjatogo Ioanna Damaskina o ličnom otnošenii Ducha Svjatogo k Synu Božiju (Die Lehre des hl. Johannes von Damaskus

über das personale Verhältnis des Heiligen Geistes zum Sohne Gottes). In: Pravoslavnyj Sobesednik 1883; ob otnošenii Ducha Svjatogo k Synu Božiju (Über das Verhältnis des Hl. Geistes zum Sohne Gottes). Ebd. 1889.
Katanskij, A. L.: Ob ischoždenii Svjatogo Ducha. Po povodu starokatoličeskogo voprosa (Über den Ausgang des Hl. Geistes. Aus Anlaß der altkatholischen Frage). In: Christianskoe Čtenie 1893, Buch 5–6. A. F. Gusev, Professor an der Kazaner Geistlichen Akademie, hat eine ganze Reihe von Arbeiten zu diesem Thema verfaßt: Otvet starokatolikam o Filiokve i presuščestvlenii (Antwort an die Altkatholiken hinsichtlich des Filioque und der Wandlung). In: Vera i Razum 1897; K starokatoličeskomu voprosu (Zur altkatholischen Frage). In: Christianskoe Čtenie 1897; Otvet starokatoličeskomu professoru Mišo po voprosu o Filiokve i presuščestvlenii (Antwort an den altkatholischen Professor Michaud zur Frage des Filioque und der Wandlung). Char'kov 1899; Iezuitskie apologii filiokvističeskogo učenija (Jesuitische Apologien der Filioque-Lehre). M. 1900; Starokatoličeskij otvet na naši tezisy o Filioque i presuščestvlenii. Polemiko-apologetičeskij ėtjud (Die altkatholische Antwort auf unsere Thesen zum Filioque und zur Wandlung. Eine polemisch-apologetische Studie). Kazan' 1903.

149 Bolotov, V. V.: K voprosu o Filiokve (Zur Frage des Filioque). SPb. 1914 (ursprünglich deutsch: Thesen über das Filioque von einem russischen Theologen. In: Internationale Theologische Zeitschrift 1898, H. 24, S. 681–714).
Sergij, Episkop (Stragorodskij): Čto razdeljaet nas so starokatolikami (Was uns von den Altkatholiken trennt). In: Cerkovnyj Vestnik 1902; K voprosu o tom, čto razdeljaet nas so starokatolikami (Zur Frage, was uns von den Altkatholiken trennt). Ebd. 1903.
Filaret, Archiepiskop (Vachromeev) (jetzt Metropolit): O Filiokve. (K diskussii so Starokatoličeskoj Cerkov'ju) (Über das Filioque [Zur Diskussion mit der Altkatholischen Kirche]). In: ŽMP 1972, Nr. 1, S. 62–75.

150 Filaret, ŽMP 1972, S. 73.

151 Ebd.

152 Sergij, Episkop (Stragorodskij): Pravoslavnoe učenie o spasenii (Die orthodoxe Lehre vom Heil). SPb. 1903, S. 4.

153 Bolotov, V. V.: a.a.O. (s. Anm. 149), S. 41 und S. 73.

154 Florenskij, P. (Ierej): Smysl idealizma (Der Sinn des Idealismus). Sergiev Posad 1914, S. 72. Vater Pavel zeigt in dieser Arbeit, daß die Ideenlehre, das Kernstück der christlichen Philosophie, von den westlichen und den östlichen Theologen verschieden aufgefaßt wird, daß jener „Begriff des Idealen – das Ideale als konkrete Fülle der Vollkommenheit und höheren Wirklichkeit –, welcher im innersten Herzen unserer (orthodoxen) Lebensauffassung wohnt", dem Westen mit seiner „Herabziehung der Seele auf die Erde" fremd war und fremd bleibt. (Ebd. S. 73).

155 Einige Beispiele dafür sind im Bereich vergleichender Theologie: Innoken-

tij, Archimandrit (Novgorodov): Bogoslovie obličiteľnoe (Entlarvende Theologie), Bd. 1–2, Kazan' 1859; Bd. 3, 1863; Bd. 4, 1864.
Truskovskij, I.: Rukovodstvo k obličiteľnomu Bogosloviju (Leitfaden der entlarvenden Theologie). 2. Aufl. Mogilev 1889.
Uspenskij, E.: Obličiteľnoe Bogoslovie (Entlarvende Theologie). 2. Aufl. SPb. 1894, 268 S.
Perov, I. F.: Rukovodstvo k obličiteľnomu Bogosloviju (Leitfaden der entlarvenden Theologie). 6. Aufl. Tula 1910.
Epifanovič, L. G.: Zapiski po obličiteľnomu Bogosloviju (Notizen zur entlarvenden Theologie). Novočerkassk 1913.

Andere Konfessionen:

Ivancov-Platonov, A. M.: Rimsko-katoličeskoe učenie o papskoj vlasti (Die römisch-katholische Lehre von der päpstlichen Gewalt). In: Pravoslavnoe Obozrenie 1868–1870; O rimskom katolicizme v ego otnošenii k Pravoslaviju (Über den römischen Katholizismus in seinem Verhältnis zur Orthodoxie). Bd. 1–2, M. 1869–1870; Eresi i raskoly pervych trech vekov christianstva (Häresien und Schismen in den ersten drei Jh. des Christentums). Bd. 1, M. 1877; Religioznye dviženija na christianskom Vostoke v IV–V vekach (Religiöse Bewegungen im christlichen Osten während des 4. bis 5. Jhs.). M. 1881.
Osinin, I. T.: Vzgljad na charakter i napravlenie zapadnych christianskich ispovedanij (Ein Blick auf den Charakter und die Tendenz der westlichen christlichen Bekenntnisse). In: Christianskoe Čtenie 1862; Obzor 39 členov Anglikanskogo ispovedanija (Ein Überblick über die 39 Artikel des Anglikanischen Bekenntnisses). Ebd. 1866; O sbliženii christianskich cerkvej. Značenie ėtogo voprosa i uslovija soedinenija cerkvej (Über die Annäherung der christlichen Kirchen. Die Bedeutung dieser Frage und die Bedingungen zur Vereinigung der Kirchen). Ebd. 1872.
Katanskij, A. L.: Istorija popytok k soedineniju cerkvej grečeskoj i latinskoj v pervye četyre veka po ich razdelenii (Geschichte der Versuche zur Einigung der griechischen und der lateinischen Kirche in den ersten vier Jahrhunderten nach ihrer Trennung). SPb. 1868; Charakteristika Pravoslavija, rimskogo katoličestva i protestantstva (Charakteristik der Orthodoxie, des römischen Katholizismus und des Protestantismus). In: Christianskoe Čtenie 1875; Sravnenie pravoslavija i protestantizma v punktach ich vzaimnogo raznoglasija (Vergleich zwischen der Orthodoxie und dem Protestantismus nach ihren Differenzpunkten). In: Cerkovnyj Vestnik 1889.
Sokolov, I. P.: O dejstviteľnosti anglikanskoj ierarchii (Über die Gültigkeit der anglikanischen Hierarchie). SPb. 1913.
Glubokovskij, N. N.: Pravoslavie po ego suščestvu (Das Wesen der Orthodoxie). In: Christianskoe Čtenie 1914, Nr. 1; Eastern Orthodoxy and Anglicanism. In: Christian East 1922; Papal Rome and Orthodox East. Ebd. 1923–1924, und andere Artikel.
Šost'in, A. P.: Istočniki i predmet dogmatiki po vozzreniju katoličeskich bogoslovov poslednego polustoletija (Quellen und Gegenstand der Dog-

matik nach der Auffassung katholischer Theologen des letzten halben Jhs.). Char'kov 1887.

Sokolov, V. A.: Beloe duchovenstvo katoličeskoj Anglii (Der Weltklerus des katholischen England). In: Čtenie v obščestve ljubitelej duchovnogo prosveščenija 1883; Otšel'niki i zatvorniki katoličeskoj Anglii (Eremiten und Reklusen des katholischen England). In: Pribavlenija k tvorenijam svjatych otcov 1884, Teil 33.

Orlov, A. P.: Ljuter i Cvingli. Sravnitel'naja charakteristika ich bogoslovskich vozzrenij (Luther und Zwingli. Vergleichende Charakteristik ihrer theologischen Anschauungen). Sergiev Posad 1905.

Beljaev, N. Ja.: Pelagianskij princip v rimskom katoličestve (Das pelagianische Prinzip im römischen Katholizismus). Kazan' 1871; Značenie simvolov v ljuteranstve (Die Bedeutung der Symbola im Luthertum). In: Pravoslavnyj Sobesednik 1875, Teil 1; Dogmat papskoj nepogrešimosti. Istoriko-kritičeskij obzor (Das Dogma der päpstlichen Unfehlbarkeit. Historisch-kritischer Überblick). Bd. 1: Papskij dogmat v processe obrazovanija i razvitija do XIV veka (Das Papstdogma im Prozeß seiner Herausbildung und Entwicklung bis zum 14. Jh.). Kazan' 1882; Novoe issledovanie rimskogo dogmata o neporočnom začatii Presvjatoj Bogorodicy (Eine neue Untersuchung zum römischen Dogma von der Unbefleckten Empfängnis der Allheiligen Gottesgebärerin). In: Pravoslavnyj Sobesednik 1882. Osnovnoj princip rimskogo katolicizma (Das Grundprinzip des römischen Katholizismus). Kazan' 1895.

Grenkov, A. I.: Glavnye napravlenija nemeckogo Bogoslovija XIX v. (Die Hauptrichtungen der deutschen Theologie des 19. Jh.). Bd. 1: Ot Šlejermachera do Strausa (Von Schleiermacher bis Strauß). Kazan' 1882; Pis'ma o nemeckom Bogoslovii. Škola novoljuteranskaja (Briefe über die deutsche Theologie. Die neulutherische Schule). In: Pravoslavnyj Sobesednik 1887.

Kerenskij, V. A.: Starokatolicizm, ego istorija i vnutrennee razvitie preimuščestvenno v veroispovednom otnošenii. Istoriko-kritičeskoe issledovanie osnovnych načal starokatolicizma v ich otnošenii k Pravoslaviju (Der Altkatholizismus, seine Geschichte und innere Entwicklung, vor allem in bekenntnismäßiger Hinsicht. Historisch-kritische Untersuchung der Grundprinzipien des Altkatholizismus in ihrem Verhältnis zur Orthodoxie). Kazan' 1894; Cerkovnoe razloženie sovremennogo ljuteranstva (Der kirchliche Verfall des heutigen Luthertums). In: Pravoslavnyj Sobesednik 1899; Amerikanskaja Episkopal'naja Cerkov'. Ee proischoždenie i sostojanie, preimuščestvenno v veroispovednom otnošenii (Die Amerikanische Episkopalkirche. Ihr Ursprung und Zustand, vor allem in bekenntnismäßiger Hinsicht). Kazan' 1908.

Jastrebov, M. F.: Učenie Augsburgskogo ispovedanija i ego Apologii o pervorodnom greche (Die Lehre des Augsburgischen Bekenntnisses und seiner Apologie über die Erbsünde). In: Trudy Kievskoj duchovnoj akademii 1877, Nr. 5; Ideja papskogo glavenstva, zaščiščaemaja na osnovanii bogoslužebnych knig Pravoslavnoj Cerkvi (Die Idee des päpstlichen Primates, verteidigt auf der Grundlage der gottesdienstlichen Bücher der orthodoxen Kirche). Ebd. 1878, Nr. 6, 10, 12.

Bulgakov, A. I.: Očerki istorii metodizma (Abriß der Geschichte des Methodismus). In: Trudy Kievskoj duchovnoj akademii 1886–1887; Zakonnost' i dejstvitel'nost' Anglikanskoj ierarchii s točki zrenija Pravoslavnoj Cerkvi (Rechtmäßigkeit und Gültigkeit der anglikanischen Hierarchie vom Standpunkt der orthodoxen Kirche). Bd. 1, Kiev 1906.

Beneskriptov, E.: O zapadnych veroispovedanijach i sektach protestantskich (Über die westlichen Konfessionen und Sekten der Protestanten). SPb. 1861.

Pevnickij, V. F.: Dogmatičeskoe uklonenie ljuteran ot čistoty pervobytnogo christianstva (Die dogmatische Abirrung der Lutheraner von der Reinheit des ursprünglichen Christentums). In: Trudy Kievskoj duchovnoj akademii 1861, Nr. 6.

Stukov, F.: Ljuteranskij dogmat ob opravdanii veroju. (Istoriko-kritičeskij očerk) (Das lutherische Dogma von der Rechtfertigung durch den Glauben [historisch-kritischer Abriß]). Kazan' 1891.

Aleksinskij, I.: Očerk sovremennogo sostojanija protestantskogo Bogoslovija (Überblick über den gegenwärtigen Stand der protestantischen Theologie). In: Vera i Razum 1902, Nr. 15, 18, 19, 24.

Terent'ev, N.: Ljuteranskaja veroispovednaja sistema po simvoličeskim knigam ljuteranstva (Das lutherische Lehrsystem nach den symbolischen Büchern des Luthertums). Kazan' 1910.

Seredinskij, T. (Protoierej): Vzgljad pravoslavnogo na novyj rimskij dogmat o neporočnom začatii Božiej Materi (Die Ansicht des Orthodoxen zum neuen römischen Dogma von der Unbefleckten Empfängnis der Gottesmutter). In: Christianskoe Čtenie 1857, Bd. 2; Nepogrešimost' papy pered sudom Svjaščennogo Pisanija i cerkovnoj istorii (Die Unfehlbarkeit des Papstes vor dem Richtspruch der Hl. Schrift und der Kirchengeschichte). Ebd. 1870, Bd. 1.

Arsen'ev, I. (Ierej): Ul'tramontanskoe dviženie v XIX stoletii do Vatikanskogo Sobora (1869–1870) vključitel'no (Die ultramontane Bewegung im 19. Jh. bis zum Vatikanischen Konzil [1869–1870]), Char'kov 1895.

Lebedev, A. S.: Raznosti Cerkvej Vostočnoj i Zapadnoj (Unterschiede zwischen der Ost- und Westkirche). 3 Bde., SPb. 1903.

V zaščitu pravoslavnoj very (Zur Verteidigung des orthodoxen Glaubens). Petrograd 1916. – Dieses Buch gibt eine Kritik der Schrift des katholischen Polemikers I. A. Zabužnyj: V zaščitu very (Zur Verteidigung des Glaubens), SPb. 1908; 2. Aufl. Petrograd 1914; 3. Aufl.: Pravoslavie i katoličestvo (Orthodoxie und Katholizismus), Petrograd 1922.

Roždestvenskij, A. Ja.: Simvoličeskie i bogoslužebnye knigi Anglikanskoj Cerkvi, kak vyraženie ee verosoznanija (Die symbolischen und liturgischen Bücher der Anglikanischen Kirche als Ausdruck ihres Glaubensbewußtseins), Kiev 1908.

Ivanovskij, D.: Otnošenie protestantov k cerkovnomu predaniju (Das Verhältnis der Protestanten zur kirchlichen Überlieferung). In: Čtenija v obščestve ljubitelej duchovnogo prosveščenija 1879, Bd. 1.

156 Filaret, Mitropolit (Drozdov): Značenie cerkovnoj molitvy o soedinenii Cerkvej (Die Bedeutung des kirchlichen Gebetes um die Einheit der Kirchen). In: Pribavlenija k tvorenijam syjatych otcov 1860, Teil 19; O nepreryvnosti episkopskogo rukopoloženija v Anglikanskoj Cerkvi (Über die Kontinuität der bischöflichen Handauflegung in der Anglikanischen Kirche). In: Pravoslavnoe Obozrenie 1866, Nr. 2; Izloženie raznostej meždu Vostočnoj i Zapadnoj Cerkov'ju v učenii very, sostavlennoe mitropolitom Filaretom (Darlegung der Unterschiede zwischen der Ost- und der Westkirche in der Glaubenslehre, verfaßt von Metropolit Filaret). In: Čtenija v obščestve ljubitelej duchovnogo prosveščenija 1872.
Vostokov, A. (Erzbischof Anatolij Martynovskij): Ob otnošenijach Rimskoj Cerkvi k drugim christianskim ispovedanijam i ko vsemu čelovečeskomu rodu (Über die Beziehungen der römischen Kirche zu den übrigen christlichen Konfessionen und zum gesamten Menschengeschlecht), Teil 1–2, SPb. 1857.
Nikanor, Archimandrit: Razbor rimskogo učenija o vidimom glavenstve v Cerkvi (Kritik der römischen Lehre vom sichtbaren Primat in der Kirche), Bd. 1–2, SPb. 1856–1858; 2. verbess. und ergänzte Aufl. Kazan' 1871, X+455 S.
Chrisanf, Archimandrit: Charakter protestantstva i ego istoričeskoe razvitie (Der Charakter des Protestantismus und seine historische Entwicklung). In: Christianskoe Čtenie 1865–1866. Tichon, Patriarch: Zavety i nastavlenija. (Slova k amerikanskoj pastve) (Ratschläge und Belehrungen [Worte an die amerikanische Gemeinde]). Bd. 1–2, New York 1924.
Außer den bereits genannten Artikeln über den Altkatholizismus siehe auch: Otnošenie Cerkvi Christovoj k otdelivšimsja ot nee obščestvam (Das Verhältnis der Kirche Christi zu den von ihr getrennten Gemeinschaften). In: ŽMP 1931, Nr. 2, 3, 4; O značenii apostol'skogo preemstva v inoslavii (Über die Bedeutung der apostolischen Sukzession in der Heterodoxie). In: ŽMP 1934, Nr.23–24; Est' li u Christa namestnik v Cerkvi? (Hat Christus einen Stellvertreter in der Kirche?). In: ŽMP 1944, Nr. 2; u. a.
Aleksij, Patriarch: Slova, reči, poslanija (Worte, Reden, Sendschreiben), Bd. 1–4, M. 1948–1963. Sergij, Mitropolit Japonskij: Dvoenadesjatica svjatych apostolov. K voprosu o primate apostola Petra (Die Zwölferschar der heiligen Apostel. Zur Frage des Primats des Apostels Petrus), Paris 1936. Nikolaj, Mitropolit: Slova i reči (Worte und Reden), Bd. 1–4, M. 1947–1957.

157 Glubokovskij, N. N.: a.a.O. (Anm. 44), S. 13.

158 Das zeigen u. a. die Gespräche zwischen der Russischen Orthodoxen Kirche und der Evangelischen Kirche in Deutschland seit 1959 (s. Kapitel I, Anm. 305).

159 Vgl. Pitirim, Archiepiskop in ŽMP 1975, Nr. 1, S. 58 (s. Anm. 127).

160 Vgl. Filaret, Archiepiskop in ŽMP 1972, Nr. 1, S. 74f. (s. Anm. 149).
161 Ilarion, Archimandrit (Troickij): Bogoslovie i svoboda Cerkvi. (O zadačach osvoboditel'noj vojny v oblasti russkogo Bogoslovija) (Die Theologie und die Freiheit der Kirche [Über die Aufgaben des Befreiungskrieges auf dem Gebiet der russischen Theologie]). In: Bogoslovskij Vestnik 1915, Nr. 9, S. 126.
162 Popov, I. V.: Ideja oboženija v Drevne-vostočnoj Cerkvi (Die Idee der Vergöttlichung in der Alten Kirche des Ostens). M. 1909; Skurat, K. E.: Soteriologija svjatogo Afanasija Velikogo (Die Soteriologie des heiligen Athanasios des Großen). In: Bogoslovskie Trudy, Bd. 7, M. 1971, S. 257–262; ders.: Soteriologija svjatogo Irineja Lionskogo (Die Soteriologie des heiligen Irenäos von Lyon). In: Bogoslovskie Trudy, Bd. 6, M. 1971, S. 47–78.
163 Als neuerer Beitrag zur Heilslehre siehe: Šimanskij, G.: Ideja spasenija vo Christe i Voploščenie (Die Idee des Heils in Christus und die Inkarnation). In: ŽMP 1974, Nr. 2, S. 55–68; Tajna spasenija (Das Geheimnis des Heils). Ebd. Nr. 3, S. 62–72; Nr. 4, S. 68–78.
164 Die Werke des hl. Hierarchen Tichon Zadonskij erschienen in Einzelausgaben und als Polnoe sobranie tvorenij iže vo svjatych otca našego Tichona Zadonskogo (Gesammelte Werke unseres heiligen Vaters Tichon Zadonskij). 6. Aufl. M. 1898–1899.
165 Filaret, Archiepiskop: Obzor... (s. Anm. 22), S. 353–355.
166 Siehe: Popov, T. (Protoierej): Etiko-bogoslovskoe mirovozzrenie Svjatitelja Tichona Zadonskogo (Die ethisch-theologische Weltanschauung des hl. Tichon Zadonskij). In: ŽMP 1957, Nr. 5, S. 47–57.
167 Serafim Sarovskij, Prepodobnyj: O celi christianskoj žizni. Beseda prepodobnogo Serafima Sarovskogo s. N. A. Motovilovym. (Po sobstvennoručnym zapiskam poslednego, s predisloviem N.P.) (Vom Ziel des christlichen Lebens. Gespräch des ehrwürdigen Serafim Sarovskij mit N. A. Motovilov). Sergiev Posad 1914, XXXI + 56 S.; ders.: Poučenija (Unterweisungen). In: Denisov, L. I.; Žitie, podvigi, čudesa, duchovnye nastavlenija Prepodobnogo i Bogonosnogo otca našego Serafima Sarovskogo, čudotvorca (Leben, Taten, Wunder und geistliche Unterweisungen unseres ehrwürdigen und gott-tragenden Vaters Serafim Sarovskij, des Wundertäters). M. 1904, S. 418–464.
168 Ders.: O celi christianskoj žizni, S. 5.
169 Ebd. S. 10–11, 12, 13.
170 Filaret, Mitropolit (Drozdov): Slova i reči (Worte und Reden), Bd. 2, M. 1874, S. 313.
171 Feofan, Episkop: Put' ko spaseniju. Kratkij očerk asketiki (Der Weg zum Heil. Kurzer Abriß der Asketik). SPb. 1868; 3. Aufl. M. 1879, 8. Aufl. 1915; Brüssel 1962; Čto potrebno pokajavšemusja i vstupivšemu na dobryj put' spasenija (Was für einen Menschen notwendig ist, der bereut und auf den guten Weg des Heils tritt). M. 1882, 4. Aufl. 1912; Pis'ma o duchovnoj žizni (Briefe über das geistliche Leben). SPb. 1872; letzte Ausgabe: M. 1903. Vollständige Bibliograhie Bischof Feofans: Georgij, Ieromonach

(Tertyšnikov): Bogoslovskoe nasledie episkopa Feofana Zatvornika (1815–1894) (Das theologische Erbe des Bischofs Feofan Zatvornik [1815–1894]). In: Bogoslovskie Trudy, Bd. 16, M. 1976, S. 202–222.

172 Feofan, Episkop: Vnutrennjaja žizn' (Das innere Leben). M. 1890, S. 65.

173 Ders.: Pis'ma k odnomu licu v Peterburge po povodu pojavlenija tam novogo učitelja very (Briefe an eine Person in Petersburg aus Anlaß des dortigen Auftretens eines neuen Glaubenslehrers). SPb. 1882.

174 Sergij, Archimandrit (Stragorodskij): Pravoslavnoe učenie o spasenii. Opyt raskrytija nravstvenno-sub'ektivnoj storony spasenija na osnovanii Svjaščennogo Pisanija i Tvorenij Svjatotečeskich (Die orthodoxe Lehre vom Heil. Versuch einer Darlegung der ethisch-subjektiven Seite des Heils auf der Grundlage der Hl. Schrift und der Werke der Kirchenväter). Sergiev Posad 1895; 4. Aufl. SPb. 1910.

175 Ebd., 1. Aufl. 1895, S. 2.

176 Ebd. S. 98.

177 Pitirim, Archiepiskop (Nečaev): Osnovnye problemy sovremennogo Bogoslovskogo issledovanija v ich razvitii s konca XIX veka (Grundprobleme der heutigen theologischen Forschung in ihrer Entwicklung seit dem Ende des 19. Jhs.). In: Bogoslovskie Trudy, Bd. 5, M. 1970, S. 219.

178 Vissarion, Episkop: Blagodat' i dobrye dela (Gnade und gute Werke). In: Dušepoleznoe Čtenie 1903, Nr. 11, S. 358–361. Die Lehre vom Heil als Neuschöpfung durchzieht wie ein roter Faden das gesamte theologische Werk Bischof Vissarions. – Bibliographie seiner Arbeiten: Vol'gin, A.: Pamjati episkopa Vissariona (Zum Gedenken an Bischof Vissarion). In: ŽMP 1972, Nr. 2, S. 76–77.

179 Beljaev, N. Ja.: Rimsko-katoličeskoe učenie ob udovletvorenii Bogu so storony čeloveka (Die römisch-katholische Lehre von der Genugtuung, die der Mensch Gott leistet). Kazan' 1876.

180 Beljaev, A. D.: Ljubov' Božestvennaja (Die göttliche Liebe) (ausführl. bibliogr. Angaben s. Anm. 101).

181 Ders.: Ljubov' Božestvannaja, a.a.O. 1880, S. 208.

182 Orfanitskij, A. I.: O pervosvjaščenničeskom služenii Iisusa Christa (Über den hohepriesterlichen Dienst Jesu Christi). Später hat der Verfasser die Arbeit, historisch-dogmatisch ausgeweitet, neu veröffentlicht: Ders.: Istoričeskoe izloženie dogmata ob iskupitel'noj žertve Gospoda našego Iisusa Christa (Geschichtliche Darlegung des Dogmas vom Erlösungsopfer unseres Herrn Jesus Christus). M. 1904.

183 Stragorodskij, I: Pravoslavnoe učenie o vere i dobrych delach (Die orthodoxe Lehre vom Glauben und den guten Werken). Das Gutachten A. L. Katanskijs in: Patriarch Sergij i ego duchovnoe nasledstvo (Patriarch Sergij und sein geistliches Erbe). M. 1947, S. 195–198.

184 S. Anm. 174

184a Antonij, Archimandrit: Razmyšlenie o spasitel'noj sile Strastej Christovych (Betrachtung über die Heilskraft der Leiden Christi). In: Cerkovnyj Vestnik 1890, Nr. 13; ders.: Čto sleduet razumet' pod 'spasajuščej veroj po smyslu Božestvennogo Pisanija (Was ist unter dem heiligmachenden Glauben im Sinne der Hl. Schrift zu verstehen?). In: Cerkovnyj Vestnik 1890, Nr. 47–48.

185 Antonij, Archiepiskop: Dogmat iskuplenija (Das Erlösungsdogma). In: Bogoslovskij Vestnik 1917, Nr. 8/9, S. 157.

186 Petrov, N. V.: O juridičeskoj i nravstvennoj teorijach iskuplenija (Über die juridische und die ethische Erlösungstheorie). in: Pravoslavnyj Sobesednik 1915, Nr. 11/12, S. 430.

187 Gnedič, P.: Izloženie dogmata iskuplenija v trudach pokojnogo Patriarcha Sergija (Die Auslegung des Erlösungsdogmas in den Arbeiten des verstorbenen Patriarchen Sergij). In: ŽMP 1949, Nr. 10, S. 27. Vom selben Autor: Dogmat iskuplenija v russkoj bogoslovskoj nauke poslednego pjatidesjatiletija (Das Erlösungsdogma in der russischen theologischen Wissenschaft der letzten fünfzig Jahre). Magisterarbeit MDA 1962 (masch.), 398+18 S.; Russkaja bogoslovskaja literatura o dogmate iskuplenija v period 1893 po 1844 gg. (Reč' pered zaščitoj dissertacii) (Russische theologische Literatur über das Erlösungsdogma in der Periode von 1893 bis 1944 [Rede zur Verteidigung der Magisterarbeit]). In: ŽMP 1962, Nr. 8, S. 68–72.

188 Die wichtigsten Arbeiten M. M. Tareevs: Iskušenija Bogočeloveka kak edinyj iskupitel'nyj podvig vsej zemnoj žizni Christa (Die Versuchungen des Gottmenschen als das eine Erlösungswerk des ganzen irdischen Lebens Christi). M. 1892; Uničiženie Gospoda našego Iisusa Christa (Flp. 2, 5–11). Ekzegetičeskoe i istoriko-kritičeskoe issledovanie (Die Entäußerung unseres Herrn Jesus Christus [Phil. 2, 5–11]. Exegetische und historisch-kritische Untersuchung). M. 1901; Osnovy christianstva (Die Grundlagen des Christentums). Bd. 1–4, Serviev Posad 1908; Novoe bogoslovie (Eine neue Theologie). In: Bogoslovskij Vestnik 1917, Nr. 5/6, S. 1–54; Nr. 7/8, S. 168–225.

189 Tareev, M. M.: Osnovy christianstva, Bd. 2: Evangelie (Das Evangelium). A.a.O. S. 316–317: „Die gnostische Erlösungstheorie ist durch nichts gerechtfertigt, denn sie überschreitet die Grenzen der faktischen Verhältnisse Christi und seines realen Selbstbewußtseins. Es wäre ein irreparabler Verstoß gegen die Methode der Evangelienauslegung, wollte man die neutestamentliche Erlösungslehre aus einer historisch-philosophischen Analyse der entsprechenden alttestamentlichen Termini und Begriffe ableiten."

190 Es genügt zu erwähnen, daß Christus für ihn nichts weiter ist als „der Träger des göttlichen Geisteslebens, das sich in seiner Haltung als Gottessohn und in der tätigen Liebe verwirklicht" (Osnovy christianstva, a.a.O., Bd. 1, S. 147), und sich nur „kraft seiner geistigen Orginalität" als Sohn Gottes wußte (ebd. S. 152).

191 Svetlov, P.: Značenie Kresta v dele Christovom. Opyt iz"jasnenija dogmata iskuplenija (Die Bedeutung des Kreuzes im Werke Christi. Versuch einer Erklärung des Erlösungsdogmas). 2. Aufl. Kiev 1907; vom selben Verfasser: Kurs apologetičeskogo bogoslovija (Grundriß der apologetischen

Theologie). 4. Aufl. Kiev 1912; Pravoslavnoe učenie ob iskuplenii i ego izloženie v knige A. D. Beljaeva (Die orthodoxe Erlösungslehre und ihre Auslegung im Buche A. D. Beljaevs). Kiev 1894; Krestnaja smert' Iisusa Christa kak osnovanie duchovnogo obnovlenija mira, ili nravstvennoe značenie dogmata iskuplenija (Der Kreuzestod Jesu Christi als Grund der geistigen Erneuerung der Welt oder die sittliche Bedeutung des Erlösungsdogmas). In: Cerkovnye Vedomosti 1915, Nr. 9.

192 Petrov, N. V. (Ierej): Ob iskuplenii (Von der Erlösung). In: Pravoslavnyj Sobesednik 1915, Nr. 2, S. 299.

193 Ebd. S. 320.

194 Ponomarev, P. P.: O spasenii (Vom Heil). In: Pravoslavnyj Sobesednik 1916, Nr. 11/12.

195 Ilarion, Archimandrit: Bogoslovie i svoboda Cerkvi (Die Theologie und die Freiheit der Kirche) (s. Anm. 161), S. 128.

196 Jüngere Veröffentlichungen zur Soteriologie sind u. a.: Gnedič, P. V. (Protoierej): Dogmat iskuplenija... (s. Anm. 187).
Pitirim, Archiepiskop: a.a.O. (s. Anm. 159), S. 215–226.
Michail, Episkop: Osnovy pravoslavnogo učenija o ličnom spasenii po Svjaščennomu Pisaniju i svjatootečeskim vyskazyvanijam (Osnovy pravoslavnoj sub"ektivnoj soteriologii) (Grundlagen der orthodoxen Lehre vom persönlichen Heil nach der Hl. Schrift und Äußerungen der hl. Väter [Grundlagen der orthodoxen subjektiven Soteriologie]). In: Bogoslovskie Trudy, Bd. 10, M. 1973, S. 171–174.
Čeremuchin, P. A.: Učenie o Domostroitel'stve spasenija v vizantijskom bogoslovii (Die Lehre von der Heilsökonomie in der byzantinischen Theologie). In: Bogoslovskie Trudy, Bd. 3, M. 1964, S. 145–185.
Vasilij, Archiepiskop (Krivošein): Delo Christovo na Kreste i v Voskresenii (Das Werk Christi am Kreuze und in der Auferstehung). In: ŽMP 1973, Nr. 2, S. 64–69.
Gurij, Episkop: Bogosozdannyj čelovek. Opyt pravoslavnoj teodicei žizni (Der Mensch als Geschöpf Gottes. Versuch einer orthodoxen Theodizee des Lebens). In: Bogoslovskie Trudy, Bd. 12, M. 1974, S. 5–72.

197 Feofan Zatvornik, Episkop: Vnutrennjaja žizn' (Das innere Leben), M. 1890, S. 3.

198 Als zusätzliche Quelle verdienen Interesse die Arbeiten von Archimandrit Feodor Bucharev, aber auch die über den Rahmen der kirchlichen akademischen Tradition hinausreichenden Schriften über die Kirche von weltlichen religiösen Denkern (Chomjakov, A. S.; Samarin, Ju. F.; Solov'ev, V. S.; Gette, V.).

199 Pisarev, L.: Ekklesiologija mužej apostol'skich (Die Ekklesiologie der Apostolischen Väter). In: Pravoslavnyj Subesednik 1914, Nr. 10; ders.: Vek mužej apostol'skich (Das Zeitalter der Apostolischen Väter), Kazan' 1915.

200 Sil'vestr, Episkop (Malevanskij): Učenie o Cerkvi v pervye tri veka christianstva. (Istoričiceskij očerk) (Die Lehre von der Kirche in den ersten

drei Jahrhunderten des Christentums. [Historischer Abriß]). Kiev 1872; Ivancov-Platonov, A. (Protoierej): Eresi i raskoly pervych trech vekov christianstva (Häresien und Schismen in den ersten drei Jahrhunderten des Christentums). M. 1877; Kasicyn, D. F. (Protoierej): Raskoly pervych vekov christianstva (montanizm, novacianstvo, donatizm) i ich vlijanie na razkrytie učenija o Cerkvi (Schismen der ersten Jahrhunderte des Christentums [Montanismus, Novatianismus, Donatismus] und ihr Einfluß auf die Entfaltung der Lehre von der Kirche). Bd. 1, M. 1889; Troickij, V. A. (später Erzbischof Ilarion): Očerki iz istorii dogmata o Cerkvi (Beiträge zur Geschichte des Dogmas von der Kirche). Sergiev Posad 1912; Pokrovskij, A. I.: Sobory drevnej Cerkvi epochi pervych trech vekov. Istoriko-kanoničeskoe issledovanie (Synoden der alten Kirche in der Epoche der ersten drei Jahrhunderte. Historisch-kanonistische Untersuchung). Sergiev Posad 1915.

201 Čel'cov, I. V.: Drevne formy simvola very Pravoslavnoj Cerkvi (Alte Formen des Glaubensbekenntnisses der orthodoxen Kirche). SPb. 1869.

202 Glagolev, S. S.: Osnovnoe Bogoslovie, ego predmet i zadača (Die Fundamentaltheologie, ihr Gegenstand und ihre Aufgabe). In: Bogoslovskij Vestnik 1912, Nr. 2, S 234.

203 Filaret, Mitropolit (Drozdov): Slova i reči (Worte und Reden). Bd. 4, M. 1882, S. 334.

204 Akvilonov, E. P.: Cerkov'. Naučnye opredelenija Cerkvi i apostol'skoe učenie o nej kak o Tele Christovom (Wissenschaftliche Definitionen der Kirche und die apostolische Lehre von ihr als dem Leibe Christi). SPb. 1894, S. 50.

205 Filaret, Mitropolit (Drozdov): Razgovory meždu Ispytujuščim i Uverennym o Pravoslavii Vostočnoj Greko-Rossijskoj Cerkvi (Gespräche über die Orthodoxe Morgenländische griechisch-russische Kirche unter Erfahrenen und Überzeugten). 2. Aufl. SPb. 1835, S. 131.

206 Ders.: Slova i reci. Bd. 2, M. 1874, S. 19–20; vgl. S. 235.

207 Antonij, Archiepiskop (Amfiteatrov): Dogmatičeskoe Bogoslovie Pravoslavnoj Kafoličeskoj Vostočnoj Cerkvi (Dogmatische Theologie der Orthodoxen Katholischen Morgenländischen Kirche). 5. Aufl. M. 1852, S. 206–208.

208 Siehe darüber ausführlicher: Skaballanovič, M. N.: Preosvjaščennyj Sil'vestr kak dogmatist (Der hochwürdige Sil'vestr als Dogmatiker). in: Trudy Kievskoj duchovnoj akademii 1909, Nr. 1.

209 Mansvetov, I. F.: Novozavetnoe učenie o Cerkvi (Die neutestamentliche Lehre von der Kirche). M. 1879. – Das Buch kam erst nach dem Tode A. V. Gorskijs (gest. 1875) heraus; Opponent Mansvetovs auf der Magisterdisputation war A. V. Gorskijs Nachfolger auf dem Lehrstuhl für Dogmatik der MGA, A. D. Beljaev.

210 Katanskij, A. L.: Charakteristika pravoslavija, rimskogo katoličestva i protestantstva (Charakteristik der Orthodoxie, des römischen Katholizismus und des Protestantismus). In: Christianskoe Čtenie 1875, Nr. 1.

211 Gnedič, P.: Dogmat iskuplenija ... (s. Anm. 187), S. 58.
212 Katanskij, A. L.: a.a.O. S. 19 f.
213 Ebd. S. 25.
214 Akvilonov, E. P.: Cerkov' ... (s. Anm. 204), 254+90 S.
215 Ders.: Novozavetnoe učenie o Cerkvi. Opyt dogmatiko-ėkzegetičeskogo issledovanija (Die neutestamentliche Lehre von der Kirche. Versuch eines dogmatischen-exegetischen Traktats). Magisterdissertation der St. Petersburger Geistlichen Akademie 1896; im Druck erschienen: SPb. 1904, 184 S. – Von den übrigen Arbeiten Professor Erzpiester Evgenij Akvilonovs (gest. 1911) nennen wir: Po povodu Ižeučenija grafa L. Tolstogo o Božestve Gospoda našego Iisusa Christa i o sredstvach našego spasenija (Zur Irrlehre des Grafen L. Tolstoj über die Gottheit unseres Herrn Jesus Christus und über die Mittel unseres Heils). SPb. 1901; O fiziko-teleologičeskom dokazatel'stve bytija Božija. Naučno-bogoslovskoe samoopravdanie christianstva. Pravoslavno-christianskaja apologetika (Über den physiko-teleologischen Gottesbeweis. Die wissenschaftlich-theologische Rechtfertigung des Christentums. Eine orthodox-christliche Apologetik). SPb. 1905, 434 S. Dissertation.
216 Akvilonov, E. P.: Cerkov' (s. Anm. 204): Die Analyse der vorhandenen ekkleseologischen Konzeptionen füllt die Kap. 1–5. Kap. 1: Naučno-bogoslovskoe opredelenie Cerkvi kak obščestva verujuščich, i razbor ėtich opredelenij (Die wissenschaftlich-theologische Bestimmung der Kirche als Gesellschaft der Gläubigen und eine Kritik dieser Definitionen). S. 71–118; Kap. 2: Razbor rimsko-katoličeskogo učenija o Cerkvi (Kritik der römisch-katholischen Lehre von der Kirche). S. 118–140; Kap. 3: Razbor protestantskogo učenija o Cerkvi kak o nevidimom obščestve istinno-verujuščich (Kritik der protestantischen Lehre von der Kirche als der unsichtbaren Gesellschaft der wahrhaft Gläubigen). S. 140–200; Kap. 4: Rassmotrenie nekotorych bolee častnych opredelenij Cerkvi, proischodjaščich iz nepravil'nogo ponimanija christianskoj religij (Prüfung einiger spezieller Definitionen der Kirche, die einem unrichtigen Verständnis der christlichen Religion entspringen). S. 200–220; Kap. 5: Obščee zakljucenie k rassmotrennym opredelenijam Cerkvi i razbor vozraženij protiv vozmožnosti odnogo neizmennogo opredelenija Cerkvi (Allgemeine Schlußfolgerung aus den betrachteten Bestimmungen der Kirche und Kritik der Einwände gegen die Möglichkeit einer einzigen fixen Definition der Kirche). S. 220–229.
217 Ebd. S. 117.
218 Akvilonov, E. P.: Cerkov' ... (s. Anm. 204), S. 117 u. S. 229–254.
219 Ebd. S. 254.
220 Dymskij, F.: Christos i Cerkov' (Christus und die Kirche). SPb. 1904.
Troickij, V. A.: Očerki iz istorii dogmata o Cerkvi (Beiträge zur Geschichte des Dogmas von der Kirche). Sergiev Posad 1912.
Ilarion, Archimandrit: Kraeugol'nyj kamen' Cerkvi (Der Eckstein der Kirche). Sergiev Posad 1915.

Florenskij, P. A.: Ėkkleziologičeskie materialy. Ponjatie Cerkvi v Svjaščennom Pisanii (Ekklesiologische Materialien. Der Begriff der Kirche in der Heiligen Schrift). (Manuskript aus dem Jahre 1906). In: Bogoslovskie Trudy, Bd. 12, M. 1974, S. 73–183.
221 Sergij, Mitropolit Japonskij: Dvoenadesjatica svjatych apostolov (Die Zwölferschar der heiligen Apostel). Paris 1936, S. 260.
222 Die wichtigsten Aufsätze A. L. Katanskijs sind:
O naučno-bogoslovskich opredelenijach Cerkvi (Über wissenschaftlich-theologische Definitionen der Kirche). In: Cerkovnyj Vestnik 1894, Nr. 42, S. 657–659; Nr. 44, S. 689–692; Postanovka traktata o Cerkvi v nauke dogmatičeskogo bogoslovija (Die Erstellung des Traktats von der Kirche in der wissenschaftlichen Dogmatik). Ebd. 1895, Nr. 15, S. 457–463; Nr. 16, S. 489–496; O Duche Svjatom – Paraklite (Vom Hl. Geist, dem Parakleten). Ebd. 1895, Nr. 18, S. 553 ff.
223 S. o. Anm. 133.
224 Zit. nach: Pitirim, Archiepiskop (Nečaev): Cerkov' kak pretvorenie Trinitarnogo Domostroitel'stva (Die Kirche als Werk der trinitarischen Heilsökonomie). In: ŽMP 1975, Nr. 1, S. 68, Anm. 9.
225 Katanskij, A. L.: O Duche Svjatom – Paraklite (s. Anm. 222), S. 555 f.
226 Florenskij, P. A.: Ekkleziologičeskie materialy (s. Anm. 220).
227 Ebd. S. 132. – Es springt ins Auge, daß die letzte Formel mit dem übersichtlichen Schema der Kirchengeschichte bei V. A. Gorskij zusammentrifft. Nur verabsolutiert sie Florenskij, indem er sie von historischen Realien reinigt und sie ins Gebiet der Dogmatik überträgt.
228 Ebd. S. 132–133.
229 Ebd. S. 182.
230 Florenskij, P. A. (Ierej): Stolp i utverždenie istiny (Säule und Grundfeste der Wahrheit). M. 1914; Smysl idealizma (Der Sinn des Idealismus). Sergiev Posad 1914.
231 Siehe auch seine Untersuchungen aus den 20er Jahren zur Philosophie des Kultes: Iz bogoslovskogo nasledija (Aus dem theologischen Nachlaß). In: Bogoslovskie Trudy, Bd. 17, M. 1977, S. 85–248.
232 Pitirim, Archiepiskop (Nečaev): Cerkov' kak pretvorenie Trinitarnogo Domostroitel'stva. Cerkov' i sveršenie tvorenija (Die Kirche als Werk der trinitarischen Heilsökonomie. Die Kirche und die Vollendung der Schöpfung). In: ŽMP 1975, Nr. 1, S. 58–63 u. S. 64–67; siehe auch die Anmerkungen zu beiden Vorträgen: S. 67–76.
233 Ebd. S. 61.
234 Antonij, Archiepiskop (Chrapovickij): Nravstvennaja ideja dogmata Cerkvi (Die sittliche Idee des Dogmas der Kirche). In: Vera i Cerkov' 1901, Bd. 2; dass. in: Gesammelte Werke, Bd. 2, SPb. 1911, S. 12–30.
235 Losskij, V. N.: Ličnost' i mysl' Svjatejšego Patriarcha Sergija (Die Persönlichkeit und die Gedankenwelt des hochheiligen Patriarchen Sergij). In: Patriarch Sergij i ego duchovnoe nasledstvo (Patriarch Sergij und sein geistliches Erbe). M. 1947, S. 263–270.

Anmerkungen zu Kapitel VI 399

236 Ebd. S. 267.
237 Vgl. vor allem das orthodoxe „Offizium des Hochfestes Mariä Entschlafen" (M. 1844).
238 Feofan Zatvornik, Episkop: Tolkovanie na Poslanie svjatogo apostola Pavla k Galatam (Auslegung des Briefes des heiligen Apostels Paulus an die Galater). 2. Aufl. M. 1893, S. 213.
239 Pitirim, Archiepiskop: a.a.O. (Anm. 246), S. 62.
240 Izvestie učiteľnoe, kako dolženstvuet iereju i diakonu služenie v Cerkvi svjatoj soveršati i prigotovljat'sja k svjaščenstvu, osobenno že k Božestvennoj liturgii (Belehrung, wie der Priester und Diakon in der hl. Kirche Dienst tun soll und sich auf den Dienst vorbereiten soll, besonders auf den der göttlichen Liturgie). M. 1705.
241 Gavriil, Mitropolit (Petrov): O služenii i činopoloženijach Pravoslavnoj Greko-Rossijskoj Cerkvi (Über den Dienst und die Gottesdienstordnung in der orthodoxen griechisch-russischen Kirche). SPb. 1792, 104 S.; 1795, 105 S.; 4. Ausg. M. 1863, 178 S.
242 Feoktist, Archiepiskop Kurskij i Belgorodskij: Kratkoe ob"jasnenie cerkovnogo kruga paschalii i pravil irmolojnogo penija (Kurze Erklärung des kirchlichen Zyklus der Paschalia und der Regeln des Heirmen-Gesangs). 2. Aufl. M. 1805; ders.: Kratkoe ob"jasnenie cerkovnogo ustava dlja svaščenno-cerkovno-služitelej Kurskoj eparchii (Kurze Erklärung der Kirchenordnung für die geweihten Diener der Kirche in der Kursker Eparchie). 2. Aufl. M. 1816.
Veniamin, Archiepiskop Nižegorodskij (Krasnopevkov-Rumovskij): Novaja skrižaľ ili ob"jasnenie o Cerkvi, o liturgii i o vsech službach i utvarjach cerkovnych (Neue Tafel oder Erklärung der Kirche, der Liturgie und aller kirchlichen Offizien und Geräte). 16. Aufl. SPb. 1899; 18. Aufl. 1912.
243 Nennenswert sind vor allem: Dmitrievskij, I. I.: Istoričeskoe, dogmatičeskoe i tainstvennoe iz"jasnenie Liturgii, osnovannoe na Svjaščennom Pisanii, pravilach Vselenskich i Pomestnych soborov i na pisanijach svjatych otcov Cerkvi (Historische, dogmatische und mystische Erklärung der Liturgie, fußend auf der Hl. Schrift, den Kanons der Ökumenischen Konzilien und der Lokalsynoden, sowie den Schriften der hl. Kirchenväter). M. 1803, 18. Aufl. 1912.
Morev, A. (später Bischof Amvrosij): Sozercanie, ili iz"jasniteľnoe opisanie liturgii (Betrachtung oder erklärende Beschreibung der Liturgie). SPb. 1806.
Voskresenskij, I. (Protoierej): Kratkoe tolkovanie na liturgiju (Kurze Deutung der Liturgie), SPb. 1815.
Nordov, V.: Besedy na Božestvennuju liturgiju (Gespräche über die göttliche Liturgie). 3. Aufl. M. 1851.
Gumilevskij, S. (Protoierej): Kratkoe iz"jasnenie liturgii, izložennoe v voprosach i otvetach (Kurze Erklärung der Liturgie, dargelegt in Form von Fragen und Antworten). 3. Aufl. M. 1853.

244 Arsenij, Mitropolit Kievskij (Moskvin): Iz"jasnenie Božestvennoj liturgii (Erklärung der göttlichen Liturgie). Kiev 1873, 450 S.
245 Nečaev, V. (Protoierej): Tolkovanie na Božestvennuju liturgiju po činu svjatogo Ioanna Zlatousta i svjatogo Vasilija Velikogo (Erläuterung zur Göttlichen Liturgie nach der Ordnung des hl. Johannes Chrysostomos und des hl. Basilios des Großen). M. 1871; 1873; 1884; SPb. 1895.
246 Eine Besonderheit dieser Arbeit besteht auch darin, daß der Verfasser die Antiphonen, Prokeimena (prokimny), Einzugsverse (vchodnye stichi), Hallelujaverse (alliluiarii) und Kommunionsverse (pričastnye) ausführlich erklärt und ihre Bedeutung innerhalb der Liturgie erläutert; vgl. dazu: Vol'gin, A.: Pamjati episkopa Vissariona Nečaeva (Zum Gedenken an Bischof Vissarion Nečaev). In: ŽMP 1972, Nr. 2, S. 73.
247 Apollosov, I.: Istoričeskoja rassuždenie voobšče o drevnem christianskom bogoslužebnom penii i osobenno o penii Rossijskoj Cerkvi, s nužnymi primečanijami, s prisovokupleniem kratkogo rassuždenija (Ivana Zacepina) o tom, čto altarnye ukrašenija našej Cerkvi schodny s drevnimi (Historische Abhandlung über den altchristlichen gottesdienstlichen Gesang im allgemeinen und den Gesang der russischen Kirche im besonderen, mit nötigen Anmerkungen und einer kurzen Abhandlung [von Ivan Zacepin] darüber, daß die Ausschmückung des Altarraums in unserer Kirche der im Altertum ähnlich ist). Voronež 1799; 2. Aufl. SPb. 1804; Kitovič, K.: Rassuždenie o načale važnosti i znamenovanii cerkovnych oblačenij (Abhandlung über den Ursprung der Bedeutung und Benennung der kirchlichen Gewänder). SPb. 1804.
248 Malinovskij, D. M. (Protoierej): Istoričeskoe rassuždenie o činach Greko-Rossijskoj Cerkvi (Historische Abhandlung über die Riten der griechisch-russischen Kirche). SPb. 1805, 89 S.
249 Innokentij, Archiepiskop (Borisov): Istoričeskoe obozrenie bogoslužebnych knig Greko-Rossijskoj Cerkvi (Historische Übersicht über die gottesdienstlichen Bücher der griechisch-russischen Kirche). Kiev 1837; 3. Aufl. 1853.
Filaret, Episkop Rižskij (Gumilevskij): Bogoslužeanie Russkoj Cerkvi domongol'skogo vremeni (Der Gottesdienst der russischen Kirche in der vormongolischen Zeit). M. 1847.
Filaret, Archiepiskop Černigovskij: Istoričeskij obzor pesnopevcev i pesnopenij Grečeskoj Cerkvi (Historischer Überblick über die Hymnendichter und Gesänge der griechischen Kirche). SPb. 1860; 2. Aufl. Černigov 1864; 3. Aufl. SPb. 1903.
250 Debol'skij, G. (Protoierej): Dni Bogoslužeanija Pravoslavnoj Greko-Rossijskoj Cerkvi (Gottesdiensttage der orthodoxen griechisch-russischen Kirche). Teil 1–6, SPb. 1837; 10. Aufl. SPb. 1901; ders.: Kratkoe obozrenie Bogoslužeanija Pravoslavnoj Cerkvi (Kurzer Überblick über den Gottesdienst der orthodoxen Kirche). 2. Aufl. SPb. 1851.
251 Bulgakov, S. V.: Nastol'naja kniga dlja svjaščenno-cerkovno-služitelej. (Sbornik svedenij, kasajuščichsja preimuščestvenno praktičeskoj dejatel'no-

sti otečestvennogo duchovenstva) (Handbuch für die geweihten Diener der Kirche [Sammlung von Angaben, die vornehmlich die praktische Tätigkeit der vaterländischen Geistlichkeit betreffen]). 3. verb. und ergänzte Aufl. Kiev 1913, 730 S. Siehe auch: Rozanov, V. (Protoierej): Bogoslužebnyj Ustav Russkoj Pravoslavnoj Cerkvi (Die Gottesdienstordnung der Russischen Orthodoxen Kirche). M. 1902.

252 Seredinskij, T. (Ierej, später Protoierej): O Bogosluženii Zapadnoj Cerkvi (Über den Gottesdienst der westlichen Kirche). SPb. 1849; ders.: Obščestvennoe Bogosluženie u protestantov (Der öffentliche Gottesdienst bei den Protestanten). Riga 1889.

Bobrovnickij, I. M.: O proischoždenii i sostave rimsko-katoličeskoj liturgii i otličii ee ot pravoslavnoj (Über den Ursprung und den Aufbau der römisch-katholischen Meßliturgie und ihre Unterschiede gegenüber der orthodoxen). Kiev 1870, 126 S.

Chojnackij, A. F. (Protoierej): Zapadnorusskaja cerkovnaja unija v ee Bogosluženii i obrjadach (Die westrussische Kirchenunion in ihrem Gottesdienst und ihren Riten). SPb. 1871; Odincov, N. F.: Uniatskoe Bogoslužanie v XVII i XVIII vv. po rukopisjam Vilenskoj publičnoj biblioteki (Der Gottesdienst der Unierten im 17. und 18. Jahrhundert nach Handschriften der Wilnaer Öffentlichen Bibliothek). Wilna 1886, 137 S.

Cvetkov, P. I.: K istorii christianskich gimnov na Zapade. Gimny Amvrosija i Prudencija (Zur Geschichte der christlichen Hymnen im Westen. Die Hymnen des Ambrosius und Prudentius). M. 1876.

Sofonija, Episkop Turkestanskij i Taškentskij (Schol'skij): Iz dnevnika po službe na Vostoke i Zapade (v bytnost' archimandritom pri zagraničnych russkich posol'stvach) (Tagebuchaufzeichnungen vom Dienst im Osten und Westen [als Archimandrit an russischen Botschaften im Ausland]). SPb. 1874, 307+VIII S.; ders.: Sovremennyj byt i liturgija christian inoslavnych iakovitov i nestorian (Gegenwärtiges Brauchtum und liturgisches Leben der heterodoxen Jakobiten und Nestorianer). SPb. 1876, 504+VII S.

253 In der 1. Hälfte des 19. Jhs. erschienen im „Christianskoe Čtenie" neben vielen Artikeln unbekannter Autoren u. a. folgende liturgiewissenschaftliche Arbeiten: Pavskij, G. (Protoierej): Istorija i istolkovanie liturgii (Geschichte und Deutung der Liturgie). In: Christianskoe Čtenie 1830, Teil 38; Martirij, Archimandrit (Gorbačevskij): Kratkie istoričeskie svedenija o pesnopenijach našej Cerkvi (Kurze historische Notizen zu den Gesängen unserer Kirche). Ebd. 1831, Teil 12–13; Bogoslovskij, M. (Protoierej): Voskrešenie Lazarja, Nedelja Vaij, Strastnaja Nedelja, Voskresenie Gospodne, Nedelja Antipaschi, Prepolovenie Pjatidesjatnicy, Voznesenie Gospodne i Pjatidesjatnica (Auferweckung des Lazarus, Palmsonntag, Karwoche, Auferstehung des Herrn, Sonntag des Antipascha, Mittpfingsten, Himmelfahrt des Herrn und Pfingsten). Ebd. 1839 Teil 1, 2; Debol'skij, G. (Protoierej): Istočniki Bogoslužanija Pravoslavnoj Cerkvi (Quellen des Gottesdienstes der orthodoxen Kirche). Ebd. 1844; ders.: Božestven-

naja liturgia svjatogo Vasilija Velikogo i svjatogo Ioanna Zlatousta (Die göttliche Liturgie des hl. Basilios des Großen und des hl. Johannes Chrysostomos). Ebd. 1848.

254 Im „Voskresnoe Čtenie" (erschienen seit 1837 in Kiev) siehe z. B. folgende Artikel: O Bogosluženii Pravoslavnoj Cerkvi (Über den Gottesdienst der orthodoxen Kirche). In: Voskresnoe Čtenie, Jg. 6, S. 139; O večerne (Über die Vesper). Ebd. Jg. 2, S. 73; Jg. 4, S. 173, 179; Ob utreni (Über die Mette). Ebd. Jg. 5, S. 105; Jg. 6, S. 197; O sutočnom Bogosluženii (Über den Gottesdienst im Tageskreis). Ebd. Jg. 3, S. 93; Jg. 4, S. 304; O Božestvennoj liturgii (Über die göttliche Liturgie). Ebd. Jg. 6, S. 211; Ob archierejskom služenii liturgii (Über den bischöflichen Ritus der Liturgiefeier). Ebd. Jg. 17, S. 234; Vzgljad na istoriju proischoždenija pesnopenij Pravoslavnoj Cerkvi v VIII–IX vekach (Ein Blick auf die Entstehungsgeschichte der Gesänge der orthodoxen Kirche im 8. bis 9. Jh.). Ebd. Jg. 23, S. 359.

255 Siehe z. B.: Učenie o poste. Iz bogoslužebnych pesnej pervoj sedmicy Posta (Die Lehre vom Fasten. Aus den gottesdienstlichen Gesängen der ersten Fastenwoche). In: Voskresnoe Čtenie, Jg. 15, S. 433; Učenie o preslavnom Voskresenii Gospoda i Spasa našego Iisusa Christa v bogoslužebnych pesnjach Svetloj Sedmicy (Die Lehre von der glorreichen Auferstehung unseres Herrn und Heilandes Jesus Christus in den gottesdienstlichen Gesängen der Osterwoche). Ebd. Jg. 16, S. 1; Učenie o Sošestvii Svjatogo Ducha. Iz Bogoslužebnych pesnej Pjatidesjatnicy (Die Lehre von der Herabkunft des Heiligen Geistes. Aus den gottesdienstlichen Gesängen des Pfingstfestes). Ebd. Jg. 16, S. 63.

256 Einige seiner Vorlesungen erschienen in der Zeitschrift „Christianskoe Čtenie": Dolockij, V. I.: Ob ispovedi (Über die Beichte). In: Christianskoe Čtenie 1842; O čtenii Svjaščennogo Pisanija pri Bogosluženii (Über die Verlesung der Hl. Schrift im Gottesdienst). Ebd. 1846; Prazdnik Roždestva Christova (Das Hochfest der Geburt Christi). Ebd. 1849; Svjataja Velikaja Subbota (Der hl. Große Samstag). Ebd. 1850; Kogda i kem pisany grečeskie služby, vchodjaščie v sostav mesjačnoj Minei? (Wann und von wem wurden die griechischen Offizien verfaßt, die sich in den Menäen finden?). Ebd. 1860.

257 Siehe: Glubokovskij, N. N.: a.a.O. (Anm. 44), S. 63–64.

258 Mansvetov, I. D.: Cerkovnyj Ustav (Tipik). Ego proischoždenie i sud'ba v grečeskoj i russkoj Cerkvi (Die Kirchenordnung [das Typikon]. Ihre Herkunft und ihr Schicksal in der griechischen und russischen Kirche). M. 1885, 448 S.

259 Kondakarij svjatogo Romana Sladkopevca i ich liturgičeskoe značenie; Liturgičeskaja čast' v ustave Venedikta Nursijskogo; polnye studijskie ustavy (Kondakarien des hl. Romanos des Meloden und ihre liturgische Bedeutung; der liturgische Teil der Ordnung des Benedikt von Nursia; vollständige studitische Ordnungen). Alles in: Mansvetov, I. D.: Cerkovnyj Ustav (Tipik), a.a.O. (Anm. 258).

260 Mansvetov, I. D.: Mitropolit Kiprian v ego liturgičeskoj dejatel'nosti. Istoriko-liturgičeskoe issledovanie (Metropolit Kiprian in seiner liturgischen Wirksamkeit. Liturgiegeschichtliche Untersuchung). M. 1882, 202 + XXXVIII S.
261 Mansvetov, I. D.: O pesennom posledovanii (Über die Gesangsabfolge). M. 1880.
262 Einige davon sind: Omofor (Das Omophorion). In: Trudy Moskovskogo Archeologičeskogo Obščestva 1871; Istoričeskoe opisanie drevnego Chersonesa i otkrytych v nem pamjatnikov (Historische Beschreibung des alten Chersones und der dort entdeckten Denkmäler). M. 1872; Cerkovnostroitel'naja dejatel'nost' v Novgorode (Kirchliche Bautätigkeit in Novgorod). In: Trudy Moskovskogo Archeologičeskogo Obščestva 1876; Očerki iz istorii duchovnoj literatury i prosveščenija v drevnej Rusi (Beiträge zur Geschichte der geistlichen Literatur und Aufklärung im alten Rußland). In: Pravoslavnoe Obozrenie 1876; Kak u nas pravilis' cerkovnye knigi (Materialy dlja istorii knižnoj spravy v XVII stoletii) (Wie sind bei uns die kirchlichen Bücher berichtigt worden [Materialien zur Geschichte der Bücherkorrektur im 17. Jh.]) M. 1884; Ob izobraženii Deisus (Über die Deesis-Darstellung). In: Trudy Moskovskogo Archeologičeskogo Obščestva 1883; O postach Pravoslavnoj Vostočnoj Cerkvi (Über die Fasten der Orthodoxen Morgenländischen Kirche). In: Pribavlenija k tvorenijam svjatych otcov. – 1878 erhielt I. D. Mansvetov die Goldmedaille der Akademie der Wissenschaften für sein musterhaftes, gründliches Gutachten zur Arbeit des Archimandriten Sergij Spasskij: Polnyj Mesjaceslov Vostoka (Vollständiges Menologion des Ostens). Bd. 1–2, M. 1876.
263 Golubcov, A. P.: Činovnik Novgorodskogo Sofijskogo sobora (Das Zeremonialbuch der Novgoroder Sophien-Kathedrale). M. 1899, XX+270 S.; Činovniki Cholmogorskogo Preobraženskogo sobora, s predisloviem i ukazatelem (Die Zeremonialbücher der Preobraženskij-Kathedrale in Cholmogory, mit Vorwort und Register). M. 1903, XIII+268 S.; Činovnik Nižegorodskogo Preobraženskogo sobora, s predisloviem i ukazatelem (Das Zeremonialbuch der Preobraženskij-Kathedrale in Nižnij Novgorod, mit Vorwort und Register. M. 1905, XIV+68 S.; Činovniki Moskovskogo Uspenskogo sobora i vychody patriarcha Nikona (Die Zeremonialbücher der Moskauer Uspenie-Kathedrale und die Zelebrationen des Patriarchen Nikon). M. 1908, 312 S. Diese Ausgaben sind die „zweite Hälfte" der Dissertation A. P. Golubcovs: Sobornye činovniki i osobennosti služby po nim. Pervaja polovina issledovanija (Kathedralzeremonialbücher und die in ihnen verzeichneten rituellen Besonderheiten. Erste Hälfte der Abhandlung). M. 1907, V+262 S.
264 Muretov, S.: Istoričeskij obzor činoposledovanija Proskomidii (Historischer Überblick über das Ritual der Proskomidie). M. 1895; Osobennosti liturgii Preždeosvjaščennych Darov v drevnich grečeskich i slavjanskich pamjatnikach (Besonderheiten der Liturgie der vorgeweihten Gaben in alten grie-

chischen und slavischen Denkmälern). In: Moskovskie Cerkovnye Vedomosti 1896, Nr. 10—12.

Popov, K. M.: Čin svjaščennogo koronovanija (Istoričeskij očerk obrazovanija čina) (Der Ritus der hl. Krönung [Historischer Überblick über die Herausbildung des Ritus]). In: Bogoslovskij Vestnik 1896, Nr. 4, S. 59—72; Nr. 5, S. 173—196.

Vinogradov, V. P.: Ustavnye čtenija. Istoriko-gomiletičeskoe issledovanie (Vom Typikon vorgeschriebene Lesungen. Untersuchung zur Geschichte der Homilie). Sergiev Posad 1914.

Troickij, V. A.: Istorija Plaščanicy (Die Geschichte des Grablinnens). In: Bogoslovskij Vestnik 1912, Nr. 1.

Protopopov, S. (Protoierej): O chudožestvennom elemente v pravoslavnom cerkovnom penii (Über das künstlerische Element im orthodoxen Kirchengesang). M. 1905.

Solov'ev, N. M.: Melodičeskoe (odnogolosnoe) i garmoničeskoe penie Pravoslavnoj Russkoj Cerkvi (Der melodische [einstimmige] und der harmonische Gesang der Orthodoxen Russischen Kirche). In: Bogoslovskij Vestnik 1906, Nr. 9, S. 82—107; Nr. 10, S. 212—253.

265 Smirnov, S. I.: Duchovnyj otec v drevnej Vostočnoj Cerkvi. (Istorija duchovničestva na Vostoke) (Der geistliche Vater in der alten Ostkirche [Geschichte der geistlichen Vaterschaft im Osten]). Teil 1, Sergiev Posad 1906, XXII + 341 S.; Drevnerusskij duchovnik. Issledovanie k istorii cerkovnogo byta (Der altrussische Beichtvater. Untersuchung zur Geschichte des kirchlichen Brauches). M. 1914, VIII + 290 + 568 S.

266 Smirnov, S. I.: Vodokrešči. Materialy dlja istorii kreščenskich obrjadov v drevnej Rusi (Wassertaufe. Materialien zur Geschichte der Taufriten im alten Rußland). In: Bogoslovskij Vestnik 1900, Nr. 1, S. 1—17.

267 Vgl. Abrisse von Erzbischof Filaret Gumilevskij, Metropolit Makarij Bulgakov, Akademiemitglied E. E. Golubinskij, Professor Erzpriester Aleksandr Gorskij (der Überblick des letzteren wurde erst jüngst publiziert: Gorskij, A. V.: Istorija Cerkvi Russkoj [Geschichte der russischen Kirche]. In: ŽMP 1976, Nr. 1—4).

268 Badula, V.: Nikolaj Fomič Krasnosel'cev. In: ŽMP 1974, Nr. 2, S. 71—77; ebd. auch eine Bibliographie der wissenschaftlichen Arbeiten N. F. Krasnosel'cevs.

269 Krasnosel'cev, N. F.: Svedenija o nekotorych liturgičeskich rukopisjach Vatikanskoj biblioteki s zamečanijami o sostave i osobennostjach bogoslužebnych činoposledovanij, v nich soderžaščichsja, i s priloženijami (Mitteilungen über einige liturgische Handschriften der Vatikanischen Bibliothek mit Bemerkungen zum Aufbau und zu den Besonderheiten der in ihnen verzeichneten Offizien, samt Beilagen). Kazan' 1885; siehe auch seine Edition: Ob"jasnenie liturgii, sostavlennoe Feodorom, episkopom Andidskim (Der Liturgiekommentar des Theodoros, Bischof von Andida). In: Pravoslavnyj Sobesednik 1884, Nr. 1, S. 370—415.

270 Ders.: K istorii pravoslavnogo Bogosluženija. Po povodu nekotorych cer-

kovnych služb i obrjadov, nyne ne upotrebljajuščichsja (Zur Geschichte des orthodoxen Gottesdienstes. Über einige kirchliche Offizien und Riten, die heute nicht mehr in Gebrauch sind). Kazan' 1889.

271 Almazov, A. I.: Svedenija o chramach i bogoslužénii Russkoj Cerkvi po skazanijam zapadnych inostrancev XVI–XVII vv. (Cerkovno-archeologičeskie očerki) (Angaben über Kirchen und Gottesdienst der russischen Kirche in Berichten westlicher Ausländer des 16.–17. Jhs. [Skizzen zur kirchlichen Quellenkunde]). In: Pravoslavnyj Sobesednik 1887–1888.

Kamenov, V.: Ikonografija svjatogo Ioanna Krestitelja v vostočnoj i zapadnoj Cerkvi (Ikonographie des heiligen Johannes des Täufers in der Ost- und der Westkirche). In: Pravoslavnyj Sobesednik 1887.

Nekrasov, A. A.: Otkuda vedet svoe načalo i čto soboj znamenuet krug ežednevnych bogoslužénij našich (Worauf führt der Zyklus unserer täglichen Gottesdienste seinen Ursprung zurück und was bedeutet er). In: Pravoslavnyj Sobesednik 1898, Bd. 2, S. 392–405.

Carevskij, A.: O svjaščennoj poézii pravoslavnogo christianskogo bogoslužénija (Über die heilige Poesie des orthodoxen christlichen Gottesdienstes). In: Pravoslavnyj Sobesednik 1902, Bd. 1, S. 393–411. 655–674.

Popov, A.: Pravoslavnye akafisty za sinodal'nyj period russkogo pesnotvorčestva (Orthodoxe Akathistoi aus der Synodalperiode des russischen Hymnenschaffens). In: Pravoslavnyj Sobesednik 1902–1903.

272 Über ihn: Sove, B. I.: Russkij Goar i ego škola (Der russische Goar und seine Schule). In: Bogoslovskie Trudy, Bd. 4, M. 1970, S. 39–84; Uspenskij, N. D.: Iz ličnych vospominanij ob A. A. Dmitrievskom (Aus persönlichen Erinnerungen an A. A. Dmitrievskij). Ebd. S. 85–89; Machno, L. (Ierej): Spisok trudov professora A. A. Dmitrievskogo v porjadke ich publikacii (Verzeichnis der Arbeiten Professor A. A. Dmitrievskijs in der Reihenfolge ihres Erscheinens). Ebd. S. 95–107. Das Verzeichnis nennt 219 Druckveröffentlichungen.

273 Dmitrievskij, A. A.: Bogoslužénie v Russkoj Cerkvi v XVI veke, Teil 1: Služby kruga sedmičnogo i godičnogo i činoposledovanija tainstv (Die Offizien des Wochen- und des Jahreskreises und die Formulare der Sakramente). Kazan' 1884, XIV+434+135+XXIV S.

274 Aus dem Gutachten N. F. Krasnosel'cevs, zit. nach: Sove, B. I.: Russkij Goar i ego škola (s. Anm. 272), S. 41.

275 Dmitrievskij, A. A.: Bogoslužénie v Russkoj Cerkvi v pervye pjat' vekov (Der Gottesdienst in der russischen Kirche in den ersten fünf Jahrhunderten). In: Pravoslavnyj Sobesednik 1882–1883.

276 Smirnov, F. A.: Bogoslužénie apostol'skogo vremeni (Der Gottesdienst der Apostelzeit). In: Trudy Kievskoj duchovnoj akademii 1873, Nr. 4; Apokalipsis kak liturgičeskij pamjatnik apostol'skoj épochi (Die Apokalypse als liturgisches Denkmal aus der Epoche der Apostel). Ebd. 1874, Nr. 10; Proischoždenie i liturgičeskij charakter tainstv (Ursprung und liturgischer Charakter der Sakramente). Ebd. 1874, Nr. 12; 1875, Nr. 1; Bogoslužénie christianskoe so vremeni apostolov do IV veka (Der christli-

che Gottesdienst von der Zeit der Apostel bis zum 4. Jahrhundert). Kiev 1876, 472 S.

Christofor, Archimandrit (Smirnov): Drevne-christianskaja ikonografija kak vyraženie drevnecerkovnogo verosoznanija (Die altchristliche Ikonenmalerei als Ausdruck des altchristlichen Glaubensbewußtseins). M. 1887; Obrazy Iisusa Christa (Bildnisse Jesu Christi). M. 1887; Žizn' Iisusa Christa v pamjatnikach drevnechristianskoj ikonografii (Das Leben Jesu Christi in den Denkmälern der altchristlichen Ikonographie). M. 1887.

Smirnov, F. A.: Proischoždenie i značenie prazdnika Roždestva Christova (Ursprung und Bedeutung des Hochfestes der Geburt Christi). Kiev 1883, 132 S.

277 Siehe: Sove, B. I.: Russkij Goar ... (s. Anm. 272), S. 43; vgl. Machno, L. (Ierej): a.a.O. (ebd.), S. 95–96.

278 Dmitrievskij, A. A. : Opisanie liturgičeskich rukopisej, chranjaščichsja v bibliotekach Pravoslavnogo Vostoka (Beschreibung liturgischer Manuskripte, aufbewahrt in den Bibliotheken des orthodoxen Ostens). Bd. 1: Tipiki (Typika). Teil 1: Pamjatniki patriaršich ustavov i ktitorskie monastyrskie Tipikony (Denkmäler von Patriarchentypika und Stiftertypika von Klöstern). Kiev 1895, XX+CXXVII+912+XXV S. Siehe auch: ders.: Drevnejšie patriaršie Tipikony Ierusalimskij (Svjatogrobskij) i Konstantinopol'skij (Velikoj Cerkvi). Kritiko-bibliografičeskie ètjudy (Altertümliche Patriarchentypika aus Jersualem [vom Heiligen Grabe] und Konstantinopel [von der Großen Kirche]. Kritisch-bibliographische Studien). Kiev 1907, 347+XV S.

279 Antonin, Archimandrit (Kapustin): Drevnejšij kanonar' Sinajskoj biblioteki (Ein hochaltertümliches Kanonarion aus der Sinai-Bibliothek). In: Trudy Kievskoj duchovnoj akademii 1894, Bd. 2, S. 189–216. 458–495.

280 Ausführlicher zum Inhalt des „Opisanie" siehe: Sove, B. I.: Russkij Goar ... (s. Anm. 272), S. 54–56.

281 Dmitrievskij, A. A.: Opisanie liturgičeskich rukopisej, chranjaščichsja v bibliotekach Pravoslavnogo Vostoka (Beschreibung liturgischer Manuskripte, aufbewahrt in den Bibliotheken des orthodoxen Ostens). Bd. 2: Evchologii (Euchologien). Kiev 1901, XII+1058+XXVII+32 S.

282 Ebd. S. III.

283 Dmitrievskij, A. A.: Opisanie liturgičeskich rukopisej, chranjaščichsja v bibliotekach Pravoslavnogo Vostoka, Bd. 3: Tipiki (Typika), Čast' 2. (Pervaja polovina) (Teil 2 [Erste Hälfte]). Petrograd 1917, VIII+768+IV S.

284 Dmitrievskij teilte 1924 der Redaktion der Zeitschrift „Byzantion" mit, daß nur der Mangel an Finanzen es ihm unmöglich mache, die schon druckfertigen Bände 4 und 5 seines „Opisanie" zu veröffentlichen. Band 4 sollte griechische Euchologien aus westlichen Bibliotheken – darunter die überprüften Texte aller Codices, die Goar benutzt hatte –, Band 5 südslavische Euchologien – aus slavischen Athos-Klöstern und aus den Sammlungen von Archimandrit Antonin und Professor V. I. Grigorovič – enthalten.

285 Dmitrievskij, A. A.: Evchologien IV veka Serapiona, episkopa Tmuitskogo (Ein Euchologion aus dem 4. Jh. von Serapion, Bischof von Thmuis). Kiev 1894, 33 S.
Ders.: Čin peščnogo dejstva. (Istoriko-archeologičeskij ètjud) (Der Ritus des Feuerofenspiels [Historisch-archäologische Studie]). SPb. 1895, 48 S.
Ders.: Mitra. (Istoriko-archeologičeskij očerk) (Die Mitra [Historisch-archäologische Skizze]). In: Rukovodstvo dlja sel'skich pastyrej 1903, Nr. 11, S. 297–310.

286 Dmitrievskij, A. A.: Kniga „Trebnik" i ee značenie v žizni pravoslavnogo christianina (Das „Hagiasmatarion" und seine Bedeutung im Leben des orthodoxen Christen). In: Trudy Kievskoj duchovnoj akademii 1902, Nr. 3, S. 383–421: „Služebnik" – Kniga tainstvennaja (Das „Liturgikon" – ein geheimnisvolles Buch). Ebd. 1903, Nr. 10; als Einzelausgabe: Kiev 1903, 42 S.; Triod' Postnaja – učilišče blagočestija (O pokajanii i molitve) (Das Fastentriodion – eine Schule der Frömmigkeit [Von der Buße und dem Gebet]). In: Trudy Kievskoj duchovnoj akademii 1905, Nr. 3, S. 428–444; Triod' Cvetnaja – pesn' miljuščej i toržestvujuščej ljubvi (Das Blumentriodion – ein Hmynus überströmender und triumphierender Liebe). Teil 1: Služba Strastnoj Sedmicy (Das Offizium der Karwoche); Teil 2: Služba Svjatoj Paschi (Das Offizium des heiligen Pascha). In: Cerkovnye Vedomosti 1913, S. 658–670. 702–712.

287 Dmitrievskij, A. A.: Stavlennik. Rukovodstvo dija svjaščenno-cerkovnoslužiteleji izbrannych vo episkopa, pri ich chirotonijach, posvjaščenijach i nagraždenijach znakami duchovnych otličij, s podrobnymi ob"jasnenijami vsech obrjadov i molitvoslovij (Der Weihekandidat. Leitfaden für geweihte Diener der Kirche und Bischofskandidaten bei ihren Cheirotonien, Ordinationen und Auszeichnungen mit den Insignien der geistlichen Ränge, mit ausführlichen Erklärungen aller Riten und Gebete). Kiev 1904, XIII + 343 S.; ursprünglich in einer zweiteiligen Zeitschriftenfassung: 1. Činoposledovanie chirotonij i chirotesij s ob"jasnenijami ich osobennostej. (Rukovodstvennoe ukazanie stavlennikam) (Das Ritual der Chetrotonien und Cheirothesien mit Erklärung ihrer Besonderheiten [Leitfaden für Weihekandidaten]). In: Rukovodstvo dlja sel'skich pastyrej 1901, Nr. 42–46 u. 48–49; 1902, Nr. 3–5, 7, 14, 16, 39–40, 43, 47, 50; 2. Čin izbranija i rukopoloženija archierejskogo (Der Ritus der Wahl und der Weihe eines Hierarchen). Ebd. 1903, Nr. 2–5, 9, 15–16.

288 Über Arbeiten aus der letzten Schaffensperiode Dmitrievskijs: Sove, B. I.: Russkij Goar ... (s. Anm. 272), S. 76.

289 Priluckij, Vasilij (Ierej): Častnoe Bogosluženie v Russkoj Cerkvi v XVI i pervoj polovine XVII veka (Kasualien in der russischen Kirche während des XVI. und in der ersten Hälfte des XVII. Jhs.). Kiev 1912, XIV+ 376 + 60 + XIII S.

290 Pal'mov, N. N.: Postriženie v monašestvo. Činy postriženija v monašestvo Grečeskoj Cerkvi. Istoriko-archeologičeskoe issledovanie (s priloženiem grečeskich tekstov) (Die Einkleidung zum Mönchsstand. Riten der Ein-

kleidung zum Mönchsstand in der griechischen Kirche. Historisch-quellenkundliche Untersuchung [mit Beigabe der griechischen Texte]). Kiev 1914, XV + 346 + 70 S.
291 Von Werken der Schüler Dmitrievskijs seien genannt: Lisicyn, M. (Protoierej): Pervonačal'nyj slavjanorusskij Tipikon. Istoriko-archeologičeskoe issledovanie (Das ursprüngliche slavisch-russische Typikon. Eine historisch-quellenkundliche Untersuchung). SPb. 1911, (Magisterarbeit).
Kekelidze, K. S.: Gruzinskie liturgičeskie pamjatniki v otečestvennych knigochraniliščach i ich naučnoe značenie (Georgische liturgische Denkmäler in einheimischen Bibliotheken und ihre wissenschaftliche Bedeutung). Tiflis 1908.
Danilevskij, S.: Svjataja Plaščanica i obrjady, soveršaemy nad neju Russkoj Cerkov'ju v poslednie dva dnja Strastnoj Sedmicy (Das heilige Grablinnen und die Riten, die über ihm in der russischen Kirche während der beiden letzten Tage der Karwoche vollzogen werden). In: Pravoslavnyj Sobesednik 1896, Bd. 2, S. 250–274; Bd. 3, S. 356–380.
Diakovskij, E. P.: Posledovanie časov i izobrazitel'nych (Die Akoluthie der Stunden [= kleine Horen] und der Typika). Kiev 1913, (Magisterarbeit).
292 Popovič, K.: Patriarch Ierusalimskij Sofronij kak bogoslov, propovednik i pesnopisec (Patriarch Sophronios von Jerusalem als Theologe, Prediger und Hymnendichter). Kiev 1890, 151 S.
Barvinok, V. I.: Nikofor Vlemmid i ego sočinenija (Nikephoros Blemmydes und seine Werke). Kiev 1911, (Magisterarbeit).
1902/1903 schrieb Nikol'skij unter Anleitung A. A. Dmitrievskijs eine Kandidatenarbeit über „Afonskaja živopis'" (Athonitische Malerei) und studierte 1903 die Fresken in den Kirchen einiger Athosklöster: Nikol'skij, L.: Istoričeskij očerk afonskoj stennoj živopisi (Historischer Überblick über die Wandmalerei auf dem Athos). In: Ikonopisnyj Sbornik, Bd. 1, SPb. 1907, Beilage, S. 1–122.
293 Über ihn: Uržumcev, P. V.: Professor Nikolaj Dmitrievič Uspenskij. K 50-letiju naučnoj dejatel'nosti (Professor Nikolaj Uspenskij. Zum 50. Jahrestag des Beginns seiner wissenschaftlichen Tätigkeit). In: Bogoslovskie Trudy, Bd. 13 (Prof. N. D. Uspenskij gewidmet), M. 1975, S. 8–19; Dudinov, P.: Spisok trudov professora N. D. Uspenskogo (Verzeichnis der Arbeiten Professor N. D. Uspenskijs). Ebd. S. 20–25; Ivanov, N.: Muzykovedčeskaja dejatel'nost' professora N. D. Uspenskogo (Die musikwissenschaftliche Tätigkeit von Professor N. D. Uspenskij). Ebd. S. 26–39.
294 Uspenskij, N. D.: Drevnerusskoe pevčeskoe iskusstvo. M. 1965, 216 S.; 2. Aufl. 1971, 523 S.
Ders.: Obrazcy drevnerusskogo pevčeskogo iskusstva. Muzykal'nyj material s istoriko-teoretičeskimi kommentarijami i illjustracijami (Beispiele der altrussischen Gesangskunst. Musikalisches Material mit historisch-theoretischen Kommentaren und Illustrationen). L. 1968, 264 S.; 2. Aufl. 1971, 354 S.

Ders.: Lady russkogo Severa (Weisen des russischen Nordens). M. 1973, 134 S.

Ders.: Osnovy metodiki obučenija ispolnitel'skomu masterstvu v drevnerusskom pevčeskom iskusstve (Grundlagen der Unterrichtsmethodik zur Ausführung der altrussischen Gesangskunst). In: Masterstvo muzykanta-ispolnitelja, Bd. 1, M. 1972.

Ders.: Russkij chorovoj koncert konca XVII do pervoi poloviny XVIII vekov (Das russische Chorkonzert vom Ende des XVII. bis zur ersten Hälfte des XVIII. Jhs.). L. 1976.

295 Siehe Uržumcev, P. V.: Škola „russkogo Goara" v Leningradskoj duchovnoj akademii (Die Schule des „russischen Goar" in der Leningrader Geistlichen Akademie). In: Bogoslovskie Trudy, Bd. 4, M. 1968, S. 91–92.

Siehe Burburuz, P. (Protoierej): „Apostol'skoe Predanie" svjatogo Ippolita Rimskogo. (Proischoždenie pamjatnika i ego otnošenie k liturgiko-kanoničeskim pamjatnikam III–IV vekov) (Die „Apostolische Überlieferung" des hl. Hippolytos von Rom (Die Entstehung dieses Denkmals und sein Verhältnis zu den liturgisch-kanonischen Denkmälern des III. bis IV. Jahrhunderts). In: Bogoslovskie Trudy, Bd. 13, M. 1975, S. 181–200.

296 Über ihn: N. N.: Professor M. N. Skaballanovič i ego vklad v pravoslavnuju Bogoslovskuju nauku (Professor M. N. Skaballanovič und sein Beitrag zur orthodoxen theologischen Wissenschaft). In: ŽMP 1973, Nr. 3, S. 76–80.

297 Skaballanovič, M. N.: Tolkovyj Tipikon. Ob"jasnitel'noe izloženie Tipikona s istoričeskim vvedeniem (Kommentar zum Typikon. Erklärende Interpretation des Typikons mit historischer Einleitung). Bd. 1–3, Kiev 1910–1915.

298 Ders.: Roždestvo Presvjatoj Bogorodicy (Die Geburt der Allheiligen Gottesgebärerin). Kiev 1915, 134 S.; Vozdviženie Čestnogo Kresta (Die Erhöhung des Ehrwürdigen Kreuzes). Kiev 1915, 173 S.; Vvedenie vo chram Presvjatoj Bogorodicy (Die Einführung der Allheiligen Gottesgebärerin in den Tempel). Kiev 1916, 115 S.; Roždestvo Christovo (Die Geburt Christi). Kiev 1916, 200 S.; Pjatidesjatnica (Pfingsten). Kiev 1916, 188 S.; Uspenie Presvjatoj Bogorodicy (Das Entschlafen der Allheiligen Gottesgebärerin). Kiev 1916, 114 S. – Andere Arbeiten Skaballanovič's waren der Liturgiegeschichte, der Domatik und der Bibelexegese gewidmet. (Siehe über seine Arbeiten in: ŽMP 1973, Nr. 3, S. 79–80).

299 Über ihn siehe den Artikel seines Nachfolgers (seit 1912) N. V. Malickij: N. V. Pokrovskij. In: Christianskoe Čtenie 1917, Nr. 3–6, S. 217 ff.

300 Pokrovskij, N. V.: Želatel'naja postanovka cerkovnoj archeologii v duchovnych akademijach (Die wünschenswerte Stellung der kirchlichen Archäologie an den Geistlichen Akademien). In: Christianskoe Čtenie 1906, Nr. 3, S. 346.

301 Ders.: Evangelie v pamjatnikach ikonografii, preimuščestvenno vizantijskich i russkich (Das Evangelium in ikonographischen, vornehmlich byzantinischen und russischen Denkmälern). SPb. 1892, XIII + 496 S. (226 Zeichn. im Text und 12 Tabellen).

302 Ders.: Sijskij ikonopisnyj podlinnik (Das Musterbuch der Ikonenmalerei aus dem Sijskij-Kloster). Bd. 1–4 (Pamjatniki drevnej pis'mennosti i iskusstva, Bd. 106, 113, 122, 126), SPb. 1895–1898, insges. X + 237 S.
303 Ders.: Proischoždenie drevnechristianskoj baziliki. Cerkovno-archeologičeskoe issledovanie (Der Ursprung der altchristlichen Basilika. Eine Abhandlung zur kirchlichen Archäologie). SPb. 1880 (Magisterarbeit); Pamjatniki christianskoj architektury, osobenno vizantijskie i russkie (Denkmäler der christlichen Architektur, vor allem byzantinische und russische). SPb. 1904.
Ders.: Bračnye vency i carskie korony. Istorija formy bračnych vencov i ich simvoličeskoe značenie (Hochzeitskronen und Zarenkronen. Die Geschichte der Form der Hochzeitskronen und ihre symbolische Bedeutung). SPb. 1842; Čin koronovanija gosudarej v ego istorii (Der Ritus der Herrscherkrönung in seiner geschichtlichen Entwicklung). In: Cerkovnyj Vestnik 1883, Nr. 19–21.

VII. Kapitel: Kirchliche Kunst und sakrale Baukunst

1 Uspenskij, L.: Bogoslovie ikonopočitanija v posleikonoborčeskij period (Die Theologie der Ikonenverehrung in der postikonoklastischen Periode). In: Messager de l'Exarchat du Patriarche russe en Europe Occidentale. Nr. 57 (1967), S. 48.
2 Ausführlich zur Ikonostase s. Florenskij, P.: Ikonostas. In: Bogoslovskie Trudy, vyp. 9.
3 Pokovskij, N. V.: Cerkovnaja archeologija v svjazi s istorieju christianskogo iskusstva (Die kirchliche Quellenkunde in Verbindung mit der Geschichte der christlichen Kunst). Petrograd 1916, S. 16: „Da die ersten Nachfolger Jesu Christi Fischer waren, so wendet sich der Heiland gemäß ihrem Stand an sie als Fänger der Menschen. Ein andermal vergleicht er das Himmelreich mit einem Netz, das mit verschiedenartigen Fischen gefüllt ist (Mt. 13,47–48; 1,17; Lk. 5,10); an einer dritten Stelle zieht er eine Parallele zwischen den Himmelsgaben und dem Fisch (Mt 7,9–11). Das erklärt die Einführung des Fisches in den Kreis der Symbole der bildenden Kunst."
4 Die von einigen Forschern des 19. Jh. geäußerte Hypothese vom Einfluß der ägyptisch-koptischen Tradition auf die hohe russische Ikonostase findet heute keine Anhänger mehr. Vgl. Porfirij, Episkop (Uspenskij): Pervoe putešestvie v Afonskie monastyri i skity v 1845 g. (Erste Reise zu den Athos-Klöstern und -Sketen). Č. I. Kiev 1877, S. 194.
5 Später, nicht früher als um die Mitte des 17. Jh., begann man in Übereinstimmung mit der griechischen Tradition die Festikonen unter der Deesis anzubringen. Praktische Bedeutung hatte dies nicht, da die Ikonen dieser Reihe nicht als Analoion-Ikonen verwendet wurden; zudem störte diese Umplazierung die innere Konsequenz der Ikonostase-Reihen.

6 Soweit genügend Raum verfügbar ist, wird die Zahl der Festikonen vergrößert; dies geschieht dann hauptsächlich durch die Ikonen der „Beschneidung", des „Karzyklus" (der „Judaskuß", das „Gericht des Pilatus", das „Kreuztragen", die „Kreuzabnahme" und die „Grablegung") und des „Osterzyklus" (die „Myrrhenträgerinnen am Grab", die „Bekehrung des Thomas"). Die „Auferstehung" wird in der Orthodoxen Kirche als „Höllenfahrt" dargestellt. Diese Darstellung gründet sich auf die liturgischen Texte und das Nikodemos-Evangelium, das nicht zu den kanonischen Evangelien gehört, von der Kirche jedoch als historisches Zeugnis akzeptiert wird.

7 Ausführlicher zur liturgischen Bedeutung der Ikonostase s. Uspenskij, L.: Vopros Ikonostasa (Die Frage der Ikonostase). S. 240 f., 245–249.

8 In der Novgoroder Tradition des 15./16. Jh. wird die Eucharistie unmittelbar auf der Königstür selbst dargestellt.

9 Ikonen dieser Künstler sind nicht erhalten, da die Zahl der vor dem tataromongolischen Einfall in den verschiedenen Kunstzentren der Rus' gemalten Ikonen, die auf uns gekommen ist, unter dreißig liegt. Außerdem sind diese Ikonen, wie es der alten orthodoxen Tradition entspricht, nicht signiert. Man nimmt jedoch an, daß eine Ikone aus dem Anfang des 12. Jh., die „Gottesmutter Große Panhagia", die sich in der staatlichen Tre'jakov-Galerie in Moskau befindet, vom hl. Alipij gemalt ist.

10 In der Russischen Orthodoxen Kirche gibt es neben den in der ganzen Kirche verehrten Heiligen lokal verehrte Heilige, deren Gedächtnis in einem bestimmten Gebiet, Dorf, Kloster oder Kirche gefeiert wird. Andrej Rublev wurde lokal im Moskauer Erlöser-Andronikov-Kloster, dessen Mönch er gewesen war, verehrt, wo heute das Ikonenmuseum untergebracht ist.

11 Der Ikonenmalerei ist das 43. Kapitel der „Hundert-Kapitel-Synode" gewidmet. Stoglav. Izd. 2. Kazan' 1887. S. 97–100.

12 „Ikonostas". In: Bogoslovskie Trudy. Sb. 9. M. 1972. S. 109.

13 Den Gesamtkatalog aller aus vormongolischer Zeit erhaltener Ikonen und die vollständige Bibliographie der Arbeiten der russischen Ikonenmalerei dieser Zeit s. Korina, O. A.: Živopis' domongol'skoj Rusi. Katalog vystavki (Die Malerei der vormongolischen Rus'. Ausstellungskatalog). M. 1974.

14 Befindet sich in der Tret'jakov-Galerie in Moskau. Die kirchliche Überlieferung schreibt sie dem Evangelisten Lukas zu. Die oberste Farbschicht wird von den Kunstwissenschaftlern ins 12. Jh. datiert.

15 Der Ikonenmalerei von Rostov-Suzdal' und Moskau, wie auch den übrigen Kunstschulen der alten Rus', ist eine große Anzahl von Arbeiten gewidmet. Hier und im weiteren führen wir die letzten verallgemeinernden Ausgaben an, die Ikonen und Grundbibliographien:
Rozanova, N. V.: Rostovo-Suzdal'skaja živopis' 12.–14. vv. (Die Malerei von Rostov-Suzdal' des 12. bis 14. Jh.). M. 1970; Lazarev, V. N.: Moskovskaja škola živopisi (Die Moskauer Malereischule). M. 1971.

16 Lazarev, V. N.: Novgorodskaja ikonopis' (Die Novgoroder Ikonenmalerei). M. 1969.
17 Reformatskaja, M. A.: Servernye pis'ma (Malschulen des Nordens). M. 1968.
18 Ovčinnikov, A. N.; Kišilov, N. B.: Živopis' drevnego Pskova 12.–16. vv. (Die Malerei des alten Pskov vom 12. bis 16. Jh.). M. 1971.
19 Eliseeva, L. M.; Kočetkov, I. A.; Sergeev, V. N.: Živopis' drevnej Tveri (Die Malerei des alten Tver'). M. 1974.
20 Lazarev, V. N.: Feofan Grek i ego škola (Feofan Grek und seine Schule). M. 1961.
21 Beide Ikonen befinden sich in der Tret'jakov-Galerie. Zum theologischen Gehalt der Ikonenmalerei der Zeit Feofan Greks und Andrej Rublevs s. Uspenskij, L.: Isichazm i rascvet russkogo iskusstva (Der Hesychasmus und das Aufblühen der russischen Kunst). In: Messager de l'Exarchat du Patriarche russe en Europe Occidentale. Nr. 60 (1967).
22 Die jüngste Andrej Rublev-Monographie enthält eine umfangreiche Bibliographie: Plugin, V. A.: Mirovozzrenie Andreja Rubleva (Die Weltanschauung Andrej Rublevs). Izd.-vo Mosk. un-ta 1974.
23 Zu den Wandmalereien s. unten. Aus der Entschlafen-Kathedrale wurde die Ikonostase später in die Kirche des Dorfes Vasil'evo im Gouvernement Vladimir überführt. Heute befindet sie sich in der Tret'jakov-Galerie und im Staatlichen Russischen Museum.
24 Die Ikone „Dreieinigkeit" ist ständig in der Tret'jakov-Galerie ausgestellt. In der Lokalreihe der Dreieinigkeits-Kathedrale ist sie durch eine in den vierziger Jahren von dem Ikonenmaler I. A. Baranov angefertigte Kopie ersetzt.
25 Rublev ist im Moskauer Erlöser-Andronikov-Kloster beigesetzt. Seit 1947 befindet sich hier das Andrej Rublev-Museum altrussischer Kunst, ein bedeutendes Zentrum für die Erforschung, Restauration und Sammlung russischer Ikonen.
26 Diese Worte stammen von Iosif Volokolamskij (1440–1515).
27 Befindet sich in Moskau im Andrej Rublev-Museum altrussischer Kunst.
28 Die 1467 gemalten Fresken sind nicht erhalten, weil die Hauptkirche des Pafnutij-Klosters im 16. Jh. neu errichtet wurde. Bei Grabungen in den siebziger Jahren wurden im Kloster Steinblöcke gefunden, auf denen sich Freskenmalerei fand, darunter auch eine sehr schöne Halbfigur-Darstellung eines unbekannten Märtyrers, die sich jetzt im Andrej Rublev-Museum befindet.
29 Die Fresken wurden im 17. Jh. bei dem Bau der neuen Hauptkirche zerstört. Die erwähnte „Dreieinigkeitsikone" des Mönches Paisij sowie die gegenwärtig sich in Restauration befindliche Ikone des Dionisij „Gottesmutter Hodigitria" und „Einzug des Herrn in Jerusalem" gehören dem Andrej Rublev-Museum altrussischer Kunst in Moskau. Die Zugehörigkeit der Ikonen wird durch das Klosterinventar aus dem Jahre 1545 festgestellt.

30 Sicher von Dionisij stammende Ikonen aber auch ihm zugeschriebene Werke finden sich in der Tret'jakov-Galerie, dem Staatlichen Russischen Museum, im Moskauer Kreml', im Museum von Vologda und im Andrej Rublev-Museum altrussischer Kunst.

31 Genaueres zu dieser Richtung der Malerei s. Uspenskij, L.: Iskusstva 17. v. – Rassloenie i otchod ot pravoslavnogo obraza (Die Künste des 17. Jh. – Aufspaltung und Abkehr vom orthodoxen Konzept). In: Messager de l'Exarchat du Patriarche russe en Europe Occidentale. Nr. 73–74 (1971); Uspenskij, L.: Puti iskusstva „živopisnogo" napravlenija v sinodal'nyj period Russkoj Cerkvi (Wege der Kunst der „malerischen" Richtung in der synodalen Periode der Russischen Orthodoxen Kirche). Ebd. Nr. 85/88 (1974).

32 Die späte Ikonenmalerei der Klöster und Bauern ist bisher kaum erforscht. Ein bedeutendes Zentrum der traditionellen Ikonenmalerei war im 18./19. Jh. das Entschlafen-Kloster in Tichvin. Zur Ikonenmalerei der Bauern, der sich einzelne Meister oder ganze Dörfer widmeten, s. Koroljuk, V. D.: Russkaja krest'janskaja ikonopis' (Tradicija i razvitie) (Die Ikonenmalerei der russischen Bauern [Tradition und Entwicklung]).

33 Grundlegende Monographien: Svirin, A. N.: Drevnerusskoe šit'e. (Altrussische Stickerei). M. 1963; Majasova, N. A.: Drevnerusskoe šit'e. M. 1971.

34 Befindet sich im Museum von Suzdal'.

35 Pomerancev, N. N.: Russkaja derevjannaja skul'ptura (Die russische Holzskulptur). M. 1967.

36 Zur klassischen Periode der Monumentalformen der Hofkunst der alten Rus' und zur Bibliographie des Gegenstandes s. Lazarev, V. I.: Drevnerusskie mozaiki i freski 11.–15. vv. (Altrussische Mosaiken und Fresken des 11. bis 15. Jh.). M. 1973.

37 Postnikova, M. M.; Mišukov, F. Ja.: Izdelija iz dragocennych metallov (Edelmetallerzeugnisse). In: Russkoe dekorativnoe iskusstvo. Ot drevnejšego perioda do 18. v. T. I. M. 1962. S. 337–340.

38 Ebd. S. 348–354.

39 Postnikova-Loseva, M. M.: Prikladnoe iskusstvo 16./17. vv. (Angewandte Kunst des 16./17. Jh.). In: Istorija russkogo iskusstva. T. IV. M. 1959. S. 558–559.

40 Nikolaeva, T. V.: Oklad s ikony „Troica" Andreja Rubleva (Die Verkleidung der Ikone „Dreieinigkeit" des Andrej Rublev). In: Soobščenija Zagorskogo gosudarstvennogo istoriko-chudožestvennogo muzeja-zapovednika. 2. Zagorsk 1958. S. 31–38.

41 Troickij, N. I.: Krest Christov – Drevo žizni (Das Kreuz Christi – Der Baum des Lebens). In: Svetil'nik. Nr. 3 (1914). S. 3–29.

42 Florenskij, P. A.; Olsuf'ev, Ju. A.: Amvrosij, Troickij rezčik 15. v. (Amvrosij, ein Schnitzer des Troickij-Sergiev-Klosters des 15. Jh.). Sergiev 1927. S. 30.

43 Kondakov, N. P.: Istorija vizantijskoj emali (Geschichte des byzantinischen Emails). SPb. 1889–1892. S. 93.

44 Kondakov, N. P.: Russkie klady (Russische Schatzfunde). T. I. SPb. 1896. S. 257.
45 Ryndina, A. B.: Vlijanie tvorčestva Andreja Rubleva na drevnerusskuju melkuju plastiku 15–16 vv. Vetchozavetnaja Troica (Der Einfluß des Schaffens Andrej Rublevs auf die altrussische Kleinplastik des 15.–16. Jh. Die alttestamentarische Dreieinigkeit). In: Drevnerusskoe iskusstvo 15-nač. 16 vv. M. 1963. S. 119–132.
46 Trubeckoj, E. N.: Umozrenie v kraskach (Geistige Schau in Farben). M. 1915. Neudruck in: Trubeckoj, E. N.: Tri očerka o russkoj ikone (Drei Aufsätze zur russischen Ikone). Paris 1965.
47 Pokrovskij, N. V.: Riznica Sofijskogo sobora v Novgorode (Die Sakristei der Sophien-Kathedrale von Novgorod). In: Trudy 15 archeologičeskogo s-ezda.
48 Istorija russkogo iskusstva (Geschichte der russischen Kunst). T. VII. M. 1961. S. 410.
49 Grabar', I. E. (Hrsg.): Istorija russkogo iskusstva T. I. M. 1904. S. 4.
50 Darauf wies am Anfang der Erforschung der russischen Architekturgeschichte schon V. le Duc hin, auch L. V. Dal' widmete dem große Aufmerksamkeit. In „Formen der Eigenständigkeiten altrussischer Architektur" ging I. E. Zabelin darauf ein. Vieles haben auch Sultanov, Novickij und Nikol'skij erforscht. In neuerer Zeit waren die Arbeiten von Suchov, Maksimov, Brunov und Voronin richtungweisend.
51 N P L M.-L. 1950, S. 151.
52 N P L S, 475, P S R L, Bd. 7, Spb. 1886. S. 240.
53 P S R L: Ipat'ev-Chronik. SPb. 1871. S. 106. Krestal'skij, M.; Aseev, J. In: Neue Forschungsergebnisse der Architektur der Sophienkathedrale. In: „Novi dosliždenija architekturi Sofiis'kogo soboru" – Samml. Archit. i budivn. Nr. 1 (13). Kiiv 1955. S. 27–29.
54 Vgl. über die Heilige Sophia in Polock und die Kathedrale zu Ehren des Erzengels Michael in: N P L. S. 476; P S R L, Bd. 9. SPb. 1862. S. 141.
55 Die Bezeichnung „Trommel", wie oft in der Literatur erwähnt, ist in der schriftlichen Überlieferung nicht nachweisbar und deshalb unrichtig. Vgl. „kormčaja kniga": „Erklärungen zur Apostelkathedrale...". In der Spezialliteratur wird für „Brust" stets „Segel" genannt.
56 Zabelin, I. E.: Züge der Selbständigkeit altrussischer Baukunst. M. 1900. S. 82.
57 Sehr eindringlich ist dieses aus der Miniatur „Kirche der Synaxis der Heiligen Apostel" zu ersehen. Die Darstellung der siebenhäuptigen Kirche kann unter drei Aspekten betrachtet werden: Als siebenhäuptiger Bau mit fünf nebeneinander stehenden Hauptkuppeln und zwei Kuppeln über Nebenaltären davor, als neunhäuptige Kirche, wenn wir vier Seitenaltäre annehmen, zwei vorne und zwei hinten, und als dreizehnhäuptige Kathedrale, wenn wir die Darstellung lediglich als Fassadenbild verstehen. Das letztere ist sehr wahrscheinlich die beste Interpretation, verglichen mit der Bezeichnung der Miniatur.

Anmerkungen zu Kapitel VII

58 Die Kathedrale wird zu Unrecht Mariä-Schutz-und-Fürbitt-Kathedrale oder auch Basilios-Kathedrale genannt. In den historischen Dokumenten des 16./17. Jh. finden wir ausschließlich die Bezeichnung „Trinitätskathedrale". Vgl. hierzu: Kudrijavcev, M. P.: Probleme der Farben bei der Restauration von Architekturdenkmälern. M. 1947. S. 78. (Im folgenden Text wird diese Kathedrale stets mit ihrem richtigen Namen erwähnt werden).
59 Mokeev, G. J.: Die vielhäuptigen Kirchen der Alten Rus'. In: Das Architekturerbe. Nr. 26. M. 1977. S. 26.
60 Zabelin, I. E.: a.a.O. S. 89.
61 Dieser Frage widmete Erzbischof Sergij (P. A. Golubcov) ein Referat, in welchem die Symbolik der 1, 2, 3, 5, 7, 9 und 13 Häupter untersucht und gedeutet wurde.
62 Der hl. Andreas von Caesarea: Apokalypse. SPb. 1919. S. 52–53.
63 Der Bezeichnung „Stirn" begegnen wir zum Beispiel in den Annalen von Pskov: P L Z. Teil 2. M.–L. 1955. Für das Jahr 1467 (S. 163), für das Jahr 1470 (S. 170), für das Jahr 1615 (S. 279), für 1467: „Sie fertigten die Stirn der Heiligen Dreieinigkeits-Kathedrale in Eisen..."
64 Dmitrievskij, I.: Historische, dogmatische und sakramentale Deutung der Göttlichen Liturgie. SPb. 1897. S. 168.
65 In: Urkunden des Moskauer Reiches. Red.: D. J. Samokvasov. Bd. 3: Razrjadnyj prikaz. Moskovskij stol. 1660–1664. SPb. 1901. S. 332, 560.
66 Die Wahrheit über die Religion in Rußland. M. 1942. S. 58. Das Chanat Kazan' wurde 1552 von Ivan (IV.) dem Schrecklichen erobert und einbezogen.

Allgemeine Anmerkung: Die Zeichnungen wurden nach Vorlagen in Arbeiten und Veröffentlichungen des Autors im Journal „Das Architekturerbe", Nr. 24, M. 1976 gefertigt.

2. Verzeichnis der Abkürzungen

BV	– Bogoslovskij Vestnik.
BT	– Bogoslovskie Trudy.
VV	– Vizantijskij vremennik.
VDI	– Vestnik drevnej istorii.
VZERPĖ	– Vestnik Zapadno-Evropejskogo Patriaršego Ėkzarchata.
VI	– Voprosy istorii.
VMČ	– Velikie Minei Čet'i, izd. Archeografičeskoj Komissii.
GATOT	– Tobol'skij filial Gosudarstvennogo archiva Tjumenskoj oblasti.
GBL	– Gosudarstvennaja biblioteka SSSR im. V. I. Lenina.
GIM	– Gosudarstvennyj Istoričeskij Muzej.
DČ	– Dušepoleznoe čtenie.
ŽMNP	– Žurnal Ministerstva narodnogo prosveščenija.
ŽMP	– Žurnal Moskovskoj Patriarchii.
ZPNIB	– Zapiski Russkogo naučnogo instituta v Belgrade.
IORJaS	– Izvestija Otdelenija russkogo jazyka i slovesnosti.
LZAK	– Letopis' zanjatij Archeografičeskoj komissii.
PDPI	– Pamjatniki drevnej pis'mennosti i iskusstva.
PrTSO	– Pribavlenija k tvorenijam svjatych otcov.
PS	– Pravoslavnyj sobesednik.
PSRL	– Polnoe sobranie russkich letopisej.
RIB	– Russkaja istoričeskaja biblioteka.
SORJaS	– Sbornik otdelenija russkogo jazyka i slovesnosti Akademii nauk.
TKDA	– Trudy Kievskoj duchovnoj akademii.
TODRL	– Trudy otdela Drevnerusskoj literatury Instituta russkoj literatury (Puškinskogo doma) AN SSSR.
UZLPI	– Učenye zapiski Leningradskogo pedagogičeskogo instituta im. A. I. Gercena.
CGADA	– Central'nyj Gosudarstvennyj archiv drevnich aktov.
ČOIDR	– Čtenija v obščestve istorii i drevnostej Rossijskich pri Moskovskom universitete.
ČOLDP	– Čtenija v Obščestve ljubitelej duchovnogo prosveščenija.

3. Zeittafel

1100 Jahre Rußland und Europa
aus: Das Heilige Rußland (1000 Jahre Russisch-Orthodoxe Kirche)
Herder Verlag. 1987

	Russische Geschichte	Russische Religion und Kunst	Europäische Geschichte
862	Gründung des ältesten bekannten russischen Staates durch die Normannen unter Rjurik in Novgorod („Varäger"). Entstehung der Rjurikiden-Dynastie (bis 1598)	863 Kyrillos und Methodios begründen mit Billigung Roms eine von der römisch-katholischen Kirche unabhängige Kirchenorganisation. Entstehung der slawischen Schrift.	seit 864 Christianisierung der Bulgaren, wenig später auch der Serben durch Byzanz
879	879–912 Oleg. Beginn der Vereinigung einzelner Varägerherrschaften. Entstehung des Reiches von Kiev		879 König Ludwig III. von Frankreich besiegt die Normannen
			884–887 Letzte Vereinigung des Frankenreiches unter Karl III.
911	911 Oleg schließt Handelsvertrag mit Byzanz. Befreiung aller ostslawischen Stämme von der chazarischen Tributherrschaft		911 Mit der Königswahl Konrads I. von Franken Ende der Karolingerherrschaft im Ostfrankenreich. Seßhaftwerdung der Normannen in der „Normandie"
912	912–945 Ausbau des Handels mit Byzanz		912 Ernennung des 8jährigen Konstantin VII. zum Kaiser von Byzanz
			933 Sieg Heinrichs I., des ersten deutschen Königs aus sächsischem Haus, über die Ungarn an der Unstrut
			936 Regierungsantritt König Ottos des Großen
945	945–960 Regentschaft Olgas		
			955 Endgültiger Sieg Ottos des Großen über die Ungarn auf dem Lechfeld
		961 Ankunft des Missionsbischofs Adalbert in Kiev	
962	962–972 Fürst Svjatoslav I. Endgültige Vernichtung des Donaubulgarischen Reiches und weitere Schwächung der chazarischen und wolgabulgarischen Herrschaft 972 Eroberung des Ostbulgarischen Reiches durch Byzanz und Verdrängung der Rjurikiden aus dem Balkan. Slawisierung der Varäger. Einströmen christlicher Einflüsse aus Byzanz und den Küstenstädten des Schwarzen Meeres		962 Kaiserkrönung Ottos des Großen durch Papst Johannes XII.
978	978–1018 Großfürst Vladimir I. (der Heilige)		

Russische Geschichte	Russische Religion und Kunst	Europäische Geschichte
980 Sieg Vladimirs im Erbstreit gegen seine Brüder mit Varägischer Unterstützung. Ernennung zum Herrscher des Fürstentums Kiev		
		987 Ende der Karolingerherrschaft im Westfrankenreich; Hugo Capet wird König
988 988 Übertritt Vladimirs zun. christlichen Glauben. Aufnahme Rußlands in die Gemeinschaft der christlichen Völker. Unterstellung der Kirche und ihrer Organisation unter das Patriarchat von Konstantinopel. Übernahme der slawischen Liturgie- und Kirchensprache. Bau von Kathedralen und Kirchen. Kiev wird zum Zentrum Rußlands	989 Errichtung der ersten (hölzernen) Sophienkathedrale in Novgorod und der Zehntkirche in Kiev	
1015	1015 Ermordung von Boris und Gleb auf Weisung ihres Bruders Svjatopolk	
1019 1019–1054 Großfürst Jaroslav I. (der Weise). Gründung von Städten. Entstehung der Gesetzessammlung „Russisches Recht". Beginn der russischen Geschichtsschreibung		
1033 1033 Verbündete Deutsche und Russen besiegen den polnischen König Mieczyslaw II.	1037–1057 Errichtung der Sophienkathedrale in Kiev	1033 Kaiser Konrad II. vereinigt das Königreich Burgund mit dem Reich. Als Folge davon ruht das Kaisertum auf den drei Säulen Deutsches Reich, Italien und Burgund
		um 1040 Nach der Vertreibung der Araber vom süditalienischen Festland werden französische Normannen in Unteritalien seßhaft
	1045–1050 Errichtung der Sophienkathedrale in Novgorod	
		1046 Synode von Sutri. Die bisher auf den klösterlichen Bereich beschränkten Reformbewegungen (Cluny, Lothringen) setzen sich mit Unterstützung Kaiser Heinrichs III. in Rom durch
1051	1051 Ilarion wird gegen byzantinischen Wunsch erster Metropolit russischer Herkunft in Kiev. Entstehung des Kiever Höhlenklosters.	
1054 1054 Aufteilung des Reiches unter die fünf Söhne Jaroslavs I. Bruderkriege um die Erbfolge auf dem Kiever Fürstenstuhl. Spaltung in orthodoxe und römisch-katholische Kirche.		1054 Nach dem Tod Leos IX. Schisma zwischen Rom und der Ostkirche
		1066 Herzog Wilhelm von der Normandie wird englischer König

Zeittafel

Russische Geschichte	Russische Religion und Kunst	Europäische Geschichte
1074	1074 Tod des Feodosij von Kiev	
1076	1076–1089 Ioann II. Metropolit von Kiev	1076 Ausbruch des Investiturstreits zwischen dem deutschen König Heinrich IV. und Papst Gregor VII. 1077 Absolution König Heinrichs IV. vom Bann Papst Gregors VII. durch den Bußgang nach Canossa 1085 Tod Papst Gregors VII.
1097 1097 Neuordnung des Gesamtreiches. Die Teilgebiete werden den einzelnen Linien des Rjurikidenhauses als erblicher Besitz zugeordnet („Votčina"). Beschleunigung der Auflösungstendenz des Russischen Reiches. Kriege zwischen den verschiedenen Zweigen der Rjurikiden-Dynastie		
1099		1099 Abschluß des 1. Kreuzzugs, zu dem Papst Urban II. aufgerufen hatte, durch die Eroberung Jerusalems
1104	1104–1121 Nikifor Metropolit in Kiev	
		1106 Tod Heinrichs IV.
1113 1113–1125 Großfürst Vladimir II. (Monomach). Letzte Vormachtstellung des Kiever Fürstenhauses. Weitgespannte Familienpolitik mit Schweden, Ungarn und Byzanz. Verlagerung des politischen Gewichts auf die Seite der Fürstentümer und Stadtstaaten des Rjurikidenhauses. Fortdauer des Kampfes um Kiev unter den einzelnen Stämmen der Rjurikiden-Dynastie	1113 Baubeginn an der Nikolauskirche in Novgorod	
1122		1122 Das Wormser Konkordat beendet den Investiturstreit in Deutschland
1125 1125–1132 Großfürst Mstislav I. (der Große)		
1130	1130–1145 Übernahme der Metropolie durch Michael I.	
1147 1147 Erste Erwähnung Moskaus	1147 Nach Sedisvakanz Einsetzung des Mönches Klim als Metropolit	1147–1149 2. Kreuzzug, initiiert von Bernhard von Clairvaux, geführt vom deutschen König, dem Staufer Konrad III., und König Ludwig VII. von Frankreich
1149 1149–1157 Großfürst Jurij Dolgorukij		
		1152 Regierungsantritt des Staufers Friedrichs I. Barbarossa 1154 Herrschaftsbeginn des Hauses Plantagenet in England mit Heinrich II.

Russische Geschichte	Russische Religion und Kunst	Europäische Geschichte
1156	1156 Konstantin I. wird Oberhaupt der russischen Kirche	
	1165 Erhebung Novgorods zum Erzbistum	
1169 1169 Plünderung Kievs und Ermordung des Großfürsten durch Andrej Bogoljubski, einem Sohn Jurij Dolgorukijs		
1175 1175 Ermordung Bogoljubskis 1175–1212 Großfürst Vsevolod		
		1180 Sturz Herzog Heinrichs des Löwen, Aufteilung seiner Lehen. Tod des Kaisers Manuel von Byzanz. Wenig später werden Serbien und Bulgarien vom Byzantinischen Reich unabhängig.
1183	1183–1201 Nikifor III. Inhaber des Metropolitenstuhles	
1189		1189 3. Kreuzzug unter Kaiser Friedrich I., König Philipp II. von Frankreich und König Richard I. („Löwenherz") von England
	1195 Erlöserkirche von Novgorod. Kathedrale von Vladimir	
1197		1197 Tod Kaiser Heinrichs VI., der durch Heirat das sizilisch-unteritalienische Normannenreich für das Reich erwarb. Ausbruch des deutschen Thronstreits
1204		1204 Die Kreuzfahrer des 4. Kreuzzugs erobern Konstantinopel und errichten das Lateinische Kaiserreich
1206 1206 Unterwerfung der Tataren durch Dschingis Khan. Wahl zum Herrscher aller Mongolen. Beginn der Unterwerfung südsibirischer Stämme und Chinas		
		1214 Sieg König Philipps II. von Frankreich bei Bouvines
		1215 Magna Charta in England
1218 1218–1238 Großfürst Jurij II.		
		1220 Privileg Kaiser Friedrichs II zugunsten der geistlichen Fürsten
1222	1222–1225 Mariä-Geburt-Kathedrale in Suzdal	
1223 Einfall Dschingis Khans in der südrussischen Steppe		
		1226 Begründung des Ordensstaates in Preußen
1227 Erfolgloser Angriff der Mongolen auf die Wolgabulgaren Tod von Dschingis Khan		
1229		1229 Ende der zwanzigjährigen Albigenserkriege in Frankreich
		1232 Privileg Kaiser Friedrichs I. zugunsten der weltlichen Fürsten
1238 1238–1246 Großfürst Jaroslav		

Zeittafel

Russische Geschichte	Russische Religion und Kunst	Europäische Geschichte
1240 1240 Eroberung Kievs und vollständige Unterwerfung Rußlands. Einbruch der Mongolen in Ungarn, Polen und Schlesien. Ausbeutung der agrarischen und finanziellen Kräfte Rußlands. Treueeid der Rjurikiden. Dynastie und Erbfolgeordnung der Rjurikiden bleiben bestehen. Folgen der Mongolenherrschaft sind wirtschaftlicher und kultureller Niedergang und Abbruch der Beziehungen zum Westen. Herrschaft der „Goldenen Horde"	1240 Zerstörung aller Klöster, Ikonen und der Zehntkirche durch die Tataren	
1242 1242 Sieg eines Novgoroder und Pleskauer Heeres unter dem Fürst Aleksandr Nevskij über die vordringenden Schweden und Deutschen (Orden der Schwertritter) auf dem zugefrorenen Peipussee. Sicherung des mongolischen Herrschaftsanspruchs und Verhinderung der Katholisierung Rußlands. Ergebnis ist die Abgrenzung zwischen abendländischer und russisch-orthodoxer Welt	1242–1281 Kyrill II. Metropolit von Kiev	
		1250 Tod Kaiser Friedrichs II.
1252 1252–1263 Großfürst Aleksandr Nevskij		
		1260–1328 Meister Eckhart 1261 Ende des lateinischen Kaiserreichs in Konstantinopel
1263 1263 Vladimir erwächst zum Zentrum des russischen Reiches. Machtanspruch der Teilfürsten. Moskau wird zum Fürstentum		
		1265–1321 Dante Alighieri 1273 Wahl Rudolfs von Habsburg zum deutschen König 1282 „Sizilianische Vesper"
1283	1283–1305 Metropolit Maksim. Verlegung des Metropolitensitzes nach Vladimir	
		1291 Tod König Rudolfs von Habsburg. Beginn der Schweizer Eidgenossenschaft. Fall Akkons, der letzten christlichen Festung im Heiligen Land 1309 Beginn der Residenz der Päpste in Avignon 1313–1375 Giovanni Boccaccio
1314 1323 Erbauung der Festung Schlüsselburg zur Abwehr der Schweden	1314–1392 Sergij von Radonež	
1325 1325–1340 Großfürst Ivan I. Kalita	1325 Wechsel der Metropolie nach Moskau. Baubeginn an der „Erlöserkirche im Walde"	

Russische Geschichte	Russische Religion und Kunst	Europäische Geschichte
1328 1328 Verlegung der Residenz des Metropoliten nach Moskau. Kämpfe zwischen dem Fürstentum Tver und dem Fürstentum Moskau		1328 Ende des kapetingischen Hauses in Frankreich, Regierungsantritt der Valois
1339		1339 Beginn des Hundertjährigen Krieges zwischen England und Frankreich
1340–1359 Großfürst Ivan II. 1354	1354–1378 Metropolit Aleksj	1356 Goldene Bulle Kaiser Karls IV.
1359 1359–1389 Großfürst Dmitrij Ivanovič (Donskoij), Expansion des Fürstentums Moskau. Moskau wird zum unbestrittenen Zentrum des Großrussischen Reiches		
1370 1370 Belagerung Moskaus durch die Mongolen		
1378		1378 Ausbruch des Schismas zwischen Rom und Avignon. Byzanz osmanischer Vasallenstaat
1380 1380 Schlacht auf dem Kulikover Feld. Erschütterung der mongolischen Herrschaft		
1389 1389–1425 Großfürst Vasilij I. 1393 Absplitterung neuer Khanate		
		1397 Kalmarer Union: Vereinigung der drei Königreiche Dänemark, Norwegen und Schweden 1399 Rücktritt des letzten Plantagenets, Richard II.; der Lancaster Heinrich IV. wird englischer König
1405	1405 Tod von Feofan Grek	
1408	1408 Wandmalereien Rubljevs in der Mariä-Entschlafen-Kathedrale in Vladimir	
		1409 Konzil von Pisa 1410 Sieg der vereinigten Polen und Litauer über das Heer des Deutschen Ordens bei Tannenberg
1414	1414 Gründung einer zweiten russischen Metropolie in Kiev	1414–1418 Konzil von Konstanz
		1431–1449 Konzil von Basel. Suspendierung von Papst Eugen IV.
1433 1433–1462 Großfürst Vasilij II. 1436 Vasiljevič	1436 Glockenturm in Novgorod 1436–1441 Isidoros, letzter Grieche auf dem Metropolitenstuhl 1437 Versuch der Wiedervereinigung der morgenländischen und der römisch-katholischen Kirche durch Nikolaus von Kues	

Zeittafel

Russische Geschichte	Russische Religion und Kunst	Europäische Geschichte
1439 1439 Kirchenunion in Florenz zwischen byzantinischer und römischer Kirche Moskau wird zum Zentrum der Orthodoxie		
1453		1440–1493 Kaiser Friedrich III. von Habsburg 1453 Ende des Hundertjährigen Krieges. Osmanische Eroberung Konstantinopels. Ende des byzantinischen Reiches 1461–1483 König Ludwig XI. von Frankreich
1462 1462–1505 Ivan III. Erster „Zar von ganz Rußland"		
1472 Ivan III. heiratet Zoë (Sophia), die Nichte des letzten byzantinischen Kaisers		1466 (69)–1536 Erasmus von Rotterdam
1475	1475 Mariä-Entschlafen-Kathedrale in Moskau als erste Station des spezifisch russischen Kirchenbaus	1474–1504 Königin Isabella von Kastilien
		1477 Tod Herzog Karls des Kühnen von Burgund. Maximilian von Habsburg erwirbt das burgundische Erbe
1478 Unterwerfung Novgorods durch Ivan III. Entwicklung Rußlands aus einem System von Teilfürstentümern zum nationalen Einheitsstaat		
		1479–1516 König Ferdinand der Katholische von Aragón: Vereinigung von Kastilien und Aragón zum Königreich Spanien
1480 1480 Endgültige Abschüttelung des Tatarenjochs		1481–1495 König Johann II. von Portugal
	1482 Ikone der „Gottesmutter Odigitrija" von Dionisij	
1484	1484 Baubeginn an der Mariä-Verkündigungs-Kathedrale in Moskau	1483–1546 Martin Luther 1484–1531 Ulrich Zwingli
		1485–1509 König Heinrich VII. von England. Beginn der Tudor-Dynastie 1492 Entdeckung Amerikas durch Kolumbus 1493–1519 Kaiser Maximilian I. 1495 Reichstag von Worms (Reichslandfriede)
1497 1497 Gesetzbuch (Sudebnik) Ivans III.		1500 Reichstag zu Augsburg

Russische Geschichte	Russische Religion und Kunst	Europäische Geschichte
1505 1505–1533 Zar Vasilij III.	1505–1509 Erzengel-Kathedrale in Moskau	
		1509–1547 König Heinrich VIII. von England
		1509–1564 Johannes Calvin
1510 1510 Einnahme von Pskov (Pleskau)		
		1513–1521 Papst Leo X.
		1513–1523 König Christian II. von Dänemark, Norwegen und Schweden
		1515–1547 König Franz I. von Frankreich
1517		1517 Beginn der Reformation in Deutschland durch Martin Luther („95 Thesen")
		1519–1555/56 Kaiser Karl V.
		1521 Reichstag zu Worms („Wormser Edikt")
		1522–1523 Hadrian VI., der letzte deutsche Papst
		1524–1525 Bauernkrieg in Deutschland
		1529 Belagerung der Stadt Wien durch die Türken
1530		1530 Letzte abendländische Kaiserkrönung durch den Papst
	1532 Christi-Himmelfahrts-Kirche in Kolomenskoe	
1533 1533–1584 Zar Ivan IV., „der Schreckliche"		
		1534 Suprematsakte: Trennung der englischen Kirche von Rom
		1541 Beginn der Reformation in Genf
1542	1542–1564 Makarij Metropolit von Moskau	
		1545–1563 Konzil von Trient
		1546–1547 Schmalkaldischer Krieg. Diplomatische und militärische Zerschlagung des protestantischen Bündnisses durch Karl V.
1547 Krönung Ivans IV.		1547–1559 König Heinrich II. von Frankreich
1550 Neukodifikation des Rechts		1550–1579 Herzog Albrecht v. Bayern
1552 Eroberung von Kažan		
1553 Aufnahme von Handelsbeziehungen mit England		1553–1586 Kurfürst August von Sachsen
1555	1555 Tod von Vasilij Blaženyij	1555 Abdankung Karls V. in Deutschland, 1556 in den Niederlanden und in Spanien
	1555–1560 Vasilij-Kathedrale in Moskau	
1556 Eroberung von Astrachan		1556–1564 Ferdinand I. Reichsoberhaupt, seit 1558 Kaiser
		1556–1598 König Philipp II. von Spanien

Zeittafel

Russische Geschichte	Russische Religion und Kunst	Europäische Geschichte
1558 1558–1582 Livländischer Krieg. Eroberung von Narva und Dorpat		1558–1603 Königin Elisabeth I. von England
	1559–1585 Mariä-Entschlafen-Kathedrale des Dreieinigkeits-Sergij-Klosters	1558 Tod Karls V. 1559–1565 Papst Pius IV. seit 1559 Calvinistische Nationalbekenntnisse in Frankreich (1559), Schottland (1560), den Niederlanden (1561) und der Schweiz (1566)
1562		1562–1598 Hugenottenkriege in Frankreich
	1564 Erstmalig Buchdruck in Rußland	1564–1616 Shakespeare
1565 Einrichtung der „Opričnina"		
		1566–1572 Papst Pius V. 1567–1609 Niederländischer Aufstand gegen Spanien
1568	1568–1570 Sophienkathedrale in Vologda	
1572		1572–1585 Papst Gregor XIII. 1572 Massaker unter den Protestanten (Hugenotten) in Paris auf Veranlassung der Königin Katharina Medici (Bartholomäusnacht) 1576–1612 Kaiser Rudolf II.
1582 Eroberung des westsibirischen Khanats durch den Ataman Ermak Timofejevič 1584 Gründung des Hafens Archangelsk		1587–1632 König Sigismund III. (Haus Wasa) von Polen, 1592–1599 König von Schweden 1588–1604 Krieg zwischen England und Spanien
1589 1591 Ermordung Dmitrijs, Sohn Ivans IV.	1589 Errichtung des Patriarchats in Moskau und damit Unabhängigkeit der russischen Kirche von Konstantinopel. Gründung der Kiever Akademie	1589–1610 König Heinrich IV. von Frankreich
		1597–1651 Herzog Maximilian I. von Bayern
1598 1598 Ende der Rjurikiden-Dynastie 1598–1605 Zar Boris Godunov 1603–1606 Der falsche Dmitrij		1598 Edikt von Nantes
		1603–1625 Jakob I. König von England (seit 1568 als Jakob VI. König von Schottland). Beginn der Stuart-Dynastie
1605–1613 Die „Zeit der Wirren" 1606	1606–1612 Patriarch Germogen	1606 Türkisch-österreichischer Friede von Zsitva-Torok 1609 Beginn des 12jährigen Waffenstillstandes zwischen Spanien und den Niederlanden
1610	1610 Polnische Truppen erobern Moskau. Ablehnung einer Union mit dem Katholizismus	

Russische Geschichte	Russische Religion und Kunst	Europäische Geschichte
1613 1613–1645 Mit Zar Michail Fëdorovič beginnt die neue Herrscherdynastie der Romanovs		
1618		1618 Böhmischer Aufstand. Prager Fenstersturz
		1618–1648 30jähriger Krieg
1619	1619–1633 Patriarch Filaret	1619–1637 Kaiser Ferdinand II. (seit 1617 König von Böhmen)
		1621–1665 König Philipp IV. von Spanien
		1622–1673 Molière
		1625–1649 König Karl I. von England und Schottland
		1632 König Gustav Adolf fällt bei Lützen
		1634 Ermordung Wallensteins
		1635 Friede von Prag
		1642 Beginn des Krieges zwischen König und Parlament in England
		1643–1715 König Ludwig XIV. von Frankreich
1645 1645–1676 Zar Aleksej		
		1648 Westfälischer Friede zu Münster (Frankreich) und Osnabrück (Schweden)
	1649 Neukodifikation des Rechts (Uloženie)	1649 Enthauptung König Karls I. von England
1651		1649–1660 Republik in England
1652	1651–1709 Dmitrij von Rostov	
	1652 Reformation der russischen Kirche unter Patriarch Nikon. Abfall der Altgläubigen („Raskolniki")	
1654 Anschluß der Ukraine an Rußland		
1656	1656 Spaltung der russischen Kirche (Raskol). Verfolgung der Altgläubigen	
1658	1658–1722 Stefan Javorskij	
		1660 Friede von Oliva (Bestätigung der Souveränität Brandenburgs im Herzogtum Preußen)
		1660–1685 König Karl II. von England. Restauration der Monarchie
	1666 Gründung der russischen Post	
1667 1667–1671 Aufstand Stenka Razins		
	1668 Ikone „Baum der russischen Herrschaft" von Simon Ušakov	
		1672–1678 Krieg zwischen Frankreich und den Niederlanden
		1673 Erlaß der Testakte in England (Wer ein bürgerliches oder militärisches Amt bekleiden will, muß den König als Oberhaupt der Kirche anerkennen)

Zeittafel 427

Russische Geschichte	Russische Religion und Kunst	Europäische Geschichte
1676 1676–1682 Zar Fëdor		
	1679 Nikolaj-Kirche in Moskau	
1681 1681 Avvakum, der Führer der Altgläubigen, wird verbrannt	1681–1736 Feofan Prokopovic	
1682 1682–1725 Zar Peter I. (der Große)		
1682–1689 Regentschaft Sofjas		
1682 Abschaffung der alten Rangordnung (Mestničestvo)		
		1685 Erlaß des Ediktes von Potsdam (Aufnahme von Hugenotten)
1686 Rußland tritt der antitürkischen „Heiligen Liga" bei		
1687–1689 Krimfeldzüge Golicyns		1688 Eroberung Belgrads im Kampf gegen die Türken
		1688 „Glorreiche Revolution" in England
		1688–1697 Pfälzischer Krieg
		1689–1702 König Wilhelm III. von England
1695–1696 Feldzug Peters des Großen gegen die Festung Asov		
1698 Beginn der petrinischen Reformen		
1700 Einführung des Julianischen Kalenders		
1700–1721 Nordischer Krieg		
1701 1701 Niederlage bei Narva		1701–1713 Kurfürst Friedrich III. von Brandenburg wird als Friedrich I. „König in Preußen"
		1701–1714 Spanischer Erbfolgekrieg
1703 Gründung der Stadt St. Petersburg		
		1705–1711 Kaiser Joseph I.
1707–1708 Aufstand Kondratij Bulavins		
1709 Sieg über König Karl XII. von Schweden bei Poltava		
1710–1711 Russisch-türkischer Krieg		
		1711–1740 Kaiser Karl VI.
1712 1712 St. Petersburg wird Hauptstadt Rußlands. Heirat Zar Peters I. mit Katharina Aleksejevna	1712–1733 Peter-Pauls-Kathedrale in St. Petersburg	1712–1778 Jean-Jacques Rousseau
	1713 Kirche Johannes des Kriegers in Moskau	1713 Pragmatische Sanktion Kaiser Karls VI.: bestimmte die Unteilbarkeit der habsburgischen Länder und (zugunsten Maria Theresias) die weibliche Thronfolge
		1713–1740 König Friedrich Wilhelm I. von Preußen
		1713–1784 Denis Diderot
		1714–1727 König Georg I. von England
		1715–1774 König Ludwig XV. von Frankreich (Urenkel Ludwigs XIV.)

Russische Geschichte	Russische Religion und Kunst	Europäische Geschichte
		1716 Sieg des Prinzen Eugen über die Türken bei Peterwardein
1718 Beseitigung des Thronfolgers Aleksej durch die Häscher seines Vaters, Zar Peter I. 1719 Verbot der Jesuiten in Rußland		
1721 1721 Friede von Nystad. Peter der Große erhält den Kaisertitel	1721 Abschaffung des russischen Patriarchats. Bildung einer Staatskirche mit dem Zar als Oberhaupt („Kaiserpapsttum")	
		1724–1804 Immanuel Kant
1725 1725–1727 Zarin Katharina I. 1726 Gründung der Akademie der Wissenschaften in St. Petersburg		
1727 1727–1730 Zar Peter II.		1727–1760 König Georg II. von England
1730 1730–1740 Zarin Anna 1732 General Münnich beendet den Bau des Ladogakanals		
		1739 Friede von Belgrad mit den Türken
1740 1740–1741 Regentschaft der Anna Leopoldovna		1740–1748 Österreichischer Erbfolgekrieg 1740–1780 Maria Theresia Erzherzogin von Österreich, Königin von Böhmen und Ungarn 1740–1786 König Friedrich II. (der Große) von Preußen
1741–1761 Zarin Elisabeth Petrovna		1745–1765 Kaiser Franz I. (Gemahl Maria Theresias) 1749–1832 Johann Wolfgang von Goethe
1755 Gründung einer Universität in Moskau 1756		1756–1763 Siebenjähriger Krieg zwischen Preußen und Österreich, Rußland und Frankreich
1759	1759–1833 Serafim von Sarov	1759–1805 Friedrich von Schiller
1761–1762 Zar Peter III. 1762 1762 Aufhebung der adligen Dienstpflicht 1762–1796 Zarin Katharina II.		
1768–1774 Russisch-Türkischer Krieg		1765/80–1790 Kaiser Joseph II.
		1770–1831 Georg Wilhelm Friedrich Hegel
1772 1772–1795 Aufteilung Polens	1772–1867 Filaret Drozdov	1774–1792 König Ludwig XVI. von Frankreich 1775–1783 Amerikanischer Unabhängigkeitskrieg.
1783 Annexion der Krim 1785 Gnadenurkunde für den Adel		

Russische Geschichte	Russische Religion und Kunst	Europäische Geschichte
1789		1789 Ausbruch der Französischen Revolution (Einberufung der Generalstände nach Versailles: Dritter Stand erklärt sich zur Nationalversammlung; Sturm auf die Bastille)
1792 1792 Friede von Jassy mit der Türkei		1792 Nationalkonvent suspendiert Königtum und erklärt Frankreich zur Republik
1793 Hinrichtung König Ludwigs XVI. von Frankreich. 2. Teilung Polens zwischen Rußland und Preußen
1793–1794 Schreckensherrschaft in Frankreich. Einsetzung eines Revolutionstribunals. Diktatur Robespierres. Mit dessen Sturz endet die Terrorherrschaft.
1795 3. Teilung Polens zwischen Rußland, Österreich und Preußen
1796 1796–1801 Zar Paul I. Einführung der Besteuerung des Adels
1797 Erlaß einer Thronfolgeordnung zur Erblichkeit des Kaisertitels innerhalb der Dynastie Romanov
1798 Beitritt Rußlands zur Zweiten Koalition gegen Frankreich		
1799	1799–1837 Aleksandr Puškin	1799 Napoleon Bonaparte stürzt das Direktorium und wird Erster Konsul der provisorischen Regierung
1799–1850 Honoré de Balzac
1801 1801 Annexion Georgiens. Staatsstreich und Absetzung Pauls I.
1801–1825 Zar Aleksandr I.
1802 Ministerialreform. Gründung von Universitäten		
		1803 Reichsdeputationshauptschluß in Regensburg (Säkularisation und Beginn der Mediatisierung in Deutschland)
	1804–1860 Aleksej Chomjakov	1804 Selbstkrönung Napoleon Bonapartes zum Kaiser der Franzosen („Napoleon I.")
1805 1805 Allianz mit England gegen Napoleon. Schlacht von Austerlitz		1805 3. Koalitionskrieg: Großbritannien, Rußland, Österreich und Schweden gegen Frankreich und Spanien
1806 Errichtung des Rheinbundes unter Napoleons I. Protektorat; danach legt Kaiser Franz II. die Krone des Hl. Römischen Reiches Deutscher Nation nieder
1807 1807 Friede von Tilsit. Allianzwechsel und Erneuerung des französisch-russischen Bündnisses		

Russische Geschichte	Russische Religion und Kunst	Europäische Geschichte
		1808 Fürstentag von Erfurt. Höhepunkt der Macht Napoleons I.
1812 1812 Frieden von Bukarest im Russisch-Türkischen Krieg. Beginn des „Vaterländischen Krieges" gegen Napoleon. Belagerung Moskaus	1809–1852 Nikolaj Gogol' 1812–1891 Ivan Gončarov	1812 Rußlandfeldzug Napoleons I. 1812–1814 Krieg der USA gegen Großbritannien; nach Niederlage der USA beendet mit dem Frieden von Gent 1813 Beginn der Befreiungskriege gegen Napoleon. Niederlage Napoleons in der Völkerschlacht bei Leipzig
1814 1814 Einmarsch des russischen Heeres in Paris. 1814–1815 Wiener Kongreß: Rußland, Österreich und Preußen vereinigen sich zur „Heiligen Allianz". Rußland erhält das Königreich Polen	1814 Gründung der russischen Bibelgesellschaft	1814 Einzug der Verbündeten in Paris; Abdankung Napoleons; Verbannung nach Elba; Rückkehr der Bourbonen nach Frankreich 1814–1815 Wiener Kongreß zur Neuordnung Europas. Begründung des Deutschen Bundes 1815 Rückkehr Napoleons I. nach Frankreich; entscheidende Niederlage bei Waterloo; Verbannung nach St. Helena
1816	1816–1882 Makarij Bulgakov 1818–1883 Ivan Turgenev 1821–1881 Fedor Dostoevskij	1821–1867 Charles Baudelaire 1821–1880 Gustave Flaubert
1825 1825–1855 Zar Nikolaus I. 1825 Aufstand der „Dekabristen" 1828 Sieg im Krieg mit Persien 1828–1829 Russisch-Türkischer Krieg	1828–1910 Lev Tolstoj	
		1830 Julirevolution in Frankreich Sturz der Bourbonen, Wahl des Herzogs Louis-Philippe von Orléans zum König („Bürgerkönig")
	1831–1895 Nikolaj Leskov	1832 Parlamentsreform in Großbritannien erweitert das Wahlrecht
1833 Defensivbündnis zwischen der Türkei und Rußland 1837 Eröffnung der ersten russischen Eisenbahnlinie	1833–1882 Vasilij Perov, russischer Maler	1837–1901 Victoria, Königin von Großbritannien und Irland; mit ihrer Thronbesteigung Lösung der Personalunion zwischen Großbritannien und Hannover 1839 Niederschlagung des Chartistenaufstandes in Großbritannien
	1839–1881 Modest Musorgskij, russischer Komponist 1840–1893 Peter Čajkovskij, russischer Komponist 1844–1908 Nikolaj Rimskij-Korsakov, russischer Komponist	

Russische Geschichte	Russische Religion und Kunst	Europäische Geschichte
1848		1848–1849 Liberal-demokratische, nationale und soziale Revolutionen in den europäischen Staaten, gefolgt von politischen Reaktionen
1849 Intervention in Ungarn		
		1852 Louis Napoleon nach Volksabstimmung als Napoleon III. Kaiser der Franzosen
1853 1853–1856 Krimkrieg: Konflikt um die heiligen Stätten in Jerusalem zwischen der Türkei und Rußland, in den Großbritannien und Frankreich auf seiten der Türkei eintreten		
1855 1855–1881 Zar Aleksandr II. 1856 Friede von Paris. Verlust der europäischen Vormachtstellung an Frankreich		
1860 Gründung von Vladivostok	1860–1904 Anton Čechov	
1861 Manifest über die Bauernbefreiung		1861 Errichtung des Königreichs Italien 1861–1865 Sezessionskrieg in den USA
1863 Aufstand Polens		
1866 1866 Attentat auf Aleksandr II.	1866–1944 Vasilij Kandinskij, russischer Maler	1866 Deutscher Krieg zwischen Preußen und Österreich; beendet im Frieden von Prag
1867 1867 Rußland verkauft Alaska an die Vereinigten Staaten von Amerika		1867 Erschießung Maximilians von Mexiko (Ende des 1863 auf Betreiben der Franzosen ausgerufenen mexikanischen Kaiserreichs)
	1868–1936 Maksim Gorki	
		1869–1870 1. Vatikanisches Konzil (Dogma von der päpstlichen Unfehlbarkeit)
1870	1870–1953 Ivan Bunin	1870 Aufhebung des Kirchenstaates; Rom Hauptstadt Italiens 1870–1871 Deutsch-Französischer Krieg; Ausrufung der Republik in Frankreich; am 18. 1. 1871 Kaiserproklamation (damit Gründung des Deutschen Reiches) in Versailles
1873 1873 Drei-Kaiser-Bündnis zwischen dem Deutschen Reich, Österreich und Rußland	1873–1943 Sergej Rachmaninov, russischer Komponist	
1877 1877 Kriegserklärung an die Türkei		1875–1955 Thomas Mann 1877–1878 Russisch-Türkischer Krieg, an dem sich verschiedene Balkanvölker beteiligen; beendet im Frieden von San Stefano; revidiert auf dem Berliner Kongreß 1879 Zweibund zwischen dem Deutschen Reich und Österreich-Ungarn

Russische Geschichte	Russische Religion und Kunst	Europäische Geschichte
1881 1881–1894 Zar Aleksandr III. 1881 Neutralitätsvertrag zwischen Rußland, dem Deutschen Reich und Österreich-Ungarn	1881 Judenpogrome in Rußland	
	1882 Weltausstellung in Moskau 1882–1971 Igor Stravinskij, russischer Komponist	1882 Ergänzung des Zweibundes durch Italien 1882–1941 James Joyce
1884		1884–1885 Rückversicherungsvertrag zwischen Deutschland und Rußland. Orient-Dreibund Großbritannien, Österreich-Ungarn, Italien
1887 1887 Neues Deutsch-Russisches Neutralitätsabkommen. Attentatsversuch auf Aleksandr III.	1887–1964 Aleksandr Archipenko, russischer Bildhauer 1887–1985 Marc Chagall, russischer Maler und Graphiker 1891–1953 Sergej Prokovev, russischer Komponist	
1892 Geheime Militärkonvention zwischen Rußland und Frankreich **1894** 1894–1917 Zar Nikolaus II.		
	1898 Gründung des Moskauer Künstlertheaters	1898 Krieg Spaniens mit den USA 1899 1. Haager Friedenskonferenz (Gründung des Haager Schiedsgerichtshofs)
	1901 Ausschluß Tolstojs aufgrund antikirchlichen Sozialismus' aus der russischen Kirche	
1903 1903 Spaltung der Sozialdemokratischen Arbeiterpartei Rußlands in Bolschewisten und Menschewisten 1904–1905 Russisch-Japanischer Krieg **1905** 1905 „Blutiger Sonntag". Manifest zum 30. Oktober **1907** 1907 Russisch-britischer Interessenausgleich über Persien, das in Einflußsphären aufgeteilt wird		1904 Entente Cordiale zwischen Frankreich und Großbritannien 1905 Trennung Norwegens von Schweden 1907 2. Haager Friedenskonferenz (Verbesserung der Landkriegsordnung von 1899) 1911–1912 Revolution in China; Ausrufung der Republik durch Sun Yat-sen (Sturz der Mandschu-Dynastie)
1912 1912 Marinekonvention zwischen Rußland und Frankreich **1914** 1914 Generalmobilmachung und Eintritt in den 1. Weltkrieg. Einfall russischer Truppen in Ostpreußen		1914–1918 1. Weltkrieg
	1915 Tod von Aleksandr Skrjabin, russischer Komponist	
1917 1917 Rücktritt Nikolaus' II. Internierung der Zarenfamilie. 1. Allrussischer Sowjetkongreß. Ausrufung Rußlands zur Republik. Oktoberrevolution		

4. Ausgewählte Literaturhinweise

Zum Gedenken an die Taufe der Rus' vor tausend Jahren, im Jahre 988, ist eine große Zahl von Veröffentlichungen erschienen, die zum Teil umfangreiche Literaturangaben enthalten. Daher scheint es erlaubt, hier nur eine Auswahl von weiterführenden Werken zu nennen, insbesondere solche, die ihrerseits Literaturhinweise enthalten. Ganz allgemein sei auf Hand- und Lehrbücher der Konfessionskunde verwiesen.

Auf zwei Literaturzusammenstellungen sei freilich besonders aufmerksam gemacht:

Gerhard Adler gibt als Herder Taschenbuch (Nr. 1506) ein kleines, sehr hilfreiches Bändchen heraus, das in gewisser Weise den vorliegenden Band ergänzen kann:

Tausend Jahre Heiliges Rußland. Orthodoxie im Sozialismus, Freiburg 1987.

Das Taschenbuch enthält 6 Beiträge, je drei von orthodoxen Russen und von Westeuropäern, die dasselbe Themenfeld aus ihrer Sicht darstellen und auf diese Weise sich in ihren Aspekten eindrucksvoll ergänzen. Für die Leser des vorliegenden Bandes ist der Sammelband deswegen besonders interessant, weil Metropolit Pitirim seinen Beitrag „Zum Selbstverständnis der Russischen Orthodoxen Kirche" unter ein Wort des damaligen Patriarchatsverwesers und späteren Patriarchen Sergij (Stragorodskij) stellt: „Wir wollen orthodox sein und gleichzeitig die Sowjetunion als unsere irdische Heimat anerkennen" (1927).

Auf den Seiten 184 bis 189 bringt das Taschenbuch eine gute Literaturzusammenstellung.

Ein weiterer Hinweis gilt einer Broschüre, die vom Dreiländerausschuß der Vereinigung Katholischer Buchhändler in Deutschland, Österreich und der Schweiz (Sekretariat in Stuttgart) vorgelegt worden ist und außer Buchhinweisen auch Informationen über andere Medien (Dias, Videos, Schallplatten, Kassetten) enthält:

„Orthodoxie. 1000 Jahre Christentum in Rußland", 1988.

Einzelhinweise:

a) Orthodoxe Verfasser

Bria, Ion (Hrsg.), Martyria/Mission. The Witness of the Orthodox Churches Today, Genf 1980

Bria, Ion (Hrsg.), Go Forth in Peace. Orthodox Perspectives on Mission, Genf 1986

Nissiotis, Nikos A.: Die Theologie der Ostkirche im ökumenischen Dialog. Kirche und Welt in Orthodoxer Sicht, Stuttgart 1968.

Sabev, Todor (Hrsg.): The Sofia Consultation. Orthodox Involvement in the World Council of Churches, Genf 1982.

Selawry, Alla: Herzensgebet. Ein Weg geistiger Erfahrung, Ulm 1964.

Seraphim, Metropolit: Die Ostkirche, Stuttgart 1950.

Sergius, Patriarch: Die Wahrheit über die Religion in Rußland, Zürich 1944.

Tsetsis, Georges (Hrsg.): Reports of Orthodox Consultations organized by the World Council of Churches, 1975–1982, Genf 1983.

Wendland, Joann: Wesen und Wirken des Hochheiligen Patriarchen Alexius von Moskau und ganz Rußland im Jahrzehnt 1950 bis 1960, Berlin 1961.

Zander, Leo A.: Einheit ohne Vereinigung. Ökumenische Betrachtungen eines russischen Orthodoxen, Stuttgart 1959.

Zankow, Stefan: Das orthodoxe Christentum des Ostens. Sein Wesen und seine gegenwärtige Gestalt, Berlin 1928.

Zankow, Stefan: Die Orthodoxe Kirche des Ostens in ökumenischer Sicht, Zürich 1946.

Zenkowsky, Basilius: Das Bild vom Menschen in der Ostkirche. Grundlagen der orthodoxen Anthropologie, Stuttgart 1951.

Benz, Ernst (ev.) und Zander L. A. (orth.) (Hrsg.): Evangelisches und orthodoxes Christentum in Begegnung und Auseinandersetzung, Hamburg 1952.

b) Nichtorthodoxe Verfasser

Barberini, Giovanni; Stöhr, Martin; Weingärtner, Erich: Kirchen im Sozialismus. Kirche und Staat in den osteuropäischen sozialistischen Republiken, Frankfurt/M. 1977.

Benz, Ernst (Hrsg.): Die Ostkirche und die Russische Christenheit, Tübingen 1949.

Benz, Ernst: Die Ostkirche im Lichte der protestantischen Geschichtsschreibung von der Reformation bis zur Gegenwart, Freiburg/München 1952.

Friz, Karl: Die Stimme der Ostkirche, Stuttgart 1950.

Gustafson, Arfved: Die Katakombenkirche, Stuttgart 1954.

Hämmerle, Eugen; Ohme, Heinz; Schwarz, Klaus (Hrsg.): Zugänge zur Orthodoxie. Bensheimer Hefte 68, Göttingen 1988.

Müller, Ludolf: Russischer Geist und evangelisches Christentum. Die Kritik des Protestantismus in der russischen religiösen Philosophie und Dichtung im 19. und 20. Jahrhundert, Witten 1951.

Schaeder, Hildegard: Moskau, das Dritte Rom, 2. Aufl., Darmstadt 1957.

de Vries, Wilhelm (Hrsg.): Christentum in der Sowjetunion, Heidelberg 1950.

de Vries, Wilhelm: Orthodoxie und Katholizismus. Gegensatz oder Ergänzung? Herder-Bücherei Bd. 232, Freiburg 1965.

c) Dokumentationen des Kirchlichen Außenamtes der Evangelischen Kirche in Deutschland

Dokumente der Orthodoxen Kirchen zur Ökumenischen Frage, Heft 1: Die Moskauer Orthodoxe Konferenz vom Juli 1948, Witten o. J.

Die folgenden 11 Bände dokumentieren die oben im I. Kapitel (S. 114) und in der Anmerkung 305 (S. 360f) erwähnten „Arnoldshainer Gespräche" zwischen der Russischen Orthodoxen Kirche (ROK) und der Evangelischen Kirche in Deutschland (EKD):

Orthodoxie und Evangelisches Christentum. Studienheft Nr. 1, Witten 1949.

Kirche und Kosmos. Orthodoxes und evangelisches Christentum, Stud.-H. Nr. 2, Witten 1950.

Tradition und Glaubensgerechtigkeit. Das Arnoldshainer Gespräch zwischen Vertretern der EKD und der ROK vom Oktober 1959, Studienheft Nr. 3, Witten 1961.

Vom Wirken des Heiligen Geistes. Das Sagorsker Gespräch über Gottesdienst, Sakramente und Synoden, zwischen Vertretern der EKD und der ROK, Stud.-H. 4, Witten 1964.

Versöhnung. Das deutsch-russische Gespräch über das christliche Verständnis der Versöhnung zwischen Vertretern der EKD und ROK, Stud.-H. 5, Witten 1967.

Taufe – Neues Leben – Dienst. Das Leningrader Gespräch über die Verantwortung der Christen für die Welt zwischen Vertretern der EKD und der ROK, Stud.-H. 6, Witten 1970.

Der auferstandene Christus und das Heil der Welt. Das Kirchberger Gespräch über die Bedeutung der Auferstehung für das Heil der Welt zwischen Vertretern der EKD und ROK, Stud.-H. 7, Witten 1972.

Die Eucharistie. Das Sagorsker Gespräch über das hl. Abendmahl zwischen Vertretern der EKD und der ROK, Stud.-H. 8, Bielefeld 1974.

Das Opfer Christi und das Opfer der Christen. Siebtes Theologisches Gespräch zwischen Vertretern der ROK und der EKD vom 6. bis 10. Juni 1976 in der Evang. Akademie Arnoldshain, Stud.-H. 10, Beiheft zur Ökumenischen Rundschau Nr. 34, Frankfurt/M. 1979.

Die Hoffnung auf die Zukunft der Menschheit unter der Verheißung Gottes. Achtes Theol. Gespräch zwischen Vertretern der ROK und der EKD vom 10. bis 13. Oktober 1979 im Geistlichen Seminar Odessa, Stud.-H. 12, Beiheft zur Ökumenischen Rundschau Nr. 41, Frankfurt/M. 1981.

Das kirchliche Amt und die apostolische Sukzession. Neunter Bilateraler Dialog zwischen der ROK und EKD vom 12. bis 17. Oktober 1981 im Schloß Schwanberg bei Kitzingen, Stud.-H. 16, Beiheft zur Ökumenischen Rundschau Nr. 49, Frankfurt/M. 1984.

5. Register

(Die Register hat Herr Pastor Klaus Backhaus, Oldenburg, zusammengestellt)

a) Bibelstellen
b) Namensverzeichnis
c) Orts- und Sachverzeichnis

a) Bibelstellen

Ps. 19; 20; 21   149
Ps. 99,4   114
Hes. 1,4–28   284
Mt. 11,12   245
Mt. 14,23–31   186
Mt. 16,24–26   184
Mt. 19,6   199
Mt. 28,19   146
Lk. 10,38–42   187
Lk. 11,27–28   187
Lk. 14,27   262
Joh. 1,17   6
Joh. 5,24–30   200
Joh. 7,38–39   149
Joh. 14,23   15
Joh. 15,1+5   319
Joh. 15,16   63
Joh. 16,7   242
Joh. 17,11–23   260
Joh. 19,26   189
Joh. 20,22   242
Apg. 4,33   251
Apg. 5,38–39   83
Apg. 8,2   151
Apg. 14,23   151
Röm. 1,18–32   228

Röm. 8,19   238
1. Kor. 7,5   151
1. Kor. 9,22   102
1. Kor. 11,5–10   199
2. Kor. 6,5   151
2. Kor. 11,27   151
Gal. 2,19–21   262
Gal. 2,20   252
Gal. 3,1   214
Gal. 4,19   252
Eph. 1,22–23   255
Eph. 2,10   244
Eph. 2,15   114
Eph. 5,22–32   250
Kol. 1,18   155
Kol. 2,9   252
Kol. 3,18   199
1. Thess. 5,21   219
1. Thess. 5,23   261
2. Tim. 1,13   209, 211
Tit. 1,1   209
Tit. 2,11–14   244
2. Petr. 1,7   114
1. Joh. 5,7–8   259
Offb. 21,2.9   250
Offb. 21,22   304

b) Namensverzeichnis

Abramov, N. A. 342a
Adamov, I. I. 383a
Adrian 36, 38, 139
Afanasij 46
Agafangel 79f., 95
Akerovič, Petr 12f.
Aksakov, I. S. 54
Akvilonov, Evgenij 249, 255, 396a, 397a
Al'Choli, Amin' 335a
Aleksandrovič, Michail 15
Aleksij (Metropolit) 18
Aleksij (Patriarch) IXf., 14, 16, 18, 52, 63f., 75, 104, 106, 108ff., 115, 267, 360a, 361a, 384a, 391a
Aleksinskij, I. 390a
Alexandr I. 77
Alexandr II. 48, 77
Alexandros III. (Antiochien) 106
Almazov, A. I. 405a
Amvrosij (Mönch) 301
Amvrosij Poljanskij (Erzbischof) 104
Andreas (Apostel) 1, 5, 329a
Andrej Radonež 17
Aniketas (Märtyrer) 191
Anna (Kaisertochter) 128
Anna Joannovna (Kaiserin) 166
Ansgar 41
Antonij (Metropolit) 9, 16, 43, 181, 377a, 378a, 382a, 393a, 394a
Antonij Chapovickij (Char'kov) 62, 69, 70, 226, 231, 250, 260, 398a
Ananij von Novgorod 286
Antonius der Große 181
Antonij von Wolynien (Bischof) 226
Apollosov, Ivan 264, 400a
Araja (Hofkapellmeister) 166
Archangel'skij, A. A. 173
Archangel'skij, A. S. 339a
Archangelov, S. A. 347a
Aretinskij, Serafim 213

Aristoteles 236
Arsenij (Macievič) Metropolit 39, 400a
Arsenij Stadnickij von Novgorod 62, 81, 94f., 99, 104
Arsenios 35
Artemij (Abt) 26
Askold 2
Athanasios Athonites 270
Athanasios der Große 209, 240
Athenagoras 106
Avraamij von Smolensk 97

Bachmet'ev, N. I. 171
Bachrušin, V. 362a
Badula, V. 404a
Balduin II. 10
Barbara (Märtyrerin) 159
Baronius, Caesar 140
Barsukov, I. 347a
Barsunophios d. Große 52
Baškin, Matfej 26
Basilius der Große 132, 145, 154, 181, 264, 284
Belkov, Evgenij 79, 84f.
Beljaev, A. D. 227, 229, 245, 366a, 374a
Beljaev, I. 346a
Beljaev, N. J. 245, 389a, 393a
Beljaev, Stephan 166
Belobrova, O. A. 337a
Beloezerskij, Kirill 18, 134
Benediktos v. Jerusalem 112
Beneskriptov, E. 390a
Berezovskij, Maxim Sozonovič 167
Berlinskij, M. F. 330a
Bičurin, Iakinf 50
Birger, Jarl 11
Blagovidov, F. V. 345a
Blum, Surož Antonij 237
Bobrovnickij, I. M. 401a
Bobrovnikov, Aleksandr 45
Bočkarev, V. A. 340a

Bogojavlenskij, Elevferij 71f., 353a, 357a, 359a
Bogojavlenskij, Vladimir 63
Bogoljubskij, Andrej 7ff., 133, 288
Bojarskij, A. I. 78f., 84
Bolgarskij, Feofilakt 138
Bolotov, Ioasaf 46
Bolotov, V. V. 234f., 246, 383a, 387a
Bol'šoegnezdo, Vsevolod 133
Bonifatius 192
Boris 284, 288
Borisov, Innokentij 208, 213, 232, 265, 372a, 385a, 400a
Borisovskij, Pavel 96, 99
Bortnjanskij, Dimitrij Stephanovič 167ff., 171
Bovykin, Nikolaus 166
Bratanovskij, Sil'vestr 99
Brovkovič, Nikanor 230f., 381a
Bruckus, Ju. D. 338a
Bucharev, Feodor 215, 229, 373a
Budrin, E. A. 233
Bucinskij, P. N. 346a
Buevskij, A. S. 354a
Bulašev, G. O. 368a
Buldovskij, Feofil 89
Bulgakov, A. I. 367a, 390a
Bulgakov, Sergij 234f., 250, 260, 264
Bulgakov, S. V. 400a
Burcov, Vasilij Feodorov 137
Burburuz, Petr 274
Burundukov, Michail 45
Buslaev, F. I. 276

Cajkovskij, Peter 172, 365a
Carevskij, A. 405a
Čechivskij, V. 88
Čel'cov, I. V. 382a, 396a
Čeremuchin, P. A. 395a
Černyj, Daniil 290
Černyj, Feodor 13
Česnokov, Pavel Gregorievič 173
Chanusch, Moisej 21

Chmel'nickij, Bogdan 20
Chotuncev, Ioasaf 43
Chrabryj, Michail 13
Christophoros 106
Chrysoberges, Lukas 8
Čochov, Andrej 175
Čukov, Grigorij 110
Čudeckij, P. 348a
Cyrill von Alexandrien 138

Damian (Märtyrer) 191
Daniil (Metropolit) 23f.
Daniil aus Kostroma 32
Daškov, Georgij 38
David 23
Davydov, Stepan Ivanovič 167
Debol'skij, Grigorij S. 264, 400a
Dechterev, Stepan Alekseevič 167
Demetrius, I. 28
Demina, N. A. 337a
Denisov, L. I. 348a
Dimitrij (Tuptalo) von Rostov 41, 54, 139, 240
Dionysios, I. 20
Dionisij von Suzdal, Bischof 18
Dir 2
Divnogorskij, Simeon 70
Dmitrievskij, A. A. 269, 272, 275, 341a, 405a, 406a, 407a
Dmitrievskij, I. 332a, 415a
Dnevnik, A. V. 374a
Dobrochotov, V. 332a
Dolgorukij, Jurij 7
Dolockij, V. I. 265
Donoskoj, Dimitrij 14, 18
Dorotheos, Abba 52
Dosifej 24, 53
Dostojevskij, F. M. 224
Drozdov, Filaret 38, 53, 110, 131, 203, 209, 211, 229, 232, 240, 242, 244f., 249f., 391a, 392a, 396a
Dymskij, F. 255, 397a

Efraim 6
Egorov, Gurij 378a

Egorov, I. 78, 85
Elena Vološanka 22
Elias 4, 51
Elizaveta Petrovna (1741–1762) 39, 130
Epifanović, L. G. 388a
Epiphanios (Mönchspriester) 1
Ephraim der Syrer 181
Ern, V. F. 234
Esipov, Savva 128
Eusebius von Caesarea 1
Evdokim 82
Evseev, E. I. 339a
Evsevij 371a

Faddej (Uspenskij) Erzbischof 71
Fal'kovskij, Irinej 207
Fedrov, Joann 25, 136
Fenomenov, Nikandr 99, 104
Feodor von Rostov (Bischof) 8
Feodor von Rostov (Erzbischof) 286
Feodorovič, Michail 31
Feofan Grek 16, 289, 294
Feofilakt (Metropolit v. Kiev) 5
Feognost (Metropolit) 14
Fialkin, V. 347a
Filaret (Patriarch) 30f., 127
Filaret (Metropolit) 47f.
Filaret von Černigov 181, 240
Filipp I. (Metropolit) 9
Filipp II. (Metropolit) 25f.
Filippov, A. N. 345a
Fiore, Joachim von 9
Florenskij, Pavel 53, 205, 228, 233f., 236, 250, 255, 257f., 287, 337a, 349a, 366a, 384a, 387a, 398a, 413a
Floros, hl. 191
Floroskij, Georgii 262
Fofanov, Nikita Fedorov 137
Fotij 19
Friedrich II. 12

Galič, Daniil von 11, 13
Galuppi (Hofkapellmeister) 166f.
Gastunskij, Nikola 136
Gasa, Paisios Ligarides 35
Gavriil von Klin 94
Gedeon (Mönchspriester) 46f.
Gennadij von Černigov 286
Gennadij von Novgorod 19, 23ff.
Georgievskij, A. I. 359a
Georgios Hamartolos 121, 131
Georgios Tropaiophoros 284
Georgievskij, Evlogij 62, 70, 87, 111, 352a
Georgievskij, G. P. 336a
Georgievskij, V. I. 332a
Gerasim 16
German, hl. 47, 52f.
Germanos von Thyatira 106
Germogen 29f.
Gerontij 22
Giduljanov, P. V. 352a, 357a
G'kov, K. 341a
Glagolev, S. S. 396a
Gleb 284, 288
Glubokovskij, N. N. 218, 220, 223, 237, 266, 366a, 371a, 373a, 374a, 375a, 377a, 388a, 391a, 402a
Glucharev, Makarij 44
Glušickij, Dionisij 286, 291
Gnedič, P. 254, 394, 397a
Goar, Jacques 270
Golejzovskij, N. K. 336a
Golubcov, A. P. 267, 275, 342a, 403a
Golubinskij, E. E. 329a, 330a, 331a, 334a, 335a, 338a, 343a, 346a
Golubinskij, Feodor 53
Gordyj, Simeon 14
Gorodkov, A. A. 381a
Gorskij, Aleksandr 203, 217f., 221, 226, 256, 265, 276, 366a
Gorskij, A. V. 335a, 336a, 374a
Gorskij, Feofilakt 207
Grabar', I. E. 305, 414a

Granovskij, Antonin 80
Grečaniniv, Aleksandr
 Tichonovič 173
Grečev, B. 339a
Gregor, hl. 41
Gregorios Dialogos 145
Gregorios Palamas 15, 16, 21, 75, 107, 153, 181, 190
Gregorios III. Mammas 20
Gregorios VII. 68
Gregorios von Nyssa 231
Gregorios Sinaites 16, 181
Gregorios Thaumaturgos 209
Grek, Maxim 26
Grenkov, A. I. 389a
Gribanovskij, Michail 202, 224, 228
Grigor'ev, V. V. 335a
Grigorij, Sergij 99
Grisjuk, Anatolj 99
Groznyj, Ivan 24ff., 135
Gumilev, L. N. 335a
Gumilevskij, Filaret 206, 208, 217, 241, 253, 265, 366a, 373a, 400a
Gumilevskij, Filipp 99, 116, 368a
Gumilevskij, S. 399a
Gurias (Märtyrer) 191
Gurij von Kazan' 25, 29
Gustav Adolf 31

Habib (Märtyrer) 191
Hegel, G. W. F. 229
Herberstein, S. von 363a
Hermolaos (Märtyrer) 191
Herodot 329a
Honigman, E. 331a

I (siehe auch J)
Iakinf 333a
Iaasaf von Belgorod 117
Iaasaf von Pskov 31f
Ignatij 53
Igor 2f.
Ilarion 395a
Ilarion von Kiev 4ff., 16

Ilarion (Troickij) Erzbischof 62, 67, 97, 104, 238, 248, 250, 255, 392a
Ilian, Archimandrit 53
Innokentij 47f., 55, 330a, 346a, 381a
Innokentij von Cherson 240
Innokentij II. (Nerunovič) 43
Innozenz III. 10
Innozenz IV. 12
Ioann II. 128f.
Ioann von Smolensk (Bischof) 233, 240, 381a, 384a
Ioann (Vendland) 335a
Ioannes Klimacos 52, 153, 181
Ioasaf 46
Ioasaf I. 137f.
Iosif von Arges 106
Iosif von Astrachan 60, 138, 205
Iosif von Skopje 106
Iov (Metropolit) 27f.
Ippolitov-Ivanov, Micail Ivanovič 173
Isaak der Syrer 52, 181
Isidor 19, 53
Isakovič, Nil 45
Ivan Asen (Zar) 10
Ivan III. 9, 22
Ivan IV. 2, 26, 135
Ivanov, F. 341a
Ivanovič, Feodor 24, 176
Ivanovskij, V. 348a
Izjaslav 6
Izvekov, Sergij Michajlovič 116

J (siehe auch I)
Jakovenko, Veniamin 373a
Jandrejkovič, Dobrynja 9
Janovskij, Feodosij 38
Janyšev, Ioann 55
Japonskij, Sergij 398a
Jaraščenko, A. 89
Jaroševskij, Georgij 73f.
Jaroslav der Weise (Vladimirovič) 1, 5f., 12, 128, 133, 161, 280
Jaruševič, Nikolaj 105

Jastrebov, Innokentij 346a
Jastrebov, M. F. 389a
Jemeševskij, Manuil 358a
Jeremias II. 27f.
Jermias III. 37
Joakim 36, 38
Jona von Rjazan (Metropolit) 19
Johannes (Märtyrer) 191
Johannes (Apostel) 1, 6, 159, 189, 234
Johannes Chrysostomos 52, 132, 138, 145, 147, 181, 188, 264, 284
Johannes Damascenus 149
Johannes XXIII. 114
Johannes von Gothia 2
Josafat (Erzbischof) 23f.
Johannes VI. Palaiologos 19
Josif (Metropolit) 10
Josif von Volokolamsk (Sanin) 22f., 24, 181, 232, 366a, 367a
Jur'evskij, Lollij 356a
Jurlov, Lev 38
Juvenalij (Mönchspriester) 46

Kadmos (Bosporus) 2
Kalinin, M. I. 79f.
Kalita, Ivan Danilovič 13f.
Kallist III. 20
Kallistrat 73, 106
Kamenov, V. 405a
Kapterev, N. F. 343a
Kapustin, Antonin 50, 270f.
Karabinov, I. A. 275
Karpov, V. B. 204
Karsavin, L. P. 233f.
Kartašev, A. V. 344a, 351a
Kasatkin, Nikolaj 50, 115, 400a
Kasicyn, D. F. 246
Kastalskij, Aleksandr Dmitrievič 170, 173
Katanskij, A. L. 218, 221, 246, 250, 254, 257, 259, 265, 276, 373a, 374a, 375a, 387a, 388a, 396a, 397a, 398a
Katharina II. 39, 51, 130

Kavelin, Leonid 53, 349a
Kazakov, M. 304
Kazanskij, P. S. 342a
Kazanskij, Veniamin 81
Kazem-Bek, A. L. 359a
Kerenskij, V. A. 389a
Khan Batu 11f.
Khan Berke 12f.
Khan Chulaga 13
Khan Mengu-Temir 12f.
Khan Özbek 13
Kiprian (Metropolit) 18, 267
Kireevskij, I. V. 54
Kirill (Smirnov) Metropolit 81, 94f., 368a
Kirill I. 5, 91, 383a
Kirill II. 11, 13, 16
Kirion III. (Katholikos) 73
Ključevskij, V. O. 335a
Kloss, B. M. 339a
Kondakov, N. P. 413a, 414a
Kondrasov, I. 347a
Koninskij, K. M. 365a
Konstantin 6
Kopylov, A. N. 346a
Kopytenskij, Zacharij 206
Korsunskij, I. N. 347a
Kosmas (Märtyrer) 191
Kosmas, Atikos 6
Kosmas Indikopleustes 131
Kosoj, Feodosij 26, 206
Kosovskij, Varlaam 42
Krasnickij, Vladimir 80f., 84, 87
Krasnoj, Ivan 14
Krasnopevkov-Rumovskij, Veniamin 263
Krasnopol'skij, Mitrofan 62
Krasnosel'cev, N. F. 268f., 275, 404a
Krasnožen, M. G. 351a, 357a
Kristalevskij, Sofronij 43
Kučka, Stepan 9
Kul'čickij, Innokentij 43
Kuljukins, Dmitrij 246
Kurganskij, Tarasij 367a

Kuricyn, D'Jak Feodor 22
Kuznecov, N. D. 350a, 351a
Kyros (Märtyrer) 191

Landyšev, S. 346a
Larin, Sergij 354a, 355a, 356a
Lauros, hl. 192
Lavrentij (Mönch) 126
Lazarev, V. N. 412a
Lebedev, A. P. 220f., 374a, 382a
Lebedev, A. S. 390a
Lebedev, N. I. 340a
Lemeševskij, Manuil 356a
Leon (od. Leontij) 5
Leont'ev, K. 54
Leščinskij, Filofej 41f
Levšin, Platon 116, 140, 203, 207
Ležajskij, Ilarion 42
L'huillier, Pierre 262
Li, G. C. 338a
Limonov, Ju. A. 332a
Lipkovskij, Vasilij 89
Ljaševskij, S. 330a
Ljumbimskij, Gennadij 286
Longin aus Murom 32
Lopatinskij, Feofilakt 38
Losskij, V. N. 250, 260, 262, 380a, 398a
Luk'janov, Serafim 75, 111, 354a
L'vov, A. F. 170f.
L'vov, V. N. 78
L'vovskij, Grigorij Fedorovič 170

Macharoblidze, Eksaukustodian 70
Makarij (Metropolit) 2, 5, 25f., 54, 135f., 331a, 363a
Makarij (Bulgakov), Metropolit 206, 210, 212, 214, 216, 223, 253, 270, 331a, 338a, 342a, 343a, 371a
Makarij von Tomsk (Erzbischof) 48
Makarios der Ägypter 181
Maksim (Metropolit) 8
Maksimovič, Joann 42
Malalas, Ioannes 131

Malevanskij, Sil'vestr 218, 222f., 233, 253, 376a, 382a, 395a
Malinovskij, D. M. 400a
Malinovskij, Nikolaj 228
Malyševskij, I. I. 330a
Mamonič, Kuz'ma und Lukas 136
Manisikka, V. 334a
Mansvetov, Ioann 249, 253, 267f., 270, 275, 396a
Mansvetov, I. D. 402a, 403a
Mark der Schweiger 52
Martinian 42
Medvedskij, Juvenalij 207
Meletios IV. 75
Melioranskij, B. M. 338a
Merežkovskij, D. S. 228, 233, 384a
Meščerskij, N. A. 333a
Meyendorf, John 262
Michael (Ermakov) 81, 88, 94, 99
Michael von Kiev 5, 89f.
Michael Bischof v. Taurien 377a
Michael von Černigov 12
Michael Palaiologos 13
Michajlovič, Aleksej 32ff., 128, 138, 298
Michajlovič, Feodor 304
Mikulica, Pope 8
Miller, G. F. 346a
Minin, Koz'ma 29
Minin, Nikon 33
Minskij 228
Miroljubov, G. 329
Mitrofan (Bischof) 13
Mitrofan von Vladimir 10
Mitropol'skij, Ioann 220
Močul'skij, Feoktist 263
Mokeev, G. J. 415a
Morev, I. 367a
Moroškin, M. J. 130
Morozov, B. I. 33
Mose 6
Mošin, V. A. 331a
Moskvin, Arsenij 264, 371a
Motovilov, N. A. 179
Možajsk, Nikola von 293

Müller, J. 359a
Müller, L. 331a
Murav'ev, N. 360a
Murav'ev, N. I. 338a
Murav'evs, A. N. 38, 341a
Muretov, M. D. 246, 335a, 375a, 385a
Muretov, S. 403a

Nadačin, S. 347a
Napoleon 176
Narbekov, V. A. 275
Nazarij (Abt) 52
Nečaev, Pitirim 232, 244, 259, 262, 359a, 360a, 393a
Nečaev, Vissarion 244, 263f., 400a
Nedajchlebov, Leonid 274
Nekrasov, A. A. 386a, 405a
Nektarij (Mönchsdiakon) 46
Neronov, Joann 32
Nesmelov, Viktor I. 230f., 247, 381a
Nestor (Anisimov) 49
Neveža, Andronik Timofeev 136f.
Nevežin, Ivan, 137
Nevostruev, K. I. 338a
Nevskij, Aleksandr 7, 11, 13, 70, 133, 159
Nevskij, Makarij 45
Nifont von Suzdal (Bischof) 20
Nikanor (Bischof) 116
Nikita von Borovsk 18
Nikodemus (Mönch) 182
Nikolaeva, T. V. 413a
Nikodim, Metropolit von Leningrad und Novgorod 360a
Nikolaj II. 40, 59
Nikolaos der Wundertäter 2, 70, 145, 192
Nikolaus I. 130
Nikol'skij, Jakov Dmirievič 141
Nikol'skij, Leonid 273
Nikol'skij, N. K. 332a
Nikon von Novgorod 33, 35f.
Nikon von Radonež 17, 297

Nikonov, V. 360a
Nilov-Doržeev, Nikolaj 45
Nino, hl. 41
Nordov, V. 399a
Noricyn, Petr 166

Obnovlenskij, I. 342a
Odincov, N. F. 269
Ogienko, I. 88
Okladnikov, A. P. 347a
Okropidze, Leonid 73
Olga 2, 3, 4, 189, 232, 321
Oleg 2f.
Olel'kovič, Michael 21
Olgerd 15
Ol'ševskij, Sil'vestr 69
Orfanitskij, A. I. 393a
Orfanitskij, I. A. 245
Orlinskij, Evsevij 213
Orlik, S. 89
Orlov, A. P. 383a, 389a
Osinin, I. T. 388a
Ostapov, A. 359a
Ostrogorskij, G. A. 335a
Ostromir, Posadnik 133
Ostroumov, N. 337a, 383a
Otenskij, Zinovij 205
Ovčinnikov, A. N. 412a
Oxeites, Michael 6

Pafnutij von Borovsk 18, 135
Paisios v. Jerusalem 33
Pal'mov, N. N. 273, 407a
Panteleimon (Märtyrer) 47, 159, 191
Pašuto, V. T. 333a, 334a
Patrick, hl. 41
Paul I. 130
Paulus, Apostel 152, 159, 203
Paulus, Aleksandr 76
Pavlov, A. S. 331a
Pečerskij, Antonij 183
Perov, I. F. 388a
Petr von Kruticy 91
Peter I. (1689–1725) 36, 40f., 129, 139f., 263

Peter II. (1727–1730)   39
Petljura, S.   88
Petropavlovskij, Joann   57
Petros Damaskenos   52
Petrov, Avvakum   33f.
Petrov, Gravriil   52, 263, 399a
Petrov, Nikolaj   230f., 247, 394a, 395a
Petrovi, Makarij   207
Petrovič, Makarij   369a
Petrovych, Iosif   94, 98
Petrovskij, A. V.   275
Petrus (Apostel)   152, 159
Petr Mogila   139, 206, 209, 211
Petr (Poljanskij) Metropolit   83, 92, 96, 104, 355a, 356a
Petuchov, E. B.   336a
Pevnickij, V. F.   390a
Philippos von Cherson   2
Philotheos, Patriarch   18
Photios (Märtyrer)   191
Pierling, P.   341a
Pilsudski   74
Pimen, Patriarch   53, 64, 66, 89, 116, 288, 361a
Pisarev, L. I.   231, 395a
Pitirim von Volokolamsk   X, 122, 358a, 359a, 381a, 391a, 398a
Pivovarov, B.   345a
Platon, Priestermönch   369a
Platonov, I.   383a
Platonov, N. F.   81, 109, 354a
Plotnikov, K.   343a
Plugin, V. A.   337a
Pobedonoscev, K. P.   57
Pogodin, M. P.   332a
Pokrovskij, K.   341a
Pokrovskij, N. V.   268, 276f., 409a, 410a, 414a
Poljakov, Leonid   348a
Polubojarinova, M. D.   335a
Pommer, Ioann   76
Ponomarev, P. P.   231, 248, 395a
Popov, A.   405a
Popov, I. V.   392a

Popov, K. M.   404a
Popov, Parfenij   45
Popov, T. D.   110, 392a
Popov, V. D.   382a
Popovič, K.   408a
Porfirij (Mönchspriester)   53
Poršnev, B. F.   342a
Poseljanin, E.   349a, 350a
Postnikov, Grigorij   207
Postnikova, M. M.   413a
Potockij, N.   345a
Požarskij, Dimitrij   29
Pozdeevskij, Feodor   204
Premudryj, Epifanij   17
Preobraženskij, Agafangel   81, 94, 355a, 383a
Preobraženskij, A. V.   365a
Priluckij, Vasilij D.   272, 275
Prochor von Gorodec   289
Prochorov, G. M.   337a, 338a, 339a
Prokopovič, Feofan   38, 206f., 234, 386a
Prokošev, P. A.   66
Prosvirnin, Anatolij   349a
Protasov, N. D.   267
Protopopov, S.   268
Puškin, A. S.   51, 348a

Rachmaninov, Sergej Vasil'evič   170f., 173
Radiševskij, Anisim Michajlov   137
Redrikov, Theodor   166
Reformatskaja, M. A.   412a
Remezov, S. U.   128
Rodyševskij, Markell   38
Rössler, R.   352a, 353a
Romanov, Filaret   137
Rozanov   228
Roždestvenskij, A. Ja.   390a
Roždestvenskij, D. V.   372a
Roždestvenskij, Platon   88
Rozenkampf, G. A.   339a
Rozov, N. N.   331a
Rublev, Andrej   17, 189, 282f., 286, 289, 295, 302

Rumovskij-Krasnopevkov, Veniamin 140
Runkevič, S. G. 344a
Ržanicyn, Aleksij 213, 233, 372a
Ryndina, A. B. 414a

Šabatin, I. N. 354a, 361a
Sacharov, A. N. 330a, 356a, 357a
Sadzagelov, Kirion 354a
Salomo 20
Saltykov, Michail 30
Samarin, J. F. 54
Samonas (Märtyrer) 191
Samojlovič, Serafim 98
Sanin, Josif 22
Šaraivskij, Nestor 89
Sarov, Serafim 179ff., 186, 232
Sartak 12
Sarti (Hofkapellmeister) 166f., 169
Šaskol'skij, I. P. 334a
Savinskij, S. V. 110
Savrovskij, Serafim 52, 241, 243, 381a
Savvatij 24
Sčapov, Ja. N. 333a
Schaeder, Hildegard 335a
Serafim Alexandrov 67, 96, 99
Serafim (Čičagov) Erzbischof 74, 76
Serapion, Bischof von Vladimir 133
Serebrjanskij, N. I. 334a
Seredinskij, T. 390a, 401a
Sergij von Radonež 15, 67, 134f., 140, 181, 232, 267, 291, 297, 303, 327
Sergij (Stragorodskij) Patriarch 56, 63ff., 82, 92, 94ff., 108, 226, 243, 260, 352a, 355a, 356a, 357a, 358a, 359a, 378a, 387a, 393a
Sigismund, König 29
Sijskij, Antonij 135
Siluan (Starez) 53, 182
Sil'vestr Cholmskij (Metropolit) 38
Simanskij, Aleksij 99, 105

Simanskij, Sergej Vladimorovič 107
Simaškevič, Mitrofan 69, 81
Simon, Bischof von Vladimir 133
Simeon 9
Simeon von Perejaslavl 10
Sinaites, Anastasios 52
Šišgin, E. S. 346a
Šiškin, A. A. 354a, 355a, 357a
Skaballnovič, M. N. 275, 377a, 409a
Skarjavej, Iosif Schmojco 21
Skrebkov, S. 365a
Skobeev, Leonid 80
Skuratov, Maljuta 27
Smirnov, A. P. 342a
Smirnov, Mefodij (Archimandrit) 337a
Smirnov, S. I. 268, 337a, 404a
Smirnov, F. A. (Bischof Christofor) 233, 268f., 405a
Smirnov-Platonov, Georgij (Erzpriester) 57
Smola, Ignatij 38
Smoljatič, Kliment 6, 16
Sneegirev, Veniamin 230, 233, 381a, 384a
Sobolevskij, A. I. 336a
Sofronij (Bischof von Irkutsk) 61
Sokolov, Ioann 214, 230, 232, 388a
Sokolov, P. M. 350a
Sokolov, P. P. 332a
Sokolova, M. N. 288
Sokolovskij, Ioannikij 89
Solokov, V. A. 246, 389a
Soloveckie, Zosima 18, 22, 24, 135
Solov'ev, N. M. 268
Solov'ev, V. S. 224, 234
Sorskij, Nil 18, 23f.
Šost'in, A. P. 227
Spasskij, A. A. 220
Speranskij, Michail 45
Srednevskij, I. I. 276
Staden, Heinrich von 137
Stadnjuk, S. 79
Stalin, I. V. 105

Stefan von Perm 17f., 134
Stefan (Javorskij) Metropolit 36, 38, 206
Stefanovič, D. 340a
Stephanos von Surož 2
Stragorodskij, Ivan 246
Stratilates, Theodoros 7
Stratonov, I. 72
Studites, Theodoros 52, 181
Subbotin, N. I. 344a
Subbotin, N. M. 340a
Suchanov, Arsenij 33
Sulockij, A 346a
Susal'nikov, Makarij 207, 369a
Suzdal, (Fürst) Boris von 14
Svetlov, Pavel 247, 394a
Svirskij, Aleksandr 135, 232
Svjatin, Viktor 111
Svjatoslav, (Sohn der hl. Fürstin Olga) 4
Svjatoslav, Ivanovič von Smolensk 15
Svjatoslavovič, Vladimir 128
Symeon Logothetes 126

Tajdula 14
Tarasiev, Nikifor 136
Tareev, M. M. 231, 247, 394a
Tamerlan 9
Tavriceskogo, Michail 377a
Temnyjs, Vasilij 19
Teodorovič, I. 89
Terent'ev, N. 390a
Ternavcev 228
Ternovskij, Petr 208, 370a
Tesfa, Abba Habte Selassie 274
Thallelaios (Märtyrer) 191
Theophanos v. Jerusalem 30
Theophilos von Gothia 2
Thomas (Apostel) 1
Tichomirov, A. 386a
Tichomirov, Sergij 50, 57, 255
Tichon (Belavin) (Patriarch) 48, 53, 61ff., 72f., 77, 86, 90f., 96, 103, 226, 352a, 353a, 355a, 356a

Tichon (Obolenskij, Metropolit) 67, 96
Tichon Zadonskij 64, 207, 240f., 244
Timofeev, G. 274
Timofeev, Petr 25, 136
Titlinov, B. V. 78, 354a, 355a
Titov, A. A. 336a, 345a
Titov, Basilius 166
Titov, Prokopij 104
Toločko, P. P. 330a
Tolstoj, L. N. 224
Trifonov, I. J. 357a
Troickij, N. I. 233, 385a, 413a
Troickij, S. V. 71f., 353a, 354a
Trubeckoj, E. N. 285, 302, 414a
Trubeckoj, S. N. 234
Tryphon (Märtyrer) 191
Tschingis-Khan 9
Tuberovskij, A. M. 228f., 380a, 381a
Tuberozov, Gennadij 76
Turčaninov, Petr 169ff.
Turkestanov, Trifon 86

Uržumcev, P. V. 274, 409a
Uspenskij, E. 388a
Uspenskij, F. I. 333a
Uspenskij, L. 366a, 410a
Uspenskij, N. 365a
Uspenskij, N. D. 273f., 343a, 408a

Vachromeev, Filaret 235, 387a
Vadkovskij, Antonij 40, 57f., 366a
Valedinskij, Dionisij 73f.
Varlaam, Igumen 351a
Varlaam (Metropolit) 24
Varnava, Abt 53
Varsonofij von Kazan' 29
Vasilevskij, Sergij 371a
Vasilij, Mönchspriester 53
Vasilij III. 24
Vedel', Artemij Lukianovič 167, 169
Veličkovskij, Paisij 51, 141

Veniamin (Kazanskij)
  Metropolit 79f.
Veniaminov, Gavrila 48
Veniaminov, Ioann 47
Verchovskij, P. V. 344a
Veretennikov, P. 340a
Verjužskij, V. 262
Vesti, Sevastian 99
Viskovatov, Ivan 26
Vissarion, Bischof 393a
Vitautas, Fürst 21
Vitte, S. J. 57
Vladimir, hl. 2ff., 6f., 9, 131, 161, 279
Vladimir Monomach 7, 129
Volockij, Josif 18, 21
Vonifat'ev, Stefan (Savvatij = Mönchsname) 32f.
Vostokov, A. 391a
Vsevolod (Taufname Andreas)
  Fürst 1

Vsevolodovič, Jurij (Fürst) 10
Vvedenskij, A. I. 78ff., 84, 227f., 350a, 354a, 371a, 379a, 380a

Willibrord, Heiliger 41

Zabelin, Ivan J. 311, 414a, 415a
Zaozerskij, N. A. 351a
Zatvornik, Feofan 53, 232, 240ff., 244, 249f., 256, 395a, 399a
Zborovskij, Meletij 111
Zernikov, Adam 234
Zernov, Evgenij 104
Zernova, A. S. 363a
Zinovij, Inok 367a
Zizanij, Lavrentij 206, 367a
Žmakin, V. I. 339a
Znamenskij, D. 385a
Žukov (Komponist) 166
Zverev, Aleksandr 116
Zverev, Petr 104

c) Orts- und Sachverzeichnis

Adrianopel 10
Ägypten 112, 118
Äthiopien 119
Afrika 106
Alaska 46, 48, 52, 64
Albanien 112
Alëuten 47
Alexandrien 28, 35, 38, 106, 112, 123
Altai-Gebiet 44
Altai-Mission 45
Altes Testament 23
Amerika 47f.
Amur 47f.
Anachronismus 66
Anga 47
Anthropodizee 234
Antiochien 28, 35, 37, 106, 112
Anzerskij-Insel 52
Ararat 11
Archangel'sk 133
Arianer 229
Armenien 41, 119
Asien 56
Asketen 15, 17
Asowsche Meer 21
Athos 23, 51, 53, 119, 123, 183, 267f.
Autokephalie 19, 72ff., 76, 88f., 112, 121

Bachtšisaraj 22
Balkan 10, 112, 118
Balta 117
Baltikum 10
Befreiungskrieg 55
Belev 117
Belgrad 123
Beloe Ozero 134
Bessarabien 72
Bethanien 203
Bironzeit 39
Blachernae 8

Blumen-Triodion 132, 136
Bogoljubovo 8, 132
Bogoljubskaja 8
Bogoljubsk 317
Bogorodsk 116
Borisovka 273
Borovsk 291
Bosnien 55
Bulgarien 10, 112, 119
Buddhismus 45, 115
Byzantinisches Reich 19
Byzanz 2, 16, 128, 161, 175, 279, 283, 288f., 293, 302, 305

Černigov 125, 135, 217
Čeruigov 10, 53
Čin Pravoslavija 16
Chalcedon 2
Charbin 111
Char'kov 78, 89
Chasarien 21
Cherson 1
China 41, 50, 111
Cholm 73
Christologie 253
Chutyn 99, 104

Dänemark 41
Damaskus 123
Deutscher Ritterorden 11
Deutschland 104, 176
Dimitrov 7
Dobrotoljubie 52
Dogma 15
Don 13
Donatisten 251
Dreieinigkeit (siehe Trinität) 16f., 146, 149, 232f., 249, 256, 258, 281
Dresden 70

Edinovercy 51
Ekklesiologie 249, 252f., 259, 296

Elisabeth-Bibel 24, 140
Elovyj-Insel 47
Eparchie 13, 73, 81, 100
Eparchialkonsistorien 40
Eparchialverwaltung 58, 61, 81, 123, 129
Ephesus 1
Erevan 114
Eschatologie 253
Eschatologismus 9
Estland 72, 75f.
Evenken 45f., 48

Fasten-Triodion 132, 136
Feodosija 1
Ferrara 19
Filigrankunst 296
Filioque 234f.
Finnland 72, 75f., 119, 123
Florentiner Union 24
Florenz 20
Fofanov-Schrift 137
Frankreich 20

Galič 125
Galizien 50, 69, 121
Gallipoli 21
Geistliche Lehranstalten 54
Geistliches Reglement 37
Genf 70, 113
Gennadij-Bibel 24
Georgien 41, 73, 112, 119
Georgien-Imeretien 40
Giljaken 48
Golden 48
Goldene Horde 27
Golgatha-Sekte 52
Griechenland 112
Grodno 73
Großbritannien 237
Grunwald (Tannenberg) 21
Gruzino 2

Häresie 22, 236
Hagia Sophia 9

Haus d. Hl. Dreieinigkeit 11
Heiliger Geist 15, 92, 147, 151, 179, 182, 187f., 192, 226, 234, 238, 256, 259
Heiligster Regierender Synod 37
Heilsökonomie 246
Herzegowina 55
Hesychasmus 16, 21, 294
Holland 41
Hypatius-Chronik 126
Hypostase 260f.

Ikonenmalerei 17, 276, 280
Indien 119
Ioasafovskoe 49
Irkutsk 42f., 45, 47f., 122
Irland 41
Islam 13
Italien 12

Jakuten 46
Jakutien 43, 45
Jakutsk 48
Japan 50, 116
Jaroslavl' 29, 64, 80, 94, 98, 287
Jerusalem 13, 28, 50, 53, 112, 123, 268
Jesuiten 30
Jugoslawien 70, 112
Juraken 45
Jur'ev 52
Jurev-Polskij 7

Kadiak 46f.
Kamtschadalen 49
Kamtschatka 42f., 47, 49
Kanada 123
Karagazen 46
Karäer 21
Karelien 28
Karlovy Vary (Karlsbad, ČSSR) 123
Kasachstan 93, 108
Kaukasus 93
Kazan' 27f., 49, 54, 135, 150, 159, 214, 226, 237, 269, 287, 317

Kenai 47
Kirchenbann 14
Kirchenreform 38
Kiev 2f., 5, 7, 10, 20, 41, 54, 56, 63, 69, 78, 87, 114, 121, 125, 133, 139, 161, 237, 272, 287, 316
Kirgisische Mission 45
Kirillo-Belozersk 30
Kljazama 11
Königsberg 234
Kodex 23, 25
Koinobion 51
Kollegialverwaltung 37
Kolomna 95, 117, 121, 289
Koloschen 47
Kondi-Mission 45
Kondopog 317
Konsistorialsystem 39
Konstantinopel 3ff., 6, 8, 11, 13, 19f., 23, 27f., 37, 68, 70, 74f., 112, 161, 188, 268, 270, 287
Kontemplation 23
Konzil von Lyon 12
Korea 50
Korjaken 49
Kostroma 29, 99, 126, 287
Kozel'sk 52
Kreuzritter 11
Kreml 22, 127, 134, 136, 176, 327
Krim 13, 21, 70, 93
Kruticy 28, 43, 117, 121
Kulturrevolution 50
Kungur 128
Kurilen 47

Ladoga 57
Landeskonzil 40, 56, 66, 123
Laurentius-Chronik 126
Lebendige Kirche 85, 96
Leipzig 207
Lemberg 136
Leningrad 106, 108, 110, 114, 121, 122, 287
Lese-Manäen 132
Lettland 72, 76

Libanon 112
Liegnitz 12
Litauen 21, 51, 64, 72f.
London 237
Lubny 89
L'vov 111

Majma 44
Makorec 16
Mandschurei 111
Maurenherrschaft 18
Minnsinsk 45
Minsk 73, 122
Missionskonferenz 48
Moldau 51
Mamelucken 13
Mongolei 9, 12, 50
Mongolen 13
Mongoleninvasion 10
Montanisten 251
Montenegro 55
Moskau 7f., 13, 19ff., 25, 27, 29, 45, 48f., 54f., 58, 60, 75, 78, 81, 91, 93, 98, 106, 112, 114, 119, 122, 127, 135, 137, 139f., 175, 226, 237, 288, 304, 311, 315, 318
Moskauer Synode 25
Mstislav-Evangelium 133
Munkacs-Prjašev 111
Murom 116
Mzcheta 72

Naher Osten 50
Napev 162
Neamt 51
Nerčinsk 42
Neues Testament 250
Neu-Valaam 47
Neuzen 45
Nestor-Chronik 126f.
Neva 11
New York 123
Nikon-Chronik 14, 127
Nizäa 2, 10, 11

Nizäno-Konstantinopolitanisches
  Glaubensbekenntnis 251
Nižnij-Novgorod 15, 17, 29, 94,
  98, 108, 137
Noginsk 116
Nomokanon 32
Nordamerika 47, 64
Novgorod 2f., 5, 11, 19, 21, 26, 28,
  33, 52, 78, 106, 121, 125f., 133,
  135, 175, 276, 287, 294, 296, 302,
  311, 315
Novgoroder-Chroniken 126f.
Novgorod-Severskij 175
Nuschegak 47

Obdorsk 42
Obdorsker-Mission 45
Ochotskij-Meer 47
Odessa 78, 110, 114, 117
Ohrid 161
Ökonomiekollegium 39
Ökumene 17
Ökumenischer Rat 113
Oktoberrevolution 87, 97, 101
Otoich 132, 136, 163
Omsk 69
Onon-Fluß 9
Orient 106
Orotschenen 48
Orthodoxe Missionsgesellschaft 46,
  48
Osmanen 18
Oster-Dogma 229
Ostsibirien 42, 45
Ostrog 136, 138
Ostromir-Evangelium 133

Palästina 13, 21, 50, 112, 275
Paraklit 53
Paris 70, 97
Paškovcen 256
Patriarchalverfassung 37
Pavlodar 69
Peipussee 11
Peking 42

Pensa 85
Perejaslavl' 43
Perm' 49, 94
Perun (Donnergott) 3
Petrograd 61, 70, 78, 85, 108
Petrozavodsk 287
Philokalia 52f.
Pinsk 73
Počaev 74, 159, 234
Poljanen 2
Polen 28, 30, 72ff., 76, 112
Polock 125, 175
Prag 115, 119
Propheten 23
Pskov 4, 11, 107, 110, 125, 127,
  135, 289, 296, 311, 321

Radonež 16
Raspev 162
Remezov-Chronik 128
Rhodos 113
Riga 73
Rjazan' 10, 29, 125, 135, 302, 311
Rom 11, 19, 236, 268
Rostov 7, 28, 117, 125, 177, 287,
  288
Rumänien 112, 119
Russisch-Türkischer Krieg 54
Rußland 11ff., 42, 45, 48, 51, 54,
  65, 103, 106, 120, 128f., 145, 150,
  175f., 181, 205, 224, 228, 232,
  282

Säulenheilige 16
Sagorsk 115, 119, 176, 283, 287,
  290
Sakralbaukunst 276, 319
Saloniki 20
Samara 99
San Francisco 48
Saratov 85
Sarovska 179
Satisfaktionstheorie 246
Schweden 11, 41, 237
Schnepfenfeld 55

Schweiz 119
Sebaste (Armenien) 5, 106
Selenga 43
Semipalatinsk 45
Serbien 112
Serpuchov 15, 99, 289
Sforina 122
Sibirien 27, 41f., 44, 69, 93, 135
Sijskoe-Evangelium 134
Simferopol 70
Sinop 1
Sitka 47
Skythien 1
Slavisch-griechisch-lateinische Akademie 36
Smolensk 31, 125, 150, 315
Sofia 119, 123
Sokol'niki 106
Sophien-Chronik 126
Soteriologie 253
Sowjetunion 73, 101, 114, 120
Sowjetstaat 66, 72, 96
Spanien 18
Sremski Karlovcy 70
St. Petersburg 39f., 48f., 54ff., 57, 64, 140, 166, 169, 171, 210, 214, 224, 234, 237
Starzentrum 52
Staurozentrismus 250, 253, 262
Stavropol' 69
Stoglav 26
Südrußland 10
Sukzession 16, 77, 91, 93, 95, 98, 118
Sumy 99
Suzdal' 7, 10, 52, 287, 295, 322
Synodalinstruktion 40
Synodalverwaltung 40
Syrien 112

Tabor 153
Taškent 99
Tannenberg (Grunwald) 21
Tataren 12f., 133, 287
Tbilissi 114

Teilfürstentümer 23
Templon 282
Thebeis 16
Theodizee 234
Thessaloniki 153, 190
Tichvin 108, 150, 159
Tirnovo 21
Tjumen 42
Tobol'sk 30, 41, 45, 128
Tokio 123
Tomsk 44f., 66, 69
Torkirche 8
Transbaikalgebiet 43, 46
Transbaikalmission 45
Trebnik 132
Tributpflicht 13
Trinität (s. Dreieinigkeit) 17, 22, 232, 256
Tschechoslowakei 112, 119
Tschufut-Kale 21
Tschukotka 47, 49
Tula 107, 117
Tungusen 49
Turnchau 45
Tušino 29
Tver 29, 99, 127, 135, 289
Typikon 266ff., 270, 274

Uglič 98
Ukraine 20, 31, 34, 50f., 87f., 92, 121, 165
Ulala (Gorno-Altajsk) 44
Unalaška 47
Ungarn 10, 123
Uppsala 232, 237
Ural 31, 41, 69
Uspenskaja Pustym 42
Užgorod 112

Vereinigte Staaten 48
Vitebsk 4
Vjatka 99
Vjazma 317
Vladimir 7f., 10, 29, 125, 128, 132, 150, 159, 175, 302, 315, 317, 322

Vladimirstag 11
Vladivostok 49
Vologda 99, 287, 291
Volokolamsk 22, 232
Volyn 10
Voronež 57, 264
Voskresenskaja-Chronik 14, 127
Vybuty 4
Vyšgorod 7, 287

Warschau 73
Weißrußland 51, 92, 112, 122
Weltkirchenkonferenz 232

Wiesbaden 70
Wilna 64, 136
Wolga 13
Wolhynien 73f.

Zarische Chronik 127
Zeltdachkirchen 316f.
Zentralasien 50
Žitomir 74
Znamenie 150
Zvenigorod 99
Zweites Vatikanum 114
„Zweites Rom" 9

6. Abbildungen 1–38

Abb. 1: Die Überlieferung von der Predigt des Erstberufenen Apostels Andreas in der Rus' ist nicht nur durch die Chroniken bezeugt, sondern auch durch viele frühe Ikonen. Eine von diesen aus dem 14. Jh. hat in klassischen Formen die Verbindung dieser Überlieferung mit dem Glauben an die besondere Fürsprache des Erzengels Michael für die Russische Kirche weitergetragen.

Abb. 2: Von hier ging die Frohbotschaft über das ganze Russische Land. Die Gnadenströme nahmen zu, und mit ihnen wuchs auch die Kraft der russischen Asketen. Von den Bergen Kievs bis zum Stillen Ozean, vom apostelgleichen Großfürsten Vladimir bis zum apostelgleichen Nikolaj und dem Hierarchen Innokentij, dem Apostel von Sibirien und Amerika.

Abb. 3: Eines der charakteristischen kirchlichen Baudenkmäler. Die Kathedralkirche zu Ehren des Entschlafens der Allerheiligsten Gottesgebärerin in Vladimir (1158–1160).
Links: Gottesdienst in der Kathedrale heute.

Abb. 4: Das größte Heiligtum Moskaus, die Ikone der Gottesmutter von Vladimir, ist in der ganzen Welt berühmt. Mit ihr sind die bedeutendsten Ereignisse der vaterländischen Geschichte verbunden.

Abb. 5: Die in der ganzen Welt bekannte Ikone der „Lebenbegründenden Dreifaltigkeit" ist 1422 vom hl. Andrej Rublev zum Lob des hl. Sergij von Radonež geschaffen worden.

Abb. 6: Begegnung des Vorstehers der Russischen Kirche mit dem Patriarchen Demetrios I. von Konstantinopel (Oktober 1977)/ Istanbul.

Abb. 7: Patriarch Pimen von Moskau und ganz Rußland am Grabe des Herrn (Jerusalem 18. Mai 1972).

Abb. 8: Als erster russischer Patriarch besuchte Patriarch Pimen den heiligen Berg Athos (vom 23. bis zum 25. Oktober 1972). Der Patriarch mit Mitgliedern der Delegation der Russischen Orthodoxen Kirche während des Fürbittgebetes anläßlich der Reise in der Kathedrale zu Ehren des hl. Märtyrers Panteleimon im russischen Kloster auf dem Heiligen Berge.

Abb. 9: Vom 16. bis zum 19. September 1973 besuchte Patriarch Pimen von Moskau und ganz Rußland den Ökumenischen Rat der Kirchen. Auf der Aufnahme: Empfang des Patriarchen Pimen auf dem Flughafen von Genf. Von links nach rechts: Metropolit Nikodim von Leningrad und Novgorod, Dr. Philip Potter, Generalsekretär des ÖRK, Patriarch Pimen und der Ehrenpräsident des Ökumenischen Rates der Kirchen, Dr. W. A. Visser't Hooft.

Abb. 10: Die russischen orthodoxen Mitglieder des Zentralausschusses des Ökumenischen Rates der Kirchen mit einem der Präsidenten des ÖRK, Metropolit Nikodim von Leningrad und Novgorod an der Spitze, auf der 5. Vollversammlung des ÖRK in Nairobi, 1975.

Abb. 11: Am 13. November 1972 am Denkmal für die Opfer des Genozids in Erevan. In der Mitte: Patriarch Pimen von Moskau und ganz Rußland und der Oberste Patriarch-Katholikos aller Armenier Wasgen I.

Abb. 12: Auf der Plenarsitzung des Weltfriedensrates in Sofia (Bulgarien) am 19. Februar 1974. Im Präsidium Patriarch Pimen von Moskau und ganz Rußland.

Abb. 13: Auf der Konferenz „Für Frieden und Zusammenarbeit zwischen den Völkern". Zagorsk, Juli 1969.

Abb. 14: Das Präsidium der Tagung des Arbeitskomitees der Christlichen Friedenskonferenz in Moskau beim Gebet vor dem Beginn der Sitzungen. 1973.

Abb. 15a: Weltkonferenz „Vertreter der Religionen für dauerhaften Frieden, Abrüstung und gerechte Verhältnisse zwischen den Völkern" (Moskau, 6.–10. Juni 1977). Rede des Vorsitzenden der Konferenz Metropolit Juvenalij.   b: Im Sitzungssaal der Konferenz.

Abb. 16: Patriarch Pimen in der Kirche zu Ehren der Auferstehung Christi in Sokol'nikach in Moskau während der Göttlichen Liturgie am Osterdienstag (27. April 1976).

Abb. 17: Das heilige Osterfest wird mit besonderer Begeisterung gefeiert. Prozessionen und die Weihe der kuliči und Milchspeisen sind hierfür ein offenkundiges Zeugnis.

Abb. 18: Die Ehrfurcht vor der Ikone findet ihren Ausdruck auch im orthodoxen Brauch des Ikonenschmückens. Die Ikone der Gottesmutter von Kazan' im Festschmuck aus Feldblumen in einer dörflichen Gemeinde.

Abb. 19: Fest der Ikone der Gottesmutter von Smolensk, der Hodegetria – Wegführerin. Prozession mit der Ikone. Kathedrale von Smolensk.

→

Abb. 20: Die höchste dingliche Bezeugung des russischen orthodoxen Geistes ist die russische Ikone. In der Kirche ist die höchste Harmonie, über die viele Bücher in den verschiedensten Sprachen der Welt geschrieben worden sind, sichtbar und fühlbar zugegen.
Die vom hl. Andrej Rublev und Daniil Černyj (1425–1427) geschaffene Ikonostase der Dreifaltigkeits-Kathedrale der Troice-Sergieva-Lavra.

Abb. 21a: In einem Nonnenkloster (Kloster zu Mariä Schutz und Fürbitte in Zolotonoša) während der Weihe der Früchte und der Ähren zum Hochfest der Verklärung Christi.   b: Die Bittprozession zieht durch die Felder.

Abb. 22: „Haus der Lebenbegründenden Dreifaltigkeit" – so nannten die russischen Chronisten die Troice-Sergieva-Lavra, wo auch heute die Pilger aus dem ganzen Lande zusammenkommen.

Abb. 23a: In der Kathedrale der „Lebenbegründenden Dreifaltigkeit" der Troice-Sergieva-Lavra.   b: Panhagia. Bronzeguß der Lavra aus dem 15. Jh.

Abb. 24: Archimandrit Serafim, einer der ältesten Mönche, entzündet Kerzen vor den hl. Reliquien des hl. Sergij, des Gründers des Klosters.

Abb. 25: Die über die ganze Welt verbreitete Verehrung des hl. Hierarchen und Wundertäters Nikolaos ist durch die Vielgestalt seiner Ikonen bezeugt. In der Russischen Kirche gibt es ein charakteristisches Bild „Nikola der Krieger" als Beschützer vor jeglichen Angriffen.

Abb. 26: Ein besonderes Fest zu Ehren des hl. Nikolaos am 6. Sonntag nach Ostern im Dorf Spirovo bei Volokolamsk.

→

Abb. 27: Die Ikone des hl. Hierarchen und Wundertäters Nikolaos von Zarajsk.

Abb. 28: Die Kirche heiligt das Leben des Menschen vom Taufbad an bis zum Grabe. Metropolit Pitirim von Volokolamsk vollzieht das Sakrament der Taufe im Dorf Spass in der Nähe von Volokolamsk.

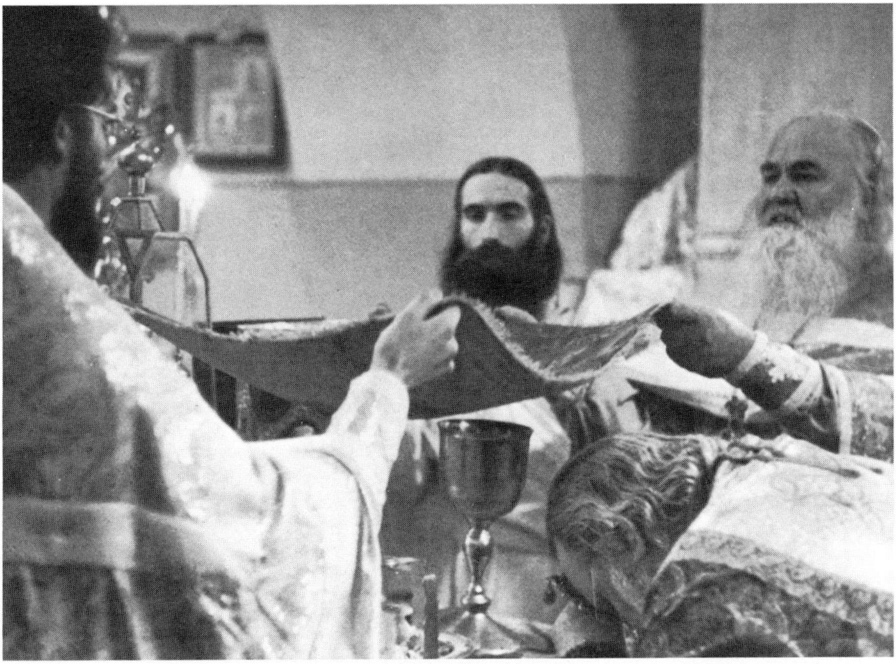

Abb. 29: Während der Göttlichen Liturgie in der Dreifaltigkeitskathedrale zu Pskov.

Abb. 30: Der Lebenden und der Toten wird in den Kirchen durch die Entnahme von Partikeln aus den Prosphoren gedacht, die von den Gläubigen zur Protesis gereicht werden.

Abb. 31: Was einst nur auf den Gemälden der Künstler sichtbar werden konnte, läßt sich heute leicht auf die photographische Platte bannen. Der Dorfpriester Hegumen Sergij Petrov erteilt den Segen im Dorfe Verchnie Koticy im Gouv. Kalininsk (Aufnahme von Erzpriester A. Prosvirnin).

Abb. 32: Erscheinung der Heiligen Dreifaltigkeit in Rußland in der Gestalt von Engeln vor dem hl. Aleksandr Svirskij (30. August 1533) gleich der Erscheinung, die dem alten Abraham ward (1. Mose 18).

Abb. 33: Die Ikone ist nicht nur ein Symbol, sie eint auch heute noch die Seelen der Gläubigen, indem sie ihnen ein »Fenster« zur höheren Realität öffnet.
a: Der orthodoxe Brauch des Ikonenschenkens als Zeichen der Einheit im Gebet (auf dem Bild Patriarch Pimen von Moskau und ganz Rußland und Erzbischof Stephanos von Gaza – Kirche von Jerusalem. 1975).
b: Das Küssen der Ikonen ist der höchste Ausdruck des in der Seele Verborgenen. Bischof Pimen von Saratov.

Abb. 34: Die Ikonenmalerei ist eine der lebendigen Formen der orthodoxen Tradition, die auch heute in der Kirche bewahrt wird. Archimandrit Alipij des Pskover-Höhlenklosters mit Mönchen.

Abb. 35: „Als schöne Frucht Deiner heilsamen Saat bringt Rußland Dir, o Herr, alle Heiligen dar, die in ihm aufgeleuchtet sind. Durch ihre Gebete erhalte in tiefem Frieden die Kirche und unser Land durch die Gottesgebärerin, o Vielerbarmender".
Troparion des 2. Sonntags nach Pfingsten, Allerheiligen des Russischen Landes, 8. Ton.
Die Ikone aller russischen Heiligen ist die anschauliche Sichtbarmachung der unvergänglichen Geschichte der Russischen Kirche.

Abb. 36: Fresken in der Kathedral-Kirche zur Einführung Mariä in den Tempel in Čeboksary.

Abb. 37: Die Restauration alter Kunstdenkmäler ist ebenfalls eine hohe Kunst und eine der Formen des Begreifens kirchlicher Tradition.

Abb. 38: Über den Jahrhunderten der Geschichte. Die alten Denkmäler russischer Baukunst
a: Die Sophien-Kathedrale von Kiev (1037)
b: Die Sophien-Kathedrale von Novgorod (1045–1050).

DATE DUE

HIGHSMITH   # 45220